Juan Sisinio Pérez Garzón

Historia de las izquierdas en España (1789-2022)

CATARATA

DISEÑO DE CUBIERTA: PABLO NANCLARES

© JUAN SISINIO PÉREZ GARZÓN, 2022

© LOS LIBROS DE LA CATARATA, 2022
　FUENCARRAL, 70
　28004 MADRID
　TEL. 91 532 20 77
　WWW.CATARATA.ORG

HISTORIA DE LAS IZQUIERDAS EN ESPAÑA (1789-2022)

ISBN: 978-84-1352-563-1
DEPÓSITO LEGAL: M-25.375-2022
THEMA: NH/JPF/3MN-ES-A

ESTE LIBRO HA SIDO EDITADO PARA SER DISTRIBUIDO. LA INTENCIÓN DE LOS EDITORES ES QUE SEA UTILIZADO LO MÁS AMPLIAMENTE POSIBLE, QUE SEAN ADQUIRIDOS ORIGINALES PARA PERMITIR LA EDICIÓN DE OTROS NUEVOS Y QUE, DE REPRODUCIR PARTES, SE HAGA CONSTAR EL TÍTULO Y LA AUTORÍA.

ÍNDICE

NOTA EDITORIAL. DOS LIBROS BAJO UNA MISMA Y COMÚN IDEA 9

INTRODUCCIÓN 11

CAPÍTULO 1. CUANDO SER LIBERAL ERA REVOLUCIONARIO (1789-1840) 19
    1. Simientes de libertad en la crisis del Antiguo Régimen (1789-1808) 21
    2. La revolución española: de súbditos a ciudadanos con derechos y deberes (1808-1814) 30
    3. Etapas de la revolución liberal frente a la reacción absolutista (1814-1839) 41
    4. De secularización social, instrucción pública y libertades creativas 50
    Bibliografía 62

CAPÍTULO 2. LOS DEMÓCRATAS, 'EXTREMA IZQUIERDA' DEL LIBERALISMO (1840-1874) 67
    1. Transformaciones económicas y sociopolíticas 68
    2. Claves de la formación del Partido Democrático (1840-1854) 77
    3. Tácticas de rebelión y clarificaciones doctrinales (1854-1868) 86
    4. Propuestas utópicas y contradicciones políticas 95
    5. El Sexenio democrático: elecciones, reformas y sublevaciones (1868-1874) 103
    6. La República, entre la gobernanza y la insurrección (1873-1874) 124
    7. Cambios socioculturales: el brío de la generación de 1868 136
    Bibliografía 144

CAPÍTULO 3. LA EMANCIPACIÓN SOCIAL, CATALIZADORA DE IDEAS Y CONFLICTOS (1874-1923) 151

1. Crecimiento del capitalismo español: fragilidades sectoriales
    y desequilibrios regionales 154
2. Constitución liberal y nuevas divisiones en las izquierdas 161
3. Republicanos, socialistas y anarquistas: la cuestión social (1875-1898) 171
4. El pueblo y el obrero frente a los poderes (1898-1917) 184
5. Antagonismos descarnados (1917-1923) 198
6. Conciencias de igualdad, universos de cultura 211
Bibliografía 219

CAPÍTULO 4. DEL TORBELLINO DE ESPERANZAS A UNA TRÁGICA DERROTA (1923-1956) 225

1. Escenarios económicos y sociales 227
2. Estrategias contra la dictadura de Primo de Rivera (1923-1929) 233
3. Debates, confluencias y prioridades (1930-1931) 243
4. Las izquierdas en el Gobierno: bríos reformistas
    y obstruccionismos diversos (1931-1933) 248
5. De la oposición al Gobierno (1933-1936) 265
6. La Guerra Civil: ardor revolucionario y derrota implacable (1936-1939) 278
7. Represión y dinámicas de resistencia y exilio 289
8. Caminos de igualdad truncados 298
Bibliografía 307

CAPÍTULO 5. CONTRA LA DICTADURA Y POR LA DEMOCRACIA: METAMORFOSIS DE LAS IZQUIERDAS (1956-1996) 313

1. Modernización económica:
    hacia la sociedad de servicios 316
2. Políticas de reconciliación y movilización social
    y cultural (1956-1966) 325
3. PCE-PSUC: referencia política y aglutinante sociocultural
    (1967-1977) 342
4. Pactos constituyentes, hegemonía socialista y declive comunista
    (1977-1986) 362
5. Década de avances sociales, integración europea y sacudidas
    corruptas (1987-1996) 388
6. Caminos de emancipación: hacia la igualdad de las mujeres 399
Bibliografía 410

CAPÍTULO 6. ENTRE LA SOCIALDEMOCRACIA Y LOS VALORES IDENTITARIOS (1996-2022) 421
    1. Envergadura histórica de los cambios estructurales 422
    2. Prosperidad económica y estancamientos de las izquierdas (1996-2004) 431
    3. El PSOE entre el auge y la crisis del capitalismo (2004-2011) 442
    4. Nuevos desconciertos y nuevas voces: entre el 15-M y el *procés* independentista (2012-2018) 455
    5. Del Gobierno del PSOE a la coalición socialdemócrata (2018-2022) 470
    Bibliografía 481

EPÍLOGO ABIERTO 487

BIBLIOGRAFÍA GENERAL 495

ÍNDICE ONOMÁSTICO 499

NOTA EDITORIAL
DOS LIBROS BAJO UNA MISMA Y COMÚN IDEA

Se editan dos libros, *Historia de las derechas en España* e *Historia de las izquierdas en España*, enmarcados cronológicamente desde 1789 hasta 2022 y que de ningún modo se acogen al fraudulento comodín de las "dos Españas". Por más que haya mentes que abstraen metafísicamente el pluralismo de toda sociedad y lo constriñen con criterio maniqueo al dualismo de buenos y malos, empíricamente no han existido ni existen "dos Españas". En toda época, en cada momento social, se constata un pluralismo de intereses, aspiraciones e ideas que ni siquiera desaparece en aquellas situaciones tan excepcionales como las de una guerra civil, cuando se obliga de modo violento y trágico a toda la población a encarrilarse en polos opuestos.

En consecuencia, editar una historia de las derechas y otra de las izquierdas españolas, al ser ambas en plural, ya significa que las dos categorías políticas no se simplifican en un singular reduccionista. Al contrario, se explica en cada caso el origen de esa distinción coloquial de derechas e izquierdas para calificar las distintas concepciones de derecha e izquierda que surgieron en la época de las revoluciones liberales y que de ningún modo se han desarrollado como esencias inmutables. Los contenidos y valores catalogados como de izquierdas o de derechas han sido cambiantes, tal y como se trata de analizar y explicar en estos libros. Tanto es así que, desde fines del siglo XVIII, la bandera de la libertad ha sido enarbolada por unos y otros, prácticamente por todos en cada época. Por eso hay una conclusión extraíble de ambos libros: que no podemos aferrarnos a esquemas esencialistas e inmutables. En historia siempre se llega a la conclusión de que los humanos vivimos en procesos de cambio constantes, de modo que no caben ortodoxias ni determinaciones teleológicas.

Por último, ambos libros se caracterizan por la generosidad metodológica al abrir nuevas perspectivas que no limiten ni las derechas ni las izquierdas a lo que hacen los grupos que se definen como tales. En este punto quizás convenga advertir a los lectores de que, para no complicar los relatos y en aras de la eficacia didáctica, se ha quedado difuminada la cuestión del "centro" en política: ¿existe o más bien se aplica al modo de ejercer una política democrática tanto desde las derechas como desde las izquierdas? ¿Es una política o simplemente un estilo, una actitud ante ella? En tal caso, ¿cabría diferenciar un centro-izquierda de un centro-derecha, como hizo Norberto Bobbio, para matizar y captar mejor ese pluralismo político en el que existen también extremismos en ambas posiciones? Y del mismo modo, ¿qué hacemos con quienes, como Jovellanos o como Ortega, proporcionaron argumentos a unos y otros, o protagonizaron en sus respectivas vidas posiciones y actitudes favorables a unos o a sus contrarios, dependiendo del momento? El valladar ideológico y de prácticas que separa a las izquierdas de las derechas no es infranqueable, y los individuos y las propias organizaciones lo sortean en ocasiones quedando a un lado u otro por mor de los cambios del contexto, de la historia.

En todo caso, aceptando las carencias que tiene toda explicación monográfica, ambos libros superan la simple enumeración de hechos e ideas. Ante todo, exponen una explicación racional e inteligible del devenir de los principales grupos políticos de dos largos siglos de historia de la España contemporánea. A la vez, nos muestran cómo se vio ese largo tiempo desde cada perspectiva: una única realidad, pero percibida y sentida de manera contradictoria, aunque igual de real en ambos casos. Así es como nuestros dos autores —Juan Sisinio Pérez Garzón para las izquierdas y Antonio Rivera Blanco para las derechas— enhebran una interpretación personal de la contemporaneidad hispana, vista desde sus ojos y a través principalmente de la respectiva cultura política que les ha tocado tratar.

Si estos dos textos consiguen generar debates, entonces han cumplido con la utilidad social que, según nos enseñó Marc Bloch, debe tener todo saber histórico: la de comprender la realidad humana, que siempre es, "como la del mundo físico, enorme y abigarrada".

INTRODUCCIÓN

Este libro ha surgido para dar respuesta a una pregunta que, con frecuencia, en mi experiencia docente, se planteaba como reflexión dubitativa entre los estudiantes: qué es ser de izquierdas o tener ideas de izquierdas. Esta se solapaba con otra inquietud: quiénes son los protagonistas de la historia. Para esta segunda interpelación, el poema de Bertolt Brecht, "Preguntas de un obrero ante un libro", ofrecía respuestas tan didácticas como rotundas:

Tebas, la de las Siete Puertas, ¿quién la construyó? / En los libros figuran los nombres de los reyes. / ¿Arrastraron los reyes los grandes bloques de piedra? / El joven Alejandro conquistó la India. / ¿Él solo? / César venció a los galos. / ¿No llevaba consigo ni siquiera un cocinero? / Felipe II lloró al hundirse su flota. / ¿No lloró nadie más? / Un gran hombre cada diez años. / ¿Quién pagaba sus gastos?

Sin embargo, para la primera pregunta las respuestas se dispersaban en un *totum revolutum* plagado de simplificaciones ancladas en el presente. Por eso, este libro se ha elaborado con la idea de conjugar el protagonismo de los distintos grupos sociales clasificados de izquierdas con la evolución de sus intereses, aspiraciones y prácticas políticas. De este modo, la tesis básica es tan elemental como la propia historia: que los humanos estamos definidos por el cambio, que el movimiento incesante define cualquier proceso social y toda ideología. Insistimos en la noción de cambio porque su significado no acarrea un carácter valorativo y, por tanto, no debe solaparse al concepto de progreso, que expresa la idea de cumplir unas determinadas metas pensadas como beneficiosas para el conjunto de la sociedad.

Sin duda, las izquierdas, en cuanto enraizadas en la Ilustración, han sostenido la existencia de unas determinadas metas de progreso en la historia de la humanidad, herencia de la visión lineal del tiempo desarrollada por el cristianismo frente a la representación de un tiempo circular elaborada por otras culturas. La Ilustración secularizó esa idea del tiempo cambiando las metas designadas por una divina Providencia por otros objetivos elaborados por la razón humana, objetivos que se pueden resumir en la conquista de un conocimiento creciente, de modo que el avance de la ciencia constituya el soporte del progreso en bienestar y felicidad de todos los humanos. Los ilustrados, en consecuencia, conciben la historia como una curva ascendente de progreso guiada por la razón, aunque aceptando momentos de retrocesos. Semejante convicción teleológica ha sido persistente en las izquierdas prácticamente hasta la década final del siglo XX. Por eso, como historiadores, parece más preciso utilizar la noción de cambio para analizar y explicar el devenir de todo proceso histórico, en este caso el de las izquierdas en España.

Para precisar esa tesis se plantean una cronología y una periodización algo distintas a las etapas habitualmente usadas para la historia política de la España contemporánea. Se proponen seis grandes etapas cuyas lindes se explican en cada uno de los seis capítulos en los que se analizan y explican las respuestas de las fuerzas políticas calificadas de izquierdas ante los cambios operados en la sociedad. Sus contenidos se han concebido como una síntesis, siempre revisable y discutible, para que cada lector extraiga sus propias reflexiones y conclusiones.

Por lo demás, el transcurrir de las izquierdas es parte de un pasado que es de todos, aunque no se compartan sus idearios. El presente siempre está endeudado con el conjunto completo del pasado. Este libro, por tanto, es complementario con el de la historia de las derechas elaborado por Antonio Rivera, publicado en esta misma editorial. Porque, en definitiva, las experiencias históricas consideradas tanto de izquierdas como de derechas nos han construido como ciudadanos de la actual sociedad. Ambas, derechas e izquierdas, iniciaron su andadura cuando la Ilustración, durante el siglo XVIII, desarrolló un programa de racionalización de todas las actividades y ámbitos de la vida de los seres humanos. Por supuesto, los ilustrados y primeros liberales no se inventaron la razón, sino que elaboraron la primera ideología de racionalización de las distintas facetas de la vida humana. Pensaron que la razón y su capacidad crítica debían guiar la vida pública y privada, el Estado y la economía, las libertades y los derechos y, por supuesto, la educación, la información y todas las relaciones personales.

También es cierto que en paralelo se fraguó el Romanticismo, con la vehemencia de la imaginación, el sentimiento, la pasión y el sueño como atributos humanos por excelencia. Así, mientras se pactaba desde la razón constituyente de ciudadanos libres e iguales la organización de Estados representativos, se forjaban emociones uncidas a identidades propiamente tribales mediante la invención de tradiciones nacionales y elevar las fronteras a tabúes sagrados por los que había que dar la vida. También se imaginaban utopías de fraternidad e igualdad. Por eso, la mejor síntesis de aquella época de revoluciones liberales y románticas se plasmó en la tríada conceptual de "libertad, igualdad y fraternidad": en ella se condensaban razón y sentimiento, y se establecía el reto de un futuro sin injusticias.

Y en ese camino, en la Revolución francesa en concreto, surgió la división entre derecha e izquierda. Desde entonces se ha encuadrado en la izquierda a los grupos políticos, movimientos sociales y personas que, desde la Ilustración, han pensado que todos estamos dotados de una razón capaz de organizar una sociedad de ciudadanos libres e iguales y, por tanto, solidarios y felices. Esto implica no solo oponerse a cualquier forma de opresión, sino cambiar tradiciones y normas para impulsar la emancipación de todas las personas. En contrapartida y simplificando, la noción de derecha se aplicaría a quienes desde aquella época piensan que somos seres racionales, aunque anclados obligatoriamente a unas tradiciones y vínculos culturales que obligan a ser prudentes ante cualquier posible cambio político, lo que exige armonizar el orden con la libertad, los derechos con los deberes y lo nuevo con el respeto a las jerarquías y valores heredados en cada sociedad.

Por otra parte, dicho afán de racionalización de la vida política no solo convivió desde el principio con la querencia romántica, sino que, tanto en la izquierda como en la derecha, surgieron tendencias obstinadas en organizar de modo absoluto toda la sociedad sin escatimar el recurso a la violencia —lo más irracional del ser humano— para aniquilar cuanto se opusiera al logro de sus respectivas metas. Semejante deriva, la de esgrimir la razón para imponer de modo dictatorial lo que se considera exigencia de la voluntad colectiva y soberana de un pueblo, nación o ideología, constituye la terrorífica contradicción que diagnosticaron Theodor Adorno y Max Horkheimer en una obra clásica, *Dialéctica de la Ilustración* (1944).

Ahora bien, en el presente libro no se abordarán los debates abstractos sobre conceptos y metas sociales elaborados desde la Ilustración hasta el presente. Se analizarán ante todo los distintos desarrollos de las ideas y logros de aquellos grupos, partidos y personajes que han marcado la historia de las izquierdas en España. En este sentido, lo que coloquialmente entendemos como izquierdas no puede limitarse en exclusiva a la tradición enraizada en el socialismo. El pensador Norberto Bobbio, en una obra de 1995, situó la frontera entre derecha e izquierda en la lucha por la igualdad. En este libro se opta por un concepto más amplio que incluya la citada tríada de "libertad, igualdad y fraternidad". El propio Bobbio precisaba que, si la igualdad era la meta diferenciadora, nunca se debería haber marginado la libertad como el medio intocable para desplegar toda política de izquierdas, a sabiendas de que los conceptos de libertad e igualdad no son simétricos. Mientras la libertad es un bien individual y define el estatus de las personas, la igualdad siempre es un bien social que implica una relación entre sujetos o entidades.

Por supuesto, conforme se desarrollen los sucesivos capítulos, se podrá comprobar que la defensa de la igualdad no supone un igualitarismo simplificador. Tampoco se puede ignorar que la diversidad exige el desarrollo de libertades personales por encima de cualquier meta colectiva. Estas cuestiones son las propias de los debates que han marcado la historia de las izquierdas en todos los países; se traen a colación para subrayar que, a nivel doctrinal, tanto el anarquismo como el socialismo se ensamblan necesariamente con el liberalismo. Desarrollaron drásticas diferencias sobre los contenidos propios de la libertad, pero sin liberalismo previo —anfitrión del capitalismo— no habrían surgido ni socialismo ni anarquismo. Sus lógicas rivalidades han caracterizado la historia de la España contemporánea, por más que libertad e igualdad se consideren retos que se exigen recíprocamente para avanzar en una sociedad cada vez más justa y solidaria. En todo caso, tanto el liberalismo, en su momento revolucionario, como posteriormente el socialismo, el anarquismo y el comunismo, han compartido la meta de cambiar las estructuras de dominación existentes y, puesto que estas cambian y se reproducen (como ocurrió con el liberalismo), también los objetivos de las izquierdas han tenido que cambiar.

Por lo demás, en coherencia con la citada tríada de "libertad, igualdad y fraternidad", se ha incluido en este libro la historia de la progresiva conquista de la igualdad por las mujeres en España, explicando las aportaciones del proceso de despegue del feminismo como movimiento de transformación sociopolítica y cultural. Nació de la mano del liberalismo, sin duda, y posteriormente amplió sus idearios y anclajes sociológicos con el socialismo y el anarquismo para requerir el cumplimiento efectivo del principio de igualdad de todas las personas. Constituye, por tanto, el ideario que, al final, al cabo de dos siglos, de modo dificultoso y con muchas incomprensiones por parte de los varones, en un muy largo y siempre pacífico transcurso, ha impregnado al resto de ideologías y creencias (liberalismo, socialismo, anarquismo, comunismo, ecologismo y, hasta cierto punto, al catolicismo) de la necesidad de organizar la sociedad con la efectiva presencia de las mujeres como iguales.

Tales son las premisas básicas de este libro, que van arropadas por otras consideraciones metodológicas. Ante todo, que el caso español solo se entiende como parte de la historia de las izquierdas del conjunto de países occidentales, dimensión que solo se esboza brevemente en cada etapa. Sin embargo, se hace más hincapié al inicio de cada capítulo o etapa histórica en los cambios desarrollados en las estructuras socioeconómicas. Sabemos que estas no determinan mecánicamente el sentido de los cambios políticos e ideológicos, pero constituyen el trasfondo concurrente para comprender las relaciones de poder y las estrategias de los diferentes actores políticos. En consecuencia, ni el presente de las izquierdas se explica como el simple desarrollo de una evolución lineal concebida orgánicamente desde sus orígenes hasta hoy, ni a las izquierdas de una época u otra se les puede exigir desde el presente aquellos objetivos y prácticas que hoy suponemos que podrían haber sido más progresistas o de mayor eficacia política.

Conscientemente, se ha querido evitar la tendencia a ejercer de profetas *a posteriori* sobre el rumbo que deberían haber seguido aquellos antepasados que no siguieron nuestras actuales ideas. No podemos buscarnos donde no estuvimos, porque los hombres y mujeres de épocas pasadas vivieron un universo ajeno y complejo, sometidos precisamente a los factores de cambios que constituyen la materia propia de la historia. Porque hay cambios, hay historia; y nosotros somos su resultado, un presente inmerso también en cambios constantes. Por eso se ha tratado de esquivar en cada página el amago de posibles juicios de valor, aunque probablemente se trasluzca de modo inevitable la empatía básicamente humana, no partidista ni sectaria, de ponerse en el lugar de quienes han sufrido la peor parte de la historia.

Podría afirmarse, sin ser parcial, que históricamente las izquierdas se han caracterizado por defender los intereses y aspiraciones de quienes han padecido las injusticias, las desigualdades y la explotación en cada momento histórico. También es cierto que, en las diferentes estrategias de defensa de los oprimidos y perdedores, las izquierdas han aplicado, con demasiada frecuencia, tácticas y métodos cargados de procedimientos y soluciones igualmente injustos. A esto se suma que, tal y como ha señalado Antonio Rivera, ninguna formación política o de otra naturaleza puede presentarse como vínculo o eje articulador de toda la izquierda, no ya a lo largo de dos siglos, ni siquiera durante un cuarto de siglo seguido. Se verá en los sucesivos capítulos cómo las organizaciones de izquierdas aparecen y desaparecen, de modo que este libro se plantea necesariamente como una historia coral cuyo relato de ningún modo puede monopolizar en exclusiva una determinada ideología, partido u organización.

En efecto, la cultura política de izquierdas se ha construido desde realidades sociales más amplias que los partidos y los sindicatos, por lo que deben considerarse más actores e instancias para comprender las claves de su entramado concreto en cada etapa histórica. No obstante, en este libro no se abordarán todos los posibles actores que han configurado la cultura política de izquierdas, como, por ejemplo, la prensa, los movimientos culturales y literarios, las entidades cívicas de todo signo o cuantos pensadores han impulsado reformas sociales, tan importantes para precisar los anclajes de ese conjunto de ideas y prácticas que en cada generación se han definido como de izquierdas. El hilo conductor de este libro, al plantearse como una síntesis básica, se centra solo en aquellas fuerzas políticas y movimientos sociales que, por su mayor consistencia en el tiempo y el espacio, permiten conocer los idearios, aspiraciones y prácticas de unas izquierdas que, en constante evolución, han marcado dos largos siglos de historia en España.

Evidentemente las ideas no andan solas, necesitan el respaldo de suficientes grupos sociales, y además que estos se encuentren movilizados para ponerlas en práctica. Por eso, sin soslayar el análisis de las ideas, se trata de explicar ante todo los proyectos y las prácticas de los sectores de la ciudadanía implicados en las correspondientes acciones públicas y, llegado el momento, en las responsabilidades institucionales. En tales procesos hay masas y líderes, batalladores y pusilánimes, radicales y pragmáticos, pactistas y violentos... Joan W. Scott ha planteado que "no son los individuos los que tienen experiencias, sino esas experiencias las que producen sujetos", de modo que los sujetos de cada etapa histórica son siempre producidos por el orden social que organiza las experiencias de los individuos en un momento dado y dentro de unos marcos de poder concretos.

Lógicamente, este libro, al concebirse como síntesis divulgativa, se apoya en el fértil panorama de una historiografía que ha investigado los procesos y complejidades de implantación del liberalismo y la emergencia del republicanismo en la España contemporánea, así como el despliegue del socialismo, anarquismo y comunismo, y también de movimientos e idearios tan decisivos como el feminismo, sin olvidar las nuevas propuestas surgidas desde el último tercio del siglo XX y las consiguientes innovaciones planteadas en el nuevo siglo XXI. Una lectura ágil del texto aconseja eludir las notas a pie de página tan de justicia para reconocer en cada momento las deudas académicas contraídas. Al final de cada capítulo se relaciona una bibliografía suficiente, aunque injustamente limitada. Permite ampliar conocimientos de cada etapa y, en todo caso, son obras que, a su vez, recogen la extraordinaria riqueza de aportaciones publicadas en revistas especializadas cuya enumeración sería abrumadora para los no especialistas.

A este respecto, este libro también puede aportar una información necesaria para el debate abierto sobre la crisis de las izquierdas en general y, en concreto, de una socialdemocracia en proceso de adaptación a nuevos modos de organización y explotación del capitalismo global. A sabiendas, eso sí, de que los actuales antagonismos sociales ni son los que marcaron la vida durante el siglo XIX ni tampoco los del pasado siglo XX. En este sentido, hay que subrayar que tanto las izquierdas como las derechas albergan intereses sociales y económicos, opuestos evidentemente, pero eso no significa que el altruismo o la superioridad moral sean patrimonio de una determinada opción ideológica, salvo las ideas y grupos que, opuestos a los derechos humanos universales, predican el odio y la exclusión. La mayoría de los integrantes de ambas culturas políticas comparten los principios y valores de libertad y justicia, aunque es cierto que los interpretan de distinta manera, por lo que el debate no sería tanto el enjuiciamiento objetivo de sus respectivas ideas sino la evaluación de las distintas prácticas políticas al aplicar dichos principios.

Es cierto, por otra parte, que cada teoría política alberga un concepto moral diferente de los principios de libertad, igualdad y justicia, lo que ha supuesto una fabulosa producción intelectual cuyas aportaciones y controversias durante dos largos siglos no son el objetivo de este libro, centrado ante todo en los proyectos de cambio social que, incluso con violencia y en un momento grave con carácter fratricida, han marcado la historia contemporánea de España. Es necesario subrayar en este sentido que el antagonismo de intereses y valores ya generó una larga y cruenta guerra civil entre absolutistas y liberales entre 1833 y 1839. Terminó con un abrazo de paz y reconciliación en Vergara. Sin embargo, la guerra civil desencadenada por la insurrección de un sector del Ejército en 1936 prolongó de forma dictatorial durante cuarenta años el poder de unos grupos y creencias que trataron de desterrar definitivamente los valores y aspiraciones sociales de las izquierdas. Aquella sublevación, guerra y dictadura han singularizado y traumatizado la vida de la sociedad española hasta el punto en que se puede considerar la principal excepcionalidad de la historia de España, con efectos que, en muy concretos asuntos y sectores sociales, se prolongan hasta el presente.

Por ello, es importante reiterar que el altruismo, esto es, procurar el bien ajeno sin esperar nada a cambio, lo que implica la reconciliación y el perdón para cauterizar una etapa fratricida, no es monopolio de un ideario o creencia, salvo las totalitarias, que se autoexcluyen de tal comportamiento. Al fin y al cabo, el dolor tampoco es monopolio de un exclusivo grupo social o de una doctrina. Son personas concretas de unas u otras ideas las que despliegan comportamientos conciliadores y humanitarios o vengativos e implacables. En definitiva, en casi todas las ideologías y organizaciones sociopolíticas existen dos actitudes, la moderada y la radical, la transigente y la inmisericorde. Tales tendencias habitualmente se manifiestan en estrategias políticas opuestas que, en el caso de las izquierdas, suelen polarizarse entre los pragmáticos partidarios de pactos graduales para solucionar las injusticias, y quienes enarbolan las metas utópicas sin atender posibles transacciones, con estrategias que anulan toda disidencia de modo dictatorial.

En este camino, todas las ideologías han justificado la legitimidad de la violencia y, por tanto, han recurrido a métodos violentos para proteger sus respectivos intereses e ideas. Esto ha sido así hasta la segunda mitad del siglo XX. Desprenderse de procedimientos violentos ha sido una conquista política muy reciente en la historia occidental. Podría afirmarse que la idea de una democracia sin violencia política se consolidó en los países occidentales tras la Segunda Guerra Mundial. Cuenta con pocas décadas a sus espaldas y no con un consenso inalterable. En concreto, en España, hasta 2011 ha persistido la violencia como arma política por la trágica obstinación del grupo terrorista ETA. Por eso, concebir la democracia como la pacífica aceptación del disenso hasta convertirlo en una fórmula política inapelable para alcanzar una sociedad más justa es una conquista tan reciente que no puede considerarse irreversible.

Por último, es necesario advertir que en esta síntesis existen carencias, solo atribuibles a quien firma el libro. No encontrarán una historia de las ideas y doctrinas, sino más bien la historia de los grupos políticos de izquierdas explicando cómo se han concretado sus metas en cada momento, contra qué realidades han chocado, qué derrotas las han frenado y cuántas aportaciones han realizado a la construcción de una sociedad más libre, equitativa y justa. Por eso, más que los líderes o los idearios y sus influencias, se describe en cada capítulo cómo socialmente enraizaron unas determinadas aspiraciones y objetivos con sus vaivenes y cambios. Se ha expuesto no solo lo que decían y querían, sino ante todo lo que hacían y con qué medios luchaban para alcanzar las distintas metas. No sobra insistir, por tanto, en que ha sido una tarea endeudada con las numerosas y sustanciosas investigaciones realizadas por una amplia nómina de historiadores cuyas publicaciones se recogen en las bibliografías de los sucesivos capítulos. También es de justicia agradecer las aportaciones que, a lo largo de la redacción del libro, me han realizado Fernando del Rey Reguillo, Julio Carabaña Morales, Juan Ignacio Martínez Pastor, Miguel Ángel del Arco Blanco e Iván Sánchez Cañas. El texto, en fin, queda abierto al indispensable debate y a cuantas revisiones sean necesarias.

CAPÍTULO 1
CUANDO SER LIBERAL ERA REVOLUCIONARIO (1789-1840)

Las ideas de libertad y progreso se desarrollaron y asentaron en los extensos territorios de la Monarquía Hispánica, a ambas orillas del Atlántico, durante el último tercio del siglo XVIII. Contaban con precedentes cruciales: las revoluciones inglesas del siglo XVII —incluida la decapitación del monarca absoluto— habían expandido la idea del pacto social como base del poder político; la revolución norteamericana de 1776 había demostrado la viabilidad de la República y había plasmado el pacto de soberanía de ciudadanos y territorios en la primera Constitución escrita; y, en concreto, en 1789, el impacto de la Revolución francesa traspasó claramente los Pirineos y sus idearios se propagaron por encima de cuantas trabas se les opusieron.

Aquellas ideas fueron enarboladas en las tierras hispánicas por sectores sociales de capas medias y élites ilustradas opuestas al monopolio de los poderes político, económico, militar y cultural de los que disfrutaban dos estamentos de rango feudal, el aristocrático y el eclesiástico. La soberanía absoluta de la Corona, considerada de origen divino, constituía el factor decisivo de la pirámide social conocida como Antiguo Régimen, así como del estancamiento de la historia, y era el baluarte de los aristócratas y eclesiásticos que dominaban con criterios despóticos y pautas improductivas una enorme geografía transatlántica de reinos, virreinatos, capitanías generales, intendencias, audiencias judiciales, señoríos solariegos y señoríos eclesiásticos. En ese cúmulo de posesiones habitaban 11 millones de súbditos en la península ibérica y unos 16 millones, vagamente calculados, en el continente americano.

Hacia 1840, dicha monarquía absoluta e imperial había desaparecido. Primero, las guerras de independencias en el continente americano habían mermado drásticamente las fronteras de las Españas a la altura de 1824, y en la Península, tras una larga guerra civil de seis años (1833-1839), se había transformado en un Estado nacional constreñido al territorio peninsular con las islas Baleares y Canarias, más las de Cuba y Puerto Rico y el archipiélago de Filipinas. Se habían eliminado los poderes feudales del clero y nobleza, se había creado una nueva capa de propietarios que transformaron la tierra —la principal riqueza del momento— en mercancía libre, se habían abierto las compuertas para el desarrollo de métodos de acumulación capitalista y se había implantado una monarquía constitucional.

Fue, sin duda, un proceso revolucionario de la mayor envergadura y hay que comprenderlo en todo caso como parte de la era de las revoluciones liberales que transformaron el mundo occidental a ambos lados del Atlántico. Habría que remontar sus raíces a los siglos XVI y XVII, aunque, a efectos más inmediatos, cabe situar la eclosión de tales procesos en la década de 1770, con el inicio de la Revolución Industrial en Inglaterra y las citadas revoluciones norteamericana y francesa. La fecha de esta última, 1789, inicia este capítulo, para terminar en 1840, cuando la citada guerra civil española acabó con el triunfo del liberalismo español sobre el absolutismo. Hubo varios monarcas en ese medio siglo, entre 1789 y 1840: Carlos IV hasta 1808, Fernando VII hasta 1833 y la regente María Cristina hasta 1840. Todos educados e involucrados en la defensa del poder absoluto del monarca; pero lo importante fue que, a pesar de las vigorosas resistencias de los estamentos privilegiados, se desplegó y consolidó la revolución protagonizada por los liberales.

Así, en estas décadas se inventaron o tomaron un nuevo significado términos como "liberal", "conservador", "progreso", "clase media", "aristocracia", "clase trabajadora", "industria", "ferrocarril", "capitalismo", "periodismo" o "instrucción pública", entre otros. Ocurrió en todo Occidente y, tal y como ha subrayado Eric Hobsbawm, la expansión de esas palabras "son testigos que a menudo hablan más alto que los documentos". Todas ellas expresaron la profundidad de una concatenación de revoluciones en la economía y en la política. La Revolución Industrial iniciada en Inglaterra modificaría progresiva y radicalmente las relaciones sociales y económicas en todo Occidente, pero apenas asomó en España en este periodo, solo en Cataluña desde la década de 1830. En el primer tercio del siglo XIX, en España se realizaron ante todo transformaciones políticas, y las decisivas medidas de abolición del feudalismo para dinamizar la economía con criterios liberales.

En esta obra nos ceñiremos al territorio peninsular, pues desde 1810 el extenso continente americano inició rumbos políticos independientes. Tras una concatenación de guerras contra la metrópoli, emergieron en la década de 1820 quince repúblicas, organizadas todas, eso sí, en nombre de la libertad y soberanía de los ciudadanos que las constituían. El resultado en la Península fue un Estado liberal, de sistema monárquico, sostenido por cuatro grupos de grandes propietarios (agrarios, industriales catalanes, especuladores o agiotistas y los esclavistas del Caribe) con cuyos votos se legislaron las medidas necesarias para desplegar un desarrollo burgués al modo británico o francés.

Siempre fue, en efecto, un proceso sincronizado con los intereses económicos y avatares ideológicos de los más cercanos liberalismos europeos. Francia y el Reino Unido actuaron como aliados y referentes más cercanos, sin olvidar la vecindad de Portugal e Italia. En este capítulo se irán desgranando los aspectos más relevantes para comprender lo que supuso esa revolución en la España peninsular cuando, entre 1789 y 1840, la libertad se constituyó en principio de organización de la sociedad con tal reguero de novedades políticas, económicas y culturales que no cabe estudiar la historia de las izquierdas sin considerar las aportaciones de quienes fueron los primeros revolucionarios de la historia de España.

1. SIMIENTES DE LIBERTAD EN LA CRISIS DEL ANTIGUO RÉGIMEN (1789-1808)

La idea de libertad era antigua y se había planteado en otras muchas culturas, pero fue en los países del Occidente cristiano donde se convirtió en principio para organizar la vida política y social. Desde el siglo XVIII, con la Ilustración y la divulgación de la consigna por parte de Kant, *"sapere aude"* ("atrévete a saber"), se resumieron la libertad de la razón para desarrollar la ciencia sin dogmas ni ataduras religiosas y la exigencia de una moral y un derecho basados en la soberanía de cada individuo. Una auténtica revolución: todos los individuos son originales, todos tienen el mismo valor, todos tienen derechos naturales porque nacen libres e iguales. Más aún, todos son auténticamente naturales, sin sujeción a las normas sociales, en la intimidad del amor, cuando cada persona encuentra un alma afín y puede desplegar sus sentimientos sin cortapisas. En consecuencia, la creación artística y literaria debe ser original porque cada individuo vive el mundo a su manera y cada artista es un creador, un genio, tan libre como Dios para desarrollar un lenguaje surgido del sentimiento, santo y seña de la época.

Semejante entramado político y cultural lo llamamos modernidad y se caracterizó por el afán de construir y dirigir el progreso de la humanidad. Se anudó intelectualmente bajo el rótulo de Ilustración, concepto en el que, pese a tópicos muy extendidos, nunca fueron opuestos sentimiento y razón. Al contrario, se desplegaron ensamblados en una revolución política y cultural, tan liberal como romántica, conjugadas desde el mismo ser individual, tan natural como libre. Baste recordar las obras quizás más significativas para comprender ese momento de ruptura intelectual. Así, la libertad se manifestó tanto en el "dolor cósmico" del *Werther* (1774) de Goethe como en la política propuesta en

El sentido común (1776) de Thomas Paine; el concepto de progreso económico y desarrollo humano se formuló en *La riqueza de las naciones* (1775), de Adam Smith; y las ideas de voluntad general y del valor de la educación en el *Emilio* (1762) de Rousseau, que tuvieron su contrapartida en la *Vindicación de los derechos de la mujer* (1791) de Mary Wollstonecraft, quien, al argumentar la construcción educativa de las cualidades supuestamente naturales de las mujeres, sentó las bases del feminismo.

En todo caso, durante la Revolución francesa se sintetizó la extraordinaria efervescencia de aquellas décadas en la tríada conceptual de "libertad, igualdad y fraternidad", fórmula bajo cuya onda expansiva seguimos viviendo. Además, el liberalismo albergó una dimensión económica que, gracias a la revolución tecnológica de la máquina de vapor, abrió las compuertas a la expansión de un modo de organización capitalista con capacidades de invención inauditas.

SINTONÍAS DE LOS ILUSTRADOS HISPANOS

En ningún momento los amplios territorios de la Monarquía Hispánica se mantuvieron ajenos a tales novedades, incluso participaron con aportaciones nada desdeñables. Existió, sin duda, una Ilustración hispánica a ambos lados del Atlántico, con un peso político y cultural indudable, por más que el contexto de monarquía absoluta e Inquisición obligara a situaciones, decisiones e ideas contradictorias. Se esbozarán solo las aportaciones realizadas desde la Península, donde destacó tempranamente Benito Jerónimo Feijoo, que murió en 1764 y fue el primer y principal adalid de esa Ilustración española, cuya condición de eclesiástico e intelectual apoyado por la Corona expresó justamente las paradojas de ejercer el citado *"sapere aude"* ("atrévete a saber") que haría célebre Kant veinte años después (1785). De hecho, al morir Feijoo, su obra ya había adquirido el rango de clásica, y no por casualidad, Nicolás Fernández de Moratín, en su poema didáctico "La Diana", de 1765, incluyó estos versos de homenaje:

Madrid, la gran Madrid me alimentaba / en tiempo tan dichoso, y fue aplaudido / sin méritos ni canto: aquí empezaba / la Ciencia a abrir su alcázar escondido; / vi en él los Malebranches y Bacones, / los Lockes, los Leibnitizes y Neutones. / Feijoo, mi gran Feijoo, las pirineas / cumbres pasar los hizo, y ha mostrado / el rumbo a solidísimas ideas; / la Física a ahuyentar ha comenzado / el falso pundonor caballeresco / de la nación, y el genio quijotesco.

En efecto, la obra de Feijoo significó la rebeldía contra toda autoridad no racionalista, zarandeó las bases teológicas y el método deductivo de unos saberes considerados inmutables por los poderes eclesiásticos. Fue rotundo: todo saber tenía que someterse a la experimentación racionalista, la ciencia solo podía apoyarse en la observación y, por tanto, el método inductivo y una educación crítica eran los medios para formar personas libres. Era el programa ilustrado y Feijoo insistió en la educación, esto es, en instruir "con las luces de la razón" para lograr seres libres y felices y, por tanto, impulsar el progreso de toda la sociedad. Además, esa instrucción tenía que ser en "lengua vulgar", no en latín.

Pero no bastaba la instrucción, era necesario abolir los obstáculos para el progreso social, económico y político. Por eso, los ilustrados defendieron la "utilísima ciencia de la economía" y se organizaron en su mayoría, de modo significativo, en grupos de estudio y de presión que se denominaron "Sociedades Económicas de Amigos del País". Entre sus integrantes se difundió la economía como la nueva ciencia para "aumentar el bienestar del género humano", como se propagó en conferencias o discursos que exaltaban "la utilidad de los conocimientos económico-políticos". Adam Smith ejerció una influencia extraordinaria.

En definitiva, la economía significaba la secularización del saber y se desarrolló al margen de las universidades, que estaban controladas por el clero. Se crearon cátedras de esta nueva ciencia en dichas Sociedades Económicas desde cuyas tribunas se defendió una sociedad meritocrática, se criticó duramente la herencia de fueros, privilegios y poderes, se argumentó a favor de la libertad de comercio e industria y se logró que se reconociera por decreto en 1783 la dignidad de todo tipo de oficio y trabajo, denostando la ociosidad de nobles y frailes. Hubo programas de introducción de nuevas semillas y técnicas para la agricultura y, en definitiva, estas élites ilustradas se afanaron por desmentir la crítica que se hacía en la *Enciclopedia* francesa, el primer vademécum de la intelectualidad europea, que había publicado en 1782 la voz "España" definiéndola como un país que, si bien podría ser "poderoso", era la "nación más ignorante de Europa", al estar maniatada por el oscurantismo eclesiástico. Cierto que en ese texto se reconocía también la reciente apertura de España a las nuevas ideas y a las reformas económicas, con la existencia de "sociedades consagradas a las ciencias" y una nómina de "sabios célebres en física e historia natural" que elevarían el poder de "esta magnífica nación".

Se trataba de un movimiento ilustrado cuyos integrantes tenían posiciones y grados de compromiso de distinta intensidad, según el contexto y las respectivas posiciones sociales. Había aristócratas como el conde de Floridablanca, el conde de Aranda o el duque de Almodóvar, traductor de Voltaire y Rousseau, y, sobre todo, intelectuales y profesionales de la administración como Jovellanos, Campomanes, Cabarrús, Valentín de Foronda, Meléndez Valdés o León de Arroyal, entre otros. De este ambiente ilustrado hay que destacar un periódico, *El Censor*, y una personalidad, Jovellanos, ambos con propuestas explícitamente liberales en todos los ámbitos de la vida.

En concreto, *El Censor*, publicado entre 1781 y 1787, ya anunciaba con su propio nombre una tarea tanto crítica como correctora y dictaminadora de hechos y valores. Editado por Luis García del Cañuelo y Luis Marcelino Pereira, abrió el camino a la prensa política y sufrió secuestros y prohibiciones, porque en sus páginas hubo artículos de distintos autores en los que se criticó abiertamente el monopolio de las riquezas económicas por dos estamentos privilegiados, la nobleza y el clero. Arreciaron las críticas contra la ociosidad de ambos estamentos, que amparaban sus derechos en "pergaminos con garabatos" para someter a servidumbre a la mayoría de la población. Hubo propuestas para solucionar la situación de los jornaleros y el bandolerismo endémico, tan concretas como fomentar pequeñas propiedades agrarias, pensando que "la medianía de las fortunas particulares" es el ideal para la prosperidad de un país. Exigieron implantar el principio de igualdad con leyes comunes para todos, suprimir la tortura en la justicia, abrir las universidades (en manos de eclesiásticos) a las ciencias y realizar una autocrítica del casticismo apologético enarbolado por los defensores de una España anclada en el absolutismo y en los saberes teológicos.

Por su parte, de Jovellanos cabe destacar dos obras: el *Informe sobre la ley agraria* (1787) que, sin duda, marcó la agenda desamortizadora de todo el siglo XIX, y el *Informe sobre el libre ejercicio de las artes* (1785), un ataque a las ataduras gremiales que impedían el desarrollo de la industria. Por más que fuese respetuoso con la monarquía absoluta y con una política gradualista, precisó con claridad las ideas básicas del liberalismo, esto es, la libertad, la propiedad, el trabajo y la seguridad como derechos naturales, y especificó, en concreto, que "entre ellos el más firme, el más inviolable, el más sagrado que tiene el hombre es el de trabajar para vivir". Se tenía la idea de que el individuo era perfectible por su capacidad de incrementar el conocimiento. Esto constituía la base del progreso, puesto que, gracias a la sociabilidad, la prosperidad individual y del país respectivo se ensamblarían en un proceso ilimitado. El soporte de tales propuestas siempre y en todo caso radicaba en una "educación pública".

En este sentido, es justo recordar que hubo mujeres que recogieron en España el discurso ilustrado, aunque minoritario, de la igualdad intelectual entre hombres y mujeres con la consiguiente exigencia de acceso a la educación o "ilustración". Argumentaron que el origen de las diferencias estaba en la "instrucción" impuesta por el varón que las dejaba en la "ignorancia absoluta". Así razonó Josefa Amar en 1786 en el *Discurso en defensa del talento de las mujeres y de su aptitud para el gobierno y otros cargos en que se emplean los hombres*. Este texto marcó el rumbo de la controversia producida en la Sociedad Económica Matritense sobre el acceso de las mujeres a dicha institución. Posteriormente publicaría el *Discurso sobre la educación física y moral de las mujeres* (1790), planteando la necesidad de una educación igualitaria para ambos sexos, incluso en un mismo espacio, lo que en la práctica era una coeducación. Cabe recordar también la obra de Inés Joyes y Blake, *Apología de las mujeres* (1798), donde ya rechazó el despegue de las exaltaciones románticas que hacían los varones de la mujer porque en la práctica significaban negarle el acceso al saber y a la igualdad.

Por último, desde las dos últimas décadas del siglo, a pesar de las cortapisas propias de un régimen con censura inquisitorial, se difundió, como ya se ha dicho, el pensamiento de Adam Smith. Conviene insistir: se encumbró la economía como la ciencia social por antonomasia porque, junto con las ciencias exactas, impulsaría "la riqueza de las naciones", esto es, el progreso de la sociedad. Hubo intelectuales abiertamente liberales, como Valentín de Foronda, quien en 1788 ya planteó que la propiedad, libertad, seguridad e igualdad eran "los cuatro manantiales de la felicidad de todos los Estados"; o también León de Arroyal, con un proyecto constitucional basado en la soberanía nacional, en la separación de poderes y en los "derechos naturales" de los individuos, donde anticipaba que "la igualdad de los ciudadanos" debía ser la piedra de toque para valorar una legislación, puesto que "la naturaleza ama la igualdad". Es cierto que estas ideas de Arroyal, escritas como *Cartas económico-políticas al conde de Lerena* entre 1785 y 1795, no fueron publicadas hasta 1861. Tuvo, sin embargo, mucho éxito, y mantiene hoy su modernidad el panfleto *Pan y toros* (1793), parodia corrosiva del casticismo de la aristocracia y expresión del desengaño ante las limitaciones de las pretendidas reformas de unos gobiernos absolutistas, por más que se considerasen "ilustrados".

GRIETAS SOCIOECONÓMICAS EN LOS PODERES ESTAMENTALES

En efecto, tal y como denunciaba León de Arroyal, por más que se hablara de "reformas ilustradas", lo que llamamos "Antiguo Régimen" se mostraba irreformable. La sociedad de la Monarquía Hispánica albergaba realidades que los coetáneos definieron como feudales. Ante todo, era un régimen absolutista, sin libertades políticas ni económicas. La propiedad de la tierra, medio fundamental de riqueza, estaba vinculada a "manos muertas", esto es, no era una mercancía de libre circulación, sino que estaba "muerta", o sea, vinculada y atada a la aristocracia, a la Iglesia, a la Corona y a los municipios. Por su parte, el sistema gremial encorsetaba las relaciones de trabajo en el ámbito artesanal y manufacturero. Además, múltiples aduanas interiores obstaculizaban el desarrollo de un mercado que ni era libre ni se organizaba de modo estatal. La red de transportes, a pesar de los intentos de los gobernantes ilustrados, estaba estancada. No existía una instrucción pública generalizada, de modo que la cifra de analfabetismo se situaba en el 90% de la población. Las universidades estaban controladas por órdenes religiosas, que impartían las materias tradicionales del escolasticismo católico, en general, sin apertura a las nuevas ciencias impulsadas durante el siglo XVIII, salvo casos excepcionales.

En suma, las relaciones sociales y económicas y los distintos resortes de poder, tanto en el continente americano como en la metrópoli peninsular, se articulaban en torno a los intereses de la clase señorial (feudal) de aristócratas y eclesiásticos, cuyo vértice en la Corona garantizaba el dominio sobre tierras y campesinos. En la Península habitaban poco más de 11 millones de personas, mientras que Francia, por ejemplo, rebasaba los 27 millones. Madrid era la única ciudad que pasaba de 200.000 habitantes; Barcelona tenía 140.000; las demás no pasaban de 50.000. La inmensa mayoría eran campesinos cuya esperanza de vida apenas rebasaba los 30 años, analfabetos en su práctica totalidad. Sin embargo, la riqueza agraria estaba en manos de dos minorías estamentales, la eclesiástica y la aristocrática. Los bienes eclesiásticos estaban controlados por no más de 60 obispos, otros tantos cabildos de canónigos y por los padres priores y madres superioras de las órdenes religiosas. Del estamento nobiliario, en torno a medio millón de hidalgos, solo 1.300 personas formaban la élite aristocrática que acaparaba casi todas las tierras de señorío y los cargos públicos (civiles, militares y judiciales).

Conviene subrayarlo: los coetáneos hablaron de feudalismo sin tapujos. El diputado en las Cortes de Cádiz José Alonso y López hizo un balance del régimen señorial hacia 1810. Toda la superficie de tierra cultivada estaba sometida a señorío: más de la mitad bajo señorío solariego o laico, el 51,4%, seguida por el 32,2% bajo señorío realengo (ahí entraban baldíos y comunes en gran medida) y el 16,4% en manos eclesiásticas. Esto suponía que, por ejemplo, en Galicia el 83% de la población estaba sometida a señoríos; en Aragón y Valencia más del 50% de la población, como también ocurría en toda Extremadura, La Mancha y Andalucía. Estos campesinos eran los únicos que pagaban rentas e impuestos a los señores (eclesiásticos o nobles), a la Corona y a la hacienda real. Sin embargo, los nobles y el clero no tributaban. Junto a estos grupos, hubo sectores artesanos con peso social en las ciudades, más nuevos grupos de comerciantes que dieron paso a una incipiente burguesía mercantil, muy activa política y culturalmente hacia 1800.

Ahora bien, el crecimiento económico producido en el siglo XVIII impulsó un proceso de diferenciación social dentro de esa masa de campesinado. Surgieron ricos labradores, grandes arrendatarios de los señoríos e intermediarios entre los señores y los pueblos en otros casos, administradores y recaudadores, jueces y corregidores que, aun bajo la designación señorial (laica, eclesiástica o de la Corona) se abrieron camino hacia la riqueza aprovechando las coyunturas de buenas cosechas y posibilidades de comercialización. Estas capas de campesinos enriquecidos fueron los que mayores resistencias ejercieron contra los abusos de los señores, los que se opusieron directamente al sistema señorial y estuvieron tras los impulsos políticos para que las Cortes de Cádiz se decidiesen por la abolición de los señoríos.

Por otra parte, en lo que se calificaba como sector industrial, en su práctica totalidad de carácter artesanal, trabajaba un 12%, incluyendo desde operarios de fábricas de textil o militares hasta un amplio abanico de menestrales en sectores de alimentación (harina, vino, aceite), zapatería, sastrería y sombrerería, por ejemplo. Junto a este sector productivo, figuraban censados como comerciantes al por mayor apenas 7.000 personas. Los clasificados como mercaderes o de comercio al por menor apenas eran 19.000 individuos. Por último, existía un conjunto de unos 300.000 funcionarios, y otro grupo social de profesionales ya claramente liberales, como los médicos, abogados o artistas, reducidos en número, pero de enorme influencia social.

En suma, la agricultura constituía el eje sobre el que giraba la riqueza en aquella sociedad, pero no existía un mercado nacional para su comercialización. Persistían las aduanas de los antiguos reinos desde la Edad Media, con una diversidad de pesos, medidas y monedas que dificultaba el tráfico interior de mercancías. No había buenas comunicaciones y solo bajo los gobiernos ilustrados del último tercio del siglo XVIII se previó la implantación de un sistema radial de carreteras, con Madrid en el centro. Lo predominante era el mercado local, como mucho el comarcal o semirregional con escasos intercambios. Solo en las tierras con litoral marítimo había una economía mercantil de mayor envergadura, con exportaciones de harinas, vinos, aceite, lana, seda y otras materias primas. La zona más desarrollada era Cataluña, en un proceso de capitalismo mercantil que pronto devendría industrial, lo que también ocurriría en el litoral valenciano y en otros litorales con puertos importantes como los de Santander, La Coruña, Málaga y especialmente Cádiz.

Ante semejante panorama económico, el crecimiento demográfico (en 1800 la población había aumentado un 40% sobre la existente en 1700) produjo una demanda de tierras para cultivar, y también para comerciar, con la consiguiente alza de precios y subida de las rentas agrarias. A esto se sumó la expansión de los negocios mercantiles en las tierras litorales. Por eso las élites ilustradas diagnosticaron atinadamente que era insostenible que la principal riqueza, la tierra, estuviera vinculada hereditariamente, por el método del mayorazgo en gran parte, en manos de unos estamentos ociosos y ajenas a la rentabilidad e innovación. La reforma agraria se convirtió así en el asunto más importante y urgente de las propuestas ilustradas, con duros ataques a las "manos muertas" de las "clases improductivas", la eclesiástica y la aristocrática, así como a la Corona.

En consecuencia, en las últimas décadas del siglo XVIII la prosperidad económica y el incremento de intercambios comerciales constituyeron la plataforma para fraguar y difundir, sobre todo desde las ciudades portuarias, la mentalidad burguesa. Este proceso se desarrolló entre ambas orillas del océano en una monarquía atlántica en cuyas ciudades se consolidaron sectores económicos, catalogables como burgueses, desde Buenos Aires, Caracas y México hasta La Coruña, Cádiz, Málaga, Valencia, Barcelona o Madrid. Conectaron claramente con las ideas y las ventajas de los defensores del liberalismo existentes en los países más avanzados del momento, en concreto, en el Reino Unido y en Francia. Sin duda, aquellos sectores protoburgueses, los sectores de capas medias del campesinado antifeudal y las élites intelectuales antes expuestas, pueden ser considerados los anclajes sociales y políticos de las primeras izquierdas en España. Lucharon contra un sistema de opresión económica que calificaron como feudal para defender otro nuevo modo de organización de la economía basado en la libertad y en la iniciativa individual, que implicaba, por lo demás, otros modos de explotación. Así fue, solo que en esa lucha, librada, al menos teóricamente, para implantar un sistema más justo, abrieron las compuertas a las libertades con un insospechado torrente de potencialidades inéditas en la historia hasta entonces. Ser liberal derivaba en castellano, y de ahí que así se asociase en el significado de entonces, a ser generoso; además, en español, "liberal" pasó a significar también defensor de la libertad para todos.

LA SUBVERSIÓN TRASPASÓ LOS PIRINEOS: APARECEN 'DERECHAS' E 'IZQUIERDAS'

Si este capítulo se inicia en 1789 es por el enorme impacto que tuvo la Revolución francesa en una monarquía de la misma dinastía de los Borbones. Acababa de heredar la corona Carlos IV, en 1788, que prosiguió la política de su padre, Carlos III, de encomendar el gobierno a la élite reformista, de ningún modo dispuesta a trastocar las bases del régimen social y político; por eso se califica como "despotismo ilustrado". Sin embargo, los acontecimientos revolucionarios de Francia impusieron una nueva agenda política e ideológica. Ante todo, la Asamblea Nacional de Francia, constituida en 1789, había asumido la soberanía, y allí fue precisamente donde se situaron a la izquierda del presidente de dicha institución los partidarios de anular el poder absoluto y dotarse de una Constitución, con Robespierre al frente; a la derecha, los defensores del absolutismo monárquico; y en el centro, los moderados o indecisos. De este modo, aquellos adjetivos, que señalaban una posición en la sala, se convirtieron en sustantivos que, por un lado, definieron e identificaron la opción de ruptura e impulso de la igualdad y, por otro, la de conservar intacto lo existente, quedando en medio los que trataban de conservar y cambiar a la vez, según qué cuestiones.

No cabía la indiferencia. La revolución estaba subvirtiendo no solo Francia, sino también más allá de los Pirineos. Entre las élites españolas surgieron igualmente esas tres actitudes: rechazar rotundamente esas novedades (reaccionarios o absolutistas), defender una adaptación parcial y más moderada de los principios revolucionarios (reformistas o moderados) y, la más minoritaria a fines del siglo XVIII, la opción de aplicar tales principios con todas sus consecuencias (los liberales, que lograrían plasmar su ideario en la Constitución de 1812). Las tres posturas fueron las que marcaron la historia de la sociedad española hasta 1840, año en el que, al finalizar la guerra civil conocida como carlista, el triunfo del liberalismo abrió otra etapa, cuyas características se abordarán en el siguiente capítulo.

Es necesario enfatizar la fuerza e impacto de las ideas de libertad y progreso procedentes de Francia. Estas alteraron la comodidad o ambigüedad reformista de muchos ilustrados como los del gobierno de Floridablanca, que intentó frenar la introducción de esas ideas, como ocurrió posteriormente, cuando el gobierno de Godoy declaró la guerra a la Francia republicana por haber guillotinado a Luis XVI (fue la guerra de los Pirineos o de la Convención, 1793-1795). Pero estas acciones lograron el efecto contrario: además de avivar el debate sobre la revolución, la guerra terminó en una derrota camuflada de paz que supuso el reconocimiento de la legitimidad de la República francesa y la cesión de la monarquía española de la mitad de la isla La Española a cambio de la devolución de Francia de los territorios ocupados en el Pirineo, pactados en el tratado de paz de Basilea (1795).

Entre los defensores declarados de la Revolución francesa estaba José Marchena, que se tuvo que exiliar a Francia para no caer en manos de la Inquisición. Fue traductor de Rousseau y propagandista de las ideas económicas de Adam Smith. Procedía de Sevilla, como José Mª Blanco White, Alberto Lista y otros intelectuales comprometidos con la renovación política y cultural. En algunas universidades como las de Granada, Valencia y Santiago también corrieron aires de renovación, pero el núcleo más importante fue el de quienes coincidieron en la Universidad de Salamanca durante el mandato del rector Diego Muñoz-Torrero, posteriormente uno de los padres de la Constitución de 1812, tales como el afrancesado Juan Meléndez Valdés, el activista liberal y poeta cívico Manuel José Quintana o el economista Ramón de Salas.

También es revelador comprobar cómo corrían las ideas revolucionarias por toda la geografía española. Aunque no existiera todavía una red de prensa periódica, desde fines del siglo XVIII proliferaron los pasquines y panfletos subversivos. Por ejemplo, en los motines por hambre y contra la carestía del pan que hubo en 1802 por numerosos pueblos de La Mancha, las autoridades que enjuiciaron a los cabecillas del motín en Tembleque dejaron constancia de que las mujeres habían gritado: "A estos pícaros de los ricos que comen con el sudor de los pobres [habría que] matarlos y quitarles el pellejo". Por su parte, un escribano ratificó en el juicio que había oído "las palabras de *igualdad*, *guillotina* y otras que usaban en Francia en tiempos de la revolución". Tampoco fue anecdótico que en el barrio de Lavapiés, en Madrid, un maestro, Juan Bautista Picornell, pensara dar un golpe de Estado con unas pocas pistolas y unos cuantos cuchillos para sus amigos profesores y artesanos, con el fin de implantar un régimen nuevo bajo la consigna de "libertad, igualdad y abundancia".

El hecho es que hacia 1808 se había propagado con impacto considerable otra manera de concebir la economía y la política, la sociedad y la cultura. Si, como se ha visto, habían llegado al campo manchego las noticias de la Revolución francesa, además se ha comprobado que durante la crisis económica y de subsistencia de los años 1802 a 1804 se reforzaron las tácticas tradicionales de resistencia pasiva que practicaban los campesinos, como negarse al pago de las rentas señoriales y de los diezmos. Por eso, cuando Napoleón intervino en el pleito por la corona entre Carlos IV y su hijo Fernando VII, se creó tal vacío de poder que semejante oportunidad abrió las puertas a la organización de las Juntas soberanas en distintas provincias y la apertura de un proceso revolucionario en el que los liberales, como Manuel José Quintana, entre otros, desempeñaron un papel decisivo para que la convocatoria de unas Cortes soberanas —en ausencia del rey— tuviera carácter nacional y no estamental. Además, la declaración de guerra a la nueva dinastía Bonaparte permitió a un amplio campesinado deshacerse de los pagos señoriales y rechazar el monopolio de riquezas acumuladas en manos de estamentos feudales. No de otro modo se puede entender la urgencia del decreto que emitió Napoleón en Chamartín en diciembre de 1808 aboliendo el régimen señorial, lo que obligó a que en 1811 las Cortes reunidas en Cádiz, aunque cercadas por las tropas napoleónicas, tuviesen que dar la réplica consiguiente con un amplio decreto de abolición de los señoríos.

2. LA REVOLUCIÓN ESPAÑOLA: DE SÚBDITOS A CIUDADANOS CON DERECHOS Y DEBERES (1808-1814)

Entre 1808 y 1814 tuvo lugar lo que, por analogía con las revoluciones inglesa, americana o francesa, los coetáneos, como el conde de Toreno, calificaron igualmente como "revolución española". La doble ruptura iniciada en mayo de 1808 produjo dos legalidades enfrentadas. La primera, con José Bonaparte, recibió el poder por abdicación de la familia depositaria de la corona, y, para borrar ese origen, convocó unas Cortes que ratificaron en Bayona el primer texto constitucional de la historia española. Fue un paso muy importante, protagonizado por políticos españoles tan relevantes como Moratín, Meléndez Valdés, Reinoso y una amplia nómina de intelectuales partidarios de reformas liberales moderadas, conocidos peyorativamente como "afrancesados". Sus propuestas de abolición de los poderes feudales coincidieron con lo que se legislaría desde 1810 en las Cortes de Cádiz. En efecto, en estas Cortes se expresó la otra legalidad que existió durante estos años. No vino de la mano de un trueque de coronas como el de Bayona. Se constituyó de modo revolucionario, desde abajo, al organizarse Juntas que, en ausencia del rey, se declararon soberanas. Lo más importante, en todo caso, fue que, en ambas legalidades, la bonapartista y la gaditana, se desplegaron principios liberales, más moderados y graduales entre los partidarios del nuevo rey Bonaparte, y medidas legislativas más contundentes e inmediatas por parte de las Cortes reunidas en Cádiz.

SIGNIFICADO DE LIBERALISMO

No sobra esbozar el uso del término *liberalismo* para clarificar el punto de partida de las izquierdas en España. Se trata de un concepto universal en la historia de las ideas y de las prácticas políticas que, por otra parte, alberga distintos significados e importantes variantes. Por eso hay que subrayar que no es un concepto atemporal que funcione de modo autónomo, por encima de circunstancias e intereses. Fue precisamente la llamada "revolución española" la que creó los términos *liberalismo* y *liberal* para definir, frente a los absolutistas, anclados en los privilegios de un régimen señorial y teocrático, una ideología que recogía las experiencias de las revoluciones americana y francesa. Se usó, por tanto, como adjetivo para calificar las ideas, las aspiraciones y a las personas dispuestas a poner en práctica ese "liberalismo" que significaba libertad y también tolerancia.

Durante las Cortes de Cádiz los protagonistas de la revolución española se definieron a sí mismos como "liberales", frente a las personas "serviles" que defendían la sumisión al poder absoluto del monarca. Tal y como escribió Bartolomé José Gallardo en 1811, liberales eran todos aquellos "a los que no sólo excitan el conocimiento, amor y posesión de la libertad, sino que propenden a extender su benéfica influencia". En consecuencia, el liberalismo fue una ideología en construcción en la que concurrieron distintas limitaciones e intereses sociales que se desplegaron bajo el concepto de libertad. Así, en su desarrollo histórico la libertad fue interpretada por grupos sociales enfrentados que la dotaron de contenidos incluso opuestos, tal y como se irá desgranando a lo largo de este libro.

En concreto, en estos años de guerra contra Napoleón y de coyuntura revolucionaria para los primeros liberales españoles, el ideario catalogado como liberal se expandió gracias a la prensa, panfletos y manifiestos que, desde 1808, dieron origen a lo que se llamó "opinión pública", esto es, las opiniones vertidas y expandidas a través de tales medios. Hubo por primera vez "libertad de imprenta", un derecho inédito e igualmente revolucionario, y con esa libertad nació la prensa como fenómeno social y político, necesariamente plural. Y, en consecuencia, otro nuevo sintagma, el de "opinión pública", convertida en referente de legitimación política. Pública porque no era privada ni secreta, sino que era leída y expandida entre el pueblo y, por tanto, podía considerarse la expresión del sentir popular. Aparecieron la prensa y los periodistas como nuevas plataformas de poder asociadas a la "libertad de imprenta" o de expresión.

Fue tal la eclosión de folletos y periódicos en todas las ciudades que el *Diario de Málaga* relataba: "Si usted se propone leer todo lo que se publica, bueno o malo, tiene que comenzar a las siete de la mañana, en que se derraman los ciegos por todo el lugar, y no acabar hasta las once de la noche". Así es como se dotaron de nuevos contenidos políticos a vocablos que se hacían realidad cada día como los de *nación soberana*, *patria*, *pueblo*, *libertad*, *igualdad*, etc. Incluso los "reaccionarios" aprendieron de inmediato a lanzar periódicos y folletos en nombre de la libertad.

En este ambiente de efervescencia ideológica y en plena contienda contra Napoleón se desarrolló otra guerra ideológica a través de la prensa y los folletos en la que se entrecruzaron las tres posiciones ideológicas antes enunciadas. Los absolutistas, reaccionarios a cuanto sonara a libertad, estuvieron contra todos: contra las reformas del gobierno de José Bonaparte y contra las propias Cortes de Cádiz y sus decisiones, acusando a unos y otros de ser "extranjerizantes" y de introducir de un modo u otro ideas francesas, ajenas al "ser español". Los liberales templados, que apoyaron al nuevo rey porque, tal y como explicó Moratín, pensaron que así podrían acometer "las reformas que necesitaba la nación" a partir de "los sólidos cimientos de la razón y la justicia". Y, en tercer lugar, los liberales constitucionalistas, que supieron dirigir la legislación de las Cortes de Cádiz en sentido más radical, siempre evitando que se les acusara desde la prensa de ser agentes de la "hidra revolucionaria" napoleónica. Jovellanos, que tuvo dudas sobre qué dinastía apoyar, si la bonapartista o la borbónica, optó por esta "izquierda" del momento porque la nación no luchaba "ni por los Borbones ni por los Fernandos", sino por sus "derechos originales, sagrados, imprescriptibles, superiores e independientes de toda familia o dinastía". No por casualidad, el citado Manuel José Quintana, su fiel seguidor, fue un importante artífice de este primer liberalismo que se expresó de un modo radical en las Cortes de Cádiz.

Por lo demás, conviene exponer que, a pesar de estar excluidas de los derechos políticos, en aquel Cádiz revolucionario irrumpieron voces y actividades de mujeres de relevante significación. Siempre encorsetadas en una perspectiva en la que se preservaba para el varón el uso exclusivo de los derechos políticos, por considerar la naturaleza femenina incompatible con las tareas públicas. La realidad, sin embargo, abrió ventanas de oportunidad, con un notable activismo de ambos signos. En el campo liberal hubo nombres como el de Carmen Silva, quien, al estar preso su marido por la censura, siguió publicando el periódico más radical del momento, *El Robespierre Español*. Hubo también tertulias antagónicas, como las organizadas por la absolutista Frasquita Larrea en Cádiz, o, en el frente opuesto, por la jerezana Margarita de Morla y Virués, decantada por el liberalismo. La primera estaba casada con Nicolás Böhl de Faber y, aunque defendiera el absolutismo católico y una idea españolista de esencias intocables, no por eso dejó de leer a los pensadores ilustrados y también a románticos como Chateaubriand. Es más, tradujo a Byron y a una pionera del feminismo,

Mary Wollstonecraft. Esto sin olvidar que las mujeres estaban desempeñando un papel importante en distintas batallas contra Napoleón, con tareas arriesgadas, y que los románticos muy pronto mitificaron por toda Europa y exaltaron como expresión del carácter indómito ibérico, con los ejemplos de Agustina de Aragón, Clara del Rey, Manuela Malasaña, Casta Álvarez o la condesa de Bureta.

CONSTITUCIÓN DE ESPAÑA COMO NACIÓN SOBERANA E ILUSTRADA

En las Cortes reunidas en Cádiz con carácter soberano, a razón de un diputado por cada 50.000 "almas", los liberales lograron que se aprobara una Constitución y un centenar de decretos que subvirtieron radicalmente el pasado y definieron los contenidos de una sociedad liberal. Es necesario sintetizar lo legislado entonces porque inauguró las cuestiones básicas sobre las que, en gran medida, girarían posteriores idearios de izquierdas.

En primer lugar, la soberanía de la nación. Con el liberalismo, la nación se hizo concepto político, y con el Romanticismo se dotó de esencia cultural. El primero concebía la nación como contrato de individuos libres con los mismos derechos, una idea revolucionaria de los liberales que disolvió los poderes absolutos de los monarcas y creó un Estado representativo cuya soberanía debía expresarse pacíficamente mediante el voto ciudadano. El segundo significado fue fraguado por los románticos, fuesen revolucionarios o reaccionarios: pensaron la nación como la esencia cultural que daba identidad común al conjunto de individuos que la integraban. Para los reaccionarios, el catolicismo y la monarquía eran lo propio de lo español; para los revolucionarios, lo español consistía en defender la libertad del pueblo desde Viriato a Daoiz y Velarde, pasando por los comuneros y el Justicia de Aragón. En los debates de las Cortes se expresaron ambas ideas y sus distintos intereses: los absolutistas consideraron intocables los privilegios estamentales al constituir la esencia de España; los liberales, por el contrario, sostenían que la libertad estaba arraigada en el alma de los españoles y de ningún modo era una ideología "extranjerizante" y mucho menos francesa.

Las consecuencias de establecer la soberanía de la nación eran rotundas. Si la nación era "el conjunto de los españoles" y la nación era la soberana, los españoles no podrían ser ni súbditos ni propiedad de nadie, ni siquiera del rey. Además, la soberanía de la nación solo tenía una meta, la de "conservar y proteger por leyes sabias y justas la libertad civil, la propiedad y los demás derechos legítimos de todos los individuos que la componen". En el fondo era una firme declaración de los derechos y libertades de los ciudadanos, tal y como se recogieron en los cuatro primeros artículos de la Constitución. En posteriores artículos se desgranarían otros derechos, como el de la igualdad jurídica, la inviolabilidad del domicilio, el sufragio y la libertad de imprenta.

Sin embargo, se establecieron tres limitaciones trascendentales. La primera, que todos, por el hecho de haber nacido y estar avecindados en "cualquier pueblo de las Españas", gozarían de los derechos básicos de libertad civil, propiedad, igualdad jurídica y seguridad. Sin embargo, se excluía a los originarios de África, esto es, a los esclavos y a sus descendientes, aunque fuesen mestizos. Una drástica limitación del primer liberalismo español, que afectó al extenso continente americano para no interferir en los intereses de los esclavistas y también por miedo a una posible revolución similar a la que en aquel tiempo habían organizado los esclavos en Haití. La otra restricción supuso negarle el derecho al voto y a ser elegibles a los criados y asalariados de otras personas, al suponerles dependencia de su señor en la decisión del voto, además de los condenados por deudas o delitos. Mayor calado tuvo la tercera barrera, que simplemente se silenció: las mujeres ni se nombraron. Unas exclusiones y un silencio en parte tomados de la Constitución francesa de 1791, que había distinguido entre "ciudadanos pasivos" y "ciudadanos activos". Esta diferenciación está presente en todas las revoluciones liberales, distinguiendo entre derechos civiles, implantados para todos los ciudadanos, y derechos políticos, que únicamente daban rango de ciudanía activa a los varones, concretamente, como se añadió después, a aquellos que fuesen propietarios, porque solo los partícipes de la "riqueza nacional" tenían capacidad de asumir las riendas soberanas de la nación.

En Cádiz se impuso una limitación económica para ser diputado, y que requería gozar de "una renta anual proporcionada, procedente de bienes propios". El proyecto liberal era construir una nación de propietarios, porque, en palabras de Argüelles, "nada arraiga más al ciudadano y estrecha más los vínculos que le unen a su patria como la propiedad". Por su parte, Nicasio Gallego expuso la idea de realizar "la mayor subdivisión posible" de la tierra para lograr "la prosperidad de la agricultura" y también para "estimular a todos los españoles a que se hagan propietarios". Insistió para lograr que no se aplicara la exclusión de los analfabetos del derecho al voto, porque, además de ser la marginación política de quienes luchaban en ese momento por la patria contra Napoleón, había que dar tiempo suficiente para que "esté más generalizado que ahora el gusto de adquirir terrenos" y "para que cada uno procure hacerse dueño de alguna finca para no verse privado del apreciable derecho de concurrir a las Cortes". Todo un programa social, económico y político.

Por lo demás, también se reguló la inviolabilidad del domicilio y el *habeas corpus*, se obligó a que siempre se instituyese un proceso público, se abolió el tormento, se legisló la igualdad contributiva, así como el derecho a la educación. Cuando se debatió el decreto de "libertad de imprenta, pensamiento e ideas" en el otoño de 1810, solo Flórez Estrada defendió la libertad de conciencia y de religión, pero los absolutistas lograron de la mayoría liberal que "todos los escritos sobre materias de religión" quedasen "sujetos a la previa censura" de los obispos. Además, con la libertad surgió de inmediato el problema de sus límites. Se creó una Junta de censura tanto "para asegurar la libertad de imprenta" como para "contener al mismo tiempo su abuso".

Cabe afirmar, por tanto, que se inició el camino hacia un Estado de derecho en la historia de España. En coherencia con los derechos estipulados, en la Constitución de 1812 también se establecieron cuatro deberes. El primero y principal, "el amor de la Patria" y la obligación de "ser justos y benéficos". Era la síntesis de los valores, lealtades, afectos y comportamientos que debían guiar al ciudadano español, por más que algunos autores hayan expresado desdén o incluso sarcasmo por incluir en la Constitución esa obligación de buscar la justicia y hacer el bien. La noción de ciudadano, que hoy preocupa tanto, se convirtió en una cualidad para la convivencia de la que derivaba el segundo deber: lealtad y cumplimiento de "la Constitución, obedecer las leyes y respetar las autoridades establecidas".

El tercer deber no era otro que la obligación de "todo español, sin distinción alguna, a contribuir en proporción de sus haberes para los gastos del Estado". Un principio de proporcionalidad y justicia fiscal que, sin embargo, se quedó en letra muerta durante casi dos siglos. En la práctica, aquel mandato de la proporcionalidad no empezó a ser aplicado hasta después de aprobarse la Constitución de 1978... El cuarto deber establecía el servicio militar obligatorio para todos por igual, pero abrió la puerta a librarse a cambio de un "donativo" a las arcas públicas, opción que convirtió dicho deber en un tributo de sangre para los pobres.

A mitad de camino entre los derechos y los deberes, destaca la importancia que la Constitución de 1812 otorgó a la "Instrucción Pública". Los liberales, en un informe para la Junta Central, ya exigieron desde 1810 una instrucción pública para toda la población, pues, de lo contrario, "el atraso y la barbarie seguirán dominando y no habrá progreso", y plantearon la urgencia de erradicar "los vergonzosos azotes" y demás "medios inicuos que impiden, más que fomentan, la educación". Se prohibió la corrección con azotes en las escuelas, contrario "al pudor, a la decencia y a la dignidad de los que son, o nacen y se educan para ser hombres libres y ciudadanos de la noble y heroica Nación Española".

En suma, se situó la instrucción pública con un título propio en la Constitución, que estableció algo totalmente inédito: la obligación estatal de abrir escuelas de educación primaria en todos los pueblos. Se fijaron cuatro materias obligatorias: gramática, matemáticas, el catecismo católico y la enseñanza de "las obligaciones civiles". Lo imprescindible para desterrar el analfabetismo, abrir las puertas a las luces de la razón y hacer de un solo idioma, el castellano, la lengua de la nación, pues se debatió su obligatoriedad frente al latín que dominaba en la universidad. Esas escuelas serían de "niños", masculino genérico que permitió a Manuel José Quintana incluir las escuelas para niñas en el reglamento de aplicación de la norma constitucional. De este modo, la Constitución de 1812 sentó el principio de la responsabilidad del Estado en la educación de la infancia, un progreso social incuestionable, por más que en la práctica su aplicación fuera zigzagueante a lo largo del siglo. También asumió el Estado por primera vez la organización de las enseñanzas universitarias, que se encontraban bajo control eclesiástico, y dictaminó que habría un "plan general de enseñanza uniforme", esto es, un sistema educativo público y nacional en todos sus niveles. Por lo demás, el Estado se atribuyó el monopolio de las titulaciones universitarias profesionales.

ORGANIZACIÓN DEL ESTADO

El texto constitucional organizó un Estado representativo, unitario y con división de poderes. Tuvo un impacto innegable dentro y fuera de las fronteras hispánicas. Lo revolucionario fue que el Estado se cimentó sobre el principio de una soberanía que residía "esencialmente" y "exclusivamente" en la nación, tal y como se debatió y aprobó. Toda autoridad, incluso la del rey, quedó subordinada a las decisiones de una nación cuya voz solo se expresaba a través de las Cortes. Por eso los diputados fueron declarados inviolables "por las opiniones y dictamen que manifiesten". Conviene, por tanto, ampliar la explicación de lo legislado por las Cortes de Cádiz. El detallado texto de la Constitución y los numerosos decretos aprobados de 1810 a 1813 conforman la labor legisladora más extraordinaria de la historia política española. Se dio un giro de 180 grados a todas las facetas de la vida política, económica y social. No fueron meros cambios sobre el papel, como a veces se ha dicho. Y aquellos debates y medidas plantearon bastantes cuestiones que siguieron vivas, muchas de ellas hasta la Segunda República, y otras, como la organización territorial del Estado, hasta hoy mismo.

Los liberales conocían bien lo que era el despotismo, había que evitarlo. Por eso, partiendo del principio de que la soberanía era indivisible, no podía quedar todo ese poder en manos de una sola institución. Apostaron por la división de poderes. Exhibieron argumentos desarrollados desde la revolución inglesa hasta la norteamericana y la francesa. Para no parecer que copiaban ideas "foráneas" o traídas incluso por el "invasor Napoleón", como propagaban los absolutistas, los liberales argumentaron que no hacían más que rescatar la auténtica historia del pueblo español, indómito y enraizado, desde tiempos inmemoriales, a sus libertades y, por tanto, por su soberanía. Solo unos siglos de reyes absolutos habían distorsionado el auténtico ser del español, que no era otro que el de existir en libertad. Precisaron, en consecuencia, la división de poderes con todo detalle. De un total de 384 artículos, la Constitución gaditana dedicó más de 250 al deslinde entre poderes. Por eso también se incluyó un reglamento electoral. Tenían que dejar escrito con rango constitucional todos los pasos para que la nación se expresara a través de un procedimiento tan revolucionario como el voto.

Así, el poder soberano de legislar se depositó en unas Cortes unicamerales, únicas representantes de la voluntad soberana de la nación, por encima del rey, que ni podía disolverlas ni asistir a sus deliberaciones. El Poder Ejecutivo residiría en el monarca con el consejo de ministros o secretarios de despacho, como se les llamó entonces, a los que nombraría y cesaría "libremente", pero los actos del Ejecutivo no serían válidos si no iban firmados por el rey y por el ministro correspondiente, pues este sería el responsable. Por su parte, el rey quedó como jefe de Estado, máxima magistratura de los poderes ejecutivo y militar, pero, en la práctica, un funcionario, el primero y más alto, al servicio de la nación soberana.

El Poder Judicial también se reguló con minuciosidad: era la primera vez que se establecía un sistema independiente, igual para todos, por el cual "ni las Cortes ni el rey podrán ejercer en ningún caso las funciones judiciales" de algún tipo. Se anularon, por tanto, los viejos poderes jurisdiccionales de "señores feudales" que nombraban jueces en sus respectivos territorios. Fue revolucionario determinar la unidad de código o ley "para toda clase de personas". Se especificó que habría un solo código civil, otro criminal y un tercero de comercio, los "mismos para toda la monarquía".

Por otra parte, se abordó la estructura del Estado en un apartado constitucional, nada fácil, titulado "Del territorio de las Españas". La nación dejó de ser la suma de reinos, virreinatos, capitanías generales, provincias, señoríos y ciudades para transformarse en provincias y pueblos, representados por dos nuevas instituciones, los ayuntamientos constitucionales y las diputaciones provinciales, ambas idénticas para toda la geografía y sin fueros, solo subordinadas al poder de la soberanía nacional representada por las Cortes.

Ahora bien, no hubo consenso para aprobar la división provincial. Se postergó para una futura ley constitucional la "división más conveniente del territorio español". Así, "las Españas", desde su mismo nacimiento como Estado nacional, llevó como marca de origen su denominación en plural (ya lo había hecho también el texto de Bayona) con el consiguiente debate sobre su estructura y organización territorial. Uno de los puntos de mayor encono se produjo al precisar el papel de las nuevas diputaciones provinciales: si representaban los intereses y necesidades de cada provincia como pretendían los diputados americanos al concebirlas con capacidad de autogobierno territorial. Los liberales peninsulares, por el contrario, con Argüelles a la cabeza, insistieron en "desvanecer cualquiera idea de representación que se pueda suponer en las diputaciones de provincia". Lo consideró un "principio equivocado [porque] la representación nacional no puede ser más que una, y está refundida solamente en las Cortes. Es la que únicamente puede expresar la voluntad de los pueblos".

Por otra parte, también se reguló el poder municipal. Aunque el ayuntamiento procedía del Antiguo Régimen, la institución adquirió un contenido revolucionario. Fueron amortizados o cesados en sus puestos los miles de cargos de regidores existentes gracias a las venalidades propias del Antiguo Régimen absolutista, sin parar mientes en títulos ni supuestos derechos adquiridos. Todos los munícipes serían elegidos por los vecinos varones mayores de 25 años. Ya no habría ni alcaldes reales ni de señorío; todos serían alcaldes constitucionales.

Para no repetir tópicos sobre el supuesto centralismo gaditano, conviene recordar que el profesor Tomás y Valiente diferenció unidad de uniformidad. El Estado se organizó desde la unidad indivisible de la soberanía nacional, pero esto no significaba centralismo. Al contrario, se inauguró la descentralización de poderes, sobre la base previa de abolir los múltiples privilegios territoriales anclados en el feudalismo estamental. Las Cortes fueron representativas de una única comunidad política —la nación de "las Españas"—, porque la soberanía era indivisible, pero el Estado se vertebró en tres niveles de representación territorial totalmente nuevos, votados por los ciudadanos, y que en nada quisieron parecerse a la fragmentación de reinos y señoríos del Antiguo Régimen: el nivel municipal, el provincial y el de la Administración general. Sin duda, fueron decisivos los poderes que tuvieron los ayuntamientos en el modelo gaditano, así como el peso institucional de las diputaciones provinciales. ¿Acaso un embrión de las Autonomías de la Constitución de 1978? Esos poderes locales albergaron fórmulas soterradamente federales de organización del Estado. Sin embargo, el liberalismo posterior, sobre todo desde la Constitución de 1845, organizó un Estado tan unitario como centralizador y rígidamente centralista y oligárquico. Pero esa fue otra historia que no debe confundirse con la de 1812.

NACIONALIZACIÓN Y LIBERALIZACIÓN DE LAS RIQUEZAS

Por lo demás, los liberales tuvieron un programa económico alternativo basado en la propiedad y la libertad. Debatieron y aprobaron en las Cortes de Cádiz tres decretos clave para liberalizar la tierra, fundamental en una sociedad cuyas riquezas y trabajos giraban básicamente en torno a la agricultura. Uno nacionalizó el ingente patrimonio real, otro abolió los señoríos y un tercero privatizó y repartió los bienes comunales. Una rotunda revolución antifeudal en todos sus contenidos.

El decreto más conflictivo de los tres fue el de la abolición de los señoríos, del 6 de agosto de 1811. Contra este decreto saltaron no solo los diputados absolutistas, también los aristócratas exhibieron su cohesión de intereses y su capacidad de influjo político. El señorío era desde la Edad Media la forma de dominar tierras y personas, de organizar el poder y la posesión sobre bienes e individuos. Ahora bien, tan gravosa estructura entró en quiebra en 1808, cuando la guerra y las Juntas desencadenaron en muy amplios sectores de la población las expectativas de ser libres e independientes. No solo ante Napoleón, sino también frente a ese señor que durante siglos los expoliaba. Muy significativo el dato de que la primera iniciativa para abolir los señoríos procediese del viejo Reino de Galicia. Uno de sus diputados, Rodríguez Bahamonde, presentó la propuesta de desterrar "para siempre el feudalismo". Lo razonó con lógica impecable: si el pueblo luchaba por su independencia contra el extranjero invasor, también luchaba por su libertad contra el vasallaje feudal. Además, si las Cortes habían decretado que España era una nación soberana, no podía haber españoles con atribuciones de soberanía sobre esos otros españoles a los que el diputado catalogó como "la parte más pobre pero acaso más útil y heroica" de la nación.

En efecto, los coetáneos hablaron de feudalismo sin tapujos. Sin embargo, los más poderosos aristócratas se dirigieron a las Cortes, hecho insólito e incluso ilegal, con tono amenazante. Duques, marqueses y condes, cuyas rentas y poder social y económico se suprimían de un plumazo, encabezaron la protesta. Argumentaron que el régimen señorial era "benigno". Además, que era legítimo porque era parte de la historia nacional, y añadían la amenaza de que su abolición alteraría la "tranquilidad pública". Hubo un debate prolijo y al final hubo transacción, de modo que este decreto provocaría una larga conflictividad —hasta la Segunda República— sobre la propiedad de esas tierras de señorío. La aristocracia cedió en que cesaran, sin indemnización, todos los corregidores, alcaldes, justicias y "demás empleados" designados por los señores, lo que afectó a casi dos tercios de los pueblos. A cambio, el artículo quinto del decreto introdujo un doble concepto, el de señoríos territoriales frente a señoríos jurisdiccionales. Se abolían los poderes jurisdiccionales, pero en cuanto señores del territorio quedaron convertidos en propietarios libres de pleno derecho de esas tierras.

Sin embargo, los pueblos interpretaron el decreto de otro modo: tenían sospechas bien fundadas de que no era legítima esa idea de que los señores fueran propietarios de las tierras y exigieron, en consecuencia, que presentasen los títulos de propiedad antes de la jurisdicción. La conflictividad se desató de inmediato. Baste citar el caso del marqués de Dos Aguas, que explicó a las Cortes que sus pueblos no solo se negaban a pagar tributos, sino que "propasándose algunos alcaldes y ayuntamientos [se deciden] a privarles de sus propias fincas y embargarles los frutos". O el del marqués de Villafranca, uno de los principales firmantes del escrito de protesta ante las Cortes, que en 1814 se quejaba de los "despojos" sufridos en sus posesiones en pueblos de Cádiz, Granada, Murcia o del Bierzo, por la interpretación que estaban haciendo los ayuntamientos y los campesinos, opuestos a pagar antiguas rentas.

También fueron conflictivos los otros dos decretos. El de 22 de marzo de 1811 se decretó vender y, por tanto, transformar en propiedad privada los "edificios y fincas de la Corona". Tardaría décadas en hacerse efectivo, en 1865. Por último, el decreto de 4 de enero de 1813 instituyó socialmente todo un programa de creación de propietarios y de reparto de la tierra. El legislador pretendió "reducir los baldíos y otros terrenos comunes a dominio particular" y repartirlos entre "los defensores de la patria y los ciudadanos no propietarios". El diputado Nicasio Gallego explicó la meta: lograr "la mayor subdivisión posible de los terrenos" y "estimular a todos los españoles a que se hagan propietarios". Por eso la mitad de baldíos o realengos, de labranzas de propios y arbitrios, se repartiría "gratuitamente" entre los que no tenían recursos y habían luchado por la patria. Una medida revolucionaria, sin duda.

Ahora bien, las Cortes también pensaron en una organización liberal del resto de riquezas productivas, como la industria, el comercio y, por supuesto, la misma fuerza de trabajo. Era un programa de liberalismo económico plasmado en varios decretos de 8 de junio de 1813. En suma, se estableció la libertad de cerrar tierras, el libre cultivo y su libre comercialización y también la libertad de industria y trabajo. Eran las bases de un mercado nacional con las libertades de producción y explotación como ejes de una economía basada en relaciones "libres, a gusto de los contratantes, y por el precio o cuota en que se convenga". Más aún, se explicitó que "todo se podrá vender y revender al precio y en la manera que más acomode a sus dueños". Se abolieron los gremios y se impuso así el liberalismo económico en la industria y en el trabajo, en la inversión y en la utilización de tecnologías diversas y provechosas. Era lógico, era consustancial a la libertad de los individuos. Como la libertad de pensar e imprimir.

Estuvo presente, sin duda, el modelo inglés, con aquella pujante Revolución Industrial que tanta admiración suscitaba. A tal fin, para que las inversiones fuesen posibles, se decretó simultáneamente la libertad de trabajo y, por tanto, de contratar: "También podrán ejercer libremente cualquiera industria u oficio útil, sin necesidad de examen, título o incorporación a los gremios respectivos, cuyas ordenanzas se derogan en esta parte". Tal despliegue de la propiedad individual supuso otra novedad social: el 10 de junio de 1813 las Cortes establecieron el derecho de propiedad de los creadores y escritores, en aras de la "ilustración y literatura nacional". Tendría una duración de cuarenta años contados a partir de la primera edición, y, pasado ese tiempo, quedarían, paradójicamente, "en el concepto de propiedad común", pudiendo ser reimpresos por cualquiera, lo que, en teoría, chocaba con las demás propiedades de bienes muebles e inmuebles. En este caso la nación ejercía el derecho soberano a registrar las creaciones culturales como "patrimonio nacional".

3. ETAPAS DE LA REVOLUCIÓN LIBERAL FRENTE A LA REACCIÓN ABSOLUTISTA (1814-1839)

En 1813 se practicó por primera vez el sufragio universal masculino, aunque con método indirecto, y en las Cortes elegidas ya hubo una nítida división política entre liberales y absolutistas. En 1810 todos estaban contra Napoleón. Ahora el enfrentamiento era directo entre españoles de distinto signo político. Duró poco, porque en mayo de 1814 tuvo lugar el primer pronunciamiento, protagonizado por militares absolutistas que restablecieron el poder absoluto de Fernando VII, y este, de inmediato, suprimió toda la legislación revolucionaria de las Cortes de Cádiz y desencadenó una furibunda persecución tanto de los liberales como de los españoles que habían apoyado al rey Bonaparte. El absolutismo abrió la era de los pronunciamientos militares y de la represión y exilio de los adversarios políticos.

También los liberales adoptaron la táctica de usar el pronunciamiento de un grupo de fuerzas armadas para alcanzar el poder. Organizaron desde el mismo 1814 una cadena de pronunciamientos militares, en gran medida organizados a través de la masonería. Fracasaron cada uno por motivos distintos (Espoz y Mina, Díaz Porlier, Richart, Lacy y Vidal) hasta que en 1820 el pronunciamiento del coronel Riego, apoyado por banqueros como los Bertrán de Lis y Mendizábal, trascendió de tal modo que las ciudades y guarniciones de La Coruña, Oviedo, Zaragoza y Barcelona proclamaron la Constitución y reinstalaron a las autoridades liberales de 1814.

De este modo, desde 1814 comenzó una larga lucha política de violencia entre absolutistas y liberales que terminó con el Abrazo de Vergara en 1839 entre el general de los liberales, Espartero, y el de los absolutistas, Maroto. Fueron veinticinco años de vaivenes con exilios, gobiernos y una trágica guerra civil de siete años incluidos. A continuación, se esbozarán los aspectos más básicos para comprender la evolución política de los liberales en un periodo tan turbulento, del que quedó una herencia que hicieron propia todas las fuerzas políticas: el recurso a la insurrección armada para hacerse con las riendas del Estado.

TRIENIO CONSTITUCIONAL: PATRIOTISMO, ESCISIONES Y GUERRA ABSOLUTISTA

Al llegar las noticias de los pronunciamientos militares desencadenados por el golpe de Riego, se organizaron manifestaciones en Madrid que forzaron al rey a notificar el 7 de marzo que "siendo la voluntad general del pueblo", acataba jurar la Constitución de 1812. Hubo fiesta por las calles con vivas a "la Pepa", asalto a la cárcel de la Inquisición, liberación de los presos "por opiniones" y restablecimiento del ayuntamiento constitucional de 1814. Un acto en el que, entre el pueblo, se encontraban, según testimonio de Mesonero Romanos, "grandes y títulos de Castilla, oficiales generales y subalternos, opulentos propietarios, banqueros y todo el comercio en general; abogados, médicos y hombres de ilustración y de ciencia".

De los múltiples conatos de pronunciamientos exclusivamente militares que hubo en el siglo XIX, triunfaron solo aquellos, como el de Riego, que contaron con una fuerza cívica concluyente. No cabe, por tanto, hablar de "era de los pronunciamientos" ni de "régimen de los generales", tampoco del Ejército como motor y causa de los cambios, pues durante el siglo XIX nunca se militarizaron los gobiernos y cuando triunfó un pronunciamiento siempre se debió a los apoyos rotundos de grupos sociales. De hecho, en 1820 las tropas pronunciadas de Riego se quedaron deambulando dos meses largos, financiadas, eso sí, por el banquero Bertrán de Lis y su socio, Mendizábal, hasta que los apoyos cívicos determinaron el resultado. Además, hubo pronunciamientos promovidos por instituciones cívicas, como ocurrió en los veranos de 1835 y 1836, o el de los ayuntamientos en septiembre de 1840, siempre, eso sí, con apoyos en fuerzas armadas. Por tanto, no fue asunto de militares sino el recurso a la fuerza armada que aplicaron los diversos grupos políticos para imponer un gobierno u otro.

En este sentido, hay que recordar el efecto no previsto por la decisión de las Cortes gaditanas al crear en la Constitución la fuerza armada de la nación (que no del rey) con tres brazos: el ejército permanente, un ejército de reserva y la Milicia nacional local. A esta Milicia nacional le asignó la defensa del "orden público" en cada municipio, esto es, del sistema constitucional. Estuvo formada por ciudadanos con "propiedades, taller o modo conocido de subsistir", pero también abrió sus filas a todo voluntario partidario de la Constitución, aunque no fuese propietario o no tuviese un trabajo. Nació la figura del miliciano, de ningún modo soldado. No era un profesional ni un alistado forzoso, sino un ciudadano comprometido con las libertades frente a los absolutistas y, por tanto, defensor del orden constitucional. Por eso, la voz de miliciano se vinculó a la de libertad. También por esa razón sus oficiales eran elegidos por votación entre ellos mismos dentro de cada compañía, y el mando máximo correspondía al alcalde constitucional de cada población. No dependían en absoluto de autoridades militares.

Ahora bien, al contar con un sistema democrático de elección de oficiales, se abrieron cauces inéditos de participación ciudadana en una institución tan decisiva para sostener el nuevo régimen. Participaron en los debates y se reflejaron en su seno las diferencias surgidas dentro del liberalismo. También se creó conciencia de tener un instrumento de coacción para imponer sus criterios políticos. El miliciano exhibía con orgullo cívico su escarapela verde constitucional en sus vigilancias del orden en cada población. Demostró su eficacia enfrentándose a la sublevación absolutista de la Guardia Real el 7 de julio de 1822. También los milicianos de las distintas poblaciones se enfrentaron a las guerrillas realistas organizadas por los absolutistas en distintas comarcas de la geografía española desde ese mismo año. De este modo, la práctica de la ciudadanía se expresó por dos caminos nuevos: el derecho a votar y el deber de contribuir todos a la defensa de la patria. Sus respectivos itinerarios no fueron ni rectilíneos ni precisos. Así, elecciones y pronunciamientos conformaron la historia política de una sociedad con un largo peregrinaje de avances y retrocesos, violencias y pactos hasta bien entrado el siglo XX.

A este respecto, hay que subrayar que el liberalismo inició la cultura de la participación pacífica de los ciudadanos mediante la "revolución del voto". Se ha visto que en 1813 se celebraron las primeras elecciones generales a Cortes ordinarias. Las segundas elecciones a Cortes con las normas establecidas en la Constitución gaditana se celebraron en 1821. Hubo una prensa plural que animó a la participación, como también la proliferación de sociedades patrióticas y de organizaciones constituidas al socaire de la libertad de expresión arroparon la expansión de una conciencia de patriotismo liberal creciente por todos los territorios. Sin embargo, el adversario ya no eran solo los absolutistas, sino que surgieron distintas interpretaciones del programa liberal. En aquellos años los liberales denostaban el concepto de partido, por considerar que "partía" la unidad nacional. Aplicaban el vocablo a los absolutistas o "serviles", por no acatar la soberanía "nacional". Ahora bien, aunque no quisieron ser "partidarios", surgieron los embriones de futuros partidos políticos enraizados en idénticos principios liberales. Se expresaron sobre todo por medio de la prensa y cabe señalar tres tendencias con sus respectivos periódicos como portavoces, algo igualmente inédito.

El liberalismo moderado se expresó a través de *El Universal*, por citar solo el más relevante de la prensa madrileña, aunque hubo otros similares en distintas ciudades. Defendió el ideario ilustrado con fórmulas de representación parecidas a las existentes en el Reino Unido, esto es, doble cámara legislativa y sufragio censitario, más la primacía del Poder Ejecutivo sobre el Legislativo. Ahí coincidieron anteriores "afrancesados" y un sector de liberales "gaditanos", como Manuel José Quintana, Martínez de la Rosa o Toreno. Otra tendencia, fiel al espíritu y letra de lo legislado en Cádiz, propugnó su aplicación sin retrocesos ni componendas y tuvo voz decisiva con *El Espectador*, además de otros periódicos en distintas provincias, y contó con figuras como Agustín de Argüelles, José Mª Calatrava o Evaristo Fernández de San Miguel: eran los "doceañistas". La tercera tendencia, minoritaria, fue la de los partidarios no solo de una aplicación inmediata y drástica del programa gaditano sino de avanzar en sus contenidos democratizadores. Los periódicos *El Eco de Padilla* y el satírico *El Zurriago* tuvieron fuerte impacto. Eran los "exaltados", con personalidades como Flórez Estrada, Romero Alpuente, Calvo de Rozas y militares como Riego, Torrijos o Palarea. Gran parte de estos "exaltados" se agruparon en la Confederación de

Comuneros, en oposición al Gran Oriente masónico donde figuraban tanto "afrancesados" como liberales "doceañistas". Los comuneros fueron la otra cara de la masonería, pero creada como versión española, cuya denominación ya implicaba una simbología historicista que legitimaba sus ideas democratizadoras como prolongación de una tradición española representada por figuras como Padilla y Lanuza, quienes dieron sus vidas "por las libertades patrias".

Significativamente, los absolutistas, que habían desplegado una prensa importante durante las Cortes de Cádiz, esta vez enmudecieron y directamente conspiraron y tomaron las armas. Sin embargo, entre los liberales se realizaron críticas ácidas y comenzaron a usar un recurso que se incrustaría en las izquierdas: las acusaciones de traición a los principios. En todo caso, las tres opciones liberales coincidieron en buscar la unidad contra los absolutistas y en darle voz a la nación a través de las elecciones. En este sentido, para captar la importancia que se le dio a cada proceso electoral, vale la pena recordar la letrilla que el 25 de agosto de 1821 reprodujo *El Eco de Padilla*, tomada del *Diario Popular* editado en Murcia:

¿Queréis ser felices? / Sabed, españoles, / que todo depende / de las elecciones. / Si en lugar de ricos, / viereis muchos pobres, / sabed que depende / de las elecciones. / Si viereis los campos / sin cultivadores, / talleres desiertos, / ociosos los hombres, / tristes y abatidos, / como que no comen, / sabed que depende / de las elecciones. / ¿Hay con buenas leyes / ociosos y pobres? / Y si no son buenos / los legisladores, / ¿no es porque son malas / vuestras elecciones? / Luego en vos consiste / ser ricos o pobres […].

Aunque no haya datos sobre el nivel de participación, de la abundante prensa que hubo en todas las ciudades se puede deducir que se desplegó una amplia politización por toda la geografía española para realizar la primera fase, el voto en las juntas electorales por parroquias de aquellos varones mayores de 25 años con modo conocido de vida. Tenían que elegir a sus representantes en las juntas electorales provinciales y su voto era público, motivo de debate entre Argüelles, que lo consideraba una expresión de libertad, y Evaristo Pérez de Castro, primer ministro, partidario del voto secreto, fórmula esta que sí era obligatoria ya en las siguientes fases de compromisarios. Sin duda, esta temprana implantación del voto secreto fue novedosa; por ejemplo, en el Reino Unido hasta 1872 se votó a viva voz y se registraba así en un libro. En todo caso, lo más trascendente fue el valor asignado a las elecciones como clave de legitimación política. Cada proceso electoral construía una esfera pública de rango nacional que hacía de las Cortes el espacio de soberanía donde se recogía el sentir de la ciudadanía. Las Cortes, entonces unicamerales, emergieron, por tanto, como la institución representativa por excelencia para conjugar intereses de clases e individuos con el interés "nacional".

Por otra parte, el debate político hizo de la prensa un "cuarto poder", y de los cafés y las calles, el escenario de las pasiones y manifestaciones. Baste citar un caso famoso, el del café-fonda de la Fontana de Oro, muy cerca de las Cortes, donde los congregados se convertían en "cuerpo deliberante", en palabras de uno de sus protagonistas, Alcalá Galiano. La multiplicación de sociedades patrióticas por toda España, con sus sesiones de debates, también amplificaron el valor del voto y de las Cortes como referencia de legitimidad soberana. Se inauguró así una nueva cultura política, que tendría un amplio alcance, con la reclamación del derecho al voto, y pronto sería el germen de otras culturas políticas catalogadas como de izquierdas.

ENTRE LA REVOLUCIÓN Y LA GUERRA: DEL EXILIO AL GOBIERNO (1823-1839)

Los absolutistas no lograron ser una fuerza relevante en las elecciones del Trienio constitucional: fracasaron en la intentona golpista de las Guardias Reales de julio de 1822, frenados por la Milicia nacional madrileña, y se lanzaron a una guerra civil contra el liberalismo. Es importante destacar la violencia de esta respuesta para evaluar las resistencias que tuvo que afrontar el liberalismo. Los absolutistas, con importantes clérigos implicados, impulsaron desde 1821 la organización de partidas campesinas por distintas comarcas, desde Andalucía, La Mancha, Murcia, Castilla la Vieja y, con especial fuerza, sobre todo en Cataluña, Álava y Navarra. Encauzaron el malestar social de los sectores campesinos afectados por las desamortizaciones, y fueron derrotados por tropas dirigidas por el antiguo guerrillero, el general Espoz y Mina, y por Torrijos. Solo la invasión de tropas francesas enviadas por las potencias absolutistas (Austria, Rusia, Prusia y Francia), los Cien Mil Hijos de San Luis, pudo abolir el régimen constitucional y restablecer el poder absoluto de Fernando VII. De nuevo se produjo el exilio político, la represión y la depuración policíaca de cuantos habían colaborado o eran sospechosos de ideas liberales. No sobra recordar que los liberales exiliados en Reino Unido y Francia estrecharon en esos diez años sus relaciones ideológicas y culturales con sus congéneres europeos, dato decisivo para comprender el afianzamiento de las divisiones entre moderados y progresistas, así como la eclosión romántica de la década de 1830.

El absolutismo se sostuvo en gran parte gracias al ejército de ocupación de la monarquía francesa, en manos de otro Borbón, Luis XVIII. La revolución de 1830 desencadenada en París entregó el trono a Luis Felipe I (duque de Orleans), implantó una monarquía parlamentaria y su impacto internacional afectó en directo a la Corona española. Así, al morir en el otoño de 1833 el rey absoluto Fernando VII, de nuevo el conflicto por la sucesión obligó a la viuda María Cristina de Borbón, regente y madre de una heredera de 3 años, a echarse en manos de los liberales para no perder la corona frente a las pretensiones de su cuñado absolutista, Carlos María Isidro. Amnistió a los liberales exiliados y entregó el gobierno en enero de 1834 a un experimentado y moderado liberal, viejo "doceañista", Francisco Martínez de la Rosa. Su cuñado había formado un ejército y se lanzó esta vez a una guerra civil que contó con apoyos internacionales y que ensangrentó los pueblos españoles durante seis largos años, desde 1833 hasta 1839.

Aquí no se detallará el proceso, etapas y consecuencias de esta guerra civil para centrarnos en las medidas de cambios socioeconómicos y políticos desarrolladas por los liberales. Sin embargo, resaltaremos datos que apenas se mencionan en los escritos sobre tan dramática guerra. Aunque no se conocen las cifras precisas, se calcula que hubo entre 200.000 y 300.000 muertos, de los que 120.000 se contabilizan en actos directamente militares (tropas constitucionales, milicianos y soldados carlistas). El resto fueron ejecuciones feroces en ambos bandos y muertes por hambre, frío y heridas. Los daños materiales afectaron sobre todo a las viviendas por la táctica de prender fuego a las poblaciones. Los liberales contaron con el apoyo de Francia y Reino Unido, con quienes se firmó la Cuádruple Alianza para afianzar a los liberales en Portugal y España.

La guerra civil ahondó las divisiones entre los liberales partidarios de aplicar el ideario liberal con moderación, aparcando temporalmente la Constitución de Cádiz, y quienes pensaron que el modo de ganar la guerra consistía precisamente en avanzar con la revolución de modo radical, recuperando la legislación gaditana como programa irrenunciable. Estos segundos defendieron que solo mediante la lucha a la par que el gobierno se derrotaría el absolutismo y se lograría el "progreso" de las libertades. Fue un proceso con frecuentes tensiones y vaivenes entre los propios liberales, de los que aquí se recordarán los momentos decisivos.

En primer lugar, el Estatuto Real instaurado por Martínez de la Rosa no fue una Constitución, sino una Carta otorgada por el poder absoluto de la Regente que solo aceptaba unas Cortes con dos cámaras —de procuradores y de próceres— que la asesorasen. Aparentaba ser el modelo inglés, pero no había semejanza efectiva en sus poderes parlamentarios y satisfizo a muy pocos liberales. Los progresistas se convirtieron en oposición del gobierno, sobre todo a través del periódico *El Eco del Comercio*, dirigido por el geógrafo y activo liberal Fermín Caballero. Martínez de la Rosa, en todo caso, recuperó la organización de una milicia urbana, restringida solo a propietarios, pero pronto se impuso la necesidad de hacerse nacional para luchar contra los carlistas y adquirió un peso político indudable. En el verano de 1834 hubo una matanza de frailes en Madrid que tuvo trascendencia política —se analizará más adelante—, pero, sobre todo en agosto de 1835, las milicias urbanas, en las que se encontraban alistados destacados liberales, se declararon soberanas frente al gobierno moderado en un movimiento sincronizado entre varias ciudades (Zaragoza, Barcelona, Valencia, casi toda Andalucía y Madrid). Ante todo, abrieron sus filas a más ciudadanos, quemaron conventos, mataron a frailes y autoridades, echaron la culpa de la guerra al clero y exigieron medidas tan concretas y explícitas de sus intereses como la extinción del clero regular para, de inmediato, desamortizar sus bienes, junto a la demanda de libertad de imprenta y la convocatoria de Cortes. Además, con la condición de que Mendizábal asumiera el gobierno de la nación.

Y así subió al poder Mendizábal, que disolvió las Cortes y gobernó como "dictador revolucionario", como ha señalado Marc Baldó. Se encargó de cuatro ministerios (Estado, Hacienda, Guerra y Marina), decretó una quinta de 100.000 soldados para derrotar a los absolutistas, y la definitiva desamortización de los bienes del clero regular con el objetivo manifiesto de "crear una copiosa familia de propietarios, cuyos goces y cuya existencia se apoyen [...] en el triunfo de nuestras instituciones". Eliminó así uno de los baluartes del absolutismo carlista, pues más de la tercera parte de las tierras cultivadas pasaron a ser nacionalizadas, esto es, fueron declaradas "bienes nacionales" que se subastaron públicamente para crear la nación de propietarios. Estos salieron sobre todo de los poseedores de deuda pública, apenas sin valor entonces, por lo que pudieron comprar las tierras del clero a precio de saldo y el Estado quitarse deuda pública de encima. La deuda pública, por tanto, hizo de "varita mágica que infundió virtud procreadora al dinero improductivo y lo convirtió en capital sin exponerlo a los riesgos ni al esfuerzo que conllevaba la inversión industrial" (Marx). Así creaban los liberales la "riqueza nacional", medida que se complementó con otras como la nacionalización del sistema universitario, la dotación de fondos para las juntas de beneficencia que atendían a los pobres, la reforma de las cárceles, la abolición de la tortura, un programa extraordinario de obras públicas y la convocatoria de elecciones municipales.

Sin embargo, la Regente, cómplice de los absolutistas, cesó a Mendizábal, nombró de nuevo un gabinete moderado y convocó unas elecciones con el voto directo por primera vez, con no más de unos 65.000 propietarios con derecho a elegir procuradores según el Estatuto Real. Los liberales moderados lograron mayoría y los progresistas, que temieron una contrarrevolución y el pacto de la Regente con el aspirante carlista, organizaron de nuevo otra cadena de pronunciamientos desde los cuerpos de milicianos, llamados ahora guardias nacionales. Comenzaron en Málaga el 26 de julio de 1836 y a los dos días se pronunciaron los nacionales de Granada y Cádiz, seguidos por los de Sevilla, Zaragoza, Huelva, Badajoz, Valencia y La Coruña, hasta que el 13 de agosto los de Madrid se hicieron con la capital, desobedecieron el desarme ordenado por el capitán general, que tuvo que huir y fue preso y descuartizado por los amotinados. Se les sumó solo un regimiento militar, cuyos sargentos se dirigieron a La Granja, donde estaba la Regente veraneando. Le exigieron que jurase la Constitución de 1812 y así finalizaría la sublevación de milicianos. María Cristina, madre de la niña reina, tuvo que aceptar la realidad, jurar la Constitución y nombrar necesariamente a un progresista para gobernar la nación, José Mª Calatrava, quien encomendó a Mendizábal el Ministerio de Hacienda.

El gobierno de Calatrava restableció toda la legislación derivada de la Constitución de 1812, que ya había sido desarrollada durante el Trienio constitucional antes expuesto. Baste recordar la Ley Municipal de 1823, todo un modelo de organización del poder local; la Ley de Milicia Nacional de 1822 para defender las libertades; la Ley de Prensa; el trascendente decreto de 1813 sobre el "libre ejercicio de cualquier oficio" que abolía los gremios; y sobre todo, y de nuevo, la abolición de los señoríos, la desvinculación de los mayorazgos y el relanzamiento de bienes nacionalizados del clero. En paralelo se emitió una deuda pública extraordinaria para ganar la guerra y también como palanca de acumulación de capital, y se nombró al general Espartero, fiel progresista, al frente del ejército contra los absolutistas.

Las elecciones municipales se llevaron a cabo de inmediato, lo que dio el poder a extensas capas de pequeños propietarios y artesanos que radicalizaron de inmediato la aplicación de las normas constitucionales. Los ayuntamientos se convirtieron así en el espacio para dirimir los conflictos por la propiedad de la tierra o para defender a esa menestralía incipientemente proletarizada. Los alcaldes contaban nada menos que con el mando de la Milicia nacional de la respectiva localidad, decidían sobre mercados, caminos, obras públicas, enseñanza, cárceles, sanidad, registro civil, beneficencia… y además eran jueces de paz en casos de conflicto, como era el de los usos de las tierras señoriales. Toda una revolución pueblo por pueblo: los vecinos ejercían ahora los poderes que durante siglos habían estado monopolizados por los titulares de los señoríos eclesiásticos, nobiliarios o bajo control de la Corona. Además, la justicia —ese instrumento de opresión y de arbitrariedad de los señores feudales— se había nacionalizado, esto es, pertenecía a un Estado que representaba a la nación y cuyos funcionarios aplicarían el principio de igualdad jurídica. Finalizaba, por tanto, una época histórica, y además pensaron que solo así se podía ganar la guerra contra la reacción absolutista.

Por lo demás, las Cortes, convocadas ya con la legislación gaditana, tomaron dos decisiones importantes en 1837. Primero, sin ser constituyentes, decidieron revisar la Constitución de 1812 e introdujeron tres modificaciones cruciales: cambiaron el sufragio universal masculino por el voto censitario, lo que redujo el censo electoral a un 5% de la población; establecieron un Senado o segunda cámara legislativa, nombrado por la Corona entre una terna elegida en cada provincia; y asignaron a la Corona el poder de disolver las Cortes, convocar elecciones y vetar leyes. La historiografía ha interpretado estos cambios como transacciones para limar las diferencias con los liberales moderados.

La otra decisión, de gran trascendencia social y política, afectó a la titularidad de gran parte de la tierra cultivable, medio de producción decisivo en una sociedad agraria. Desde el ya citado decreto de 1811, el nudo gordiano de la abolición de los señoríos por las Cortes gaditanas estuvo en la diferenciación entre derechos territoriales y derechos jurisdiccionales, si eran dos señoríos diferentes (el uno, territorial; y el otro, jurisdiccional) o si, tal y como alegaban los campesinos, solo había un tipo de señorío, el derivado del "mero y mixto imperio" encomendado por la Corona, del que los señores nunca tuvieron títulos previos de propiedad sobre esas tierras. Los aristócratas, desde 1811 habían invocado que esos títulos de propiedad los habían perdido en "épocas de turbulencias".

Tras diversos pleitos planteados por campesinos y por aristócratas, las Cortes en 1823 interpretaron el decreto de abolición de 1811 en un sentido favorable al campesino: que la tierra no era del antiguo señor, salvo que este presentase el título de propiedad. Llegó la invasión absolutista y no volvió a plantearse el conflicto hasta que, en 1836, se restableció la vigencia del decreto gaditano de 1811. Ahora, sin embargo, las Cortes de 1837 no podían aceptar la interpretación más radical de 1823 porque, en tal caso, no solo perdían sus fuentes de ingresos los aristócratas, sino también los nuevos compradores de tierras de señorío eclesiástico. Por eso no fue extraño que en 1837 los liberales enriquecidos con tierras de la desamortización eclesiástica coincidieran con los aristócratas en imponer una interpretación "moderada" de aquel decreto. Al fin y al cabo, la aristocracia estaba interesada en transformarse en propietaria libre y definitiva de unas tierras de herencia muy discutible. Las Cortes declararon, en consecuencia, que todos los señoríos eran territoriales, esto es, propiedad de los aristócratas, salvo que los pueblos reclamasen y demostrasen sus derechos ancestrales, dejando en manos de los tribunales la última decisión.

Semejantes novedades aprobadas en las Cortes de 1837 constituyen lo que se ha interpretado como un pacto o una confluencia de intereses entre la vieja aristocracia señorial y los nuevos propietarios de tierras desamortizadas. Se fraguó así el soporte social de un partido moderado liberal que gobernaría durante largas décadas del siglo XIX. En la contraparte, los progresistas quedaron atrapados en la paradoja de cumplir su programa de creación de propietarios, por un lado, y frenar simultáneamente las aspiraciones de "progreso" material de ese pueblo que engrosaba las filas de la Milicia nacional y apoyaba el nuevo régimen constitucional. De la frustración de expectativas surgirían voces democráticas, con importantes sectores declaradamente republicanos que se analizarán en el capítulo siguiente.

Por lo demás, en la Constitución de 1837 quedó sin resolver la situación de los habitantes de las islas del Caribe y Filipinas, y el descarado tráfico de esclavos existente en las Antillas. Esos territorios perdieron la condición de provincias españolas establecida en la Constitución gaditana y se quedaron como colonias regidas por leyes especiales, sin representación de diputados en las Cortes nacionales. Se convirtieron así en un fabuloso espacio para especular y amasar extraordinarias fortunas, implicándose en este trasiego la misma familia real, con la regente María Cristina a la cabeza, y destacados militares de las filas liberales. Un régimen constitucional en las Antillas o en Filipinas ante todo era incompatible con la esclavitud, el mayor negocio del momento, y habría producido un cortocircuito a tan descarado agiotismo. Porque el tráfico de esclavos era ilegal, según convenios internacionales firmados por España en 1817 y 1835. Sin embargo, bajo la regencia de María Cristiana es cuando se introdujo el mayor número de esclavos, de modo que se pasó de 200.000 esclavos en 1817 en Cuba a casi medio millón en 1841, el 43% de la población de aquella isla.

En todo caso, desde 1837 se inició el declive de la guerra civil al anudarse lazos de intereses compartidos entre la vieja aristocracia y la nueva clase de propietarios de la desamortización, lo que, junto con la pérdida de poder económico del clero, supuso la merma de las fuerzas antiliberales. A esto se sumó la situación internacional y el apoyo de los regímenes liberales de Francia y Reino Unido a sus congéneres de Portugal y España. Espartero desplegó una campaña victoriosa que dio como resultado la firma del Convenio de Vergara con el general carlista Maroto en 1839. Se convirtió así este hijo del pueblo en el general pacificador a la vez que en adalid del sistema constitucional. Tan popular fue que en 1840 fue elegido por las Cortes como regente en sustitución de la reina madre, ya desposada con otro ciudadano y, por tanto, sin la condición de viuda del rey.

En suma, la densidad de hechos históricos acaecidos entre 1834 y 1839 cambió el rumbo de la historia española. El antiguo régimen absolutista y los poderes feudales de aristócratas y clero quedaron abolidos, por más que persistieran supervivencias. El proceso de transformación en las relaciones sociales agrarias fue extraordinario, como también la disolución de las relaciones gremiales en las ciudades. Se sentaron las bases y el punto de *no retorno* para una nueva sociedad liberal y burguesa que, recordando el temprano diagnóstico de Marx y Engels en el *Manifiesto comunista*, conllevaba tal grado de "progreso político" que abrió una etapa histórica en la que "todos los abigarrados lazos feudales [...] todo lo estamental y estable se evaporan, todo lo consagrado se desacraliza" y además las "provincias independientes, apenas aliadas y con intereses, leyes, gobiernos y aranceles diferentes son comprimidas para formar *una* nación, *un* gobierno, *una* ley, *un* interés nacional de clase y *una* línea aduanera".

4. DE SECULARIZACIÓN SOCIAL, INSTRUCCIÓN PÚBLICA Y LIBERTADES CREATIVAS

En efecto, "todo lo consagrado se desacralizó". No solo se quebrantó la hegemonía cultural de la Iglesia, sino que el Estado elevó la educación a materia pública y el Romanticismo lanzó novedades decisivas en el ámbito creativo. En ambos casos, el compromiso de los intelectuales con la política se constituyó en factor de sus respectivos oficios, desde el docente, el periodista, el profesional o el artístico. Conviene exponer aquellas facetas de esta revolución cultural en las que se desplegarían los compromisos políticos de las izquierdas.

EL ANTICLERICALISMO: VIOLENCIA Y CULTURA

El anticlericalismo ha sido una dimensión constante, más o menos intensa, en la historia de las izquierdas españolas. Es un fenómeno bien investigado del que se expondrá aquí solo lo ocurrido en el primer tercio del siglo XIX, cuando eclosionó como práctica violenta durante la revolución liberal. Hubo otro momento de violencia anticlerical al cabo de un siglo, la de los años 1934 y 1936. Fueron distintos los actores y los contextos, pero coincidieron en señalar al clero como el enemigo y el causante de los obstáculos primero a la revolución liberal y al cabo de un siglo a la revolución proletaria. En todo caso, aunque los estudios antropológicos remonten los sentimientos anticlericales a siglos anteriores, cuando la Iglesia acaparaba poderes en todos los ámbitos sociales, lo cierto es que su manifestación como fenómeno político y cultural comenzó con el liberalismo.

Paradójicamente, el liberalismo español no fue ni ateo ni irreligioso. Al contrario, se diferenció de sus congéneres europeos porque introdujo en la Constitución de Cádiz nada menos que la definición de España como nación católica, con exclusión de cualquier otra religión. Esto no fue obstáculo para defender la secularización de la vida política y la reubicación del clero en tareas exclusivamente espirituales. Mantuvo la fe católica como dato de la identidad nacional, pero, ya desde la Ilustración, el estamento eclesiástico se había convertido en objetivo preferente de las críticas como responsable del estancamiento económico de la Monarquía Hispánica. Así, los bienes acumulados por los eclesiásticos durante siglos fueron los primeros en ser desamortizados desde Godoy, luego por José Bonaparte y de inmediato por los posteriores gobiernos liberales. No fue un proceso pacífico, aunque el estamento eclesiástico terminó aceptando la desamortización de las riquezas agrarias y urbanas y se adaptó a la nueva regulación económica e institucional de la Ley de 1841 de Culto y Clero promulgada bajo la regencia de Espartero.

En semejante proceso, sin embargo, hubo sectores eclesiásticos de vehemente oposición al liberalismo. Desde 1808 ya propagaron la idea de la "hidra revolucionaria" que llegaba de la mano de Napoleón para destruir la esencia católica de España. Luego apuntaron contra las Cortes de Cádiz, abundaron los textos, panfletos y sermones que acusaban al liberalismo de importación extraña al carácter español y de estar guiado por móviles antirreligiosos y, por tanto, antiespañoles. Más aún: defendieron la "Santa Crueldad" contra los liberales por extranjerizantes y enemigos de la "patria católica". En 1814, Fernando VII, con la recuperación de su poder absoluto, renovó la mayoría del episcopado con personas afines, de modo que el púlpito y el confesionario se convirtieron en medios y semillas de división en la sociedad española. Llegado el Trienio constitucional, las medidas desamortizadoras lanzaron a grupos de frailes exclaustrados a integrar las partidas absolutistas que antes se han expuesto. Esto desencadenó en 1822 la primera ola de violencia anticlerical. Modesto Lafuente dejó constancia del ambiente en aquel año: "La guerra civil ardía devastando principalmente las provincias de Cataluña, Aragón, Navarra y Vizcaya, y en escala inferior las de Castilla, Galicia, Valencia y Extremadura, alcanzando también a las Andalucías".

Se hizo famoso Antonio Marañón "el Trapense", monje cisterciense, quien acaudilló el asalto a La Seu d'Urgell en junio de 1822, subido a la escala con el crucifijo en la mano, y mató personalmente, con saña, a los liberales prisioneros. En Cervera sembró las calles de cadáveres y vengó así a los capuchinos asesinados por los soldados del ejército liberal. Este contexto de guerra absolutista, apoyada por sectores del clero, junto con las expectativas desamortizadoras de las clases medias, explicarían en gran medida la violenta réplica anticlerical. En Barcelona se asaltaron los conventos de capuchinos, dominicos, franciscanos y agustinos con más de 50 muertos y deportaciones de frailes, escenas que se repitieron en Valencia y en Orihuela. No fue menos violenta la respuesta del Ejército, dirigido por Espoz y Mina, que arrasó, un castigo "ejemplar", Castellfollit de Riubregós, mató al obispo de Vic, fusiló a veinticinco frailes en Manresa y permitió que el monasterio de Poblet fuese arrasado por los campesinos de los pueblos vecinos, que talaron bosques y profanaron tumbas con el "clamoreo de las lisonjeras voces de libertad e igualdad".

Junto a la violencia, hubo otra guerra cultural y política. Las Cortes, además de organizar el ejército de Espoz y Mina contra los absolutistas, consideraron necesario fomentar el "entusiasmo público", patrocinando obras de teatro, canciones patrióticas y convites cívicos. Más aún, pidieron a los obispos que publicasen pastorales en las que "clara y terminantemente" manifestaran que la Constitución reconocía la religión católica como la "única y verdadera" y que controlasen a los clérigos proclives a "la facción". Literalmente les pedían no desacreditar con calumnias "nuestra santa revolución". Y es que la revolución española no quería en ningún caso ser ni parecer ni atea ni antirreligiosa; nunca legisló contra el catolicismo, sino contra los privilegios del estamento eclesiástico.

Conviene subrayarlo: en las críticas de la prensa liberal se diferenció al párroco, útil en su tarea, del "canónigo holgazán" y del "fraile pedigüeño", y también distinguió entre abolir, por un lado, injusticias como el diezmo o la parálisis económica de los bienes eclesiásticos, y, por otro, la necesidad de mantener el culto de una religión que era la nacional, porque los liberales —como reconoce el padre Manuel Revuelta, historiador— "no dejaron de sentirse buenos católicos". Desde la década de 1820 se desató así una furia anticlerical que volvió a manifestarse con otra ola de violencia en los motines de los veranos de 1834 y 1835, dentro de un nuevo contexto de nacionalización de las posesiones eclesiásticas, sumado al odio por la implicación del clero con el bando del aspirante absolutista, Carlos María Isidro.

En concreto, en 1834, gobernando Martínez de la Rosa, se complicó la situación cuando en julio el ejército liberal, procedente de la frontera con Portugal, donde había derrotado al pretendiente absolutista, paró en Madrid camino del norte, pero había atravesado zonas contagiadas por una epidemia de cólera que tenía aisladas Andalucía y La Mancha. Al hacer parada en Madrid, de inmediato se dieron los primeros casos de cólera en Vallecas; la familia real se retiró de forma inminente y se aisló en La Granja, pero el cólera se expandió como la pólvora por los barrios más empobrecidos. La Junta de Sanidad estableció casas de socorro para atender a los enfermos y creó fondos para realizar una mínima asistencia domiciliaria. La situación entre las clases populares, sin embargo, adquirió tintes apocalípticos: morían más de 500 personas diarias. En ese contexto, el 17 de julio por la tarde se desencadenó la sangrienta jornada contra los frailes. El pretexto fue el bulo de que dos cigarreras de la Fábrica de Tabacos, pagadas por los jesuitas, habían sido sorprendidas echando polvos de veneno en las fuentes, aduciendo que esa era la causa de tan terrible mortandad.

De inmediato se organizó un grupo de violentos que asaltaron el convento de los jesuitas —el Colegio Imperial de San Isidro—, mataron a sablazos a unos y lincharon en las calles laterales a los que huían, desnudando y acribillando con escarnio sus cuerpos moribundos. La tropa llegó a la media hora, nada menos que con el capitán general y superintendente de policía, José Martínez San Martín, al frente, un experto en reprimir motines de liberales exaltados durante el Trienio constitucional. Sin embargo, ahora les recriminó a los jesuitas el envenenamiento del agua y buscó las pruebas por el convento, mientras los asaltantes seguían matando a los frailes que se cruzaban por su camino.

Después se asaltó el convento de dominicos, donde las mujeres, mientras se mataba a los frailes, entonaron misereres, se vistieron con ropas litúrgicas y formaron una "danza sacrílega" por las calles "ante la presencia muda de una compañía de tropa". Otros asaltaron el convento de San Francisco el Grande, mataron con hachas, en escenas macabras, a cincuenta frailes, con impunidad total, pues en ese mismo convento se encontraban acantonados más de mil soldados cuyos oficiales no defendieron a los franciscanos. En el asalto al convento de los mercedarios mataron a diez frailes. Era ya la medianoche y al día siguiente, a pesar de algunos amagos bullangueros, se restableció el orden político institucional. El balance fue estremecedor: 73 frailes asesinados y 11 heridos en menos de doce horas.

Entretanto, el cólera seguía cobrándose vidas: en la segunda quincena de julio murió la mayor parte de los 3.564 madrileños contabilizados en ese mes. Casi todos pertenecían a las parroquias de los barrios populares, donde residían los integrantes del motín, lo que se constató en el juicio que desveló la participación de milicianos y soldados junto a menestrales, empleados y mujeres. Se hizo evidente la notoria pasividad de las autoridades bajo la sospecha de connivencia. Al gobierno no le quedó más alternativa que obligar a dimitir al general de las tropas, al alcalde y al gobernador civil, responsables del orden, con vistas a afianzar su autoridad ante las potencias amigas, Francia y el Reino Unido. Sin embargo, los responsables públicos fueron exculpados, mientras que se procesó a 79 personas (54 civiles, 14 milicianos y 11 soldados de guarnición) en un juicio evidentemente político tanto en su desarrollo como en el desenlace: un ebanista y un músico de un regimiento militar fueron condenados a muerte y ejecutados rápidamente, ambos por el delito de robo, no de asesinato. Luego hubo condenas diversas, de galeras y presidio, incluyendo a las mujeres. En las sesiones públicas hubo gente apoyando a los encausados. Quedó la duda de si hubo una programación del motín y de qué signo. Hubo otras detenciones en paralelo de liberales exaltados, acusados de conspirar para cambiar el gobierno, entre los que apareció un mítico personaje, Eugenio de Aviraneta, al que Modesto Lafuente definió como "una máquina siempre dispuesta a conspirar […] cuya inventiva y cuyos recursos no conocían límites en cuanto a organizar trabajos colectivos".

En efecto, pueden darse hechos espontáneos, pero en este caso, semejantes "trabajos colectivos" de violencia incitan a pensar que no fue imprevista la concatenación entre muertos por el cólera, la matanza de frailes, la pasividad de las autoridades y la conspiración contra el gobierno. No hay que olvidar un dato: los estamentos eclesiástico y nobiliario controlaban la mitad —el 47%— de las fincas urbanas de Madrid. Al poco tiempo, el clero ya no tenía esos bienes. Los mejores espacios urbanos eran de los frailes; una parte fue vendida como "bien nacional" a particulares, otra la ocupó el propio Estado para instituciones, cuarteles, mercados y plazas, como ocurrió en todas las ciudades españolas. Situación y contexto bastante similares al de Madrid se repitieron en Cataluña al año siguiente, en el verano de 1835. La valía de los patrimonios rústicos de los cenobios de las comarcas de Tarragona y Gerona, sobre todo los de Poblet, Santes Creus y Scala Dei, y los bienes urbanos de los conventos existentes en la ciudad de Barcelona estaban en juego; existía una "clase media" capaz de comprar tan importante patrimonio, cuya desamortización y privatización se requería como condición para ampliar y proseguir con la revolución liberal.

Además, en 1835, se había planteado en las Cortes la restitución de los bienes desamortizados durante el Trienio constitucional a las más de 7.000 "familias" de compradores que los habían perdido cuando en 1824 Fernando VII los había restituido al clero sin indemnización. Así, Alcalá Galiano, liberal reputado, identificó "el interés de esas numerosas familias de los compradores" con el "honor de la nación", y exigió de modo categórico más desamortización para crear más partidarios del sistema liberal; eso sí, especificando que "no hablo de buscar el apoyo de proletarios, de esa gente, objeto de tanto baldón, sino de compradores, gente rica, sesuda, pacífica".

Y esa gente "sesuda y pacífica" fue la impulsora y protagonista de la cadena de pronunciamientos de las milicias liberales por toda España en el verano de 1835. En ellos se reprodujo la violencia anticlerical, sobre todo en Cataluña, Zaragoza y Murcia. En Zaragoza los milicianos participaron en el asalto a conventos, mataron a seis frailes, provocaron la desbandada del clero regular y, acto seguido, se suprimieron los conventos destruidos. En Cataluña, la violencia comenzó en Reus, islote liberal en una comarca dominada por carlistas. Estos mataron a cinco milicianos, y la milicia, arropada por paisanos, mujeres y niños, respondió incendiando con aceite de trementina los conventos de franciscanos y carmelitas. Mataron a 21 frailes y arrancaron los signos externos de religión. Los saqueos se propagaron a los conventos de toda la comarca, incluyendo el emblemático monasterio de Santa María de Poblet, incendiado por los campesinos de los pueblos sometidos al señorío de los cistercienses.

A los pocos días se desencadenó el motín en Barcelona, donde el acoso de las tropas carlistas asfixiaba el comercio y la industria. La quema de conventos y matanza de frailes siguió las pautas de otros motines anticlericales, pero en este caso fue novedosa su inmediata conexión con un motín ludita, esto es, la destrucción los días 5 y 6 de agosto de 1835 de la primera máquina de vapor instalada en España por la familia Bonaplata, llamado precisamente *El Vapor*, situada en el Raval. Los milicianos también asaltaron edificios públicos y derribaron la estatua del rey Fernando VII. Se ha demostrado que en el amotinamiento participaron amplios sectores sociales, desde el impresor Rivadeneyra con sus dependientes hasta "varios señoritos que después figuraron en el partido moderado" o emigrados políticos italianos. La noche de quema de conventos se vio por las calles de Barcelona a figuras tan destacadas como Ramón Xaudaró o Pascual Madoz, y compradores de los bienes que se desamortizarían a los pocos meses.

El motín o "*bullanga*", como se denominó, se expandió por toda Cataluña con el balance de numerosos conventos incendiados —no se salvó ni el de Montserrat— y 67 eclesiásticos asesinados. Fueron acciones colectivas justificadas por sus actores como el castigo a defensores y cómplices del absolutismo y como prevención antes de que dieran cobijo a las tropas carlistas. En el imaginario popular se propagó la idea del fraile como culpable de la guerra civil y de sus penalidades. Además, hubo ingredientes de espectáculo: participaron personas de toda condición social, edad y sexo, unas aportaban haces de leña entre la tropa inactiva, otras se asomaban a los balcones o se sentaban "en sillas a las puertas de las casas en las aceras" a presenciar las llamas en silencio.

Significativamente, mientras ocurría esta cadena de motines anticlericales, el gobierno del conde de Toreno decretaba la supresión de conventos con menos de doce religiosos profesos, una medida insuficiente porque no suprimía las órdenes religiosas, requisito para nacionalizar sus bienes. De nuevo el *Eco del Comercio*, como portavoz del liberalismo progresista, apuntó la solución para evitar la violencia anticlerical: "No hay otro medio más eficaz que el de la pronta supresión de las comunidades religiosas". Al fin, en septiembre, las Juntas pronunciadas en distintas provincias lograron que la Regente encomendara el gobierno a Mendizábal, cuya primera y más urgente medida fue proseguir con la desamortización y devolver los bienes desamortizados durante el trienio constitucional a sus compradores. La violencia anticlerical cesó, pero el anticlericalismo permaneció como un elemento distintivo en la pugna por la hegemonía cultural.

LA EDUCACIÓN, ASUNTO DE PODER

La cuestión de la enseñanza es cuestión de poder; el que enseña, domina; puesto que enseñar es formar hombres, y hombres amoldados a las miras del que los adoctrina. Entregar la enseñanza al clero es querer que se formen hombres para el clero y no para el Estado; es trastornar los fines de la sociedad humana; es trasladar el poder donde debe estar a quien por su misión tiene que ser ajeno a todo poder, a todo dominio; es, en suma, hacer soberano al que no debe serlo.

Así de rotundo fue Antonio Gil de Zárate, un intelectual polifacético del liberalismo, autor de dramas románticos. En 1845 fue designado por el ministro Pedro José Pidal, del gobierno moderado, para redactar el plan de estudios de los institutos de enseñanza secundaria; en 1855 publicó un muy valioso ensayo, *De la instrucción pública en España*, que, en gran medida, iluminó la Ley Moyano de 1857. En esa obra llegaba a una conclusión inequívoca: "La cuestión, ya lo he dicho, es cuestión de poder. Trátase de saber quién ha de dominar a la sociedad: el gobierno o el clero".

En consecuencia, la pugna con el clero pasó de los bienes desamortizables a la organización del sistema educativo. Durante siglos, la organización y cometidos de la instrucción, incluyendo las universidades, había correspondido al estamento eclesiástico. El liberalismo español, aunque católico, secularizó la enseñanza, esto es, decidió "hacer secular lo que era eclesiástico", tal y como el *DRAE* explica el sentido etimológico e histórico del vocablo *secularizar*. Así, las Cortes de Cádiz, al implantar el derecho a la instrucción pública de toda la ciudadanía para desplegar las luces de la razón, atribuyeron al Estado el deber de aplicar ese derecho. Argüelles fue contundente en el discurso preliminar a la Constitución de 1812, en el que precisaba dicho principio:

El Estado, no menos que de soldados que lo defiendan, necesita de ciudadanos que ilustren a la nación y promuevan su felicidad con todo género de luces y conocimientos. Así que uno de los primeros cuidados que deben ocupar a los representantes de un pueblo grande y generoso es la educación pública.

Era de una radical novedad el inicio de una etapa en la que el Estado ya no respondía a los intereses de una dinastía, sino a las necesidades de una nación que exigía caminos de libertad y progreso. Era la teoría, en efecto, pero estaba preñada de enormes consecuencias sociales. Por eso, el propio Argüelles anunciaba dos criterios para organizar la instrucción pública. La primera, que "esta ha de ser general y uniforme, ya que generales y uniformes son la religión y las leyes de la Monarquía española". La segunda:

La necesidad de formar una inspección suprema de instrucción pública que con el nombre de dirección general de estudios pueda promover el cultivo de las ciencias, o por mejor decir, de los conocimientos humanos en toda su extensión. El impulso y la dirección han de salir de un centro común, si es que han de lograrse los felices resultados que debe prometerse la Nación.

En suma, el Estado, a través de la inspección pública, tenía que cumplir la meta de "formar verdaderos españoles", para lo que debía vigilar que "no quede confiada la dirección de la enseñanza pública a manos mercenarias, a genios limitados, imbuidos de ideas falsas o principios equivocados, que tal vez establecerían una funesta lucha de opiniones y doctrinas". Por eso, la instrucción, al ser calificada como "pública", no solo se contraponía a la privada, sino que su organización debía pertenecer a todo el pueblo, esto es, a la *res publica*. Por eso, tal y como razonaba Gil de Zárate, se entreveraba con las relaciones de poder. Y el Estado —no había duda para un liberal— era el exclusivo representante de la nación soberana y de la ciudadanía.

De ningún modo los liberales españoles aspiraron a una sociedad laica. Nunca pusieron en duda la función de la religión, consideraron el catolicismo parte del ser de la nación española, y por eso le asignaron el papel de contribuir a la obediencia cívica. Tuvieron claro, sin embargo, que el progreso avanzaría siempre asociado a una instrucción pública en la que "una de sus primeras y más urgentes necesidades era su completa secularización": de nuevo en palabras de Gil de Zárate, quien reconocía que el clérigo tenía los mismos derechos que cualquier otra persona "si reunía la necesaria aptitud científica y legal". Pero el "clero como corporación, como clase" no podía exigir que la sociedad civil abdicara de "sus más preciosos derechos, para entregarlo a otra sociedad", la del clero, y que este, por respetable que sea, "se enseñoree del Estado". Por eso, la conclusión de Gil de Zárate no podía ser más clara, "la cuestión de la enseñanza es cuestión de poder".

Estas palabras estaban escritas en 1855. La pugna por el control de la educación en la sociedad española adquiriría momentos mucho más tensos a partir del último tercio del siglo XIX. Se verá más adelante, aunque es necesario apuntar ahora que, en la regulación que hicieron los liberales moderados para establecer centros privados de enseñanza secundaria, se exigieron requisitos de cualificación profesional de una plantilla adecuada, locales "adaptados y salubres" y exámenes en los institutos a los que estuviesen adscritos, con "la más rigurosa inspección del gobierno". Tales obligaciones se justificaban porque

la enseñanza de la juventud no es una mercancía que puede dejarse entregada a la codicia de los especuladores, ni debe equipararse a las demás industrias en que domina solo el interés privado. Hay en la educación un interés social, del que es guarda el gobierno, obligado a velar por él cuando puede ser gravemente comprometido.

Así era el ideario de Gil de Zárate, responsable de organizar la enseñanza secundaria en el gobierno moderado de 1844. Recogió, sin duda, los criterios y medidas desarrolladas por los liberales doctrinarios de François Guizot en Francia desde 1833. No sobra subrayar que los doctrinarios españoles —así se conoce también a los liberales moderados— compartían con sus congéneres franceses la idea de un sistema educativo nacional, unitario, siempre bajo responsabilidad y control del Estado. Posteriormente, otras generaciones de liberales moderados, sobre todo la de Cánovas del Castillo, se desprendieron del principio de secularización, abrieron el sistema educativo a los grupos religiosos y fueron los demócrata-republicanos quienes enarbolaron no solo la secularización sino el laicismo educativo. Todo ello se analizará más adelante.

LA DIVISA DE LA ÉPOCA, LA LIBERTAD

El 18 de enero de 1836, a los dos días de aprobar las Cortes que Mendizábal gobernara sin control parlamentario y emitiera de inmediato sus decretos desamortizadores, escribió Larra en *El Español* una "profesión de fe", a propósito del estado e índole de la literatura. Era el periódico de más calidad y pluralidad de autores, subtitulado significativamente "Diario de las doctrinas y de los intereses sociales". Ahí ensalzó Larra ese momento de "progreso intelectual, [que] rompía en todas partes antiguas cadenas, desgastando tradiciones caducas y derribando ídolos", porque la libertad era el distintivo de "esta prodigiosa revolución" que sintetizó con palabras rotundas: *Libertad* en literatura, como en las artes, como en la industria, como en el comercio, como en la conciencia. He aquí la divisa de la época, he aquí la nuestra, he aquí la medida con que mediremos".

Los coetáneos, sin duda, tuvieron conciencia de los extraordinarios cambios históricos que estaban presenciando. Afectaron a todos los aspectos de las relaciones humanas. También el trabajo intelectual adquirió nuevas perspectivas. El propio Larra fue un ejemplo: firmó con el citado diario *El Español* un contrato de exclusividad de 20.000 reales al año, hecho totalmente nuevo e indicativo del alcance y contenidos de lo que era una "profesión liberal". Era una cifra que multiplicaba por cinco el salario medio anual de un maestro albañil o carpintero, o por diez el del peón de ambos oficios.

De los nuevos grupos sociales que estaban surgiendo, el de los intelectuales adquirió una independencia y un peso social inédito hasta entonces. En esa categoría de intelectual cabe incluir a cuantos integraron las nuevas universidades, "desamortizadas", esto es, secularizadas y asumidas ahora por el Estado, más los docentes de centros de enseñanzas medias, también estatales, y, por supuesto, a la nueva profesión de periodista, tan decisiva creando "opinión pública", a los creadores y científicos, así como a las consideradas profesiones liberales por antonomasia de abogados, médicos, ingenieros y escritores, sin olvidar a los responsables de las instituciones de la Administración pública. Desde estos distintos ámbitos se desplegó un denominador común, la nacionalización de la cultura, para lo que fue crucial la implantación de un sistema educativo en tres niveles —primaria, secundaria y universidad— que, a pesar de sus fragilidades, amplió de modo muy notable los espacios de cultura. De hecho, los escritores y artistas pudieron vivir de su obra, sin depender del mecenazgo de estamentos privilegiados, mientras la revolución romántica impulsaba nuevos géneros literarios y el reajuste de otros, con una simbiosis creciente entre creadores y sus distintos públicos.

En este sentido, el neoclasicismo de los ilustrados y el romanticismo de los primeros liberales no se redujeron a movimientos estrictamente literarios. Ambos compartieron y expresaron afanes de novedad, de pensamiento y de actitud. No es casualidad que figuras arquetípicas del romanticismo español como Larra y Espronceda se hubieran formado con maestros y autores ilustrados y respetasen la prosa de Jovellanos, la poesía de Manuel José Quintana y las obras de los Feijoo, Iriarte y Moratín. Sin duda, Neoclasicismo y Romanticismo pugnaron contra los viejos valores de la sociedad estamental y abogaron por la libertad y la renovación de formas y contenidos, aunque el primero jerarquizara la razón como emanación superior de la libertad y del individuo, mientras que el segundo hizo del sentimiento la expresión suprema y trágica de ese mismo individuo libre.

De igual modo, desde fines del siglo XVIII hubo una novedad cultural que, a pesar de ser limitada y minoritaria, abrió compuertas de futuro para las mujeres. La *Biblioteca entretenida de las damas*, editada en Madrid en 1797, y *El Correo de las Damas*, publicado en Cádiz entre 1804 y 1807, fueron iniciativas editoriales que ampliaron los espacios de lectura de literatura, artes, noticias históricas y científicas, para un "honesto y útil recreo" de las mujeres de clases altas. Esta fórmula se mantuvo en las décadas siguientes, destacando *El Periódico de las Damas* en el Trienio constitucional, cuyo modelo se recuperó en 1833, rescatando el título de *El Correo de las Damas*, hasta 1836. En este escribieron Larra y Ventura de la Vega, entre otros. En paralelo, los impresores y libreros captaron el surgimiento de nuevos lectores para crear cadenas de distribución de un mercado en ciernes. Entre ese público nuevo destacaron muy pronto las mujeres aficionadas, siguiendo la moda romántica, a las novelas históricas. Más aún, a partir de 1840 las lectoras se convertirían en escritoras de poesía y novela, rompiendo el espacio privado de la domesticidad, como se verá en el capítulo siguiente.

Fueron décadas, en definitiva, de extraordinarias transformaciones sociales donde lo cultural y lo ideológico se renovaron y ensamblaron, porque tanto creadores de cultura como líderes políticos fueron personajes que gozaron ya en vida de prestigio por ambas facetas. Tales fueron los casos de Jovellanos, Manuel José Quintana, Martínez de la Rosa, el duque de Rivas o Espronceda, entre otros muchos. En este sentido, la ligazón entre creación cultural y compromiso político fue una novedad que se convirtió en expresión de la modernización social y que posteriormente daría pie a debates interminables sobre la relación entre autoría e ideología. La libertad, en suma, permitió no solo enriquecer la capacidad creativa, sino también manifestar las ideologías como parte de las inquietudes de cada creador.

En este sentido, en el medio siglo de historia que se expone en este capítulo se constata la fusión entre cambios políticos y distintas manifestaciones culturales. Probablemente en la obra tan excepcional de Goya se encuentren las claves de las inquietudes y alteraciones experimentadas en estas décadas. En concreto, desde 1789 a 1808 la renovación ilustrada produjo figuras decisivas del Neoclasicismo, como las ya citadas de Moratín y Meléndez Valdés, y de un primer Romanticismo, como el de José Cadalso, a pesar de que el clero monopolizaba las universidades y existía la amenaza latente de la Inquisición. Es más, muchos clérigos participaron de las nuevas ideas. Desde 1808 irrumpieron géneros y formas artísticas que surgieron en Cádiz. Allí eclosionó el género periodístico en torno a las Cortes, así como los panfletos, proclamas y manifiestos en los que patriotismo y libertad tuvieron ocasión de llegar a un amplio público, el mismo que aplaudió el estreno de *La viuda de Padilla*, de Martínez de la Rosa, o los ataques líricos de Quintana a los franceses (*Al armamento de las provincias españolas*). La vuelta al absolutismo en 1814 con Fernando VII silenció a la prensa y obligó al exilio de los liberales, pero, aun siendo doloroso, permitió a jóvenes como Ramón de la Sagra sumergirse en la disciplina de la economía política, tan desarrollada en el Reino Unido, así como a otros liberales empaparse de la sensibilidad romántica.

El Trienio constitucional fue momento de extraordinaria agitación política reflejada en la prensa, los cafés, y en las más de 200 sociedades patrióticas, además de las logias de masones y comuneros. Estos últimos desplegaron el culto a la memoria de Juan de Padilla, con funciones cívicas, a imitación de las religiosas, en las que veneraron sus restos. Numerosas obras de teatro se prolongarían por todo el siglo XIX recordando a los comuneros de Castilla. Por otra parte, España se convirtió en esos años en el refugio de los revolucionarios europeos, factor que contribuyó a destacar las emociones que provocaba la lucha por la libertad individual, soporte del "hombre romántico" en la consecución de sus ideales y que se comportaba a corazón abierto.

En todo caso, a pesar de la restauración del absolutismo por los Cien Mil Hijos de San Luis, tan bien descrito en uno de los *Episodios* de Galdós ("El terror de 1824"), el nuevo exilio de las élites liberales reforzó los contactos con la Europa romántica y liberal. La pérdida de la patria afianzó la sensibilidad romántica, pues sufrían el destierro, el robo de la libertad, el desamparo, la nostalgia, incluso privaciones y pobreza, viviendo en bastantes casos de los míseros subsidios de los gobiernos inglés o francés, o de trabajos disonantes con su perfil profesional. Fue el momento en que se puso de moda España por la Europa romántica. Baste recordar el renombre del compositor Fernando Sor, asentado en París, con el éxito de sus composiciones para guitarra, o a Álvaro Flórez Estrada, quien entró en contacto en Londres con las teorías de David Ricardo y publicó en 1828 su *Curso de Economía Política*. El duque de Rivas, por su parte, descubrió a Byron en Londres y, más tarde, en París vivió el estreno de *Hernani* de Victor Hugo, ambientada precisamente en la España medieval; Espronceda, exiliado atípico desde 1827, mantenido por su padre, cambió en Londres su rumbo poético con su poema "A la muerte de Torrijos", de 1831. Entretanto, en el interior se mantuvieron tertulias literarias, como la del joven Larra desde 1827 y otros como Mesonero Romanos, Bretón de los Herreros y Estébanez Calderón. Así, al morir el rey, en 1833, con la amnistía y el acceso al poder de los liberales, las transformaciones culturales se hicieron irreversibles.

Se consolidó la nacionalización de los aportes europeos y se perfiló una jerarquía de géneros artísticos entre los que ya figuraron la novela, la prensa y la tribuna. Desde 1834 se puede datar la definitiva eclosión del Romanticismo en todos los géneros y la simbiosis comprobable de escritores y artistas con el público. Fueron los años del estreno de *Don Álvaro o la fuerza del sino* (1835) del duque de Rivas en 1835 y del éxito arrollador de *El trovador*, de García Gutiérrez (1836), drama de intensidad pasional en el que el hombre de origen humilde, incluso de etnia gitana, se enfrenta al poder y orgullo de la aristocracia. De 1837 cabe señalar tres obras de enorme repercusión y significado cultural: la pasión sin obstáculos en *Los amantes de Teruel*, de Hartzenbusch; el anticlericalismo antinquisitorial en *Carlos II el Hechizado*, del ya citado Antonio Gil de Zárate, sin olvidar la visión irónica que hizo de tanto romanticismo Bretón de los Herreros en *Muérete ¡y verás!* También las pinturas y dibujos costumbristas de Leonardo Alenza reflejaron ese ambiente en sus famosos "Románticos o suicidios" (1839). Por su parte, Espronceda, con sus modulaciones innovadoras en la métrica y la edición en 1840 de *El estudiante de Salamanca*, rompió barreras morales y religiosas y creó imágenes multifacéticas, asumidas y admiradas por todas las clases sociales.

Se han detallado estos datos para subrayar que la revolución liberal no fue política o económica solamente. Los efectos de la revolución cultural, amasada en este momento por el Romanticismo, darían paso a una cultura española de creciente empuje en las generaciones posteriores. Por eso también es importante subrayar que el liberalismo transformó las instituciones educativas y científico-técnicas. La palabra y la idea de "regeneración nacional" se repitieron de modo persistente entre todos los liberales. Así, a partir del gobierno de Mendizábal, se instaló definitivamente la Universidad Central creada en el Trienio constitucional, se secularizaron las universidades, se promocionó la renovación pedagógica con la figura de Pablo Montesino (primer director de la Escuela Normal de Madrid desde 1839), se regularon las enseñanzas de primaria y secundaria y se organizaron los saberes por facultades universitarias de letras, derecho, medicina y ciencias naturales, más las correspondientes escuelas técnicas de ingenierías (industriales, minas, agrónomos, caminos), vinculadas estas directamente con las exigencias del impulso económico anhelado por los liberales.

Los resultados de estas novedades se desplegarían a partir de las décadas centrales del siglo. Fue un proceso azaroso y débil en los niveles de educación primaria, aunque se ampliaron notablemente los recursos y espacios de cultura y se desarrolló un grupo social de intelectuales y creadores cuyas realizaciones más innovadoras se encontraron, en todo caso, enraizadas en la modernidad cultural que había implantado el principio de libertad en las ideas y en las artes, tal y como había declarado Larra.

BIBLIOGRAFÍA

Alonso, C. (2015): *Hacia una literatura nacional, 1800-1900: Historia de la literatura española* (vol. 5), Barcelona, Crítica.
Álvarez Barrientos, J. (ed.) (2004): *Se hicieron literatos para ser políticos: cultura y política en la España de Carlos IV y Fernando VII*, Madrid-Cádiz, Biblioteca Nueva.
Andioc, R. (2006): *Goya: letras y figuras*, Madrid, Casa de Velázquez.

Arnabat i Mata, R. (2006): *Visca el rei i la religió!: la primera guerra civil de la Catalunya contemporània (1820-1823)*, Lérida, Pagès.

Artola Gallego, M. (2000 [1959]): *Los orígenes de la España Contemporánea* (2 vols.), Madrid, Instituto de Estudios Políticos.

Aymes, J. R. (1989): *España y la Revolución Francesa*, Barcelona, Crítica.

— (2008): *Españoles en París en la época romántica, 1808-1848*, Madrid, Alianza.

Bahamonde, A. y Martínez, J. (2005): *Historia de España: Siglo XIX*, Madrid, Cátedra.

Bernal, A. M. (1979): *La lucha por la tierra en la crisis del Antiguo Régimen*, Madrid, Taurus.

Bolufer Peruga, M. (1998): *Mujeres e Ilustración: la construcción de la feminidad en la Ilustración española*, Valencia, Institució Alfons el Magnánim.

Buldain Jaca, B. (coord.) (2015): *Historia contemporánea de España*, Madrid, Akal.

Callahan, W. J. (1989): *Iglesia, poder y sociedad en España, 1750-1874*, Madrid, Nerea.

Canal, J. (2000): *El carlismo*, Madrid, Alianza.

Cantos, M.; Durán, F. y Ramos, A. (eds.) (2009): *La patria poética: estudios sobre literatura y política en la obra de Manuel José Quintana*, Madrid, Iberoamericana/Vervuet.

Carantoña Álvarez, F. (1989): *Revolución liberal y crisis de las instituciones tradicionales asturianas (1808-1833)*, Gijón, Silverio Cañada.

Caridad Salvador, A. (2018): "Las consecuencias socioeconómicas directas de la primera guerra carlista", *Cuadernos de Historia Contemporánea*, 40, pp. 149-167.

Casals Bergés, Q. (2014): *La representación parlamentaria durante el primer liberalismo (1810-1836)*, Cádiz, Universitat de Lleida/Universidad de Cádiz.

Castells, L. (coord.) (2006): *Del territorio a la nación. Identidades territoriales y construcción nacional*, Madrid, Biblioteca Nueva.

Castells, I. (coord.) (2014): *Mujeres y constitucionalismo histórico español: seis estudios*, Oviedo, Centro de Estudios Políticos y Constitucionales.

Castells, I. et al. (2009): *Heroínas y patriotas: mujeres de 1808*, Madrid, Cátedra.

Chust, M. y Rújula, P. (2020): *El Trienio liberal: revolución e independencia (1820-1823)*, Madrid, Los Libros de la Catarata.

Cruz, R. (ed.) (1997): Dosier "El anticlericalismo", *Ayer*, 27.

Derozier, A. (1978): *Manuel José Quintana y el nacimiento del liberalismo en España*, Madrid, Turner.

Domínguez Ortiz, A. (dir.) (1993): *Historia de España, Tomo 9: La transición del Antiguo al Nuevo Régimen (1789-1874)*, Barcelona, Planeta.

Elorza, A. (2011): *Luz de Tinieblas: nación, independencia y libertad en 1808*, Madrid, Centro de Estudios Políticos y Constitucionales.

— (2021): *Ilustración y liberalismo en España*, Madrid, Tecnos.

Espigado Tocino, G. y Pascua Sánchez M. J. (coords.) (2003): *Frasquita Larrea y Aherán: europeas y españolas en la Ilustración y el Romanticismo*, Cádiz, Universidad de Cádiz.

FERNÁNDEZ, P. y ORTEGA, M. L. (eds.) (2008): *La mujer de letras o la letraherida: discursos y representaciones sobre la mujer escritora en el siglo XIX*, Madrid, CSIC.

FRADERA, J. M. (1987): *Indústria i mercat: les bases comercials de la indústria catalana moderna (1814-1845)*, Barcelona, Crítica.

FRANCO DE ESPÉS MANTECÓN, C. (1981): *Los motines y la formación de la Junta revolucionaria de Zaragoza en 1835*, Zaragoza, Instituto Fernando el Católico.

FRASER, R. (2006): *La maldita guerra de España: historia social de la guerra de la Independencia, 1808-1814*, Barcelona, Crítica.

FUENTES ARAGONÉS, J. F. (1988): *Si no hubiera esclavos no habría tiranos: proclamas, artículos y documentos de la revolución española (1789-1837)*, Madrid, Museo Universal.

FUENTES ARAGONÉS, J. F. y GARÍ AGUILERA, P. (2014): *Amazonas de la libertad: mujeres liberales contra Fernando VII*, Madrid, Marcial Pons.

GARCÍA CÁRCEL, R. (2007): *El sueño de la nación indomable: los mitos de la guerra de Independencia*, Madrid, Temas de Hoy.

GARCÍA MONERRIS, E. y GARCÍA MONERRIS, C. (2015): *Las cosas del rey: historia política de una desavenencia (1808-1874)*, Madrid, Akal.

GARCÍA MONERRIS, E.; MORENO SECO, M. y MARCUELLO, J. I. (coords.) (2013): *Culturas políticas monárquicas en la España liberal (1802-1902)*, Valencia, Universidad de Valencia.

GARCÍA ORMAECHEA, R. (2003 [1932]): *Supervivencias feudales en España: legislación y jurisprudencia sobre señoríos*, Pamplona, Urgoiti Editores.

GARCÍA ROVIRA, A. M. (1990): *La revolució liberal a Espanya i les classes populars (1832-1835)*, Vic, Eumo.

GARCÍA RUIPÉREZ, M. (1999): *Revueltas sociales, hambre y epidemia en Toledo y su provincia: la crisis de subsistencias de 1802-1805*, Toledo, Instituto de Investigaciones y Estudios Toledanos.

GARMA, S.; PESET, J. L. y PÉREZ GARZÓN, J. S. (1978): *Ciencias y enseñanza en la revolución burguesa*, Madrid, Siglo XXI.

GIL NOVALES, A. (1975): *Las Sociedades Patrióticas (1820-1823): las libertades de expresión y de reunión en el origen de los partidos políticos* (2 vols.), Madrid, Tecnos.

GONZÁLEZ DE MOLINA, M. (1985): *Desamortización, deuda pública y crecimiento económico: Andalucía, 1820-1823*, Granada, Diputación de Granada.

HERNÁNDEZ MONTALBÁN, F. (1999): *La abolición de los señoríos en España, 1811-1837*, Madrid, Biblioteca Nueva.

HERRERO, J. (2020): *Los orígenes del pensamiento reaccionario español*, Zaragoza, Prensas Universitarias de Zaragoza.

JANKE, P. (1974): *Mendizábal y la instauración de la monarquía constitucional (1790-1853)*, Madrid, Siglo XXI.

JOVER ZAMORA, J. M. (1998): *Historia de España, fundada por Ramón Menéndez Pidal. Vol. 30: Las bases políticas, económicas y sociales de un régimen en transformación (1759-1834)*, Madrid, Espasa-Calpe.

La Parra, E. (2018): *Fernando VII: un rey deseado y detestado*, Barcelona, Tusquets.

La Parra, E. y Suárez Cortina, M. (1998): *El anticlericalismo español contemporáneo*, Madrid, Biblioteca Nueva.

López-Cordón, M. V. (2005): *Condición femenina y razón ilustrada: Josefa Amar y Borbón*, Zaragoza, Universidad de Zaragoza.

López Tabar, J. (2001): *Los famosos traidores: los afrancesados durante la crisis del Antiguo Régimen (1808-1833)*, Madrid, Biblioteca Nueva.

Llorens, V. (2006 [1968]): *Liberales y románticos*, Madrid, Castalia.

Marichal, C. (1980): *La revolución liberal y los primeros partidos políticos en España, 1834-1844*, Madrid, Cátedra.

Martínez Ruiz, E. (2007): *La guerra de la Independencia (1808-1814): claves españolas en una crisis europea*, Madrid, Sílex.

Melón, M. A.; La Parra, E. y Pérez, T. (eds.) (2003): *Manuel Godoy y su tiempo*, Mérida, Junta de Extremadura.

Mercader Riba, J. (1983): *José Bonaparte, rey de España: 1808-1813*, Madrid, CSIC.

Moliner Prada, A. (2008): *Juntas y motines*, Madrid, Arlanza.

Morales Sánchez, Mª I.; Cantos Casenave, M. y Espigado, G. (eds.) (2014): *Resistir o derribar los muros: mujeres, discurso y poder en el siglo XIX*, Alicante, Biblioteca Virtual Miguel de Cervantes.

Nieto García, A. (2006): *Los primeros pasos del Estado constitucional: historia administrativa de la Regencia de María Cristina*, Barcelona, Ariel.

Ollé Romeu, J. M. (1994): *Les bullanges de Barcelona durant la primera guerra carlina (1835-1837)* (2 vols.), Tarragona, El Mèdol.

Pérez Garzón, J. S. (1978): *Milicia nacional y revolución burguesa*, Madrid, CSIC.

— (2008): *Las Cortes de Cádiz. El nacimiento de la nación liberal (1808-1814)*, Madrid, Síntesis.

Portillo Valdés, J. M. (2000): *Revolución de nación: orígenes de la cultura constitucional en España, 1780-1812*, Madrid, Centro de Estudios Políticos y Constitucionales.

— (2022): *Una historia atlántica de los orígenes de la nación y el Estado*, Madrid, Alianza.

Pro Ruiz, J. (2019): *La construcción del Estado en España: una historia del siglo XIX*, Madrid, Alianza.

Puerto, J. y San Juan, C. (1980): "La epidemia de cólera de 1834 en Madrid", *Estudios de Historia Social*, 15, pp. 9-61.

Ramírez, P. J. (2014): *La desventura de la libertad: José María Calatrava y la caída del régimen constitucional en 1823*, Madrid, La Esfera de los Libros.

Ramos Santana, A. (ed.) (2004): *La ilusión constitucional: Pueblo, Patria, Nación*, Cádiz, Servicio de Publicaciones de la Universidad de Cádiz.

— (2017): *Poder, contrapoder y sus representaciones: XVII Encuentro de la Ilustración al Romanticismo: España, Europa y América (1750-1850)*, Cádiz, Editorial UCA.

REVUELTA GONZÁLEZ, M. (1973): *Política religiosa de los liberales en el siglo XIX: Trienio constitucional*, Madrid, CSIC.
— (1976): *La exclaustración (1833-1840)*, Madrid, B.A.C.
ROCA VERNET, J. (2011): *La Barcelona revolucionària i liberal: exaltats, milicians i conspiradors*, Lérida, Pagès.
ROMEO MATEO, M. C. (1993): *Entre el orden y la revolución: la formación de la burguesía liberal en la crisis de la monarquía absoluta (1814-1833)*, Alicante, Instituto J. Gil-Albert.
ROMERO TOBAR, L. (1994): *Panorama crítico del Romanticismo español*, Madrid, Castalia.
RUEDA HERNANZ, G. (1998): *La desamortización en España: un balance (1766-1924)*, Madrid, Arco.
RUIZ JIMÉNEZ, M. (2007): *El liberalismo exaltado: la confederación de comuneros españoles durante el Trienio liberal*, Madrid, Fundamentos.
RÚJULA LÓPEZ, P. (1998): *Contrarrevolución: realismo y carlismo en Aragón y el Maestrazgo, 1820-1840*, Zaragoza, Universidad de Zaragoza.
RÚJULA, P. y CHUST, M. (2020). *El Trienio liberal: revolución e independencia (1820-1823)*, Madrid, Los Libros de la Catarata.
RÚJULA LÓPEZ, P. y FRASQUET, I. (coords.) (2020): *El Trienio liberal (1820-1823): una mirada política*, Granada, Comares.
SABIO ALCUTÉN, A. (2002): *Tierra, comunal y capitalismo agrario en Aragón: uso de los resursos naturales y campesinado en Cinco Villas, 1830-1935*, Zaragoza, Diputación de Zaragoza/Instituto Fernando el Católico.
SÁNCHEZ MARROYO, F. (2014): *Riqueza y familia en la nobleza española del siglo XIX*, Madrid, Ediciones 19.
SANTIRSO, M. (2012): *Progreso y libertad: España en la Europa liberal (1830-1870)*, Barcelona, Ariel.
SEOANE, M. C. (1968): *Historia del periodismo en España, II: el siglo XIX*, Madrid, Alianza.
SIMAL, J. L. (2013): *Emigrados. España y el exilio internacional (1814-1834)*, Madrid, Centro de Estudios Políticos y Constitucionales.
SOLÍS, R. (2000): *El Cádiz de las Cortes: la vida en la ciudad en los años de 1810 a 1813*, Madrid, Silex.
TOMÁS Y VALIENTE, F. (1989): *El marco político de la desamortización*, Barcelona, Ariel.
TORRAS ELIAS, J. (1976): *Liberalismo y rebeldía campesina, 1820-1823*, Barcelona, Ariel.
VILAR, P. (1999): *Hidalgos, amotinados y guerrilleros: pueblo y poderes en la historia de España*, Barcelona, Crítica.
ZAVALA, I. M. (1971): *Masones, comuneros y carbonarios*, Madrid, Siglo XXI.

CAPÍTULO 2
LOS DEMÓCRATAS, 'EXTREMA IZQUIERDA' DEL LIBERALISMO (1840-1874)

En 1840 ocurrieron dos hechos inéditos y ensamblados. Primero, los ayuntamientos se "pronunciaron", esto es, exigieron, con el apoyo de una fuerza armada, la Milicia nacional, la anulación de una ley que los sometía a un Gobierno centralizador. No solo consiguieron esta derogación, sino que, en el camino, María Cristina, aliada del sector más moderado del liberalismo, tuvo que renunciar a la regencia o Jefatura del Estado. De ahí se produjo el segundo hecho, igualmente novedoso: la votación en las Cortes para ocupar la máxima magistratura del Estado. La ganó un "hijo del Pueblo", Espartero, aclamado como vencedor del absolutismo y líder del sector progresista del liberalismo, el primero que ocupó la Jefatura del Estado sin ser de sangre real, ni siquiera hidalgo.

Se inició la etapa más decisiva en la construcción del Estado liberal, marcada por el dilema entre libertad y orden, por un lado, y, por otro, por el surgimiento de un ideario democratizador que impugnó el nuevo orden social en nombre del Pueblo, con mayúscula, que exigió la igualdad política, esto es, la ciudadanía plena. Un proceso idéntico tuvo lugar en los países europeos vecinos y hubo contactos entre todos ellos. Así, compartieron la idea de que los atributos de la libertad e igualdad no podían ser monopolio de las clases propietarias y exigieron, por tanto, acceso a la propiedad, al trabajo, a la igualdad democrática mediante la representación política y a una justicia equitativa. La categoría de pueblo se concibió en toda Europa como ese amplio abanico social existente entre los "notables" enriquecidos con el liberalismo y los sectores marginales, lo que se plasmó en un programa político, compartido por todos los países, que expresaba la oposición al privilegio y a la acumulación de riquezas. Así nacieron los partidos demócratas. En el caso español, estas aspiraciones comenzaron a concretarse en un grupo político diferenciado durante la regencia de Espartero y que en 1949 se formalizaría como Partido Democrático al comprobar que no tenían cabida dentro del Partido Progresista. Sus miembros se erigieron en portavoces de las clases populares, de ese Pueblo cuya mayúscula expresaba la nueva soberanía, concebida de modo más radical que la proclamada como nacional, aunque identificada siempre y en todo caso con el calificativo de español, pues tal era su nacionalidad. Marcaron así un territorio sociopolítico distinto al de los liberales "notables", propietarios siempre, y se definieron, en consecuencia, como la "extrema izquierda" del espacio político.

El tema protagonista de este capítulo, por tanto, es el proceso de formación y evolución del ideario demócrata que, como parte de la nueva sociedad liberal, asumió la representación del pueblo, excluido del derecho al voto y de las responsabilidades institucionales, como sujeto político. Esta ideología, en gran parte manifestada como republicana, ha sido objeto de innovadoras investigaciones que se referencian en la bibliografía, pues fue agente decisivo para remover las contradicciones del liberalismo y desplegar un concepto de derechos ciudadanos y de organización del Estado que fueron las predominantes hasta la Segunda República, cuando ya se impuso una lógica no tanto popular sino más bien de enfrentamiento de clases sociales.

En definitiva, los demócratas, que, en su gran mayoría, conviene reiterarlo, fueron republicanos, y como tales se organizaron desde 1868, plantearon abiertamente la redistribución de la "riqueza nacional" y unas alternativas de federalismo más o menos radical frente al Estado centralizador organizado por los liberales moderados. Marcaron en gran medida el periodo que, iniciado en 1868, no por casualidad, es catalogado como "Sexenio democrático". Además, tuvieron la ocasión de gobernar durante la Primera República en 1873. El fin de esta experiencia de gobiernos republicanos, a fines de 1874, cierra este capítulo de tres largas décadas en las que España experimentó un ritmo de vida política con tantas novedades como resistencias, mientras sus estructuras sociales y económicas se transformaban de manera desigual, con una significativa dependencia de las tecnologías y del capitalismo europeo.

1. TRANSFORMACIONES ECONÓMICAS Y SOCIOPOLÍTICAS

Sin duda, las desamortizaciones de bienes eclesiásticos, llevadas a cabo primeramente por Mendizábal, junto con la privatización de bienes comunales por Madoz en 1855, la conversión de los señoríos aristocráticos en propiedades privadas y la nacionalización en 1865 de los bienes de realengo, también privatizados en gran parte, desvincularon la tierra de sus ataduras feudales para convertirla en la más importante mercancía de un mercado por primera vez ejecutado a escala estatal. Se construyó así un espacio de compraventa de "bienes nacionales", esto es, de tierras que la soberanía nacional transformaba en propiedades individuales y libres que desarrollasen la "riqueza nacional". Esto supuso un enorme trasvase de capitales con fabulosos negocios y la gestación de las más importantes fortunas del siglo XIX.

Simultáneamente, arrancó un limitado proceso de industrialización en la década de 1830 que desde la década de 1860 supuso la entrada de España en los circuitos de la Revolución Industrial, la segunda gran revolución en la historia mundial tras la agraria expandida desde el Neolítico. Así, la presencia de las consiguientes innovaciones técnicas, en su mayoría de patentes inglesas (como la de la máquina de vapor), y la combinación de protección arancelaria y librecambismo, según los sectores, inauguró un largo ciclo de desarrollo económico de curva ascendente que los especialistas en historia económica tasan en un crecimiento del PIB del 2,27% anual de promedio, desde 1850 hasta hoy, aunque incluyendo periodos de severas crisis. Se verán en sucesivos capítulos las variaciones en el sector industrial, tan decisivo para entender la composición de las clases trabajadoras, sujeto de atención de los idearios de izquierdas.

LA TIERRA: ACUMULACIÓN DE CAPITAL NACIONAL Y 'CUESTIÓN SOCIAL'

El liberalismo supuso la novedad de que se pudieran expresar y defender ideas opuestas. Así, las críticas al modo en que se estaban amasando nuevas fortunas agrarias surgieron en fechas tempranas. Flórez Estrada, respetado economista, diputado en la Cortes de Cádiz, luego exiliado en Inglaterra, donde se impregnó de las ideas de Adam Smith, David Ricardo y James Mill, de nuevo diputado en el Trienio constitucional y también entre 1834 y 1840, mantuvo desde 1836 un vivo debate contra Mendizábal por su modo de privatizar los bienes nacionalizados a la Iglesia. Lo acusó de promover la desamortización para beneficio exclusivo de los ricos. Propuso, en cambio, conservar la titularidad estatal de esos bienes y mantenerlos en enfiteusis o arrendamiento vitalicio y heredable en manos de los campesinos, a cambio de un canon. Dentro del liberalismo, defensor de la propiedad privada como derecho natural y opuesto a las nuevas ideas de socialismo que circulaban por Europa, evolucionó hacia medidas de reforma social por considerar que toda riqueza tiene su origen en el trabajo y que, por tanto, la tierra, "al no ser producto del hombre", no podía acapararse. El mal reparto de la propiedad de la tierra era antinatural, pensaba, y, en consecuencia, el origen de revoluciones como la francesa.

Sin entrar en el detalle de sus ideas y en las paradojas de sus propuestas, analizadas por destacados historiadores que constan en la bibliografía, Flórez Estrada se convirtió en la referencia para un largo debate sobre los modos y consecuencias de las desamortizaciones en la historia de la agricultura española. Lo importante es que su voz significó la impugnación de los métodos por los que los liberales declararon propiedad de la nación unos bienes que, de inmediato, privatizaron en subastas con ventajas para los poseedores de deuda pública. La nueva "riqueza nacional" pasó así a manos de propietarios totalmente libres de viejas ataduras. Las inquietudes de Flórez Estrada dieron lugar a una obra clave significativamente titulada *La cuestión social: origen, latitud y efectos del derecho de propiedad* (1839).

Así, la alternativa de hacer un reparto a favor del campesinado que trabajaba la tierra se convirtió en un elemento decisivo para perfilar el ideario de los primeros demócratas. Cuando en 1841 se discutió la ley del Gobierno progresista declarando "bienes nacionales" todas las propiedades del clero secular, a la vista de las experiencias de anteriores desamortizaciones, ya se manifestó la disidencia de un grupo de diputados clasificables como demócrata-republicanos, por distritos tan dispares como Gerona, Badajoz, Pontevedra y Valencia, que defendieron una alternativa sencilla: que "los arrendatarios de los predios rústicos, así divisibles como indivisibles, tendrán derecho a quedarse con ellos por el tanto del remate, lo que podrán reclamar en las veinticuatro horas siguientes a la celebración de aquél". Además, reclamaron que las fincas fuesen divididas al máximo para "hacer la felicidad de otras tantas familias".

En concreto, el diputado salmantino José Sánchez de la Fuente en esas Cortes de 1841 prefiguró en su análisis aquel concepto de acumulación primitiva de capital, tan certeramente acuñado por Marx para precisar las desigualdades y consiguientes riquezas surgidas con el liberalismo. Denunció que todos conocían el método del "capitalista" que negociaba con el "perito" la división y precios de las "fincas procedentes de la Nación", y su conclusión fue rotunda:

Esta propiedad no hace más que pasar de unas manos a otras; pero sigue amontonada en muy pocas, y cuando hemos destruido una aristocracia hereditaria, vamos creando otra acaso más temible que aquélla. Señores, la tendencia de esta ley entiendo que debe ser a desmoronar en lo posible esos montones de riqueza, y hacer de manera que desciendan en cuanto sea posible a las clases inferiores del pueblo.

Los "montones de riqueza" no llegaron a las "clases inferiores del pueblo en el campo". Tampoco en las ciudades. Las fincas urbanas desamortizadas al clero también engrosaron notables fortunas de notables liberales. Por eso, en este punto la ley ni siquiera distinguía la forma de venderlas, ni las clasificaba. Desde la desamortización de Godoy se había desarrollado una fabulosa especulación sobre las viviendas y enormes extensiones de terreno urbano de titularidad eclesiástica. La propuesta de Sánchez de la Fuente cayó en saco roto:

Que los edificios de corto valor, las pequeñas casas que pudieran servir para los menestrales, para las gentes del pueblo que necesitan una casita en que vivir, debieran ser pagadas [...] en veinte años, para que proporcionásemos a esa clase laboriosa el medio de poder adquirir una habitación propia en que vivir el resto de sus días.

Este mismo diputado confirmó que su propuesta no quebrantaba los planes financieros del Gobierno de los liberales progresistas: "No hay división en los principios políticos" entre los liberales, subrayó, porque todos coincidían en abolir el poder del clero y en "atender al interés de la clase agricultora; es decir, atender al interés de las clases trabajadoras de la Nación, de las clases que han de ser y serán siempre el apoyo de estas instituciones [liberales]". Sabiendo lo ocurrido con las desamortizaciones previas, el diputado salmantino trataba de evitar que las subastas quedasen "al arbitrio de los capitalistas y de aquellos hombres que [...] elevan su interés sobre el interés común.

Por otra parte, desde la década de 1840, tan ingente trasiego de tierras, convertidas en mercancías de libre circulación, significó un aumento de las superficies cultivadas. A pesar de las limitaciones derivadas de la naturaleza de los suelos y del atraso tecnológico, se expandieron los cultivos y la producción agraria permitió alimentar a una población creciente e incluso exportar ciertos productos. Tanto fue así que de 12 millones de habitantes en 1833 se pasó a casi 16 millones en 1875, un crecimiento excepcional, a pesar de la guerra civil (1833-1839), dos epidemias de cólera (1833-1835 y 1853-1856) y una muy precaria, apenas existente, asistencia sanitaria. Los Gobiernos liberales, en efecto, fomentaron la modernización tecnológica, incluso decretaron como libro de lectura obligatoria en enseñanza primaria el *Manual de agricultura* de Alejandro Oliván, pero esto fue un proceso muy lento y las innovaciones llegaron con mucho retraso y disparidad geográfica.

Sin duda, la proletarización y el excedente de mano de obra jornalera permitió a los grandes propietarios aumentar sus ganancias sin intensificar los cultivos, ganancias que trasvasaron a los sectores financiero-especulativos. Otra gran parte de la agricultura estuvo en manos de un campesinado —arrendatarios, aparceros y pequeños y medianos propietarios— sin el capital necesario para la renovación, que aplicaban los sistemas tradicionales de cultivo. En cualquier caso, como han señalado especialistas como Josep Pujol Andreu, Ramón Garrabou y otros, la agricultura no fue "el pozo de todos los males": creció la producción en general, aunque de modo muy desigual, desde la década de 1850 aumentaron las exportaciones no solo de trigo y harina, sino de vino, aceite y frutas, con un crecimiento significativo de la importación de maquinaria.

Se creó, en definitiva, un mercado nacional por encima de los mercados locales tradicionales, con una expansión irreversible de las relaciones capitalistas. Conviene recordar que se introdujo el sistema métrico decimal para unificar pesas y medidas (la unificación de monedas no llegó hasta 1869, con la peseta), se mejoraron miles de kilómetros de la red de carreteras que pasó de 3.500 kilómetros en 1840 a 19.000 en 1868, y sobre todo llegó el ferrocarril desde 1860. Tal como precisó Jaume Vicens Vives, desde la aprobación del arancel de 1841 se anudó el pacto de un mercado nacional beneficioso para los textiles catalanes, los propietarios agrarios castellano-andaluces y los ferreteros vascos. La política reflejó, gracias al voto restringido para los propietarios, la hegemonía de esos nuevos grupos e intereses económicos y sociales.

NUEVO ORDEN SOCIAL: CLASES Y NIVELES DE VIDA

En efecto, el despegue de la industria textil catalana desde la década de 1840, gracias a su mecanización, y el enorme trasiego de especuladores que se lanzaron con voracidad sobre las concesiones ferroviarias desde la década siguiente, sin olvidar el peso de las fortunas amasadas por el tráfico ilegal de esclavos desde Cuba, ampliaron los horizontes de los sectores burgueses y su integración en los circuitos y mecanismos del capitalismo occidental. En concreto, las concesiones de líneas de ferrocarril concitaron tal nivel de corrupción, con familia real incluida, que provocaron la insurrección de 1854, y una extraordinaria movilización de capitales y gigantescas especulaciones para los sectores implicados, tanto nacionales como foráneos. Desde la década de 1860 llegó la Revolución Industrial, sobre todo a los sectores mineros y siderúrgicos del País Vasco y Asturias, con intentos previos en otros núcleos andaluces y levantinos, siempre subordinados a las tecnologías del extranjero. En estas décadas, en todo caso, no alcanzó la suficiente fuerza para absorber el excedente de mano de obra que generaba la ruina de ese artesanado y la proletarización del campo. Los talleres fueron en su mayoría de envergadura media y, sobre todo, predominó una extensa producción artesanal local practicada por amplias capas de menestrales que vivían en las ciudades al borde de la subsistencia.

En suma, los grandes propietarios agrarios, industriales, comerciantes y agiotistas de las finanzas y del tráfico esclavista conformaron un orden social opuesto al orden de los privilegios estamentales del clero y aristocracia. Por más que estos nuevos ricos, más los generales y políticos liberales, se adornasen con títulos de marquesados, ducados y condados, ese ennoblecimiento expresaba un ritual de prestigio y, sobre todo, un proceso de moderación o conservadurización del ideario liberal. El ennoblecimiento no les restaba el carácter de clase dominante en una sociedad de crecientes horizontes burgueses. Además, mediante el voto censitario, fueron los propietarios los que dirigieron la vida política de la España liberal. En función de la renta que se exigiese, desde 1837 que se implantó la restricción del voto, se fluctuó entre los 267.000 electores de ese año hasta los 418.271 del censo electoral de 1865, con picos de casi 600.000 con los progresistas en 1843 y drásticas reducciones con los moderados, que redujeron en 1844 a 99.000 los electores; como máximo, el 10% de los varones mayores de 25 años. No era casual que el liberalismo basculara políticamente hacia el orden más que hacia la libertad y no facilitara la ampliación de derechos que reclamaban los demócratas.

Además de no tener el derecho al voto, la mayoría de la población, a la menor desventura de enfermedad, viudedad, epidemia o paro, fuese en el campo o en la ciudad, se encontraba próxima a la miseria. En un alto porcentaje eran familias cuyos hijos tenían que trabajar desde los 6 años. Vale la pena recordar la estructura de la población activa a la altura de 1860, cuando ya se regularizaron las estadísticas oficiales. De los 15,5 millones de habitantes, figuraban siete millones de personas ocupadas, de las cuales un 63% eran campesinos de los que, a su vez, el 5%, esto es, 2,5 millones, eran jornaleros sin tierra, una cifra a la que habría que sumar las mujeres campesinas y los sirvientes de las casas labriegas que aquella estadística no contabilizaba. El resto del sector agrario sumaba todo tipo de propietarios y medio millón de arrendatarios.

El sector secundario, con solo un 17,5% de ocupados, reflejaba la persistencia del predominio de los artesanos tradicionales, un 56%, y solo un 13%, poco más de 150.000, catalogados como "jornaleros en las fábricas", que constituían ese despegue de la industrialización concentrado sobre todo en Barcelona y, a mucha distancia, en otras provincias como Valencia, Alicante, Sevilla, Cádiz, Málaga y Guipúzcoa. Esta primera industrialización española emergió a partir de las manufacturas textiles tradicionales (lana, lienzos, seda y esparto), transformados alimenticios y otros sectores muy dispares, desde el tabaco, los hierros, ferrerías, cerámica y la minería instalados sobre todo en el arco mediterráneo, que ya no eran artesanado y que se formaron con capitales procedentes del comercio portuario o de las rentas agrarias, además de inversores británicos en bastantes casos. Desde la liberalización decretada en 1868, España se integró definitivamente en la industrialización europea con la minería del hierro y la expansión del ferrocarril.

Por último, en el censo de 1860 aparece un 20% de ocupados en el sector terciario cuyo 60% eran "sirvientes o criados", esto es, más de 800.000 personas dependientes de un salario y, por tanto, de sus dueños. El resto eran unos 66.000 empleados públicos, en su mayoría de bajo nivel, más unos 25.000 maestros y apenas algo más de 2.500 los catedráticos y profesores. El censo añadía exactamente 262.591 personas (dos de cada tres eran mujeres) catalogadas como "pobres de solemnidad", domiciliadas sobre todo en Galicia, las dos Castillas y Andalucía oriental, más 75.000 imposibilitados, ciegos o sordomudos.

Los jornales en el campo, en torno a 1850, por ejemplo, eran de 3,5 a 4,5 reales, y el de los niños y mujeres, de uno a tres reales, según el tipo de trabajo y cultivo. Con tales jornales, la dieta alimenticia se limitaba casi al pan, al aceite, ingredientes de sopas, gazpacho y migas, y a los potajes. Lógicamente, las enfermedades incidían con mucha mayor fuerza en estas capas de la población. Los niveles salariales en las ciudades, con la excepción de las poblaciones industrializadas de Cataluña, no eran muy diferentes a los del campo. Además, las clases populares urbanas recibían un continuo flujo de inmigración de excedente de población campesina que se integraban o en el servicio doméstico, con 800.000 personas censadas oficialmente, o un elevado censo de "pobres de solemnidad", categoría específica del sistema liberal establecida para otorgarles la beneficencia pública. Además, si el paro estacional ya era una constante en la España agraria, en las ciudades se estancó un paro endémico entre la menestralía y asalariados, cuyas quejas trataron de calmar las autoridades liberales organizando obras públicas.

Solo los obreros de la incipiente industrialización tuvieron salarios más elevados, insuficientes, sin embargo, para despegarse del nivel de subsistencia básico. En Barcelona, la ciudad más industrial, el 60% del salario tenía que gastarse en alimentación; solo el pan suponía la mitad. Con esta proporción entre ingresos y gastos, ni siquiera el proletariado mejor pagado podía constituir un mercado de consumo suficiente para un mayor crecimiento industrial. El panorama era tan contradictorio con lo que predicaba el liberalismo, que el propio Estado tuvo que crear la beneficencia pública y encomendar la gestión de la pobreza a las diputaciones provinciales y municipios, con una red institucional que acogió a los totalmente desvalidos, además de ejercer una beneficencia domiciliaria en dinero y en especie a las familias que, por falta de trabajo, se encontraban en la miseria. Dicha beneficencia pública quedó regulada en las leyes liberales de 1821 y 1849. También las diputaciones y ayuntamientos programaron obras públicas para remediar el paro, con la intención explícita de evitar las "explosiones y conflictos" generados por la falta de trabajo. En Madrid y Valencia, por ejemplo, los ayuntamientos invirtieron en estas décadas más del 18% de su presupuesto en obras públicas. Medidas similares se adoptaron en Barcelona, Sevilla, Zaragoza, La Coruña o Málaga.

Semejantes condiciones de vida también suscitaron respuestas entre las propias clases desfavorecidas. Fue importante el surgimiento de un nuevo movimiento societario entre las clases trabajadoras urbanas. Había precedentes en Inglaterra y Francia desde las décadas de 1820 y 1830. En España hubo explosiones luditas contra las máquinas y las nuevas condiciones de disciplina fabril como la ya citada contra *El Vapor* en 1835, contra los telares en Alcoy se repitieron actos de destrucción que ya contaban con precedentes en 1821, o también en los centros fabriles de Sabadell e Igualada o en las fábricas de tabacos de Madrid y Sevilla.

Lo más decisivo, al amparo de la orden de febrero de 1839, fue la legalización de las asociaciones de ayuda mutua y beneficencia, y el nacimiento del que se ha considerado el primer "sindicato", la Sociedad Mutua de Tejedores de Barcelona, en el otoño de 1840, que llegó a contar con 15.000 asociados. La fórmula se expandió por otras ciudades y oficios desde la década de 1840, de modo que, ante las nuevas formas de libertad de explotación, al estar abolidos los gremios, los menestrales y trabajadores de talleres se organizaron como sociedad de socorros mutuos para defenderse ante el paro y para mejorar sus condiciones de trabajo, e incluso recurrir a la huelga como forma de rebelión novedosa. Estas sociedades mutuas reprodujeron por una parte las costumbres de los anteriores gremios, pero además prefiguraron los futuros sindicatos al crear una sociabilidad solidaria basada en el ahorro y en una gestión colectiva de sus recursos y de sus derechos. Incluso abrió el camino a la formación de talleres cooperativos. Este asociacionismo, conocido como societario y mutualista, aunque no fue masivo, sino sobre todo urbano, constituyó un espacio crucial para la expansión de ideas democratizadoras y para vertebrar tanto la capacidad de resistencia ante la explotación, por un lado, y, por otro, la de socorro mutuo y ayuda solidaria en casos de accidente, enfermedad, viudedad y vejez.

Por lo demás, las clases populares no solo estaban pauperizadas, también carecían de instrucción y en su mayoría eran analfabetas. La legislación liberal sobre la enseñanza elemental, gratuita y pública para niños y niñas se aplicó con enorme lentitud. Se había establecido como enseñanza obligatoria en la Constitución de 1812 y, tras los sucesivos vaivenes políticos, se instauró en la Ley de Instrucción Primaria de 1838 y luego en la más general de Claudio Moyano en 1857, pero la realidad y los resultados distaban mucho de lo legislado. La primera estadística oficial, la de 1860, reveló que solo un 31% de los varones y un 9% de las mujeres sabían leer y escribir. Se correspondía con la escasa implantación de la escolarización primaria, que únicamente abarcaba un 30% de niños y un 13% de niñas. Estos déficits, incumplimientos evidentes del principio de expansión de las luces pregonado por el liberalismo, abrieron otro campo de crítica y de reclamación desde los sectores demócratas.

EL NACIMIENTO DE LOS PARTIDOS POLÍTICOS

Las libertades de expresión, prensa y asociación, más el derecho al voto, dieron lugar a asociaciones por afinidades ideológicas que surgieron en el mismo proceso de revolución liberal analizado en el capítulo anterior. Primero fueron los ilustrados y los liberales contra los reaccionarios y absolutistas. Todos compartieron la definición del *Diccionario de la Real Academia Española* de 1791 que identificaba la palabra *partido* con *facción*, *bandería* o *pandilla*. Así se usó durante las Cortes de Cádiz, con un significado negativo. Significaba *partir* y, por tanto, romper la unidad nacional. Todos se erigieron en expresión de la "voluntad nacional" y todos tacharon a sus adversarios de formar partido o facción en contra de esa voluntad general. Se llegó incluso a cuestionar dentro del liberalismo el derecho de asociación, por considerarlo semilla de desunión social e inestabilidad política.

En el Trienio constitucional prosiguió el debate a propósito de las divisiones entre los liberales y de estos contra los absolutistas. Sin embargo, ya hubo voces, como las de Argüelles, Alcalá Galiano o Flórez Estrada, que apuntaron la idea de los partidos como hechos lógicos en una vida política basada en la libertad. Ese nuevo contenido semántico se asentó durante la guerra civil de 1833 a 1839 y, con la ley electoral de Mendizábal de septiembre de 1835, se planteó si era lógico desplegar lazos organizativos para preparar las elecciones, siguiendo el modelo inglés. Así, en 1836 el ministro de Gobernación, el duque de Rivas, facilitó que los electores se organizaran según sus preferencias por "el color político" de unos u otros candidatos, de modo que "se unan todos los de un mismo modo de pensar, organizándose y procediendo de acuerdo, si no quieren exponerse los más a ser vencidos por los menos". Desde que el sistema parlamentario se estabilizó tras la Constitución progresista de 1837 y luego con la Constitución moderada de 1845, se deslindaron en la práctica los diputados que apoyaban al Gobierno de turno, el "partido ministerial", frente a quienes integraban el "partido de la oposición". De hecho, el Partido Democrático se organizó en 1849 precisamente porque había diputados que no coincidían con los progresistas en los objetivos a plantear como "partido de oposición".

Durante el Bienio progresista (1854-1856), al crearse la Unión Liberal, se confirmó una realidad pluripartidista y que los partidos no eran solo asunto de diputados en las Cortes sino algo más: el medio de asociación de ciudadanos con una determinada ideología y con metas políticas comunes. Así lo teorizó en 1855 un clarividente liberal, Andrés Borrego, moderado y antiautoritario, en una obra cuyo título es bien elocuente: *De la organización de los partidos en España, considerada como medio de adelantar la educación constitucional de la nación*. Estaba perfectamente informado del funcionamiento de los sistemas políticos británico y estadounidense, y precisó los seis ingredientes que debía reunir un partido político para dar fortaleza a las instituciones: defender una doctrina específica para gobernar; declarar sus principios éticos y los medios con los que pretender cumplir sus ideas; desarrollar una organización interna coherente entre sus "partidarios"; proveerse de fondos propios; difundir sus ideas sobre todo por la prensa y con agentes electorales; y, como colofón, mantener la coherencia entre sus principios y sus prácticas.

Con tales premisas, Andrés Borrego analizó las funciones sociales y políticas de los partidos en una sociedad construida sobre las libertades, entre las que la libertad de asociarse no podía sino elevarse a la categoría de derecho incuestionable. Además, enfatizó la exigencia de lealtad al ideario de cada partido, más la consiguiente lealtad a los órganos internos de dirección para alcanzar eficazmente las metas propuestas. Este proceso de teorización de los partidos se plasmó en 1861 en un libro de John Stuart Mill, *Sobre el gobierno representativo*, traducido al español en Chile en 1865, pero ya conocido en España. De hecho, desde la década de 1860 los partidos políticos dejaron de ser vistos como expresión de bandería o secta para ser considerados la clave para proteger la libertad y el pluralismo, y el cauce más idóneo entre los intereses parciales y los generales. Ocurrieron procesos semejantes en los demás países occidentales organizados con regímenes liberales. Se influenciaron recíprocamente: el dato citado del inmediato conocimiento de la obra de John Stuart Mill y su rápida traducción al castellano a miles de kilómetros, en las costas del Pacífico, revela la efectiva circulación de ideas por encima de fronteras y de océanos.

Esa internacionalización de las ideologías se comprobó de modo fehaciente con el surgimiento de ideas y organizaciones democráticas por todo Occidente desde la década de 1830, con movimientos como la denominada "democracia jacksoniana" en los Estados Unidos, el cartismo en Inglaterra y el impacto de las organizaciones de Giuseppe Mazzini, la Giovine Italia en 1831 y la Giovine Europa en 1834, sin olvidar la resonancia intelectual y política de la obra de Alexis de Tocqueville, *La democracia en América* (1836-1840), que divulgó la tesis de la igualdad como aspiración arraigada en toda sociedad. Había otros muchos otros intelectuales europeos, como los llamados socialistas utópicos, que fueron más allá. Ese entramado de ideas, que, dando por conquistada la libertad, colocó la igualdad como inmediata exigencia política, se plasmó en España en un conjunto de intelectuales y grupos sociales que convergieron en la creación del Partido Democrático.

2. CLAVES DE LA FORMACIÓN DEL PARTIDO DEMOCRÁTICO (1840-1854)

Conviene considerar que el movimiento democrático desarrollado en Europa desde la década de 1840 albergó en su seno un gran abanico de ideas, tan amplio como contradictorio. El concepto de democracia se desplegó con una doble perspectiva en sus orígenes. Una, la democracia representativa, prolongación del liberalismo, que ampliaba las libertades individuales civiles con el derecho político a elegir y a ser elegidos todos como representantes de la soberanía popular, lo que implicaba ampliar el voto y la elección de los órganos decisorios llegando hasta la propia Jefatura del Estado —era la propuesta republicana—, y también ampliando el derecho al voto para las mujeres, una reivindicación que se hizo de modo más tardío y minoritario. La otra concepción, igualmente derivada del principio de soberanía popular, fue desarrollada por teóricos socialistas que propusieron no solo la igualdad en derechos políticos sino también en derechos sociales, lo que suponía revolucionar las relaciones económicas para establecer la igualdad política y socioeconómica. Si el sufragio universal era la meta de llegada para los primeros, para los socialistas solo era una parte del camino que debía seguir hasta la conquista, bien de una democracia directa para unos, bien del control de las decisiones económicas para otros. Esta última interpretación conducía a una democracia económica de autogestión por los trabajadores. Marx lo llamaría años más tarde el "autogobierno de los productores".

Por tanto, demócratas y socialistas compartieron en sus orígenes el citado principio de soberanía popular y la idea de que el protagonista de la historia y, por ende, de la política, era el pueblo, cuya voluntad soberana era indivisible, la única que podía legitimar a los Gobiernos. Los movimientos democráticos se erigieron, de este modo, en intérpretes de la auténtica voluntad soberana de un pueblo que, al estar excluido del voto por los liberales, tenía el derecho a derribar los Gobiernos que no cumplieran esa "voluntad general", tan colectiva como indivisible. De ahí que tanto o más que el voto, los demócratas pensaron y practicaron el derecho a la insurrección para alcanzar el interés público o bien común. Semejante estrategia insurreccional contra los poderes representativos controlados por el voto de los propietarios liberales persistió hasta bien entrado el siglo XX. Baste recordar a este respecto que en 1930 los republicanos y socialistas españoles apoyaron una insurrección militar para cambiar el sistema político.

EXIGENCIAS Y GRUPOS DEMOCRATIZADORES EN EL ORIGEN

Aunque siempre hay precedentes para toda ideología, no fue casualidad que las primeras expresiones nítidamente democráticas, incluso republicanas, surgiesen desde 1837. Ya se ha expuesto que fue el año en el que se modificó sustancialmente la Constitución gaditana en sentido restrictivo de derechos y con aumento de los poderes de la Corona. Además, la presencia de tropas inglesas y francesas que, gracias a la Cuádruple Alianza, apoyaban a los liberales portugueses y españoles en sus respectivas guerras civiles contra los absolutistas, facilitó el contacto directo y la expansión de las ideas democráticas que circulaban en las dos potencias del momento, Inglaterra y Francia.

Fruto de estos contactos fue el activismo conspiratorio desde 1837 de personajes como Ramón de Xaudaró, autor de un proyecto de Constitución republicana y primer mártir del republicanismo, Abdón Terradas, Bertrán i Soler y otros defensores de una aplicación radical de la igualdad, en una lucha declarada contra los ricos, agrupados en sociedades ramificadas por Europa que mantuvieron el carácter secreto conspirador y la táctica insurreccional de los "carbonarios" italianos organizados contra la ocupación napoleónica. Más decisivo y de mayor calado social fue el proceso experimentado en esos años por extensas capas populares alistadas en la Milicia nacional para defenderse en cada pueblo de las partidas de signo carlista que se propagaban por gran parte de la geografía española, desde Galicia hasta la Serranía de Ronda, pasando por La Mancha. Ser partícipes de una fuerza ciudadana, implicada en la defensa del régimen constitucional, amplió, sin duda, sus perspectivas y capacidades de exigencia política.

Sin embargo, mientras luchaban contra los absolutistas, las Cortes de 1837 cercenaron sus importantes expectativas. Así, en el campo, las Cortes convirtieron los señoríos en propiedades de la aristocracia, las desamortizaciones seguían beneficiando, como se ha expuesto en el capítulo anterior, a grupos de "capitalistas", y la implantación del sufragio censitario limitó gravemente la igualdad política. Se mantuvo el voto universal masculino para elegir ayuntamientos y, por ejemplo, en Andalucía, desde 1837, tal y como ha investigado Antonio Miguel Bernal, en los pueblos de señorío aparecieron dos bandos en las elecciones municipales, los "duquistas" y los "terreros", enfrentados por la propiedad de las tierras señoriales del duque de turno. En los medios urbanos fue más relevante la abolición de los gremios: se podía trabajar libremente, pero esa libertad se tradujo en paro y carencia de protección. Por eso, en 1837, los obreros de Barcelona reclamaron aumento de jornales y pidieron permiso al gobernador para asociarse. En 1839 lograron el permiso y crearon la Sociedad de Mutua Protección de Tejedores de Algodón, que arrancó nada menos que con 8.000 afiliados. También tuvieron lugar huelgas de artesanos de distintos sectores en ciudades como Granada, Zaragoza o Valencia.

En ese momento, las elecciones municipales se convirtieron en un problema para el liberalismo moderado. En 1838, el propio responsable del Gobierno, el conde de Ofalia, declaró que en los ayuntamientos existía un exceso de "elemento popular que embarazaba la necesaria acción del gobierno". Proponía, por tanto, reformar su organización y encauzarlos "hacia una centralización que recientes sucesos han hecho todavía más precisa". Su plan abolía el carácter democrático del poder municipal establecido en la Constitución de Cádiz: los concejales serían elegidos por los mayores contribuyentes, pero solo podrían deliberar, porque el poder quedaría en manos de un alcalde designado entre los concejales por la Corona en las capitales de provincia, y por el gobernador civil en los pueblos. Además, se limitaba la composición y papel de la Milicia nacional, que obedecía a cada alcalde.

Esas ideas se plasmaron en una ley que la regente María Cristina, por presiones de los liberales progresistas, no firmó hasta el verano de 1840. Su firma provocó un alzamiento municipal insólito. Los ayuntamientos, con el apoyo de sus respectivas Milicias nacionales, organizaron Juntas soberanas que se pronunciaron contra el Gobierno en las más importantes ciudades y capitales de provincia, lograron la dimisión de la Regente, que se exilió, la convocatoria de nuevas Cortes, la suspensión de esa Ley de Ayuntamientos y mantener la Milicia nacional. Las nuevas Cortes votaron a Espartero como regente y este designó sucesivos gabinetes formados por el Partido Progresista, que se afianzó precisamente con el liderazgo del propio Espartero y con liberales de larga experiencia como Argüelles, Calatrava o Mendizábal, más nuevos líderes como Olózaga, Madoz y el joven coronel Prim.

Fue durante la regencia de Espartero, de 1840 a 1843, cuando despegó una alternativa catalogable como democrático-republicana. Surgió de las filas de dicho Partido Progresista exigiendo una aplicación coherentemente radical de la libertad y de la igualdad. Contaron con una docena larga de periódicos desde 1840, de los que destacaron por su amplia difusión *El Huracán*, publicado en Madrid, y *El Republicano*, en Barcelona. El periódico *La Revolución*, dirigido por Patricio Olavarría, suspendido y transformado desde junio en *El Huracán*, se convirtió en la voz más influyente del ideario democrático y la plataforma que catalizó lo que ya se perfilaba como un grupo político diferenciado de los progresistas. En sus páginas colaboraron Martínez Villergas, Ayguals de Izco, Eduardo Chao y Víctor Pruneda, personalidades decisivas de esta primera hornada de demócratas, defensores de la propiedad, pues en definitiva eran liberales y, aunque tenían opiniones republicanas, con un respeto coyuntural a la Corona regentada en ese momento por el progresista Espartero. En 1842, Ayguals de Izco precisó que representaban a las "masas populares", compuestas por "los hombres más útiles, los ciudadanos del trabajo y las virtudes (que) no tienen voto"; y posteriormente, otro republicano, Fernando Garrido, concretó los adversarios: las "oligarquías aristocráticas, nobiliarias, militares, clericales y bursátiles".

En efecto, los demócratas surgieron de la dicotomía entre ricos y pobres que, sin duda, no era nueva, pero que, gracias a las libertades, tenía la oportunidad de manifestarse y organizarse. Ya se ha visto que tuvieron potenciales anclajes sociales en las comarcas más afectadas por la abolición de los señoríos y por el acaparamiento de riquezas desamortizadas a manos de especuladores "capitalistas". En las ciudades fue el empobrecimiento de su extensa menestralía lo que facilitó el arraigo de las proclamas democráticas. Miles y miles de artesanos de Madrid, Barcelona, Valencia, Zaragoza, Sevilla, Granada, Málaga, Santander, La Coruña, Murcia, Valladolid, Salamanca y el largo etcétera de ciudades que llegaba hasta Las Palmas de Gran Canaria vieron frustradas sus expectativas de mejora con el liberalismo: ni habían logrado vivienda tras la desamortización de los bienes urbanos de los religiosos ni la libertad de trabajo les había ampliado sus salarios. Ante semejante desamparo, la idea del asociacionismo solidario impulsado por los demócratas se cultivó con éxito. Desde 1840 el ideario demócrata, enarbolando los principios de igualdad y fraternidad, propagó la necesidad de lograr la armonía social de modo que, respetando siempre la propiedad, se alcanzara una distribución de ganancias entre "trabajo, ciencia y capital".

De momento y para solucionar los problemas cotidianos expandieron la creación de sociedades de mutuo socorro. Fue un movimiento asociativo organizado bajo las consignas de "cooperación" y "socorro mutuo". Los propios artesanos y trabajadores de los talleres defendieron así sus respectivos oficios e iniciaron un modelo de asociación autogestionada y de cooperación interna frente al paro, accidentes y enfermedades, y también para resistir contra los abusos de los patronos. Se expandieron por la geografía española con el apoyo explícito de los demócratas y se crearon sociedades de socorros mutuos desde 1841 entre, por ejemplo, los artesanos de Cáceres, los jornaleros de Cádiz, los milicianos de Valencia, los cajistas de imprenta en Madrid y un largo etcétera que cuenta con notables investigaciones. Desde las páginas de *El Huracán* se propagó e impulsó su organización. Se sostenían con las cuotas de quienes voluntariamente, fuesen o no trabajadores, querían remediar los apuros económicos de "honrados y laboriosos labradores, artesanos, huérfanos desvalidos, militares mutilados". Cada socio abonaba cuatro reales mensuales, más o menos el salario de un día de un empleado, y así, cuando tuviera una enfermedad, podría cobrar su jornal.

Sobre tales anclajes sociales, los demócratas lograron una sólida implantación, aunque sin estar constituidos como partido. Tanto fue así que en las elecciones generales celebradas durante la regencia de Espartero obtuvieron resultados que conviene detallar. Cabe calcular en más de tres millones y medio los varones mayores de 25 años de los que, sin embargo, por la restricción del voto implantado desde 1837, en el censo de 1841 se redujeron a 533.642 los varones electores. Votó el 63%, ganaron los progresistas, entre los que hubo un grupo minoritario catalogable como democrático con Espronceda, García Uzal, Álvarez Miranda, Méndez de Vigo y Patricio Olavarría, entre otros. Más claro fue el triunfo en las elecciones municipales de ese mismo año, donde se mantenía el sufragio masculino de todos los varones mayores de 25 años: los demócratas ganaron en Valencia, Castellón, Alicante, Vinaroz, Teruel, Sevilla, Cádiz, Huelva, Almería, Córdoba, Valladolid y San Sebastián; y además lograron una cuota de concejalías importante en otras ciudades, sobre todo en Madrid y Barcelona. Entraron por primera vez en los ayuntamientos sastres, carpinteros, zapateros, curtidores, labradores, comerciantes, junto con abogados, médicos y otras profesiones de clases medias. Significaron un giro sociológico muy relevante en la historia política, por más que estuviesen mezclados, como ocurría en Valencia, con banqueros como los Bertrán de Lis. En las elecciones legislativas de 1843 también lograron un puñado de escaños, entrando personajes como Ayguals de Izco y el conde de las Navas.

En paralelo, las minorías de demócratas existentes en cada ciudad se asociaron no solo con fines políticos sino también con propósitos de instrucción para las clases populares. Una auténtica democracia no podía basarse más que en un pueblo bien instruido: era el medio para poner en marcha las luces de la razón. La educación, por tanto, se estableció como premisa para la redención de los trabajadores. Sin embargo, no había suficiente fuerza para organizarse como partido político competidor del progresista. Este proceso de escisión tuvo un momento clave en la insurrección de noviembre y diciembre de 1842 ocurrida en Barcelona, cuando un grupo de obreros se negó a pagar el derecho de puertas por el consumo del vino. El periódico *El Republicano* los apoyó y la respuesta represiva de las autoridades desencadenó una guerra de barricadas entre milicianos y tropas del ejército, en la que murieron más de 40 militares. Las tropas decidieron resguardarse en el castillo de Montjuic mientras en la ciudad se formaba una Junta que integraba a patronos y obreros, opuestos por igual al librecambismo atribuido al Gobierno de Espartero. Esta Junta exigió la dimisión de Espartero y, sobre todo, una "protección franca y justa a la industria española". Los demócratas de Madrid apoyaron a sus correligionarios catalanes y además hicieron propia la táctica de que las armas eran la respuesta "contra la tiranía, en nombre de la soberanía del pueblo".

Espartero, que se desplazó a Barcelona, optó por la represión sin contemplaciones, bombardeó la ciudad, desarmó la Milicia, cerró la prensa disidente y fusiló a los más destacados cabecillas. Se confirmó el desapego de los demócratas hacia el Partido Progresista y se hizo mayor en la nueva insurrección que tuvo lugar en el otoño de 1843, conocida como "la Jamancia" —vocablo del caló, *jamar*, "comer"—, porque los voluntarios del batallón de la *Brusa* (usaban blusa azul y gorro rojo, como los *sans-culottes* de la Revolución francesa) se decía que se habían alistado para comer gratis y cobrar los cinco reales de paga. Ocurrió tras la dimisión de Espartero, cuando las Juntas creadas en cada provincia pensaron que la solución era formar una Junta Central, de carácter federal, como se había hecho en 1808. En esta nueva sublevación se pidieron, además de derechos políticos y una reforma fiscal, cuestiones sociales como el aumento de jornales, el derecho a sindicarse y la supresión de censos y señoríos. Muy significativo este último punto para recordar la relevancia social que tuvo en todo momento la persistencia de flecos feudales en el sector agrario y la frustración por el modo en que esos señoríos habían sido escamoteados al campesinado. De hecho, este movimiento juntero iniciado en Cataluña pronto se sincronizó con similares proclamas desde ciudades como Zaragoza, León y hasta Almería o Granada... Aquí hay también que recordar el carácter federalista que tuvo al exigir constituirse en Junta Central, que entonces significaba en la práctica una junta federal. Esta faceta federalista se integró en el ideario demócrata como ingrediente sustancial y que se explicará más adelante.

Sin embargo, dicha movilización de juntas terminó cuando el Partido Moderado, tras desalojar a Espartero de la regencia con el apoyo de progresistas y demócratas, se hizo con el Gobierno al lograr el encargo de una adolescente, coronada como Isabel II con 14 años recién cumplidos. Dicho partido contaba con el liderazgo de otro general, Narváez, de familia aristocrática, con amplias propiedades de tierras entre Iznájar y Loja (se verá más adelante la insurrección republicana de 1861). Los moderados redactaron otra Constitución, la de 1845, que adjudicó a la Corona nada menos que la facultad de disolver libremente las

Cortes y designar al Ejecutivo. Además, aumentaron el límite de riqueza para votar (se quedaron en 99.000 los electores), disolvieron la Milicia nacional, un foco de "desorden" al estar en manos de progresistas y demócratas, crearon la Guardia Civil, en contrapartida, y pusieron en vigor la citada Ley de Ayuntamientos.

CREACIÓN DEL PARTIDO DEMOCRÁTICO, LA 'EXTREMA IZQUIERDA'

Es asunto previo especificar que el ideario democrático adquirió en España un carácter republicano entre la mayoría de sus defensores. Respondía a la lógica de una soberanía popular en la que el derecho a votar y ser votado por igual para cualquier cargo representativo significaba elegir o ser elegido concejal para una concejalía de un pueblo y así hasta llegar a la máxima Jefatura del Estado. Heredar dicha Jefatura no era lo natural. A este raciocinio se sumaron realidades bien palpables y conocidas.

La más relevante se produjo cuando la Constitución de 1845 estableció la soberanía conjunta entre la monarquía y las Cortes, dando un drástico giro hacia la moderación del liberalismo. Se adoptó la versión doctrinaria desarrollada en Francia desde la revolución de 1830, con una monarquía cuyo artífice, Guizot, tuvo un influjo decisivo en sus congéneres españoles. El doctrinarismo supuso el intento, que ya había impulsado Martínez de la Rosa en 1834, de conjugar los principios del liberalismo con la autoridad de la monarquía hereditaria, dotándola de importantes facultades por encima de los Poderes Legislativo y Ejecutivo. Desde entonces, la alternativa democrática chocó directamente con la institución monárquica, porque en el caso concreto español la actuación de la Corona distorsionó gravemente la soberanía nacional.

En efecto, las personas que ocuparon la primera magistratura del Estado —es decir, la regente María Cristina desde 1833 hasta 1840 y la reina Isabel desde 1844, con sus respectivos clanes o círculos familiares y camarillas de cortesanos— se dedicaron a especular con la riqueza pública y a amasar fortunas de notoria ilegalidad, como, por ejemplo, la relacionada con el tráfico de esclavos en el Caribe o las especulaciones con el patrimonio real. Tales comportamientos, conocidos gracias a la libertad de prensa, suscitaron un fuerte sentimiento antimonárquico, y sobre todo antiborbónico, de modo que la monarquía fue vista por amplias capas sociales como la culminación del poder y de la acumulación de fortunas de los ricos. No resultó difícil propagar una alternativa republicana. La democracia, por lo demás, exigía no solo igualdad sino también un comportamiento cívico virtuoso, en coherencia con el principio de fraternidad.

Otro asunto que revistió de originalidad al ideario demócrata-republicano en España consistió en su propuesta de organización de territorios e instituciones del Estado. Aplicó la lógica de la soberanía popular que concibió escalonada desde la base de cada pueblo donde cada ayuntamiento constituía el primer escalón político donde los individuos podían practicar sus derechos ciudadanos. En este punto coincidieron con el Partido Progresista y ambos defendieron unos ayuntamientos democráticos, siguiendo el marco establecido en la Constitución de 1812. Un relevante sector de los democráta-republicanos, sin embargo, aplicó este mismo criterio para las instituciones provinciales, y así se fue concibiendo el engranaje de una estructura federal como la expresión solidaria de pueblos que compartían una misma ciudadanía y, por tanto, una misma patria y Estado.

Estas y otras facetas del ideario, conocido también como "demo-republicano", se difundió y perfiló progresivamente desde una prensa que se convirtió en baluarte para afianzar un activismo de militantes, quienes, siendo minoritarios, expandieron por toda la geografía reivindicaciones como la justa distribución de las riquezas, cuestionando los resultados de las desamortizaciones y abolición de señoríos, y exigiendo educación y derechos políticos por igual, así como su oposición al sistema de impuestos y de quintas. Además, defendían la Milicia nacional como institución coercitiva para implantar la "voluntad popular" y, en consecuencia, el recurso a la insurrección contra Gobiernos injustos y especuladores. Desde 1844 compartieron con los liberales progresistas su oposición al Partido Moderado, que monopolizó el Gobierno a través de mecanismos de control de los procesos electorales y también por contar con el constante beneplácito de la Corona.

El éxito de la revolución democrática en París en febrero de 1848 supuso la proclamación de la Segunda República francesa, lo que tuvo una influencia de enorme calado en toda Europa y que entre los demócratas españoles produjo la fantasía de que la vecina república podría apoyar una insurrección similar. Con tal fin viajaron a París Abdón Terradas y José Segundo Flórez. Hubo conatos de insurrección en la primavera de 1848 en Madrid, Galicia, Zaragoza, Sevilla, Valencia, Alicante, Murcia... Pero fracasaron, y solo lograron que Narváez practicara el poder de modo autocrático, tras suspender las Cortes y los derechos constitucionales, ejecutar a más de diez conjurados y deportar a las islas del Pacífico a más de mil detenidos.

La desorganización mostrada en los distintos conatos de rebelión y las divergencias en el programa político suscitaron un denso debate que cuajó en el texto fundacional del Partido Democrático: el manifiesto de diputados que el 6 abril de 1849 hablaron en nombre del "partido progresista democrático", firmado por Manuel Mª Aguilar, José Ordaz de Avecilla, Aniceto Puig y Nicolás Mª Rivero. Consistía en un programa de gobierno claramente diferenciado del Partido Progresista, encabezado entonces por Mendizábal. En él aportaron tres propuestas diferenciadoras. Ante todo, en la declaración de derechos de los ciudadanos incluyeron el derecho de asociación y la educación primaria, además de la libertad de conciencia. En segundo lugar, exigieron el sufragio universal, aunque solo masculino, suprimir el Senado, recuperar la elección de ayuntamientos y la implantación de un jurado popular para cualquier delito. Sin plantear el asunto de la monarquía en ese momento, introdujeron en tercer lugar la intervención del Estado en la regulación de las relaciones sociales, sobre todo en educación y asistencia social, exigiendo una fiscalidad progresiva para mitigar las desigualdades.

Dichas propuestas provocaron un seísmo en las filas progresistas. Por eso, el 28 de abril de ese mismo año se publicó otro manifiesto, con más de 2.000 firmas, apoyando al presentado por los cuatro diputados demócratas. Significativamente se tituló "Programa de gobierno de la estrema [sic] izquierda del Congreso. Dedicado al Pueblo". Los firmantes pusieron su profesión (13 empleados públicos, 14 tipógrafos y cajistas, 13 proletarios, 11 del comercio, 12 artesanos, 14 propietarios, 13 artistas, ocho escritores públicos —entre los que figuraban Sixto Cámara y Fernando Garrido—, además de arquitectos, médicos y nombres sin profesión hasta llegar a 2.300 firmas) y apoyaron a esos diputados que garantizaban "que días mejores vendrán" para la regeneración del Partido Progresista. Se declararon, en definitiva, integrantes del "gran partido del progreso, en la acepción filosófica de esta palabra", "partido de la emancipación", "partido de la reforma", "partido de la humanidad, de todos los intereses, de todos los derechos, de todas las esperanzas"; también "de la unidad nacional, de la democracia inteligente y cristiana […] y del porvenir".

Al exigir el sufragio universal masculino y al considerarse a sí mismos la "extrema izquierda" de la vida política, se pensaron como los representantes auténticos del pueblo, de cuantos estaban excluidos del sistema de representación censitario. Colocaron a su derecha a los dos grandes partidos liberales porque habían abandonado al pueblo español en sus aspiraciones de emancipación y progreso social. Sin embargo, en otro manifiesto de septiembre de 1849, escrito por iniciativa del diputado Manuel Mª Aguilar y de Sixto Cámara, creadores de la sociedad de propaganda *La Joven España*, se incluyeron en el programa democrático puntos significativos. Primero, la consideración del espíritu cristiano como referencia de igualdad para concluir sobre la religión católica como "única religión del Estado". También destacaba un requerimiento a la juventud, "llamada por la providencia a resolver en este siglo proceloso los más tremendos problemas que hayan jamás agitado a las sociedades humanas". Más llamativo fue que para las "posesiones de Ultramar" se persistiera en defender una "legislación especial", escamoteando la existencia de una esclavitud incompatible con las libertades y derechos predicados para los españoles peninsulares. Incomprensible porque, a la altura de 1849, la abolición de la esclavitud estaba en la agenda del pensamiento democrático occidental, sin duda, y bastaría con recordar que este silencio iba parejo al clamoroso olvido de las mujeres por parte de esta primera hornada de demócratas, cuando la novela *Sab* de Gertrudis Gómez de Avellaneda, publicada en 1841, ya había proclamado que las cadenas que ataban a los esclavos eran las mismas que oprimían a las mujeres.

En cualquier caso, la ruptura entre progresistas y demócratas se confirmó en las elecciones de 1851, con candidaturas y programas diferenciados. Ya entonces los progresistas marcaron sus diferencias contra el "radicalismo democrático" y las ideas socialistas de algunos demócratas. No hay que olvidar que los demócratas españoles estaban en constante relación con sus congéneres europeos; en concreto, Fernando Garrido fue incorporado desde 1851 al Comité Democrático Europeo constituido en Londres, con el liderazgo de Mazzini. Esto reforzó la diferenciación de propuestas y metas con respecto a los progresistas.

Entretanto, los sucesivos Gobiernos del Partido Moderado nombrados por la reina se vieron cercados por los escándalos de corrupción en las concesiones del ferrocarril. Ingleses y franceses se lanzaron también a la conquista de tales concesiones, siempre con aliados españoles, por supuesto, pues, gracias a un decreto de Bravo Murillo, el Estado garantizaba un interés del 6% a los inversores. Esta medida no logró el apoyo de todo el Partido Moderado, de modo que el Senado denunció esas concesiones por decreto. El Gobierno impuso la censura de prensa sobre el asunto de las concesiones ferroviarias. En el invierno de 1853 a 1854 sobrevino una aguda crisis de subsistencia, no por malas cosechas; al contrario, porque la guerra de Crimea ofreció la posibilidad de obtener mayores beneficios exportando la buena cosecha de trigo y comenzó la escasez de pan y la subida de su precio. Esa carestía se extendió a otros productos, lo que espoleó la agitación social entre las clases populares, con el paro y el subempleo como constantes de vida. Esto explica la consigna atribuida a Práxedes M. Sagasta, líder progresista, "cuando en un pueblo se cierran las puertas de la justicia, se abren las de la revolución".

Así se llegó al doble pronunciamiento militar de Vicálvaro y Manzanares (28 de junio y 7 de julio de 1854) con los generales Dulce y O'Donnell. No tuvieron éxito hasta que progresistas y demócratas organizaron las Juntas soberanas y, sobre todo, los demócratas llenaron las calles de barricadas el 14 de julio en Barcelona, el 15 en Valladolid, el 16 en Valencia y numerosas poblaciones que, con Madrid como colofón, lograron al fin que el día 26 la reina nombrara a Espartero presidente del Gobierno. Así triunfó la revolución de julio de 1854. Comenzó el "Bienio progresista" gracias al impulso de esas barricadas desde las que se gritó una demanda bien explícita: "Pan, trabajo y Espartero".

3. TÁCTICAS DE REBELIÓN Y CLARIFICACIONES DOCTRINALES (1854-1868)

El Bienio progresista, entre 1854 y 1856, inauguró una fase de desarrollo social y político marcado por la extensión geográfica y sectorial de las relaciones capitalistas y por la subsiguiente propagación de nuevos conflictos sociales en los que desempeñó un peso creciente el Partido Democrático. La experiencia de barricadas y Juntas en importantes ciudades no cayó en el vacío. Lograron que se restableciera de inmediato la Milicia nacional y, aunque el Gobierno restableció los consumos abolidos por las Juntas, los demócratas comprobaron la inmediatez del poder y convirtieron la vía de la insurrección en la posibilidad de lograr o, al menos, controlar el rumbo del Gobierno. No se detallará obviamente el devenir de la historia política de estos dos años.

Bajo la presidencia de Espartero y en alianza con el líder de la Unión Liberal, el general O'Donnell, fueron Gobiernos de progresistas y unionistas, de modo que el Partido Democrático se quedó efectivamente como la izquierda del sistema político. Desarrolló un papel relevante en las Cortes constituyentes, que Espartero impuso que fuesen unicamerales. Se amplió el número de diputados para que estuviesen representados "todos los intereses y todas las opiniones", todavía con sufragio censitario, aunque se quintuplicó el censo hasta convocarse a casi 700.000 electores. Triunfó el Partido Progresista, pero el Partido Democrático, con Estanislao Figueras, José Mª Orense, Nicolás Mª Rivero y Ordaz de Avecilla a la cabeza, logró 27 escaños de un total de 349. Los demócratas lograron introducir en el proyecto de Constitución la abolición de la pena de muerte para los "delitos políticos", aunque no el sufragio universal o la inclusión del derecho a "la seguridad en el trabajo y la educación". La libertad de cultos fue polémica y se buscó una fórmula ambigua de mantener el culto católico, prohibiendo a la par la persecución por ideas o creencias religiosas. No consiguieron que se votase entre monarquía y república, aunque ya se planteó el debate. Tampoco se llegó a aprobar el texto constitucional, pero en esta Asamblea constituyente se anticiparon contenidos que luego se aprobarían en 1869.

Los demócratas también fueron activos opositores en otras tareas legislativas. Destacaron en su posición contra la nueva ley desamortizadora, la de Pascual Madoz, que entregaba a la iniciativa y propiedad particular el enorme patrimonio de bienes comunales y los eclesiásticos que habían quedado sin desamortizar. La idea del reparto de tierras entre los campesinos tampoco fructificó esta vez. La Iglesia presionó a la reina para que no sancionase la ley. Espartero amagó con la opción de incapacitar a la reina, expulsó de la Corte a sor Patrocinio, la "Monja de las Llagas", que la manipulaba, y, una vez sancionada la ley, Hacienda calculó en casi dos mil millones de reales los ingresos por la operación, la mitad de los cuales procedían de bienes eclesiásticos y la otra mitad de bienes de propios y de redención de censos.

MILICIANOS, OCUPACIONES DE TIERRAS, MOTINES Y HUELGAS

Mientras debatían las Cortes constituyentes, el ambiente social se tensaba. Persistían las crisis de subsistencia por las malas cosechas y por la especulación de los propietarios. Se sumó en 1855 una epidemia de cólera que agravó las condiciones de vida de campesinos, capas populares y clases medias de zonas urbanas. Los demócratas se hicieron fuertes en las filas de la Milicia nacional de numerosas poblaciones, junto con los progresistas, pues la oficialidad era elegida por todos sus integrantes. La frustración de expectativas con el Gobierno de Espartero, tan aclamado popularmente, se manifestó pronto, cuando en abril de 1855 los jefes de la Milicia de Madrid expusieron el descontento de sus milicianos. La respuesta fue rotunda: las Cortes aprobaron en pocos días una ley prohibiendo a la Milicia nacional discutir, deliberar o representar sobre asuntos políticos. A los dos meses, otra ley permitió al Gobierno suspender las garantías constitucionales.

Sin embargo, los milicianos fueron parte de los múltiples motines contabilizados durante el Bienio progresista desde que en septiembre de 1854 los campesinos de pueblos de Cáceres, Cádiz, Málaga y Huelva habían decidido ocupar tierras y repartirse aquellos antiguos señoríos transformados en propiedad privada de duques o condes. Incluso en las posesiones de la Corona en Aranjuez se produjo un motín de campesinos proclamando la república. Los obreros de Barcelona exigieron mayor salario y destruyeron máquinas también en ese mes de septiembre, mientras que los vecinos de Burgos, Logroño y Soria se opusieron a las exportaciones de trigo. Siguieron durante el invierno los motines contra los consumos, con petición de bajada del precio del pan (Calatayud, Úbeda, Herencia, Málaga, Bilbao, Valencia, Valladolid y Madrid) y esas protestas se hicieron constantes contra los arbitrios municipales a lo largo de todo el año 1855, con ocupación y reparto de tierras de nuevo en Andalucía y Extremadura, y peticiones de trabajo y mejores salarios por parte de artesanos y obreros de talleres en numerosas ciudades.

Se extendió, por otra parte, el recurso a la huelga y la práctica de asociaciones de socorros mutuos, sobre todo entre los obreros del textil catalán. En junio de 1855 se precipitaron los acontecimientos: el presidente de la Asociación Mutua de Tejedores y fundador de la Unión de Clases, José Barceló Casado, fue ejecutado por una dudosa acusación de crimen y, como respuesta, los obreros mataron al jefe de la patronal, José Sol y Padrís, director de la fábrica Güell, mientras se manifestaban tras una pancarta roja con el lema de "Asociación o Muerte". El Gobierno lo usó como pretexto para disolver dichas sociedades obreras, que ya estaban logrando convenios colectivos. Se argumentó que contravenían la libertad de trabajo y de capital. La respuesta fue inmediata: en julio de ese año tuvo lugar la primera huelga general de la historia española, con participación no solo del textil sino de otros sectores productivos catalanes. La Milicia nacional se negó a disparar contra los huelguistas, cuyos dirigentes obreros exigieron la libertad de asociación, la jornada de diez horas y la formación de tribunales mixtos para dirimir conflictos y reglamentar el trabajo.

La huelga terminó cuando el propio Espartero les envió un emisario para comunicarles que él era "un hijo del Pueblo que nunca ha engañado al Pueblo". Los demócratas elaboraron una "Exposición presentada por la clase obrera a las Cortes Constituyentes", redactada si no directamente por Pi y Margall, sí bajo su influencia, donde se exigía el reconocimiento del derecho de asociación "no solo para casos de enfermedad o falta de trabajo, sino para oponernos a las desmedidas exigencias de los dueños", lo que suponía abolir la consideración de delito que el Código Penal de 1848 había establecido para quienes se asocien "con el fin de encarecer o abaratar abusivamente el precio del trabajo o regular sus condiciones". Además, se reclamaba en fecha tan temprana —conviene recordarlo— implantar comisiones de obreros y patronos para negociar las condiciones laborales. Lograron en el otoño de 1855 más de 30.000 firmas recogidas desde La Coruña hasta Málaga, mientras se desencadenaba una cadena de huelgas por aumento de salarios por toda España en sectores como los tejedores de lanas de Béjar, los marinos de Vigo, los zapateros de Lugo y La Coruña, los sastres de Albacete, los sombrereros de Granada, los zapateros de Almería o los panaderos de Málaga. En Alcoy lograron formar comisiones mixtas para concertar los salarios.

Las promesas de Espartero no se cumplieron y el proyecto de regulación del asociacionismo obrero no llegó a promulgarse, de modo que se hizo definitivo el distanciamiento entre el Partido Progresista y el Partido Democrático, que acogió las demandas de los trabajadores urbanos y también de amplios sectores campesinos. Al año siguiente, en el verano de 1856, estallaron simultáneamente motines y huelgas con especial virulencia en las ciudades castellanas, siempre con el apoyo e implicación de los milicianos, en su mayoría del Partido Democrático. Los progresistas se encontraron, con Espartero a la cabeza, atrapados en las paradojas del orden público liberal, opuesto a las exigencias de esas mismas clases populares que los habían aupado al Gobierno, aunque el ministro Alonso Martínez planteó una iniciativa pionera, primer amago de intervención del Estado en el mundo laboral, al proyectar una Ley del Trabajo en 1855. No prosperó, y la represión de las exigencias de los trabajadores durante el Bienio progresista se saldó con cifras trágicas: 403 obreros muertos por la acción represora del ejército y por fusilamientos en consejos de guerra, más 63 soldados muertos en enfrentamientos, en su mayoría durante la huelga en Barcelona.

Así es como O'Donnell aprovechó el momento para declarar el estado de sitio, disolver la Milicia nacional, cerrar las Cortes constituyentes y reponer la Constitución de 1845. De nada sirvieron esta vez las barricadas de los milicianos frente al ejército. Espartero y el Partido Progresista claudicaron. Sin embargo, los demócratas, con un lenguaje de emancipación del pueblo o "cuarto estado", frente a las oligarquías liberales, se afianzaron como referente para las demandas de mayor arraigo popular en amplios sectores agrarios y urbanos.

INSURRECCIONES CON REPRESIONES

El golpe del general O'Donnell cerró el Bienio progresista. Se quedaron pendientes cuantas reformas se habían debatido en las Cortes constituyentes. Los progresistas pasaron a la oposición y los demócratas reforzaron su activismo político con tácticas de insurrección permanente. Comenzó una larga década gobernada por el Partido Moderado y la Unión Liberal de O'Donnell. Narváez asumió las riendas desde octubre de 1856: representaba el ala más autoritaria del Partido Moderado, restringió la libertad de imprenta, restableció la ley de control de los ayuntamientos y todo el Senado pasó a ser por designación regia. La represión fue la norma, aunque simultaneó el Gobierno con O'Donnell y también se ejecutaron tareas imprescindibles para racionalizar el Estado liberal como impulsar el anuario estadístico y promulgar la Ley de Instrucción Pública, conocida como *Ley Moyano*.

Por su parte, dentro del Partido Democrático, líderes destacados como Sixto Cámara, Fernando Garrido y José Mª Orense se organizaron clandestinamente, al modo de los carbonarios, para evitar la represión. Lograron atraer a grupos de trabajadores por ciudades y comarcas agrarias de Cataluña, Andalucía y Valencia. Idearon como estrategia la organización de una cascada de pronunciamientos de militares que, apoyados por unas sociedades republicanas organizadoras de partidas armadas de voluntarios por importantes puntos de la geografía española, serían el modo de cambiar el Gobierno e implantar su programa político. Hicieron su primer intento en noviembre de 1856 en Málaga al oponerse al embarque de soldados para Melilla. Fracasaron, y la dura represión los obligó a pensar mejor la organización y programar un auténtico movimiento nacional para el año siguiente. Hicieron circular un "Catecismo democrático" para explicar al pueblo analfabeto el "derecho de insurrección", porque el derecho a la existencia era un derecho divino, un derecho basado en la dignidad de la vida, en la que el Estado debía garantizar alimentación, vivienda y educación, base para ser auténticamente libres y soberanos.

En concreto, en la mitad sur de España los demócratas habían convertido el reparto de tierras en referencia básica de los jornaleros frente a los propietarios de latifundios. El ideal igualitario, que progresivamente se simbolizó en la idea de una República Federal, se expandió con formas de acción directa (ocupaciones y reparto de tierras, incendios de cosechas, talas de arbolado e incluso el bandolerismo). En ese contexto, los demócratas, tras el golpe de Estado de O'Donnell lograron montar partidas de cientos de voluntarios en la Serranía de Ronda y en Despeñaperros; pensaron que esa insurrección iría acompañada de una huelga en Barcelona y de otras partidas en Extremadura y Castilla, para, a continuación, en Madrid, los demócratas proceder al apresamiento de las autoridades, ejecutarlas de inmediato e implantar un "gobierno con facultades omnímodas" para cumplir la voluntad popular.

Este plan se puso en marcha en julio de 1857, con Sixto Cámara, refugiado en Portugal, a la cabeza. El plan solo se hizo efectivo en Utrera, con una partida de más de cien trabajadores armados que incendiaron el cuartel de la Guardia Civil al grito de: "¡Viva la república, mueran las quintas y los consumos!". Otros grupos similares actuaron en El Arahal, Paradas, Morón y Pruna; incendiaron además los archivos notariales y domicilios de las autoridades, aunque, perseguidos por el ejército, se tuvieron que refugiar en la Serranía de Ronda, donde terminaron apresados. El balance de la represión fue trágico: más de cien muertos entre los jornaleros sublevados, o en choques con tropas o fusilados tras ser juzgados, casi todos menores de 20 años, más los consiguientes arrestos de demócratas en otras ciudades, y se calcularon solo en Madrid más de 600 detenidos.

Semejante precio en sangre no fue suficiente argumento y la mayoría del Partido Democrático mantuvo la insurrección como táctica para llegar a la "emancipación política de las clases desheredadas". Estaban en sintonía, sin duda, y además mantenían contactos con líderes como Mazzini, cuyas ideas y tácticas de "acción" tanto habían influido en los demócratas españoles desde sus inicios. Además, pertenecían al movimiento demócrata europeo, dentro del cual se concibió la democracia, con cuyo comité central estaban en continuo contacto. Sixto Cámara siguió conspirando desde Portugal y en 1861 tuvo lugar otra sublevación de campesinos en la comarca de Loja, feudo de Narváez, dirigida por el albéitar Rafael Pérez del Álamo, miembro de una "sociedad secreta democrática socialista carbonaria republicana garibaldina" con miles de jornaleros, apareceros y pequeños propietarios y comerciantes, afiliados por las provincias de Málaga, Granada, Córdoba y Jaén contra los abusos de los ricos potentados de sus respectivas comarcas, entre los que estaban Narváez, líder del Partido Moderado, y el marqués de Loja, Carlos Marfori, con peso importante en la vida política nacional.

Esa sociedad además actuaba como caja de socorros con cuotas para sostener a las familias en casos de enfermedad o paro, pero también para comprar armas. La sublevación para "defender los derechos del hombre" comenzó a fines de junio; pensaban que se sumarían poblaciones de Cataluña, Valencia y Andalucía, pero solo se sublevaron en las más cercanas, en Iznájar, Antequera y Villanueva del Rosario. Casi 6.000 ciudadanos se organizaron en batallones, tomaron Loja, respetaron las propiedades y los edificios públicos, con la única exigencia de repartir las tierras desamortizadas, pero a la semana fueron sitiados por tropas del ejército, y apresados los que no lograron huir. Condenaron a muerte a 30, de los que ejecutaron a seis, y a otras penas de cárcel o destierro a unos 400.

Los motines populares persistieron, el malestar social contra las quintas y consumos fue permanente, las epidemias de cólera volvían regularmente, y progresistas y demócratas tenían que organizar juntas de socorro, denominadas "Los amigos de los pobres" para mitigar la miseria y, así, en momentos de nuevos embates especulativos, saltaban las tensiones. Esto es lo que ocurrió cuando los moderados privatizaron el ingente patrimonio real y regalaron a la reina el 25%. Castelar escribió contra ese fraude, motivo por el que fue depuesto de su cátedra en la universidad y la serenata que le dedicaron como desagravio la noche de San Daniel, el 10 de abril de 1865, miles de artesanos, trabajadores y mujeres de Madrid que fueron sangrientamente dispersados por las tropas a las órdenes del general Gasset. Murieron una lavandera, un tendero, un cervecero… y hubo hasta cien detenidos, entre los que se encontraban zapateros, albañiles, carpinteros, etc. Eran las bases del Partido Democrático, auténtico movilizador de la algarada contra el Gobierno y contra la usurpación de los bienes nacionales.

ACTIVISMO CULTURAL Y DEBATES DOCTRINALES

Castelar se había convertido en un eximio representante del ideario demócrata en la universidad. En la década de 1860 existía ya un grupo prestigioso de catedráticos demócratas, como Laureano Figuerola en Barcelona, desde 1853 en Madrid, Francisco de Paula Canalejas, Segismundo Moret, Joaquín Mª Sanromá, Nicolás Salmerón, Eugenio Montero Ríos y Francisco Giner de los Ríos, quienes, junto a otros en más universidades, desarrollaron debates en los que igualmente fue decisivo el papel del Ateneo de Madrid con socios como Pi y Margall, José Echegaray, Nicolás Mª Rivero o Manuel Becerra. Todos libraron amplios combates doctrinales sobre los contenidos de la democracia desde la prensa, fundando, dirigiendo o colaborando en periódicos tan importantes como los ya citados de años anteriores, en bastantes casos con vida limitada. Durante el Bienio progresista destacaron varios: *La Soberanía Nacional*, fundado por Sixto Cámara con el lema de "Libertad, Igualdad, Moralidad, Economía"; *El Eco de la Clase Obrera*, creado por el tipógrafo Ramón Simó i Badia, donde tuvo espacio propio Pi y Margall, y otros de vida más breve. Sobre todo destacó *La Discusión*, fundado por Nicolás Mª Rivero en 1856, que perduró hasta 1866.

Semejante activismo cultural tuvo otras facetas, sobre todo educativas. Se crearon ateneos populares convertidos en centros de alfabetización y cultura para las clases populares entre los que destacó la iniciativa pionera de Antonio Ignacio Cervera que, influido por ideas socialistas sansimonianas, fundó en el Madrid de 1849 la "Escuela Industrial para la instrucción de los trabajadores", cerrada por orden del Gobierno de Bravo Murillo en 1852, a la que asistieron más de mil obreros. O el caso de la editorial Gaspar y Roig, que encomendó desde 1851 a Eduardo Chao la publicación de libros baratos de clásicos del pensamiento político entre los que, junto a Platón, Maquiavelo, Chateaubriand y Guizot, incluyó a Rousseau, Lamartine, Lamennais y Proudhon. Es justo recordar el caso de Abdón Terradas, quien en la temprana fecha de 1838 estrenó su obra de teatro *Lo Rei Micomicó*, medio eficaz para difundir sus ideales políticos, como la letra de la canción "La campana", que, con música atribuida a Anselm Clavé, se convirtió en himno de los republicanos catalanes. El propio Anselm Clavé había creado en 1850 la primera coral popular en España, La Fraternidad, desde la que impulsó entre las clases trabajadoras el canto como ocupación cultural de ocio y recuperación de cantares propios del pueblo y bailes llamados "fraternales", con ritmos sencillos, arraigados en las tradiciones, y letras que exaltaban la libertad y la hermandad contra una vida de explotación en el trabajo.

En paralelo, en el seno del movimiento democrático español, en estrecho contacto con los amplios debates que sus congéneres desarrollaban en Europa, se perfilaron desde la década de 1860 dos grandes tendencias, con sus matices según cada autor: los individualistas por un lado y los proclives al socialismo por otro. Ambos compartieron la meta de construir una sociedad cimentada en la igualdad de ciudadanos libres, cuya voluntad expresaba la soberanía popular sobre la que debía edificarse un Estado con gobernantes elegidos en todos sus niveles. Los individualistas concibieron la democracia como el logro de la igualdad jurídica y, por tanto, la implantación de un sistema político basado en el sufragio universal, con una racionalidad de derechos compatible con la libertad económica, esto es, con el liberalismo económico, con gobernantes sometidos al control de la voluntad popular e incluso coexistiendo, si era inevitable, con la monarquía, siempre que esta se limitase a refrendar las decisiones del Poder Legislativo. En esta tendencia se encontraban Castelar, que defendió con vehemencia la opción republicana, aunque aceptaría la monarquía como táctica posibilista en 1876, y Nicolás Mª Rivero, quien en 1869 rompió con los republicanos para quedarse en el Partido Democrático. Tuvieron contenidos y propuestas intercambiables con el ala izquierda del Partido Progresista, como se comprobaría cuando el radical Ruiz Zorrilla gobernase con el rey Amadeo, o incluso más tarde cuando Canalejas contó con el beneplácito de importantes republicanos en 1910.

Por otra parte, los catalogados como proclives al socialismo existieron desde los inicios del ideario democrático en España. Hicieron siempre hincapié en el protagonismo del Estado para alcanzar las metas de libertad e igualdad. Primero fue la generación de republicanos ya citados como Abdón Terradas, Fernando Garrido, Ayguals de Izco y Sixto Cámara, quienes, con claras influencias del socialismo utópico que circulaba por Europa desde la década de 1830, apoyaron el derecho al asociacionismo de los trabajadores y postularon la simbiosis entre democracia y socialismo como receta para alcanzar la armonía de clases en una propuesta de fraternidad universal. Defendieron sin reparos las tácticas de insurrección para abolir el poder de los ricos y pensaron que la soberanía popular se expresaba también en el reparto de propiedades e incluso en el ejercicio directo de esa soberanía mediante la votación asamblearia de todo el pueblo en el refrendo de cada ley.

La segunda generación adquirió protagonismo durante el Bienio progresista. Ya he expuesto cómo fue Pi y Margall en 1855 el inspirador de la citada "Exposición presentada por la clase obrera a las Cortes Constituyentes". En 1858 el mismo Pi y Margall formuló con rotundidad que los demócratas tenían que ser socialistas, "si por socialismo se entiende toda tendencia a mejorar la condición de las clases pobres", siempre que el Estado no absorba al individuo. Este fue el reproche fundamental que le planteó Castelar: la incompatibilidad entre democracia y socialismo, porque este, tal y como había demostrado en la Segunda República francesa, había anulado la libertad individual. Argumentos similares se cruzaron entre Fernando Garrido, declaradamente socialista, y José Mª Orense, individualista, que llegó a pedir la expulsión de Garrido de las filas demócratas.

El debate entre "individualistas" y "socialistas" llegó a su punto álgido en 1864, cuando Pi y Margall, director en ese momento del periódico *La Discusión*, se inclinó decididamente por la intervención del Estado. Divulgó la idea de una "economía social" que superase la "economía política" liberal y, para tal fin, exigía que el Estado interviniera para proteger los derechos individuales, por ser estos anteriores al propio Estado y porque la miseria y explotación impedían la autorrealización y felicidad de cada individuo. Planteó, sin duda, un nuevo papel para el Estado: intervenir para garantizar unos medios materiales mínimos a cada individuo, de modo que pudiera disfrutar del derecho a la "felicidad", lo que hoy llamamos bienestar. Además, Pi extendió la idea de la democracia no solo como asociación de individuos, sino también como mecanismo para la relación entre los pueblos, de ahí que su federalismo expresaría, a nivel de organización de los poderes públicos, el principio de fraternidad universal en un escalonamiento de municipios, cantones, estados, repúblicas…

Las ideas de Pi y Margall fueron refutadas por otros importantes demócratas como los citados Castelar y Orense, también por José Cristóbal Sorní, de modo que ese año de 1864 fue escenario de un debate que afectó a toda Europa y en el que significativamente entró en escena, en Londres, un nuevo actor, la I Asociación Internacional de Trabajadores, en la que convergieron y se debatieron las propuestas de Marx y Bakunin, que en pocos años se introducirían en España como alternativas para construir la emancipación de los trabajadores y la superación del capitalismo. También en ese año vio la luz el trabajo *Historia de las asociaciones obreras en Europa o las clases trabajadoras regeneradas por la asociación*, de Fernando Garrido, obra reveladora del nivel de inquietudes existentes en el sector socialista de los demócratas españoles, como se verá en el epígrafe siguiente.

Por lo demás, junto al papel del Estado y su implicación en las reformas sociales, también se desarrollaron debates sobre los derechos y deberes que había que conjugar dentro del concepto de ciudadanía. Los demócrata-republicanos sostuvieron la idea de una vida pública basada en la práctica de una ciudadanía activa y virtuosa, lo que requería instrucción y capacidad de raciocinio, esto es, situar la educación como prioridad política del Estado y, en su ausencia, bandera y actividad del Partido Democrático. En otro orden de cosas, se manifestaron distintas posiciones sobre la relación entre electores y representantes elegidos. Hubo sectores que defendieron el mandato imperativo y que las leyes aprobadas por las Cortes siempre fueran ratificadas posteriormente por el pueblo, sin concretar los mecanismos precisos. Pensaron, eso sí, que el pueblo tenía una única voluntad e incluso asomó de nuevo la idea negativa sobre los partidos políticos como un modo de dividir y romper la voluntad popular. Fue un debate donde prosiguió el silencio sobre las mujeres, excluidas del derecho al voto por ser consideradas sin capacidad de raciocinio. Por último, también se produjeron debates tácticos sobre alianzas a derecha o izquierda, y evidentemente sobre los métodos para acceder al poder, si pacíficamente, mediante el voto y una mayoría parlamentaria, que fueron minoría, mientras la mayoría persistió en el uso del pronunciamiento militar o de la insurrección popular.

Lo cierto es que se expandió un nuevo vocabulario político que se generalizó con tal fuerza que en 1862, el poeta Ramón de Campoamor, del Partido Moderado y ferviente monárquico, ironizó con perfidia en sus "Polémicas con la democracia" contra Emilio Castelar y acusó a progresistas y demócratas de haber transformado la "humanidad" en "degollinas"; el "bienestar general" en "trastorno universal"; el "patriotismo" en "patrioterismo"; la "fraternidad" en "humillación" de las personas importantes; la "república" en "terror público"; y el "socialismo" en "pillaje gubernamental".

4. PROPUESTAS UTÓPICAS Y CONTRADICCIONES POLÍTICAS

Se han citado algunas referencias a ideas utópicas y también a silencios disonantes sobre la esclavitud y la desigualdad de la mujer dentro de las filas democráticas. Fueron prueba de las sinuosidades sobre las que transcurre el desarrollo de movimientos y procesos históricos que nunca son universos cerrados, coherentemente compactos.

NÚCLEOS E IDEALES SOCIALISTAS

En este sentido, no sobra reiterar que, en los orígenes del movimiento democrático europeo, ya hubo programas de socialismo temprano que surgieron como impugnaciones y denuncias radicales de las injusticias y desigualdades surgidas en las primeras sociedades liberales capitalistas. Destacaron personalidades con fuertes ingredientes románticos a los que Marx y Engels catalogaron como "utópicos" para diferenciarse de esos antecesores y, en contrapartida, definir su socialismo como "científico". Sin entrar en el detalle de sus doctrinas, desde la década de 1830 circularon por los circuitos intelectuales y políticos del mundo occidental las ideas y propuestas de Robert Owen, Saint-Simon, Fourier y Cabet, entre otros. Hubo importantes diferencias en sus proyectos y, por supuesto, contradicciones. Coincidieron, sin embargo, en elevar la cuestión social al rango de prioridad absoluta, por encima de los intereses de cada clase social, para alcanzar la armonía y, por tanto, la felicidad y la paz del conjunto de la sociedad. Prolongaron, sin duda, el racionalismo filantrópico y cosmopolita de la Ilustración y surgieron como potenciales aplicaciones de los principios de "libertad, igualdad y fraternidad".

Ejercieron un influjo minoritario en España que es justo recordar en este libro. Se ha expuesto cómo el exilio de los liberales en Inglaterra y Francia, entre 1823 y 1833 (la década absolutista), fue decisivo para conocer las corrientes políticas del momento. Así llegaron los ecos de los idearios de socialistas pioneros como Saint-Simon en Francia, u Owen en el país británico. Por su parte, el gaditano Joaquín Abreu, diputado liberal en 1822-1823, condenado a muerte a la vuelta del absolutismo en 1824, logró exiliarse a Francia, donde conoció directamente un falansterio organizado por Fourier. Al regresar, comenzó a escribir desde 1838 en periódicos de escasa difusión, firmados con el seudónimo "el Proletario". Criticó ácidamente el régimen liberal por estar basado en la usurpación por el capital de "gran parte del fruto que le corresponde al trabajo". También a los demócratas, preocupados solo de los derechos políticos, algo imposible de ejercer por los "proletarios" si no se atendía la desigualdad social. Por eso defendió el falansterio apolítico de Fourier para lograr la armonía entre trabajo, ciencia y capital, fórmula que garantizaría la felicidad de todos los individuos y, por tanto, de la nación. Además, pensó que se anularía la opresión del hombre sobre la mujer en el matrimonio si se implantaba el amor libre entre los sexos.

Estas ideas calaron en personas solo de su entorno. Así Manuel Sagrario de Veloy, terrateniente de Jerez, intentó organizar en 1842 un falansterio para 2.000 personas siguiendo el plan arquitectónico y de organización de Fourier, con igualdad radical entre todos, constituyendo una gran familia sin conflictos ni castigos que serían el modelo para toda España. Pidió al Gobierno que financiara el proyecto, porque sería la solución para la nación. Algo que obviamente no ocurrió. Sin embargo, sí que tuvieron mayor impacto las ideas fourieristas sobre la igualdad de las mujeres, aunque solo en el espacio de Cádiz, donde Margarita López de Morla publicó la traducción, en 1841, de *El Porvenir de las Mujeres*, del polaco Jan Czyński, o posteriormente María Josefa Zapata y Margarita Pérez de Celis, quienes prolongarían tales ideas con publicaciones periódicas en el mismo Cádiz hasta la década de 1860.

Las influencias de ese primer socialismo también se asentaron entre destacados demócrata-republicanos de Cataluña, como los ya citados Abdón Terradas y Anselm Clavé, además de Narcís Monturiol y Ceferí Tresserra, entre otros. Influidos por la utopía del *Viaje a Icaria* relatado por Étienne Cabet, intentaron organizar en 1846 una comunidad icariana, esto es, una propuesta comunista con abolición de la propiedad y del dinero para implantar la igualdad absoluta, sin violencia y solo predicando con el ejemplo. Mayor impacto lograron los escritos y actividades de Fernando Garrido y Sixto Cámara, a caballo entre Fourier y otros utópicos como Saint-Simon, Proudhon y Louis Blanc. Instalados ambos en Madrid desde 1847, se implicaron en la creación de periódicos de duración breve, como, por ejemplo, *La Organización del Trabajo*, que solo se publicó dos meses en 1848 y no tuvo más de 200 suscriptores, que sin embargo fueron decisivos en la fundación del Partido Democrático en 1849, representaron la tendencia socialista en su seno y lograron presencia internacional indudable.

En concreto, Fernando Garrido, hasta su muerte en 1883, desarrolló una intensa actividad política e intelectual con obras que han sido objeto de investigaciones posteriores y de las que cabe recordar *La República Democrática Federal Universal*, publicada en 1855, con prólogo de Castelar, en sintonía con los idearios democrático-socialistas de las revoluciones europeas de 1848, que planteó lo que podría considerarse como el primer proyecto socialista para España; y la de 1862, *El socialismo y la democracia ante sus adversarios*, esta vez con prólogo de Mazzini, en cuyas páginas precisó con más enjundia la idea del socialismo como la emancipación de las clases trabajadoras, meta que se lograría mediante el sufragio universal, la asociación de socorros mutuos y de consumo como armas políticas naturales, pues los trabajadores eran la mayoría de la sociedad. La meta consistía en redistribuir la propiedad y la riqueza, acabar con la miseria y equiparar a todas las clases sociales manteniendo la autonomía de cada individuo, pues no desaparecería la propiedad. Ahora bien, puesto que el clero, la burguesía y el Estado monárquico se opondrían, Garrido mantuvo la conspiración y la rebelión violenta para derribar a los gobernantes que impedían los derechos políticos de los trabajadores. En este sentido, era partidario de que los diputados tuvieran un mandato imperativo sometido al cumplimiento de la voluntad del pueblo que ejercería la sanción o rechazo de cada ley.

De su abundante producción intelectual también destacan dos obras: la *Historia de los progresos sociales*, de 1868, y en especial la *Historia de las clases trabajadoras*, de 1870, análisis pionero y testimonio de indudable valor. Compañero de andanzas e ideas de Fernando Garrido fue Sixto Cámara, que murió más joven, en 1859, pero igualmente activo en militancia y producción intelectual dentro del Partido Democrático. En 1847 logró que se publicasen las obras completas de Fourier, y en 1848, en su libro *El Espíritu Moderno*, denunció la incapacidad del liberalismo para cumplir con el principio de "igualdad". Por eso, en 1849 publicó *La Cuestión Social*, refutación de la obra de Louis Adolphe Thiers, *De la propiedad*, traducida el año anterior. Criticó con insistencia el Estado liberal por mantener a los trabajadores con salarios de miseria y no facilitar el acceso a la propiedad a la mayoría de la población. Tras la experiencia del Bienio progresista, Sixto Cámara consideró que no quedaba más alternativa para alcanzar una democracia social que la "revolución pacificadora", por eso se implicó activamente en el levantamiento de partidas armadas desde 1857, expuesta en páginas anteriores.

Significativamente, Sixto Cámara y Fernando Garrido, como antes Joaquín Abreu, fueron de los pocos que denunciaron la sumisión asignada a las mujeres en la sociedad. En general, ni el movimiento democrático ni el socialista, tan preocupados por la igualdad, habían captado que en los países liberales las mujeres ya estaban presentes en la vida pública, sobre todo cuando se clamaba contra las injusticias en motines o sublevaciones políticas. Siguió intacto el prejuicio de que eran portadoras de una desigualdad natural que afectaba a su capacidad intelectual y, por tanto, a sus derechos políticos. Este aspecto constituyó, sin duda, una contradicción incomprensible entre las continuas prédicas de unos y otros sobre el progreso social. Tuvieron que ser las propias mujeres las que, sin una adscripción partidista concreta, hicieran valer sus inquietudes y aspiraciones.

DESPEGUE DE LA CONCIENCIA DE IGUALDAD ENTRE LAS MUJERES

Es lógico exponer en este libro las primeras voces que plantearon exigencias de una igualdad para las mujeres en España. Es sorprendente la temprana clarividencia de una joven de 26 años, Carolina Coronado, que, en 1846, desde Almendralejo, escribió el siguiente poema, que merece ser reproducido entero:

Risueños están los mozos, / gozosos están los viejos/ porque dicen, compañeras, / que hay libertad para el pueblo. / Todo es la turba cantares,/ los campanarios estruendo,/ los balcones luminarias,/ y las plazuelas festejos./Gran novedad en las leyes,/ que, os juro que no comprendo,/ ocurre cuando a los hombres/ en tal regocijo vemos./ Muchos bienes se preparan,/ dicen los doctos al reino,/ si en ello los hombres ganan/ yo, por los hombres, me alegro;/ Mas, por nosotras, las hembras,/ ni lo aplaudo, ni lo siento,/ pues aunque leyes se muden/ para nosotras no hay fueros./ ¡Libertad! ¿Qué nos importa?/ ¿Qué ganamos, qué tendremos?/ ¿Un encierro por tribuna/ y una aguja por derecho?/ ¡Libertad! ¿De qué nos vale/ si son los tiranos nuestros/ no el yugo de los monarcas,/ el yugo de nuestro sexo?/ ¡Libertad! ¿Pues no es sarcasmo/ el que nos hacen sangriento/ con repetir ese grito/

delante de nuestros hierros?/ ¡Libertad! ¡Ay! para el llanto/ tuvímosla en todos tiempos;/ con los déspotas lloramos,/ con tributos lloraremos;/ Que, humanos y generosos/ estos hombres, como aquellos,/a sancionar nuestras penas/ en todo siglo están prestos./ Los mozos están ufanos,/ gozosos están los viejos,/ igualdad hay en la patria,/ libertad hay en el reino./ Pero, os digo, compañeras,/ que la ley es sola de ellos,/ que las hembras no se cuentan/ ni hay Nación para este sexo./ Por eso aunque los escucho/ ni me aplaudo, ni lo siento;/ si pierden ¡Dios se lo pague!/ y si ganan ¡buen provecho!

Sin necesidad de añadir más comentarios, la contradicción de los liberales era palpable e inexplicable. Hay que reconocer, no obstante, que, gracias a que la Constitución de 1812 lo dejó sin determinar, en el plan diseñado por Manuel José Quintana en 1814 ya se previó que la instrucción primaria también abarcara a las niñas. Seguro que se consideró que era mejor sacar a las futuras madres del analfabetismo imperante, era lo propio de la mentalidad ilustrada de los liberales; el efecto no previsto de esa decisión supuso abrir ventanas a la conciencia de igualdad, sin duda lentas y dificultosas. Solo unas pocas mujeres de las capas burguesas y clases medias pudieron abrir brechas y conquistar cierta autonomía, sobre todo en el ámbito intelectual, por encima de la presión social y psicológica que sin duda experimentaron.

Por otra parte, el ambiente romántico de sublimación de la mujer como máxima expresión del sentimiento amoroso y de la sensibilidad humana abrió cauces para que las mujeres fuesen aceptadas como escritoras, sobre todo si eran poetas. Con independencia del valor literario de las producciones de las mujeres, importa subrayar la novedad de que hubo escritoras, no de modo excepcional cuando en el Antiguo Régimen las había entre aristócratas o monjas, sino que el liberalismo aceptó una creciente presencia de mujeres en el panorama de la escritura. Siempre con una firme oposición de destacados varones que, si acaso, toleraban que fuesen poetas por serles innata la emoción poética, pero nunca con protagonismo público. Baste recordar que Rosalía de Castro, tan valorada hoy, en su tiempo ni tuvo fama ni aplauso.

También se abrió un mercado específico de prensa destinada a las mujeres como lectoras y, por tanto, con la posibilidad de ser escritoras desde mediados del siglo XIX. Fue una prensa no precisamente feminista, más bien divulgadora del ideal de mujer sumisa, esposa y madre, "ángel del hogar", en la que solo había resquicio público en tareas de beneficencia o en la mejora de su educación. Así fueron *El Correo de las Damas*, de 1833 a 1844, o el *Almanaque del Ángel del Hogar: dedicado a las señoritas y a las madres de familia*, de 1835 a 1893, entre más de un centenar de publicaciones similares en la segunda mitad del siglo XIX. En algunas de estas revistas, sin embargo, se infiltraron voces de mujeres convencidas de la necesidad de conquistar la igualdad, como fue el caso de Gertrudis Gómez de Avellaneda y María del Pilar Sinués.

Lo importante, en definitiva, es que hubo mujeres que clamaron por la igualdad. De Gertrudis Gómez de Avellaneda ya se ha expuesto que en 1841 publicó su novela *Sab*, de mensaje antiesclavista, y, al año siguiente, en *Dos mujeres* planteó el divorcio como solución al matrimonio no deseado. Que en 1845 ganara el certamen poético convocado por el Liceo Artístico de Madrid y a la vez triunfase en el teatro constituyen novedades culturales con cierta relevancia. Ese mismo año publicó su texto "Capacidad de las mujeres para el gobierno" en la *Gaceta de las Mujeres*, revista "redactada por ellas mismas", y que luego fue dirigida por la propia Avellaneda con el nuevo título de *La Ilustración. Álbum de las Damas*. En ese texto se confirma una conciencia coherentemente feminista. Primero desmontó el prejuicio tan largamente sostenido de que la mujer era inferior en raciocinio y capacidad intelectual y, por tanto, carecía del sentido de la justicia. A continuación, defendió que la razón ilustrada no solo podía y debía transformar la sociedad, sino emancipar a la mujer aboliendo la jerarquía entre sexos. Puesto que la educación era el camino para implantar la razón universal y, por tanto, desplegar la transformación social, exigió educar a las mujeres como ciudadanas y con igualdad de derechos para que pudieran ejercerlos sin restricciones en todas las esferas de la vida pública y privada, por supuesto, en las tareas de gobierno también.

Esas mismas ideas feministas fueron propagadas por dos mujeres gaditanas, no precisamente de las clases pudientes, María Josefa Zapata y Margarita Pérez de Celis, quienes se tuvieron que ganar la vida en oficios manuales, pero, con el apoyo de un grupo de mujeres, lucharon en su ciudad publicando durante diez años, de 1856 a 1866, *El Pensil Gaditano. Periódico de Literatura, Ciencias y Artes*, al que cambiaban de nombre tras cada cierre a instancias de un obispado que denunciaba la supuesta inmoralidad de sus contenidos. De este grupo salió en 1857 el folleto *La mujer y la sociedad*, firmado por Rosa Medina, que podría ser seudónimo de ellas mismas, donde se exigía de modo explícito el derecho a la educación en todos los niveles para las mujeres, así como el libre acceso a toda profesión y posición social y política. Ha sido valorado como el primer manifiesto rotundamente feminista en España, al exigir la emancipación de la mujer en todas sus dimensiones. Su formulación era categórica:

La libertad de la mujer, la sanción legal de su derecho a la instrucción y a entrar en todas las carreras, a ocupar todos los puestos a que la hagan acreedora sus cualidades, sus virtudes, su ciencia, deben ser y serán el complemento de la civilización y la garantía más eficaz del orden, de la paz, de la armonía, de la equidad, de la dulzura de las leyes y de las costumbres y de la pureza del sentimiento religioso, tan extraviado de su verdadero camino en los tiempos que corren.

Además, Rosa Medina denunciaba explícitamente el patriarcado como construcción cultural propia no solo de una ideología conservadora sino como un marco social arraigado también entre los más radicales demócratas e incluso entre los primeros socialistas. Por eso, no reclamaba nada a los hombres ni esperaba que estos lo concedieran. Correspondía a las mujeres decidir, meta que formulaba con estos términos bien precisos:

Me parece que tienen el derecho de ser ellas mismas jueces, árbitros en el empleo de sus facultades, en los trabajos á que crean deben consagrarse, en la industria, ciencia, arte u oficio, de que hayan de subsistir. Siendo libres, teniendo abiertas todas las puertas, ellas escogerán lo que más les convenga, puesto que tienen una inteligencia, un alma libre.

No es de extrañar, por tanto, que ya emergiesen en la prensa progresista y demócrata voces de varones que se sintieron ultrajados por las demandas de igualdad de las mujeres. Es una constante histórica: a cada voz que reclama igualdad de las mujeres, surge la reacción del varón alarmado. Así, el diario satírico *El Sueco*, dirigido por el tan citado demócrata Sixto Cámara, ya en 1851 se burlaba de las reivindicaciones feministas cuyos ecos llegaban de Francia, mientras el periódico del Partido Progresista *Las Novedades*, el primero con una masiva circulación en España, las agredía con estos términos: "Más ganaríais, escritorcillas, en sellar vuestra boca y no pronunciar ridiculeces tantas; al huso y a la rueca, importunas; al escobeo (sic) y al fregado, al cosido y al planchado, y no profanar con vuestras quimeras el santuario de las leyes". Sin embargo, persistieron contra tanto rechazo y, sin duda, la eclosión de libertades surgida de la Revolución Gloriosa de 1868 permitió ampliar el activismo de las mujeres.

AVANCES DURANTE EL SEXENIO DEMOCRÁTICO: ESCLAVOS Y MUJERES

Es preciso detenerse aquí, rompiendo el hilo cronológico, para hacer referencia a los dos grandes silencios del partido demócrata-republicano: la cuestión de la esclavitud y de las mujeres. Concepción Arenal fue la mujer más destacada de este periodo, sobre todo por el calado de sus propuestas de reformas penales con los principios de inserción y reeducación social. Sin duda, con la pluma y la palabra abrió espacios en el foro público para las mujeres. Otro tanto hizo con distinta resonancia Rosalía de Castro, cuyos *Cantares gallegos* (1863) convirtieron la voz de una mujer en el eje del *Rexurdimento* de la literatura escrita en gallego.

Hubo dos medidas legislativas del Sexenio democrático que contribuyeron al avance de las mujeres. La primera, la implantación del matrimonio civil, que supuso la secularización de las relaciones conyugales al margen del sacramento establecido por el catolicismo; y la segunda, la apertura del bachillerato a las mujeres durante el Gobierno de Ruiz Zorrilla bajo el rey Amadeo, así como el permiso excepcional para que determinadas mujeres, y no cualquiera de ellas, pudiera estudiar en la universidad. En paralelo, aunque en ciertas movilizaciones sociopolíticas las mujeres venían participando desde hacía décadas —en motines contra quintas y consumos, sobre todo—, desde 1868 adquirieron un nuevo protagonismo en los clubes republicanos, donde había conferencias dominicales solo para mujeres. Y lo que era más rompedor, hablaron en público como mitineras destacadas; tal sería el caso de Concha Boracino, en 1873, en el cantón de Torrevieja.

En concreto, desde 1868 la masonería abrió sus puertas a las mujeres para impulsar la educación universal y el librepensamiento, tarea en la que se implicaron los pensadores krausistas, con el rector de la Universidad de Madrid, Fernando de Castro, al frente, y la Asociación para la Enseñanza de la Mujer, creada en 1871. En general, las mujeres aparecieron cada vez con más frecuencia en la vida pública, en clubes (con derecho a voz y voto), partidos y mítines políticos, en la prensa y en la enseñanza, en concreto como maestras de primaria. Los republicanos y progresistas radicales pensaron que la primera tarea consistía en liberar a las mujeres del influjo del clero, por eso crearon asociaciones con tareas caritativas que compitieran con las católicas y se implicasen en actividades culturales. También participaron en las luchas contra las quintas, en suscripciones para obreros o en manifestaciones políticas, siempre y en todo caso de modo compatible "con su sexo y actual misión", recomendaban los varones republicanos. Baste recordar, por ejemplo, la Sociedad de Señoras Republicanas en Madrid y que, presidida por Carmen Munté, apoyó económicamente a los jornaleros, o el artículo de Carolina Pérez, "La mujer en la democracia", publicado en *La Ilustración* en 1872, donde reclamó igualdad de derechos, puesto que "la mujer es un ser apto para pensar" y, por supuesto para "decir lo que piensa" y emanciparse y "tener su puesto en la vida del progreso", de modo que "no habrá una humanidad libre mientras la mujer no sea libre también". De hecho, hubo una propuesta de igualdad para ambos sexos en "derechos civiles" en el proyecto de Constitución de 1873.

Por otra parte, también en España se produjo, como en otros países, la simbiosis de mujeres defendiendo en un mismo bloque la emancipación femenina y la abolición de la esclavitud. Así, Carolina Coronado y Concepción Arenal destacaron tanto en la defensa de la igualdad de las mujeres como en el clamor contra la inhumanidad de la esclavitud. Sin duda, el impacto de la guerra de Secesión en Norteamérica, con la abolición de la esclavitud en aquel país, repercutió muy directamente en las Antillas españolas y zarandeó la conciencia política de progresistas y demócrata-republicanos en la Península. No por casualidad se creó en 1864 la Sociedad Abolicionista Española.

Había escasos precedentes de demócrata-republicanos pronunciados contra la esclavitud en las Antillas (José Mª Orense, Nicolás Mª Rivero o Emilio Castelar) y tuvo que por ser iniciativa de Harriet Brewster que se llegara a la fundación de la citada Sociedad Abolicionista Española. Era una norteamericana, casada con un hacendado de Puerto Rico, Julio de Vizcarrondo, al que convenció para liberar a sus esclavos e instalarse en Madrid y así luchar directamente contra la esclavitud en las Antillas. Esta Sociedad Abolicionista supuso un punto de inflexión decisivo, aunque tardío. No por casualidad en su junta directiva, junto a Vizcarrondo, como secretario, se apuntaron el progresista Salustiano de Olózaga como presidente, dos vicepresidentes de posiciones bien asentadas en el liberalismo como Juan Valera y Antonio Mª Segovia, junto a progresistas y demócratas como Laureano Figuerola, Emilio Castelar, José Mª Orense, Práxedes M. Sagasta, Fermín Caballero y Luis María Pastor. Fundaron el periódico *El Abolicionista Español*, cuya convocatoria de un concurso literario sobre la abolición lo ganó precisamente Concepción Arenal con su poema "La esclavitud de los negros".

Destacaron más aportaciones de mujeres. Carolina Coronado había escrito en 1863 una obra sobre la abolición de la esclavitud en Cuba, y posteriormente un soneto dedicado al acto mismo de creación de la Sociedad Abolicionista. Rogelia León, escritora granadina, también se implicó contra la esclavitud y escribió con frecuencia en la revista *La Violeta*, cuya propietaria, Faustina Sáez de Melgar, activa abolicionista e igualmente feminista, publicó en 1879 un drama en verso, *La cadena rota*, denunciando la esclavitud, casi simultánea a la que también escribió contra la esclavitud la sevillana Antonia Díaz Fernández de Lamarque.

Por supuesto, la Sociedad Abolicionista contó con el apoyo de la prensa demócrata y logró un amplio número de socios en poco tiempo. Sin embargo, la vuelta de Narváez al Gobierno en 1866 paralizó sus campañas y parte de sus patrocinadores, Vizcarrondo entre ellos, tuvieron que exiliarse. Empezaba la crisis definitiva del sistema constitucional de monarquía implantado en 1845, espoleada por la primera gran crisis del capitalismo en Europa, la de 1866, con las consiguientes repercusiones en España.

5. EL SEXENIO DEMOCRÁTICO: ELECCIONES, REFORMAS Y SUBLEVACIONES (1868-1874)

En septiembre de 1868 tuvo lugar la revolución "gloriosa", calificativo que se le atribuyó por haber cambiado el rumbo político del país sin cataclismos violentos, aunque no hay que olvidar que triunfó mediante la fuerza de militares pronunciados y, sobre todo, de ciudadanos armados en la milicia (Voluntarios de la Libertad), ciudad por ciudad. Miles y miles de personas se lanzaron a las calles para aclamar a los nuevos líderes políticos, progresistas y republicanos, que, constituidos en juntas soberanas, forzaron el exilio de una dinastía que se había encapsulado en camarillas corruptas. Por primera vez en España se proclamó por doquier que los derechos humanos eran "imprescriptibles, inalienables e ilegislables", que la soberanía era nacional solo si era popular y democrática, que la cultura era tan libre como plural, que toda la sociedad debía organizarse sobre principios de justicia y organización equitativa de esa riqueza definida como nacional, pero siempre acaparada por unos pocos. En concreto, las exigencias del "Pueblo" sumaban asuntos sociales (derecho a la asociación, reparto de tierras y fiscalidad progresiva) con reivindicaciones políticas (voto de todos los varones, igualdad en el servicio militar y en el acceso a cargos y libertad de culto).

Sin embargo, semejantes expectativas tuvieron más dificultades de las previstas. España estaba en pleno despliegue de los factores de desarrollo capitalista y abrir las compuertas de las libertades supuso nuevos torrentes de propuestas y de aspiraciones. Muchas de ellas, nuevas y revolucionarias. Otras, apegadas al pasado, pero con una extraordinaria capacidad para convertirse en fuerza militar, como fue el carlismo. En otros casos la libertad inauguró el camino de la independencia, como ocurrió en las Antillas. Así, los nuevos Gobiernos se encontraron primero con la guerra en Cuba y luego con las partidas y posterior organización de otra guerra civil por parte de los carlistas: dos guerras que impidieron reformar el servicio militar, además de los costes y lógicas alteraciones que supusieron. A esto se sumó la estrategia insurreccional del nuevo Partido Republicano Federal, que recogió, sin duda, las esperanzas sociales amasadas en décadas anteriores, pero que ahora saltaron a la luz pública con incesantes amotinamientos de grave violencia social. Por lo demás, la propia idea de federación aplicada al Estado generó un debate organizativo tan denso que todavía seguimos hoy (en el siglo XXI) enraizados en bastantes de las cuestiones suscitadas en aquellos años.

EL PARTIDO REPUBLICANO FEDERAL:
MOTIVOS POLÍTICOS Y SOCIALES

Conviene explicar en primer lugar cómo el Partido Democrático creado en 1849 experimentó una progresiva transformación que llevó a la mayoría de sus integrantes a constituirse en Partido Republicano Democrático Federal. En las obras de Ángel Duarte y José Antonio Piqueras se explican con solidez los contenidos y doctrinas del republicanismo y del federalismo como facetas de un mismo entramado sociopolítico. Aquí solo cabe sintetizar el proceso que llevó a la constitución de este nuevo partido.

Es necesario recordar que las Juntas revolucionarias de 1868 estuvieron lideradas por progresistas y demócrata-republicanos. Compartieron un programa común: sufragio universal, derechos humanos, un Estado descentralizado y dos exigencias muy populares: la supresión de los consumos y la abolición de las quintas y de la matrícula de mar. Además, en todas las Juntas se proclamó la libertad religiosa con rápidas medidas desamortizadoras y urgentes demoliciones de conventos que, junto a la demolición de las murallas, sirvieron para crear espacios públicos —plazas, teatros, edificios civiles—, con lo que dieron trabajo a esos miles de parados que estaban armados como Voluntarios de la Libertad, alternativa democrática y federal al Ejército controlado por una cúpula de militares moderados y monárquicos en su mayoría.

El movimiento de Juntas sumó intereses contrapuestos. Por ejemplo, en Barcelona participaron patronal, clases medias y obreros, unión simbolizada por el abrazo público del progresista Pascual Madoz y del republicano Valentí Almirall ante miles de trabajadores que pedían proteccionismo para las fábricas catalanas. Muy pronto, a fines de 1868, se fundó el Fomento de la Producción Nacional con su periódico *El Protector del Pueblo*, para dar paso a la Liga Proteccionista, coalición de industriales que posteriormente actuaron en pro de la restauración monárquica. Sin embargo, la Junta de Sevilla, controlada por intelectuales republicanos, organizó el reparto de propiedades de la aristocracia y tomó posesión de los bienes comunales. Formaba parte de esa Junta Pérez del Álamo, el líder de la citada sublevación campesina de Loja en 1861, que desde 1868 estuvo al frente de la Escuela Libre de Veterinaria.

Tal amalgama de poderes antitéticos finalizó el 9 de octubre cuando se formó un Gobierno provisional integrado por cinco ministros del Partido Progresista y cuatro de la Unión Liberal, con Prim a la cabeza. No hubo cabida para los demócratas y dicho Gobierno se manifestó de inmediato a favor de un régimen monárquico. Se abrió la escisión en el Partido Democrático: Nicolás Mª Rivero, alcalde de Madrid, encabezó a los partidarios, los "cimbrios", de aparcar el debate entre monarquía y república. La ruptura se hizo definitiva cuando el Gobierno disolvió las Juntas que desde septiembre mandaban en cada provincia, y sometió los Voluntarios de la Libertad a la autoridad de los gobernadores civiles. Esta vez la mayoría de los demócratas optó por constituirse en el nuevo Partido Democrático Republicano Federal.

Ya se han expuesto en páginas anteriores los factores que llevaron a la creación del Partido Democrático en 1849. También cómo creció su faceta republicana ante la persistente corrupción de las camarillas amparadas por la familia real y, sobre todo, por la frustración de expectativas y conflictos derivados de las desamortizaciones, la pervivencia de censos y foros, la disputa de las tierras de señorío, las resistencias al sistema de quintas y a la matrícula de mar y el rechazo de la tributación, tan injusta, por los bienes de consumo. De igual modo, el conflicto provocado por la Ley de Ayuntamientos amasó la idea de que la soberanía de los ciudadanos tenía que comenzar por la elección del poder municipal. En esto coincidieron progresistas y demócratas desde la regencia de Espartero. Sin embargo, los moderados, al implantar la Ley de Ayuntamientos y designar los alcaldes, con la disolución en paralelo de la Milicia nacional creando la Guardia Civil, colocaron los cimientos de un modelo de Estado centralista, controlado por el voto de unos propietarios que, provincia por provincia, se organizaron en oligarquías sociopolíticas cuyo vértice institucional se situó en la Corona.

Así, desde la década de 1840, las reformas y medidas que proponían los demócratas suponían cambios en las relaciones de poder. Se ha visto cómo la cuestión social se constituyó en un debate intenso desde la década de 1860 en las filas demócratas. Los anclajes del Partido Democrático prefiguraron el futuro partido de masas, con una red de asociaciones, escuelas, periódicos y actividades sociales desde las que se expandió la ideología de la fraternidad universal. En ese ambiente, las prácticas de conspiración y acción revolucionaria de Garibaldi se convirtieron en modelo para los demócratas de toda Europa, hasta tal punto que sus retratos y su himno llegaron a los más recónditos rincones del continente, entre ellos a pueblos de Andalucía. Así, republicanismo se hizo sinónimo de revolución social, por más que solo fueran reformas sociales que hoy resultan básicas para una sociedad democrática. Mucho antes de que hubiera anarquistas o socialistas, desde 1840, al grito de "Viva la República" las gentes del pueblo se movilizaron de modo persistente con objetivos bien explícitos. Contra los nuevos propietarios de tierras, ocuparon y pleitearon por unos usos comunales o, exasperados, quemaban los registros de la propiedad. Contra la carestía de la vida, asaltaron tahonas o destrozaron los fielatos, casetas donde en cada ciudad se cobraba el impuesto de consumos. Contra la explotación patronal organizaron huelgas en talleres y fábricas y crearon sociedades de socorros mutuos. Contra las quintas, deber patriótico no aplicable a los ricos, se amotinaron madres, novias y hermanas, y, en todo caso, reclamaron ser integrantes de unas milicias ciudadanas que sostuvieran un nuevo poder democrático. En conclusión, tal y como se proclamó desde el periódico *La Igualdad* en noviembre de 1868: "Puede haber república sin igualdad, pero no puede caber la igualdad sino dentro de la república".

El descabezamiento de la monarquía, por tanto, era el colofón de unas exigencias de profunda reforma social. En ellas se percibía que la Corona constituía la clave y garantía de la nueva estructura de poder cuyo arquetipo más relevante era el propietario recién enriquecido con los bienes de la desamortización, y el aristócrata cuyos privilegios señoriales se habían transmutado en propiedad absoluta de unas tierras en litigio. Sabían por la experiencia de varias décadas de Gobiernos moderados que, tras amputar el poder municipal con la Ley de Ayuntamientos, el Estado se había centralizado de forma piramidal en torno a Madrid. La necesidad, por tanto, de romper con la opción de un Estado monárquico se hizo inevitable en 1868. Bajo el liderazgo de Pi y Margall, Salmerón y Castelar se propugnó claramente la fórmula de una República que, para ser democrática, tenía que ser federal, de ahí el apelativo del nuevo partido.

Ahora bien, si la articulación de los territorios que integraban el Estado fue un rompecabezas para la revolución liberal desde sus propios orígenes, también lo fue para los republicanos, como se demostró en 1873. Conviene recordar los precedentes: en 1808 tuvo lugar un hecho histórico tan inédito como revolucionario, el de la organización de Juntas soberanas en ausencia del rey. Asomó en ese momento un contenido federalizante al crearse la Junta Central de 1808. Se podría interpretar como la persistencia, por un lado, del pactismo del Antiguo Régimen, de cuando los estamentos privilegiados apoyaban a la Corona a cambio de mantener autonomías y fueros en sus respectivos territorios; y, por otro, la suma de una soberanía concebida revolucionariamente como expresión de la voluntad nacional o popular.

En la Constitución de 1812 se establecieron ayuntamientos elegidos por los vecinos, una auténtica subversión política con respecto al Antiguo Régimen. Sobre las diputaciones provinciales hubo un debate sobre su carácter representativo del territorio o, por el contrario, simplemente instituciones administrativas sometidas al poder central. En ese debate solo el posible amago de federalismo se vio como un peligro para la unidad. Muñoz Torrero lo expresó en 1811 al quejarse de que "si aquí viniera un extranjero que no nos conociera diría que había seis o siete naciones". En efecto, desde Cádiz estaba abierta la cuestión de organizar un Estado nacional y unos territorios cuya delimitación provincial no era fácil por las diferentes tradiciones institucionales heredadas de la monarquía del Antiguo Régimen. Por eso, la división provincial proyectada no fue ni artificial ni calculada al margen del peso de la historia y de las tradiciones. Tanto la versión departamental de José I como la propuesta constitucional que elaboró Bauzá en 1813, que fue prácticamente la implantada definitivamente en 1833, trataron de vencer las resistencias al nuevo sistema administrativo de igualdad territorial y establecieron claros vínculos con los antiguos reinos históricos.

De hecho, las nuevas provincias crearon muy pronto tradición y se generó en torno a sus diputaciones una serie de reivindicaciones territoriales no provincianas sino provincialistas. Por eso se habló del "provincialismo", fenómeno social de defensa de intereses y tradiciones anudados en cada territorio, que desde la década de 1840 anidó sobre todo en Galicia y Cataluña, reforzado por los "renacimientos" de sus respectivos idiomas y culturas. Un provincialismo que convergía con las tendencias federalizantes contenidas en los sucesivos pronunciamientos soberanos de Juntas en 1808, 1820, 1835, 1836, 1840, 1843 y 1854, cuando el calificativo de "centralista" fue sinónimo de lo que ya en la "gloriosa revolución" de 1868 se explicitó rotundamente como "federal". En cada proceso de Juntas siempre se repitió el modelo de organizar el poder estatal desde las provincias hacia el "Centro", de ahí el valor federal del concepto de Junta Central constituida en septiembre de 1808 contra Napoleón.

En todo caso, tanto en el provincialismo como en el romanticismo regionalista hubo fuertes ingredientes de resistencia a la igualdad de derechos de ciudadanos y territorios implantada por las constituciones liberales desde 1812. La propuesta de un federalismo democrático fue un proceso lento que, de la mano del liberalismo progresista, tras sucesivas frustraciones, se convenció de que la descentralización era una alternativa política y un medio para acometer la reforma social. Así, la anulación de las Juntas creadas en los momentos revolucionarios de 1840, 1843, 1854 y, por último, de 1868 para crear en cada caso un Gobierno central-centralizador ofreció nuevos argumentos para anudar ideas federales. Así, en España el federalismo no fue la importación de modelos externos, sino sobre todo el resultado de un proceso de radicalización de las fuerzas sociales marginadas de los espacios de poder y desengañadas de promesas.

De este modo, federalismo y republicanismo se imbricaron de tal modo que ambos se concentraron en 1868 bajo la consigna de "La Federal", palabra que significaba un muy concreto abanico de reivindicaciones políticas y de exigencias sociales. Se comprobará en las sucesivas insurrecciones que protagonicen los federales en este Sexenio y sobre todo en la sublevación cantonal. Conviene subrayarlo, el federalismo español no tuvo exigencias identitarias ni contenidos protonacionalistas. De hecho, tuvo más fuerza en las regiones donde posteriormente no existirían nacionalismos, y así se verá en las páginas siguientes. Porque federalismo significó reforma social y emancipación igualitaria, metas que solo podrían desplegarse con una organización de municipios democráticos y soberanos que, enlazados en pactos de progresiva ampliación territorial, dieran paso a los cantones y Estados republicanos hasta culminar en unos Estados Unidos de Europa. Era una fórmula para la convivencia y la paz, expresión de la fraternidad universal soñada por los demócratas revolucionarios europeos en esos años.

Sin duda, enraizaban con la tradición amasada entre pensadores europeos desde Kant de formar unos Estados Unidos de Europa para asegurar la paz. Desde la década de 1840 los demócratas europeos habían celebrado distintos Congresos por la Paz y la Unidad de Europa. En concreto, en el celebrado en Ginebra en 1867 estuvo Castelar junto a Victor Hugo, Garibaldi y Louis Blanc, y se creó la Liga para la Paz y la Libertad, cuyo órgano de expresión se tituló significativamente *Les Etats Unis d'Europe*. Estas ideas federales contaban ya en España con una propuesta bien precisa en la obra *La Reacción y la Revolución* de Pi y Margall, de 1854. También conviene señalar la idea que anidó entre los republicanos sobre una posible *Unión Ibérica* con Portugal, propuesta que Fernando Garrido amplió a una *Federación Latina* incluyendo también a Francia e Italia.

Ahora bien, en la España liberal se impuso el modelo centralista, influido por la Francia jacobina y napoleónica. Este fue defendido por liberales moderados y progresistas, si bien los primeros reforzaron los contenidos centralistas, consintiendo paradójicamente excepciones como las del País Vasco, de largas consecuencias no previstas en su momento, mientras que los progresistas enfatizaban la autonomía del poder municipal. Se organizó, por tanto, la soberanía del Estado-nación a partir de la idea de una realidad histórica unitaria, con instituciones homogéneas por territorios, y cuyos ciudadanos integraban una nación cultural marcada con rasgos propios desde tiempos inmemoriales.

Fue justo a fines de 1868 cuando la movilización democrática del mes de septiembre se transformó en afirmación y determinación federal como respuesta a la disolución de las Juntas revolucionarias. Ahí nació el Partido Democrático Republicano Federal, no tanto por elaboraciones teóricas de unos u otros, sino por evolución y acumulación de experiencias en las que los partidarios de un régimen monárquico y centralizado impedían el cumplimiento de unas demandas ampliamente expandidas entre sectores populares. La alternativa era evidente y se produjo una auténtica avalancha de publicaciones, reflexiones y propuestas políticas sobre el federalismo a partir de ese momento. De hecho, sus resultados electorales en las elecciones municipales de 1868 y en las constituyentes de enero de 1869 confirmaron su fuerza social.

LOS FEDERALES EN LAS INSTITUCIONES Y EN LA OPOSICIÓN

El Gobierno convocó elecciones municipales para diciembre y constituyentes para enero con sufragio universal directo para los varones de más de 25 años. Sin contar a los tradicionalistas y moderados, los actores de la Revolución Gloriosa se organizaron con distintos programas. Por un lado, la coalición de tres partidos: el unionista de Serrano, el progresista de Prim y Sagasta y el democrático liderado ahora por Nicolás Mª Rivero y Cristino Martos, con un programa de sufragio universal, monarquía, libertades y orden para la modernización nacional. Por otro, el recién creado Partido Democrático Republicano Federal planteó un programa de reformas con distribución de la riqueza y mejora de vida de las clases populares e inició una amplia movilización con asambleas y creación de comités electorales, edición de periódicos denominados republicanos federales y propagaron por catecismos y folletos sus ideas por toda la geografía española. "La Federal" se convirtió en resumen de este nuevo entramado de ideas y activismo. Era la izquierda del espacio político.

Así se comprobó en las primeras acciones de protesta social que se produjeron en el otoño de 1868. La crisis económica y la eclosión de libertades abrieron oportunidades y, al establecerse el derecho de asociación, el vocablo "federal" se incluyó también en las sociedades obreras existentes: por ejemplo, las asociaciones de obreros del textil pasaron a denominarse Centro Federal de las Sociedades Obreras de Barcelona. La misma crisis agudizó la impaciencia que se desbordó en bastantes puntos, de modo que las elecciones municipales coincidieron con una oleada de motines federales, y no fueron por azar. Por ejemplo, el desempleo en la comarca de la Bahía de Cádiz era de tres cuartas partes de la población, el ayuntamiento de la capital no ofrecía trabajo en las demoliciones de conventos; y así, el 29 de noviembre, los Voluntarios de la Libertad se manifestaron contra el ayuntamiento pidiendo trabajo, varios concejales repartieron dinero, y en el caso del Puerto Santa María, los ricos dieron seis reales diarios a 500 parados amenazantes ante el ayuntamiento. Ante la amenaza que suponían unos Voluntarios de la Libertad parados pero armados, el gobernador civil desarmó primero a los del Puerto, declarando el estado de sitio. De inmediato, el 5 de diciembre, barruntando la amenaza, los Voluntarios de Cádiz se levantaron en barricadas, pidiendo trabajo, aumento de jornales y la destitución del gobernador.

Un proceso semejante tuvo lugar en Málaga, pero esta vez después de ganar las elecciones los federales en la ciudad, y con el siguiente cuadro: más de 8.000 parados ante el ayuntamiento en espera de pagas, todos armados, a los que se unieron los campesinos, y los obreros descontentos de la *Industria Malagueña* por los bajos salarios que les pagaba el dueño, huido a Gibraltar. Apareció en esta ocasión, entre los federales, Fernando Garrido, que arengó al pueblo en un gran mitin en Álora, y logró unir al pueblo urbano con el campesino. Manuel Pavía era el gobernador militar de Málaga, intervinieron incluso dos goletas de guerra desde el puerto, corrió la sangre, hasta que las tropas de Caballero de Rodas, procedentes de Cádiz, lucharon y vencieron con el balance de 50 soldados y 88 federales muertos. Estos datos fueron premonitorios de las trágicas consecuencias de unas estrategias de insurrección alentadas con la conciencia de ser portavoces de la "voluntad popular" y ser el medio inevitable para alcanzar la redención de las clases trabajadoras.

En todo caso, los resultados de las municipales fueron muy reveladores. El Partido Republicano Federal obtuvo mayoría en 20 capitales: Alicante, Barcelona, Castellón, Córdoba, La Coruña, Huelva, Huesca, Jaén, Lérida, Málaga, Murcia, Orense, Santander, Sevilla, Tarragona, Teruel, Toledo, Valencia, Valladolid, Zaragoza y Cádiz. Fue una clara derrota para el Gobierno. Así empezó enero de 1869, en vísperas de las elecciones a Cortes constituyentes. Se ha visto que con el sufragio censitario apenas se rebasaron los 300.000 electores. En 1869, sin embargo, con el sufragio universal masculino pudieron votar todos los varones mayores de 25 años, un total de 3.994.072 electores, aunque los republicanos federales se proclamaron el partido de la juventud y pidieron el voto desde los 21 años.

Hubo un clima hostil entre los federales y el Gobierno de la coalición de unionistas y progresistas, mientras la reacción clerical enturbió el clima con el asesinato del gobernador civil de Burgos dentro de la catedral. La participación fue masiva, se calcula un 77% de los electores con un resultado claro: la coalición gubernamental monárquico-democrática sumó 253 escaños (132 progresistas de Prim y Sagasta, 92 unionistas de Serrano, 28 demócratas de Rivero y un indefinido). Fue muy revelador que, a pesar de los obstáculos puestos desde el Gobierno, los republicanos lograran 68 escaños. Los católico-monárquicos, carlistas en gran medida, lograron 23 escaños, y Cánovas resultó ser el exclusivo representante de los monárquicos borbónicos.

Los republicanos federales quedaron, por tanto, como el grupo más sólido de oposición. Sus resultados marcaron una geografía federal en arco geográfico periférico desde Huesca y Gerona hasta Cádiz y Sevilla. En Cataluña los federales de Tutau, Almirall y Clavé obtuvieron 28 de los 37 escaños (13 de los 16 de la provincia de Barcelona, 5 de los 7 de Girona, 3 de los 7 de Tarragona y todos los 7 de Lleida); en Aragón lograron el 60% de los escaños; en el País Valenciano, un tercio de los escaños, obteniendo en Valencia los cuatro escaños en liza; y casi la mitad en toda Andalucía, con mayor porcentaje en la parte occidental. En el resto no obtuvieron escaños, salvo logros minoritarios en provincias interiores como Badajoz, Toledo, Salamanca, Palencia y Valladolid, siendo excepcional el caso de Madrid, donde sus más de 100.000 votos no sirvieron frente a más del doble (223.192) de la coalición monárquico-democrática.

Conviene retener, por tanto, la desigual implantación del Partido Republicano Federal, un desequilibrio político nada desdeñable para la gobernanza. Quizás fueron más cruciales los cuatro puntos de continua desunión interna. Ante todo, las fuertes tensiones estratégicas entre los partidarios de aceptar la legalidad y trabajar en ese marco, y la de quienes optaban por la acción revolucionaria que evidentemente implicaba el recurso a las armas. Era la división más grave: "benevolentes", los primeros, e "intransigentes", los segundos, siempre dispuestos a las armas. A su vez, tácticamente hubo una segunda división en el grupo parlamentario: o realizar una oposición frontal, sin distinguir unas u otras medidas del Gobierno de turno, o apoyar las decisiones coincidentes con el programa republicano. Persistía un tercer motivo de discordia, el existente entre "individualistas" y "socialistas", ya expuesto en páginas anteriores. Y se sumó una cuarta desavenencia que marcó el rumbo de la República, la de cómo construir la federación. Por un lado, la organización federal desde arriba, que podía ser mediante Cortes constituyentes, o con una ley que organizara las competencias entre Gobierno central y autonomías de los estados integrantes. Otros, sin embargo, pensaban instaurar la federación desde abajo mediante un pacto escalonado de territorios (pacto sinalagmático) o por cesión de soberanía al Estado (confederación).

En este sentido, fue en las Cortes constituyentes de 1869 donde los federales realizaron una primera intervención de notable eco político, aunque no lograsen todos sus objetivos. Cabe considerar el texto final como el primer código democrático de la historia de España. Junto a las clásicas libertades políticas de expresión, imprenta e ideas, se recogieron por escrito novedades tan significativas como el derecho de reunión y "asociación pacífica", la inviolabilidad de la correspondencia, la ampliación de las libertades individuales al pensamiento y enseñanza y al culto público de cualquier religión o la libertad de trabajo para los extranjeros. Los derechos de reunión y asociación abrieron la puerta al sindicalismo, y las nuevas libertades permitieron el florecimiento educativo de unos años que marcaron el rumbo del pensamiento y de la ciencia en España, con la expansión de nuevas teorías, sobre todo del positivismo y de las ideologías anarquista y marxista.

En el debate para aprobar estos derechos como imprescriptibles, el artículo que desató más polémica fue el 21, referido a la libertad de culto, porque se agolparon los tópicos amasados por tradicionalistas y liberales doctrinarios a lo largo del siglo sobre la unión de lo español con lo católico. Desde ese momento se hizo famoso por su elocuencia Emilio Castelar, quien, como cristiano coherente, defendió con brillantez la idea de una iglesia libre dentro de una sociedad libre, para justificar la separación del Estado de la tutela ideológica de la Iglesia católica. Hubo un diputado, Francisco Suñer y Capdevila, al que Galdós definiría como "angelical ateo", que pronunció un discurso combativo que tituló "Guerra a Dios". Los republicanos no lograron la explícita separación del Estado y de la Iglesia católica, pero el Estado por primera vez dejó de ser confesional, se permitió la libertad de culto de cualquier creencia, y, en contrapartida, se mantenían los gastos del clero y del culto.

Sin embargo, no consiguieron que se aboliera la pena de muerte. La propuesta de incluir "el derecho a la vida y a la dignidad de vida" habría supuesto abolir la pena de muerte y también suprimir la esclavitud. Por supuesto, en el artículo que establecía una monarquía democrática, los federales defendieron la República, y también se distanciaron de los progresistas en los artículos sobre la organización de las fuerzas armadas, en los que reclamaron diferenciar los voluntarios que servían a la patria de los profesionales que, organizados en ejército permanente, tenían la misión de defender la patria de las agresiones exteriores. Al no lograrlo, centraron su programa directamente en la abolición de las quintas y en el mantenimiento de los cuerpos de Voluntarios de la Libertad.

ORGANIZACIÓN, TENDENCIAS, PACTOS E INSURRECCIONES

En paralelo a la actividad parlamentaria, los federales desplegaron una intensa labor de multiplicación de clubes y comités locales, con una extraordinaria capacidad para movilizar a miles de personas tanto en votaciones internas como en mítines y manifestaciones. Prefiguraron lo que sería un partido de masas. Además, en su organización interna se concibió la estructura del partido como anticipo de la forma de la futura República federal. Se fraguaron dos direcciones a la par, la parlamentaria y la territorial. En el Parlamento descollaron la fogosidad del abogado tarraconense Estanislao Figueras y la brillantez retórica del gaditano Emilio Castelar, catedrático en Madrid, mientras que de la extensa red de líderes locales surgieron personalidades de enorme eco popular como eran los Tutau o Almirall de Barcelona, o los Salvochea y Angulo de Cádiz, por ejemplo.

Por supuesto, las preocupaciones eran distintas. A los parlamentarios les preocupaban las libertades, los derechos ciudadanos y las acciones del Gobierno. A los segundos les empujaban las demandas de menestrales y campesinos que sufrían en sus familias el tributo tan injusto de las quintas o el nuevo impuesto personal. Eran los que esperaban del nuevo sistema político, ante todo, trabajo, mejores salarios y, en el caso de los campesinos, esas tierras que se habían privatizado cuando se les venía prometiendo desde las Cortes de Cádiz tanto el reparto de la "riqueza nacional" como la abolición de las rentas feudales. Por eso, el Gobierno de Prim acusó a los republicanos federales de permitir ideas socialistas en sus filas y de fomentar la deriva del sufragio universal hacia el socialismo. Los campesinos de Jerez, amotinados por miles en marzo de 1869 contra la quinta decretada por Prim, y pidiendo la devolución de los bienes comunales, fueron el pretexto ideal para que el Gobierno expandiese la idea del socialismo como corriente subterránea del federalismo. De hecho, había sido el Gobierno de Prim el que había roto el compromiso de abolir el sistema de quintas, contraído unánimemente en las Juntas revolucionarias del septiembre pasado. Contra él se manifestaron miles de mujeres madrileñas ante las Cortes el 22 de marzo; a causa del reclutamiento de 25.000 jóvenes para la guerra de Cuba, se desencadenaron graves amotinamientos en distintas ciudades, como el citado en Jerez. En aquellas gobernadas por los republicanos, como Sevilla, Málaga y Barcelona, los ayuntamientos recurrieron a un préstamo para librar a los quintos de su respectiva ciudad.

Tal era el sustrato y división social que se plasmó en las dos etiquetas antes enunciadas, las de "benévolos" e "intransigentes". Otra división tuvo carácter igualmente social, pero esta vez concentradas geográficamente. Era la referida al librecambismo, preferido por los republicanos andaluces, frente a los catalanes, que eran proteccionistas. El hecho es que el Partido Republicano Federal amplió sus espacios tras los resultados municipales y creció notablemente a partir de la mencionada quinta decretada por Prim y al no verse cumplidas otras expectativas de mejoras sociales. Además, el sufragio universal obligó a los partidos a plantearse otras formas de organización. Los federales fueron pioneros al afiliar a hombres y mujeres sin discriminación, con carácter masivo, creando ateneos culturales y clubs políticos que se convirtieron en alternativas populares a los ateneos elitistas y a los casinos de los ricos en cada población. Además, expandieron el formato de mítines masivos con oradores como, por ejemplo, José Mª Orense, que gozó de enorme popularidad por la sencillez con la que explicaba las doctrinas políticas y sociales por los pueblos; en cierta ocasión, cientos de mujeres lo recibieron en Santander con estandartes. Castelar arrebataba con su poética elocuencia, y Blas Pierrad entusiasmaba, sobre todo por los pueblos catalanes, en sus campañas.

Así, en esa primavera de 1869 tomaron un decisivo protagonismo los líderes republicanos de las provincias. El acto más relevante fue el Pacto de Tortosa, donde decidieron reunirse Anselm Clavé y Valentí Almirall, por Cataluña; José Franch, por Valencia, y Mamés Benedicto, por Aragón, así como los representantes del Partido Federal de Cataluña, Aragón, País Valenciano y Baleares; en Tortosa, población equidistante de los tres antiguos reinos, acordaron "convertir el pronunciamiento de septiembre en una revolución", "resistir a la tiranía" y, en su condición de "aragoneses, catalanes y valencianos", recuperar sus "honrosos antecedentes históricos", esto es, aquella confederación libre de reinos que el absolutismo monárquico había destruido en el siglo XVIII con los Decretos de Nueva Planta, tras la guerra de Sucesión. En su manifiesto declaraban: "De ninguna manera se deduzca de ello que pretenden separarse del resto de España", anticipándose a las críticas que podían lanzarse contra su iniciativa.

El Pacto de Tortosa prendió en el resto de provincias y, al mes siguiente, en junio, se reunieron en Córdoba los federales de las provincias de Murcia, Andalucía y Extremadura para firmar otro pacto similar. Allí determinaron la estrategia a seguir: "Todo ataque de índole general contra los derechos individuales proclamados por la revolución será considerado como causa legítima de insurrección, si no se consiguiera la reparación debida por medios legales". En Valladolid, firmaron a los pocos días otro pacto los delegados de lo que llamaron Estado de Castilla la Vieja y Estado de Castilla la Nueva. En La Coruña se reunieron los federales delegados de las provincias gallegas y de Asturias, y ya el 28 de junio, en Éibar, firmaron el pacto los representantes de Navarra y Provincias Vascongadas, con participación de Pi y Margall, esposo de la vasca Petra Arsuaga.

Obviamente quedaba por firmar el pacto federal nacional. Se hizo en julio por iniciativa de Pi y Margall, pero fue tan dificultoso el acuerdo que solo se aprobó formar un consejo federal con los representantes de los distintos pactos territoriales que coordinaría todo el conjunto; sin embargo, ninguno de esos pactos territoriales quiso ceder soberanía. La práctica del federalismo exhibió una enorme distancia con la teoría. Además, respecto al derecho a la sublevación armada, se acordó una fórmula abierta a prácticas contradictorias: "Con la libre práctica de los derechos individuales, la insurrección es un crimen; sin ella, es un deber, tanto o más que un derecho". En todo caso, este pacto general, calificado como nacional, estableció una asamblea central, con tres representantes por cada cinco pactos regionales, responsables ante sus respectivos comités. Significaba que no poseía poder ejecutivo sino solo tarea coordinadora y en ningún momento podía tomar decisiones válidas para toda España. Las decisiones quedaron en manos de los comités locales o de los pactos regionales; se confundieron, por tanto, los niveles de competencias y el resultado fue que los diputados de las Cortes dependieron de sus respectivos comités locales y no existió una dirección federal que tomara decisiones a nivel estatal.

Entretanto, bajo la bandera del federalismo adquirió prioridad social la cuestión obrera. Las huelgas se extendieron como instrumentos de reivindicación laboral y como medio de defensa de unas condiciones de vida digna, tanto en las zonas fabriles de Cataluña como en los medios artesanales y entre los asalariados de las ciudades y también en las comarcas agrarias de la mitad sur de España. Llegado el verano de 1869, tras cerrarse las Cortes, el Gobierno restableció por decreto una ley de 1821 que ponía bajo la autoridad y jurisdicción militares los delitos de "conspiración o maquinación directas contra la observancia de la Constitución", auténtica ley marcial que suspendía las garantías constitucionales al someter estos delitos a consejos de guerra. La causa primera estaba en las partidas carlistas, pero fueron los republicanos los primeros en sufrir el peso de esa ley.

De hecho, prosiguieron las protestas en numerosas poblaciones: unas contra los impuestos; otras pidiendo tierras o trabajo; en otros casos, con huelgas para exigir mejores salarios… y siempre los Voluntarios de la Libertad en el centro de las reivindicaciones. Sagasta, ministro de Gobernación, prohibió estas manifestaciones y aplicó una medida drástica: la disolución de los Voluntarios de la Libertad. Fue la espoleta para desencadenar una revuelta en cascada por toda España. Del 25 al 28 de septiembre se produjo la revuelta federal en Barcelona, donde había más de 8.000 federales armados. El Centro Federal de las Sociedades Obreras de Barcelona incluía entre sus líderes a sindicalistas obreros como Farga i Pellicer, Roca i Galés, Balasch o el internacionalista José Luis Pellicer, más tarde destacado bakuninista. Dicho Centro había llevado a cabo una intensa propaganda tanto para el republicanismo federal como para el cooperativismo obrero. Declararon la lucha contra los "capitalistas" y pidieron el fin de la "explotación del hombre por el hombre". La sublevación se extendió desde el Ampurdán y Lérida hasta Reus, e incluso hasta Barbastro en Huesca. Quemaron registros de la propiedad y archivos, cortaron vías de ferrocarril y telégrafos, exigieron derechos como el de trabajo y mejoras salariales. Fracasaron estas jornadas revolucionarias, pero también se habían sublevado los federales en Andalucía, con el epicentro en Cádiz, donde Paúl y Angulo y Fermín Salvochea movilizaron a los Voluntarios de la Libertad y sumaron más de 45.000 personas armadas entre todos los ayuntamientos gobernados por republicanos.

Prim, jefe del Gobierno, suspendió las garantías constitucionales a principios de octubre y los líderes federales convocaron una auténtica sublevación nacional. Llamaron a las armas a sus militantes, que, como se ha visto antes, solo tenían fuerza en una determinada geografía dentro de España. En Andalucía, al estar controladas las grandes ciudades por el Ejército, el levantamiento solo triunfó en poblaciones como Utrera, Carmona, Puerto de Santa María, Medina Sidonia, Arcos, Paterna o Alcalá de los Gazules. Al grito de "Viva la República Federal", los jornaleros ocuparon y exigieron tierras, trabajo y la inmediata abolición de las quintas y de la matrícula de mar, el desestanco de la sal y del tabaco y la disolución del Ejército. En él quemaron archivos y registros de la propiedad, símbolos de su exclusión de la riqueza nacional. Sin embargo, bastó el anuncio de la llegada de tropas para que se disolviera la mayoría y los más destacados huyeron a las serranías cercanas, hasta ser detenidos. En Alicante fracasó la rebelión, en Béjar no se pasó del intento, hubo resistencias más prolongadas en Cádiz y Málaga, mientras que en Zaragoza y Valencia las protestas federales adquirieron el carácter de guerra, con auténticas batallas contra el ejército; además en estas dos ciudades, los federales contaron con los campesinos de los respectivos entornos rurales. En Zaragoza resistieron cinco días, del 7 al 12 de octubre. En Valencia lucharon 6.000 federales contra 23.000 soldados.

REORGANIZACIÓN Y RECLAMOS INTERNACIONALES

Líderes como Castelar y Figueras justificaron la insurrección como respuesta a la represión sufrida en Barcelona y contra las decisiones del Gobierno que, según razonaban, no cumplía la Constitución. Sin embargo, el fracaso fue evidente y la desorganización dejó al descubierto la necesidad de replantear el funcionamiento del Partido Republicano Federal. Pi y Margall, partidario de los cauces legales para alcanzar la República federal, aunque tuvo vehementes enemigos internos que lo acusaban de aliado de los independentistas cubanos, en la primera Asamblea que celebraron los federales, en marzo de 1870, logró centralizar la dirección. El mismo Pi y Margall fue elegido presidente por unanimidad, con un directorio integrado por José Mª Orense, Emilio Castelar, Estanislao Figueras y Vicente Urgellés.

Los pactos confederales del año anterior se arrinconaron y los acuerdos vincularon al conjunto del partido. Se decantaron por la "forma republicana democrática federal, con exclusión absoluta de toda otra forma de gobierno, inclusa la República unitaria". Precisaron que el principio federal se basaría en "la autonomía del municipio y las provincias", y que estas tendrían libertad para formar los "Estados o cantones que crean convenientes". El medio para alcanzar la República federal sería la propaganda hasta convencer a la opinión pública de su necesidad, pero persistían en subrayar que, en caso de incumplirse las libertades y derechos individuales, sería legítima la insurrección armada. Hubo más acuerdos como la renovación de las Juntas republicanas por votación de todos los afiliados, un mensaje fraternal a los republicanos portugueses y, lo que es más relevante en plena guerra en Cuba, que las colonias abandonaran la lucha por la independencia y aceptaran el federalismo como solución.

Fue justo el momento en que llegó a España la voz de un nuevo protagonista en las izquierdas europeas: el internacionalismo obrero. Se ha expuesto antes que la AIT (Asociación Internacional de Trabajadores o Primera Internacional) se había creado en 1864 en Londres por socialistas, anarquistas y republicanos europeos de diversos países, con Bakunin y Marx como cabezas destacadas. Decidieron que solo se podría suprimir la explotación capitalista mediante una organización internacional de obreros, cuya estrategia de luchas de clases alcanzaría la meta de la revolución social y la emancipación del proletariado. En el siguiente capítulo se expondrán sus doctrinas y su implantación en España. Los internacionalistas aparecieron en España tras la revolución de 1868 y contactaron con círculos minoritarios de los federales, introduciendo un planteamiento de lucha de clases y que sería la base de la formulación del sindicalismo moderno.

Giuseppe Fanelli fue el primer emisario encargado por Bakunin de conectar con los obreros españoles. En Madrid contactó con tipógrafos, sastres, zapateros, etc., entre los que estaban Anselmo Lorenzo, Tomás González Morago y los hermanos Ángel y Francisco Mora, que crearon una sección de la AIT y desde enero de 1870 editarían el periódico *La Solidaridad*. Luego en Barcelona se encontró con el tipógrafo Farga i Pellicer, secretario del Centro Federal de Sociedades Obreras creado por los republicanos federales, y con el diputado federal Baldomero Lostau, creándose otra sección de la AIT que contó también con profesionales como el médico Gaspar Sentiñón y rápidamente logró 8.000 afiliados, de modo que tuvieron delegados en las reuniones europeas de la AIT.

En junio de 1970 ambas secciones, además de los representantes de otras poblaciones (Zaragoza, Valencia, Reus, Alcázar de San Juan, etc.) celebraron el primer congreso obrero en Barcelona donde se creó la Federación Regional Española de la AIT (FRE-AIT). La mayoría estaban influidos, a través de Giuseppe Fanelli, por el internacionalismo colectivista de Bakunin. Sin embargo, en diciembre de 1871 llegó a Madrid el yerno de Marx, Paul Lafargue, quien adoctrinó a los afiliados madrileños con las tesis contrarias al anarquismo, y ahí comenzó el primer grupo de socialistas en el que figuraron el zapatero Francisco Mora y los tipógrafos José Mesa y Pablo Iglesias. Surgieron así los primeros conflictos internos entre seguidores de Marx y de Bakunin y, lo más importante, nació el embrión de un nuevo actor político con la pretensión de representar en exclusiva a toda la clase trabajadora.

Evidentemente el eco de su programa y su estrategia de lucha de clases apenas tuvo resonancia, pero encontraron adeptos cuando se sumaron a las reclamaciones contra las quintas, por ejemplo, y así, los internacionalistas destacaron de inmediato en los motines contra los reclutamientos de soldados decretados desde 1870. Compartían con el republicanismo federal reformas como el derecho al trabajo, los jurados mixtos, el reparto de tierras y, obviamente, el aumento de salarios y la abolición de las quintas. Sus militantes salieron de las sociedades obreras ya organizadas por los republicanos federales.

Precisamente en septiembre de 1870 ocurrió otro hecho internacional que repercutió entre los federales. Se proclamó la Tercera República en Francia, y los federales, entusiasmados, se manifestaron en su apoyo e incluso se ofrecieron voluntarios para ir a defenderla, pensando que luego contarían con Francia para una sublevación, puesto que Castelar era amigo de Gambetta. Sin embargo, Prim fue el primero en reconocer la República en Francia y aceleró las gestiones para coronar a Amadeo de Saboya. Fue el momento en el que José Paúl y Angulo, antiguo conspirador con Prim, ahora federal radical, que financiaba *El Combate*, periódico que predicaba la revolución armada, acusó a Prim de dictador, anunciándole que "moriría como un perro". El 27 de diciembre Prim sufrió el atentado que le produjo la muerte a los tres días.

El republicano unitario Eugenio García Ruiz culpó del crimen a Paúl y Angulo, el Gobierno lo insinuó e implicó y detuvo a Roque Barcia. La prensa federal deploró el atentado y lo condenó. Del juicio que se siguió no puede deducirse salvo que quienes podrían haber dado datos fiables casualmente cayeron a manos de la Guardia Civil. También se propagó la idea de ser un crimen organizado por los negreros, opuestos a la abolición de la esclavitud, cuya decisión estaban negociando progresistas, demócratas y republicanos. De hecho, Paúl y Angulo apuntaría años después como autor del magnicidio al partido de la Unión Liberal, directamente al general Serrano, por ser opuestos a la nueva monarquía y a la abolición de la esclavitud.

En marzo de 1871, con el rey Amadeo ya en la Jefatura del Estado, se celebraron elecciones en las que hubo incluso acuerdos muy contradictorios de coaliciones, como el firmado para Madrid donde republicanos y carlistas acordaron apoyarse en los barrios donde no pudieran presentar candidatos propios. El censo electoral ya pasaba de los cuatro millones de personas, participó el 67%, la coalición gubernamental obtuvo 235 escaños y los carlistas de la Comunión católico-monárquica quedaron con 51 escaños, casi a la par que los federales, con 52 escaños, un bajón significativo, aunque ampliaron su geografía electoral a ciudades como Ávila, Santander, Oviedo o La Coruña. En este contexto se convocó la segunda Asamblea federal, en la que se cuestionó la táctica de Pi de actuar dentro de la legalidad. Se amplió el directorio con tres representantes del sector de los intransigentes: el diputado por Teruel Víctor Pruneda y los citados Fermín Salvochea y Roque Barcia.

La Asamblea ratificó, por otra parte, la estructura federal de partido organizado de abajo hacia arriba, con elección directa de sus órganos de dirección, estipulación de las reuniones obligatorias por comités locales, de distrito y provinciales, junto con los comités electorales respectivos y acompañados de un abogado para asesorar en el proceso electoral. Además, los candidatos del partido para las elecciones municipales, provinciales y generales serían votados por los afiliados mayores de 20 años; candidatos que firmarían un "acta compromisaria" con tres puntos: defender la República federal, no aceptar otros cargos públicos simultáneos y poner el puesto a disposición de sus electores, cuando se les exigiese. Además, el directorio encargó que se elaborase un censo de afiliados a los que se les daría un documento acreditativo de pertenecer al partido, con derecho a participar en sus asambleas, como se hizo en Madrid, tal y como ha estudiado Carmen Pérez Roldán, además de realizar aportaciones para tener un local y para organizar actuaciones de educación, ayuda y préstamos a los obreros.

En esta primavera de 1871 se instauró durante dos meses el primer gobierno obrero con ideas socialistas, la Comuna de París: una experiencia con especial protagonismo también de las mujeres que desencadenó el pánico político por toda Europa y también en España. Terminó con miles de fusilados a manos del Ejército y, como medida preventiva, el presidente del Gobierno español, Sagasta, conociendo el protagonismo adjudicado a los internacionalistas en la Comuna, propuso ilegalizar la AIT, por enemiga del Estado, de la religión, de la familia y, sobre todo, de la propiedad, reconocida como derecho en la Constitución. Los republicanos, con Castelar a la cabeza, plantearon, haciendo uso de argumentos cristianos, que si el Gobierno consideraba inmoral la propiedad colectiva habría que condenar el Evangelio y la doctrina de los santos padres de la Iglesia católica. Agregaron, por tanto, que los carlistas y los monárquicos alfonsinos eran más peligrosos para la seguridad del Estado por estar conspirando abierta e impunemente contra la Constitución de 1869.

Salmerón, por su parte, expuso que la propiedad solo era un derecho como soporte para la existencia humana, siempre y cuando contribuyese a cumplir unos fines racionales y sociales, de modo que asignó al Partido Republicano amparar legalmente toda "tendencia social" que sirva "al cuarto estado" para, en consecuencia, "impedir una explosión revolucionaria". Es más, interpeló a los herederos de los partidos desamortizadores, esto es, a unionistas y progresistas, con términos bien directos: "¿Cómo explicar la radical transformación que ha disuelto los feudos, abolido los derechos señoriales, desvinculado los mayorazgos, desamortizado los bienes eclesiásticos, y cómo justificar, si no, el enriquecimiento de las clases medias, a veces logrado con medidas violentas?".

En esa dirección argumentó Pi y Margall: si la propiedad era intocable e inmutable, por qué entonces los mismos liberales de Sagasta habían hecho una ley de expropiación forzosa, con indemnización previa pero que daba derecho a expropiar "no ya sólo para el paso del ferrocarril, o de una carretera, o de otras de verdadera utilidad pública, sino también para abrir una calle o hacer una plaza". Por su parte, el federal prosocialista, Fernando Garrido, defendió el principio de que "el trabajo es el fundamento de la sociedad", de modo que todas las demás clases pueden desaparecer, "pero no hay sociedad posible sin las clases trabajadoras". El diputado Lostau fue más directo: "¿Sabéis qué debéis hacer para destruir la Asociación [Internacional de Trabajadores]? Yo que soy internacionalista os lo diré; haced que desaparezcan las causas que le han dado origen".

El debate dejó argumentos muy sustanciosos por ambas partes, solo baste recordar, para conocer la tensión y maniqueísmo del momento, el dilema amenazante que lanzó el líder de los carlistas, Cándido Nocedal, recogiendo el título del panfleto *Don Carlos o el petróleo*, del canónigo vasco Vicente Manterola: "Diputados españoles. Aquí tenéis que escoger; o don Carlos o el petróleo". Se votó y ganó Sagasta por 192 votos contra 38 republicanos. Ruiz Zorrilla y sus correligionarios progresistas radicales se abstuvieron. Sin embargo, el fiscal del Tribunal Supremo, en una circular dirigida a las Audiencias provinciales, expuso que los derechos de asociación y de huelga no podían anularse. Razón por la cual fue cesado.

Los internacionalistas pasaron a la clandestinidad, aunque continuaron su despliegue dentro de los círculos y sociedades republicanas, donde reclutaban líderes como el ya citado José Mesa. En el congreso de abril de 1872, en Zaragoza, de la FRE-AIT, aunque clandestino, lograron reunirse 38 delegados de un amplio abanico laboral, desde la industria catalana del textil, que decían contar con 28.000 afiliados, a las uniones de constructores, tintoreros, curtidores, zapateros y trabajadores agrícolas, cuya geografía era irregular, porque la fuerza de Cataluña era notoria, pero le seguían Valencia, Málaga y Cádiz, por encima de Madrid. Precisamente en Madrid se había refugiado el también citado Paul Lafargue, huyendo de la represión por participar en la Comuna, que, como se ha expuesto, propagó la perspectiva marxista de la AIT.

DEBATES INTERNOS Y ACUERDOS CON LOS RADICAL-PROGRESISTAS

Por su parte, el Partido Republicano Federal proseguía con sus tensiones internas por el persistente recurso a la revuelta armada y por la competencia experimentada en las elecciones legislativas de abril de 1872, cuando se quedaron con 52 diputados, mientras que una coalición demócrata-radical, integrada por los radicales de Ruiz Zorrilla, escindidos del Partido Progresista, y los demócratas de Rivero, obtuvo 42 escaños. De este modo, el ideario democrático tuvo otro actor que además logró responsabilidades de gobierno. Esto provocó la convocatoria de una tercera Asamblea federal que se prolongó desde la primavera hasta el otoño por las interrupciones creadas para solventar las fuertes tensiones internas. Pi y Margall logró que saliera un nuevo directorio, compuesto por una mayoría del sector de federales benévolos, que acordó la necesidad de consolidar el partido para avanzar en la fundación de una república a la que se llegaría sin revueltas violentas. Los intransigentes se opusieron con tanta fuerza que se suspendieron las sesiones de la Asamblea y Pi y Margall quedó debilitado internamente. Sin embargo, su decisión de apoyar las reformas planteadas por el Gobierno de Ruiz Zorrilla le dio sus frutos electorales: en las nuevas elecciones de agosto de 1872 los federales lograron 79 escaños, el mayor éxito hasta entonces, la segunda fuerza tras los gubernamentales del Partido Radical de Ruiz Zorrilla, aunque es cierto que se abstuvo más de la mitad del electorado.

No por eso los intransigentes cedieron o acataron la vía legal de pragmatismo iniciada por el nuevo directorio; la división se agrandó en octubre de 1872, cuando Pi y Margall condenó la insurrección del arsenal de El Ferrol y volvió a defender que solo era legítimo valerse de la propaganda para convencer y caminar hacia la república con un Gobierno aceptado por toda la nación y no como la dictadura de un partido. Los intransigentes, desde su periódico *El Combate*, llamaron a la "revolución armada", por encima de lo que dijera el directorio. Se salieron, en consecuencia, del directorio Nicolás Estévanez y Juan Contreras. Este además montó y presidió un directorio alternativo desde el que no solo rechazó la dirección de Pi y Margall sino que reclamó de inmediato la revolución social y, como instrumento, la creación de comités secretos de agitación. De nuevo se planearon contactos entre los intransigentes y los carlistas para organizar conjuntamente esas revueltas armadas.

Al final, la Asamblea no pudo debatir los dos objetivos fundamentales de su convocatoria, ni el proyecto de posible Constitución federal, caso de llegar al Gobierno, ni los criterios para mejorar la situación de las "clases jornaleras". Al contrario, finalizaron sus sesiones en noviembre de 1872 con la dimisión de Pi y Margall, por más que había sido ratificado como presidente de la Asamblea, puesto que consideraba un fracaso su política de conciliación interna y no encontraba interlocutores para organizar un directorio de consenso. En ese punto, los intransigentes desencadenaron otra oleada de violencia impulsada en varias provincias cuando el Gobierno de Ruiz Zorrilla tuvo que reclutar 40.000 quintos más para hacer frente a los carlistas a los que el general Serrano les había concedido el estatuto de potencia militar cuasi estatal.

En efecto, desde 1872 la sublevación carlista adquirió una envergadura alarmante por la organización de su ejército y por el efectivo control de los territorios de Navarra y País Vasco con una estructura de Estado embrionario que se organizaba con diputaciones o juntas en cada provincia. En paralelo, la Asociación Abolicionista, de la que ya se habló anteriormente, ahora con el republicano Rafael María de Labra al frente, exigió al Gobierno de Ruiz Zorrilla cumplir la promesa de abolir la esclavitud. Sin embargo, la guerra en Cuba ofrecía un trágico saldo: 25.000 bajas del total de 74.000 soldados o quintos allí destinados. El precio era demasiado elevado, en hombres, en malestar social y también para la hacienda estatal. Si se quería salvar el sistema democrático, había que dar soluciones ante todo a las Antillas, pero hacer frente a dos guerras simultáneas no facilitó cumplir la promesa de suprimir el sistema de quintas. A esto se sumó el nombramiento por el Gobierno del general Hidalgo, antiguo artillero pasado a la infantería, como jefe de las operaciones contra los carlistas en el norte. Este ascenso desencadenó la dimisión en bloque de los oficiales de artillería. El Gobierno los sustituyó, pero se encontró enfrente a los conservadores y monárquicos alfonsinos, que aprovecharon para minar el prestigio de la monarquía democrática entre ese sector militar.

A pesar del cúmulo de dificultades, Ruiz Zorrilla tramitó el proyecto de ley de ayuntamientos para las Antillas y el de abolición de la esclavitud, ambos complementarios y contra los que los negreros asociados en Centros Hispano-Ultramarinos orquestaron una fabulosa campaña antigubernamental. Según el censo oficial de 1869, había 375.000 esclavos en Cuba, más de un tercio de la población de la isla, casi todos en plantaciones de azúcar. Los líderes de esta movilización fueron Joan Güell y Antonio López, con activistas destacados como Juan Manuel de Manzanedo, banquero y esclavista en Madrid, y otros tantos en Valencia, Santander, Cádiz, Zaragoza, Valladolid, San Sebastián o Palma de Mallorca. En tales centros, que controlaban periódicos influyentes en cada provincia, se concentraban indianos enriquecidos, industriales con clientela antillana, harineros y trigueros, vinateros, arroceros y también quienes tenían concesiones de servicios como el tráfico naval o el abastecimiento a las tropas…

una sólida nómina de intereses solapados con la de poseedores de plantaciones y esclavos en Cuba. No existían precedentes para tan extraordinario grupo de presión en la vida de un sistema democrático tan joven.

Entretanto, los intransigentes del Partido Republicano Federal habían creado, como se ha expuesto, un directorio provisional presidido por el militar y diputado Juan Contreras con Nicolás Estébanez. Exigían la revolución social, para cuyo fin organizaron comités secretos dentro del propio partido contra la dirección de Pi y Margall. Diseñaron desde las páginas de *El Tribunal del Pueblo* un programa de insurrección, con la inmediata abolición de quintas, la creación de un ejército de voluntarios, el cese de empleados, revisión de contratos de ferrocarril, nacionalización de bancos, regulación de precios, democracia directa, justicia libre y reforma agraria.

Por su parte, los negreros se reunieron el 3 de diciembre para rechazar por "impolíticas y antipatrióticas las reformas anunciadas" por Ruiz Zorrilla de abolir la esclavitud e implantar ayuntamientos democráticos en las Antillas. Contaron con el apoyo de políticos conservadores y unionistas como Cánovas del Castillo, dispuestos a "oponer al gobierno una resistencia poderosa y sacrificar vidas y haciendas", en palabras de Romero Robledo. Por supuesto, los carlistas también se unieron a la campaña. A esto se sumó la confusa insurrección republicana del brigadier Pozas en La Coruña, que se pasó al bando carlista, lo que desconcertó a la dirección del Partido Republicano Federal, que volvió a condenar la táctica de la insurrección armada. Sin embargo, la recluta de más quintos originó otra insurrección de federales intransigentes, esta vez organizando en Andalucía partidas lideradas por, entre otros, los diputados Nicolás Estébanez y José Rubau Donadeu. Trataron de sincronizar la insurrección con otras regiones, fracasaron y en ese mismo mes de diciembre surgió en el norte, en el frente de la guerra carlista, la famosa partida del cura Santa Cruz, un personaje de 30 años que logró reclutar mozos en las comarcas vascas y añadir más crueldad a la guerra con el fusilamiento de liberales.

A pesar del acoso de los ejércitos carlistas, que actuaban no solo en el País Vasco, sino también en Cataluña y en el Maestrazgo, y teniendo enfrente a los federales intransigentes, mil de los cuales fueron condenados en consejo de guerra por participar en las distintas sublevaciones, el hostigamiento más peligroso para el Gobierno de Ruiz Zorrilla, apoyado por Pi y Margall, provino de los negreros, que lo cercaron sin miramientos. Cuando el día de Nochebuena de 1872 llegó a las Cortes el proyecto de ley abolicionista, se reunió la diputación de la nobleza española, con el duque de Alba y Roca de Togores, marqués de Molins, al frente, e iniciaron una campaña de agitación y de escritos presionando a las Cortes que, sin embargo, abrieron sus sesiones el 15 de enero de 1873. No se arredraron y avanzaron con las reformas: la secularización de los cementerios, los impuestos sobre títulos de la aristocracia y el proyecto de abolición de quintas y matrícula de mar. Además, dedicaron día y noche, en sesiones maratonianas, a aprobar los presupuestos.

Entretanto, los militares conservadores resucitaron el conflicto del ascenso por escalas entre los artilleros, quienes pidieron su excedencia en masa, que les fue concedida por el Gobierno. El 7 de febrero quedó así disuelto el cuerpo de artillería, con el apoyo del Congreso, el Senado y el rey. Ruiz Zorrilla, en consecuencia, prosiguió con la abolición de la esclavitud, gracias al respaldo de los federales. Los negreros intensificaron sus presiones, el rey Amadeo explicó las razones de su dimisión:

Si fueran extranjeros los enemigos de la dicha [de España] sería el primero en combatirlos; pero todos los que con la espada, con la pluma, con la palabra agravan y perpetúan los males de la nación, son españoles, todos invocan el dulce nombre de la patria, todos pelean y se agitan por su bien; y entre el confuso, atronador y contradictorio clamor de los partidos [...] es imposible afirmar cuál es la verdadera.

La Asamblea de diputados, en un escrito redactado por Castelar, respondió: "Estas Cortes saben que la nación española no ha degenerado, y esperan no degenerar ellas mismas en las austeras virtudes patrias que distinguieron a los fundadores de la libertad en España". Rivero, presidente del Congreso, reunió ambas cámaras constituyéndolas en Convención, aunque contravenía lo previsto en la Constitución vigente. La liga de esclavistas había logrado, de momento, sus objetivos, y los ataques contra el Gobierno del Partido Radical de Ruiz Zorrilla alcanzaron a la Corona, provocando el fin de una monarquía democrática. Solo quedó reunir a ambas cámaras, con mayoría de radical-progresistas, y decidir la Jefatura del Estado: por 258 votos contra 32 se proclamó la República. Era el 11 de febrero. Se eligió un Poder Ejecutivo con republicanos y radical-progresistas presidido por Estanislao Figueras.

6. LA REPÚBLICA, ENTRE LA GOBERNANZA Y LA INSURRECCIÓN (1873-1874)

Se había votado una República cuya definición y organización sería tarea de una Asamblea constituyente. Incluso dentro del Partido Republicano Federal, no había un proyecto unívoco, porque había distintos contenidos bajo el mismo epígrafe federal. De hecho, la República llegó gracias a los votos de diputados que no habían sido republicanos hasta ese momento, como los radicales liderados por Ruiz Zorrilla. Es necesario insistir, por tanto, en las zonas fronterizas que existían en la cultura política liberal del Partido Progresista, del que se había escindido Ruiz Zorrilla con el sector radical abierto a una cultura democrática compatible con las demandas sociales de los republicanos. En suma, desde 1868 estaban gobernando los partidos progresista, radical y demócrata, dirigidos por clases medias, en los que destacaban los profesionales liberales, y que habían desplegado metas de modernización política en derechos y libertades jurídicas. Sin embargo, al proclamarse la República e integrar en sus gobiernos a los federales, estos exigieron medidas de emancipación social. La República albergó, por tanto, proyectos contrapuestos. Para los sectores campesinos significaba el reparto de la propiedad, o al menos replantear la estructura de la riqueza agrícola. Para un amplio abanico de menestrales, pequeños comerciantes, empleados y obreros suponía el derecho al trabajo y menores cargas contributivas. Además, una minoría del federalismo más los internacionalistas pensaron que era la ocasión para implantar utopías sociales de fraternidad ciudadana de personas y pueblos solo con la fórmula de organizar el poder desde abajo. A estas discordancias se sumó la persistente táctica de la insurrección popular como medio para luchar contra las injusticias.

Por otra parte, tanto la guerra en Cuba como la guerra carlista continuaron como obstáculo político y sangría social y económica. Los esclavistas por un lado y los carlistas por otro se embravecieron, convirtieron sus respectivas guerras en cruzadas nacionales y coincidieron en enarbolar el catolicismo como bandera contra una República que, sin más, definieron como atea y anticlerical. Esto ocurría en medio de la desconfianza internacional por temor a una repetición de la Comuna de París. Solo los Estados Unidos y Suiza reconocieron de inmediato un sistema que ellos consideraban plenamente normal. El resto de los países seguía bajo sistemas monárquicos o con inercias en las que se pensaba que la monarquía, por sí misma, era garantía de estabilidad.

PROYECTO CONSTITUCIONAL Y REFORMAS SOCIALES

En el primer Gobierno, Pi y Margall, cerebro del federalismo, tuvo la responsabilidad de Gobernación, garantizó los procesos electorales, dirigió las milicias ciudadanas ahora denominados *Voluntarios de la República*, y fue responsable de las comunicaciones telegráficas, nuevo medio de importancia política para tener noticias inmediatas. Castelar ocupó la cartera de Estado, lo que hoy es Asuntos Exteriores, como garantía de moderación y con un sólido prestigio intelectual en Europa; Salmerón se encargó de Gracia y Justicia; mientras que las otras cinco carteras fueron para los radicales, entre ellos José Echegaray, en Hacienda. Era un gabinete de alta talla política, pero los acontecimientos desbordaron sus planteamientos.

Así, la primera respuesta a la abdicación de Amadeo de Saboya fue una vez más la formación de juntas revolucionarias por provincias, que destituyeron a los ayuntamientos donde no gobernaban los republicanos y dispusieron ocupaciones de tierras, abolición de quintas y de impuestos, y todas aquellas medidas sociales que se habían convertido en bandera de los federales. Por ejemplo, en Málaga se incendiaron las aduanas y los campesinos de Montilla saquearon la casa del alcalde el 12 de febrero, quemaron los archivos locales y mataron a varios empleados municipales. Era el odio del pobre contra el rico, según el notario e historiador Díaz del Moral, pero el hecho es que esos sucesos dieron motivo para que la prensa monárquica, en gran parte alfonsina, con *La Época* al frente, diera pábulo a la noticia y propagase desde el primer día la sensación de que República era sinónimo de caos.

En otra dirección, las diputaciones catalanas se constituyeron en Estado federal, quitaron el mando a los militares y convirtieron a los soldados en un ejército de voluntarios. Existía un ambiente propicio: Valentí Almirall editaba desde julio de 1869 el primer diario catalanista, *El Estado catalán*, que luego pasó a publicarse en Madrid desde 1873, y había fundado en 1870 la Jove Catalunya, asociación de reivindicación cultural catalana; pero había más prensa, como *La Gramalla*, fundada en 1870, con un tono explícitamente anticastellano, y *La Renaixença*, desde 1871, que, aunque dominaba el contenido literario, se había convertido en factor determinante de la configuración del sentimiento catalán nacional.

Correspondía a Pi y Margall canalizar esas aspiraciones plurales, incluso opuestas, todas con el común denominador de la impaciencia. Además, con la consigna de "la República para los republicanos", los federales se lanzaron a la caza de puestos públicos, discriminando a los integrantes del Partido Radical, con cuyos votos precisamente se había proclamado la República, o despreciando a los nuevos republicanos, tan necesarios para consolidar el Gobierno. Se destrozaba no ya la utopía federal, sino la ampliación de las bases sociológicas del sistema republicano. Eso pasó con los nombramientos en el Ejército, que crearon tales diferencias con los radicales que causaron la caída del primer gabinete de coalición el 24 de febrero. Los federales del Gobierno tenían que cuadrar el mando militar con los escasos generales adeptos, que eran solo dos, el ya citado Juan Contreras y Ramón Nouvilas, quienes, a su vez, eran proclives a los federales intransigentes. Las presiones fueron de tal calibre que Figueras dimitió, la Asamblea parlamentaria se declaró en sesión permanente, abolió las quintas como medida para contener la impaciencia popular y Figueras volvió a formar Gobierno con solo dos ministerios para los radicales. Se nombraron de inmediato 38 gobernadores civiles para reemplazar a los radicales. Pi y Margall ordenó la disolución de las juntas revolucionarias y la reposición de los ayuntamientos cesados, lo que provocó entre los federalistas intransigentes la primera desilusión en las provincias. Así, aunque, al fin, el 22 de febrero se lograba la tan ansiada abolición de las quintas, los intransigentes animaban a sublevarse a los que no se licenciara de inmediato.

La abolición de las quintas se pensaba suplir con la afluencia de voluntarios contra la reacción carlista y antirrepublicana, pero faltaron fondos para armar a los Voluntarios de la República, y ni siquiera bastó la venta de las minas de Riotinto. Existieron así dos fuerzas armadas: una conformada por los jornaleros y parados, los Voluntarios de la República, con oficiales elegidos por ellos mismos, y otra por la tropa permanente, sometida a una jerarquía de militares partidarios casi todos de Alfonso de Borbón, hijo de Isabel II. Así, los Voluntarios de la República se convirtieron en plataformas armadas para impulsar las reformas sociales, para lo cual contaron con el apoyo de los internacionalistas. Por ejemplo, en Málaga los internacionalistas lograron imponer su táctica sobre los federales y se impusieron al Ejército. Solo por la intervención de Castelar se restableció la legalidad, pero el resultado era que a finales de marzo había más de 10.000 trabajadores armados con cargo a un impuesto que el ayuntamiento republicano había decretado para las clases propietarias, de tal modo que se puede hablar de una ciudad en la que el Gobierno de Madrid no podía ejercer su autoridad. En Cataluña, entretanto, se había pactado un compás de espera hasta tener Constitución. Por otra parte, los jornaleros de Extremadura y Andalucía no esperaban las decisiones del Gobierno: ocupaban las tierras de duques y marqueses o los comunales para repartírselas. Además, la conflictividad campesina también se manifestó en otras regiones, como en la Galicia forera, o entre los arrendatarios y aparceros de Valencia y Cataluña. Con el levantamiento cantonal, como se verá, la prioridad de los respectivos programas se centró en la abolición de los vestigios feudales señoriales y en el reparto de la riqueza agrícola.

Por otra parte, en Puerto Rico se abolía la esclavitud por ley en marzo de 1873, por 214 votos contra 12. Así, 30.000 esclavos quedaron libres con la entrada en vigor del primer título de la Constitución de 1869, auténtica declaración de derechos humanos. También se aprobó la supresión de la matrícula de mar, que era el sistema de reclutamiento de la población marinera en edad productiva al servicio de la Armada. Se anunciaron elecciones para mayo con el fin de abrir la Asamblea Constituyente el 1 de junio. El ministro Pi y Margall cortó en seco y de modo eficaz el intento de golpe militar de los generales Serrano y Pavía en abril y organizó unas elecciones totalmente limpias a primeros de mayo, cierto que con una abstención del 60%. Para dar ejemplo, el Partido Republicano Federal no propuso candidatos oficiales en ninguna circunscripción. Además, introdujo una novedad muy importante: rebajaron la edad de voto a los 21 años, siempre varones. Los resultados eran limpios, pero no reflejaron toda la realidad. Ganaron 348 escaños los federales, 22 los radicales, cuatro los conservadores y dos los monárquicos alfonsinos. En esa mayoría federal se quedaron en minoría los intransigentes que, como respuesta, agudizaron sus ataques al Gobierno desde el periódico de Roque Barcia, *La Justicia Federal*.

El 1 de junio se abrió la Asamblea Constituyente, Figueras dimitió y formó Gobierno Pi y Margall, quien trató de conciliar las distintas tendencias del Partido Federal. Se perfilaron tres grupos. Castelar y Salmerón encabezaron un federalismo que era más bien una descentralización política, mientras que Barcia y Contreras encabezaron el ala izquierda, que identificó federalismo con "revolución social". En el centro se situó un amplio grupo de diputados fluctuantes entre ambas tendencias, como Nicolás Estévanez, Eduardo Benot, Díaz Quintero y el presidente de la Asamblea, José Mª Orense, que dieron el apoyo más firme al Gobierno de Pi y Margall. Los diputados eran en su mayoría abogados, médicos, maestros, comerciantes y periodistas en sus respectivas provincias, muchos sin recursos, que necesitaban ganarse la vida y costearse los numerosos viajes a la capital; una carga que, hasta entonces, no habían notado los diputados de los partidos liberales, todos propietarios o con rentas elevadas. Por ejemplo, a Narcís Monturiol le tenían que pagar sus electores los viajes y la estancia en Madrid; por eso, ya en abril los diputados catalanes habían solicitado que se les pagara el trabajo de diputado, porque, de lo contrario, se falseaban las igualdades democráticas y tal derecho solo podían disfrutarlo los ricos. Era una exigencia que todavía no estaba madura en el transcurrir de estos primeros pasos del sistema democrático.

El 7 de junio se había votado la República Federal como forma de gobierno, pero la unanimidad no iba más allá de esos dos vocablos. A Pi y Margall le temían los moderados de Castelar y Salmerón por sus ideas sociales, mientras que los intransigentes federalistas, aliados con los internacionalistas, lo convirtieron en blanco de sus críticas. En el discurso de apertura de la Asamblea constituyente, Pi y Margall pidió a la cámara elaborar con rapidez la Constitución y anunció una serie de reformas inmediatas, comenzando por el reparto de la propiedad agraria, los jurados mixtos de obreros y fabricantes en el ámbito laboral, el control del trabajo infantil, la efectiva implantación de la enseñanza pública, gratuita y obligatoria, la separación de la Iglesia y Estado y la abolición, al fin, de la esclavitud en Cuba, implantando todas las libertades en las provincias del Caribe. Además, pidió la unión de todos los federales para salvar la República, prometió la ley pendiente de suspensión de garantías constitucionales y garantizó que se revisarían las hojas del servicio militar para establecer un sistema de ascenso profesional.

Pi y Margall recogía en su programa, por tanto, viejas aspiraciones desde la revolución liberal del Cádiz de 1812. Rescató la antigua propuesta de Flórez Estrada, Romero Alpuente y muchos otros diputados del Trienio constitucional de vender a censo reservativo los bienes nacionales para las clases jornaleras. Los demócrata-republicanos siempre habían considerado un asunto pendiente la cuestión agraria, como se ha expuesto en páginas anteriores. Ahora, en mayo de 1873, una comisión agraria, con Fermín Caballero al frente, como experto, y con la autoridad de Orense, elaboró todo un plan de reforma agraria que revisaría los jornales en las tierras comunales y de propiedad municipal, anularía los jornales ilegales y establecería la propiedad colectiva de bosques y pastos bajo el control de los respectivos ayuntamientos. También se revisarían todas las propiedades amasadas a partir de las desamortizaciones y de los señoríos, el asunto más preocupante para las clases propietarias.

Había más temas en el programa de los federales: reducir la jornada laboral a nueve horas, establecer el salario mínimo por primera vez en la historia de España, calculado en seis reales; en concreto, este Gobierno logró la promulgación de la primera ley para la historia del derecho del trabajo en España, por iniciativa del ministro de Fomento Eduardo Benot, intelectual polifacético de reconocida valía. La ley solo reguló las condiciones de trabajo en las fábricas y minas, particularmente las sanitarias (con botiquín y cirujano según el tamaño de la empresa); prohibió el trabajo de menores de 10 años y limitó la jornada a un máximo de cinco horas a las chicas menores de 13 y de 14 años y de ocho horas a menores de 15 o de 17, fueran chicos o chicas; y obligó a crear un centro de instrucción primaria para adultos e hijos menores de 9 años, con asistencia de tres horas para los de menores de 14 años, cuyos gastos los cubriría el Estado. Además, implantó jurados mixtos integrados por "obreros, fabricantes, maestros de escuela, médicos, bajo la presidencia del juez municipal".

En esta línea reformista, los federales quisieron suprimir la herencia colateral y dejar solo una quinta parte para herencia directa al beneficiario, de tal modo que el derecho de sucesión solo alcanzara a un quinto de los bienes. También previeron la expropiación sin indemnización por utilidad pública, así como expropiar las tierras sin cultivar por sus dueños durante un mínimo de cuatro años. No por casualidad, el periódico de Pi y Margall se titulaba *La Igualdad*. Eran ideas que hoy pueden parecer simples mejoras de modernización social y económica, aunque en 1873 sonaron a socialismo revolucionario.

En todo caso, la principal reforma se plasmó en la elaboración de un nuevo texto constitucional. Aunque no llegó a promulgarse, conviene conocer sus aspectos más novedosos. Ante todo, la presentación del texto para "realizar el fin humano a que está llamada en la civilización" esta colectividad que se define como "Nación Española". Le seguía el título preliminar dedicado a una declaración de derechos humanos que concluía con una fórmula imperativa y vinculante: "Estos derechos son anteriores y superiores a toda legislación positiva". Y a partir de tales principios, el código fundamental se organizaba en 17 títulos. Hay que recordar que, en el título primero, dedicado a la "nación española", se precisaba que estaba compuesta por los Estados de Andalucía Alta, Andalucía Baja, Aragón, Asturias, Baleares, Canarias, Castilla la Nueva, Castilla la Vieja, Cataluña, Cuba, Extremadura, Galicia, Murcia, Navarra, Puerto Rico, Valencia y Regiones Vascongadas. Y en el segundo artículo, a las islas Filipinas, Fernando Poo, Annobón, Corisco y los establecimientos de África se les calificaba de "territorios que, a medida de sus progresos, se elevarán a Estados por los poderes públicos".

Del título II sobre los derechos y libertades se especificó que "la enumeración de los derechos expresados en este título no implica la prohibición de cualquier otro no declarado expresamente", novedad jurídica muy importante que se adelantaba a lo que luego se plasmaría en las Constituciones democráticas de Occidente en el siglo XX. También se separaba expresamente la Iglesia del Estado y se prohibía a "la Nación o Estado federal, a los Estados regionales y a los Municipios subvencionar directa o indirectamente ningún culto". En los títulos III al XIV se regularon los tres poderes clásicos (Legislativo, Ejecutivo y Judicial). En el Poder Judicial se incluyó la institución del jurado, para cumplir con el principio de soberanía popular, puesto que todos los ciudadanos legislan a través de las Cortes e igualmente pueden juzgar y evaluar los actos sociales, sobre todo en los contenciosos, donde se dirimían los conflictos sobre la propiedad de tierras de antiguos señoríos en disputa.

La novedad más decisiva consistió en la organización de la soberanía compartida entre el municipio, el Estado regional y el Estado federal o Nación. La fórmula era nueva en la historia constitucional española y era la primera definición de un modelo alternativo al centralista de los liberales doctrinarios. En el artículo 40 se expresó el principio federativo básico: "En la organización política de la Nación española todo lo individual es de la pura competencia del individuo; todo lo municipal es del Municipio; todo lo regional es del Estado, y todo lo nacional de la Federación". Porque, tal y como se concretaba en el artículo 42, "la soberanía reside en todos los ciudadanos, y se ejerce en representación suya por los organismos políticos de la República constituida por medio de sufragio universal".

El texto se redactó con rapidez para evitar nuevas insurrecciones federales, mientras Pi y Margall pedía poderes extraordinarios para terminar la guerra carlista y controlar las conspiraciones de los militares monárquicos, pero fueron los federales intransigentes y ciertos núcleos internacionalistas, enfrentados incluso con los federales, como pasó en Barcelona, los que desbordaron al Gobierno desde finales de junio.

LAS SUBLEVACIONES CANTONALES: PROGRAMAS SOCIOPOLÍTICOS

En efecto, la sublevación de federales intransigentes quebró gravemente la normalización institucional que estaba logrando el Gobierno de Pi y Margall. Primero fueron los motines exigiendo tierras en Carmona, San Fernando y

Sanlúcar; luego en Sevilla, el 30 de junio, se organizó un Comité de seguridad pública, con el internacionalista Mingorance al frente, que proclamó el cantón y tomó tres medidas inmediatas: jornada laboral de ocho horas, reducción de los alquileres en un 50%, y expropiación de bienes de la Iglesia y de tierras sin cultivar para repartir entre los jornaleros. En paralelo, el día 31 los diputados intransigentes abandonaron la Asamblea y la Junta revolucionaria en Sevilla se proclamó Junta Democrática Federal Social. Duró solo dos días gracias a la eficaz gestión del gobernador nombrado por Pi y Margall.

A los pocos días, el 8 de julio, comenzó en la industrial Alcoy una huelga contra las duras condiciones de trabajo en las empresas textiles y papeleras, exigiendo la subida de salarios y la reducción de jornada de doce a ocho horas. Había logrado una fuerte implantación la Federación Regional Española de la Internacional, cuyos militantes lideraron las exigencias obreras. La patronal, reunida y apoyada por el alcalde del Partido Republicano Federal, Agustín Albors, rechazó las demandas; es más, por orden del alcalde, los guardias dispararon para disolver la manifestación ante el ayuntamiento, provocaron una muerte y varios heridos, y se desencadenó la lucha entre barricadas de obreros armados y guardias refugiados en el ayuntamiento, que fue incendiado, con un balance de 15 muertes, entre ellas las del citado alcalde. Durante tres días, los internacionalistas gobernaron la ciudad con criterios colectivistas, aunque los 6.000 soldados enviados por el Gobierno entraron sin resistencia.

Se le llamó la *"revolta del petroli"*, por el incendio del ayuntamiento, y en su día uno de los internacionalistas españoles ya diferenció entre un "movimiento puramente obrero, socialista revolucionario", representado por los internacionalistas, y otro "puramente político y burgués", el del republicanismo federal. Esta distinción es importante retenerla para comprender las posteriores desavenencias entre obreros y republicanos, por un lado, y dentro del propio internacionalismo obrero, pues nada menos que Engels, inmediatamente después de los hechos, redactó un informe para la AIT titulado *Los bakuninistas en acción. Memoria sobre el levantamiento en España en el verano de 1873*, en el que concluía que no solo habían arruinado la Sección española de la Internacional, la FRE-AIT, sino que habían facilitado atribuirle "todo el cúmulo de excesos imaginarios sin el cual los filisteos de todos los países no pueden concebir un levantamiento obrero"; en una palabra, "los bakuninistas españoles nos han dado un ejemplo insuperable de cómo no debe hacerse una revolución".

Mientras ardía Alcoy, el 10 de julio *La Justicia Federal* publicó el manifiesto del madrileño Comité de Salvación Pública, presidido por Roque Barcia, que apremiaba a la inmediata sublevación federal, sin esperar a la Constitución. Pi y Margall buscó la conciliación, aceleró la redacción de la Constitución, presentó el texto definitivo el 17 de julio y dimitió para intentar un Gobierno con todas las tendencias republicanas. Aunque prefería la razón y la persuasión antes que el uso de la fuerza, se negaron los republicanos moderados, por miedo a la alteración social ocurrida en Alcoy. El hecho es que la Asamblea constituyente votó el 18 de julio como presidente a Salmerón, por 119 votos frente a los 93 de Pi y Margall, al que, paradójica o coyunturalmente, apoyaron bastantes intransigentes. Ese mismo día, Roque Barcia, desde el comité de Madrid, reactivó la sublevación cantonal contra el Gobierno de Salmerón. Al día siguiente, 19 de julio, se proclamaron cantones en Sevilla, Cádiz, Valencia, Almansa y Torrevieja; el día 20 en Castellón, Granada y Ávila; el 21 en Salamanca; el 22 en Bailén, Salamanca, Andújar, Tarifa y Algeciras.

Por su parte, el cantón de Cartagena, organizado desde el 12 de julio por Antonio Gálvez, "Antonete", y reforzado con la presencia del general Contreras junto al diputado Poveda, acordó el 22 de julio condenar al Gobierno de Madrid por traidor a las reformas, y declararse el verdadero Gobierno de la Federación española frente al de Madrid. Formaron un directorio en calidad de Gobierno provisional de la Federación Española, con Contreras como presidente, luego sustituido por Barcia. Es necesario subrayarlo, en ningún momento fue un movimiento independentista o separatista. Al contrario, se erigieron en representantes de toda España, eso sí, de una España federal cuyas limitaciones geográficas ya se han señalado. El programa, publicado en el periódico *El Cantón Murciano* entre el 13 y el 28 de agosto, era un plan de gobierno para España.

Es importante incidir en que en ese programa cantonal plantearon como la reforma más urgente la situación del campo y los lastres que los liberales desamortizadores no habían solucionado. Así, en primer lugar, se puso en marcha la redención de las rentas forales en Galicia y Asturias, y la supresión de una serie de rentas feudales vigentes en las poblaciones más dispares de España, como las existentes en el condado de Aliste, en la mancomunidad de Toro, las mercedes enriqueñas, o las prestaciones señoriales que tenían vigencia en tantas localidades, como la renta decimal o los gravámenes perpetuos, o la gabela de 3.000 gallinas y 9.000 celemines de cebada en pueblos de León y Segovia cada año al duque de Sesto, que no por casualidad era el principal conspirador a favor de la vuelta de Alfonso XII. Además, abolían "todos los efectos legales de los títulos supletorios con que el feudalismo se apoderó de una gran parte de nuestra tierra", esto es, anulaban la interpretación que de la supresión de los señoríos se había hecho en las Cortes de 1837. Tan detallada relación de privilegios feudales concluía con la supresión del registro de la propiedad, sustituido por uno municipal gratuito. También declaraban que todo español tenía derecho a pedir los títulos necesarios para averiguar el valor o precio de las tierras vendidas por reyes o señores feudales.

El programa cantonal, sin duda, era fundamentalmente social y prestaba especial atención a las expectativas en el campesinado existentes desde las Cortes de Cádiz en torno a la propiedad de la tierra. Era el mayor conflicto de todo el siglo XIX. Por eso, los cantonales declaraban que las fincas sin cultivar por sus dueños, en los últimos cinco años, pasarían a propiedad del municipio, y con estas y con las comunales el Estado haría lotes a censo redimible para darlas a los colonos y acabar con "la raza de los siervos, verdaderos esclavos blancos". En ese orden de cosas, se plantearon otras reformas económicas y de gestión pública, tal y como se expuso también en los programas de otros cantones, como el de Granada, entre las que destacan, en general, la reorganización de los ministerios en función de las competencias previstas para los municipios y cantones, y hechos concretos como que ningún sueldo público pasaría de los 2.000 duros, se suprimirían los coches de los funcionarios y, más importante, los gastos imprevistos y gastos secretos en los presupuestos de la República Federal Española.

De mayor calado social era la novedosa contribución sobre el capital, así como también la creación de bancos agrícolas, industriales y mercantiles para favorecer el "desarrollo de la riqueza desamortizada, de matar la usura y crear familias laboriosas y honradas", siempre con un rédito no superior al 3% en estos bancos. Todo un programa que reflejó la mentalidad y los proyectos sociales que movieron el federalismo cantonal. La relación de reformas era tan exhaustiva que las cuestiones enunciadas pueden dar idea de los afanes reformistas y de la aspiración a una sociedad de ciudadanos que viviesen de su trabajo, con medios de vida propios para preservar su independencia, a pesar de que tratasen de lograrlo con una táctica tan calamitosa de constante insurgencia. En algunos cantones se acordaron medidas diferenciadas: en Sevilla, por ejemplo, se decretó comunal toda la propiedad; en Valencia y Cádiz declararon francos sus puertos; en prácticamente todos reconocieron el derecho al trabajo y establecieron la jornada de ocho horas. Cuando decidían gravar a los ricos, como en Cádiz, Sevilla y Granada, más que por influencias internacionalistas, era por impulso de una ética de fraternidad democrática.

La rebelión cantonal adquirió fuerza en el País Valenciano, en Andalucía y en Murcia, y en algunas ciudades castellanas como Salamanca o Toledo. Sin embargo, en Cataluña el carlismo obligó a cambiar la agenda federal y los trabajadores no hicieron caso a los federales intransigentes. Por otra parte, además del caso de Alcoy ya expuesto, los internacionalistas tuvieron un papel destacado en Jerez, donde los jornaleros exigieron suprimir el destajo, y en Sanlúcar, donde los latifundistas y comerciantes abandonaron el municipio y durante 33 días funcionó una comuna colectivista. En fecha temprana, el 5 de agosto, *La Igualdad*, periódico federal cercano a Pi y Margall, culpó del desencanto y del fracaso federal a los internacionalistas, obviando que el protagonismo y la idea de la sublevación procedían de una parte relevante de su propio partido. Fue cierto que las proclamas y acciones de los internacionalistas excitaron miedos y movilizaron a los sectores más conservadores contra la República. Incluso los federales seguidores de Castelar y de Salmerón temieron al caos político y las medidas sociales planteadas en los cantones. Por eso se declararon republicanos unitarios frente a los federales de Pi y Margall.

Así, precisamente Salmerón fue el que, al frente del Gobierno desde el 18 de julio, organizó tres expediciones militares para someter a los cantonalistas, aconsejado por generales en su mayoría no solo antirrepublicanos sino monárquicos borbónicos como eran Pavía, Martínez Campos y López Domínguez. Las Cortes autorizaron el procesamiento de los diputados insurgentes, Salmerón los tildó de separatistas y los citados generales restablecieron el orden con dureza. A Pavía, con más de 3.000 soldados, le costó tres días someter las barricadas de Sevilla, casa por casa, con un balance de 300 bajas cuyo impacto creó temor en los demás cantones de Cádiz, Algeciras, San Roque, Málaga, Granada y Málaga, que se disolvieron rápido. También Valencia resistió durante cinco días, mientras que Cartagena pudo resistir hasta el 12 de enero de 1874.

INTENTO DE UNA REPÚBLICA UNITARIA Y DE ORDEN

Desde agosto de 1873 la República, para apagar la sublevación cantonal, se quedó en manos de una jerarquía militar monárquica, mientras el ejército carlista convertía Estella en sede de un Estado carlista. A primeros de septiembre, Salmerón dimitió de la Presidencia del Gobierno, al ver que la Asamblea no se oponía a la pena de muerte, y 133 diputados votaron a Castelar como presidente de la República frente a los 67 que votaron por la vuelta de Pi y Margall. La Asamblea dio plenos poderes a Castelar para acabar con la guerra carlista, se suspendieron las sesiones hasta el 2 de enero y Castelar pudo movilizar a los reservistas para luchar contra los carlistas, acentuando la persecución judicial de los internacionalistas iniciada por Salmerón. Contó con el apoyo de los diputados radicales y también de sectores conservadores.

Sin embargo, a la guerra carlista se añadió el recrudecimiento de la guerra en Cuba y la insistente presión de los componentes de aquella Liga Nacional de hacendados y propietarios de esclavos formada contra Amadeo I, que en septiembre de 1873 enviaron una nueva exposición avalada por más de 12.000 firmas pidiendo el aplazamiento de la abolición de la esclavitud y de las reformas políticas en las islas. Era su táctica permanente, el aplazamiento. El Gobierno de Castelar tuvo que ampliar el ya elevado número de tropas que defendían los intereses de esas oligarquías metropolitanas e insulares. La guerra se desarrollaba con ferocidad, los "voluntarios españoles", financiados por los esclavistas, practicaban la política de tierra quemada no solo contra los sublevados, sino contra cualquier sospechoso de simpatizar con ellos. Por otra parte, los independentistas cubanos desplegaron un contrabando activo para abastecerse de armas. Y en una de esas, el *Virginius*, barco propiedad de un norteamericano, intentó el 31 de octubre desembarcar en Cuba a varios líderes independentistas con un cargamento de avituallamiento para los sublevados. La reacción de la autoridad española fue despiadada: mandó fusilar a 36 tripulantes y 16 pasajeros. Los Estados Unidos exigieron indemnizaciones económicas y reconocer que no era de su Armada. Castelar accedió y evitó la guerra. Mientras tanto, la esclavitud en Cuba seguía sin resolverse y la organización constitucional de la isla tampoco avanzaba. El grupo de los hacendados se había hecho imprescindible para conservar el control peninsular de las Antillas.

En el otoño de 1873, la intensidad de la guerra carlista, que había extendido sus fuerzas por las comarcas del Maestrazgo y parte de La Mancha, más las conspiraciones monárquicas para terminar con el Gobierno de Castelar y las constantes divisiones internas de los republicanos desembocaron en la conocida jornada del 2 de enero de 1874. Este día Castelar defendió ante las Cortes, como Asamblea soberana, el uso que había hecho de los plenos poderes aprobados por dicha cámara y pidió un voto de confianza, pero Salmerón, presidente de la Asamblea, lideró la oposición, y a las cinco de la madrugada del 2 al 3 de enero derrotó a Castelar por 120 votos contra 100. Se negoció entonces un Gobierno con Eduardo Palanca al frente, un federal de centro, que había sido ministro de Ultramar y que era decidido partidario de la abolición de la esclavitud en Cuba. De inmediato se movilizaron los esclavistas de la Liga Nacional y el capitán general de Madrid, Pavía, ocupó las calles con las tropas; él mismo entró en las Cortes para impedir la votación del nuevo Gobierno. Castelar, todavía presidente del Gobierno, destituyó a Pavía, pero los soldados dispararon para amedrentar a los diputados y estos abandonaron el edificio de las Cortes.

Pavía intentó unir a Castelar, Cánovas y Martos en un mismo Gobierno, pero los radicales, los conservadores y el sector de republicanos unitarios liderados por García Ruiz optaron por entregar el mando al general Serrano, claramente vinculado con la Liga Nacional de esclavistas. Serrano formó su Gobierno con Sagasta en la cartera de Estado, el republicano Ruiz García en Gobernación y los demócratas radicales Cristino Martos en Gracia y Justicia y José Echegaray en Hacienda. El primer acto del Gobierno fue suspender de nuevo las garantías constitucionales y declarar vigente la ley de orden público de 23 de abril de 1870. De inmediato recibió el reconocimiento de Alemania y de las repúblicas americanas. Se volvió a decretar la disolución de la Internacional y el Gobierno deportó a más de 5.000 militantes internacionalistas y cantonalistas a las islas Marianas, de donde nunca volverían.

Descabezó así, por un tiempo, el activismo político de ambas tendencias. Fueron los líderes anónimos de Andalucía, Murcia y País Valenciano los que mayormente sufrieron los rigores de la represión. Algunos líderes de la sublevación se salvaron por otra vía: el general Contreras, por ejemplo, acabaría reconociendo a Alfonso XII en 1880, o el intransigente Roque Barcia, quien iniciaría bajo los auspicios del rey la publicación de un diccionario. Pero estos casos no mataron el republicanismo, que se mantuvo coherente en otros muchos personajes, como los que, al poco tiempo, expulsados de la universidad, tendrían que organizarse como Institución Libre de Enseñanza para practicar la libertad de docencia.

Desde mayo de 1874 el general Serrano encomendó formar nuevo Gobierno al general Zavala, esta vez sin los radical-demócratas seguidores de Ruiz Zorrilla, ahora todos eran integrantes del Partido Progresista que, liderado por Sagasta, se declaró heredero de la revolución de septiembre de 1868. Se intentaba así estabilizar una República unitaria en la que el orden social desarrollado por los liberales recuperase las pautas de funcionamiento iniciadas bajo el reinado de Amadeo de Saboya. Sin embargo, ni logró terminar con las dos guerras que carcomieron la experiencia de este Sexenio democrático ni tuvo suficiente capacidad para controlar las conspiraciones de los generales monárquicos, que eran quienes precisamente sostenían ambas guerras y mantenían el orden público. Estos militares, en explícita connivencia con los sectores económicos más conservadores, intensificaron sus maniobras contra la posibilidad de que se estabilizara la República presidencialista de Serrano y de que se instaurase una legalidad nueva, tal y como prometía Sagasta. Así se llegó al pronunciamiento de Martínez Campos en Sagunto, que entregó el poder a Cánovas del Castillo, hermano del hombre fuerte del banco cubano que había movilizado los recursos para el pronunciamiento y sería ennoblecido en 1878 con el título de conde del Castillo de Cuba.

7. CAMBIOS SOCIOCULTURALES: EL BRÍO DE LA GENERACIÓN DE 1868

En 1853, un lúcido viajero francés, Edgar Quinet, escribía, con evidente nostalgia folclórica:

He encontrado bastantes cambios. La civilización ha progresado considerablemente, demasiado considerablemente para quienes pensamos en el color local. El miriñaque ha desplazado completamente a la antigua saya, tan bonita y tan inmoral. La gente se preocupa por la bolsa y se han abierto ferrocarriles. Ya casi no hay bandidos ni guitarras.

Cierto que no se correspondía con toda la realidad, con muy amplios sectores de población subsistiendo al borde de la miseria al menor contratiempo, pero este viajero tan culto, historiador y republicano radical para más señas, expresaba bien el proceso de transformaciones que, al menos, se podía constatar en las ciudades más importantes. Lo que entendemos por sociedad liberal era una onda expansiva que abarcaba a todo Occidente y que, con los nuevos modos de organización económica capitalista, afectaba a todos los aspectos de las relaciones humanas. Coquetería en el vestir, "a la parisina", tanto en mujeres como en hombres, adiós a las casacas y pelucas, tertulias políticas de café, expectación ante las noticias de la prensa… eran hábitos burgueses además de los negocios, la bolsa, las conspiraciones, los pronunciamientos o el enviar a los hijos a la universidad. Minorías que vivían, sin duda, a costa del sinvivir de quienes solo tenían el brasero y el cocido, y apenas un maestro de primeras letras para aprender a firmar, con vestidos antiguos para los días de fiesta, pero que también se juntaban para escuchar las noticias políticas de los periódicos, para saber cómo se habían subastado y, por tanto, expropiado el derecho a trabajar en unas tierras que consideraban "suyas", y también se amotinaban contra el pago de consumos y contra el sorteo de quintos donde les robaban a sus hijos en la flor de la vida.

PROFESIONES LIBERALES, NIVELES EDUCATIVOS Y PRENSA

En este panorama social se fraguó un nuevo grupo social, el de los intelectuales, quienes interpretaban, racionalizaban y ayudaban a definir las relaciones socioeconómicas y políticas, sus objetivos y experiencias. Eran las llamadas desde entonces profesiones liberales: abogados, profesores, periodistas, ingenieros, artistas, altos funcionarios, médicos, maestros… Destacó en concreto la figura del escritor, cuyo trabajo, al mercantilizarse, le permitió independencia económica y una posición social de gloria y respeto público, que incluso lo podía encumbrar a los cargos públicos. Ya no necesitaba el mecenazgo habitual durante el Antiguo Régimen o pertenecer a un estamento privilegiado.

La transformación más radical consistió en la organización de un sistema de educación pública. Se organizaron los niveles educativos y las enseñanzas en función de las exigencias de las nuevas relaciones sociales. Desde 1835 hasta 1874 se implantó la división tripartita de la educación en primaria, secundaria y universitaria, así como el sistema de Facultades y Escuelas Técnicas, al igual que la funcionarización del profesorado, el desarrollo de las profesiones liberales y la vinculación de un título universitario con las clases rectoras de la política. Se subvirtió radicalmente la herencia de un Antiguo Régimen que hasta 1833 solo ofrecía en sus universidades, regentadas por el clero, titulaciones de teología, leyes y medicina. Se concedió primacía a las Escuelas Técnicas de Ingeniería, a las que seguían en rango social las facultades de Derecho y Medicina. Se crearon las facultades de Ciencias, incluyendo matemáticas, químicas y ciencias naturales, y las de letras, con una difusa configuración en un proceso de especialización muy básico en esos años. También se crearon las Escuelas de Notariado y Diplomática, o las de Bellas Artes (11 escuelas con más de 3.000 alumnos), las de Náutica, Comercio y Conservatorios de Música. Una estructura académica que en sus líneas fundamentales es la existente en la actualidad.

El nivel de alfabetización era débil, con muy lenta implantación, y la enseñanza secundaria solo se asentó en las capitales de provincia. En todo caso, las escuelas primarias se extendieron por toda la geografía española, así como los institutos de bachillerato y las Escuelas Normales para formar maestros. El sustrato cultural y educativo entraba en procesos de creciente amplitud, de modo que las universidades y academias científicas y colegios profesionales, los órganos de información y opinión, junto con la creación artística fueron ámbitos nuevos que nada tenían que ver con la producción cultural y científica del Antiguo Régimen. Adquirieron nuevos contenidos y se reorientaron en sus funciones. En general, los cambios en las parcelas de la cultura se produjeron en relación con el grado de desarrollo económico y con las exigencias y expectativas surgidas al socaire de las nuevas demandas de conocimientos, preparación educativa, capacidades profesionales y niveles de vida por clases y sectores sociales.

Es importante subrayar que, junto a las élites universitarias, se crearon circuitos culturales entre amplias capas populares comprometidas con las mejoras sociales y políticas. Así, aunque habían mejorado las cifras respecto a décadas anteriores, en 1868 solo un 25% de los adultos —en su mayoría varones— sabían leer y escribir plenamente; de ahí la importancia de los ateneos y clubes organizados por los republicanos, que irradiaron nuevas ideas y extendieron la cultura hasta donde el sistema educativo no alcanzaba por precario. El ambiente cultural y social del Sexenio no puede comprenderse si no se tiene en cuenta la novedad que supuso la implantación del sufragio universal masculino, porque esto obligó a cambiar las técnicas propagandísticas e hizo del club la unidad pública de la vida social de clases profesionales medias y populares en las capitales. En la mayoría de los casos, nacieron por iniciativa de los republicanos, defensores del sufragio universal (solo masculino) a los 21 años, y los primeros que se preocuparon de extender la cultura y la formación educativa a los obreros y a las mujeres.

Frente a las tertulias de los notables de los círculos liberales clásicos, el club adquirió un carácter popular de resonancias revolucionarias para las clases acomodadas. Solo los nombres que adoptaban ya provocaban la precaución de los conservadores: El Club Rojo, La Montaña, Los Hijos de Padilla… Porque tampoco iban más lejos de lo que muchos liberales ya habían intentado hacía medio siglo con las sociedades patrióticas durante el Trienio constitucional. No tenían sedes propias, sino habitaciones alquiladas, porque no eran ricos, pero se hicieron famosos algunos como el de Madrid, en la plaza Antón Martín, centro de obreros radicales, presidido por el diputado por Terrasa, Adolfo Joarizti Lasarte. Otros, como el ateneo La Fraternidad, abrieron sus sedes a las mujeres. Se hacían lecturas colectivas, se debatían artículos de periódicos y folletos, se preparaban actuaciones teatrales y, por supuesto, manifestaciones y concentraciones políticas, con el apoyo de los Voluntarios de la Libertad; en definitiva, influían en el rumbo del Partido Republicano Federal que era el que mayor agitación política desarrolló en estos años por todas las poblaciones españolas.

Dentro de los clubes votaban a partir de los 20 años y decidían candidatos para los ayuntamientos y para las Cortes. Además, era incompatible ser presidente de un club con algún puesto en el Partido Republicano. En el Cádiz de Fermín Salvochea, por ejemplo, organizaron clubes separados para obreros y para mujeres, otro para los jóvenes y uno educativo, gratis para niños y obreros. En Cataluña, por ejemplo, Valentí Almirall los impulsó con fines políticos y educativos. Por otra parte, el uso de las libertades permitió multitud de iniciativas en la enseñanza; un pluralismo que, sin embargo, no maduró por verse cercenado en 1874. Se produjo un interesante proceso de descentralización educativa, al abolirse textos y controles estatales, al reconocer el derecho de enseñar y fundar centros docentes a todos. Surgieron universidades libres, subvencionadas por diputaciones y ayuntamientos, e institutos de secundaria en localidades que no eran las capitales de provincia, sin más limitaciones que la moral y la higiene.

En este sentido, fue auténtica eclosión la nueva realidad periodística. La prensa fue consustancial al régimen liberal. Por más que los moderados intentasen controlar la libertad de expresión, el hecho es que, al regular la libertad de imprenta, se estaba reconociendo como derecho irreversible. Nada que ver con el absolutismo, aunque hubiera moderados con afanes autoritarios. Primero, los periódicos fueron cauce para difundir ideologías y opiniones políticas, y desde mediados del siglo se otorgó más importancia a los contenidos informativos, se organizaron con estructuras empresariales, nació la publicidad con los anuncios, aunque las suscripciones se mantuvieron como soporte económico. Además, con la prensa comenzó la publicación de folletines, de modo que se abrió un cauce de conexión entre literatura y sociedad inédito, gracias al cual se leyeron obras de Dumas, Fernán Caballero, Ayguals de Izco... Y junto a la prensa política, se consolidó la prensa de divulgación científica y cultural, por un lado, y la modalidad satírica, que proliferó sobre todo desde la década de 1860, con críticas acervas al poder en todo momento.

En concreto, durante el Sexenio democrático la prensa vivió un momento de esplendor y pluralismo inusitado. Por ejemplo, en Madrid, en 1867, había 17 periódicos políticos, mientras que en 1870 ya eran 28 y en 1873 subieron a 43. Pervivieron grandes periódicos anteriores, como el conservador *La Época*, fundado en 1849, o el progresista *La Iberia*, desde 1854. Es más, gracias a la libertad, pudieron desarrollarse periódicos carlistas, republicanos e internacionalistas por doquier. La prensa carlista fue de combate en su mayoría, con carácter local, y solo tuvo rango nacional *La Esperanza*; sin embargo, los republicanos, además de extender sus doctrinas, usaron la prensa como foro para el debate de ideas o para desplegar las distintas tendencias que albergaba, con una gran competencia y una vida efímera en bastantes casos. La prensa republicana fue la más vendida y extendida, seguida por la carlista. Los internacionalistas, por su parte, hicieron una prensa fundamentalmente de propaganda, para extender y defender sus ideas, aunque estuvo sometida a continuos cierres gubernativos. Los títulos de los periódicos, como también hacían los republicanos, definieron sus ideales: *La Solidaridad*, *La Federación*, *La Emancipación*, *El Obrero*…

Además, en el Sexenio democrático se editó una prensa con carácter regional con pretensiones de recuperación de identidades culturales, en algún caso embrión de futuros planteamientos nacionalistas, como fue *El Estado Catalán* de Almirall, o solo regionalistas, como *La Andalucía* de Francisco Mª Tubino. También se editaron semanarios para un público minoritario, como *El Hispalense* en Sevilla, o *La Ilustración Republicana Federal*, artículos políticos, de arte o poesías ensalzando los avances técnicos y científicos. Además, la prensa republicana federal insertaba folletines con obras de Victor Hugo, Lamartine o la *Vida de Jesús* de Strauss y Renan.

En suma, abogados, periodistas, maestros, médicos e ingenieros se convirtieron en arquetipos culturales de la España liberal. Representaron en gran medida, tal y como la novela decimonónica reflejó, los valores de una sociedad en la que se trataba de implantar instrucción para todos, leyes y justicia imparciales, razones científicas, información libre; todo lo contrario del oscurantismo y la superstición que achacaban al clero y a las jerarquías eclesiásticas, símbolos de la España del Antiguo Régimen de privilegios e ignorancia. No por casualidad en esos sectores profesionales anidó el anticlericalismo propio de los liberales desde la Ilustración.

ÉLITES Y RENOVACIÓN CULTURAL

Si 1868 supuso la eclosión de libertades que, bajo la consigna de "España con honra", dieron paso a las novedades políticas expuestas en páginas anteriores, la generación de intelectuales demócratas y progresistas, catalogables como generación del 68, enarbolaron, en su conjunto, la tolerancia, la razón, el positivismo científico, la fe en el progreso y una ética humanista por la igualdad social. En concreto, destacaron los demócrata-republicanos como activos militantes de la confianza en los avances científicos, considerada base del progreso humano. Así lo reflejaron en artículos y poemas dedicados a las máquinas, en concreto a la locomotora, símbolo de la marcha imparable de los conocimientos y las técnicas, como así confiaban que ocurriera con las ideas republicanas, en progresión constante.

Por supuesto, no hay que olvidar que la cultura tenía una existencia dual, porque, junto a las minorías ilustradas, que crecían paulatinamente, existía una mayoría sin alfabetizar o con mínimos soportes culturales que se surtía de folletos, pliegos de cordel, aleluyas, estampas, almanaques, novenarios, coplas de zarzuelas y tradición oral que propagaban ideologías, argumentos históricos, parodias... En medio se podría situar una literatura interclasista, apta para quienes tenían menos capacidad adquisitiva y consumida también por familias de mayor nivel económico. Eran los folletines, entre los que destacaron demócratas como Ayguals de Izco, con una novela pionera, con palpable compromiso social y militancia anticlerical, *María, la hija de un jornalero* (1845), género que adquirió rango de empresa editorial gracias al ingenio y fecundidad productiva de Manuel Fernández y González desde la década de 1860, con obras de todo contenido, desde aventuras y lances románticos hasta denuncias de explotación social y registros de nuevas realidades sociales. Hubo más autores con fama en aquellos años, como el valenciano Enrique Pérez Escrich, los republicanos catalanes Antonio Altadill y Manuel Angelón, con obras de temas históricos y sociales, el misterioso Pedro Escamilla, tan popular entonces, o Antonio García del Canto que, desde Salamanca, denunció la desigualdad y la pobreza en *Los tres hijos del crimen, novela filosófico-social*, de 1861.

En definitiva, el magma creativo en literatura, como también en los distintos géneros musicales, con la zarzuela al frente, y en las artes plásticas, adquirió proporciones formidables. En todos los ámbitos se expresaron las tensiones propias de los cambios políticos y de las nuevas ideas sociales. Sin duda, la llamada "cuestión social", que en páginas anteriores ha servido para ponderar las inquietudes y aspiraciones de las izquierdas, también actuó como referencia o admonición para la creación estética, aunque no hubiera un discurso moral explícito al respecto en muchos casos.

En ese sentido, hay que destacar el peso de la corriente filosófica conocida como krausismo, porque rebasó el limitado círculo de la filosofía para influir en planteamientos políticos, propuestas sociales, cuestiones pedagógicas y perspectivas literarias. Se fraguó a partir de la difusión que desde su cátedra en la Universidad de Madrid realizó Julián Sanz del Río del pensamiento de

Karl Christian Friedrich Krause, un ilustrado alemán coetáneo de Hegel, y de sus discípulos Heinrich Ahrens y Guillaume Tiberghien. En su dimensión sociopolítica, el krausismo se define por la búsqueda de la armonía social, puesto que la sociedad es un órgano compuesto no solo de individuos, sino que deben crearse cuerpos intermedios entre los individuos y el Estado para encauzar y solventar las disparidades e intereses discordantes y alcanzar la armonía de las partes dentro del todo.

El krausismo, en síntesis, implicaba a efectos prácticos tres corolarios. En primer lugar, concibieron la educación como eje para la transformación social. En segundo lugar, esa educación debía desarrollar la razón y, por tanto, un conocimiento científico basado en la observación de los hechos y en los ideales de progreso que transforman el mundo. Quizás más que el krausismo, presente en líderes republicanos como Pi y Margall y Castelar, fue igualmente influyente el positivismo, por lo que supuso de fe ciega en los adelantos científicos y técnicos. Por eso se cataloga también como krausopositivismo. Y, como tercer aspecto, defendían la práctica de una ética de fraternidad. El resultado era explícito: los krausistas pensaron la política como ciencia de las reformas, de modo que, racional y fraternalmente, se impulsara una transformación pacífica de los antagonismos sociales, creando cuerpos intermedios, para avanzar en el progreso de la humanidad.

Entre los seguidores de Sanz del Río destacaron Federico de Castro, rector de la Universidad de Sevilla, Antonio Machado, catedrático de Ciencias Médicas (abuelo del poeta homónimo), en Oviedo el jurista Manuel Pedregal, y en Madrid Giner de los Ríos, Nicolás Salmerón, Gumersindo de Azcárate y Segismundo Moret, entre otros progresistas y demócratas que enarbolaron la educación y el reformismo social como el soporte para formar ese "hombre nuevo", de espíritu racional, crítico y tolerante, tan necesario en una España dominada durante siglos por la intolerancia clerical y con urgentes mejoras y cambios que acometer, pero sin revoluciones. Su patriotismo, por tanto, consistía en modernizar una España que debía de ponerse al nivel científico y económico de los vecinos europeos más avanzados, aunque subrayaban los medios pacíficos como vía para organizar una nación armónica, mediante la "República orgánica federal", tal y como propusieron en 1873 Nicolás Salmerón y Eduardo Chao.

Este núcleo de krausopositivistas fue parte decisiva de aquella generación de 1868 que promovió y prolongó el proyecto de modernización política, social, económica y cultural que, planteado en las Cortes de Cádiz, requería innovaciones urgentes. En este aspecto es justo reiterar el papel de la universidad como vivero de ideas y de renovación intelectual. Por mor del centralismo, lógicamente la Universidad de Madrid, adjetivada oficialmente como Central, tuvo mayor protagonismo. Ya se ha expuesto el peso de sus catedráticos krausistas, muchos de ellos comprometidos en las máximas responsabilidades políticas durante el Sexenio democrático, desde los ya citados Castelar, Salmerón y Moret, hasta un elenco de extraordinaria energía intelectual y política, como José Mª Sanromá, Eugenio Montero Ríos, Francisco de Paula Canalejas, Miguel Morayta, Eduardo Chao o Rafael Mª de Labra.

El censo universitario de 1868 daba una cifra importante de jóvenes en las facultades creadas por el Estado liberal desde 1835. Un total de 9.704, escaso en comparación con los países más avanzados, y con datos reveladores sobre las nuevas élites, porque 3.406 estudiaban derecho, y el resto se distribuían entre letras, ingenierías, medicina y farmacia. Casi la mitad estaban en Madrid, seguida por Barcelona y Sevilla. Intelectualmente, junto al krausismo antes expuesto, de Sanz del Río llegaron influencias del positivismo de Comte, se seguían los avances científicos de un siglo en plena euforia de conquistas técnicas y se vivían, gracias al telégrafo, las noticias políticas del mundo occidental con apasionamiento; pervivía, sin duda, el Romanticismo revolucionario de Victor Hugo, auténtica luminaria política y cultural.

En lo relacionado con la creación cultural, en la generación del 68 predominó el realismo literario con tendencia al naturalismo, así como el compromiso político de todos los escritores. No es cuestión de analizar sus obras, pero al menos es justo recordar los nombres de Echegaray, Núñez de Arce, Pérez Galdós, Leopoldo Alas y Juan Valera, sin olvidar el protagonismo de Emilia Pardo Bazán, o la relevancia de Tamayo y Baus, pues en este sexenio la zarzuela se elevó a niveles de aceptación popular que se comprobaron en el estreno de más de 200 cada año. En las bellas artes destacó sobre todo el oficialismo de la pintura histórica con las obras de Eduardo Rosales, Antonio Gisbert, Casado del Alisal o Francisco Pradilla, en unos años en que el concepto de patrimonio nacional se hizo política pública y las propuestas de regeneración nacional albergaron una relectura del pasado como soporte de los distintos proyectos políticos que afectaron e implicaron a todos los partidos. En arquitectura siguió el dominio del historicismo romántico, también a la búsqueda y exaltación de lo específicamente nacional y de un pintoresquismo españolista.

También en el urbanismo hubo novedades rotundas: la revolución de 1868 derribó las murallas de las ciudades excepto en Ávila, Lugo y Toledo, ante la necesidad de modernizar el espacio social urbano. De entonces datan dos planes de ensanches, con las consiguientes teorizaciones urbanísticas, el de Ildefonso Cerdá para Barcelona e, inspirado por él, el de Carlos Mª de Castro para Madrid. En conclusión, la modernización se incrustaba por todos los espacios de la sociedad española, siempre con ritmos desiguales.

BIBLIOGRAFÍA

ALARCÓN CARACUEL, M. (1975): *El derecho de asociación obrera en España (1839-1900)*, Madrid, Revista de Trabajo.

ANGUERA NOLLA, P. (1985): *Propaganda política i processos electorals al Baix Camp, 1869-1873*, Reus, Associaciò d'Estudis Reusencs.

AZAGRA ROS, J. (1992): *Bienio progresista en Valencia (1854-1865)*, Valencia, Universidad de Valencia.

BARRAJÓN MUÑOZ, J. y CASTELLANOS, J. A. (coords.) (2016): *La provincia: realidad histórica e imaginario cultural*, Madrid, Sílex.

BLANCO, A. y THOMSON, G. (coords.) (2008): *Visiones del liberalismo, política, identidad y cultura en la España del siglo XIX*, Valencia, Prensas Universitarias de Valencia.

BOLUFER, M. y BRUGUERA, M. (eds.) (2010): *Género y modernidad: de la Ilustración española al liberalismo*, monográfico de *Ayer*, 78 (2).

BURGUERA, M. (2012): *Las damas del liberalismo respetable: los imaginarios sociales del feminismo liberal en España, 1834-1850*, Madrid, Cátedra.

CABRAL CHAMORRO, A. (1990): *Socialismo utópico y revolución burguesa: el fourierismo gaditano, 1834-1848*, Cádiz, Diputación Provincial de Cádiz.

CALERO, A. Mª (1976): *Movimientos sociales en Andalucía (1820-1936)*, Madrid, Siglo XXI.

CALLAHAN, W. J. (1989): *Iglesia, poder y sociedad en España, 1750-1874*, Madrid, Nerea.

CANAL MORELL, J. (2000): *El carlismo: dos siglos de contrarrevolución en España*, Madrid, Alianza.

CÁNOVAS SÁNCHEZ, F. (1982): *El Partido Moderado*, Madrid, Centro de Estudios Políticos y Constitucionales.

CARO CANCELA, D. (ed.) (2018): *La revolución de 1868 en Andalucía*, Jerez, Peripecias.

CASALS BERGES, Q. (2022): *"Todo por el Pueblo y para el Pueblo": los orígenes de la democracia en España (1808-1890)*, Lérida, Universitat de Lleida [en prensa].

CASMIRRI, S. y SUÁREZ CORTINA, M. (coord.) (1998): *La Europa del sur en la época liberal: España, Italia y Portugal, una perspectiva comparada*, Santander-Cassino, Universidad de Cantabria y Università di Cassino.

CASTRO, D. y DUARTE. A. (coords.) (2015): *Líderes para el pueblo republicano: liderazgo político en el republicanismo español del siglo XIX*, Pamplona, Universidad Pública de Navarra.

CATALINAS, J. L. y ECHENAGUSÍA, J. (2012): *La Primera República: reformismo y revolución social*, Barcelona, RBA.

CENDRERO ALMODÓVAR, V. (2016): *La propiedad en construcción: luchas por los bienes comunales en La Mancha, 1816-1912*, Madrid, Sílex.

DE LA FUENTE MONGE, G. (2000): *Los revolucionarios de 1868: élites y poder en la España liberal*, Madrid, Marcial Pons.

— (2020): "Las elecciones democráticas a Cortes Constituyentes de 1869", *Memoria y Civilización. Anuario de Historia*, 23, pp. 87-125.

Díaz García, E. (1973): *La filosofía social del krausismo español*, Madrid, Edicusa.

Duarte, A. y Gabriel, P. (eds.) (2000): *El republicanismo español*, monográfico de *Ayer*, 39.

Eiras Roel, A. (2015): *El Partido Democrático español, 1849-1873: los primeros demócratas*, Madrid, Ediciones 19.

Elorza, A. (1970): *Socialismo utópico español*, Madrid, Alianza.

— (1975): *El fourierismo en España*, Madrid, Revista del Trabajo.

Espigado Tocino, G. (1993): *La primera República en Cádiz: estructura social y comportamiento político durante 1873*, Jerez-Sevilla, Caja de Ahorros de San Fernando.

— (2008): "La Buena Nueva de la Mujer-Profeta: Identidad y cultura política en las fourieristas M. Josefa Zapata y Margarita Pérez de Celis", *Pasado y memoria: Revista de historia contemporánea*, 7, pp. 15-33.

Feijoo Gómez, A. (1996): *Quintas y protesta social en el siglo XIX*, Madrid, Ministerio de Defensa.

Fernández, P. y Morant, I. (2008) (coords.): *La mujer de letras o letraheridas: discursos y representaciones sobre la mujer escritora en el siglo XIX*, Madrid, CSIC.

Fernández Torres, L. (2018): *Arqueología del pluralismo político moderno: el concepto de partido en España (1780-1868)*, Granada, Comares.

Forcadell, C. y Romeo, M. (2006): *Provincia y nación: los territorios del liberalismo*, Zaragoza, Institución Fernando el Católico.

García Balañà, A. (2004): *La fabricació de la fàbrica: treball i política a la Catalunya cotonera, 1784-1874*, Barcelona, Publicacions de l'Abadia de Montserrat.

Gil Cremades, J. J. (1969): *El reformismo español: krausismo, escuela histórica, neotomismo*, Barcelona, Ariel.

González Calleja, E. (2020): *Política y violencia en la España contemporánea*, I (1808-1903), Madrid, Akal.

González de Sande, E. y Cruzado Rodríguez, A. (eds.) (2009): *Las revolucionarias: literatura e insumisión femenina*, Sevilla, Arcibel.

González Rodríguez, C. (2015): *El Sexenio Democrático en Las Palmas (1868-1874): continuidad y cambio en las estructuras de poder* [tesis doctoral], Las Palmas, Universidad de Las Palmas.

Gozálvez, V. y Martín-Serrano, G. (2019): "Estructuras profesionales de España en 1860: vigencia de las actividades económicas tradicionales e industrialización incipiente", *Cuadernos de Geografía (Valencia)*, 102, pp. 141-176.

Gutiérrez Lloret, R. A. (1985): *Republicanos y liberales: la Revolución de 1868 y la Primera República en Alicante*, Alicante, Instituto Alicantino de Cultura Gil-Albert.

Hennesy, C. A. M. (2010): *La República federal en España: Pi y Margall y el movimiento republicano federal, 1868-1874*, Madrid, Los Libros de la Catarata.

HIGUERAS CASTAÑEDA, E. (2016): *Con los Borbones, jamás: biografía de Manuel Ruiz Zorrilla (1833-1895)*, Madrid, Marcial Pons.

INAREJOS MUÑOZ, J. A. (2008): *Ciudadanos, propietarios y electores en la construcción del liberalismo español: el caso de las provincias castellano-manchegas (1854-1868)*, Madrid, Biblioteca Nueva.

— (2011): *La revolución de 1854 en la España rural: el Bienio progresista en Ciudad Real (1854-1856)*, Ciudad Real, Instituto de Estudios Manchegos.

JAÉN MILLA, S. (2014): *Entre tierra y plomo: historia del republicanismo jienense (1849-1923)*, Barcelona, Carena.

JIMÉNEZ MORELL, I. (1992): *La prensa femenina en España (desde sus orígenes a 1868)*, Madrid, Ediciones de la Torre.

JOVER ZAMORA, J. Mª (1991): *Realidad y mito de la Primera República*, Madrid, Espasa-Calpe.

JUTGLAR, A. (1976): *Pi y Margall y el federalismo español* (2 vols.), Madrid, Taurus.

KIRKPATRICK, S. (1991): *Las románticas: escritoras y subjetividad en España, 1835-1850*, Madrid, Cátedra.

— (1992): *Las románticas (escritoras y subjetividad en España), 1835-1850*, Madrid, Cátedra.

LACALZADA DE MATEO, Mª J. (2012): *Concepción Arenal: mentalidad y proyección social*, Zaragoza, Prensas de la Universidad de Zaragoza.

LIDA, C. E. (1972): *Anarquismo y revolución en la España del XIX*, Madrid, Siglo XXI.

— (1973): *Antecedentes y desarrollo del movimiento obrero español (1835-1888): textos y documentos*, Madrid, Siglo XXI.

— (1997): "¿Qué son las clases populares? Los modelos europeos frente al caso español en el siglo XIX", *Historia Social*, 27, pp. 3-21.

LIDA, C. y ZAVALA, I. M. (1970): *La revolución de 1868: historia, pensamiento, literatura*, Nueva York, Las Américas Publishing.

MALUQUER DE MOTES, J. (1977): *El socialismo en España, 1833-1868*, Barcelona, Crítica.

MARTÍNEZ LÓPEZ, F. (2007): *Nicolás Salmerón y el republicanismo parlamentario*, Madrid, Biblioteca Nueva.

MIGUEL GONZÁLEZ, R. (2007): *La Pasión Revolucionaria: culturas políticas republicanas y movilización popular en la España del siglo XIX*, Madrid, Centro de Estudios Políticos y Constitucionales.

MORALES MUÑOZ, M. (1983): *Economía y sociedad en la Málaga del siglo XIX: aproximación a la historia social del "sexenio revolucionario"*, Málaga, Diputación Provincial.

PECHARROMÁN DE LA CRUZ, C. (2019): "Mujeres pioneras en España: el camino en la lucha por la igualdad de derechos (1850-1925)", en A. Luna y C. Pulpillo (eds.), *Prensa, poder y opinión pública: de la lucha por la libertad de expresión a la era de la posverdad*, Alcalá de Henares, Cedrus Histórica, pp. 365-389.

Pérez Garzón, J. S. (2011): "El Sexenio democrático, 1868-1874", en B. E. Buldain Jaca (coord.), *Historia contemporánea de España, 1808-1923*, Madrid, Akal, pp. 273-370.

Pérez González, Mª I. (1999): *Carolina Coronado: del Romanticismo a la crisis de fin de siglo*, Badajoz, Los Libros del Oeste.

Pérez Roldán, C. (2001): *El Partido Republicano Federal, 1868-1874*, Madrid, Endymion.

Peyrou, F. (2008): *Tribunos del Pueblo: demócratas y republicanos durante el reinado de Isabel II*, Madrid, Centro de Estudios Políticos y Constitucionales.

Pich i Mitjana, J. (2006): *Federalisme i catalanisme: Valentí Almirall (1841-1904)*, Vic, Eumo.

Piqueras, J. A. (1992): *La revolución democrática (1868-1874): cuestión social, colonialismo y grupos de presión*, Madrid, Ministerio de Trabajo.

— (2021): *Negreros: españoles en el tráfico y en los capitales esclavistas*, Madrid, Los Libros de la Catarata.

Piqueras Arenas, J. A. y Chust, M. (comps.) (1996): *Republicanos y repúblicas en España*, Madrid, Siglo XXI.

Pujol Andreu, J. (coord.) (2001): *El pozo de todos los males: sobre el atraso en la agricultura española*, Barcelona, Crítica.

Ramírez Almazán, Mª D. (2017): "La Mujer y la Sociedad de Rosa Marina", *Biblioteca Virtual de Andalucía*, pp. 45-70.

Ramos, Mª D. (ed.) (2005): *República y republicanas en España*, monográfico de *Ayer*, 60.

Ramos, Mª D. y Vera, Mª T. (coords.) (2002): *Discursos, realidades, utopías: la construcción del sujeto femenino en los siglos XIX y XX*, Barcelona, Anthropos.

Ridolfi, M. (ed.) (2010): "Democrazia e repubblicanesimo in Spagna e in Italia nell'età liberale", *Quaderni del Dipartimento di Studi sulla Comunicazione-Università della Tuscia*.

Robledo, R. (1993): *Economistas y reformadores españoles: la cuestión agraria (1760-1935)*, Madrid, Ministerio de Agricultura, Pesca y Alimentación.

Rolandi Sánchez-Solís, M. (2009): *El republicanismo y el federalismo español del siglo XIX*, Madrid, Centro de Investigación y Estudios Republicanos.

Rújula, P. et al. (2008): *El carlismo en su tiempo: geografías de la contrarrevolución*, Pamplona, Gobierno de Navarra-Institución Príncipe de Viana.

San Román, S. (2006): *Las primeras maestras: los orígenes del proceso de feminización docente en España*, Barcelona, Ariel.

Sánchez, R. (2019): *Señoras fuera de casa. Mujeres del XIX: la conquista del espacio público*, Madrid, Los Libros de la Catarata.

Sánchez Collantes, S. (2014): *El azote de la plebe: un estudio social de las quintas y los consumos en la Asturias contemporánea*, Gijón, Zahorí.

— (ed.) (2017): *Estudios sobre el republicanismo histórico en España: luchas políticas, constitucionalismo y alcance sociocultural*, Oviedo, Real Instituto de Estudios Asturianos.

SÁNCHEZ COLLANTES, S. y SERRANO GARCÍA, R. (eds.) (2021): *El conflicto religioso en la España del siglo XIX: discursos, opinión pública y movilización*, Valladolid, Publicaciones de la Universidad de Valladolid.

SÁNCHEZ DE ENCISO, A. (1991): *Republicanismo y republicanos durante el Sexenio revolucionario: el caso tinerfeño*, Las Palmas, Cabildo Insular de Gran Canaria.

SÁNCHEZ LLAMA, I. (2001): *Antología de la prensa periódica isabelina escrita por mujeres (1843-1894)*, Cádiz, Servicio de Publicaciones de la Universidad de Cádiz.

SÁNCHEZ MARROYO, F. (1992): *Movimientos populares y Reforma Agraria: tensiones sociales en el campo extremeño durante el Sexenio democrático, 1868-1873*, Badajoz, Diputación Provincial.

SANZ, V. y PIQUERAS, J. A. (eds.) (2004): *En el nombre del oficio. El trabajador especializado: corporativismo, adaptación y protesta*, Madrid, Biblioteca Nueva.

SCANLON, G. (1986): *La polémica feminista en la España contemporánea, 1868-1874*, Madrid, Akal.

SEBASTIÀ DOMINGO, E. y PIQUERAS ARENAS, J. A. (1988): *Pervivencias feudales y revolución democrática*, Valencia, Alfons el Magnànim.

— (1992): *Agiotistas, negreros y partisanos*, Valencia, Alfons el Magnànim.

SERRANO GARCÍA, R. (ed.) (2002): *España, 1868-1874: nuevos enfoques sobre el Sexenio democrático*, Valladolid, Junta de Castilla y León.

— (1992): *La revolución de 1868 en Castilla y León*, Valladolid, Publicaciones de la Universidad de Valladolid.

SUÁREZ CORTINA, M. (2009): *Utopías, quimeras y desencantos: el universo utópico en la España liberal*, Santander, Universidad de Cantabria.

— (2014): *Entre cirios y garrotes: política y religión en la España contemporánea, 1808-1936*, Cuenca-Santander, Universidad de Castilla-La Mancha.

SIMÓN PALMER, Mª C. (1991): *Escritoras españolas del siglo XIX: manual bio-bibliográfico*, Madrid, Castalia.

TERMES, J. (1977): *Anarquismo y sindicalismo en España: la Primera Internacional, 1864-1881*, Barcelona, Ariel.

TOWNSON, N. (ed.) (1994): *El republicanismo en España (1830-1977)*, Madrid, Alianza.

TRÍAS, J. y ELORZA, A. (1975): *Federalismo y reforma social en España (1840-1870)*, Madrid, Seminarios y Estudios.

TRÍAS BEJARANO, J. (1968): *Francisco Pi y Margall. Pensamiento social*, Madrid, Edicusa.

URQUIJO GOITIA, J. R. (1984): *La revolución de 1854 en Madrid*, Madrid, CSIC.

VILAR, J. B. (1983): *El Sexenio Democrático y el Cantón Murciano, 1868-1874*, Murcia, Institución Alfonso X.

VILLACORTA BAÑOS, F. (1980): *Burguesía y cultura: los intelectuales españoles en la sociedad liberal, 1808-1931*, Madrid, Siglo XXI.

VILLARES PAZ, R. (1982): *La propiedad de la tierra en Galicia, 1500-1936*, Madrid, Siglo XXI.
VILLENA ESPINOSA, R. (1998): *El Sexenio Democrático en la provincia de Ciudad Real: economía, política y sociedad (1868-1874)*, Cuenca, Editorial de la Universidad de Castilla-La Mancha.
ZAVALA, I. M. (1975): *Románticos y socialistas: prensa española del XIX*, México, Siglo XXI.

CAPÍTULO 3
LA EMANCIPACIÓN SOCIAL, CATALIZADORA DE IDEAS Y CONFLICTOS (1874-1923)

El año 1874 marca el fin de la primera experiencia democrática y el inicio de casi medio siglo de régimen monárquico constitucional, cuya cultura política fue de hegemonía liberal. Permitió, con mayor o menor flexibilidad, la persistencia de la cultura democrática inaugurada en 1868 y además experimentó la irrupción de un nuevo agente, las organizaciones de trabajadores, como la oposición explícita de una clase social. Se finaliza este capítulo en 1923 para subrayar el cierre de esa etapa constitucional-liberal a manos de un golpe de Estado militar que prefiguró en gran medida la posterior dictadura y, sobre todo, obligó a nuevas tácticas y alianzas en las izquierdas.
    Todo ello en sintonía con los procesos que, entre el tercio final del siglo XIX y la década de 1920, se desarrollaron en Occidente: la expansión de la Segunda Revolución Industrial, el imperialismo europeo, el auge de los nacionalismos, la difusión de los valores democráticos, el positivismo científico y las innovaciones culturales, además de los impactos de la Primera Guerra Mundial y la Revolución soviética. Por lo que se refiere a las izquierdas occidentales, adquirió un peso creciente la idea de emancipación social. Ya no se trataba de subvertir el Antiguo Régimen como habían hecho los liberales, o de plantear el progreso social con reformas para avanzar en igualdad y fraternidad con recetas más o menos universales, como predicaban los demócrata-republicanos, sino de transformar todo el sistema económico y político para erradicar cualquier vínculo de subordinación o dependencia. Así pensaron la emancipación quienes en 1864 habían creado la Primera Internacional, la AIT. No era suficiente con que los súbditos se convirtiesen en ciudadanos, el reto consistía en realizarse como seres humanos y abolir las desigualdades de raíz construyendo una nueva sociedad.
    En este sentido, la Internacional aportó un nuevo sujeto político: la clase proletaria. Ya no era el pueblo de los demócrata-republicanos, sino el obrero

el encargado de liderar y desarrollar la emancipación de toda la humanidad. Así, las décadas que se analizan en este capítulo están marcadas por el creciente peso del obrerismo organizado, que añadió a la tradicional izquierda popular democrático-republicana una perspectiva de clase que será la protagonista de los conflictos sociales desde 1917. Ahora bien, el obrerismo en España estuvo profundamente dividido por estrategias y tácticas entre anarquistas (CNT) y marxistas (UGT y su correlato político, el PSOE). De este modo, las izquierdas, desde la primera década del siglo XX, se desenvolvieron en un difícil triángulo cambiante entre republicanos, libertarios y socialistas que, en ciertos espacios como el catalán y, en menor medida, el vasco, se amplió con las divisiones introducidas por el factor nacionalista.

Por otra parte, cabe recordar que, junto a las ideas de emancipación social planteadas por la AIT, que asignaba a las clases trabajadoras la tarea de alcanzar esa utopía para toda la humanidad, también se trazó un camino de emancipación específicamente planteado por y para las mujeres. Contaba con precedentes importantes desde la Ilustración, y fue en 1848 cuando, en la *Declaración de Sentimientos y Resoluciones* de Seneca Falls, Elisabeth Cady Stanton y Lucretia Mott precisaron las metas concretas de igualdad legal, política, profesional, familiar y personal de las mujeres en sus relaciones con los hombres y, por tanto, en la vida privada y pública. Así como el *Manifiesto comunista*, redactado también en 1848 por dos jóvenes revolucionarios, Marx y Engels, comenzó a tener impacto internacional desde la década de 1880, con estrategias revolucionarias, las ideas del citado manifiesto feminista, por el contrario, desarrollaron una proyección práctica lenta y pacífica cuyos logros fueron dificultosos, paulatinos y solo efectivos casi un siglo después.

Ambas propuestas de emancipación, la internacionalista proletaria y la feminista, tuvieron una expansión desigual en cuanto a su intensidad, estrategias y conquistas en el medio siglo que va de la década de 1870, con hitos como la Comuna de París y el derecho al voto de las mujeres en los estados de Wyoming y Utah, hasta la década de 1920, cuando la consolidación de la Revolución bolchevique, el ascenso del fascismo y las conquistas de las sufragistas en los países occidentales, entre otros hechos, acreditaron una nueva etapa en la historia de las izquierdas. En todo caso, ambos proyectos de emancipación encauzaron ideas y conflictos, y multiplicaron las interpretaciones y objetivos aplicados a los tres principios de libertad, igualdad y fraternidad procedentes de las revoluciones liberales.

Compartieron, en todo caso, la idea de un contrato social basado en la universalización de los citados tres principios y aspiraron a un progreso anclado en la razón humana, lo que generó una preocupación común por la expansión de la educación como base de una ciudadanía activa y, por tanto, democrática. Todos los sectores progresistas, y muy en concreto las mujeres que lucharon por la igualdad, enarbolaron la idea de la educación para ejercer los derechos con independencia e intervenir con voz propia en la esfera pública. Por eso, tan importante como formar sindicatos, partidos de masas o asociaciones de mujeres fue la tarea de desarrollar pacientemente actividades de extensión educativa y cultural. La emancipación exigía educar y propagar a través de mítines, charlas, ateneos republicanos o anarquistas, casas del pueblo, folletos, prensa y libros la nueva verdad social, la de suprimir la explotación y sumisión en todos los espacios de la vida pública y privada.

En el caso de España, aunque desde 1890 el sufragio universal masculino y las libertades de asociación permitieron extender los derechos políticos y sociales, la manipulación electoral dificultó la confianza en la posibilidad de cambio por esa vía. No obstante, allí donde la sociabilidad republicana u obrerista se afianzó, se lograron cotas de poder, sobre todo a nivel municipal, nada desdeñables. Desde la primera década del siglo XX se configuraron espacios democrático-pluralistas con mayor competencia política, aunque la lenta politización de las organizaciones obreras mantuvo una fuerte dosis de aversión a la política institucional, sobre todo donde el anarquismo convencía de la necesidad de autoexcluirse de la vida política. Esta faceta antipolítica también afectó a la cultura sindical socialista hasta vísperas de la Primera Guerra Mundial. Sin duda, la represión estatal fue clave para alentar el escepticismo sobre las tácticas legales mediante el voto. A partir de ahí se explica, tal y como se ha expuesto en el capítulo anterior, el recurso a la insurrección y su perseverancia entre las izquierdas como medio legítimo para sustituir unos poderes oligárquicos. Al fin y al cabo, había sido una práctica aceptada por los movimientos demócrata-republicanos de cuyo seno habían surgido socialistas y anarquistas.

De igual modo, la idea de república como alternativa de gobierno se consolidó entre la mayoría de los demócratas y se abrió paso entre las organizaciones obreristas. En estas pesaba la herencia de 1873, cuando los internacionalistas habían sido reprimidos duramente por los republicanos de orden, opuestos al discurso de clase. Aquel distanciamiento perduró hasta 1910, cuando los socialistas aceptaron la alianza con los republicanos. Incluso se verá en el siguiente capítulo la ambigüedad ante el golpe militar de Primo de Rivera, al valorarlo en gran parte como una simple disputa de partidos e intereses burgueses. En todo caso, el concepto de república mantuvo su fuerza mítica como catalizador de esperanzas populares, pues la idea de pueblo como sujeto político conservaba su preeminencia sobre la de clase obrera. Además, en este camino, desde 1874 a 1923, la dialéctica de las izquierdas españolas con los poderes establecidos, siempre partidarios de la monarquía, llevó a lentos y dificultosos avances, con dramáticas derrotas que no solo implicaron más represión, sino que reforzaron la idea de república como sistema alternativo.

Estas son algunas de las cuestiones que corresponde explicar en los siguientes capítulos, siempre con la perspectiva de que tales procesos deben ser analizados como parte de los cambios socioeconómicos que constituyeron el telón de fondo de los correspondientes idearios y prácticas.

1. CRECIMIENTO DEL CAPITALISMO ESPAÑOL: FRAGILIDADES SECTORIALES Y DESEQUILIBRIOS REGIONALES

Conviene esbozar los ritmos generales de crecimiento del capitalismo en España. Sus anclajes básicos se han expuesto en el anterior capítulo. Así, desde la década de 1860, hasta finales del siglo XIX, por encima de los vaivenes políticos y a pesar de las guerras carlista y de Cuba, persistió un impulso transformador, conviene reiterarlo, hasta que la guerra civil de 1936 lo paralizó. Datos como la continuidad en la implantación del ferrocarril en toda la geografía, la consolidación de la industria catalana, el desarrollo de la industria pesada en el País Vasco y de la minería del carbón en la cuenca asturiana, la diversificación de la producción agraria, el fortalecimiento de un sistema monetario nacional basado en la peseta y la creación del Banco de España como único organismo emisor de moneda, entre otros, expresaron un movimiento de la economía acompasado con las grandes economías europeas, aunque más lento y con desigualdades notables.

IMPACTOS DE LA SEGUNDA REVOLUCIÓN INDUSTRIAL

Fueron décadas de enorme dinamismo en industria, agricultura, servicios, abastecimiento del mercado interior e incluso con especializaciones por sectores y regiones cuyas dispares pujanzas o flagrantes desigualdades marcaron los distintos espacios de conflictividad social, fuesen las minas, las fábricas, los campos o los transportes y servicios. En este panorama general destacó tanto el proceso de industrialización como una simultánea desagrarización, lenta pero creciente, de modo que, si en la década de 1870 dos tercios de la población activa trabajaba en el campo, en la de 1920 ya solo era el 50%. Entretanto, la población había crecido de 16,6 millones de 1877 a 22 millones en 1923, cifras acompañadas por una esperanza de vida que pasó de 31 años en 1880 a más de 40 en 1920 y, conviene anticiparlo, a 50 años en 1930.

El campo no podía absorber tal proceso de modernización demográfica y desde el último tercio del siglo XIX las comarcas agrarias generaron una persistente emigración. El primer y más importante destino fue América, con tres millones de españoles, aunque un 57% retornó. En paralelo, sobre todo a partir del auge económico producido durante la Primera Guerra Mundial, se incrementó la migración interna, tanto a las principales zonas industrializadas como a sus respectivas capitales de provincias. En el primer tercio del siglo XX despegó la población urbana; destacaron Madrid y Barcelona con medio millón de habitantes al empezar el siglo, seguidas por Valencia y Sevilla, por encima de los 200.000 habitantes, y luego Málaga, Vigo, Gijón, Santander, Bilbao y Valladolid, entre otras.

En concreto, la Exposición Universal realizada en 1888 en Barcelona supuso la celebración de la fuerza de la burguesía industrial y comercial catalana, y el escaparate de una ciudad a nivel europeo con amplias avenidas y monumentos tan significativos como la estatua dedicada al descubridor de América, Colón, y el Arco de Triunfo que daba entrada a la Exposición. La incorporación de España a la Segunda Revolución Industrial en los sectores químico, eléctrico y de transportes fue un proceso creciente que desde finales de la Primera Guerra Mundial amplió la internacionalización de la economía con la llegada de multinacionales, sobre todo a partir de 1920.

Sin embargo, en estas décadas predominó la industria de bienes de consumo, más intensiva en trabajo que en capital, como ocurría también con otras industrias fabriles de Valencia y en las industrias alimentarias (conservas, destilados y harineras) de Galicia, Andalucía y Castilla la Vieja, y en las relacionadas con la expansión vinícola o de la producción de aceite y de la consiguiente industria vinatera y alcoholera y aceitera que se desarrolló con fuerza en la Castilla Sur a partir del cruce de siglos, y a la par que en Andalucía y otras zonas, lo que supuso un aumento de trabajadores a caballo entre las prácticas artesanales y la nueva condición de obreros industriales, aspecto importante para precisar las implantaciones geográficas de los sindicatos UGT y CNT. Esta regionalización del sector industrial se completaba con las siderurgias instaladas desde Asturias a Vizcaya, cuya pujanza estuvo muy limitada por la baja demanda interior de productos siderúrgicos, entre otros factores. Desde un prisma político, tan proteccionistas fueron los empresarios del textil como los siderúrgicos, en sintonía, por lo demás, con los grandes propietarios agrarios castellano-andaluces.

En efecto, la agricultura también experimentó la expansión capitalista. El crecimiento de superficies agrarias, espoleado por las desamortizaciones, supuso la roturación de más de ocho millones de hectáreas y se basó en cultivos de carácter extensivo, sobre todo, con más trabajo, pero muy escasa inversión en capital y tecnología. Persistió el predominio del cultivo de cereales, aunque el olivar y el viñedo se abrieron a los mercados internacionales junto con otros productos que ya crearon una agricultura especializada como la de los cítricos, arroz y remolacha. Sin embargo, desde la década de 1890 la competencia de las agriculturas no europeas (Argentina, Australia y Estados Unidos) obligó a todas las agriculturas europeas a reajustar su producción dentro de la oleada de globalización económica que produjeron los barcos de vapor al reducir drásticamente las distancias transoceánicas.

Fue un acicate y, a pesar de los tópicos amasados sobre los males de la agricultura española, las más recientes investigaciones subrayan que desde 1900 dejó de ser la rémora fundamental para el crecimiento económico. Se mejoraron los cultivos y sus variedades, se extendió el uso de abonos fosfatados y nitrogenados, se introdujo el arado de doble vertedera y comenzó la mecanización del trabajo agrario de modo que estas innovaciones, territorialmente muy dispares, significaron que desde 1900 la tasa de crecimiento agrícola anual fluctuase entre el 1,1 y el 1,4% mientras la población crecía al 0,8% anual. Significativamente el Estado creó el Ministerio de Agricultura en 1900 para dar protección a los intereses agrarios y diseñar políticas específicas para un sector que, por otra parte, albergaba dos espacios retardatarios, con fragilidades importantes y dispares: el minifundismo predominante desde Galicia hasta el País Vasco y en comarcas de otras provincias, de donde no por casualidad salieron las grandes cohortes de emigrantes hacia Latinoamérica entre 1880 y 1930; y el latifundismo imperante desde Salamanca, Extremadura y La Mancha hasta Andalucía con tan sangrantes desigualdades que ni se podían pagar el pasaje del barco para emigrar, de modo que la reforma de la estructura de propiedad se convirtió en una exigencia de justicia social y, sin duda, el factor de antagonismo más encarnizado hasta la misma guerra civil.

Esta grave realidad no puede difuminar la fortaleza del despegue de la mercantilización capitalista desde el primer tercio del siglo XX. Se pudo así atender la creciente demanda urbana de ciudades en expansión y también de la mejora de vida en general que amplió el consumo y, por tanto, impulsó una mejor comercialización de los productos agrarios y permitió la inversión en semillas, abonos, maquinaria y también en la recuperación de la ganadería. Sin duda, los pequeños y medianos labradores de Galicia, la cornisa cantábrica, Aragón, Castilla la Vieja, las provincias del Levante mediterráneo y las comarcas de Castilla la Nueva, y también de la Andalucía oriental, que formaban prácticamente la mitad de la superficie cultivada, acogían ese tipo de campesinado medio y pequeño y de zonas de huertas que no solo agenciaron nuevas estructuras productivas, sino que aportaron un modelo de propietario cultivador directo convertido en referente para la reforma agraria proyectada en la Segunda República, por más que a esta reforma los opositores le aplicasen intenciones socialistas y colectivistas.

Si se miden estos procesos socioeconómicos con el índice de desarrollo humano, resulta que la España de 1880 se situaba en el 74,8% del nivel de los países europeos más avanzados; y en la década de 1920 la distancia ya era menor y ese índice era el 85% respecto a la Europa más rica. La comparación con los países más desarrollados, parte de los cuales eran imperios (Reino Unido, Francia, Alemania, Países Bajos, Bélgica) o cuyas economías se integraron en el mercado mundial con especial capacidad competitiva (Suecia, Dinamarca), produjo el tópico del estancamiento y atraso español, aireado con vehemencia jeremíaca en su día por los regeneracionistas de 1898, fecha de la pérdida del último coletazo de una España imperial. Sin embargo, la comparación no era desfavorable con Italia, por ejemplo, o con Portugal, con un imperio importante en su haber.

En todo caso, no hay que olvidar que lo que se conoce como Segunda Revolución Industrial, la nueva oleada de revoluciones tecnológicas con las turbinas y motores de combustión interna, el uso de la electricidad, la industria química y el petróleo como nuevas fuentes de energía, la bombilla eléctrica y el automóvil, la aeronáutica y la radiotelegrafía, junto al teléfono, tuvo lugar entre Estados Unidos, Alemania y Reino Unido. En el sur de Europa, salvo las regiones norte de España e Italia, se vivía en 1900 con datos peores que los existentes en los países africanos más pobres en el año 2000. Estos profundos desequilibrios dentro de una sociedad explican en gran medida la virulencia de los conflictos sociales, aunque desde principios del siglo XX, gracias, entre otros factores, a la rapidez del transporte y distribución de productos, países periféricos como España y Rusia ya dejaron de sufrir años de hambrunas.

Por otra parte, la integración de España de modo creciente en dicho proceso de internacionalización económica capitalista, a pesar de sus debilidades, disgregó la cohesión social de las relaciones tradicionales comunitarias a la par que creaba un universo de oportunidades inéditas en la historia. Surgieron nuevas relaciones asociativas como los sindicatos, con fines explícitos de defensa de la clase obrera, y también se expandieron las clases medias y los trabajadores de cuello blanco. Fueron años de una importante movilidad social en España, sobre todo a partir de la Primera Guerra Mundial. Esa diversificación de la estructura social es clave para entender la complejidad de las fuerzas políticas en estas décadas. Procesos que sobre todo resplandecieron en las ciudades, que, sacadas de las tinieblas gracias a la llegada de la electricidad, se organizaron como espacios ajenos a lo rural y tradicional, con paisajes de trabajadores de la industria, comercio, transporte, administración y servicios que concentraban masas y simultáneamente despersonalizaban las relaciones sociales con hábitos catalogados como urbanos. De igual modo, la expansión del ocio y de nuevas formas de cultura como los espectáculos artísticos, e incluso la expansión de la pornografía como objeto de consumo, abrieron novedades y transgresiones inéditas que suscitaron debates tanto políticos y morales como estéticos, en sintonía con los mismos asuntos que se debatían en los países occidentales.

CAMBIOS EN LA ESTRUCTURA SOCIAL Y EXPECTATIVAS DE VIDA

En la cúspide se situaba un mundo burgués pujante y repleto de títulos nobiliarios, que emulaba a una aristocracia menguante de orígenes feudales que apenas contaba mil títulos. A estos se les sumaron 400 títulos concedidos por

Isabel II, más 300 por Alfonso XII y su viuda regente, hasta 1900, y otros 550 más por Alfonso XIII. Así es como se engalanaron empresarios, banqueros, políticos (responsables de los Poderes Legislativo, Ejecutivo y Judicial) y altos funcionarios: la clase alta de una sociedad burguesa que fomentó trazados urbanos de arquitecturas historicistas y modernistas, edificios monumentales para sedes de bancos e inició la práctica del turismo en costas y montañas, sobre todo el Cantábrico, además de generar una demanda de balnearios gracias a las preocupaciones higienistas.

En el escalón inmediatamente inferior estaban los profesionales liberales, con diferentes niveles de ingresos según la posición, como era palpable entre abogados, médicos, intelectuales y periodistas, además de los propietarios, rentistas y negociantes de nivel medio, que eran otro mundo de clases medias por más que tratasen de imitar el estilo y formas de vida de la alta burguesía. Junto a ellos, pero por debajo a nivel cultural, se encontraban los sectores pequeñoburgueses del comercio, talleres, propiedades y negocios que no alcanzaban el nivel económico de la burguesía, pero aspiraban a un estatus superior e imitaban sus gustos y comportamientos hasta donde les era posible. Eso sí, todos estos grupos sociales, auténticas clases medias, tenían conciencia de pertenecer al "pueblo", a un pueblo heroico que había derribado los poderes del Antiguo Régimen y que ahora podía ser vivero para liderar a los obreros en fenómenos como el del republicanismo populista de Lerroux en Cataluña y su contraparte del republicanismo de izquierdas catalanista, o el fenómeno tan persistente de los republicanos seguidores de Blasco Ibáñez en Valencia.

Sin duda estas clases medias constituyeron los soportes sociológicos de la expansión de la democracia y del republicanismo, aunque también, tras varios desencantos, fueron el vivero para corrientes autoritarias derechistas como las que acataron con complicidad el golpe militar de 1923. Ahora bien, en general eran liberales en sentido amplio y, sobre todo, los intelectuales impulsaron el ideario demócrata, defendieron el racionalismo, el progreso y los derechos, aunque no se olvidaron del orden y del principio de autoridad. Hubo aspectos en los que compartieron trincheras con el Partido Liberal, liderado por Sagasta hasta su muerte (1903) y luego por Moret, Canalejas o Romanones, sobre todo en conflictos en el terreno educativo contra el clero. Hicieron del anticlericalismo un campo de guerra cultural que marcó, en gran parte, la agenda política de este periodo. Además, llenaron teatros y conciertos, leyeron novedades culturales e ideológicas y sin estos grupos sociales no se entendería el esplendor de las sucesivas generaciones culturales del 98, del 14 y del 27.

Debajo ya sí que se diferenció el proletariado de modo específico como integrante crucial del pueblo. Las organizaciones obreristas contribuyeron a esa progresiva sustitución del pueblo por el obrero como sujeto de emancipación social. No por casualidad rivalizaron republicanos y socialistas electoralmente.

Los sindicatos de clase, en su lógica transformadora, se apropiaron de la representación de toda la clase proletaria. El proletariado, sin embargo, no era un bloque compacto y homogéneo. Hubo un proletariado urbano integrado por obreros de la industria, asalariados de distintos oficios y empleados de baja cualificación, fuesen en servicio doméstico o en tareas esporádicas, todos con vidas inseguras por la constante amenaza del despido y del paro, sin saber cuánto ganarían en los días siguientes o cuándo les afectaría una enfermedad o un accidente. Más dramática era la incertidumbre del proletariado agrícola, sometido a catástrofes quizás más duras e incontrolables como las sequías, hambrunas y epidemias, factores de ruina que también afectaban cuando ocurrían a los propietarios muy pobres de Castilla o al minifundista del norte y de otras comarcas que, como se ha expuesto, al menos podía pagarse el barco para emigrar a Latinoamérica. Solo los obreros especializados, organizados en sociedades de socorros mutuos y en sindicatos, contaron con ciertos recursos y se diferenciaron de la masa de jornaleros descamisados.

La clase trabajadora no era, por tanto, una categoría social unívoca por ser uniforme, aunque los militantes proletarios expandiesen y predicasen el antagonismo contra los patronos y tuviesen espacios de sociabilidad comunes, como la taberna, y actitudes y expectativas comunes. Los sindicatos lograron afiliados entre unos y otros, pero los más pobres no podían pagar las mutualidades a las que pertenecían los obreros cualificados, que se garantizaban así unas prestaciones básicas de supervivencia, en caso de enfermedad, accidente o viudedad. En todo caso, el proletariado siempre crecía conforme avanzaba el capitalismo, fuesen los mineros en Asturias y Vizcaya, los obreros industriales en Barcelona y en otros sectores económicos antes citados, o los jornaleros de las provincias agrarias de Extremadura, La Mancha y Andalucía. Los niveles de explotación eran bastante similares y las huelgas fueron el instrumento de mayor eficacia, aunque estuvieron reprimidas, en muchos casos con ferocidad, por el Ejército y la Guardia Civil.

No resultaba extraño, por tanto, que los métodos de lucha violenta propugnados por el anarquismo encontrasen eco tanto en comarcas agrarias como industriales. Porque existía otra clase decisiva, la ya citada de los jornaleros agrarios, más ese universo muy heterogéneo de campesinos, desde los ya citados minifundistas hasta los pequeños propietarios, aparceros y arrendatarios sobre los que planeaba la proletarización y la emigración, según las comarcas, ante la supeditación del sector agrícola a las necesidades de especialización requeridas por los mercados. Así, ese conjunto de grupos sociales que vivían de la agricultura, más de la mitad de la población activa, se encontró inmerso en los mismos conflictos que se desarrollaban en las ciudades, unas veces aliados con los obreros urbanos, otras no. El nivel de vida en su gran mayoría era casi de subsistencia y sus resistencias y luchas fueron constantes, pues hicieron suyas y enarbolaron las ideas de emancipación y conquista del bienestar material, si bien, conviene anticiparlo, en la década de 1930, amplios sectores de propietarios muy pobres acogieron los reclamos de la derecha agraria y autoritaria como trinchera contra las exigencias de los sindicatos de clase.

Aunque no hay datos homogéneos por sectores o por áreas geográficas para fines del siglo XIX, desde las primeras décadas del siglo XX existen estadísticas más precisas de la Inspección de Trabajo creada en 1906 como parte del Instituto de Reformas Sociales. Se calcula que en la década de 1880 un minero de interior ganaba de dos a tres pesetas de jornal diario, similar a un albañil, carpintero, tejedor o dependiente, mientras que un tipógrafo maquinista llegaba a cinco o seis pesetas, todos con jornadas de 10 a 12 horas diarias. Además, si eran mujeres siempre era la mitad de esos salarios. Por otra parte, el presupuesto de una familia obrera para productos básicos, cocinar, calentarse y lavarse (sin incluir ropa) exigía una media de cuatro a seis pesetas diarias, sin contar el pago de alquileres, que fluctuaba entre 10 y 25 pesetas mensuales, según ciudad y barrio. Además, en los lugares de trabajo las condiciones higiénicas y de seguridad eran nulas, y no mejores en las viviendas donde se hacinaban en cuartuchos sin limpieza ni salubridad alguna.

A la altura de 1920, esa realidad había experimentado cambios nada desdeñables, con logros conquistados sobre todo por las movilizaciones abanderadas por los sindicatos de clase, la UGT y CNT, y las fuerzas de izquierdas, como se analizará en las páginas de este capítulo. No resultaban satisfactorios ni suficientes, aunque no sobra recordar la conquista de la jornada de ocho horas, reconocida oficialmente por el Gobierno en 1919, y que sin embargo se incumplió de modo descarado, además de la creación en 1920 de un Ministerio de Trabajo y Previsión Social. Fueron años de creciente peso de los citados sindicatos, como se verá más adelante.

Baste recordar datos más básicos, encuadrados, eso sí, dentro del fuerte crecimiento económico producido por la neutralidad española durante la Primera Guerra Mundial y como efecto de una implantación consistente e infatigable de la UGT y CNT. El resultado fue el aumento de los salarios desde 1915, tan notable que en la mayoría de los sectores subieron entre el 60 y el 80%, y en algunos sectores se duplicaron en cinco años. Así, el salario de un minero de interior en 1920 era superior a las 14 pesetas diarias, un metalúrgico fluctuaba entre las ocho y las 13 pesetas, como el albañil, con notables diferencias entre las zonas industriales del norte, con Madrid y ciudades valencianas donde el alza de salarios fue mayor que para los trabajadores urbanos de las mesetas castellanas y Andalucía. Porque los salarios agrícolas apenas subieron un 20%, con jornales entre dos y tres pesetas para los varones y la mitad para las mujeres; salarios que podían subir en temporada de recolección, con jornadas más largas, hasta las 5,5 pesetas.

Puede compararse con salarios de otras profesiones. Por ejemplo, el sueldo de un maestro de primaria en 1920 era de 1.792 pesetas anuales, esto es, 4,9 pesetas diarias, más cerca del jornalero de campo que de un obrero cualificado, mientras que el de catedrático de universidad se situaba en 24 pesetas diarias, similar a los altos funcionarios de la Administración estatal. Estas cifras deben contrastarse con las del coste de la vida, distintas entre campo y ciudad y entre provincias de mayor o menor prosperidad económica. El gasto diario de una familia en alimentación fluctuaba entre las cuatro y cinco pesetas en las provincias con mayor índice de empobrecimiento y más bajos salarios, mientras que era entre 10 y 12 pesetas en las provincias más prósperas, sin contabilizar gastos de alquiler y vestuario. Por eso, la inmensa mayoría de los trabajadores, de cualquier sector, vivía en general con un tan ajustado nivel de ingresos que resultaba imposible la tranquilidad, pues siempre tenía al acecho el paro, especialmente grave en el campo, la enfermedad y la vejez.

En definitiva, en este medio siglo de despegue del capitalismo en España, el déficit en la inmensa mayoría de la población fue constante entre ingresos y gastos imprescindibles para vivir. El malestar social, por tanto, se mantuvo como factor de la persistente tensión frente a los poderes económicos e institucionales, y ofreció espacios para que las izquierdas de distinto signo elaborasen alternativas políticas y captasen expectativas y voluntades de cambio. En todo caso, es necesario subrayar que no solo las causas materiales objetivas explican el radicalismo político; baste recordar, por ejemplo, que los mineros asturianos estaban entre los mejor pagados y, sin embargo, nutrieron la sublevación revolucionaria de octubre de 1934. Por otra parte, entre las expectativas de mejora social, siempre estuvo la necesidad de adquirir estudios primarios, junto al afán de las capas medias por lograr una enseñanza media que permitiera el acceso a la universidad. En este sentido, fue significativo el creciente consumo de cultura, con la prensa como plataforma para la difusión de ideas y debates políticos, de modo que los líderes de opinión adquirieron un peso inédito en una sociedad marcada por lo que el pensador español José Ortega y Gasset diagnosticaría en 1929 como "la rebelión de las masas".

2. CONSTITUCIÓN LIBERAL Y NUEVAS DIVISIONES EN LAS IZQUIERDAS

El periodo conocido como Restauración monárquica ha generado interpretaciones historiográficas bastante controvertidas. Sin adentrarnos en ese debate, conviene recordar un hecho decisivo para comprender la historia de las izquierdas en España. No es otro sino el marco constitucional que impulsó Cánovas del Castillo, adalid del liberalismo moderado o conservador. Logró el poder gracias al golpe de Estado del general Martínez Campos dado para restablecer la dinastía borbónica en la persona de Alfonso XII. Gobernó durante año y medio como el general Serrano el año anterior, con todo el poder en sus manos, sin control parlamentario, y mientras el país seguía en guerra civil por el carlismo y la guerra colonial en Cuba, elaboró con un grupo de notables un texto constitucional que fue aprobado por unas Cortes ordinarias elegidas bajo el control del ministro Romero Robledo, que triunfó con 333 escaños de un total de 391.

ATRIBUTOS DE UNA CONSTITUCIÓN ABIERTA: PLURALISMO POLÍTICO

Con independencia de los contenidos y valores liberal-conservadores plasmados en no más de 89 artículos, esta Constitución tan breve aportó un rasgo reconocido por los más distintos autores: que tuvo una redacción tan abierta que el propio Cánovas reconoció que "puede interpretarse por otra ley". Además, tuvo dos características que importan para el tema de este libro. La primera, que dejó asuntos polémicos para ser desarrollados por leyes posteriores. Es lo que hizo Sagasta, el decisivo copartícipe de Cánovas, para flexibilizar la norma constitucional. Gobernó primero en 1881-1883 y, sobre todo, desde 1885 a 1890, cuando, con el apoyo de un Castelar posibilista, rescató reformas progresistas del Sexenio democrático como la Ley de Asociaciones (1887), la Ley del Jurado (1888), el Código Civil (1889) y la definitiva implantación del sufragio universal masculino (1890), además de poner en funcionamiento la Comisión de Reformas Sociales creada en 1883 por impulso del liberal Segismundo Moret.

En segundo lugar, fue esencial la aplicación del principio de la soberanía compartida entre la Corona y las Cortes. Supuso, por un lado, la interferencia de la Corona en la vida política, un aspecto que importa sobre todo para explicar el devenir y fragmentación de los partidos gobernantes, y, por otro, permitió al Poder Ejecutivo, como parte de esa soberanía emanada de la Corona, suspender los derechos fundamentales por medio de una ley "cuando así los exija la seguridad del Estado, en circunstancias extraordinarias". Esta posibilidad se aplicó mayoritariamente contra las huelgas y distintos movimientos de protesta de las clases trabajadoras que distintos Gobiernos valoraron como peligrosas para "la seguridad del Estado". Obviamente esa suspensión de garantías constitucionales afectó a las poblaciones donde el movimiento obrero desplegó mayor actividad, que no siempre fue violenta, aunque el anarquismo enarbolase la "acción directa" como táctica constante. Además del porcentaje de días que entre 1876 y 1923 se utilizó la suspensión de derechos fundamentales para toda la geografía o por provincias, dato revelador, sin duda, en torno a un tercio del tiempo, también fue crucial que el orden público estuviese garantizado por el Ejército y la Guardia Civil, lo que acarreó realidades contrapuestas: apartó a los militares de la política, lo que se mantuvo hasta la guerra de Marruecos, pero los Gobiernos tuvieron que contar con el Ejército para "conservar" el orden público, porque no bastó la Guardia Civil, lo que generó un fuerte antimilitarismo entre las fuerzas sociales de izquierdas.

En todo caso, aunque el desarrollo y evolución del espacio constitucional implantado desde 1876 hasta 1923 es motivo de debate historiográfico, se puede afirmar que en estas décadas los partidos liberales reajustaron los principios de autoridad y legitimidad tras los momentos revolucionarios que los propios liberales habían protagonizado desde 1808 a 1868. La ampliación del derecho al voto y la creciente fuerza de la "cuestión social" obligaron a las élites a discurrir con nuevos argumentos la organización de Gobiernos representativos que no solo escenificasen la participación ciudadana en los procesos electorales e intentasen conjugar liberalismo con democracia, sino que además aceptasen una gradual inclusión de las clases trabajadoras. No solo trataban de evitar estallidos de malestar social, sino que consideraban que sus partidos, sobre todo el Liberal de Sagasta y los grupos de sus aliados demócrata-republicanos, podrían cultivar la idea de representar al "buen pueblo" de ciudadanos honrados con un medio de vida honesto que se merecía mejores niveles educativos y económicos.

En este sentido, es justo situar en el espectro catalogable como de izquierdas a sectores progresistas del liberalismo que, contra los conservadores y frente a las jerarquías eclesiásticas, defendieron las libertades de opinión y religión, el sistema de justicia con jurados, y el talento y trabajo como méritos para el ascenso social e individual, así como la fe en la ciencia y la razón. Compartían estos valores no solo con demócratas y republicanos, sino también con los socialistas, y con frecuencia se produjeron en importantes figuras oscilaciones entre unos partidos y otros, o posturas coincidentes en asuntos como la expansión del sistema educativo o las posibles soluciones para la cuestión social.

Figuras paradigmáticas que rompieron con rígidos corsés, por ejemplo, Emilio Castelar, Concepción Arenal, Manuel Ruiz Zorrilla, Emilia Pardo Bazán, Benito Pérez Galdós o Melquíades Álvarez. La personalidad de Emilio Castelar es sobradamente conocida y su popularidad alcanzó cotas innegables. Líder de la revolución de 1868 como republicano ardiente que luego presidió la Primera República para encauzarla por las sendas de moderación, se exilió con la Restauración monárquica de 1874, pero regresó para encabezar el Partido Demócrata Posibilista, que optó por trabajar desde dentro del sistema para democratizarlo, de modo que, cuando se aprobó en 1890 la vuelta al sufragio universal masculino, dejó la política y aconsejó a sus seguidores integrarse en el Partido Liberal de Sagasta.

Por su parte, Concepción Arenal representó no solo la lucha por la emancipación de las mujeres de la sumisión con la que eran educadas y tenían que practicar en todas las esferas de su vida, sino que fue pionera en romper los cerrojos de la universidad y en defender la igualdad de las mujeres. Se implicó en política por encima de los colores de partido. En 1864 aceptó la inspección de las cárceles de mujeres de manos de un Gobierno conservador y durante el Sexenio democrático lo mismo luchó contra la esclavitud que defendió a las Hermanas de la Caridad como idóneas para gestionar las Casas de Beneficencia públicas, o fundó la Constructora Benéfica de casas para obreros e impulsó la implantación de la Cruz Roja durante la guerra carlista. Bajo la Restauración monárquica participó en las actividades de la Institución Libre de Enseñanza y elaboró estudios tan excepcionales como pioneros: *La instrucción del pueblo*, *La educación de la mujer* o *El trabajo de las mujeres*. En definitiva, su ideario y su actividad, impregnados de fe católica, no pueden clasificarse sino como progresistas y emancipatorios de las mujeres y de los sectores más desfavorecidos.

De distinto calibre fueron las personalidades de Emilia Pardo Bazán y Benito Pérez Galdós, cuyo peso fundamental radicó en el valor e innovación de sus obras literarias, gracias a lo cual desplegaron acciones progresistas de muy extraordinaria repercusión. Sin adentrarnos en las paradojas de cada cual, de Emilia Pardo Bazán destaca su activismo por los derechos de la mujer, que se verá en otro epígrafe más adelante, por encima de sus prejuicios aristocráticos contra políticas democráticas y obreras, su defensa de las rentas forales o sus raíces católicas con prejuicios antisemitas incluidos; y de Pérez Galdós, su compromiso constante con un liberalismo democrático, racionalista y anticlerical que lo hizo comprometerse con los republicanos, arropar decisivamente la candidatura de Pablo Iglesias como compañero de lista en 1910, o también apoyar el reformismo de Melquíades Álvarez.

Por otra parte, hay que mencionar la trayectoria de Ruiz Zorrilla para conocer la evolución de un liberal progresista hacia posiciones demócratas y encabezar un Partido Radical. Había presidido dos Gobiernos bajo Amadeo de Saboya y legislado reformas sociales y educativas. Abrazó la causa republicana posteriormente, sobre todo para oponerse a la restauración de los Borbones. Tuvo que exiliarse desde 1875 y desplegó una frenética actividad conspirativa para derribar la monarquía. Pensó en el recurso más conocido, la sublevación militar, pero fracasó y aceptó en 1893 presentarse a diputado dentro de Unión Republicana, pero no recogió el acta por no pisar suelo español hasta ver caer la monarquía. Al poco tiempo, su mala salud lo obligó a volver para morir. Quizás fue el prototipo de liberal cuya fe en el progreso lo situó entre la legalidad pragmática y la insurrección armada con el fin de lograr una sociedad tan liberal como democrática, anclada en la educación del pueblo como soporte del cambio social.

Por último, Melquíades Álvarez, militante del republicanismo dentro de la Restauración, fundó en 1912 el Partido Reformista, al que se adscribieron destacados intelectuales como Manuel Azaña y José Ortega y Gasset. De partícipe en las movilizaciones republicanas y socialistas de 1917 pasó a presidir el Congreso de los Diputados con el apoyo del Partido Liberal en 1923. Desempeñó tareas decisivas en el Instituto de Reformas Sociales, en la creación de ateneos y bibliotecas populares, en la organización del Museo Pedagógico Nacional, convencido del valor regenerador de la educación para las clases trabajadoras. Posteriormente se opuso a la dictadura de Primo de Rivera y durante la República se situó en el centro político, lo que le supuso la muerte en 1936 por las milicias obreras.

De estas figuras cabe señalar que compartieron la idea de la libertad como principio que abría horizontes de derechos, siempre en evolución, para atender demandas sociales y construir una sociedad ilustrada y democrática basada en el mérito y organizada con orden y justicia. Igual que estas personalidades, había amplias capas sociales de menestrales, pequeños comerciantes, trabajadores industriales, pequeños y medianos labradores y profesiones liberales que ensamblaron ideas liberales con exigencias democráticas y también con propuestas de reformas y mejoras sociales para los grupos más desfavorecidos. En definitiva, en los conceptos de pueblo, progreso, derechos naturales, democracia e incluso emancipación se alojaban contenidos y demandas de distintos grupos sociales. Por eso se consideran conceptos polisémicos, compartidos por culturas políticas y partidos con fronteras movedizas y unas bases sociales con proclividades populistas para implicar a las clases trabajadoras. Se enredaron las lindes y matices entre las formaciones liberal-progresistas y democráticas, aunque mantuvieron tres rasgos comunes: su confrontación con el liberalismo conservador de los grupos dominantes, un anticlericalismo persistente y el rechazo de las ideas de abolición de la propiedad.

FRAGMENTACIÓN DEL REPUBLICANISMO

Dentro del republicanismo la referencia por antonomasia fue la del "pueblo", concebido como el conjunto de individuos que vivían de su trabajo, de ahí que no fuesen ajenos a los motines populares contra los abusos del Estado o los privilegios de los poderosos, en especial y de modo persistente contra los impuestos y las quintas. En este sentido, los republicanos, asentados en casi todas las ciudades y con bases en una amplia geografía agraria, sobre todo en comarcas catalanas, valencianas y andaluzas, prolongaron y ampliaron la tarea iniciada en la década de 1860 de crear clubes y casinos o ateneos populares y publicar periódicos que expandieron nuevas formas de sociabilidad y espacios de crítica política, esto es, fomentaron la cultura de ciudadanía democrática entre las clases populares. Es cierto que marcados por un contumaz fraccionamiento. Se organizaron en diversos partidos a lo largo de estas décadas, con enfrentamientos entre ellos, lo que, sumado a las manipulaciones electorales practicadas por los dos partidos gobernantes, impidió que el republicanismo alcanzara la fuerza institucional que se podía esperar de su calado social en amplias zonas geográficas.

De modo somero conviene recordar que hasta 1903 hubo, a escala nacional, tres partidos republicanos, enraizados todos en los programas y experiencias del Sexenio democrático. El republicanismo federal mantuvo su ideario de reformas sociales y organización estatal opuesta al centralismo unificador de la Restauración gracias al liderazgo de Pi y Margall, que precisamente en 1876 publicó su obra *Las Nacionalidades*, y a sucesivos periódicos de desigual impacto, más una constante actividad de reorganización de comités y ateneos. Conservaban esa doble legitimidad táctica tanto de la vía legal como la insurreccional para alcanzar sus metas políticas. En sentido opuesto, el Partido Posibilista, creación en torno a la personalidad de Castelar, tenía la meta de colaborar con el marco constitucional establecido en 1876 para graduar sucesivos avances democráticos, se organizó como minoría en las Cortes y desapareció al implantarse el sufragio universal, pensando que ya se había recuperado en gran medida los objetivos de la revolución de 1868. En tercer lugar, Salmerón y Ruiz Zorrilla organizaron el Partido Republicano Reformista para preservar el legado de reformas sociales moderadas y descentralización municipal planteadas en la revolución de 1868, aunque en 1880 Zorrilla se separó como Partido Republicano Progresista, con un objetivo inmediato: derrocar la monarquía mediante la insurrección militar y popular. Fracasó en esa táctica, pero mantuvo su fuerza política gracias a contar con periódicos de amplia difusión, sobre todo *El País*, junto a *El Porvenir* y *El Progreso*, que actuaron como arietes constantes contra la corrupción del sistema parlamentario y como defensores de las reformas sociales. El sector opuesto a la táctica insurreccional se adscribió finalmente al Partido Liberal Dinástico, como hicieron Canalejas y Montero Ríos.

Desde la década de 1890 se hizo cada vez más urgente la unidad de los republicanos. Así lo exigieron 58 periódicos reunidos en asamblea y así lo trataron de organizar Pi y Margall y Salmerón como líderes indiscutibles. Por unos motivos u otros y por las tenaces diferencias entre partidarios del retraimiento electoral y la conspiración insurreccional frente al uso exclusivo de la lucha legal, o las tensiones entre unitarios y federales, el hecho es que solo se lograron alianzas electorales en 1893 y 1901 con resultados que en gran medida agrietaron el bipartidismo y anularon los métodos de control electoral. Al fin, entre 1903 y 1910, existió un partido de Unión Republicana que logró integrar a sectores opuestos, obtuvo suficientes diputados como para ser minoría de peso político y revitalizar el ideario democrático con la propuesta de convocar unas Cortes constituyentes. Sin detallar sus avatares y disolución, baste resumir que el republicanismo volvió a fragmentarse en nuevos partidos. Esta vez, el Partido Radical de Lerroux (1908) introdujo dos novedades: nació por oposición al catalanismo, por un lado, y, por otro, para atraer a las clases trabajadoras hizo del clero el enemigo a batir por amparar la explotación patronal.

Por otro lado, el factor del catalanismo llevó a la creación de la Unión Federal Nacionalista Republicana en Cataluña (1910) y luego al Partit Republicà Català (1917). En otro sentido, Melquíades Álvarez, al crear el Partido Reformista en 1912, postuló un cambio o reforma constitucional para desarrollar el ideario demócrata, lo que le supuso el apoyo de un amplio sector de la intelectualidad hasta disolverse durante la dictadura de Primo de Rivera.

NUEVA IDEOLOGÍA: LA CLASE OBRERA, EMANCIPADORA DE LA HUMANIDAD

Semejante entramado de partidos demócrata-republicanos, además de competir con los dos grandes partidos dinásticos, se encontraron con un nuevo rival, el movimiento de organizaciones obreras, socialistas o anarquistas, que le arrebataron el vocabulario al constreñir el pueblo a la clase trabajadora y reinterpretar la igualdad como la emancipación de toda tiranía y servidumbre, fuese económica, política o cultural. Además, socialistas y anarquistas, aunque surgidos del seno de los círculos republicanos, propugnaron nada menos que la abolición de la propiedad privada, columna vertebral del orden económico y político existente, un paso imprescindible para alcanzar la emancipación de la humanidad al completo. Esta nueva meta, inédita en la historia, más los métodos de huelgas revolucionarias y lucha contra la patronal, produjo discrepancias con los republicanos cuyo diverso calado se desgranará en páginas posteriores.

Respecto a los socialistas y anarquistas conviene recordar algunos puntos básicos. Sus respectivos idearios, con valiosos precedentes desde las décadas de 1830 en Europa, se perfilaron sobre todo a partir de la fundación en 1864 de la Asociación Internacional de Trabajadores (AIT) en Londres, que nació para organizar a las clases trabajadoras del mundo con un objetivo rotundo: suprimir la explotación económica y, en general, toda opresión. Solo así se alcanzaría la emancipación de todas las personas en una sociedad construida sobre la igualdad y la fraternidad, metas que el liberalismo no había cumplido. Únicamente la clase de los trabajadores, por conocer la sumisión y sufrimiento de la explotación, podría liderar el camino hacia una sociedad sin clases, organizada sobre una propiedad de bienes en común y una estructura cooperativa del trabajo, de modo que el Estado sería innecesario. En la fase de socialización de la riqueza se organizaría la economía con la fórmula de retribuir a cada uno "según su trabajo", porque se exigiría de cada uno "según sus capacidades". Cuando se alcanzase la meta del comunismo, que se imaginaba como una sociedad de abundancia y pleno desarrollo de las potencialidades de todas las personas, entonces sería posible aplicar la fórmula que los socialistas utópicos ya habían previsto: "De cada cual, según sus capacidades; a cada cual, según sus necesidades".

Se argumentaba que en una sociedad comunista no se expropiaba a nadie del producto de su trabajo; al contrario, se anulaba la posibilidad de apropiarse del trabajo ajeno y, en consecuencia, esas falsas nociones de libertad, derecho o cultura que había usado la burguesía como mero recurso formal para encaramarse al poder estatal con el apoyo del pueblo. Por eso los obreros no podían someterse a los marcos nacionales creados por las distintas burguesías. Si se abolía la explotación de un individuo por otro, también la de una nación por otra. La conclusión era rotunda: "Los obreros no tienen patria", proclama de Marx y Engels en la temprana fecha de 1848. Los obreros tenían una misión universal: la enorme tarea histórica de sustituir las sociedades burguesas para organizar la sociedad como "una asociación en la que el libre desarrollo de cada uno será la condición del libre desarrollo de todos", frase también de Marx y Engels, intelectuales decisivos en la definición de objetivos y estrategias de la AIT o Primera Internacional.

Hubo, sin embargo, importantes discrepancias en la Primera Internacional. Otro pensador y activista no menos contundente, Mijaíl Bakunin, aun coincidiendo en la meta final de construir una sociedad comunista, disentía en cómo alcanzarla y en cómo organizar el proceso de transición. Marx proponía crear organizaciones propias de la clase trabajadora, sobre todo entre el proletariado industrial, sector donde el capitalismo generaba una clase trabajadora cuya concentración facilitaba la conciencia de explotación y la consiguiente necesidad de unirse para la acción de abolir tal explotación. Estas organizaciones obreras, fuesen partidos o sindicatos, tendrían que desarrollar una estructura disciplinada con órganos de gobierno para decidir tácticas y estrategias en el camino de la revolución socialista previa al comunismo. Bakunin, sin embargo, rechazó todo principio de autoridad o sumisión y, por tanto, de jerarquía organizativa, confiando en la espontaneidad rebelde de cada individuo a cualquier imposición y explotación. Por eso mismo aportó la necesidad de contar con el campesinado, por estar dotado de una propensión histórica a sublevarse contra todo expolio.

En este proceso, el simple enunciado marxista de un Estado socialista organizado como dictadura del proletariado para abolir la explotación capitalista y borrar los valores de una sociedad de falsas libertades burguesas antes de construir la sociedad comunista se convirtió en el punto de ruptura rotunda para un Bakunin que directamente catalogó cualquier tipo de Estado, aunque fuese uno gobernado por trabajadores, como una amenaza para las libertades individuales. Este debate fue prolijo y tan áspero que supuso una década larga de broncas entre seguidores de uno y otro en el seno de la AIT. Para los marxistas, la clase obrera debía organizarse en partidos políticos propios y sindicatos a la vez; los bakuninistas optaron solo por formar sindicatos, desecharon los partidos, una pérdida de tiempo en juegos parlamentarios al servicio de los intereses burgueses cuyo entramado de pactos corrompería la fuerza revolucionaria del obrero. Los primeros elaboraron una estrategia política con tácticas de ajuste en función de la correlación de fuerzas en cada momento. Sin embargo, los segundos confiaron en las posibilidades emancipatorias de la violencia, por encima de la palabra, y, por tanto, en el valor intrínseco de la acción que Malatesta simplificó en 1876 con la fórmula de la "propaganda por el hecho".

Ahora bien, el impacto real de la AIT fue muy exiguo, y sus militantes fueron conocidos sobre todo por su implicación en la Comuna de París de 1871. En el anterior capítulo se ha expuesto cómo se organizaron en España durante el Sexenio democrático con una participación en el cantón de Alcoy (1873) que dio lugar a un texto de Engels contra "los bakuninistas en acción". Las tensiones entre bakuninistas y marxistas llegaron a tal punto que en 1876 se disolvió la AIT. Posteriormente los socialistas, seguidores de Marx, formaron una Segunda Internacional en 1889 de la que expulsaron a los anarquistas en 1893, de modo que se convirtió en la federación solo de los partidos socialistas creados en las diferentes naciones. Irrumpió como una nueva fuerza política en los países occidentales, con voluntad de portavoz exclusiva de una clase social, la trabajadora, y con la tarea de derribar a su antagónica, la burguesía. Planteó un programa máximo, construir una sociedad sin clases, y, mientras se alcanzaba la meta, un programa mínimo de luchas por mejoras materiales y culturales para los trabajadores. Así constó en los estatutos de los partidos socialistas que, tras el programa de Erfurt del Partido Socialdemócrata Alemán (SPD), se usó como ejemplo en los demás países. El programa mínimo obligaba a afiliarse a un sindicato desde el que organizar reivindicaciones tan urgentes y concretas como, por ejemplo, la jornada de ocho horas y los subsidios de desempleo, y se enarboló la huelga como instrumento fundamental para alcanzar tales conquistas. En paralelo, los partidos socialistas trabajarían electoralmente para lograr en los respectivos parlamentos legislaciones a favor de mejoras en el ámbito laboral, como la seguridad en el trabajo o la negociación de salarios y horarios. Para conjuntar acciones a escala internacional, por encima de las fronteras, acordaron instituir el 1 de mayo como Día Internacional del Trabajo, una fiesta reivindicativa de confraternización con himno incluido para exaltar enérgicamente la unidad solidaria de las clases trabajadoras del mundo.

Por su parte, en el anarquismo propiciado por Bakunin conviene distinguir dos tendencias: una acentuaba el valor de la libertad individual, catalogable como individualista, mientras otra priorizaba la asociación colectiva y, por tanto, la organización de los obreros en fórmulas de convivencia o de lucha social, como los sindicatos y considerada, por tanto, como sindicalista. Ambas compartían la fe en la bondad natural de las personas que solo necesitaban ser educadas en la libertad y en la capacidad que alberga todo ser humano para la cooperación y autorregulación de modo que no necesitaban ni autoridad ni, por supuesto, subordinación a algún tipo de jerarquía. De igual modo confiaban en las energías y posibilidades revolucionarias intrínsecas a la clase trabajadora. La meta, en consecuencia, no solo consistía en abolir de inmediato el Estado sino las leyes, por eso rechazaron los partidos y la participación en el juego de lo que consideraron "democracia burguesa".

De ahí que se impusiera en gran medida la estrategia de la "propaganda por el hecho", esto es, que la acción valía más que la palabra, puesto que no solo creaba impacto social, sino que abría los ojos a los explotados para impulsar una cadena de rebelión social imparable. Daba por incuestionables los bríos liberadores de un pueblo que, si estaba en la indiferencia, pasaría a la lucha en cuanto vieran cómo caía un poderoso o una figura relevante. De ahí la proliferación de atentados individuales desde 1890, táctica que produjo divisiones en el seno del anarquismo español. A una escala superior, la huelga general revolucionaria se convirtió en el principal instrumento para subvertir el sistema capitalista; no solo paralizaría la producción, sino que, de nuevo, se pensaba que automáticamente se generaría la colectivización y autogestión por los obreros no solo de la economía sino de toda la sociedad. De este modo, la violencia de los sectores más radicales y adictos a las tácticas de incitar la subversión automática contra los de arriba, sea mediante la propaganda por el hecho o con los posteriores "comités de defensa" y "grupos de acción", produjo, en el caso concreto español, una historia del obrerismo anarquista entre picos extremos de eclosión y debilidad. Aunque estas fases de decadencia se analicen como efectos de la represión, también se debieron a la falta de estrategia ante fuerzas superiores contra las que, además de principios y finalidades, apenas se elaboró una táctica fragmentaria de procedimientos; todo lo contrario del marxismo, tan inmerso en debates de estrategia para alcanzar objetivos a corto, medio y largo plazo.

En páginas posteriores se expondrán los primeros pasos de implantación y evolución del socialismo y del anarquismo en España. Ahora solo se han avanzado los puntos básicos de cada ideología, a sabiendas de que las ideas no tienen ni patria ni fronteras, por más que realicen sus primeras formulaciones en un territorio u otro. Así había ocurrido con el liberalismo y el republicanismo democrático, como se ha visto en anteriores capítulos. Así también el socialismo y el anarquismo españoles compartieron doctrinas y disidencias con sus congéneres internacionales, y así sucedería, desde 1921, cuando el comunismo se organice en España como parte de un movimiento internacional. Ahora bien, todas las ideologías se reajustan, debaten y practican de modos distintos en cada país, no solo por el desigual desarrollo de cada sociedad y economía nacionales, sino porque, en el caso del movimiento obrero español, las dispares dialécticas de instituciones, poderes y partidos dotaron de singularidad a su correspondiente despliegue histórico.

3. REPUBLICANOS, SOCIALISTAS Y ANARQUISTAS: LA CUESTIÓN SOCIAL (1875-1898)

Se ha visto en el capítulo anterior que el enunciado de "cuestión social" se utilizó en el siglo XIX para significar las nuevas desigualdades generadas por la "libertad económica" y, por tanto, la exigencia de que el Estado liberal interviniera para enmendar los abusos e injusticias que las clases propietarias practicaban en nombre de esa "libertad económica". Desde las últimas décadas del siglo los movimientos obreros, sobre todo los sindicatos socialistas, adquirieron en los países más desarrollados tal envergadura que forzaron al Estado a terciar en los conflictos laborales. Alemania fue pionera con la Ley del Seguro de Salud de los Trabajadores de 1883, le siguieron Francia y Reino Unido, y hasta el papa León XIII en 1891 se sumó a la inquietud por la "cuestión social" con su encíclica *Rerum novarum*. En España fueron los demócrata-republicanos los que ostentaron la primacía entre las clases trabajadoras e impulsaron políticas de reforma social gracias a su implicación en las instituciones públicas de modo más o menos directo.

EL REFORMISMO SOCIAL DEMOCRÁTICO

En efecto, en España los demócrata-republicanos, ya de modo temprano en el Bienio progresista (1854-1856), como se ha visto, y al gobernar en la Primera República (1873), fueron los primeros que asignaron al Estado un papel mediador, influidos, sin duda, por las medidas sociales del primer Gobierno de la Segunda República francesa (1848). Desde 1875, a pesar de las fuertes restricciones impuestas por Cánovas y de las divisiones entre sus líderes, pues las experiencias del Sexenio democrático no se borraron, la fuerza del republicanismo persistió entre amplios sectores de la ciudadanía y, de hecho, cuando Sagasta tomó el relevo de Cánovas en 1881 y permitió el asociacionismo, renacieron los casinos democrático-populares, federales o centralistas. Por otra parte, Castelar, al fundar un partido que calificó como "progresista demócrata", lideró un "posibilismo" político y editó un diario, *El Globo*, cuyas influencias no se pueden desdeñar, y desde 1881 se publicaron *El Progreso*, de ideología abiertamente demócrata-republicana, luego sucedido por *El País* desde 1887, y *El Motín*, semanario satírico de furibundo anticlericalismo con larga vida y extraordinaria repercusión política.

En suma, el ideario demócrata-republicano, aunque tras la derrota de la Primera República sufrió el repliegue impuesto con la Restauración, recuperó progresivamente sus espacios de hegemonía sociopolítica. Mantuvo y ensanchó su influencia entre amplias capas medias y de trabajadores en ciudades y en importantes comarcas agrarias. Es cierto que en estas décadas desarrolló aspiraciones políticas o exigencias económicas dispares, en función del territorio de su implantación o de los sectores sociales en los que se apoyaba, fuesen viticultores catalanes, foreros gallegos, jornaleros andaluces, aparceros de la huerta valenciana, o menestrales, empleados y obreros en ciudades. En todos los casos, eran colectivos que se veían privados de derechos o marginados de mejoras económicas o culturales a las que aspiraban como ciudadanos con conciencia de que su trabajo era el soporte de la sociedad. De ahí las diversas expresiones políticas del republicanismo en estos años, tan distantes como el posibilismo de Castelar, muy lejos del insurreccionalismo de Ruiz Zorrilla; o el unitarismo conservador de Salmerón frente al federalismo social de Pi y Margall. Todas estas tendencias compartían la fe en el progreso logrado por la ciencia y la educación y la posibilidad de armonizar las clases sociales. Educación y armonía social se convirtieron en soportes para todo proyecto modernizador gracias al peso que adquirieron los intelectuales demócrata-republicanos aglutinados en torno a la Institución Libre de Enseñanza.

Conviene esbozar cómo nació dicha institución. Fue una respuesta no prevista por el decreto del Gobierno de Cánovas que exigía a los profesores de secundaria y de universidad que no explicasen "nada contrario al dogma católico" y acatasen además el "principio monárquico". Quienes no aceptaron tan graves limitaciones a la libertad de enseñanza fueron expulsados de la docencia y confinados temporalmente en provincias lejanas a sus residencias. En esa nómina de expulsados figuraban Gumersindo de Azcárate, Francisco Giner de los Ríos, González de Linares y Nicolás Salmerón, entre otros. Con el apoyo de personalidades como Laureano Figuerola, Leopoldo Alas "Clarín" y Federico Rubio, decidieron crear un centro educativo laico, sin dogmas. Así nació la Institución Libre de Enseñanza (ILE), primero para universitarios y posteriormente para secundaria y primaria. Desde el primer momento, Giner de los Ríos lideró el proyecto y ejerció un respetado magisterio entre sus colegas y las sucesivas hornadas de discípulos.

Aunque al subir al Gobierno Sagasta por primera vez en 1881 todos los profesores cesados pudieron volver a sus puestos, la Institución Libre de Enseñanza prosiguió su docencia y alcanzó renombre internacional. Además, lograron que el Gobierno creara desde 1882 el Museo de Instrucción Pública (luego Museo Pedagógico Nacional), dirigido por Bartolomé Cossío. De este modo, los intelectuales demócrata-republicanos, liderados por Giner de los Ríos, convirtieron la tarea de modernizar la pedagogía y el cuerpo de maestros en el medio más eficaz para solucionar la "cuestión social". Sostenían que los cambios históricos no eran fruto de rebeliones y guerras sino de los ideales de personas íntegras, racionales y cultas. La educación, por tanto, era el camino para adquirir y desarrollar un pensamiento crítico y una ciencia libre que guiase el progreso social. El educador no podía limitarse a transmitir saberes, sino que, sobre todo, debía "formar" el carácter de las personas. Ese programa educativo marcó pautas que, al cabo de siglo y medio, siguen plenamente vigentes.

Fue significativa en este sentido la celebración en 1882 de un Congreso Nacional Pedagógico, por iniciativa de una asociación, "El Fomento de las Artes", que, fundada en 1847, había contado con importantes figuras demócratas que compartían la idea de la emancipación de los trabajadores mediante la educación. Al año siguiente se celebró un Congreso Nacional Sociológico, convocado en Valencia por el Ateneo-Casino Obrero en julio de 1883, en el que participaron Castelar, Salmerón, Gabriel Rodríguez y Gumersindo de Azcárate. Coincidían en defender la necesidad de intervenir el Estado para legislar cuestiones sociales.

Sin duda, la conflictividad social en los distintos sectores productivos no cejaba, por más que la Restauración monárquica tratase de organizar el consenso político mediante el turno entre los partidos Conservador y Liberal. Ya se ha explicado que la tierra se había convertido desde las desamortizaciones y abolición de los señoríos en un factor de persistente enfrentamiento social. En concreto, en 1882 el ministro de Hacienda Juan F. Camacho proyectaba la privatización de los montes públicos, lo que ampliaba los afanes de potenciales compradores, pero también las zozobras de muchos más campesinos que perderían recursos de subsistencia y experimentarían nuevas formas de trabajo proletarizado. Además, no solo en las comarcas latifundistas, donde el antagonismo social era más explícito contra los grandes propietarios, como se explicará más adelante, sino en una más amplia geografía agraria donde el empobrecimiento o la lucha por la supervivencia se manifestó en delitos de hurto de productos en campos de cultivo, incendio de cosechas, caza furtiva o matanza de ganado.

Es muy revelador el caso de las protestas violentas de los arrendatarios de la huerta valenciana entre 1878 y 1879, que se negaron a pagar a los propietarios, instalados en la ciudad, porque la sequía había mermado las cosechas. No atacaron a los propietarios, sino que incendiaron las cosechas y barracas de los arrendatarios que habían pagado por la sequía. Los pasquines aparecidos en Valencia fueron explícitos: "Se quema por pagar al amo". Por otra parte, la huelga reaparecía como forma de lucha social, aunque muy esporádicamente, ya fuesen los albañiles en Madrid en 1877, los tipógrafos en 1882, los carpinteros y ladrilleros en Barcelona, los curtidores en Valencia, los empleados de Larios en Málaga... en general para exigir aumento de salarios y localizadas en una empresa o en un oficio dentro de una localidad.

En este contexto, el que fuera el ministro de la abolición de la esclavitud en Puerto Rico en 1870, Segismundo Moret, volvió a ser ministro de Gobernación en 1883 brevemente y decretó la creación de una comisión nacional, con subcomisiones provinciales y locales, cuyo título oficial reflejaba explícitamente el objetivo encomendado: *Comisión para el estudio de las cuestiones que interesan a la mejora o bienestar de las clases obreras, tanto agrícolas como industriales, y que afectan a las relaciones entre el capital y el trabajo.* Era una idea propia del krausismo extendido desde la Institución Libre de Enseñanza, aunque primero la presidió Cánovas, gesto de consenso con el conservadurismo. Desde 1884 la presidió el propio Moret con la rotunda implicación de republicanos tan reconocidos como Gumersindo de Azcárate, Federico Rubio, José C. Sorní y Gabriel Rodríguez, junto a demócratas liberales como José Canalejas y conservadores como Andrés Mellado y personalidades como el krausopositivista Urbano González Serrano.

Se propusieron elaborar medidas legislativas apoyadas en un conocimiento científico de la realidad, por eso pidieron información a todos los sectores sociales, pensando que la asociación de intereses diferentes era posible y solo así tendrían legitimidad en su aplicación. El Estado, por tanto, debía mediar entre las clases sociales, y de ahí que situasen como asuntos prioritarios los jurados mixtos, las condiciones de trabajo, el retiro obrero, la vivienda, los bancos agrícolas para el acceso a la propiedad de la tierra, las sociedades mutualistas y la opción de cooperativas de producción y consumo. Eran ideas que ya estaban en el ambiente europeo y que, en concreto, bebían del socioliberalismo de John Stuart Mill.

Sus resultados se quedaron de momento en el papel, pero fue muy importante que solicitasen colaboración a los socialistas y anarquistas, todavía con una muy limitada presencia social, pero reconocidos ya como portavoces de los obreros. Los primeros aceptaron participar en los trabajos requeridos por la Comisión, aunque pensaron que sus integrantes "representan los intereses de la clase explotadora" y, por tanto, esta clase nunca dejaría que se tomaran decisiones "en perjuicio suyo". En todo caso, para Pablo Iglesias más valía participar, al menos podrían propagar sus ideas y exigencias, y ahí quedó un documento de enorme relevancia social, el informe elaborado por Jaime Vera para la Comisión. Por el contrario, los anarquistas se opusieron totalmente.

ANARQUISTAS Y SOCIALISTAS EN ACCIÓN

La situación política, en efecto, no favorecía implicarse en las tareas de dicha Comisión. Conviene recordar que el Gobierno republicano de Castelar en 1873, como respuesta a la rebelión cantonal, había comenzado la represión de las actividades de la Federación Regional Española de la AIT (I Internacional). En enero de 1874 el Gobierno de Serrano la había disuelto y solo pudieron moverse en la clandestinidad, lo que, al no poder desplegar cometidos sindicales, pudo contribuir al predominio de las tesis de insurrección anarquista, más propias del secretismo organizativo. Sin embargo, militantes como el médico García Viñas y el grabador González Morago habían logrado viajar para representar a la Federación Regional Española en el congreso de la AIT de 1877 en Viviers, donde se aprobó la "propaganda por el hecho" como fórmula prioritaria para la revolución. También pudieron acoger las visitas de Malatesta y Kropotkin.

En ese congreso de Viviers se habían perfilado dos tendencias. Eran las soluciones del anarquismo para la "cuestión social". Los anarcocolectivistas aspiraban a una sociedad sin Estado, basada en la propiedad colectiva en la que los propios productores administrarían los asuntos comunes mediante federaciones libres de cooperación y planificación del trabajo, de las retribuciones y de la distribución de productos, aplicando la fórmula de "a cada cual según su aportación". Bakunin era su principal defensor, mientras que Kropotkin y Malatesta propusieron un comunismo libertario o anarcocomunismo. Mantuvieron una diferencia conceptual importante: los primeros sostuvieron la lógica del salario y la propiedad del trabajo de modo que la sociedad se organizaría con la fórmula de "a cada cual según su aportación", mientras que los anarcocomunistas pensaron una sociedad regulada con el criterio de exigir de "cada cual según sus fuerzas, [y retribuir] a cada cual según sus necesidades". En estos años predominaron los primeros, pero pronto adquirieron un peso decisivo los segundos gracias a la influencia de activistas como Errico Malatesta. Por supuesto compartían la abolición del Estado e implantar la colectivización de la propiedad.

Con independencia de estos debates sobre la futura sociedad comunista, lo cierto es que en estos años se asoció anarquismo con terrorismo, al reducirse la llamada "propaganda por el hecho" a la realización de magnicidios y atentados. Era una táctica endeudada con los *naródnik* (populistas) rusos, que pensaban que una acción violenta, aunque fuera individual, animaría y desencadenaría la rebelión popular. En 1878 ya hubo un atentado contra el rey Alfonso XII, en la estela de los atentados realizados en Rusia contra un jefe de policía y en Alemania contra el emperador. Su autor, un joven tonelero, fue ejecutado de inmediato, como también el pastelero que al año siguiente repitió el atentado. Pensaban que el rey era "la clave de la bóveda de este orden burgués", según indicaba la propia prensa anarquista, y, por tanto, el magnicidio crearía el vacío de poder necesario para la revolución social. Sin embargo, el efecto fue el contrario: la represión aplicada por el Estado debilitó extraordinariamente la organización del anarquismo. Ahora bien, la "propaganda por el hecho" fue bastante más que los actos concretos de violencia. Significaba todo cuanto fuera necesario para demostrar las capacidades del pueblo en tareas de emancipación social como la educación, la publicística o la creación de redes sociales. Fueron tareas que los anarquistas practicaron con entusiasmo y abnegación cuyas iniciativas se expondrán en posteriores apartados.

Entretanto, los pocos internacionalistas seguidores de Marx, expulsados en 1872 de la Federación Regional Española de la AIT por los bakuninistas, habían formado una Federación Madrileña que había logrado el aval de la Internacional. Durante la Primera República habían manifestado su predisposición a apoyar a los "hermanos republicanos democráticos federales". Al ser prohibida la Internacional en 1874, se cobijaron en la "Asociación del Arte de Imprimir", fórmula que le permitió a este grupo de artesanos y aprendices, con Pablo Iglesias y Juan José Morato, entre otros, mantenerse como sociedad de resistencia y ayuda mutua. Otro tipógrafo, José Mesa, tras cerrarse el semanario que dirigía, *La Emancipación*, pudo viajar y contactar con Marx, Engels, Lafargue y, sobre todo, con Jules Guesde, relaciones decisivas para convencer a sus compañeros; y así, un 2 de mayo de 1879, en una comida en una taberna, 16 tipógrafos, tres artesanos y un par de profesionales decidieron fundar el Partido Socialista Obrero Español. En julio de ese año no más de 40 militantes celebraron su primera asamblea, eligieron secretario a Pablo Iglesias y aprobaron un manifiesto que sentaba las bases y las metas.

El punto de partida no era otro que el antagonismo entre la clase poseedora de las riquezas y la clase que las produce y no las goza, que está "falta de alimento físico, de alimento intelectual, de educación, de comodidades", lo que exigía luchar por "el ideal pleno", alcanzar el "poder político por la clase trabajadora" para abolir las clases e implantar la propiedad social y la emancipación de todas las personas. Era la meta máxima, pero mientras se llegaba a ese objetivo, de modo paciente y educando a las clases trabajadoras, había que precisar metas inmediatas de reivindicaciones y mejoras en la vida de los trabajadores. El socialismo, por tanto, tenía que organizarse como partido y como asociación obrera, en enfrentamiento abierto contra la clase poseedora de los medios de producción, sin alianzas posibles con "clases medias" que, tal y como habían demostrado, siempre terminaban del lado de la burguesía. En esa lucha política y sindical era decisivo "desenmascarar a los hombres de los partidos burgueses avanzados", esto es, a los demócratas y republicanos que tratan de seducir a los proletarios. Por eso en estas primeras décadas se opusieron a cualquier alianza política. Se concentraron en robustecerse como "clase obrera organizada" en lo sindical y en lo político y educar en los nuevos valores mediante mítines y prensa a los trabajadores. Una táctica que, sumada a los obstáculos represivos que tuvieron que afrontar, explicaría su lentísima expansión en la vida política.

Pudieron salir de la clandestinidad cuando en 1881 el Gobierno de Sagasta permitió a las asociaciones obreras trabajar a la luz del día, aunque hasta 1887, cuando Sagasta volviera a gobernar de nuevo, no se aprobaría la Ley de Asociaciones que permitiría la plena legalización. Así, mientras el PSOE comenzaba su andadura, ese mismo año de 1881 se disolvía la Federación Regional Española de una Primera Internacional que ya no existía. Los anarquistas españoles se organizaron en una nueva Federación de Trabajadores de la Región Española (FTRE), sin vínculos formales con el internacionalismo y con una persistente disputa. Por un lado, los anarcocolectivistas, asentados sobre todo entre trabajadores de las manufacturas catalanas, fueron partidarios de reforzar el sindicalismo dentro de cauces a ser posible legales, pues optaban no por una emancipación violenta sino por valerse de los instrumentos de la "revolución científica, cuya base es la instrucción y la ilustración de la clase proletaria". Enfrente, los anarcocomunistas predominaban en las comarcas agrarias de la Baja Andalucía, con una cuantiosa población de jornaleros, contexto donde practicaron la "propaganda por el hecho", organizados en grupos de acción, más o menos secretos.

Al año de existencia, en 1882, con motivo de tres asesinatos ocurridos en la comarca de Jerez, la FTRE sufrió en Andalucía una redada dirigida a todos cuantos eran sospechosos de militancia, unos 5.000 entre Jerez y Cádiz y centenares en las comarcas de los latifundios sevillanos. En los últimos meses habían proliferado incendios en propiedades, talas de montes, robos... Justo en esos meses se estaba discutiendo en las Cortes el citado proyecto de desamortización de montes públicos planteado por el ministro de Hacienda Juan F. Camacho. La Guardia Civil argumentó haber descubierto los estatutos de una sociedad secreta, la Mano Negra, creada para realizar "la revolución social violenta". El Tribunal Supremo confirmó siete condenas a muerte y diez a cadena perpetua para los líderes comarcales, aunque la FTRE negó en sucesivos congresos la autenticidad de esa organización y proclamó su oposición al robo, secuestro o asesinato de propietarios que se decía en esos supuestos estatutos secretos.

El resultado fue pésimo para la FTRE. Se agravaron las tensiones entre los partidarios de la acción directa y los proclives a centrarse en una lucha sindical, revolucionaria, pero, a ser posible, legal; y sobre todo se creó desde la prensa un ambiente de pánico social a las ideas del internacionalismo proletario como sinónimo de violencia y caos. De hecho, la militancia de la FTRE bajó tan drásticamente y tuvo tan difícil recomponerse que en 1888 acordaron disolverse para crear un doble instrumento: el sindical, la Federación de Resistencia al Capital, y el propiamente revolucionario, la Organización Anarquista de la Región Española, sin estatutos ni normas. Apenas duraron un año. El anarquismo entró en la siguiente década en una atomización organizativa dedicada sobre todo a la "propaganda por el hecho" en sus diversas facetas ya explicadas.

Por su parte, en 1882 los socialistas de la Asociación del Arte de Imprimir, una sociedad de resistencia y ayuda mutua, con casi dos tercios de los tipógrafos madrileños afiliados, más de mil, convocó una huelga que supuso la cárcel para Pablo Iglesias, al que defendió Pi y Margall. La solidaridad se plasmó en la creación de sociedades de tipógrafos por otras ciudades y la expansión del modelo a otros oficios, como carpinteros, canteros o metalúrgicos, entre los que se expandió la cercanía al socialismo desde Barcelona y Valencia a Málaga o Bilbao... Incluso en Madrid se presentó por primera vez en 1882 una candidatura socialista en las elecciones al ayuntamiento, aunque no eran elegibles el tipógrafo, el carpintero y el tornero que fueron propuestos.

Al año siguiente, los socialistas aceptaron colaborar con la recién creada Comisión de Reformas Sociales. Se ha citado antes el análisis de la situación de los trabajadores españoles elaborado por Jaime Vera, el primero realizado con un enfoque marxista. En 1886 comenzó la publicación del semanario *El Socialista* con la evidente finalidad de expandir un ideario en cuya elaboración ya surgieron discrepancias en el modo de relacionarse con los republicanos. Sin embargo, Iglesias, con influencia del socialista francés Jules Guesde, opuesto a toda connivencia con los republicanos, por represores de la Comuna de París, mantuvo similar postura antipolítica para España y optó por "combatir a todos los partidos burgueses y especialmente las doctrinas de los avanzados", aunque prefiriese un régimen republicano a uno monárquico. Por el contrario, Jaime Vera consideró a los republicanos como potenciales aliados en todo momento.

Se llegó así a la Ley de Asociaciones de 1887, que permitió legalizar partidos y sindicatos. También a la ley de 1890 que recuperó el sufragio universal masculino. Los socialistas legalizaron su partido, que comenzó a competir electoralmente, y también fueron artífices en 1888, con Iglesias a la cabeza, de la creación en Barcelona de la primera organización nacional de sociedades obreras que se llamó Unión General de Trabajadores (UGT). En ese año representaba a menos de un centenar de sociedades de oficios, más de la mitad de Cataluña, y poco más de 5.000 afiliados. Expresamente solo tenía como objetivo la defensa de los trabajadores, sin adscripción política. Fue el PSOE el que, en un congreso celebrado a los pocos días de constituirse la UGT, estableció que sus militantes también se inscribieran en la correspondiente sección de la UGT. Pablo Iglesias asumió la dirección de ambas entidades, que comenzaron una andadura compartida en metas y también con importantes tensiones.

MUTUALISMO Y ACCIONES COLECTIVAS

En todo caso, más que este sindicalismo exclusivamente obrero, muy embrionario en estos años, la auténtica fuerza social de los trabajadores se asentaba en el ya citado movimiento societario o mutualista, esto es, de asociaciones de defensa del oficio y retribución del trabajo, resistencia ante el patrono y cooperación solidaria mediante cuotas para momentos de enfermedad, paro, vejez... Era un asociacionismo fomentado desde la década de 1840 por los demócrata-republicanos entre menestrales y empleados de comercios y talleres que había consolidado una cultura política de solidaridad o socorro mutuo muy extensa, incluso entre las clases campesinas. Se trata de una faceta que cuenta con investigaciones que confirman el decisivo papel de los republicanos en el desarrollo de asociacionismo mutualista desde la década de 1880 tanto en ciudades como en poblaciones agrarias, sobre todo en comarcas, como las vitícolas o de huerta, donde los impactos internacionales del capitalismo estimularon la necesidad de uniones cooperativas o de resistencia. Los datos cuantitativos sobre las sociedades de socorros mutuos no son finos hasta que el Instituto de Reformas Sociales comenzó a elaborar estadísticas precisas en las que, sin embargo, se mezclaban estas asociaciones con las registradas para todo tipo de actividad, de modo que para 1904 se pueden contabilizar oficialmente 1.271 dedicadas a socorros mutuos, con 238.351 integrantes; la mitad eran mutuas de trabajadores sin diferenciar oficios y en gran parte de carácter local. La estadística de 1916 arrojaba la cifra de 4.517 entidades de socorros mutuos, de oficios varios y con no más de una quinta parte exclusivamente obreras.

Aunque el Estado no las reguló de modo específico y resulta difícil precisar el peso efectivo en la vida social de los trabajadores, lo cierto es que, si estas sociedades socorrían a sus miembros en casos de enfermedad, defunción o vejez, los sindicatos añadieron la cuota de los afiliados el socorro o caja de resistencia en casos de huelga, despido injusto, accidente laboral, indemnización si eran declarados inútiles, así como la propaganda y el mantenimiento de la sociedad. En concreto, los socialistas comenzaron su andadura a partir de la "Asociación del Arte de Imprimir" formada por tipógrafos. Por otra parte, en importantes comarcas agrarias de Andalucía, Valencia y Cataluña se trasvasaron republicanos y anarquistas con idearios compartidos sobre el derecho a la tierra, aunque en teoría enarbolasen metas opuestas.

A esto se sumaba que republicanos, socialistas y anarquistas mantuvieron en común metas tan concretas como la abolición de las quintas, la justicia en los impuestos o la implantación de una educación laica en contra del influjo clerical. Y lo que es más importante, un imaginario maniqueo de pueblo y ciudadanos trabajadores frente a oligarquías explotadoras, conservadoras y clericales, que usaban la fuerza del Ejército y la Guardia Civil para impedir el progreso humano de todas las personas. Era el Estado, por tanto, el que obligaba a lanzarse a la acción revolucionaria para alcanzar la victoria del pueblo.

Por eso fue importante la creación en 1883 de una citada *Comisión* que daba por válida la perspectiva dicotómica de la sociedad y, por eso precisamente, se planteaba el "estudio de la mejora o bienestar de las clases obreras [y] las relaciones entre el capital y el trabajo". Baste recordar el informe presentado por los socialistas, elaborado por Jaime Vera, donde se puso en cuestión el sistema capitalista, siguiendo el antagonismo dicotómico planteado por el internacionalismo tanto socialista como anarquista. Anunciaba que "morirá mañana con la revolución proletaria", pero esta perspectiva era la excepción. Predominaron los informes enviados desde sociedades obreras o por profesionales (médicos, profesores, ingenieros, clérigos) que analizaron las condiciones tan precarias de vida y de trabajo en las distintas provincias y que propusieron medidas reformistas como fomentar mutualidades de socorros, cooperativas de producción y consumo, entidades de ahorro y, por supuesto, enarbolando siempre la propiedad como valor necesario para la armonía de la sociedad.

La Comisión de Reformas Sociales desarrolló una tarea de análisis y documentación, sin capacidad ejecutiva. En todo caso, conviene reiterarlo, el mutualismo y el asociacionismo liderado por republicanos fueron preponderantes hasta bien entrado el siglo XX. En las décadas finales del siglo XIX las asociaciones de carácter sindical formadas por socialistas y anarquistas tenían un peso limitado y su implantación y movilizaciones eran secundarias en aquel entonces, lo que no impidió que tanto socialistas como anarquistas compartieran debates, estrategias y tácticas con sus congéneres de los países europeos, cuyo desarrollo capitalista era mucho más pujante. Por otra parte, recursos como la huelga y la acción directa se toparon con un Estado cuya respuesta primera fue siempre la represión. No obstante, la legalización de las asociaciones políticas y sindicales desde 1887 y la restauración del sufragio universal masculino en 1890, junto con la libertad de prensa y manifestación (a pesar de momentos de restricción), abrieron la esfera pública a nuevas oportunidades para la movilización.

Cambiaron las modalidades de acción colectiva, que adquirieron mayor visibilidad no solo en las ciudades sino también en las poblaciones agrarias. Desde la década de 1890 los actos de masas, ya iniciados por los republicanos en el Sexenio democrático, se hicieron cada vez más frecuentes y, sobre todo, abrieron una brecha significativa en los procesos electorales. En concreto, en 1893, a pesar de las redes clientelares de los partidos dinásticos y de sus controles caciquiles, la Unión Republicana que sumó a federales de Pi, centralistas de Salmerón y progresistas de Ruiz Zorrilla (recién fallecido) logró 35 de 400 escaños, a los que no sobra sumarles los 14 del Partido Demócrata Posibilista de Castelar. Fue un resultado importante no por el número sino por la relevancia política de ganar en Madrid, Barcelona, Zaragoza y Gijón, tras una campaña en la que se comprobó el éxito de sus mítines y concentraciones de miles de madrileños en la Pradera de San Isidro, en barrios obreros de Barcelona o, por ejemplo, en pueblos de las comarcas agrarias del Penedés y Campo de Tarragona, lo que demostraba, por un lado, que persistía una amplia adhesión sociológica al ideario republicano y, por otro, que, una vez movilizados, podían crecer a pesar de los obstáculos del sistema.

En efecto, ante semejante impacto, el Gobierno suspendió los derechos constitucionales y destituyó a numerosos concejales republicanos por miedo a que ampliaran su expansión desde los ayuntamientos. Esta decisión hizo asomar de nuevo la tendencia a la insurrección entre los republicanos, que iniciaron cábalas conspiratorias con militares de importantes guarniciones e incluso la organización de partidas. Fracasaron estos movimientos, la Unión Republicana se deshizo y el republicanismo decayó electoralmente. Prosiguieron, no obstante, con un activismo importante por localidades, presentándose a las elecciones municipales y, sobre todo, manteniendo la agitación y propaganda desde los ateneos, la prensa y las protestas tradicionales contra las quintas, los impuestos y la carestía de la vida.

A este repertorio de acciones colectivas se añadieron desde el movimiento obrero las huelgas. En efecto, las huelgas, prohibidas totalmente con rango de delito, se convirtieron en noticias nacionales y, conviene subrayar el dato, con demasiada frecuencia hubo muertos a manos de las fuerzas del Ejército o de la Guardia Civil que el Gobierno enviaba para impedirlas. En la década de 1880 ya hubo al menos casi dos centenares de huelgas de las que informó la prensa, la mayoría en Cataluña y por trabajadores de rango artesanal, como los tipógrafos o los tejedores, porque en esta época, como también ocurría en Europa, la resistencia principal al avance del mercado procedía de los trabajadores tradicionales, que se sentían mucho más amenazados que los trabajadores de la industria fabril. Adquirió especial resonancia la huelga de 1888 en Riotinto: 6.000 mineros opuestos a cobrar solo medio jornal el día que el humo de las calcinaciones no les permitía trabajar. En la represión se mató a 20 obreros.

Siguieron las huelgas en Cataluña en casi todos los sectores laborales, y en la década de 1890 se expandieron como forma de lucha, lo que evidenció la imposible armonía con una patronal parapetada en modos de explotación insoportables. Significativamente se inauguró ese año de 1890 la celebración de una jornada que quiso distinguir y exaltar la identidad de clase de los trabajadores y mitificar la lucha por una sociedad sin clases. Nació como parte del nuevo espacio y tiempo global que estaba creando el desarrollo capitalista a escala internacional. Así, la recién constituida Segunda Internacional (1889), formada por los partidos socialistas de inspiración marxista, acordó celebrar cada 1 de mayo el Día Internacional de los Trabajadores en homenaje a los sindicalistas anarquistas de Chicago que, en 1886, en una huelga donde reclamaban ocho horas de trabajo frente a las jornadas de 12 a 16 horas existentes, fueron ejecutados en un juicio cuya falsedad en las acusaciones fue reconocida posteriormente.

Se planteó como convocatoria en un espacio público transnacional, un acto de solidaridad sin fronteras para reivindicar a los Estados demandas bien concretas. En este momento, frente a las jornadas de trabajo extenuantes, se reivindicó la división equilibrada de ocho horas de trabajo, ocho para el tiempo de ocio y placer, y ocho para dormir, fórmula mínima para un legítimo bienestar individual y, por tanto, social. En España convocaron la celebración del 1º de Mayo socialistas y anarquistas, por separado. Tuvieron mayor resonancia las protagonizadas por los socialistas, aunque la participación fue minoritaria y desigual en España. La prensa, en todo caso, se hizo eco de la presencia de un nuevo actor histórico. Hubo mítines seguidos de manifestaciones. Se calcularon unos 15.000 en Barcelona, otros tantos en Bilbao y destacaron los casi 30.000 en Madrid (celebrado el domingo 4 de mayo), donde nada menos que el presidente del Gobierno, Sagasta, recogió las demandas de una jornada de ocho horas, abolir el trabajo a destajo, reducir a seis horas la jornada de los menores de 18 años, prohibir el trabajo de menores de 14 años, suprimir el trabajo nocturno de mujeres y jóvenes, y una serie de medidas de higiene laboral. Se la entregó una comisión cuyo portavoz, Pablo Iglesias, al salir del encuentro, pidió la disolución pacífica de los manifestantes, y así fue.

Sin embargo, la manifestación del 1º de Mayo fue la espoleta para un conflicto de envergadura en las minas de Vizcaya. Una empresa minera despidió a cinco obreros socialistas protagonistas en la manifestación del 1º de Mayo. Una decisión que provocó una huelga de solidaridad al grito de "¡Vivan las ocho horas de trabajo! ¡Vivan los socialistas!". En pocos días se sumaron más de 8.000 mineros, el Gobierno declaró el estado de excepción, de modo que el poder pasó a manos de los militares, que tuvieron que asumir el orden público, mientras miles de manifestantes exigían no solo la jornada de ocho horas, sino la desaparición del sistema tan oprobioso de los barracones donde se hacinaban y aquellas cantinas, "tiendas obligatorias", donde tenían que comprar en cada mina sus trabajadores. Se extendieron huelgas por solidaridad en gran parte de los sectores laborales de la ciudad de Bilbao. Al fin, tras dos semanas de huelga, obreros y patronos acordaron suprimir las cantinas y los barracones y bajar la jornada a once o nueve horas, según la estación del año.

Los patronos no cumplieron todo lo acordado y los mineros tuvieron que ir a la huelga de nuevo en 1892. En ese momento ya se había puesto en marcha el sufragio universal masculino y los socialistas habían presentado en 1891 candidatos propios, sin alianzas con los republicanos, con el objetivo no de arrancar "a la burguesía leyes benéficas" para los obreros, sino ante todo para que "la inmunidad de un diputado socialista" permitiera organizar al proletariado "dirigiendo huelgas, denunciando desde la tribuna las iniquidades" y, si se infringiera la inmunidad, entonces serviría para "poner de relieve la lucha de clases". Así se expresaba Iglesias en un mitin en Madrid donde obtuvo 1.349 votos. En Bilbao un poco más de mil, y en total, sumando los votos de las 14 poblaciones donde se presentaron, fueron unos 5.000 los votos. Ahora bien, en las municipales lograron concejales por primera vez en los ayuntamientos, en concreto en Bilbao y en Valle de Trápaga (entonces San Salvador del Valle). El despegue electoral de los socialistas fue muy lento. En 1898 se presentaron por 22 circunscripciones y lograron 20.000 votos, concentrados en el País Vasco, Madrid, Asturias y Zaragoza, mientras que en las municipales lograban concejales en Bilbao, Baracaldo, El Ferrol, Mataró, Manresa, Burgos y Córdoba.

'PROPAGANDA POR EL HECHO' Y ESCALADA REPRESIVA

Entretanto, en la última década del siglo, el anarquismo sobrevivió fragmentado entre sociedades de resistencia y núcleos de activistas instalados sobre todo en Cataluña y en comarcas de la Baja Andalucía. Defendieron la jornada de ocho horas, organizaron mítines contra las elecciones y, sobre todo, lograron un impacto internacional con la violencia ejercida en la "propaganda por el hecho". Fue la bomba que pusieron en la sede de la patronal catalana en 1891 y luego tres bombas en la Alameda de Cádiz, que supuso la ejecución de tres sospechosos. Mayor repercusión alcanzó la marcha de campesinos en paro de la comarca de Jerez, que en enero de 1892 ocuparon esta ciudad, armados de hoces y palos. La Guardia Civil los dispersó, con la muerte de un obrero, un propietario y un viajante. La justicia ejecutó con garrote vil a cuatro campesinos.

Al año siguiente, el atentado al general Martínez Campos, que salió ileso, y la inmediata ejecución de su autor subió el nivel de venganza de los anarquistas con una bomba en el Liceo de Barcelona en 1893, con 20 muertos y decenas de heridos que sembraron el pánico entre las clases propietarias. Se abrió una guerra social, y las Cortes, para evitar ambigüedad en la aplicación del Código Penal, aprobaron en 1894 la primera ley especial "sobre atentados contra las personas o daños en las cosas por medio de aparatos o sustancias explosivas". Se cerrarían las asociaciones que facilitasen la comisión de delitos de violencia contra personas o cosas por esos medios que antes no existían en el Código Penal, y también si, "de palabra o por escrito", animaban a realizarlos. No se mentaba el anarquismo, aunque se le citó ampliamente en los debates y solo la minoría republicana defendió el derecho a "manifestar cuáles son aquellas ideas que respecto a la organización social estiman como mejores".

No por eso amainó la violencia: en 1896 el atentado en la procesión del Corpus en Barcelona produjo 12 muertos, fueron detenidos en torno a 400 obreros vinculados con el anarquismo, con líderes como Anselmo Lorenzo, Pere Coromines o Teresa Claramunt. Denunciaron torturas y fueron juzgados por lo militar 87 de ellos en los llamados "procesos de Montjuïc", se condenó y ejecutó a cinco detenidos y el Gobierno de Cánovas endureció los castigos previstos en la anterior ley con una modificación que apuntó directamente al anarquismo al establecer la supresión de "periódicos y centros anarquistas" y la persecución de cuantas personas "de palabra, por escrito o cualquier otro medio" propagasen ideas de violencia social. Todo esto serían delitos sometidos a la jurisdicción militar "en juicio sumarísimo si el delito fuese flagrante". Más aún, se creó un "nuevo cuerpo de policía judicial" para perseguir tales delitos. Esta ley, calificada por los republicanos como "bárbara y antidemocrática", tuvo vigencia tres años y, al cumplirse, se volvió a la norma de 1894, menos drástica. En el camino, la venganza anarquista a la ley vino de mano de un italiano que en

1897 mató a Cánovas y en el juicio argumentó que era la respuesta a las torturas practicadas en el "proceso de Montjuïc" y por solidaridad con quienes sufrían la miseria e injusticia social. Fue un magnicidio similar al realizado por anarquistas en otros países, como el de "Sisi", emperatriz austríaca, el presidente de los Estados Unidos y más tarde el rey de Portugal. Sin embargo, en este caso, para la prensa internacional este magnicidio quedó asociado a las torturas practicadas a los detenidos y a la ineficacia del Gobierno español.

Quizás no por casualidad, la prensa anarquista española realizó un extraordinario despliegue de propaganda pacífica en sus periódicos, como *La Revista Blanca* y *Tierra y Libertad*, que, bajo la batuta de Federico Urales y Soledad Gustavo, lograron reunir en sus páginas las firmas de intelectuales como Leopoldo Alas "Clarín", Unamuno y Giner de los Ríos junto a las de anarquistas internacionales como Élisée Reclus y los españoles Anselmo Lorenzo, Ricardo Mella, Fernando Tarrida del Mármol o Teresa Claramunt. Sin duda, el anarquismo, aunque siempre mantuvo la violencia como posibilidad táctica, también albergó en su seno facetas de librepensamiento y de sueños pacíficos de emancipación que podían incluir desde la práctica del amor libre hasta el veganismo o el espiritismo.

En todo caso, el siglo terminó con movilizaciones de socialistas, anarquistas y republicanos federales de Pi y Margall contra la guerra en Cuba. Se oponían no tanto a la guerra como al reclutamiento de soldados que no podían pagarse la redención del servicio militar. Sobre el fondo de la guerra los argumentos fueron dispares. Los republicanos federales defendieron la paz, pero no la independencia, pues debía establecerse la federación con Cuba, mientras admiraban el modelo político de los Estados Unidos. Los socialistas fueron los que mayor activismo desplegaron contra una guerra que no era por la patria sino por los intereses de la burguesía. Por eso, en las elecciones de 1898 concurrieron con el lema de que tenían que ir a la guerra "o todos o ninguno" de los jóvenes. Por su parte, los anarquistas estuvieron más preocupados por la represión que sufrían y criticaron obviamente el sistema de quintas, pero también, coincidiendo en parte con los conservadores, apuntaban contra los Estados Unidos, cuyos poderes capitalistas habían engañado a cubanos y españoles, de modo que para Cuba proponía la revolución social, sin entrar en más consideraciones.

4. EL PUEBLO Y EL OBRERO FRENTE A LOS PODERES (1898-1917)

Las guerras en Cuba y Filipinas, con la derrota ante los Estados Unidos, tuvieron impactos indudables, aunque su carácter y calibre sea una cuestión debatida entre los historiadores. Aquí se revisarán tres repercusiones: la eclosión regeneracionista entre los intelectuales, el recrudecimiento del anticlericalismo entre clases medias y populares, y la expansión de un antimilitarismo ambiguo entre esos mismos grupos sociales. Se le debe sumar la entrada del nacionalismo catalán en la escena política. Constituyeron factores de crítica y enfrentamiento contra los poderes de los dos partidos gobernantes y afectaron a los programas y actuaciones tanto de republicanos como de socialistas y anarquistas.

AMALGAMA DE ESTRATEGIAS: RADICALISMOS Y RIVALIDADES

Además, desde los años de cambio de siglo, cuando arreciaron las protestas contra el caciquismo electoral, se abrieron grietas crecientes dentro del entramado de poderes clientelares amasados entre élites locales e instituciones gubernamentales. Emergieron minorías dentro del Parlamento y en los ayuntamientos, sobre todo de la mano de los republicanos y los regionalistas o nacionalistas. Conviene recordar algunos datos. En las elecciones de 1901 en Barcelona se rompió el turno de partidos dinásticos: ganaron los republicanos, con Lerroux al frente, y los catalanistas de la Lliga Regionalista. La movilización por un voto limpio obtuvo resultados significativos no solo en grandes ciudades como Barcelona, Madrid, Valencia y Bilbao, sino en casi todas las capitales de provincia y en una amplia geografía de comarcas agrarias donde el republicanismo alcanzó un fuerte arraigo. Sin duda, el régimen de la Restauración no era tan cerrado como denunciaban Joaquín Costa y otros intelectuales, aunque evidentemente no llegó a la categoría de democracia. Por eso no deben desdeñarse los datos electorales, aunque la maquinaria clientelar lograse sucesivos triunfos para los dos partidos dinásticos, porque esos triunfos cada vez fueron más estrechos, con denuncias constantes de fraudes. Sin duda, las transformaciones sociales y económicas crearon espacios no sometidos a las redes clientelares procedentes de épocas de sufragio censitario, tal y como se comprobó en las elecciones generales de 1903, 1907 y 1910, cuando, por primera vez, entró un socialista en el Parlamento. Es cierto que no se pueden magnificar unos triunfos que, siempre con bajos porcentajes de participación, solo alcanzaron un máximo de 36 diputados republicanos en 1903, y en el caso de los socialistas su máximo fueron siete diputados en 1923.

Con semejante panorama, la cultura democrática de avalar y defender la legitimidad de un Gobierno a partir de los votos contaba con muy limitados defensores. Los anarquistas rechazaban de plano el valor del voto, su estrategia era directamente revolucionaria; los socialistas solo defendían la vía parlamentaria como ariete temporal y circunstancial; y los republicanos, aunque propugnaban métodos legales, no rechazaban el mito de la insurrección, fuese con el pueblo en armas o por conspiración de militares afines. Es más, el republicano Joaquín

Costa, apasionado denunciante del caciquismo oligárquico, propuso nada menos que un "cirujano de hierro" que gobernase sin el Parlamento. Solo los seguidores de Salmerón y los demócratas del Partido Reformista, creado en 1912, se distanciaron de la táctica insurreccional.

Eso sí, todos usaban los conceptos de pueblo, república democrática, progreso y emancipación social contra las clases dominantes, pero no con significados unívocos. En la práctica solo coincidían en rechazar la monarquía constitucional implantada por los liberales moderados desde 1845 y restaurada en 1876, por no tener base racional semejante concentración de poder con carácter de inviolabilidad, para colmo, y ser, por tanto, incompatible con los principios de soberanía nacional y de democracia ciudadana. Pensaban que la República sería la solución, por más que albergasen expectativas contradictorias, desde los reformismos de calado pequeñoburgués hasta los sueños de revolución obrerista, incluyendo propuestas más o menos federales y municipalistas, y rozando con frecuencia retóricas demagógicas.

De hecho, en la historiografía sobre el republicanismo se constatan anclajes sociológicos heterogéneos, según sus corrientes políticas. Se podrían simplificar en un republicanismo de clases profesionales e intelectuales más preocupados por la aplicación de la razón científica, la pureza de los principios democráticos, el cumplimiento de los derechos civiles y políticos, el fortalecimiento del vínculo entre electores y elegidos y una organización descentralizada del Estado como institución de una nación plural en su propia esencia; y ese otro republicanismo cuyo eslogan de igualdad y dignidad en el trabajo calaba entre clases populares urbanas y campesinas con exigencias prioritariamente sociales, fuesen las quintas, los consumos, la legislación laboral, la reforma agraria o la instrucción pública. Evidentemente se producían solapamientos entre ambas dimensiones, pues la idea de República, conviene reiterarlo, se convirtió en un pozo sin fondo, como también la referencia al pueblo. Arquetipos de esta suma de principios políticos y exigencias sociales fueron dos personajes de importancia relevante en estas décadas, Lerroux y Blasco Ibáñez, que encabezaron los primeros populismos de nuestra historia con movilizaciones que agruparon a obreros, menestrales, aparceros y pequeños propietarios contra las clases dominantes. Fueron movimientos para abolir los poderes y privilegios de unas clases e instituciones ancladas en intereses y valores considerados propios del Antiguo Régimen. Por otra parte, abrieron las compuertas a la irrupción política de las masas con unas metas de democratización social lideradas por republicanos.

La ideología republicana, aunque fragmentada en distintos partidos, enfrentados entre sí, tal y como se ha expuesto antes, o también enarbolada por anarquistas y socialistas, constituyó la plataforma que abrió caminos para aspiraciones sociales y exigencias políticas de nuevo cuño. En concreto, desde 1901

Lerroux fue elegido diputado republicano en los barrios obreros de Barcelona, con un notable porcentaje de inmigrantes, a los que atraía con discursos insultantes contra la patronal, contra el clero "por engañar al pueblo", y enarbolando un patriotismo de regeneración española desde abajo, opuesto al catalanismo de la burguesía, que en ese momento cuajaba como Lliga Regionalista. En 1908 fundó el Partido Republicano Radical, que tendría un largo recorrido. En sus inicios, sin duda, prefiguró modos agresivos y programas que hoy catalogamos de populistas, aunque bien cabría considerar que predicaban exigencias elementales contra los poderes establecidos. Por eso acogió un abanico de aspiraciones tanto obreras como pequeñoburguesas y, además, fue el primer partido que organizó unas juventudes militantes, los "Jóvenes Bárbaros", a los que en 1906 excitaba de este modo:

Jóvenes bárbaros de hoy, entrad a saco en la civilización decadente y miserable de este país sin ventura, destruid sus templos, acabad con sus dioses, alzad el velo de las novicias y elevadlas a la categoría de madres para virilizar la especie, penetrad en los registros de la propiedad y haced hogueras con sus papeles para que el fuego purifique la infame organización social, entrad en los hogares humildes y levantad legiones de proletarios, para que el mundo tiemble ante sus jueces despiertos.
 Hay que hacerlo todo nuevo, con los sillares empolvados, con las vigas humeantes de los viejos edificios derrumbados [...] Ni el pueblo, dieciocho millones de personas, ni la tierra, 500.000 kilómetros cuadrados, están civilizados. [...]
 El pueblo es esclavo de la Iglesia: vive triste, ignorante, hambriento, resignado, cobarde, embrutecido por el dogma y encadenado por el temor al infierno... Muchachos, haced saltar todo eso como podáis: como en Francia o como en Rusia. Cread ambiente de abnegación. Difundid el contagio del heroísmo.
 Luchad, matad, morid.

En efecto, estos jóvenes, broncos y rebeldes, no tuvieron miedo y protagonizaron choques sangrientos con los catalanistas, quienes, a su vez, estaban usando a pistoleros carlistas para atacar a líderes obreros republicanos y provocar caos en los mítines. Simultáneamente, en Valencia el republicanismo fue liderado por Blasco Ibáñez, quien, desde su periódico *El Pueblo* y los siete casinos republicanos de la ciudad, también desplegó un lenguaje insolente, sensacionalista e interclasista que movilizó a trabajadores, menestrales y pequeños propietarios, honrados, de vida laboriosa entre constantes fatigas, contra los poderosos y sus aliados del clero y del Ejército. El blasquismo ganó las elecciones desde 1898, y en el ayuntamiento desde 1901, aunque desde 1903 Rodrigo Soriano, financiador de *El Pueblo*, escindió el movimiento en una guerra fratricida que incluyó tres muertos, además de un sonado duelo con Blasco, que acabó con ambos ilesos.

EL ANTICLERICALISMO, DENOMINADOR COMÚN

No fue casual que, en este contexto, la generación del 98 convirtiese la idea de pueblo y de cultura popular en objeto de estudios, ensayos y poemas, como también inspiración para pintores, músicos y creadores de todo tipo. Ya hubo precedentes con los intelectuales de la generación de 1868, pero desde inicios del siglo XX el alma del pueblo se mitificó; en concreto, los regeneracionistas se aplicaron a descifrar tanto los males que habían creado las oligarquías caciquiles como los lastres que se habían amasado en siglos de oscurantismo en el alma del pueblo español. La dicotomía era persistente: para regenerar la sociedad española había que luchar contra patronos, militares y eclesiásticos, la tríada que, bajo el amparo de la monarquía, mantenía en la servidumbre y la ignorancia al pueblo trabajador. Fueron los intelectuales republicanos y el sector demócrata del Partido Liberal, liderado por Canalejas, quienes, tras la derrota de 1898, situaron al clero español en la diana y le asignaron la responsabilidad del atraso español en unos tensos debates parlamentarios contra el Gobierno conservador. Consideraron que España se encontraba maniatada por el poder de los eclesiásticos, que no solo contaban con el apoyo de una monarquía católica, sino que además la Corona facilitaba la acogida de las órdenes religiosas expulsadas por la República francesa.

Lo cierto es que, al ser España un Estado constitucionalmente católico y gracias al concordato de 1851, los obispos gozaban del poder de incluir entre los libros prohibidos cuantos considerasen que atentaban contra el dogma y la moral de la Iglesia católica. Esto supuso incluir las obras que propagaban el darwinismo, ataque directo al racionalismo cientifista que promovían los demócratas y sectores amplios del liberalismo, además de los idearios obreristas. A esto se sumaba el crecimiento de los centros educativos dirigidos por órdenes religiosas con una educación estrictamente católica. La Iglesia, tras perder con las desamortizaciones su peso económico, había recuperado su fuerza como institución ideológico-cultural guardiana de los valores de propiedad, jerarquía y orden social propios de las oligarquías conservadoras. La educación y el libre pensamiento se convirtieron así en campo de guerra cultural. Los demócrata-republicanos defendían la libre circulación de ideas y una enseñanza sin dogmas, basada en el positivismo racionalista, la fe en la ciencia y la libertad radical de ideas y conciencias. Era el legado de la revolución de 1868 que resurgía entre los resquicios permitidos por los Gobiernos de Sagasta.

Semejante ideario se propagaba con perseverancia desde los centros republicanos en cada campaña electoral y en los mítines, banquetes o festivales celebrados para conmemorar dos fechas simbólicas, el 29 de septiembre, destronamiento de Isabel II en 1868, y el 11 de febrero, proclamación de la República en 1873. Además, fue una constante desde la prensa republicana como *El*

País, atizada sobre todo por la mordacidad del satírico *El Motín*, continuamente prohibido por el Gobierno, o con unos suplementos de libre pensamiento excomulgados por los obispos. Las metas secularizadoras escandalizaban a cuantos consideraban que lo propio de lo español consistía en ser católicos y que, por tanto, la Iglesia ocupara los espacios públicos, sobre todo los educativos. En este ambiente, Rosario Acuña estrenó en 1891 *El padre Juan*, un drama anticlerical que rápidamente prohibió el gobernador civil de Madrid.

Sin embargo, a los diez años, la situación fue distinta. En 1900 el Gobierno de Silvela impuso más latín y religión en enseñanza media, el padre Montaña, confesor de la Regente y educador del rey, lanzó un artículo condenando el liberalismo y Canalejas enarboló el anticlericalismo en las Cortes contra el Gobierno conservador que permitía que las órdenes religiosas acaparasen la enseñanza y la beneficencia, tareas consideradas propias del Estado. En este contexto, la obra *Electra*, de Pérez Galdós, recogió la antorcha contra la manipulación clerical de las conciencias, y su estreno en 1901 en Madrid fue estruendoso con el explícito apoyo de intelectuales y políticos republicanos y del propio Canalejas. La representación de esta obra produjo tensiones en todas las ciudades y en poco más de un mes había vendido 20.000 ejemplares. Hubo más obras literarias que expandieron críticas contra el poder que se le atribuía al clero sobre las conciencias, como *La voluntad*, de Azorín (1902), *Camino de perfección* de Pío Baroja (1902) o las de Blasco Ibáñez, *La araña negra* (1892) y *El intruso* (1904), género que prolongarían Pérez de Ayala (*A.M.D.G.*, 1910) o el propio Azaña (*El jardín de los frailes*, 1926). Por su parte, el periódico *El País* promovió desde 1901 la organización de una liga anticlerical, idea que cuajó en 1911, liderada por Miguel Morayta, para "organizar las dispersas huestes del anticlericalismo".

A esta guerra cultural se sumaba la competencia que experimentaban comerciantes y pequeños talleres frente a unas órdenes religiosas que producían o realizaban similares tareas sin costes salariales ni de impuestos. Por ejemplo, el Círculo Industrial de Madrid, ciudad de menestrales, se dirigió al Ministerio de Hacienda exigiendo controlar la "competencia ruinosa" de los talleres de los conventos. Además se propagó sistemáticamente desde la prensa republicana que los religiosos, especialmente los jesuitas, controlaban las redes de las familias burguesas y aristocráticas e, incluso, sin datos documentados, que eran accionistas de inversiones tan polémicas como las realizadas en las minas de Marruecos o en las grandes compañías que se comenzaban a fraguar.

La publicación en 1904 del libro *Los frailes en España*, de Luis Morote, regeneracionista republicano, acopió datos, números y hechos, alardeando de método científico, para demostrar a los liberales conservadores que habían roto la tradición de sus antepasados exclaustradores y secularizadores, y sobre todo para denunciar la invasión de frailes que padecía España. Argumentaba que, con el amparo de los conservadores y de la propia Corona, habían llegado más de 50.000 expulsados por la República francesa, mientras que "el número de maestros de escuela solo era de veintiséis mil" y, para colmo, "éstos hambrientos y desamparados" frente a unos religiosos "poseedores de cuantiosa fortuna", además de inmorales en sus conductas. Afianzaba unos estereotipos culturales que, como se ha visto en el primer capítulo, se fraguaron desde la Ilustración y se perpetuaron en las izquierdas españolas. Así, Luis Morote llegaba a una conclusión rotunda: "Esto hace la condenación de toda una sociedad, de todo un pueblo", pues la ciencia en España avanza con la hostilidad de los "apagaluces nacionales" de modo que "religión y libertad son dos líneas paralelas que solo se pueden tocar en el infinito". Es cierto que hubo otras posiciones, pues Canalejas fue vehemente contra el clericalismo, pero nunca contra la Iglesia ni contra la religión, o un republicano como Azcárate defendía el hecho religioso como algo específicamente humano.

Así, en la primera década del siglo XX el anticlericalismo protagonizó en gran medida la agenda social y política. Mimetizó en cierto modo el espíritu de cruzada del clero o de los sectores católicos más combativos y se afianzó entre amplias capas medias y populares, incluyendo anarquistas y socialistas, aunque Pablo Iglesias desde 1902 se negase a participar en cuanto distrajera a los obreros de la meta revolucionaria de abolir el capitalismo y argumentase que "nosotros no queremos arrastrar frailes, ni quemar conventos; combatimos las ideas y respetamos los hombres, queremos la muerte de la Iglesia cooperadora de la burguesía".

En efecto, abundaron las movilizaciones callejeras de signos opuestos, entre ellas las pedreas, abucheos e incluso tiros a los "fanáticos del Rosario de la Aurora", se tensaron los debates parlamentarios y la prensa demostró que era el cuarto poder, esto es, que tuvo la capacidad de dictar prioridades a la clase política.

CONTRA LA GUERRA, NUEVAS ESCISIONES EN EL REFORMISMO

La Semana Trágica de 1909 fue el momento álgido, cuando en Barcelona un motín contra el reclutamiento para la guerra en Marruecos se convirtió en explosión de anticlericalismo y, sobre todo, en una revolución con la proclamación de la República en importantes poblaciones obreras como Sabadell. Fue un estallido social propio de esta época, como, por ejemplo, el "domingo sangriento" de 1905 en Rusia o el asesinato del rey de Portugal en 1908 con la posterior proclamación de la República en 1910.

En las poblaciones de Barcelona y sus entornos industriales se albergaban diferencias vertiginosas entre el mundo agrario y gremial, por un lado, y el fabril de las manufacturas urbanas y sectores de servicios en expansión, con burguesías boyantes al frente y enormes masas de trabajadores instalados en la precariedad laboral. Al grito "¡Que vayan los ricos!", hombres y mujeres protestaron en el muelle de embarque; les respondían desde el barco los soldados: "¡Muera Maura, muera Romanones, muera la guerra!", y desde el muelle se insistía, que "vaya Comillas y vayan los hijos de Güell". El sindicato Solidaritat Obrera, que agrupaba a republicanos, socialistas y anarquistas, convocó una huelga general en cuyo éxito fueron decisivas las mujeres, que recorrieron talleres y fábricas propagando la unidad. En el juicio posterior el fiscal habló del protagonismo de las jóvenes Damas Rojas y damas radicales. El Gobierno declaró el "estado de guerra", se levantaron barricadas, se cortaron las comunicaciones, se incendiaron más de cien edificios religiosos con sus centros educativos, comisarías de policía y casetas de impuestos no solo en Barcelona sino en Mataró, Sabadell, Granollers y Palafrugell, poblaciones estas en las que se proclamó y organizó la República. El ideal republicano exigía destruir los restos del Antiguo Régimen. El balance fue de 87 muertos, incluyendo cinco de las fuerzas de orden, y casi mil detenidos de los que desterraron a unos 200 y en un juicio sumarísimo condenaron a muerte a cinco, entre ellos el intelectual anarquista Ferrer y Guardia, más 29 cadenas perpetuas, a lo que se añadió el cierre de los sindicatos y de las escuelas laicas.

Tan virulenta explosión social surgió contra la recluta de varones para defender en Marruecos una aventura colonial a la que se oponían todas las izquierdas. La insurrección expresó el antimilitarismo acrecentado sobre todo a raíz de la guerra en Cuba y Filipinas, cuando la prensa divulgó las condiciones infrahumanas que habían sufrido los soldados en esa guerra y al ser repatriados comprobaron su destrozo físico, muchos mutilados y enfermos, que relataban la incompetencia de los oficiales, los numerosos muertos por enfermedades... Se creó una opinión adversa contra el Ejército como institución superflua, con exceso de mandos, nulidad bélica y derroche económico. En ese contexto, en 1905 oficiales del Ejército asaltaron la prensa catalanista en represalia por la viñeta satírica de la revista ¡Cu-Cut! contra el orgullo militar. El peso del Ejército se demostró superior a la voluntad de los partidos dinásticos, pues en 1906 se aprobó la Ley de Jurisdicciones por la que las ofensas contra el Ejército o "contra la Patria" pasaban a ser juzgados por tribunales militares, un dato que conviene tener presente para constatar la fuerza del estamento militar en la vida política, aunque se mantuvieran apartados de ella hasta las Juntas de 1917, como se verá más adelante.

Entretanto, persistía la legislación que eximía del servicio militar a quien buscase o pagase a un sustituto o abonase al Estado 2.000 pesetas, cifra astronómica para jornales entre 2,30 y cinco pesetas de las que más de dos pesetas se iban en alimentación diaria. Sin embargo, el antimilitarismo paradójicamente se ensañó con iglesias, conventos, centros educativos y tumbas de órdenes religiosas. Esta insurrección tuvo consecuencias importantes: cayó el Gobierno conservador de Maura por la unanimidad que concitó haberle negado el indulto a Ferrer y Guardia, y ganó las posteriores elecciones el reformista Canalejas, quien abordó dos tibias reformas, la Ley de Asociaciones para calmar el anticlericalismo, un parche temporal al crecimiento del clero, y la Ley de Reclutamiento Militar, que establecía la obligación para todos los varones de prestar servicio durante tres años, pero introducía el "soldado de cuota": por 1.000 pesetas sería de diez meses, y por 2.000, cinco meses.

Canalejas además contó con los republicanos, sobre todo los vinculados con la Institución Libre de Enseñanza, para unos planes reformistas que se vieron cercenados al ser asesinado por un anarquista en noviembre de 1912. Canalejas ya había participado en estos proyectos reformistas como líder del sector más democratizador del Partido Liberal con la creación de dos organismos de impacto: el Instituto de Reformas Sociales (1903), germen del posterior Ministerio de Trabajo (1920), y el Instituto Nacional de Previsión (1908), embrión mínimo de la Seguridad Social. Para ambas iniciativas contó con apoyos del Partido Conservador, de modo que se implicaron desde republicanos como Arturo Álvarez-Buylla, Morote y Rafael Salillas hasta liberales católicos como Maluquer y Salvador o Eduardo Dato. En esa línea, en 1910, Canalejas había nombrado al republicano Rafael Altamira primer director general de enseñanza primaria para erradicar el analfabetismo, a la par que decretaba el libre acceso de las mujeres a los estudios universitarios.

Llegados a este punto, es necesario insistir en la creciente idea de que el Estado debía ser un agente intervencionista en asuntos sociales. No solo era enarbolada por los demócrata-republicanos, como se ha expuesto antes, sino que también hubo sectores conservadores que convergieron con similar criterio. Así, en 1900 el ministro de Gobernación, Eduardo Dato, había decretado en 10 años la edad mínima para trabajar con jornadas máximas para los menores de seis horas en la industria y ocho en el comercio, con dos horas de instrucción, no computables en las de trabajo. Por su parte, el citado Instituto de Reformas Sociales implantó un cuerpo de inspectores para vigilar el cumplimiento de las normas laborales como el descanso dominical (1904) y otras normas sobre condiciones de trabajo de las mujeres y en las minas e industrias, así como de regulación de las huelgas que, aunque no se cumplieran, abrieron el camino a la necesidad de contar con una legislación laboral, velar el Estado por su ejecución y atender las demandas de las clases trabajadoras.

En este proceso, es importante destacar que en el seno del republicanismo, junto al Partido Republicano Radical de Lerroux (1908), el Partido de Unión Republicana Autonomista de Blasco Ibáñez (1908) y la agrupación Solidaritat Catalana (1907), en 1912 se fraguó la idea de un Partido Republicano Reformista de la mano de Melquíades Álvarez y Gumersindo de Azcárate para reclamar un cambio constitucional que democratizara de raíz las instituciones, secularizara el Estado y adoptase políticas sociales y fiscales a favor de los trabajadores. En su despegue y posterior evolución coincidieron Azaña, Ortega y Gasset y otras personalidades de un posterior relieve político. Ahora importa subrayar la creciente conciencia de la necesidad de reformas, como las citadas del Instituto Nacional del Previsión o la educación del pueblo, de modo que la búsqueda de la armonía social y del establecimiento de un mínimo de protección para los trabajadores adquirió rango de prioridad política ante el creciente protagonismo de las huelgas convocadas por unos sindicatos cuya fuerza social ya era insoslayable.

Junto a estas cuestiones centradas sobre todo en los trabajadores urbanos, el republicanismo mantuvo y desarrolló una implantación muy notable en importantes comarcas rurales. Fomentaron el asociacionismo campesino desde la década de 1880 y el decreto de 1890 de organización de las cámaras agrarias permitió que bastantes asociaciones republicanas se transformasen en cámaras agrarias, como hizo Joaquín Costa creando la Cámara Agrícola del Alto Aragón. Este asociacionismo, que no responde al esquema de lucha de clases entre jornaleros y grandes propietarios, conviene enfatizarlo, tuvo una capacidad movilizadora cuya relevancia política es necesario rescatar para un conocimiento más preciso de los procesos de modernización y de los conflictos amasados en la España agraria. No por casualidad en 1906 se reforzó con la Ley de Sindicatos Agrícolas a cuyo amparo se expandieron cooperativas y sindicatos de muy diverso cariz por toda la geografía, aunque resultó predominante un cooperativismo agrario que arrastró especialmente a pequeños y medianos propietarios y aparceros, en muchos casos tutelados por los grandes latifundistas.

Quizás al haber sido acogida esta ley con entusiasmo por líderes católicos como el padre Vicent, se ha pasado por alto que también permitió consolidar la fuerza de los republicanos en muchas e importantes comarcas. Por ejemplo, los republicanos catalanes formaron en 1907 la Federació de Rabassaires de Catalunya, reorganizada en 1922 como Unió de Rabassaires, los radicales de Lerroux se implicaron en asociaciones para la comercialización del vino catalán, y en Valencia los de Blasco Ibáñez defendieron el comercio naranjero. Por su parte, los republicanos reformistas impulsaron en 1912 la Federación de Sociedades Obreras Agrícolas del Alto y Bajo Penedés, movilizaron con campañas de mítines los pueblos de pequeños propietarios y aparceros de Salamanca o de Granada, en esta provincia con un Fernando de los Ríos entonces reformista, pero sobre todo en Asturias, tierra de Melquíades Álvarez, lograron que los sindicatos agrícolas locales se organizaran como Federación Agrícola Asturiana en 1911. Simultáneamente, en Galicia, fue el cura republicano Basilio Álvarez, quien desde 1912 situó el campo gallego en el foco de atención nacional. También el republicanismo fue decisivo en las acciones sindicales del campo andaluz, aunque la Federación Nacional de Obreros Agrícolas, anarcosindicalista, lograse mayor impacto, a pesar de sus cifras de afiliación, poco más de 20.000 campesinos, con muy desigual implantación. En todo caso, el republicanismo agrario sostenía el modelo de pequeña explotación como fórmula para redistribuir la riqueza y el trabajo, y en ningún momento cuestionó la propiedad, lo que supuso la defensa de intereses contrapuestos, pues en unas comarcas podía ser librecambista y, en otras, proteccionista.

GIRO SOCIALISTA HACIA LAS ALIANZAS

No por casualidad Pablo Iglesias mantuvo su idea de que los socialistas debían organizar la clase obrera por sí solos, sin contar con los republicanos, a los que persistió en considerarlos enemigos por distraer a los obreros de sus auténticos objetivos. Jaime Vera no coincidió con esa estrategia y, así, tras la crisis del 98, al formarse en 1903 la Unión Republicana bajo la presidencia de Salmerón para superar las divisiones entre seguidores de Pi y Margall, Castelar y Ruiz Zorrilla —los tres ya fallecidos—, Pablo Iglesias reafirmó que los socialistas eran los auténticos republicanos porque aspiraban no a derechos puramente formales sino a emancipar a los proletarios en una República basada en la justicia y la igualdad. Tenía confianza en la fuerza de una UGT que, con una implantación consistente en Vizcaya y Asturias, ampliaba su afiliación cada año: llegó a casi 60.000 militantes en 1905, año en el que Iglesias, Largo Caballero y García Ormaechea lograban acta de concejal en el Ayuntamiento de Madrid. Además, los socialistas ocuparon cinco de las seis vocalías asignadas a representantes de organizaciones obreras en el recién creado Instituto de Reformas Sociales. Confiados en estos datos, convocaron una huelga general contra la carestía de la vida y exigiendo obras públicas para paliar el paro.

No tuvieron éxito, se estancó el crecimiento del partido y del sindicato y en sus filas surgieron críticas al persistente repudio de los republicanos. Iglesias, tras los contactos entre liberales y republicanos contra los conservadores, persistía en que solo aceptaría una posible alianza con un partido liberal si "confesaba sus culpas y rectificaba su conducta". La situación cambió tras la Semana Trágica de julio de 1909, cuando el liberal Moret gestionó un Bloque de Izquierdas contra el Gobierno de Maura; el PSOE por primera vez se dirigió "a todos los ciudadanos" y aceptó coincidir con cuantas fuerzas democráticas luchasen por derrocar a los conservadores y restablecer los derechos constitucionales. Cuando Iglesias compartió mitin con los republicanos y alcanzó un escaño en las Cortes en 1910, comenzó una nueva estrategia cuya meta era implantar una república que incorporase dos objetivos: la democracia defendida por los republicanos y el socialismo emancipador de los obreros, de modo que la democracia sería objetivo prioritario como periodo de tránsito hacia el socialismo. Evidentemente fue una alianza que perduró, tal y como se verá más adelante, siempre con vaivenes y desavenencias.

La conjunción republicano-socialista logró en Madrid 10.000 votos más que los dos partidos dinásticos y demostró así que era posible romper los controles caciquiles del voto. Iglesias fue arropado por republicanos del calibre de Galdós, José Mª Esquerdo, Rodrigo Soriano y Salillas. Tuvo un impacto indudable: con manifestaciones de mujeres con banderas rojas en la Puerta del Sol, la afiliación creció no solo entre trabajadores sino también entre intelectuales con nombres que marcarían el futuro del socialismo español como Julián Besteiro, Luis Araquistáin, Julio Álvarez del Vayo o Manuel Núñez de Arenas, quien justo en 1910 creó la Escuela Nueva y en 1921, con Óscar Pérez Solís, sería cofundador del Partido Comunista. Además, se organizaron agrupaciones socialistas de mujeres, como también de juventudes, pero sobre todo creció la UGT, que de 40.000 militantes en 1910 pasó a 147.000 en 1915. El sindicalismo socialista se consolidó en las minas de Asturias, en el sector metalúrgico de Vizcaya y en los oficios y sector de la construcción madrileños; y protagonizó huelgas de notable repercusión, por ejemplo, la de ferroviarios en 1912, que forzó al Gobierno a negociar subida de salarios y derechos de jubilación. Por otra parte, desde el IX Congreso del PSOE, de 1912, se reconoció la necesidad de acoger las exigencias de las poblaciones campesinas, con reivindicaciones que ya habían sustentado los republicanos desde el siglo XIX, lo que supuso una ampliación de los objetivos políticos del socialismo.

Ahora bien, dentro del republicanismo surgieron reticencias, sobre todo entre los radicales de Lerroux, mientras que el reformista Melquíades Álvarez, ante la posición extrema de Pablo Iglesias contra la monarquía y al ocurrir el asesinato de Canalejas, declaró secundaria la cuestión monárquica, sin dejar de preferir la República, pero dando prioridad a encontrar soluciones de gobierno con fuerzas dinásticas. En 1912 se mantuvo la conjunción republicano-socialista, pero al año siguiente prescindió del partido de Melquíades Álvarez que, a su vez, perdió al grupo de republicanos más fervientemente defensores de la República como sistema incuestionable. La conjunción, a pesar incluso de las nuevas discrepancias ante la guerra europea de 1914, logró 35 escaños en este año, pero las divisiones republicanas tomaron otro nuevo giro por la cuestión catalana cuando en 1916 se sumaron a la conjunción los federales, el partido de Unión Republicana Autonomista y la Unión Federal Nacionalista Republicana. Al fin, en 1918 lograron unirse todos en una Alianza de Izquierdas, paradójicamente con resultados bastante escuálidos para las esperanzas suscitadas por su protagonismo en la crisis del 17. No subieron de 35 escaños y la historia de encuentros y desencuentros persistió hasta el Congreso de la Democracia impulsado por Lerroux en 1920. Fue el año en que por última vez fueron unidos los republicanos, mientras que los socialistas se presentaron por separado. Lograron 25 diputados los primeros y solo cuatro el PSOE, en plena ola de violencia social.

El socialismo, en suma, se había abierto a debates sobre tácticas políticas concretas, sobre el valor de la democracia y también a tomar posiciones en política internacional. En concreto, sobre Marruecos exigió el abandono de la aventura colonial, por ser ruinosa en vidas de trabajadores con un servicio militar que solo obligaba a los pobres, y económicamente inútil. Por otra parte, la UGT adquirió tal fuerza en afiliación y demostró tal capacidad de convocatoria que desde estos años se convirtió en la referencia ineludible para las tácticas políticas del PSOE, cuyos militantes no pasaban de 15.000. Al fin y al cabo, eran dos brazos de un mismo proyecto de revolución con una prensa propia: *El Socialista* pasó a ser diario desde 1912, mientras que *Renovación* se había consolidado también desde ese año como revista de las Juventudes Socialistas, más los semanarios editados con distintas cabeceras desde Vigo a Palma, pasando por Reus, Toledo o Elche.

ORGANIZACIÓN Y FUERZA DE LA CNT

También en esos años, en 1910, se organizaron las distintas corrientes anarquistas como la Confederación Nacional del Trabajo (CNT). La estrategia sindical revolucionaria y apolítica impulsada desde 1893 por la CGT francesa influyó en el anarquismo individualista y societario predominante en España. Así, la "huelga general" como instrumento de lucha sindical revolucionaria se impuso por encima de la propaganda por el hecho y el concepto de organización sindical sustituyó al de organización societaria. Fue en 1902 cuando, sin el apoyo de la UGT, los anarquistas convocaron esa huelga general que, con la exigencia de una jornada laboral de ocho horas como estandarte, logró paralizar durante una semana toda Barcelona y varias poblaciones industriales hasta Reus. El Gobierno declaró el estado de guerra y la represión se saldó con 12 muertos, decenas de heridos y más de 500 detenidos.

Al año siguiente la huelga general prendió en comarcas agrarias de Córdoba, Jaén, Sevilla y Cádiz. La crisis en el campo andaluz persistió en los años siguientes con huelgas, incendio de cosechas, asalto de panaderías... Con independencia de los reclamos anarquistas, el recurso a la huelga como instrumento de lucha laboral se hizo habitual, desde los tejedores de Béjar durante tres meses por un aumento salarial a los mineros de Vizcaya exigiendo de nuevo el fin de los economatos obligatorios, y la conflictividad subió en distintos sectores laborales. Dentro del anarquismo, Anselmo Lorenzo teorizó las tres formas de huelga general: la reformista para exigir mejoras laborales, la solidaria y la revolucionaria. Las dos primeras resultaban útiles para un radio de acción limitado; con la tercera, sin embargo, se alcanzaría la emancipación del obrero.

Era imprescindible, por tanto, organizarse en sindicatos, siempre apolíticos, instrumentos imprescindibles para triunfar en esa huelga general revolucionaria. Desde estos años el movimiento anarquista adquirió un rumbo y estructura fundamentalmente sindical, de modo que fue identificado como anarcosindicalismo, aunque mantuviera en su seno diferencias entre quienes otorgaban primacía a la lucha sindical concreta y quienes optaban por la anarquía inmediata sin interludios pragmáticos.

En el camino a la unión sindical, los anarquistas participaron con entusiasmo en la creación de Solidaridad Obrera en Barcelona desde 1907, junto con asociaciones republicanas y socialistas. Cuando trató de ser una organización que abarcase toda España, tropezaron con la UGT, lo que supuso la retirada de los socialistas de Solidaridad y la creación de inmediato de una confederación nacional con estructuras y estrategias marcadas por el ideario anarquista. Así, en su congreso fundacional se estableció que el sindicalismo solo era un medio para la emancipación obrera y su principal instrumento, la huelga general, tendría que ser revolucionaria. Albergó, por supuesto, tendencias desde una más moderada, partidaria de entenderse con la UGT, centrada en la lucha por las mejoras laborales, a la más radical que daba prioridad a la acción directa absoluta y a la inmediata organización del comunismo libertario.

Casualmente, la huelga general convocada en septiembre de 1911 tanto por la UGT como por la recién creada CNT supuso no solo la inmediata suspensión de las garantías constitucionales por el Gobierno, más el cierre de locales obreros de socialistas y anarquistas, sino que el golpe más duro fue para la CNT, declarada ilegal hasta la primavera de 1914. En esa huelga tuvo lugar una insurrección que no fue de militancia anarquista sino, una vez más, de rechazo al reclutamiento de soldados para la guerra de Marruecos. Fue en Cullera (Valencia), donde se mató al juez y sus dos ayudantes y, tras las acusaciones de torturas a los detenidos, la campaña por el indulto a los tres condenados a muerte por la justicia militar no solo fue promovida por las izquierdas españolas, sino también europeas, contando con un amplio eco en la prensa de otros países. Aunque los condenados fueron indultados, la CNT tuvo que sobrevivir fuera de la ley hasta 1914. Una fecha en la que, según las fuentes, su militancia contabilizaba entre 15.000 y 30.000 afiliados, con una mayoría abrumadora de obreros del textil catalán, más núcleos de trabajadores de Zaragoza, Valencia, Alicante, Gijón, La Coruña y Vigo, y sin haber integrado todavía a las sociedades de campesinos andaluces.

En 1914, al desencadenarse la Gran Guerra, el anarcosindicalismo optó por una neutralidad antibelicista, en contra de la posición aliadófila de líderes anarquistas como Kropotkin. Los anarquistas reafirmaron en 1915 sus tesis contra una guerra cuyo origen radicaba en la explotación y desigualdad engendrada por el capitalismo y por las patrias burguesas. La solución a la guerra, por tanto, solo vendría de la mano de una revolución social que terminara con Estados, ejércitos y patrias. Se pensó en una huelga general revolucionaria en todos los países en guerra y en organizar un Congreso Internacional por la Paz. Hubo, sin embargo, voces disidentes como la de Ricardo Mella o más titubeantes en el caso de Federico Urales y Soledad Gustavo. Sin embargo, esta guerra dislocó y hundió el funcionamiento de la Segunda Internacional cuando los partidos socialistas europeos en 1914, salvo el ruso y el serbio, votaron a favor de sus Gobiernos nacionales para salvar a sus respectivas patrias de la invasión por otro país. De ahí vendría el calificativo que les aplicaría Lenin de "socialchovinistas". Los socialistas españoles en principio estuvieron contra la guerra, pero al ser invadidas Francia y Bélgica por Alemania, se inclinaron por los aliados, aunque hubo disidencias significativas, más pacifistas o antibelicistas, planteadas por Andrés Saborit, Núñez de Arenas y las juventudes socialistas de Madrid.

Por otra parte, además de estos impactos políticos, la guerra tuvo efectos en el desarrollo económico español y, en concreto, supuso un alza de precios por encima de los salarios, de modo que el congreso de la UGT de 1916 centró sus propuestas en el coste de la vida y acordó reclamar al Gobierno bajar precios, garantizar el abastecimiento en todo el país, realizar obras públicas y lanzar una campaña de concienciación de modo que, si en tres meses no lograban resultados del Ejecutivo, se acordase realizar "en toda la nación un paro general de protesta", con la posibilidad de acordarlo con la CNT, que casi en paralelo celebró una conferencia nacional con el mismo asunto de la carestía de la vida y la opción de una acción compartida con la UGT. Desde julio de 1916 iniciaron conversaciones Besteiro, Largo Caballero y Barrio Minguito por la UGT y Pestaña y Seguí por la CNT. Fue la primera acción conjunta y acordaron convocar un paro nacional de 24 horas para el 18 de diciembre de 1916 contra la carestía de la vida y en pro de la creación de empleo. Fue un éxito en varias ciudades, sobre todo en Madrid, las fuerzas del orden no tuvieron que intervenir y el ministro de Gobernación recibió a los representantes de UGT. La unidad de acción prosiguió en 1917, pero ya con un rumbo político inédito para ambos sindicatos que, por otra parte, desarrollaron desde entonces una fase de movilizaciones sociales de extraordinaria magnitud.

5. ANTAGONISMOS DESCARNADOS (1917-1923)

A partir de 1917 se acumularon conflictos y novedades que no predeterminaban de ningún modo una solución dictatorial, pero es obvio que la dictadura no se explica si no se consideran las fuerzas, expectativas y miedos de los diferentes actores sociales en esos años previos a 1923. Por lo que se refiere a las izquierdas, cabe considerar seis procesos y un contexto. El contexto tras la Primera

Guerra Mundial era el de una España que Vicens Vives, maestro de historiadores, catalogó como un país "casi rico". Los datos de crecimiento económico por sectores son indispensables, pero en este caso importan más las transformaciones en la estructura ocupacional con una fuerte progresión de los trabajadores industriales y de servicios y los consiguientes procesos de movilidad social que albergaron, entre otras novedades, el despegue de una conciencia de igualdad entre las mujeres o las exigencias de mejores niveles de vida, incluyendo siempre la educación y la cultura como demandas en auge.

1917, CRISIS DEL RÉGIMEN Y HUELGA GENERAL

Las izquierdas se desenvolvieron en esta fase en medio de varios procesos o factores de conflictividad. El primero cronológicamente fue la crisis abierta en el propio sistema constitucional por la entrada directa de los militares en la actividad política. Desde 1916 se habían organizado juntas de defensa por militares que estaban perdiendo capacidad adquisitiva y adquiriendo, en contrapartida, una conciencia creciente de ser puntales decisivos para sostener el orden público, y además se sentían agraviados por el favoritismo en los fulgurantes ascensos de los colegas destinados en Marruecos.

Estas juntas militares, embrión de sindicalismo corporativo y de pronunciamiento político, gracias al apoyo del rey lograron en el primer semestre de 1917 la caída de dos Gobiernos liberales. Traspasaron las reivindicaciones corporativas, más o menos legítimas, y se adentraron en denuncias contra la política corrupta y oligárquica de los partidos gobernantes. Al fin, en junio, el Gobierno del conservador Dato aceptó el funcionamiento y exigencias de dichas juntas militares, disolvió las Cortes, suspendió los derechos constitucionales y estableció la censura en la prensa.

Semejante pulso del Ejército al Gobierno y, por tanto, al Parlamento abrió la puerta a la militarización de las decisiones políticas y agudizó un segundo factor de conflicto: la explícita denuncia de la monarquía por la conjunción republicano-socialista. La dicotomía de Monarquía o República se expandió con fuerza con el argumento de que la monarquía era el principal obstáculo para alcanzar la democracia. Fue inevitable la comparación con el derrocamiento del zarismo en Rusia. Así, cuando el Gobierno cerró las Cortes, los diputados republicanos y socialistas primero y luego los catalanistas se organizaron como Asamblea de Parlamentarios, un poder alternativo de carácter republicano que sumó al Partido Reformista de Melquíades Álvarez, el Radical de Lerroux, el Socialista de Iglesias y la Lliga Regionalista, liderada por Cambó. Juntos exigieron una convocatoria de Cortes constituyentes por parte de un Gobierno provisional que representara a todos para hacer elecciones neutrales. Esas constituyentes abordarían las reformas para democratizar la organización del Estado y resolver los asuntos "inaplazables para la vida del país". No incluyeron a los dos partidos dinásticos, porque organizar la República era parte de la solución, y para alcanzar esa meta persistía entre los republicanos el recurso a un posible pronunciamiento o insurrección de grupos del Ejército, táctica para la que parece que solo encontraron algunos adeptos sin capacidad suficiente para arrastrar a las juntas militares. Por lo demás, los socialistas entraron en acuerdos con partidos burgueses, tal y como calificaban al Reformista, al Radical y a la Lliga, otro nuevo paso en la estrategia de considerar la república democrático-burguesa como etapa previa e insoslayable para llegar al socialismo.

A este movimiento de partidos políticos se unieron los sindicatos UGT y CNT, un tercer factor a sumar. Así, tras el éxito de la huelga general convocada en diciembre de 1916 contra la carestía de la vida, habían acordado en marzo de 1917 una huelga general indefinida y, por tanto, revolucionaria, con un comité integrado por Besteiro y Largo Caballero por la UGT y Seguí y Pestaña por la CNT. Ya no se convocó con fines sociales sino políticos: "obligar a las clases dominantes" a transformar el sistema político de tal modo que el "pueblo" disfrute de "condiciones decorosas de vida y de desarrollo de sus actividades emancipatorias". Los anarquistas, opuestos a cuanto pudiera ser atisbo de pacto con "políticos burgueses", recelaron de Iglesias, al frente tanto de la UGT como del PSOE, por si manejase la huelga como diputado de una conjunción republicano-socialista. El hecho es que la huelga de ferroviarios convocada por la UGT de Valencia llevó a la tesitura de adelantar la convocatoria; así se hizo, y entonces los socialistas de UGT y PSOE, sin la CNT, se lanzaron a una huelga no indefinida, sino solo temporal, hasta lograr "garantías suficientes de iniciación del cambio de régimen". Esto supuso aplazar la revolución social para darle prioridad al desmantelamiento del régimen monárquico y construir previamente una república democrático-burguesa. El sindicato socialista, por tanto, se politizó y aportó nuevas fuerzas al partido, que reforzó la idea originaria de la clase obrera como la auténtica protagonista de la emancipación de los trabajadores.

La huelga, en consecuencia, solo contó con apoyos parciales de la CNT, en concreto en Barcelona, donde tuvo un éxito igual al de otras grandes ciudades (Madrid, Valencia, Zaragoza, Alicante y La Coruña) y al de zonas mineras e industriales como Asturias, Vizcaya, Jaén, Riotinto y León, con un limitado seguimiento en comarcas agrarias. Se aplicó una represión fulminante, se detuvo al comité de huelga (Largo Caballero y Anguiano por la UGT, Besteiro y Saborit por el PSOE), hubo un motín de presos en el que murieron siete socialistas, proliferaron choques con las fuerzas de orden en bastantes lugares con una especial ferocidad en el llamado "tren de la muerte" desde el que los soldados, disparando indiscriminadamente contra niños, mujeres y hombres, rindieron la resistencia en la cuenca minera de Asturias.

El balance de la primera huelga general de la historia española fue dramático; la más reciente investigación suma al menos 127 muertos (20 de ellos soldados y guardias civiles), con cientos de heridos y 2.000 detenidos. En consejo de guerra se condenó a cadena perpetua por delito de sedición al comité de huelga, los cuatro socialistas antes citados, que justo en las elecciones celebradas en febrero de 1918 fueron elegidos diputados. El Gobierno de concentración nacional formado por Maura y García Prieto los amnistió, pero justo en ese Gobierno figuraba como ministro el catalanista Cambó, quien, por tanto, aparcó el plan de Cortes constituyentes planteado por la Lliga y se distanció de la huelga, como también Lerroux, lo que supuso el fin de la conjunción de republicanos y socialistas.

CONFLICTOS Y PLANES PARA EL CAMPO: EL TRIENIO BOLCHEVIQUE

A los factores expuestos se sumó desde 1917 otro elemento, el creciente empuje del sindicalismo agrario, que situó el campo entre las prioridades de la agenda política. Contaba con precedentes seculares. En los capítulos anteriores se ha explicado cómo la cuestión agraria había marcado el siglo XIX y en este capítulo se ha esbozado la hegemonía del societarismo o sociedades obreras de resistencia y ayuda mutua impulsadas por los republicanos en importantes comarcas agrarias. Por eso hay que subrayar que los socialistas, centrados en el proletariado urbano, con una idea de lucha de clases que situaba al campesinado como actor secundario y subalterno —tal era el canon oficial de la Segunda Internacional—, no comenzaron a dar prioridad a los asuntos del campo hasta que comprobaron la fuerza electoral que habían amasado los republicanos en las comarcas rurales. Tampoco la UGT se había planteado encuadrar a los trabajadores del campo, salvo por esa condición genérica de trabajadores, pero no de modo específico cuando, solo por la situación de masas de jornaleros al borde la miseria, debería haberse valorado como reclamo suficiente.

Ante la necesidad de ampliar el electorado y al afiliarse al PSOE ciertos republicanos vinculados a los problemas agrarios, como el ya citado Fernando de los Ríos, activista entre los campesinos de Granada, el socialismo abordó desde 1913 la necesidad de un programa agrario. De él se responsabilizó Fabra Ribas, oriundo de Reus, quien en gran parte reprodujo la perspectiva republicana de atender las exigencias del pequeño labrador con el fomento de cooperativas y créditos agrícolas, redimir foros, rescatar comunales (incluyendo la contradicción de un posible reparto) o prohibir embargos; para los arrendatarios y aparceros propuso el control de los contratos, y para los jornaleros un salario mínimo con normas de protección laboral.

No logró que la ejecutiva del PSOE lo aprobase y fue la UGT la que en 1918 acordó, al fin, una tabla de reivindicaciones para los jornaleros en la que incluyó la abolición de las "supervivencias feudales", la exigencia de un salario mínimo, la prohibición del trabajo a destajo, la igualdad de salario para hombres y mujeres, más una ley de protección ante accidentes de trabajo. Sin embargo, los pequeños propietarios y los arrendatarios no tuvieron acogida específica en el sindicato. De inmediato, el PSOE aprobó ese año idénticas exigencias integrando a los obreros agrícolas en el núcleo de los artífices del cambio hacia el socialismo, mientras que, simultáneamente, con fines electorales, agregó las demandas de los pequeños propietarios y arrendatarios como el seguro obligatorio para calamidades y malas cosechas, la concentración parcelaria, la nacionalización de montes y recursos hidráulicos y el impulso de cooperativas e instituciones de crédito, con la creación de granjas por el Estado. Semejante programa a favor de los pequeños campesinos no fructificó, entre otras razones porque justo en 1917 se creó la Confederación Nacional Católico-Agraria (CNCA), que se lanzó a competir con las izquierdas por toda la geografía agraria.

Por otra parte, fue el momento en el que, junto con la epidemia de gripe, se agravaron las malas condiciones de vida de las clases populares y se desencadenó una cadena de huelgas de trabajadores del campo y urbanos, entre 1918 y 1920. El terror se apoderó de las clases dominantes: descubrían una revolución comunista en cuanto unos obreros reclamaban mejoras de vida, fuese en Cataluña o en Extremadura, y se catalogaron estos años como un "Trienio bolchevique". Para colmo, nada menos que Trotski, desde Rusia, pronosticaba la similitud del campo andaluz con el ruso. Hasta circularon rumores sobre un "dinero de Moscú" financiando la revolución en España…

A pesar de estos miedos, se implantó como urgente la necesidad de acometer reformas. No por casualidad, en abril de 1919 el Gobierno de Romanones aceptó la jornada laboral de ocho horas, y en 1920 se creó el Ministerio de Trabajo. En concreto, para el campo se consideró inapelable la idea de reformar la estructura de la propiedad de la tierra, sobre todo en esa mitad sur que iba desde Extremadura y La Mancha hasta Andalucía, con predominio social del latifundista y rico hacendado, aunque la realidad era más compleja que la del dualismo entre jornaleros en miseria y latifundistas todopoderosos. De hecho, el diagnóstico de Fernando de los Ríos en 1918 del latifundio como problema nacional fue aceptado también por importantes grupos católicos, imbuidos por la doctrina social de León XIII, por la desigualdad y pobreza que creaba y por no cumplir con los fines sociales de toda propiedad, pues a la explotación del jornalero sumaba el absentismo y las rentas abusivas sobre los arrendatarios. Así, en contrapartida, la prensa republicana y socialista devolvió el miedo acusando a los caciques latifundistas de ser los auténticos agentes del bolchevismo, amparados además por la Guardia Civil, el Ejército, la justicia y hasta por la Iglesia.

La dicotomía entre un pueblo trabajador, sufrido y honrado, y una clase de propietarios, caciques pertinaces en la defensa de sus privilegios, constituye el diagnóstico que explica las huelgas campesinas iniciadas en el otoño de 1918 en poblaciones de Córdoba. Reivindicaban el aumento de unos jornales devaluados por el alza de precios. Vivían al borde del hambre. Se produjo la unidad de acción de los sindicatos CNT y UGT, y se sumaron los republicanos. Las huelgas se extendieron por importantes comarcas de Andalucía. Crecieron las sociedades obreras y se consolidó la implantación de la UGT frente a la CNT, predominante hasta entonces. El Gobierno declaró el estado de guerra y la ilegalización de las sociedades obreras, encarcelando a sus dirigentes; se elevó la tensión y, llegado el verano de 1919, proliferaron las quemas de cosechas, asaltos a cortijos con pintadas de "Viva Rusia" y sucesos de violencia. La represión hizo mella y amainó la movilización, pero de estas huelgas quedó en el escenario político un asunto crucial: qué hacer con los latifundios.

Los socialistas tomaron la iniciativa: en 1919 aprobaron una doble estrategia. Por un lado, sin renunciar a la socialización de los medios de producción, aceptaron mantener la pequeña propiedad, decisión lógica para Extremadura, La Mancha y Andalucía, con amplias comarcas de pequeños labradores; por otra parte, reclamaron medidas concretas e inmediatas como el salario mínimo, la jornada de ocho horas, el descanso semanal, un seguro de paro, vejez y accidentes y cuantas medidas ya se han citado anteriormente. En 1920, el PSOE más una UGT que sumaba más de 500 asociaciones y en torno a 65.000 campesinos afiliados celebraron en Jaén un Congreso Campesino con representantes de cuatro provincias andaluzas (Jaén, Córdoba, Granada y Málaga) y las dos extremeñas.

Por su parte, los republicanos reformistas, con los criterios del ingeniero Pascual Carrión a la cabeza, defendieron la pequeña propiedad como solución mediante la expropiación y parcelación de los latifundios sin cultivar y los no explotados directamente y los desprovistos de mejoras. En paralelo, se propuso el fomento de las cooperativas de esos pequeños propietarios. Ahora bien, la cuestión agraria quedó aparcada ante el giro que tomó en Cataluña el conflicto obrero desde 1919, año en el que las huelgas se hicieron cotidianas y la represión militar contó con el beneplácito de la Lliga Regionalista, esto es, de la burguesía catalanista.

VIOLENCIA SOCIAL: PISTOLERISMO Y PARCIALIDAD MILITAR

En febrero de 1919 había comenzado en *La Canadiense*, empresa suministradora de electricidad para alumbrado público y privado, tranvías y ferrocarriles, una huelga contra la bajada de salarios y el despido de ocho trabajadores. No eran anarquistas los empleados de esta empresa, pero, ante la cerrazón de la patronal, la CNT convocó una huelga de solidaridad. Se paralizaron dos tercios de las fábricas de Barcelona. A pesar del filibusterismo patronal y la militarización de los obreros, con casi 3.000 de ellos encarcelados, la huelga terminó a los 44 días, tras logar la readmisión de los despedidos, el pago de los días de huelga, la subida de salarios y la liberación de los detenidos. Además, no sobra reiterar que el Gobierno de Romanones aceptó y decretó la jornada laboral de ocho horas.

Frente a estos éxitos, la patronal resucitó un instrumento violento para oponerse a la fuerza obrera: organizó el somatén, institución obsoleta de época medieval, en la que los vecinos se armaban para defender sus familias y bienes del bandolerismo feudal. Ahora, la patronal la reconvirtió en cuerpo paramilitar de ciudadanos dedicado a romper huelgas. Además, aplicó otras medidas igual de beligerantes como el cierre patronal o las listas negras. Lo más grave, desde 1910 se había extendido la práctica de lo que se llamaría "atentados sociales": grupos de obreros que, por ejemplo, en las huelgas agredían a los esquiroles y en otros casos a los patronos. Provocaron bastantes muertes que quedaron en la impunidad por ineficacia policial. Tras la represión por la huelga general de 1917, estos grupos de activistas realizaron varios atentados en uno de los cuales mataron al presidente de los patronos metalúrgicos, Josep A. Barret, ingeniero industrial prestigioso, aunque parece que la operación estuvo liderada por un confidente de la policía. El hecho es que los patronos, desde 1918, también recurrieron a contratar pistoleros a sueldo para matar a los sindicalistas más destacados.

Ante semejantes respuestas de la patronal, en la CNT chocaron las posiciones reformistas y las revolucionarias. El ejemplo bolchevique incitaba a usar las huelgas como medio para destruir el poder y organizar definitivamente la revolución desde lo local a lo nacional. Además, el éxito en la huelga de *La Canadiense* había generado optimismo y confianza en que las huelgas podían ser el camino para desencadenar una insurrección armada, sin preparar más tácticas ni estrategias. La revolución sería inmediata. Sin embargo, los anarcosindicalistas más pragmáticos o reformistas, liderados por Salvador Seguí, defendían fortalecer la CNT y asegurar el sindicato como el instrumento crucial para emancipar a los trabajadores de las servidumbres, sin pensar de momento en la insurrección generalizada. En todo caso, unos y otros compartían la idea de que bastaba la huelga general para destruir el poder de la patronal y del Estado. Aunque diferían en los tiempos, creían que durante esa huelga automáticamente los obreros organizarían una democracia obrera, con una vida económica sin explotación alguna.

En todo caso, la CNT en su congreso de 1919, contando con cifras por encima de los 700.000 afiliados, defendió la acción directa y el sabotaje, y rechazó cualquier fórmula de arbitraje. Se planteó la opción de unirse con la UGT, pero se rechazó y se acordó adherirse provisionalmente a la Tercera Internacional. En concreto, en Cataluña la CNT trató de aplicar la fórmula del Sindicato Único, auténtico monopolio sindical que sobre todo sufrió la UGT, de escasa implantación, puesto que los obreros de ideología tradicionalista, vinculados al carlismo, reaccionaron en 1919 creando Sindicatos Libres. Estos, conviene precisarlo, no estuvieron impulsados por patronos o autoridades gubernamentales, aunque contaron con su beneplácito, sino que trataron de responder al "antipatriotismo" de la CNT y respondieron igualmente con atentados violentos contra miembros del anarquismo.

Comenzó así una trágica espiral de violencia agudizada por el paro patronal de noviembre de 1919 a enero de 1920, que supuso despidos y listas negras de líderes y militantes sindicales. La CNT organizó nuevas huelgas y los grupos de acción desplegaron sabotajes y actos de violencia de modo infatigable mientras la patronal decidió apoyar desde entonces a los sindicatos libres, más al citado somatén, también armado. En esos terribles años tuvieron enorme impacto los asesinatos de líderes como Pau Sabater, "el Tero", en 1919, y Salvador Seguí, "el Noi del Sucre", en 1923, pero igualmente grave fue el apoyo incondicional del Gobierno, que aplicó a la vez una dura represión policial y militar. Según Pradas Baena, desde 1917 a 1923 más de 400 personas perdieron su vida, de las que 200 fueron obreros y abogados o personas afines al sindicalismo, 76 obreros sin filiación, 69 patronos y encargados de empresa y unos 50 pistoleros de sindicatos libres, además de 30 policías, sin olvidar que el primer ministro de Trabajo, Eduardo Dato, también fue víctima de este bucle de venganzas.

Quedó otro deplorable legado. Por un lado, figuras del poder del Estado, como el gobernador de Barcelona, el general Martínez Anido, amparado no solo por el Gobierno sino también por Cambó, líder de la Lliga, amparó la violencia de los sindicatos libres y del somatén, y aplicó la brutal "Ley de Fugas" contra los anarquistas, con la especial colaboración del general Arlegui, su jefe de policía. La cabeza de mando de todos ellos fue Milans del Bosch, capitán general de Cataluña desde 1918, aunque tuvo que dimitir en 1920, y no sobra recordar que Anido sería ministro en las dos dictaduras posteriores. En esa espiral surgieron bastantes grupos de anarquistas que decidieron tomarse la justicia por su mano, poco estudiados, salvo los que se hicieron famosos, auténticas bandas criminales: Los Justicieros o Los Solidarios, con integrantes como Ascaso, Durruti, García Oliver, Gregorio Jover y mujeres como Pepita Not. Además del asesinato del cardenal de Zaragoza o del gobernador de Valencia, hicieron negocios ilegales y asaltaron bancos para sostener el sindicato y a las familias de presos.

Otra de las consecuencias que tuvo este ciclo de violencia política fue el creciente peso que adquirieron los mandos militares en la defensa del orden público, entre los que destacaron los citados Milans del Bosch, Anido y Arlegui. Las izquierdas, por su parte, identificaron el orden público con el orden social que sostenía los intereses de la patronal, lo que, unido a la guerra de Marruecos, reforzó el antimilitarismo y la imagen de un Ejército aliado de los intereses de una sola clase social, la patronal, y representante de una ideología de patriotismo español que se afianzaba en esos años por la guerra en África. Sin embargo, dentro de la patronal hubo importantes sectores de la burguesía catalana adscritos a la Lliga Regionalista, distante del nacionalismo español del Ejército. Así, la cuestión nacionalista se convirtió desde estos años en un sector factor de antagonismos: alteró idearios y estrategias de todas las fuerzas políticas y, en concreto, modificó las prioridades de las izquierdas obreras, sobre todo del socialismo y del anarquismo, dando prevalencia a la solidaridad internacionalista, opuesta a la defensa patriótica de los liberales burgueses.

LAS IZQUIERDAS Y LA CUESTIÓN NACIONAL

Sin duda, desde fines del siglo XIX, el nacionalismo catalán había creado un nuevo espacio doctrinal, político y social. La fuerza política del nacionalismo vasco fue por detrás y solo más tardíamente entró en esa dinámica el gallego. Los regionalismos más o menos intensos surgieron también en las primeras décadas del siglo XX en Andalucía, Valencia e, incluso, en Castilla. Pero sobre todo fue el nacionalismo de la burguesía catalana el que, a través de la Lliga Regionalista, introdujo en la agenda política estatal exigencias autonomistas, emulando el caso cubano, y logró que los dos grandes partidos dinásticos en 1914 institucionalizaran la Mancomunitat como preámbulo del reconocimiento constitucional que tuvo la autonomía política, tal y como se verá en la Constitución de 1931. Sus exigencias, por tanto, se entreveraron con las aspiraciones de las izquierdas, lo que dio lugar a nuevas formaciones políticas que marcaron en parte el rumbo de la Segunda República. Por su parte, el nacionalismo vasco, tan vinculado al integrismo tradicionalista católico, originó en estas décadas un enfrentamiento de tintes étnicos frente a un socialismo con amplia base de obreros inmigrantes. Por lo que concierne al galleguismo, este se desarrolló con una doble dimensión: un ideario de defensa de la cultura y de la tradición plasmado en las Irmandades da Fala y unos valores asumidos del federalismo republicano con un fuerte contenido agrarista representado por Basilio Álvarez y, sobre todo, por Castelao. Por su parte, el andalucismo, aunque minoritario, era de exclusiva inspiración republicana, por lo que cabe situarlo en el ámbito de la izquierda.

Las relaciones entre izquierdas y nacionalismos han constituido materia de numerosos estudios porque, sin duda, ha sido desde estas primeras décadas del siglo XX hasta hoy un factor de desconcierto y de tensiones políticas permanentes. Por eso conviene esbozar al menos cómo las izquierdas —republicanos, anarquistas y socialistas— abordaron las diferentes cuestiones nacionales. Se ha expuesto en páginas anteriores cómo los demócrata-republicanos defendieron desde la década de 1840 el principio de la descentralización, sobre todo municipal, como fórmula para organizar el Estado, con un amplio sector que, liderado por Pi y Margall, logró identificar las ideas de república y federación. Esta doble corriente, la federal y la unitaria descentralizadora, se mantuvo perseverante hasta las muertes de sus respectivos líderes, Pi y Margall (1901) y Salmerón (1908).

El factor catalanista polarizó esta doble corriente desde la década de 1910. Así, frente al republicanismo unitario explícitamente anticatalanista de Lerroux, se formó en 1915 el Bloc Republicà Autonomista, grupo del que, junto con otros similares, surgió en 1917 el Partit Republicà Català con el liderazgo de Lluís Companys, Francesc Layret, Marcelino Domingo y Pi i Sunyer, que rescataron el federalismo y el programa social de Pi y Margall. Al año siguiente lograron cuatro diputados y se consolidaron con una base social de campesinos arrendatarios al conseguir en 1922 organizar la Unió de Rabassaires de Catalunya. Diseñaron con los otros sectores republicanos una Federación Nacional Agraria, negociada de momento con el agrarista castellano Senador Gómez y el gallego Basilio Álvarez. En paralelo, en 1922, hubo republicanos que, liderados por Francesc Macià, con ideario y estrategia de prioridad nacionalista, crearon el partido Estat Català, cuyo programa no solo era independentista, sino que propugnaba la creación de una República de los "Países Catalanes" y su defensa mediante la lucha armada, al modo de los republicanos irlandeses. Conviene recordar estos precursores, ciertamente minoritarios en estos años, pero de relevante peso político en la década siguiente y en la historia posterior del catalanismo hasta la actualidad.

Respecto al anarquismo, tan implantado en Cataluña, cabe subrayar que desde sus orígenes se solapó con el federalismo republicano y siempre enfatizó el uso del catalán como "nuestra lengua natural", tal y como propuso en 1907 *Tramontana*, un semanario editado por Josep Llunas para difundir la semilla libertaria y construir una Cataluña dentro de una "federación universal de pueblos libres", sin "explotación humillante". Al nombre de Llunas se sumaron los de muchos otros anarquistas cuyas poesías y obras de teatro en catalán testimoniaron el afán del movimiento libertario por ensamblarse con la cultura del pueblo. Además, el anarquismo, intrínsecamente opuesto a todo centralismo, se reapropiaba de parte del vocabulario nacionalista dotándolo de nuevos significados, tal y como lo expresó Salvador Seguí en 1919: "Queremos que Cataluña no sea una colonia [...] Nosotros somos más catalanes que los que alardean de catalanismo".

Sin embargo, entre los socialistas hubo un debate más crudo y dispar. No hay que olvidar que los socialistas habían fundado un partido nacional, en sintonía con las tesis de la Segunda Internacional, cuya meta de emancipación universal consideraba que debía encauzarse desde la realidad de las diferentes naciones o pueblos. A esto se le sumó la herencia jacobina de liberales y demócrata-republicanos sobre la soberanía nacional como expresión de la voluntad colectiva de un pueblo del que no se dudaba que fuera el constituido por todos los españoles. Así, desde sus inicios, tanto el PSOE como la UGT tuvieron clara la idea de España como pueblo constituido en nación común de todos sus ciudadanos. Ahora bien, se trataba de una patria que no ejecutaba sus funciones soberanas, pues no integraba a los trabajadores en las tareas políticas, de modo que la burguesía no cumplía sus cometidos históricos de desarrollar un capitalismo avanzado y un sistema político democrático. De ahí que los verdaderos patriotas para los socialistas fueran los obreros, los únicos que hacían el servicio militar, pagaban impuestos y sostenían con su trabajo la riqueza nacional.

Era la premisa desde la que el PSOE no solo atacó, por falso, el patrioterismo de la burguesía española, sino que también se opuso a los nacionalismos de las burguesías vasca y catalana. Precisamente los socialistas tuvieron uno de sus baluartes más sólidos en Vizcaya, donde tuvieron que luchar contra la explotación y competir políticamente con un nacionalismo de clases medias urbanas y rurales, católico, con fuertes dosis de racismo y, por otra parte, con vínculos muy excepcionales con la patronal vasca que, en su mayoría, se identificaba con lo español. Así, los socialistas fueron tajantes contra el racismo de un nacionalismo que incluso organizó un sindicato católico en 1911, porque "hacer obreros vascos equivale a evitar que haya obreros socialistas", en palabras del industrial Rafael Picavea. Además, el nacionalismo vasco tuvo una impronta religiosa que también chocó con el anticlericalismo socialista. De igual modo se opusieron a los conciertos económicos por constituir el soporte de oligarquías locales y provinciales, lo que no era obstáculo para reinterpretar los fueros desde una perspectiva democrática y federal extensible a toda España.

Sin embargo, en Cataluña el peso de los socialistas fue bastante menor en estas décadas. Incluso cabría explicarse esta debilidad al hecho de que ni la UGT ni el PSOE, que paradójicamente habían dados sus primeros pasos en Barcelona, captaron ese contexto de reivindicación cultural que desde la década de 1880 hizo del catalanismo un factor político insoslayable. A la altura de 1910, sin embargo, el socialismo, en fase de crecimiento político, se encontró de lleno con la competencia política del catalanismo. Hubo un intento de síntesis entre socialismo y catalanismo por parte de Gabriel Alomar en 1910, pero fue Andreu Nin quien en 1914 ensambló liberación nacional con emancipación social y exigió al PSOE abandonar su carácter de partido español por considerar que España era sinónimo de opresión de una realidad plurinacional. Fabra Ribas respondió con la acusación al nacionalismo de conservador y reaccionario y la defensa de una descentralización con una autonomía regional enraizada en el federalismo, con la prioridad de la solidaridad proletaria por encima de los "regionalismos o localismos".

En la práctica, el PSOE apoyó la creación de la Mancomunitat en 1914 y la demanda de autonomía planteada por la Lliga Regionalista en la citada Asamblea de Parlamentarios de 1917, porque la burguesía catalana podía impulsar la revolución democrática y romper con la "tiranía del Estado central que todos sufrimos", en palabras de Besteiro. La plana mayor de UGT y PSOE desde 1918 aceptó que, sin perder el horizonte internacionalista, había que reconocer las "nacionalidades y regiones", conceptos pronunciados por Largo Caballero en un mitin en Barcelona, e incluso llegó a incluir en su programa la propuesta de los catalanes de caminar hacia una Confederación republicana de nacionalidades ibéricas. Era un año en el que el derecho de autodeterminación entraba en la agenda internacional de la mano del presidente Wilson, por un lado, y de Lenin, por otro. Ahora bien, la decepción con la burguesía catalanista, que la creían democratizadora, llegó en cuanto la patronal se echó en brazos de somatenes, pistoleros y militares para defender su modo de explotación frente a las huelgas anarquistas.

Aunque era un ambiente de dura lucha de clases sangrienta, en 1923 socialistas como Rafael Campalans y Manuel Serra Moret trataron de conjugar las identidades obrera y catalana y crearon la Unió Socialista de Catalunya, segregada del PSOE. Solicitaron su ingreso en la Segunda Internacional, puesto que defendían el derecho a la soberanía política de Cataluña y, en consecuencia, planteaban un federalismo de igual a igual con España, lo que exigía una estructura socialista independiente y relacionarse solo de modo fraterno con el PSOE. De nuevo, Fabra Ribas refutó una propuesta que consideró más propia de Prat de la Riba, esto es, una expresión de la "Cataluña egoísta y reaccionaria", y rescató, en contrapartida, el ideario federal y solidario de Pi y Margall. Indalecio Prieto respaldó a Fabra. El socialismo quedó, por tanto, escindido territorialmente por el factor nacionalista y solo la dictadura aplazó el debate.

LA TERCERA INTERNACIONAL: DISPUTAS Y ORIGEN DEL PCE

En paralelo, tanto los anarquistas como los socialistas tuvieron que afrontar otro debate, este de carácter internacional. En la Rusia soviética se había organizado en marzo de 1919 la Tercera Internacional, definida como "Comunista", que obligó a decantarse a las organizaciones obreras de los demás países. Solo se enuncian aquí las nuevas fronteras ideológicas y estratégicas planteadas, pues la importancia efectiva del comunismo se desarrolló en la España de la década siguiente. En las discusiones hubo una importante nómina de socialistas y anarquistas con argumentos expuestos en sus respectivos órganos de prensa y suficientemente estudiados. Sin duda, el debate fue más intenso y agrio entre los socialistas, porque el anarquismo tuvo un escudo firme, su antiestatismo.

La Tercera Internacional quebró especialmente las estrategias y doctrinas del socialismo. Quizás la clave de las diferencias radique en la famosa pregunta que Fernando de los Ríos, catedrático de Derecho Político, socialista de formación republicano-reformista, en su viaje a Rusia planteó a Lenin sobre la carencia de libertad para "sindicatos, prensa e individuos" en el nuevo régimen soviético, con la menos célebre respuesta: "Libertad ¿para qué?". Es justo enfatizar la importancia de las páginas que De los Ríos dedicó a su encuentro con el líder ruso en su libro *Mi viaje a la Rusia sovietista* (1921). En él reproduce de modo fidedigno la tesis sobre la dictadura del proletariado, el concepto clave del leninismo que convirtió al partido comunista en la "vanguardia consciente" que guía a la masa atrasada, ignorante o alienada, lo que exigiría un periodo de transición con una dictadura "tal vez de cuarenta o cincuenta años". También relata su debate con Bujarin, vehemente reprobador del reformismo socialista. De los Ríos no solo defendió derechos y libertades, sino que, frente a los soviéticos, echó mano del Marx que en su *Carta sobre el programa de Gotha* había considerado la etapa de transición al comunismo como un proceso siempre guiado por el "desenvolvimiento completo del individuo", nada que ver con esa idea leninista de una "dictadura del proletariado que debe existir en tanto no se consiga lo que no se puede prometer". Por eso Fernando de los Ríos propuso al PSOE oponerse a entrar en esa nueva Internacional que propugnaba un "despotismo ilustrado" para el pueblo, pues era el partido, esto es, la "vanguardia consciente" de la clase obrera, quien monopolizaría "el derecho a definir la verdad civil, verdad con carácter de dogma, llamada a ser impuesta desde arriba, si de abajo surgen protestas".

No obstante, a pesar de la presencia de dos agentes de la Tercera Internacional, el soviético Mijaíl Gruzenberg, "Borodin", y el norteamericano Richard F. Philips, alias "Jesús Ramírez", y, aun existiendo un sentimiento favorable a la Revolución soviética en la militancia socialista, que en dos sucesivos Congresos desplegó fuertes y crispados debates, se optó por mantenerse en la Segunda Internacional. Sin embargo, un sector de las Juventudes Socialistas se transformó en 1920 en Partido Comunista Español, adherido a la Internacional Comunista, y, al año siguiente, el sector socialista opuesto a la Segunda Internacional, con Anguiano, que había ido a Rusia con Fernando de los Ríos, más García Quejido, Núñez de Arenas y Virginia González, entre otros, fundaron el Partido Comunista Obrero Español. Ambos se fusionaron como Partido Comunista de España (PCE) en noviembre de 1921.

Por su parte, la UGT, con Largo Caballero a la cabeza, se opuso a contemporizar con la Tercera Internacional y obtuvo el voto abrumador de la militancia para seguir en la Federación Sindical Internacional e integrarse en la Oficina Internacional del Trabajo y aceptar el orden internacional creado bajo la égida de la Sociedad de Naciones y el reformismo de la negociación y conquista de mejoras materiales, sin obviar la participación en las instituciones estatales. En este momento, Largo Caballero se situaba de modo contundente en el lado de las socialdemocracias frente a las propuestas bolcheviques.

Por lo que se refiere a la CNT, concentrada en la trágica ola de violencia en Cataluña, con las consiguientes persecuciones, solo en 1919 manifestó su apoyo oficial a la Revolución rusa y su predisposición a establecer relaciones con la Tercera Internacional, aunque declarando la firme defensa de los principios antiautoritarios de la Primera Internacional. Es evidente que la CNT no valoró o desconoció la experiencia de anarquistas como Piotr Arshinov y Néstor Majnó en la zona controlada por el Ejército Revolucionario Insurreccional de Ucrania ni las persecuciones que por esas fechas ya se cernían sobre los libertarios rusos, antes del sangriento aplastamiento de la rebelión de Kronstadt (1921). En todo caso, Pestaña, que también realizó un viaje a Rusia en 1920, editó sus reflexiones y experiencias para ratificar que la revolución "no puede ser la obra de un partido [...] un partido no va más allá de organizar un golpe de Estado y un golpe de Estado no es una revolución". Observó que,

si es cierto, como afirma la ciencia [...], que la función crea el órgano, si no se modifican los sistemas de organización, por muy comunistas que sean sus nuevos directores, después de un cierto tiempo caerán en los mismos vicios que se pretende combatir.

En conclusión, se llegaba al año 1923 con una densidad de conflictos que, sin duda, la dictadura suspendió hasta 1931, pero, a su vez, esta dictadura obligó a las izquierdas españolas a replantear estrategias y alianzas. Todos ello se analizará en el capítulo siguiente. Antes conviene exponer otras facetas decisivas en las aspiraciones de emancipación, como las relativas a las mujeres, y esbozar al menos las nuevas formas de compromiso social en la cultura.

6. CONCIENCIAS DE IGUALDAD, UNIVERSOS DE CULTURA

Los cambios económicos, sociales, tecnológicos e ideológicos desplegados desde fines del siglo XIX impulsaron no solo las transformaciones políticas que se han descrito en este capítulo, sino también innovaciones culturales y una eclosión de originalidad en lo que se conoce como época de las vanguardias en las dos primeras décadas del siglo XX. La vida cotidiana cambió radicalmente: hogares y pueblos salieron de la oscuridad, la electricidad dio nueva vida a las noches y a las calles, se llenaron los teatros, irrumpió el cine, la prensa se expandió como auténtico medio de masas y la publicidad incentivó el ocio y propagó nuevas pautas sociales, hasta cambió los criterios de belleza para mujeres y para hombres... No por casualidad, en los años veinte Ortega y Gasset diagnosticaría la irrupción de la sociedad de las masas. En ese contexto, la conciencia de igualdad de las mujeres emergió y se expandió desde distintos frentes sociales. Conviene detallarlos.

PLURALISMO DE VOCES FEMINISTAS

Paradojas de la historia: los nuevos movimientos de emancipación iniciados desde las revoluciones liberales estuvieron representados por cuerpos de mujeres que, en su mitológica figuración, encarnaron primero la Libertad y la República, y luego, con las nuevas propuestas revolucionarias, el Socialismo y la Anarquía. Se reprodujeron en revistas, panfletos, almanaques y estampas lanzados sucesivamente por liberales, demócratas, socialistas y anarquistas para visualizar sus respectivos ideales. Sin embargo, a pesar de un siglo de tantas proclamas emancipatorias, llegó el siglo XX y las mujeres, en su práctica totalidad, seguían recluidas en espacios privados, siempre subordinadas al varón. Solo podían aparecer en público si, tal y como han precisado las investigaciones feministas, "salían" a trabajar, como era el caso de las obreras, iban a tiendas, iglesias o a centros educativos para estudiar, sin poder ir más allá de la titulación de maestra, y si eran de clases medias o altas. En España, la desigualdad era una realidad palmaria, aunque hasta 1870 el Código Penal no rubricase su inferioridad legal, supeditada a la autoridad marital y castigada si la desobedecía, con especiales penas para el adulterio, de seis años para la mujer, pero solo una "reprobación" si el autor era el varón. El Código Civil llegó en la tardía fecha de 1889 por otros motivos y corroboró, por su parte, lo que el Código Napoleónico ya había estipulado desde 1804: la nula capacidad jurídica de la mujer, siempre bajo tutela, primero del padre, luego del marido.

Se ha visto en el capítulo anterior que pocas mujeres pudieron plantearse un cambio en su posición, y quienes lo hicieron procuraron no subvertir totalmente los estereotipos y funciones asignados a la mujer. Se ha expuesto el caso de Concepción Arenal, quien en 1869 publicó *La mujer del porvenir*, denunció el arrinconamiento sufrido y exigió el acceso a la educación como vía para la emancipación. Arenal colaboró con los demócrata-republicanos, con los que compartió luchas contra la esclavitud e inquietudes sobre la igualdad de la mujer que durante la Restauración monárquica se manifestaron en los congresos pedagógicos impulsados por los institucionistas Giner y Azcárate. Aportó una perspectiva católica para los asuntos sociales, sin omitir críticas al clero por preferir mantenerlas en la ignorancia. En su obra póstuma, *Estado actual de la mujer en España* (1895), documentó la situación laboral y educativa y argumentó a favor del acceso a oficios propios de mujeres, como el de maestra, médica de niños y mujeres y otros similares, incluso al de "sacerdote, no monja, (pero) nunca a la política ni a la vida militar". En suma, planteaba reivindicaciones que suponían un progreso para la educación y promoción laboral de las mujeres, pero, conviene subrayarlo, sin dejar por eso de atender las obligaciones asignadas como esposas y madres.

En las décadas finales del siglo XIX la demanda feminista aumentó, pero no cuajó como movimiento social diferenciado; se desplegó de forma atomizada, como suma de esfuerzos fragmentarios, de ningún modo comparables a la fuerza de los movimientos sufragistas que se desarrollaban en esos años sobre todo en Gran Bretaña y Estados Unidos. No obstante, hubo iniciativas de distinto calibre que, con mayor o menor impacto, abrieron caminos protofeministas. Por ejemplo, por su posición social, Emilia Pardo Bazán pudo ser atrevida y provocadora, reivindicar la emancipación femenina y traducir a dos de los varones defensores de la igualdad de los sexos, el liberal John Stuart Mill y el socialista August Bebel. Aunque no logró los votos para entrar en la Academia de la Lengua, obtuvo la primera cátedra universitaria para una mujer, aunque fue boicoteada por los alumnos.

Pero sobre todo hubo iniciativas de base colectiva. Unas fueron profesionales y otras políticas. Entre las primeras destacó el grupo de mujeres comadronas, que desarrolló un pensamiento propio sobre la maternidad en dos revistas profesionales, *El Eco de las Matronas*, de 1893, y *La mujer y la higiene*, de 1905, con criterios diferenciados de la visión patriarcal dominante. Destacaron con más fuerza las mujeres maestras, un colectivo de casi 16.000, más del 40% del total de docentes de primaria en España a la altura de 1900. Este cuerpo profesional desempeñó un papel protagonista en los Congresos Pedagógicos impulsados por los intelectuales de la citada Institución Libre de Enseñanza, celebrados entre 1882 y 1892. En todos se defendió el derecho a la educación, el acceso al ejercicio profesional de las mujeres y, por supuesto, la dignificación del oficio de maestra.

Por otra parte, en 1900 había unas 5.500 alumnas en centros de secundaria, mientras que los varones se encontraban en torno a los 51.000. Cifras muy bajas comparadas con Europa en ambos casos, y además notablemente discriminatorias para las mujeres. En ese año de 1900 solo eran 16 las mujeres con estudios universitarios, logrados gracias a permisos especiales, la mitad en medicina, mientras que en Europa se contaban por miles en Francia y Reino Unido. En contrapartida, la gran mayoría de mujeres vivía fuera de esa realidad: en 1887 eran 5,3 millones las analfabetas, el 70% de la población femenina con más de 10 años. En 1900 ya se constataba una mejora: la tasa era del 66% en mujeres de más de 10 años, mientras que en los varones era del 45,3%.

Son datos necesarios para comprender la fragilidad de un feminismo que en España emergió sobre todo desde las clases medias. En concreto, desde los círculos republicanos que "adoptaron" a las mujeres en logias masónicas tuteladas. Se calculan más de 400 mujeres las que, antes de 1900, usaron este cauce para defender el derecho a ser independientes y reivindicar una educación laica e igualitaria. Destacaron escritoras y activas feministas como Ángeles López de Ayala, creadora de la Sociedad Autónoma de Mujeres de Barcelona en 1892

—con la anarquista Teresa Claramunt—, que publicó en *Las Dominicales del Libre Pensamiento*, semanario republicano, sus ideas de la emancipación de la mujer no solo del varón sino también del poder del clero, por las que sufrió ataques personales y el incendio de su domicilio. También la escritora Amalia Domingo, famosa por su espiritismo, o las hermanas Amalia y Ana Carvia Bernal, que en 1897 fundaron la Sociedad Progresiva Femenina.

Entre las masonas figuró una de las primeras médicas españolas, Belén de Sárraga, y sobre todo Rosario Acuña, cuya militancia por la emancipación de las mujeres se expresó con voz propia escribiendo en todos los géneros literarios y rompiendo además en su vida personal las normas de poder patriarcal existentes. De Acuña se ha citado en páginas anteriores el escándalo y prohibición de su obra teatral *El padre Juan* (1891). En 1911 tuvo que exiliarse al ser perseguida por faltar al honor de los estudiantes que insultaron y acosaron a las primeras "jóvenes *estudiantas*" admitidas en la Universidad de Madrid. Había publicado en la prensa un artículo, "La jarca de la Universidad", donde ridiculizaba a esos "machos españoles" a quienes solo un carretero proletario les había hecho frente reprochándoles su vandalismo.

En paralelo, desde fines del siglo, dentro del anarquismo español hubo mujeres que sumaron a la lucha obrera la bandera de la igualdad de las mujeres, con el destacado papel de Teresa Mañé —madre de Federica Montseny— y, sobre todo, de una trabajadora del textil, Teresa Claramunt, que militó como sindicalista, impulsó la citada Sociedad Autónoma de Mujeres de Barcelona y se implicó en todas las luchas del primer tercio del siglo XX. No sobra recordar que el institucionista Adolfo Posada desempeñó un papel relevante al publicar en 1899 un libro que, titulado *Feminismo*, no solo superó la idea de mejoras limitadas para la mujer, aceptadas por sectores liberales, sino que proclamó que "todas las gentes que no estén ciegas, bajo el influjo de prejuicios invencibles, son feministas". Alegó que el feminismo no es solo "una doctrina de liberación y reorganización" que busca garantizar los derechos de las mujeres, sino que, "en interés de la colectividad", es un ideario imprescindible. Concluía, por tanto, que siempre hay que contar con "las dos mitades constitutivas de la especie humana", el único camino para desarrollar un Estado democrático.

La obra de Posada expresó una creciente sensibilidad social hacia lo que se llamó la "cuestión femenina". Así, la década de 1910 comenzó con la apertura de las aulas universitarias a las mujeres por decreto del Gobierno de Canalejas, y destacaron luego los sustanciosos debates promovidos por la Academia de Jurisprudencia y Legislación o por el Ateneo de Madrid en 1915. En este contexto ya aparecieron voces de mujeres intelectuales como Carmen de Burgos, María Goyri, María de Maeztu, Isabel de Oyarzábal, Elena Fortún, Zenobia Camprubí, Victoria Kent o Margarita Nelken, entre otras. Se concretaron iniciativas de especial significación, como las desarrolladas dentro del socialismo. Por ejemplo, las Juventudes Socialistas, que desde 1903 habían comenzado su andadura en Vizcaya, reconocieron en 1915 en sus estatutos "prestar vigorosa ayuda a las reivindicaciones feministas" mediante la creación de agrupaciones de mujeres dentro de la UGT y del PSOE. Seguían el modelo madrileño de la Agrupación Femenina Socialista formada en 1910 por seis mujeres de las que vale la pena recordar sus oficios: una planchadora, una sastra, una guarnecedora y tres dedicadas a "sus labores". Ahora bien, en esta defensa de los derechos de las mujeres no explicitaron paradójicamente como una meta lograr el derecho al voto: no querían superponer una pretensión política, supuestamente pequeñoburguesa, por encima de las reivindicaciones de clase. Este debate se prolongaría en el seno del socialismo hasta la República.

También en estos años se creó la Residencia de Señoritas, con María de Maeztu al frente, por iniciativa de la Institución Libre de Enseñanza, y vio la luz el primer y original periódico feminista, *El Pensamiento Femenino* (1913-1916), dirigido por Benita Asas Manterola y Pilar Fernández Selfa. Benita Asas desplegó una excepcional militancia que no ha sido apreciada en todos sus méritos, quizás por su condición de católica, de modo que, inhabilitada por "izquierdista" por el franquismo, murió largamente silenciada por las izquierdas. En este sentido también hay que recordar las figuras de Carmen Karr y Dolors Monserdà, que dentro de la cultura catalana abogaron por la igualdad de las mujeres tratando de sumar desde conservadoras hasta anarquistas. La primera fue directora de *Feminal*, suplemento de *La Ilustració Catalana*, entre 1907 y 1917, creó en 1915 el Comité Femenino Pacifista de Catalunya, organización antibelicista creada en 1915, y en 1921 *Acción Femenina* (1921), en todos los casos para defender la mejora de la situación de las mujeres, e impulsó escuelas profesionales y mutualidades para luchar contra la discriminación laboral en los momentos de la maternidad. De Dolors Monserdà cabe destacar la creación en 1910 de un patronato con bolsas de trabajo y asistencia médica gratuita para el sector tan deprimido de las costureras, y sus obras *El feminisme a Catalunya* (1907) y *Estudi feminista. Orientacions per a la dona catalana* (1909), en las que defendía el catolicismo social como base de la igualdad de las mujeres, para rechazar el laicismo de las feministas anglosajonas o francesas.

En definitiva, el desarrollo económico desde la década de 1910 supuso el crecimiento de las clases medias, tal y como se constató, por ejemplo, en las 23.000 alumnas que hubo a la altura de 1920 en enseñanza secundaria y más de mil mujeres matriculadas en la universidad al cabo de los diez años de libre acceso, sobreponiéndose a los acosos de los "machos españoles" denunciados por Rosario Acuña. Sin duda, aunque minoritario, se construyó un discurso y un sistema de valores que se difundió en revistas, prensa, libros y conferencias entre públicos urbanos de clases medias, con influencias tanto liberales y republicanas como socialistas. Lograron poner un interrogante sobre los modelos culturales vigentes de sumisión de la mujer. En paralelo, aunque España no participaba en la Gran Guerra, la realidad y las imágenes de las mujeres ocupando todos los puestos de trabajo que habían tenido que dejar los varones para ir a morir a las trincheras traspasaron fronteras y subvirtieron sin duda los modelos culturales de género. La supuesta inferioridad femenina tuvo que ser matizada desde las diferencias fisiológicas, pero no es este un asunto que corresponda ser analizado aquí. El hecho es que los argumentos seudocientíficos de la primacía del varón fueron cuestionados en todo Occidente y esto ayudó al definitivo despegue en España del feminismo como movimiento organizado para la reivindicación de la igualdad jurídica de hombres y mujeres, aunque hubo discordancias, como también en otros países occidentales, sobre la cronología y momento de implantar el voto de las mujeres.

En concreto, desde 1917 surgieron asociaciones feministas que fueron plurales por las ideas de sus integrantes, con propuestas heterogéneas que compitieron entre sí, y a las que no cabe aplicarles la etiqueta simplificadora de ser de derechas, izquierdas o centro... Coincidieron todas en impulsar unas bases de igualdad política y social y divergieron en puntos concretos de aplicación como el ya citado derecho al voto. En 1917 comenzó la andadura el grupo liderado por Consuelo González Ramos, más conocida como "Celsia Regis", en torno a *La Voz de la Mujer* (1917-1931), que desde 1925 se convertirá en el órgano de la Unión del Feminismo Español, bajo la dictadura, con un feminismo de contenido católico. En 1918 se crearon dos grupos de raigambre liberal, la Unión de Mujeres de España (UME), fundada por la marquesa de Ter, que desde el principio procuró actuar con otra nacida a la par, la Asociación Nacional de Mujeres Españolas (ANME), creada por María Espinosa de los Monteros, una opción moderada y laica, en la que militaron las citadas Benita Asas y Celsia Regis. Trataron de integrar a las mujeres españolas en "el progreso mundial femenino, así en el orden moral y social como en el político", por lo que abogaban por la unión de todos los grupos para "formar un partido feminista". En ambas convivieron sensibilidades distintas que coincidieron, sin embargo, en un "feminismo laico" que admitía el divorcio, lo que provocó la intensa repulsa desde ámbitos clericales católicos. Lograron en 1918 que se les abrieran las puertas de la Administración estatal, aunque solo en la escala más baja, la de auxiliar. La ANME coordinó sus actividades con otras asociaciones de mujeres existentes en otras ciudades para crear un Consejo Supremo Feminista de España, asociado a la Alianza Internacional para el Sufragio de la Mujer (IWSA en inglés). En 1920 apoyaron la fundación de la Juventud Universitaria Feminista, en la que destacaron Victoria Kent, Elisa Soriano y Clara Campoamor.

Sin duda, el activismo de estas mujeres incrementó su visibilidad desde la década de 1920, cuando aparecieron nuevas asociaciones como la fundada en 1921 por Carmen de Burgos, "Colombine", a la que se debe la primera manifestación sufragista en España, la celebrada en mayo de 1921 por las calles de Madrid, repartiendo panfletos a favor de la igualdad de derechos entre hombres y mujeres. En enero de ese año, Benita Asas Manterola, de la ANME, había defendido en el Ateneo de Madrid los derechos políticos y civiles de la mujer, "el único medio de hacer disuadir de sus designios a los poderosos de la tierra" para obtener el voto femenino era asunto de "profunda importancia".

El feminismo, por tanto, emergió desde dos medios sociales: el de las clases medias ilustradas, sobre todo, y también desde el asociacionismo obrero. En este hubo importantes pioneras socialistas y anarquistas, empleadas en oficios manuales en su mayoría, mientras que en el primer medio social predominaron las profesiones liberales, desde maestras y enfermeras hasta abogadas, escritoras, etc. En ambos casos reflejaban una faceta importante de la modernización social y cultural que experimentaba España en esas décadas, con enormes desigualdades y lastres.

EFERVESCENCIA CULTURAL

A pesar de las distancias entre las poblaciones y comarcas urbanas y esa otra España agraria a la que llegaban los ecos de la modernidad cultural de modo más fragmentado, lo cierto es que se desarrolló tal densidad de creaciones artísticas, científicas e intelectuales que se ha aplicado el rótulo de Edad de Plata a la producción de las sucesivas generaciones de 1898, 1914, 1927 y, por último, la de 1936. En todas ellas hubo personalidades que alcanzaron un reconocimiento internacional, algo insólito desde el Siglo de Oro.

De los abundantes estudios sobre esta etapa cultural española, solo cabe apuntar en estas páginas algunos rasgos de su dimensión política. Ante todo, fue en estos años cuando, con los precedentes indudables de las generaciones liberales del siglo XIX, se pensaron y perfilaron los contornos de una cultura popular española, así como los ingredientes de la identidad nacional de una España en la que también se estaban anudando en paralelo otras identidades con criterios nacionalistas como la catalana, vasca o gallega, con muy dispares repercusiones políticas. Otro rasgo decisivo fue la militancia política e ideológica que impregnó en gran medida las distintas facetas de la creación cultural. Es cierto que esta característica ya había singularizado las creaciones del Romanticismo y posteriores movimientos culturales. Quizás la novedad consistió en que esa militancia desde la Edad de Plata adquirió un sesgo partidista más o menos explícito en las obras y los autores que, en bastantes casos, se consideró como criterio de valoración de las obras. En concreto, se plantearon debates sobre el juicio estético y el aprecio social de una obra o autor en función de la respectiva tendencia política o social. Una disputa que puede considerarse vigente desde entonces.

En este sentido hay que subrayar que los contenidos de denuncia social y política fueron argumentos no solo para ensayos sino también para creaciones artísticas. Se ha expuesto en páginas anteriores cómo las obras de Rosario Acuña, Pérez Galdós, Blasco Ibáñez y otros autores de militancia anticlerical recibieron valoraciones opuestas e incluso provocaron polémicas políticas, según el marco ideológico de los receptores. Por otra parte, el testimonio o los asuntos sociales innovaron varios géneros, porque ya no había desgracias o dramas indignos de ser tratados. Así, por ejemplo, por citar solo algunos casos señeros, la denuncia de la sombría fatalidad de las vidas proletarias por Joaquín Dicenta en su obra de teatro *Juan José* (1895); el ambiente sociológico del hampa de los marginales y de la politización de los obreros por Pío Baroja en su trilogía *La lucha por la vida* (1904-1905); el reportaje innovador entre el periodismo social y la novela de Manuel Ciges Aparicio en *Las luchas de nuestros días*, *La venganza* y *Villavieja* (de 1908 a 1914); más las denuncias directas del caciquismo en *¡Muera el señorito! (Ni Patria ni Amor)*, de López de Haro (1916) y en *Jarrapellejos*, de Felipe Trigo (1914); también la "tragedia grotesca" *Los caciques*, de Carlos Arniches (1920); sin olvidar el temprano reflejo de las luchas sociales en los óleos de, por ejemplo, Vicente Cutanda, *Una huelga de obreros en Vizcaya* (1892), y de Ramón Casas, *La carga* (1899); o el abundante realismo corrosivo y caricaturesco que plagaba todas las zarzuelas, tan populares y tan sembradas de chascarrillos groseros y de parodias de lo trágico para hacer reír a todas las clases sociales...

Por otra parte, desde el 98 las ideas de patria, pueblo e identidad social o cultural se convirtieron en objetos y pretextos analizados y diagnosticados por científicos sociales, ensayistas e intelectuales de todo rango, o suministrar asuntos para creadores literarios, pintores y músicos. Unos, con el afán de explicar las causas del atraso respecto a los países más avanzados de Europa, encontrar culpables y proponer remedios, en el caso de la patria española; otras para rescatar y enfatizar la peculiaridad de unas patrias alternativas; y todos como inspiración que anudaba emociones y expectativas de muy diverso cariz. Esta característica cabe aplicarse no solo a obras de intelectuales y creadores literarios, sino también a músicos, pintores y arquitectos, cuya extensa nómina no es materia de análisis en este epígrafe.

Por lo demás, hay que computar también la aportación de los intelectuales a la tarea de dotar de capital cultural a los partidos y sindicatos para expandir y arropar la defensa de los derechos de los más débiles a una vida más digna e incluso unas metas de emancipación social para todos. No solo en las novelas y obras de teatro de las que antes se han citado algunos ejemplos, sino en otras muchas de un nivel de menor envergadura creativa, así como en poesías y panfletos o escritos de autores de partidos y sindicatos, con una constatada difusión popular, que relataron las injusticias sociales y denunciaron, con mayor o menor grado de militancia, los abusos y comportamientos de las clases dominantes. Trataban sobre todo de propagar la conciencia de ser iguales y la existencia de unos derechos por encima de los privilegios heredados por unos pocos.

Además, tanto republicanos como socialistas y anarquistas desarrollaron proyectos de educación popular. Se ha expuesto cómo, en paralelo y ante las deficiencias del Estado, los republicanos crearon ateneos-casinos por toda la geografía para alfabetizar y formar profesionalmente a los trabajadores. Además, fundaron en algunas ciudades como Barcelona o Valencia escuelas laicas con una impronta racionalista y cientifista cuyos postulados asumirían también los socialistas y anarquistas. Siguiendo este modelo, también por inspiración francesa, los socialistas crearon en el primer tercio del siglo XX las Casas del Pueblo. No solo fueron centros de militancia, sino lugares con funciones de mutualidad y apoyo social, y sobre todo con un amplio abanico de actividades y contenidos culturales en los que la hemeroteca y biblioteca, con el novedoso servicio de préstamo de libros, fueron espacios decisivos para propagar ideas y conocimientos. Otro tanto hicieron los anarquistas en sus respectivas sedes, donde potenciaron la idea de las escuelas racionalistas y defendieron un programa de enseñanza integral para la emancipación del individuo. La experiencia más conocida fue la impulsada por Ferrer y Guardia, la Escuela Moderna, con un modelo de enseñanza activa y participativa, sin premios ni castigos y en coeducación sexual, lo que escandalizó a muchos coetáneos.

Por otra parte, en la difusión de una cultura orientada a los trabajadores fueron cruciales las revistas y periódicos creados por partidos y sindicatos obreros. En todos los casos compartieron una misma estructura: incluían tanto información política como contenidos de divulgación científica con afanes educativos. Tan necesaria se consideraba la política como la formación de personas libres de ataduras supersticiosas. Se pretendía una militancia no solo social sino también de emancipación racional para que la lucha social se apoyara en la ciencia positiva, soporte para el progreso individual y colectivo. En estas revistas y periódicos se publicó además una literatura expresamente escrita por obreros, con temas de exaltación de sus luchas e ideas. Con independencia de su valor creativo, hizo de los obreros y del anhelo de revolución el motivo para construir un capital simbólico opuesto al de la cultura burguesa.

BIBLIOGRAFÍA

AJA, E. (1976): *Democracia y socialismo en el siglo XIX español: el pensamiento político de Fernando Garrido*, Madrid, Cuadernos para el Diálogo.
ÁLVAREZ JUNCO, J. (2011): *El emperador del paralelo: Lerroux y la demagogia populista*, Barcelona, RBA.

Anchorena Morales, O. et al. (2021): *Captar, votar y gobernar: movilización y acción política en la España urbana (1890-1936)*, Madrid, Los Libros de la Catarata.

Avilés Farré, J. (2008): *Francisco Ferrer y Guardia: pedagogo, anarquista y mártir*, Madrid, Marcial Pons.

— (2013): *La daga y la dinamita: los anarquistas y el nacimiento del terrorismo*, Barcelona, Tusquets.

Balcells, A. (2009): *El pistolerisme: Barcelona (1917-1923)*, Barcelona, Pòrtic.

Ballarín Domingo, P. (2001): *La educación de las mujeres en la España contemporánea, siglos XIX y XX*, Madrid, Síntesis.

Bar, A. (1981): *La CNT en los años rojos: del sindicalismo revolucionario al anarcosindicalismo (1910-1926)*, Madrid, Akal.

Bascuñán Añover, O. (2010): *Campesinos rebeldes: las luchas del campesinado entre la modernización y la globalización*, Madrid, Los Libros de la Catarata.

Bengoechea, S. (1994): *Organització patronal i conflictivitat social a Catalunya: tradició i corporativisme entre finals de segle i la dictadura de Primo de Rivera*, Barcelona, Abadia de Montserrat.

Berjoan, N.; Higueras Castañeda, E. y Sánchez Collantes, S. (2021): *El republicanismo en el espacio ibérico contemporáneo*, Madrid, Casa de Velázquez.

Branchiforte, L. (2015): "Experiencias plurales del feminismo español en el primer tercio del siglo pasado: un balance de la historiografía reciente", *Revista de Historiografía*, 22, pp. 235-254.

Burdiel, I. (2021): *Emilia Pardo Bazán*, Madrid, Taurus.

Caballé, A. (2018): *Concepción Arenal, la caminante y su sombra*, Madrid, Taurus.

Cabrero Blanco, C. (2008): *La escarapela tricolor: el republicanismo en la España contemporánea*, Oviedo, KRK.

Callahan, W. J. (2002): *La Iglesia católica en España (1875-2002)*, Barcelona, Crítica.

Camus Bergareche, B. y Scicolone, A. (coords.) (2021): *Annual: ecos de la última aventura colonial española*, Madrid, Los Libros de la Catarata.

Capellán de Miguel, G. (2006): *La España armónica: el proyecto del krausismo para una sociedad en conflicto*, Madrid, Biblioteca Nueva.

Castillo, S. (dir.) (2008): *Solidaridad, seguridad, bienestar: cien años de protección social en España*, Madrid, Ministerio de Trabajo.

Chacón Delgado, P. J. (2013): *Historia y nación: Costa y el regeneracionismo de fin de siglo*, Santander, EUC.

Claret Miranda, J. y Santirso Rodríguez, M. (2014): *La construcción del catalanismo: historia de un afán político*, Madrid, Los Libros de la Catarata.

Dardé, C. (2003): *La aceptación del adversario: política y políticos en la Restauración, 1875-1900*, Madrid, Biblioteca Nueva.

Del Amo, C. (2010): *La familia y el trabajo femenino en España en la segunda mitad del siglo XIX*, Málaga, Universidad de Málaga.

DE LA CALLE, Mª D. (1989): *La Comisión de Reformas Sociales, 1883-1908: política social y conflicto de intereses en la España de la Restauración*, Madrid, Ministerio de Trabajo.

DE LA CUEVA MERINO, J. (2014): *Izquierda obrera y religión en España (1900-1939)*, Alcalá de Henares, UAH.

DE LA CUEVA MERINO, J. y MONTERO, F. (eds.) (2013): *La secularización conflictiva: España, 1898-1931*, Madrid, Biblioteca Nueva.

DE DIEGO ROMERO, J. (2008): *Imaginar la República: la cultura política del republicanismo español, 1876-1908*, Madrid, Centro de Estudios Políticos y Constitucionales.

DE FELIPE, J. (2012): *Trabajadores: lenguaje y experiencia en la formación del movimiento obrero español*, Oviedo, Genueve.

DE LUIS MARTÍN, F. y ARIAS GONZÁLEZ, L. (1997): *Las Casas del Pueblo socialistas en España, 1900-1936*, Barcelona, Ariel.

DEL MORAL VARGAS, M. (2012): *Acción colectiva femenina en Madrid (1909-1931)*, Santiago de Compostela, Universidad de Santiago de Compostela.

DEL REY REGUILLO, F. (1992): *Propietarios y patronos: la política de las organizaciones económicas en la España de la Restauración (1914-1923)*, Madrid, Ministerio de Trabajo y Seguridad Social.

DEL REY REGUILLO, F. y CABRERA, M. (2000): "La patronal y la brutalización de la política", en S. Juliá (coord.), *Violencia política en la España del siglo XX*, Madrid, Taurus, pp. 235-288.

DE RIQUER, B. (2001): *Escolta Espanya: la cuestión catalana en la época liberal*, Madrid, Marcial Pons.

ELORZA, A. (2013): *Anarquismo y utopía: Bakunin y la revolución social en España (1868-1936)*, Madrid, Cinca.

ELORZA, A. y RALLE, M. (1989): *La formación del PSOE*, Barcelona, Crítica.

FERNÁNDEZ MORALES, M. (2006): *Rosario de Acuña*, Oviedo, Milenta Muyeres-Ayuntamiento de Gijón.

FORCADELL, C. y SUÁREZ CORTINA, M. (2015): *La Restauración y la República, 1874-1936*, Madrid, Marcial Pons.

GIL ANDRÉS, C. (2000): *Echarse a la calle: amotinados, huelguistas y revolucionarios (La Rioja, 1890-1936)*, Zaragoza, Prensas de la Universidad de Zaragoza.

GONZÁLEZ CALLEJA, E. (1999): *El máuser y el sufragio: orden público, subversión y violencia política en la crisis de la Restauración (1917-1931)*, Madrid, CSIC.

GONZÁLEZ CALLEJA, E. y DEL REY REGUILLO, F. (1995): *La defensa armada contra la revolución: una historia de las Guardias cívicas en la España del siglo XX*, Madrid, CSIC.

GUTIÉRREZ MOLINA, J. L. (2008): *El Estado frente a la anarquía: los grandes procesos contra el anarquismo español (1883-1982)*, Madrid, Síntesis.

HERNÁNDEZ SANDOICA, E. (ed.) (2019): *Rosario de Acuña. Hipatia (1850-1923): emoción y razón*, Madrid, Abada.

HERRERÍN, A. (2011): *Anarquía, dinamita y revolución social: violencia y represión en la España de entre siglos, 1868-1909*, Madrid, Los Libros de la Catarata.

IZARD, M. (1973): *Industrialización y obrerismo: las tres clases de vapor, 1869-1913*, Barcelona, Ariel.

LANNON, F. (1990): *Privilegio, persecución y profecía: la Iglesia católica en España, 1875-1975*, Madrid, Alianza.

LEÓN-IGNACIO, J. (1981): *Los años del pistolerismo: ensayo para una guerra civil*, Barcelona, Planeta.

LÓPEZ ESTUDILLO, A. (2001): *Republicanismo y anarquismo en Andalucía: conflictividad social agraria y crisis finisecular (1868-1900)*, Córdoba, De la Posada.

MADARIAGA ÁLVAREZ-PRIDA, R. (2005): *En el barranco del lobo: las guerras de Marruecos*, Madrid, Alianza.

MARÍN, D. (2009): *La Semana Trágica: Barcelona en llamas, la revuelta popular y la Escuela Moderna*, Barcelona, La Esfera de los Libros.

— (2010): *Anarquistas: un siglo de movimiento libertario en España*, Barcelona, Ariel.

MARTÍN RAMOS, J. L. (1998): *Historia de UGT (1914-1930)*, Madrid, Unión y Centro de Estudios Históricos de UGT.

— (2008): *Entre la revolución y el reformismo, 1914-1931*, Madrid, Siglo XX.

— (2019): *La gran guerra y la revolución: orígenes de la Internacional Comunista*, Barcelona, El Viejo Topo.

MARTÍN VALVERDE, A. (1987): *La legislación social en la historia de España: de la revolución liberal a 1936*, Madrid, Congreso de los Diputados.

MEAKER, G. H. (1978): *La izquierda revolucionaria en España, 1914-1923*, Barcelona, Ariel.

MIGUEL GONZÁLEZ, R. (2006): *La pasión revolucionaria: culturas políticas republicanas y movilización popular en la España del siglo XIX*, Madrid, Centro de Estudios Políticos y Constitucionales.

MONTEJO GURRUCHAGA, L. y BARANDA LETURIO, N. (coords.) (2002): *Progresismo, heterodoxia y utopía en algunas escritoras durante la Restauración (Las mujeres en la Historia de la Literatura española)*, Madrid, UNED.

OYÓN, J. L. (2008): *La quiebra de la ciudad popular: espacio urbano, inmigración y anarquismo en la Barcelona de entreguerras, 1914-1936*, Barcelona, Serbal.

PALACIO MORENA, J. I. (1988): *La institucionalización de la reforma social en España (1883-1924): la Comisión y el Instituto de Reformas Sociales*, Madrid, Ministerio de Trabajo y Seguridad Social.

PÉREZ GARZÓN, J. S. (coord.) (2015): *Experiencias republicanas en la historia de España*, Madrid, Los Libros de la Catarata.

PICH I MITJANA, J. y MARTÍNEZ FIOL, D. (2019): *La revolución de julio de 1909: un intento fallido de regenerar España*, Granada, Comares.

Pradas Baena, Mª A. (2003): *L'anarquisme i les lluites socials a Barcelona, 1918-1923: la repressió obrera i la violència*, Barcelona, Publicacions de l'Abadia de Montserrat.

Ramos Palomo, Mª D. (1994): "Herederas de la Razón ilustrada: feministas librepensadoras en España (1880-1902)", en R. Ballesteros y Mª D. Ramos (eds.), *Femenino plural: palabra y memoria de mujeres*, Málaga, Universidad de Málaga, pp. 85-105.

Ramos Palomo, Mª D. y Aguado, A. (2002): *La modernización de España (1917-1939)*, Madrid, Síntesis.

Ribas, P. (1990): *Aproximación a la historia del marxismo español (1886-1939)*, Madrid, Endymion.

Rina Simón, C. (2020): *Imaginar Iberia: tiempo, espacio y nación en el siglo XIX en España y Portugal*, Granada, Comares.

Rivera Blanco, A. (1992): *La ciudad levítica: continuidad y cambio en una ciudad interior: Vitoria, 1876-1936*, Vitoria, Diputación Foral de Álava.

— (2003): *Señas de identidad: izquierda obrera y nación en el País Vasco, 1880-1923*, Madrid, Biblioteca Nueva.

Rodríguez Labandeira, J. (1991): *El trabajo rural en España, 1876-1936*, Barcelona, Anthropos.

Romero Maura, J. (1989): *La rosa de fuego: el obrerismo barcelonés de 1899 a 1909*, Madrid, Alianza.

Romero Salvadó, J. y Smith, A. (eds.) (2014): *La agonía del liberalismo español: de la revolución a la dictadura, 1913-1923*, Granada, Comares.

Salavert, V. y Suárez Cortina, M. (eds.) (2007): *El regeneracionismo en España: política, educación, ciencia y sociedad*, Valencia, Publicaciones de la Universidad de Valencia.

Sánchez Pérez, F. (2006): *La protesta de un pueblo: acción colectiva y organización obrera. Madrid, 1901-1923*, Madrid, Fundación Largo Caballero.

Sanfeliu, L. (2005): *Republicanas: identidades de género en el blasquismo (1895-1910)*, Valencia, Publicaciones de la Universidad de Valencia.

Sanz Rozalén, V. y Piqueras Arenas, J. A. (eds.) (2005): *En el nombre del oficio. El trabajador especializado: corporativismo, adaptación y protesta*, Madrid, Biblioteca Nueva.

Serrallonga i Urquidi, J. (2007): *Pablo Iglesias: socialista, obrero y español*, Barcelona, Edhasa.

Soto Carmona, A. (1989): *El trabajo industrial en la España contemporánea (1874-1936)*, Barcelona, Anthropos.

Suárez Cortina, M. (2019): *Los caballeros de la razón: cultura institucionista y democracia parlamentaria en la España liberal*, Santander, Genueve.

— (2000): *El gorro frigio: liberalismo, democracia y republicanismo en la Restauración*, Madrid, Biblioteca Nueva.

Termes, J. (2011): *Historia del anarquismo en España (1870-1980)*, Barcelona, RBA.
Vadillo, J. (2019): *Historia de la CNT*, Madrid, Los Libros de la Catarata.
Vicente Villanueva, L. (2013): *Historia del anarquismo en España: utopía y realidad*, Madrid, Los Libros de la Catarata.
Winston, C. M. (1989): *La clase trabajadora y la derecha en España: 1900-1936*, Madrid, Cátedra.

CAPÍTULO 4
DEL TORBELLINO DE ESPERANZAS A UNA TRÁGICA DERROTA (1923-1956)

Este capítulo trata un periodo cuyas experiencias siguen estando tan vivas que, para aplacar la tendencia a ejercer de jueces del pasado, conviene recordar la máxima de Montesquieu: "La verdad en un tiempo es error en otro". Son unas décadas de regímenes y momentos totalmente opuestos: una dictadura, una república democrática truncada por el golpe militar que provocó una trágica guerra civil, un intento de revolución social y el triunfo sangriento de esa otra dictadura que marcó el periodo de mayor excepcionalidad de la historia española. Además, la guerra albergó en el territorio republicano aquel proyecto de revolución obrera concebida como la conjunción de jornaleros agrarios y proletarios urbanos capaces de socializar las tierras y la producción industrial. En ese camino, tanto en territorios controlados por los sublevados como en los fieles a la República, se ejercieron violencias de signos opuestos. Estas añadieron a la propia guerra una serie de matanzas que, ya desde entonces, forjaron unas memorias tan hostiles que sus impactos han condicionado historiografías discordantes e incluso sectarias, por encima del necesario pluralismo analítico.

Sin duda, los tres años de guerra civil pueden considerarse la mayor catástrofe de la historia de España. Constituyen el eje de este capítulo, cuyas lindes no son las habituales en los libros de historia, pero que pueden ayudar a explicar mejor la historia de las izquierdas. En efecto, desde 1923 las izquierdas experimentaron la primera dictadura, la de Primo de Rivera, de modo dispar, y de esa experiencia dieron el salto a una República con propuestas encontradas. La guerra provocada por la sublevación militar terminó con la derrota, la muerte y el exilio para las izquierdas. Ahora bien, desde 1956, tras la búsqueda de vías para derrocar la dictadura, se produjo un giro estratégico: la reconciliación de vencedores y vencidos para terminar con la dictadura e implantar una democracia. Por eso este capítulo termina cuando el PCE-PSUC primero y, al poco tiempo, el PSOE y los partidos republicanos en el exilio lanzaron propuestas de reconciliación nacional para superar la guerra civil. Cambiaron las tácticas de oposición a la dictadura mientras esta, tras la protesta estudiantil de 1956 y la agonía de la autarquía, se reajustó con el Plan de Estabilización de 1959 y entró en una segunda etapa marcada por Gobiernos tecnócratas afanados en modernizar España sin mermar los poderes autoritarios.

Lógicamente, tales acontecimientos no se comprenden sin considerar las novedades de profundo calado histórico que también ocurrían en los demás países occidentales. Ante todo, la eclosión de las multitudes en la vida política que, en ejercicio de su ciudadanía, desbordaron el universo de las revoluciones liberales del siglo XIX con propuestas democráticas y también con otras revolucionarias, mientras el mundo pisaba el acelerador con nuevas tecnologías que, desde la Segunda Revolución Industrial, habían hecho la vida cotidiana más rápida con teléfonos, telegramas, coches, aviones... Ya no solo el pueblo como categoría sociopolítica, sino específicamente el proletariado se convirtió en referencia para establecer los contenidos de justicia e igualdad. Los sindicatos, en consecuencia, adquirieron el derecho a ser actores de la vida política y económica. Baste recordar que la Organización Internacional del Trabajo (OIT), creada en 1919, se organizó con una dirección compartida entre representantes de sindicatos, patronales y Gobiernos, una respuesta, por lo demás, al modelo de la Revolución soviética que se expandió de modo global y cuyo influjo fue constatable en numerosos países con propuestas políticas y también culturales.

Se desarrollaron con tal fuerza los espacios antagónicos para una lucha de clases que la realidad de explotadores y explotados entreveró a la sociedad entera, se mezcló con identidades nacionalistas, comprometió las ideas religiosas, revolucionó las creaciones culturales y, por supuesto, condicionó las políticas económicas. Su máxima polarización se manifestó en las décadas de 1930 y 1940 en el antagonismo entre comunismo y fascismo. También se abrieron caminos de reformismo democrático y prácticas socialdemócratas a considerar, sin olvidar la fuerza del anarquismo, una excepcionalidad del caso español. Además, la politización llegó a la juventud: partidos de uno y otro signo enrolaron en sus filas a los jóvenes como refuerzos de militancia dispuestos a todo; también contaron con las mujeres que, además del derecho al voto, abrieron caminos para ser protagonistas del espacio público.

En sentido opuesto, emergieron nuevos formatos de elitismo. En este libro no se aborda el caudillismo cultivado por el fascismo y las derechas autoritarias, pero sí que es necesario subrayar que los cuadros de los partidos y sindicatos de izquierdas se pensaron a sí mismos como élites o vanguardias conscientes con el deber de conducir a las masas hacia la emancipación de la humanidad. Los liderazgos de Lenin y Stalin en la Unión Soviética mostraron que el caudillismo fue una característica especialmente fuerte en todo sistema totalitario. Por otra parte, la idea de vanguardia no fue solo cultural: se impuso en estos años para expresar la excelencia y genialidad de unas personalidades que, alejadas conscientemente de las masas, estaban dotadas para lanzar nuevas formas de acción y creación imaginadas por la originalidad intransferible de esos talentos. En suma, fueron décadas en las que se multiplicaron búsquedas y propuestas de organización social, política y económica, lo que impregnó de tal modo la cultura de la época que, por ejemplo, en 1932 la novela *Un mundo feliz* de Aldous Huxley reflejó ese afán utópico por ordenar la sociedad en castas sin pobreza ni guerra, todos "felices", gracias a las tecnologías reproductivas y al control de las emociones.

En definitiva, en ese contexto internacional de polarización, la trayectoria de España quedó marcada por las dictaduras de 1923 y de 1939, organizadas como reacción a las aspiraciones de reformas democráticas de los republicanos y frente a los idearios y prácticas revolucionarias de socialistas y anarquistas. Ambas reacciones contaron con la fuerza del Ejército y unos apoyos poliédricos, y si bien las clases propietarias estuvieron al frente, también sedujeron a amplias clases medias, pequeño campesinado, sectores de obreros y de élites culturales. Sin embargo, hubo una diferencia radical entre ambas dictaduras: la de Franco practicó la aniquilación de los adversarios. Esta diferencia la justificó en 1940 Eduardo Aunós, ministro de los dos dictadores, además de secretario de Cambó, líder de la Lliga catalanista, cuando escribió que Primo de Rivera había fracasado precisamente por no haber erradicado cualquier asomo de liberalismo, error que, a su juicio, no se podía repetir. Esto marcó un rumbo distinto.

La dictadura implantada en 1939 no solo borró del mapa a todas las izquierdas con sangre y exilio, sino que, tras alinearse con las potencias del Eje durante la Segunda Guerra Mundial, la derrota de estas le supuso el aislamiento internacional. Paradójicamente, fue la Guerra Fría, el enfrentamiento entre democracias occidentales y países de la órbita soviética, lo que supuso una inyección de oxígeno decisivo para la supervivencia de la dictadura, sobre todo a partir de 1953, muerto Stalin. Así, la perpetuación de la dictadura es lo que permitiría calificar España como "diferente", pero los cambios desarrollados desde la década de 1950 ya son materia para el siguiente capítulo. De momento, para comprender las esperanzas y sufrimientos de los españoles entre 1923 y 1956, conviene pergeñar previamente los factores socioeconómicos que las contextualizaron.

1. ESCENARIOS ECONÓMICOS Y SOCIALES

Entre 1923 y 1956 hubo dos etapas económicas opuestas: una de crecimiento, un proceso esperanzador de convergencia con Europa, y otra de hecatombe económica, social y cultural. La primera albergó la dictadura y la República, pero la insurrección militar de 1936 desató una guerra civil con un cataclismo de vidas y haciendas de difícil comparación en la historia española. La dictadura de los vencedores implantó una política económica de signo autárquico que, sin embargo, se tuvo que rectificar a partir de 1957-1959. Conviene esbozar sus características más básicas.

CRECIMIENTO Y CONVERGENCIA CON LA EUROPA DESARROLLADA

Aunque las estadísticas oficiales no alcanzarían un nivel de precisión homologable a los países más desarrollados hasta mediada la década de 1950, con las fuentes existentes, los historiadores económicos plantean con bastante acuerdo que, desde la década de 1910 hasta 1936, se produjo un notable crecimiento económico que situó a España en un claro proceso de convergencia con el conjunto de la Europa occidental. Incluso se ha calificado esos años como "edad de plata de la economía española", en sintonía quizás con la llamada "edad de plata de la cultura". Sin duda, los datos macroeconómicos fueron positivos, lo que no permite subestimar la realidad de una mayoría de españoles bregando diariamente con el coste creciente de la vida, con salarios por detrás de ese coste, insuficientes para atender exigencias y expectativas que también crecían.

Así, la otra cara del crecimiento económico consistía en unas frágiles condiciones de bienestar material para las clases trabajadoras, concepto que abarca desde clases medias bajas hasta sectores de asalariados urbanos y agrarios, siempre con un alto porcentaje de familias al borde de la pobreza. Semejantes estrecheces de los asalariados deben ser contextualizadas también como parte del importante crecimiento demográfico que experimentó España en el primer tercio del siglo XX. Fueron las décadas de la "transición demográfica". Mientras duró el ciclo de prosperidad económica, el crecimiento de población fue absorbido por la emigración a América. Sin embargo, en los años treinta, desarticulado el mercado mundial por la crisis del 29, la espita migratoria se cerró y el excedente de mano de obra joven engrosó el paro, factor, entre otros, para comprender la radicalización política que amplios sectores juveniles experimentaron ante las esperanzas suscitadas por la República o el alistamiento en la inmediatez de una revolución social que superase la república "burguesa".

Se ha visto en el capítulo anterior que los beneficios logrados durante la Primera Guerra Mundial impulsaron un crecimiento decisivo del capitalismo español. También se ha expuesto que solo mediante una cadena constante de huelgas se lograron mejoras salariales y una jornada de ocho horas constantemente incumplida. Con ese panorama de optimismo económico, la dictadura de Primo de Rivera optó por aumentar la intervención del Estado en la economía. No solo hizo efectivo el proteccionismo arancelario, sino que añadió subvenciones y ventajas fiscales ordenando desde 1924 un "régimen de auxilios para favorecer la creación y desarrollo de las empresas industriales". Fue novedoso el plan de obras públicas con inversiones del Estado para electrificar y construir dobles vías en el ferrocarril, aumentar y mejorar las carreteras y organizar una gestión unitaria de las cuencas fluviales, creando las confederaciones hidrográficas (1926), aspecto este en el que destacó la Confederación del Ebro con la puesta en regadío de más de 70.000 hectáreas.

Semejante incremento del gasto público fue acompañado de un crecimiento de la actividad industrial en un 5,5% anual, con una mayor diversificación y el surgimiento de oligopolios en el capitalismo español, gracias a la participación directa de la banca. Creció el comercio exterior, con un aumento del sector de la agricultura comercial. La tasa de producción agraria progresó en torno al 1,5% anual, acompañada de una mecanización que, aunque bastante limitada, permitió que, en un muy corto periodo de tiempo, bajase la población activa agraria del 57 al 45%. La esperanza de vida, que en 1900 era de 35 años, había subido a 50 en 1930, y la población crecía al ritmo de un 1% anual gracias al descenso de la mortalidad y a unas mejores condiciones de vida y sanitarias, de modo que el índice de desarrollo humano en España se situó en 1930 en el 84,7% del existente en los diez países europeos más desarrollados.

Ahora bien, hay que leer estos datos en su debido contexto, sin imaginarlos con criterios del presente. Si en aquellas fechas se mejoraban las condiciones de vida, quiere decir que no se morían de hambre, pero en amplias comarcas difícilmente iban más allá de la subsistencia. Hubo desigualdades muy graves entre comarcas como las Hurdes, por citar la más conocida, o las Alpujarras, más otras de ambas Castillas, León, Aragón y Andalucía, frente a las mejoras palpables en la Cataluña industrial, País Vasco, Asturias, Madrid y provincias del Levante mediterráneo. Significativamente estas comarcas más prósperas desplegaron una mayor conflictividad social, como suele comprobarse en la historia de las movilizaciones colectivas. De promedio general, el 11% del total del salario se dedicaba a mantener el hogar (carbón, electricidad, jabón) y el 66% a una alimentación basada sobre todo en el pan, derivados del cerdo, vino, leche y aceite. El resto, un 23%, quedaba para vestido, enfermedades y, según la población, para alquiler de la vivienda, hecho acuciante en aquellas ciudades en crecimiento donde se agolpaban más trabajadores.

Esos eran los niveles medios de vida cuando se proclamó la República, cuyo primer Gobierno, además de unas primeras medidas sociales urgentes, que se analizarán más adelante, tuvo que solventar el déficit presupuestario heredado de la dictadura y que la reforma fiscal de Calvo Sotelo no había logrado sacar adelante; solo pudo recurrir a emisiones de deuda pública. Por eso, el Gobierno de Azaña encomendó al ministro de Hacienda, el republicano catalanista Jaume Carner, como tarea inmediata, aprobar un "presupuesto de liquidación de deudas y de saneamiento de la Hacienda". Se asumieron las cargas heredadas y se mantuvo, no obstante, de modo estable una deuda pública de un 60% del PIB durante toda la República, pero reorientando las prioridades del gasto.

Lógicamente, el Gobierno republicano-socialista tuvo que plantearse la necesaria reforma fiscal que tantos quebraderos de cabeza venía dando desde principios de siglo. Mantuvo continuidades, pues no podían asumirse más impuestos, pero, al fin, introdujo en España el impuesto sobre la renta. Solo gravaría a quienes tuvieran rentas superiores a 100.000 pesetas, cifra astronómica entonces, y nunca por encima del 11% de gravamen. Conviene explicar el valor de esas 100.000 pesetas: era el equivalente al sueldo de 25 maestros, a los que la República, para dignificar la escuela, les había subido el sueldo de "hambre" previo a 4.000 pesetas anuales. Suponía 11 pesetas diarias, para cuya valoración conviene recordar que el jornal de un albañil fluctuaba entre seis y nueve pesetas, el del obrero del textil entre seis y ocho y media (las mujeres, menos de la mitad) y un jornalero agrícola, entre cinco y ocho pesetas, según estación y según fuentes oficiales. Son datos para comprender el difícil portillo que abría ese nuevo impuesto, cuya novedad tuvo que justificar el Gobierno en el preámbulo de la ley argumentando que "en todos los pueblos cultos y de una economía nacional plenamente desarrollada" ya existía y, por tanto, era necesario para organizar un sistema tributario con "principios de justicia fiscal". De los 5.000 contribuyentes previstos, solo pagaron 3.000, lo mantuvieron los Gobiernos del bienio de derechas, que incluso bajaron el mínimo exento a 80.000 pesetas, pero la guerra y la posterior dictadura lo dejaron en papel mojado.

Por otra parte, la crisis internacional de 1929 no repercutió duramente en España: la gran mayoría de la agricultura era tradicional y el peso de las exportaciones en el conjunto de la economía era limitado, pero sí que hubo un mayor retorno de emigrantes y se frenaron las inversiones extranjeras. Sin embargo, el consumo privado aumentó y más bien el bache económico de los primeros años de la República se debió a que no pudieron proseguir muchas de las obras públicas de la dictadura y al retraimiento de los capitales ante las posibles decisiones del nuevo Gobierno: se retiraron o fugaron un 15% de los depósitos bancarios y se deprecié la peseta un 20% en mayo de 1931. En todo caso, en 1934 ya se había recuperado el PIB de 1930, la agricultura continuó en crecimiento, los precios se mantuvieron y se incrementó la industria de los bienes de consumo, no así las industrias de bienes de producción y la construcción. Por ejemplo, la industrial textil aumentó porque crecieron los salarios reales con las nuevas políticas sociales de la República.

Son datos básicos para comprender los anclajes productivos de una sociedad que en 1930 contaba con 23,6 millones de habitantes y con una población activa de la que un 46% trabajaba en la agricultura, unos cuatro millones, casi divididos en dos mitades: una, con mayoría de pequeños y medianos propietarios, arrendatarios y aparceros, y otra con dos millones de jornaleros. Estos últimos, junto con el 26,5% de trabajadores del sector industrial, algo más de dos millones, constituían el proletariado en cuyo nombre hablaban sindicatos y partidos obreristas. El citado porcentaje de obreros industriales era limitado en comparación con los países más desarrollados, pero tanto estos como los trabajadores del sector servicios, un 27% de la población activa, eran la base del crecimiento de las ciudades, entre las que figuraba Barcelona a la cabeza superando el millón de habitantes y Madrid acercándose a esa cifra. Ahora bien, la economía dependía de la agricultura en un 50%, mientras que el sector industrial aportaba el 28% del PIB, de modo que los años de buenas cosechas (1932 y 1934) hacían subir el PIB, o, en contrapartida, las malas cosechas (1931 y 1933) lo minoraban. Aunque es cierto que "buena cosecha" no era sinónimo de crecimiento económico, porque la de 1932 fue excelente, pero los precios se hundieron porque, entre otras razones, el Gobierno decidió importar cereales, lo que agravó las tensiones en el campo.

A pesar de las citadas dificultades de la Hacienda pública y de que el gasto público no superó el 13,5% del PIB (frente al 9% de las etapas anteriores), los Gobiernos republicano-socialistas decidieron aumentar en un 25% el gasto estatal dedicado a infraestructuras, sobre todo en escuelas, y para atender a los parados, prioridad social para estos Gobiernos. Aunque el paro no alcanzó las cifras de los países más afectados por el crac del 29, en España se pasó de 389.000 personas en 1931 a rondar los 850.000 en 1934. Era el 13% de la población activa, con la particularidad de concentrarse en las zonas agrarias de la España meridional y ser un lastre de larga duración, que solo entonces pudo contabilizarse con precisión gracias a las ayudas establecidas para los parados. El paro agrario de Extremadura, Castilla-La Mancha y Andalucía presentaba realidades sangrantes, sobre todo en las comarcas donde unos pocos latifundistas acaparaban la mayoría de las tierras cultivables.

CATÁSTROFE ECONÓMICA Y HUMANA

El proceso de crecimiento económico constante, en convergencia con el capitalismo occidental, se había demostrado compatible desde inicios del siglo, primero con Gobiernos de una monarquía constitucional, luego con una dictadura y desde 1931 con diversos Gobiernos republicanos. Sin embargo, en 1936 el intento de golpe de Estado provocó una guerra civil que paralizó y desbarató ese proceso: sumergió a toda España en la experiencia más traumática de su historia. Para colmo, la dictadura de los vencedores implantó una política económica que hundió aún más las condiciones de vida, tan maltrechas tras los tres años de guerra, con cifras de muerte, exilio y represión que se expondrán más adelante.

En efecto, la dictadura triunfante no tenía propósitos de reconstruir la economía con todos. Sus gobernantes militaban contra el liberalismo e, imbuidos de un orgullo nacionalcatólico, convirtieron al Estado en el factótum económico capaz de demostrar al mundo que España era "una, grande y libre". Un país que no necesitaba nada del exterior, y un Estado, máxima expresión del espíritu de una patria tan rica en recursos de todo tipo, que podía y debía regular la vida económica, abolir la lucha de clases y juntar a patronos y obreros en un mismo sindicato vertical, esto es, sometido a las directrices estatales. En consecuencia, el Estado decidía las inversiones, controlaba los precios, es decir, el mercado, también los tipos de cambio de la moneda, y así hasta dirigir la moral y costumbres de los ciudadanos que, en todo caso, siempre serían las establecidas por la Iglesia católica. La libertad, fuese económica, política, social o cultural, era la causa de esas luchas de clases que solo habían provocado atraso y debilidad patriótica. Así pensaban sus gobernantes y, por tanto, lo decisivo era trabajar para levantar una gran patria que fuera ejemplo para el resto del mundo en la rectificación de los errores del liberalismo y del marxismo. Tan peligrosos eran los liberales masones como los marxistas soviéticos.

Sin embargo, el balance de la guerra había dejado una España hundida en todos los sectores económicos y con cifras trágicas de pérdidas humanas. Las decisiones y propaganda de esos Gobiernos autárquicos chocaron con una realidad sobrecogedora: el hambre. El racionamiento de alimentos de mala calidad duró doce años, desde el fin de la guerra hasta 1952, lo que, sumado a la represión practicada contra todo lo que oliera a ideología de los adversarios, convirtió la década de 1940 en una España de miedo y pobreza. Aunque existe debate económico sobre el peso de los destrozos de la guerra, de las alianzas durante la Segunda Guerra Mundial y del posterior aislamiento internacional, incluyendo la frustración de aquel "Bienvenido, Mr. Marshall", que no regó la economía española, lo cierto es que las políticas autárquicas se demostraron impotentes. Planificaron sobre un país extraordinariamente mermado y limitado tras la guerra y, además, aislado internacionalmente. Por eso se pueden evaluar como erróneas tales políticas para alcanzar un desarrollo económico que necesariamente tenía que ser capitalista por más que fuesen antiliberales. Esto es lo que forzó a la dictadura a girar económicamente desde que en 1953 se firmaron los acuerdos de "defensa mutua y ayuda económica" con Estados Unidos y se encauzó tímidamente un crecimiento de la producción, de modo que en 1955 (ya se había suprimido el racionamiento) se recuperó la renta por habitante existente en 1935.

Tras veinte años de hundimiento, comenzaron a vislumbrarse horizontes de vitalidad: sectores descontentos se habían manifestado, por ejemplo, en la huelga de tranvías de 1951 en Barcelona, y en 1956 con la revuelta universitaria de Madrid. Sobre todo, resultaron palpables los enormes desequilibrios entre sectores productivos, la incapacidad de la economía para absorber los excedentes de mano de obra —un potencial polvorín social—, el aumento del coste de la vida y un grave déficit en la Hacienda pública que, entre otros datos, obligaron a la dictadura a cambiar de Gobierno en 1957. Desde este año, el dictador entregó las llaves de la política económica a un grupo de ministros que arrinconaron la ideología autárquica. Con la tutela de economistas de sólida formación como Joan Sardá y Enrique Fuentes Quintana, elaboraron el Plan de Estabilización de 1959 y abrieron las compuertas a la masiva emigración de mano de obra excedente en toda la España agraria.

La meta era evidente: volver a los cauces de convergencia con la Europa capitalista, lo que exigía liberalizar la economía y también regular las relaciones entre el Estado y los ciudadanos de modo que, sin ser un Estado de derecho, existieran al menos garantías para los ciudadanos en la gestión y administración públicas. En esta faceta desempeñaron un papel importante los especialistas en derecho administrativo, con Eduardo García de Enterría a la cabeza, que renovaron el derecho público y, de forma pragmática, trataron de sujetar el Gobierno al imperio de la ley, lo que implicaba someterlo al Poder Judicial y arrinconar, hasta cierto punto, la arbitrariedad propia de toda dictadura. No otra cosa supuso la Ley Jurisdiccional de 1956, que permitió el control judicial del ejercicio de la potestad discrecional propia de aquel régimen, como se verá en el siguiente capítulo.

2. ESTRATEGIAS CONTRA LA DICTADURA DE PRIMO DE RIVERA (1923-1929)

El golpe de Estado militar puso fin a casi un siglo de la historia parlamentaria iniciada en 1834. Liquidó una Constitución cuyas cuatro largas décadas de vigencia habían permitido, a pesar de insuficiencias y corrupciones, un nivel de libertades y derechos bastante equiparables a los países liberales vecinos. Los historiadores debaten si ese golpe de Estado clausuró un sistema parlamentario irremediablemente agonizante o, por el contrario, interrumpió el camino a la posible democratización exigida por importantes fuerzas políticas desde la crisis de 1917. También se polemiza si la dictadura llegó para salvar al rey de sus responsabilidades por el desastre de Annual, si fue una reacción represora contra las crecientes exigencias sociales y democráticas o un modo autoritario de modernización, en sintonía con la cercana experiencia fascista en Italia, tal y como haría el general Salazar en Portugal desde 1926.

EFECTOS NO PREVISTOS POR LA DICTADURA

En todo caso, en cada sociedad se despliega una lógica no querida ni calculada que produce consecuencias independientes de la voluntad de los protagonistas de cada momento histórico. Así ocurrió con esta dictadura. Aunque pensaran en la fórmula del "cirujano de hierro" predicada por el republicano Joaquín Costa, dicha cirugía dictatorial produjo consecuencias contrarias a lo previsto. No reforzó el sistema monárquico, aunque momentáneamente salvara al rey del "desastre de Annual". Al contrario, lo deslegitimó y, para colmo, logró que una parte significativa del espacio político dinástico se uniera a las izquierdas en favor de una República como solución. Además, si el dictador se justificó por la necesidad de resolver con urgencia la conflictividad social y la "cuestión regional", los resultados de sus medidas no pudieron ser más opuestos. Los socialistas, tras su táctica de colaboración con la dictadura desde la UGT, pasaron de siete diputados en 1923 a 115 escaños en 1931; mientras que la CNT, aunque clandestina, al final de la dictadura eclosionó en militancia y quedó en manos de la minoría de la FAI, de tácticas insurreccionales persistentes. Y en lo referente a la "cuestión regional", la dictadura no solo destruyó la credibilidad de la Lliga Regionalista de Cambó, sino que el liderazgo del catalanismo pasó desde 1931 a una Esquerra Republicana, combativa y cuyas propuestas soberanistas tuvieron que ser asumidas por las izquierdas desde ese año como parte de la agenda política española.

En este sentido, si bajo la dictadura la economía ofreció un balance positivo, eso no se plasmó en éxitos políticos. No logró ni una organización de masas entusiasmadas ni pudo encuadrar a las clases trabajadoras en un corporativismo enraizado no en criterios fascistas, sino en los valores del catolicismo social, lo que facilitó integrar a la UGT. Por otra parte, el intento de crear una Unión Patriótica, por encima de cualquier partidismo, tampoco movilizó a las clases populares. En un primer momento, Primo de Rivera militarizó toda la estructura del poder estatal frente a una larga historia de pronunciamientos militares en los que ni Espartero ni Narváez ni Prim habían colocado al Ejército al frente del Estado. Aquellos generales habían actuado como portavoces o líderes de unos grupos y partidos políticos con los que gobernaron. Sin embargo, Primo de Rivera, en una primera etapa llamada de Directorio militar, encomendó al Ejército desde el poder municipal hasta el judicial. Argumentaron que el Ejército era el único intérprete "sano" de la voluntad nacional, sin partidismos. Sin embargo, desde 1925 tuvo que dar paso a un Directorio civil con expertos políticos entre los que destacaron Calvo Sotelo, Guadalhorce o Aunós, que dejaron en un segundo plano a los militares.

Ahora bien, ese papel tan preponderante encomendado al Ejército provocó el rechazo de un sector considerable de militares constitucionalistas, que se rebelaron y manifestaron su oposición al dictador. Fue otro efecto no previsto: militares tan cualificados como Aguilera, Cabanellas, Queipo de Llano, Rojo y otros muchos apoyaron, en contrapartida, una solución republicana. Paradójicamente, a la vez, en los ámbitos progresistas y de izquierdas, con fuerte tradición antimilitarista, se instaló como prioritaria la estrategia insurreccional de combinar la movilización popular, esto es, la huelga general revolucionaria de los obreros, con la sublevación de los militares afines. Los sectores republicanos eran conscientes de las divisiones que la dictadura había generado en el Ejército.

A esto se sumó que, entre 1923 y 1930, solo la represión de libertades permitió crear esa apariencia de paz social que propagaron las clases propietarias, con la patronal catalana a la cabeza, tal y como mostró la nota que Puig i Cadafalch, presidente de la Mancomunitat, entregó a Primo de Rivera antes de salir para Madrid: "La lucha se establece, pues, entre un hecho extralegal y la corrupción. En el dilema, optamos por el primero". Sorprendentemente, entre las primeras medidas del dictador estuvieron las destinadas a perseguir el catalanismo: cerró sus centros, prohibió el catalán en la enseñanza y estableció multas a los profesores que difundieran "doctrinas antisociales y antiespañolas en las aulas", e incluso al clero si predicaba en catalán, lo que le mermó apoyos sociales de peso entre la misma burguesía que lo había animado al golpe.

En lo referido al régimen político, la dictadura abrió una fórmula de gobierno inédita, quizás con menos contrapesos que durante el absolutismo del Antiguo Régimen. Era una sola persona la intérprete de la voluntad de una nación en cuyo nombre ejercía la soberanía sin límites. De ahí el empeño en controlar la comunicación, en concreto la prensa y, de inmediato, ese invento recién llegado, la radio, que, sin necesidad de saber leer, permitía informar de las decisiones políticas. Lo decisivo, en todo caso, fue suspender "el imperio de la Constitución", es decir, de los derechos y libertades desarrollados legalmente desde 1876 y, en contrapartida, declarar un estado de guerra que estuvo vigente hasta 1925. Se anuló la división de poderes: solo el dictador, como "firma única", tomaría las decisiones. Supuso la clausura de partidos políticos, la censura de la prensa y, en suma, la prohibición de cuantas actividades considerase contrarias al plan de salvar al "gran pueblo español". La represión, en este caso ejercida directamente bajo jurisdicción militar, se constituyó en lógica inseparable del Gobierno. No fue sangrienta, pero sí de coerción violenta, por más que se propagase el logro de la "paz social" al haberse reducido drásticamente las huelgas y los atentados de grupos de acción anarquistas.

SOCIALISTAS Y ANARQUISTAS: TÁCTICAS OPUESTAS

Por lo que se refiere a las izquierdas, PSOE y UGT condenaron el golpe el mismo 13 de septiembre. La CNT convocó una huelga general para el día 14, sin respuesta favorable de la UGT. Quedaron a la expectativa, pues ni uno ni otro sindicato confiaban en el sistema parlamentario para avanzar en sus conquistas sociales. Defender el régimen constitucional de 1876 no era un asunto esencial por el que valiera la pena arriesgarse a la cárcel. En este sentido, la dictadura, que también despreciaba a los parlamentarios por sus "películas de esencias liberales y democráticas", se propuso un programa de "orden, trabajo y economía" para el que consideró necesario contar con las clases trabajadoras. Tomó una decisión de consecuencias no calculadas: permitir las asociaciones obreras con fines de protección y mutualismo laboral, incluso "de sana política, pero no de resistencia y pugna con la producción". Se exigió que, para cumplir este criterio, presentaran ante los gobernadores de cada provincia sus estatutos, con datos de afiliados y contabilidad del correspondiente sindicato de oficio, localidad por localidad, fórmula de aparente legalidad que sirvió para prohibir los que se integraban en la CNT, cerrarles sus sedes y enviar a sus dirigentes a la cárcel o al destierro.

El anarquismo, debilitado por el ciclo de pistolerismo expuesto en el capítulo anterior e ilegalizados sus sindicatos desde 1924 por los exigentes controles gubernativos, solo pudo sobrevivir clandestinamente, aunque mantuvo de momento algunos periódicos y revistas. En paralelo, arreció la autocrítica en sus filas: nada menos que un líder como Juan Peiró hizo públicas sus críticas al "imperio de la *Star* como argumento de captación y como medio de lucha". Rompió su silencio, como ya habían hecho antes Seguí y Pestaña, contra "el ya duradero truco o timo de la revolución", a sabiendas de que lo acusarían de "desviación de los principios" quienes, con esa pistola semiautomática —fabricada en Éibar— solo hacían "un revolucionarismo de opereta, o de epilépticos". Así lo escribió en diciembre de 1923 en el órgano oficial de la CNT, *Solidaridad Obrera*, que siguió publicándose hasta mayo de 1924. Posteriormente, en 1925, desde la cárcel, el mismo Peiró ofreció el siguiente diagnóstico sobre el anarquismo:

Desde hace algunos años se viene sufriendo de dos enfermedades: el espejismo revolucionario, que torturó a obreros, y la invasión de confidentes, que pagados como tales y para actuar como agentes provocadores, proveyeron de carne de cañón a las cárceles y al verdugo [...] El valor revolucionario en nuestros medios consiste [...] en ser audaz, en sistematizarse en ello, catastróficamente, estrafalariamente, y en la contumacia de dar carne al verdugo.

Entretanto, el grupo de Los Solidarios, integrado por los hermanos Ascaso, Durruti, García Oliver y Ricardo Sanz, entre otros, gestionaron desde 1924 la creación de un comité conjunto contra la dictadura con el excoronel Francesc Macià, exiliado en Francia y portavoz de Estat Català, partido catalanista de oposición a la Lliga de Cambó. De momento, sirvió para atentar ese año contra el rey en Garraf, acto que solo acarreó la condena a muerte de sus autores. Al año siguiente, ese comité se autodenominó Acción de Libre Alianza contra la dictadura, que, además de la CNT y Estat Català, solo logró el apoyo de un escuálido PCE, cuyo líder, José Bullejos, patrocinó el viaje de Macià a la URSS para lograr, sin éxito, financiación para sus planes de insurrección. Al final tuvo que financiar el propio Macià las escaramuzas conspiratorias, cuyo resultado más importante fue la simbiosis entre cenetistas y republicanos catalanistas, pues ambos compartieron su enfrentamiento a la Lliga Regionalista integrada por patronos que apoyaban la dictadura.

Más determinante para la CNT fue la creación en julio de 1927, en Valencia, de la Federación Anarquista Ibérica (FAI). Supuso la consagración formal del enfrentamiento directo entre las dos almas que hasta entonces habían convivido en el anarquismo español: una sindicalista y pragmática; otra, caracterizada por su impaciencia revolucionaria. Compartían las metas, por supuesto, y en este caso, la lucha contra la dictadura, pero disentían en las tácticas: los pragmáticos defendían actuar abiertamente desde los sindicatos de la Confederación, lo que significaba para sus oponentes reconocer tácitamente una dictadura que, para colmo, ya había cerrado la prensa anarcosindicalista, salvo cinco periódicos locales de Vigo, Alcoy, Elda, Blanes y, quizás el más influyente, *Acción Social Obrera*, en San Felíu de Guixols. Fueron jóvenes de distintas ciudades, incluyendo los exiliados en Francia, más representantes de Portugal, los que secretamente constituyeron la FAI y acordaron una federación de grupos para toda la Península —de ahí su identidad ibérica—, constituidos en tres federaciones (española, portuguesa y anarquistas de lengua española en Francia). Dedicaron su actividad prioritaria a los comités de defensa de los presos de la dictadura, se abrieron camino dentro de los distintos comités locales y provinciales, con una militancia concentrada en Cataluña. De la FAI de estos años no queda documentación, pero durante la República adquirió tal peso que marcó el rumbo de la CNT, al contar entre sus filas a los Durruti, García Oliver y compañeros de tácticas insurreccionales.

Los socialistas, por el contrario, tuvieron otro tipo de división ante la dictadura, también con repercusiones organizativas. En un principio, PSOE y UGT, conjuntamente, condenaron el pronunciamiento del general Primo de Rivera, pero sin defender al Gobierno constitucional. Pidieron a sus respectivas militancias no actuar sin tener instrucciones, les subrayaron "la necesidad de abstenerse" y de seguir iniciativas de "impacientes de buena fe" o de elementos engañosos que los lanzasen a acciones "estériles que puedan dar pretexto a represiones que en su provecho ansía la reacción"; por eso, se opusieron a participar en la huelga general propuesta por la CNT. Pablo Iglesias puntualizó que "los más responsables" de haber llegado a la solución dictatorial eran "los partidos burgueses con su mala, con su pésima política" y, por tanto, no se merecían la defensa por parte de los obreros.

Ahora bien, se abrió una brecha entre partido y sindicato sobre qué actitud mantener ante la dictadura. Los dirigentes socialistas liderados por Indalecio Prieto y Fernando de los Ríos se opusieron a todo contacto, defendieron los principios de libertad y justicia y, por tanto, los caminos que condujeran a una mayor democratización de la vida política. Un sistema parlamentario garantizaba derechos, libertades y, sobre todo, la vida de las sociedades obreras. Pensaron que la dictadura no liquidaría la vieja política, sino que, por el contrario, significaría la persistencia de lo viejo, reforzado para colmo por el militarismo. La oposición tenía que ser frontal. Sin embargo, desde la UGT, que multiplicaba en afiliados al PSOE, se argumentó que no importaba si antes eran Gobiernos constitucionales y ahora, por voluntad del rey, eran militares con forma dictatorial. Era secundaria la forma del régimen político. Además, en la UGT, desde una perspectiva obrerista se albergaba un cierto corporativismo que situaba el sindicalismo por encima de la política o, al menos, como organización de poder paralelo al Parlamento, por lo que la Corporación Nacional planteada por la dictadura no le resultaba incompatible. Lo principal consistía en avanzar en logros laborales.

Era posible, por tanto, aceptar la oferta del Directorio militar, que, a los quince días del golpe, había invitado "a los obreros españoles [...] a colaborar en la obra común de la regeneración de la patria". El propio Directorio denunciaba como adversarios a los partidos dinásticos, a la banca, a los patronos y hasta a la Iglesia, enemigos, se decía de "la dictadura [que] se interesa para que al obrero no falten leyes de previsión y justicia social". El dictador, en consecuencia, con la idea clara de necesitar el apoyo o al menos la abstención de las organizaciones sindicales no anarquistas, aceptó reunirse muy pronto, al mes del golpe, con el líder del sindicato minero asturiano, Manuel Llaneza, mientras que Largo Caballero reiteraba que el dilema no era entre democracia y dictadura, sino entre un régimen degenerado y fraudulento frente a la oferta de un Gobierno que, aunque dictatorial, podría "moralizar la administración".

Semejante disposición a colaborar se comprobó cuando la dictadura cesó a los concejales que estaban elegidos democráticamente, formó nuevos ayuntamientos por designación y la UGT aceptó puestos de "vocales asociados", siempre que fueran los indicados por el sindicato. Desaparecieron así los concejales del PSOE, de elección popular, y entraron vocales municipales de la UGT. Este planteamiento no era ajeno a la práctica de la socialdemocracia europea que, entre 1917 y 1920, había comenzado a ser parte de Gobiernos de coalición en Suecia, Finlandia, Alemania, Austria y Bélgica, y que en 1924 los laboristas británicos incluso habían presidido un breve Gobierno con apoyos liberales.

Lo más decisivo: la UGT participó en el funcionamiento de la Organización Corporativa Nacional instituida por la dictadura, un corporativismo organizado desde el paternalismo católico que estableció la sindicación libre dentro de la corporación obligatoria. Fue auspiciada por Eduardo Aunós, tan cercano, por lo demás, a la Lliga Regionalista de Cambó. Creó comités paritarios formados por cinco representantes de obreros y cinco de patronos por oficios, presididos por una persona designada por la dictadura. A estos comités correspondía negociar y decidir las bases de los contratos de trabajo. Largo Caballero fue designado vocal obrero en el Consejo de Trabajo y vocal del Consejo de Estado y la UGT, en la práctica, ejerció un auténtico monopolio que cerró el paso a otros posibles sindicatos, incluso a los católicos. La estructura de sociedades de oficios de la UGT coincidía con el funcionamiento de los comités paritarios previstos por la dictadura para oficios y profesiones. No lograron la mayoría en los comités paritarios del País Vasco, Navarra y Cataluña, donde fueron predominantes los Sindicatos Libres de Ramón Sales.

En todo caso, los ugetistas coparon casi el 60% de unos comités paritarios que, sin duda, facilitaron la "paz social" de la que se ufanaba el dictador, mientras la patronal y los sindicatos libres acusaron a dichos comités de "estatalistas" y desde 1929 exigieron su disolución. Además, desde 1928 la UGT realizó una serie de campañas por las comarcas agrarias de las mesetas castellanas, de Aragón, Cataluña y, en especial, de Andalucía, lo que se tradujo en la creación en 1929 de la Federación Nacional de Trabajadores de la Tierra (FNTT), tan decisiva en los años de la República. La UGT se reforzó de tal modo que Largo Caballero pensó que estaban en el camino hacia el socialismo argumentando que la burguesía acataría poco a poco e inevitablemente "soluciones mínimas del socialismo".

Sin embargo, el PSOE se debilitaba políticamente, sin concejales ni diputados. Apenas llegaba a los 13.000 militantes, mientras que la UGT contaba con más de 200.000. Tras la muerte de Pablo Iglesias en 1925, Largo Caballero, siguiendo el ejemplo del laborismo inglés, trató de crear un comité mixto, mancomunado entre UGT y PSOE, "ramas del mismo tronco", donde los trabajadores tendrían capacidad de dirección política. Indalecio Prieto se opuso, pero el diferente peso de cada organización obligó a que, desde los congresos del PSOE y UGT celebrados en 1928, ambas se fusionasen en la práctica al compartir los puestos claves de ambas ejecutivas las mismas personas, fuesen Besteiro, Largo Caballero, Saborit, Wenceslao Carrillo, Lucio Martínez u otros. Además, la relevancia de Largo Caballero, vicepresidente del PSOE y secretario general de la UGT, le permitió defender la idea de que correspondía al sindicato marcar la acción del partido. De hecho, estuvo a punto de aceptar la participación del sindicato en la Asamblea Nacional que la dictadura convocó para debatir una nueva Constitución. No lo aceptó porque era el dictador quien nombraba a los integrantes de la Asamblea. En este punto coincidieron partido y sindicato, que rechazaron el plan de nueva Constitución, aunque Largo Caballero persistió en que las "representaciones corporativas" podrían realizar la misma labor que "las elegidas por sufragio universal".

En suma, durante la dictadura de Primo de Rivera, el sindicato socialista no solo se consolidó, sino que se convirtió en protagonista político, con la idea de que la revolución sería resultado de una progresiva y lenta evolución económica, de modo que, en ese camino, la forma del Estado no era lo esencial. Esta estrategia chocó con el partido, donde Indalecio Prieto defendió la necesidad de no limitarse a la mejora material de la clase trabajadora, puesto que la vida parlamentaria era un instrumento necesario para cambiar la sociedad y, si esa actividad política tenía poco peso, era porque necesitaba ser regenerada. Se opuso a considerar que diera lo mismo un sistema parlamentario que una dictadura; al contrario, era la dictadura la que había cercenado los posibles caminos de democratización y el golpe militar había sido no tanto contra los partidos dinásticos sino especialmente contra el Partido Socialista y contra las libertades. Largo Caballero se enfrentó a esa tesis con sarcasmo: "No nos vayamos a entusiasmar demasiado con las diferencias entre uno y otro régimen y nos convirtamos en liberales avanzados", porque a veces los más reaccionarios "son mucho mejores" que los liberales. Terció Julián Besteiro, siempre partidario de la alianza con los republicanos, pero que minimizó en este caso la "suspensión prolongada de la Constitución" y, frente a Prieto, consideró que había que "ocupar todas las posiciones". En todo caso, las ejecutivas del partido y del sindicato votaron apoyos contundentes para las acciones colaboracionistas de la UGT.

OPOSITORES EN ACCIÓN

Mientras los sindicatos anarquista y socialista desarrollaban tácticas opuestas, tal y como se ha explicado, los partidos republicanos, y también los dinásticos, se opusieron a la dictadura desde frentes dispares, caracterizados en todo caso por carecer de movilizaciones sociales que los arropasen. Hubo intentonas ilusorias de derrocar la dictadura en el otoño de 1924: una gavilla de republicanos catalanistas y anarquistas exiliados en Francia, no más de 40, surtidos de armas y octavillas, cruzaron la frontera, asaltaron el cuartel de Carabineros de Vera de Bidasoa, mataron a dos agentes en el choque, confiando en la idea de que simultáneamente se levantarían las guarniciones militares a favor de una junta para la que pensaban en Blasco Ibáñez, Unamuno (ya desterrado en Lanzarote por crítico) y Ortega (distanciado), entre otros, como organizadores de la República. No pasó de ahí, pero tres integrantes fueron juzgados y ejecutados por garrote vil.

De nuevo, el antes citado líder de Estat Català, Macià, intentó otra invasión con un grupo armado, esta vez en Prats de Molló, en 1926. Confiaba en que la CNT desencadenaría una huelga general que arrastraría a todo el pueblo. También en 1926 hubo una intentona golpista dentro del Ejército, con los generales Aguilera y Weyler a la cabeza, y el apoyo de Melquíades Álvarez y Romanones, para volver al régimen constitucional. Ese año también se creó la primera organización estudiantil de activismo político en la universidad española, la

Federación Universitaria Escolar (FUE), contra el adoctrinamiento nacional-católico en las aulas, y declaró una primera huelga en apoyo del destituido catedrático Jiménez de Asúa, desterrado a las Chafarinas por defender a Unamuno.

Se mantuvo una oposición intelectual promovida desde editoriales que lograron salvar la censura con libros y revistas de militancia de izquierdas. Así ocurrió con *La Revista Blanca*, publicada por la familia anarquista de Federico Urales (Joan Montseny firmaba como tal, Teresa Mañé como "Soledad Gustavo", y su hija Federica Montseny), que editó la colección La novela ideal, cuyos temas combinaban la trama sentimental con la explotación social, incluyendo ideas anarquistas y anticlericales junto a la propaganda del amor libre, aunque el protagonismo siempre era para los varones, en tiradas de más de 10.000 ejemplares. Fueron años en los que la novela de quiosco, con tiradas baratas y temas revolucionarios, se hizo popular, gracias a que el nivel de alfabetización seguía creciendo y se ampliaba un público popular que accedió así al conocimiento de las luchas sociales. La censura no controló las numerosas publicaciones que, por ejemplo, divulgaron en folletos y libros el heroísmo y gestas de la Revolución socialista en Rusia.

Entre las editoriales destacó Prometeo, creada por Blasco Ibáñez en Valencia. La militancia de Blasco contra la dictadura alcanzó tal impacto internacional que logró anular y desacreditar la propaganda del régimen. Editó desde París un semanario, *España con honra*, para el que escribieron Unamuno y Ortega; luego publicó sus artículos como folleto, "Por España y contra el rey", ampliamente difundido, y el de mayor impacto, "Alfonso XIII desenmascarado", obligó al Gobierno a movilizar a sus embajadores en Europa para frenar su distribución. Solo se impidió en Italia y Portugal, por ser regímenes amigos, pero el folleto llegó hasta Australia y, sobre todo, a Norteamérica, donde Blasco Ibáñez gozaba de notable fama. El modo de distribución por España, con planes de repartirlo con avionetas, fue propio de la vehemencia aventurera de Blasco. La prensa dio noticia de su amplia lectura por toda España, de tal modo que la dictadura tuvo que montar una campaña en defensa del rey, los ayuntamientos enviaron telegramas de adhesión y hasta el general Aguilera retó en duelo a Blasco... A esos niveles llegó el escándalo. La justicia acusó a Blasco, Unamuno y Ortega de delito de "lesa majestad e inducción a la rebelión". La amplia expansión de la denuncia de un "rey perjuro", por no haber respetado el juramento constitucional, afectó gravemente a la imagen de la monarquía.

En ese contexto, los republicanos lograron un acuerdo que alcanzó un recorrido de mayor impacto. En 1926 se formó Alianza Republicana, que sumó a los radicales de Lerroux los del grupo catalán de Marcelino Domingo y los de Acción Republicana, fundada un año antes por Azaña, procedente del reformismo de Melquíades Álvarez, del que se había separado precisamente a raíz del golpe militar. Todos defendían la República como único camino para las reformas modernizadoras necesarias, pues la Corona ya era un obstáculo indudable. Su táctica proseguía el método de las conspiraciones a la antigua usanza, buscando el apoyo de los militares. Fracasaron cuando, en enero de 1929, el conservador Sánchez Guerra, sumando a liberales, reformistas y republicanos, confió en una sublevación militar para restablecer el régimen constitucional.

Entretanto, el dictador se pensaba afianzado, de tal modo que en 1926 decidió convocar una Asamblea Nacional para dotarse de legitimidad y elaborar la constitución de un nuevo Estado de factura corporativa. El plan prefiguraba en parte lo que la posterior dictadura de Franco catalogó como "democracia orgánica". Es cierto que el fin de la guerra en Marruecos, con la intervención conjunta franco-hispana, más el paternalismo social de la dictadura, además de la organización corporativa del mundo laboral, creó ese espejismo de paz social con las "clases desfavorecidas". Se estableció un control de precios y de abastecimiento de productos básicos desde noviembre de 1923, se crearon juntas de abastos y se reactivó el cumplimiento de la legislación laboral, con la jornada de ocho horas, lo que supuso las críticas del sector cerealístico y las quejas de la patronal contra los comités paritarios que controlaban los contratos y las condiciones de trabajo como los accidentes o los permisos por maternidad. Incluso se ampliaron derechos laborales con la Ley del Descanso Dominical, de junio de 1925, o la del Trabajo a Domicilio en 1926, por más que su cumplimiento fuese eludido por los empresarios.

Sin embargo, los salarios se estancaron mientras el coste de la vida había subido un 20% a la altura de 1928. Así, el gasto simplemente por sobrevivir persistió como factor invariable para las clases trabajadoras. El propio dictador reconoció en sus arengas el "clamor unánime del país, quejándose de las dificultades para la vida de las clases modestas", con una "pertinaz carestía de las subsistencias". No mencionó, sin embargo, que había renovado en favor de los sectores trigueros la prohibición de importar cereales, decisión contraria a los consumidores. Otro tanto ocurrió con el plan de casas baratas, que, al no ser solo para obreros, favoreció a grupos de clases medias, y, en todo caso, fueron insuficientes y no lograron la bajada de alquileres.

En definitiva, a pesar de los buenos datos macroeconómicos, las clases populares vivieron en condiciones frágiles con mejoras lentamente perceptibles, aunque captaban, sin duda, la realidad de un crecimiento económico que cambiaba la faz de las ciudades, ampliaba las carreteras y, de modo espectacular, plantaba un cableado para teléfonos que rompían las distancias. Hubo un giro en 1929, cuando, a las malas cosechas y la depreciación de la peseta, se sumó el fracaso del plan de institucionalizar un nuevo Estado corporativo y antidemocrático. El dictador decidió entonces consultar a sus conmilitones, pues el Ejército era ya su único apoyo, y, al recibir solo indiferencia de los generales, dimitió en enero de 1930.

3. DEBATES, CONFLUENCIAS Y PRIORIDADES (1930-1931)

En este epígrafe no se explican los avatares de la "dictablanda" de los militares Berenguer y Aznar Cabanas entre 1930 y 1931, sino los debates y asuntos que marcaron la agenda de las izquierdas para comprender las distintas prácticas desplegadas durante la República. Al dimitir Primo de Rivera, el rey siguió incumpliendo la Constitución al encomendar el Gobierno a otro general, Dámaso Berenguer, quien no siguió los pasos de Primo de Rivera, pero gobernó igualmente sin legitimidad, aunque readmitió a profesores y anuló medidas anticatalanistas.

MOVILIZACIONES Y PACTO DE SAN SEBASTIÁN

En cuanto el general Berenguer aflojó en 1930 el peso de las bayonetas sobre el orden público, las movilizaciones sociales eclosionaron hasta el punto de poner fin al mito de una dictadura aclamada por las clases populares. Se agitaron las agendas políticas y sociales, de tal modo que en la República se concentraron todas las esperanzas de solución. Ese sentimiento republicano no tenía esa fuerza en 1923, y la dictadura, al dejar fuera de juego la monarquía, contribuyó a ese auge, a pesar de que el republicanismo no dejaba de albergar continuas desavenencias en su seno.

Así, en 1929, dentro de la recién constituida Alianza Republicana, un sector encabezado por Marcelino Domingo y Álvaro de Albornoz se separó para formar el Partido Republicano Radical-Socialista y defender una agenda social que los radicales de Lerroux, cada vez más conservadores, habían marginado. Estos radical-socialistas aspiraban a sumar clases medias e intelectuales con masas obreras. Sin embargo, al año siguiente se produjo un hecho nuevo: se constituyó la Derecha Liberal Republicana, liderada por Niceto Alcalá-Zamora con Miguel Maura. Dos personalidades de partidos dinásticos colocaron así la República como alternativa a una monarquía deslegitimada. La idea de un "rey perjuro" había calado, sin duda, en sectores significativos de los conservadores.

De este modo, cada día de 1930 fue un sucesivo desplome del régimen monárquico. Las protestas estudiantiles, de clases medias descontentas, adquirieron un peso inusitado, los intelectuales adquirieron un impacto nunca visto en momentos como la vuelta de Unamuno en el mes de febrero o el posterior artículo de Ortega, "El error Berenguer". Más decisivo fue el aluvión de huelgas por aumentos salariales, que tomaron un carácter político al ir acompañadas de exigencias de libertad sindical y cumplimiento de la jornada laboral, así como de las normas existentes o la readmisión de despedidos... En ese ambiente, incluso la CNT, en abril de 1930, decidió unirse revolucionariamente a las izquierdas políticas. Hasta octubre no se sumaron el PSOE y la UGT, y fue el mes en el que la huelga de la FUE marcó un calendario político que incluía el retorno de Macià, la libertad de presos políticos y sociales, y el restablecimiento de las garantías constitucionales. Fue un periodo de numerosos conflictos laborales.

En todo caso, el abanico de partidos republicanos expresaba el pluralismo de la sociedad española y las tendencias existentes en el seno de la tradición democrático-republicana, pero también el peso de las individualidades en un momento de consolidación de los partidos. Habían logrado, no obstante, un acuerdo de mínimos en agosto de 1930 en San Sebastián. Entre los reunidos se encontraban la citada Alianza Republicana (partido de Lerroux, más el grupo de Azaña), el Partido Radical-Socialista (Marcelino Domingo), la Derecha Liberal Republicana (Alcalá-Zamora), más tres partidos catalanistas (Acciò Catalana de Carrasco Formiguera; Acciò Republicana de Catalunya, de Mallol i Bosch y Rovira i Virgili; y Estat Català, con Jaume Aiguader), la Federación Republicana Gallega (Santiago Casares) e invitados a título personal como el socialista Indalecio Prieto. Fue una reunión que, aunque llamada "pacto de San Sebastián", no tuvo acuerdo escrito, solo la voluntad común de sumar a más "organizaciones políticas y obreras" para lograr unas Cortes Constituyentes republicanas en las que se incluiría —fue la novedad crucial— un estatuto "redactado libremente por Cataluña para regular su vida regional y sus relaciones con el Estado español". Este punto agitó la reunión, pues desde ese momento situó la cuestión nacionalista en la agenda estatal de las izquierdas.

En este aspecto es importante subrayar que en la CNT, con Peiró como secretario general, se produjo un acercamiento entre anarquistas y republicanos catalanistas. Fue mediante Jaume Aiguader, militante de Estat Català, que, procedende del socialismo, pensó que el anarquismo era el aliado natural del catalanismo, por ser prolongación del federalismo republicano y porque los cenetistas tenían en Barcelona "la capitalidad revolucionaria de la península". Además, Peiró razonaba que,

> por encima del socialismo marxista, en Cataluña hay un problema psicológico y un sentimiento autóctono, incomprendido por los socialistas madrileños, problema y sentimiento que, en cierta forma, son incompatibles con el sentido unitario y centralista del socialismo internacional.

La CNT ratificó en octubre apoyar el Pacto de San Sebastián, sin tomar parte activa, puesto que "nuestra esencia revolucionaria consiste en que, mediante la acción directa del sindicato, debe hacerse innecesaria la gestión del Estado y del capitalismo [...] que implica un nuevo orden social totalmente opuesto". Por eso, cabía tener "solidaridad circunstancial con todas las fuerzas políticas y sociales" en ese momento para restablecer derechos y libertades, pero el comité nacional remachaba que "no se ha comprometido absolutamente con nadie para ninguna acción revolucionaria. Ni pactos ni compromisos". En este sentido, participó en cuantas conspiraciones insurreccionales surgían, aunque fuese desde círculos de militares golpistas. El enredo de alianzas fue tal en ese año que la CNT-FAI pidió armas al comité creado en el Pacto de San Sebastián, pero, al negárselas, conectó directamente con el comité militar republicano encabezado por Queipo de Llano y Ramón Franco.

En paralelo, el PSOE y la UGT entraron en gestiones con Azaña y Alcalá-Zamora, quienes eran conscientes de necesitar el apoyo de los obreros y, en concreto, la capacidad sindical para que una huelga general arropase el pronunciamiento militar que los republicanos seguían considerando el camino lógico para derrocar la Monarquía e instaurar la República. Eran los viejos mecanismos del liberalismo decimonónico, ahora reforzados con unas clases trabajadoras organizadas. No pensaban en el voto como instrumento para el cambio de un sistema político. Los socialistas habían tardado en sumarse porque persistía la idea de Largo Caballero de que no había muchas diferencias entre Monarquía y República, y además porque recordaba que los republicanos no habían demostrado en la huelga general de 1917 ni coherencia ni fortaleza. Sin embargo, los socialistas de raigambre liberal, con Indalecio Prieto a la cabeza, ganaron espacio con sus argumentos a favor de una democracia representativa que podría facilitar "el triunfo del pueblo trabajador", subrayando que "el socialismo español ha sido siempre republicano". Además, desde fines de 1929 crecieron las afiliaciones de intelectuales al PSOE con la idea que expresó Juan Negrín, catedrático de Fisiología y discípulo de Ramón y Cajal, de ser "el único partido realmente republicano que existe en España".

Largo Caballero también comenzó a pregonar que el Partido Socialista era republicano y que la República sería el paso "para después naturalmente cumplir nuestra obligación haciéndola derivar hacia la tendencia socialista". Además, reforzó la idea de ejercer la dirección política del socialismo desde la UGT, por eso pensó que, llegada la República, había que realizar una "verdadera fusión" del partido y del sindicato en un organismo que dirigiera tanto la acción sindical como la política. Aunque alarmó a Besteiro, el hecho es que la UGT, con su fuerza indudable, fue una alianza crucial para los partidos republicanos. Así es como en octubre de 1930 las ejecutivas del PSOE y UGT acordaron delegar en Besteiro, Fernando de los Ríos y Largo Caballero la negociación con Alcalá-Zamora y Azaña para participar en la insurrección militar programada. El partido tenía la idea de construir una República democrática que transformara la sociedad, mientras que desde el sindicato se pensaba en afianzar las conquistas laborales, comités paritarios incluidos, y avanzar en el camino del socialismo. El plan republicano consistía en que, al pronunciarse y salir los militares a la calle, "el pueblo les ayudase" con una huelga general y la República no llegase de la mano de una cuartelada más. A cambio, ofrecieron incluir a dos socialistas en el comité revolucionario, que, por exigencia socialista, fueron tres, de modo que Fernando de los Ríos, Largo Caballero y Prieto se integraron en ese comité que ya funcionaba como Gobierno en la sombra con los nombres de los futuros ministros.

SUBLEVACIÓN, ELECCIONES Y PROCLAMACIÓN DE LA REPÚBLICA

El 12 de noviembre de 1930 ocurrió un accidente que catalizó emociones y reforzó la unidad política contra el régimen monárquico. En la calle Alonso Cano de Madrid murieron cuatro albañiles en el derrumbe de un edificio y la manifestación de duelo de una masa enorme de trabajadores, descubiertos, con estandartes de sociedades obreras, en silencio absoluto, solo oyéndose los lamentos desgarradores de las viudas, fue sobrecogedora. Cuando decidieron pasar los féretros por delante de las Cortes, las fuerzas de orden a caballo, a toque de clarín, enarbolaron los sables, dispersaron a una multitud despavorida... y mataron a dos personas. Los estudiantes de la FUE y el sector de la construcción de UGT convocaron una huelga que se extendió a otras ciudades, como Barcelona, donde proliferaron los gritos a favor de Macià, la República y hubo más enfrentamientos, esta vez con tres muertos.

En este momento es cuando apareció el artículo de Ortega "El error Berenguer", de ahí el eco que logró. Sin embargo, los planes del comité republicano fracasaron. El 12 de diciembre de 1930 los militares que, por un error, anticiparon la sublevación en Jaca, se quedaron aislados, fueron fusilados y la huelga general prevista para el día 15 ni tuvo seguimiento ni Queipo de Llano y Ramón Franco pudieron sino huir del aeródromo de Madrid a Portugal. El comité fue encarcelado. El desconcierto y la disputa se instalaron entre los dirigentes socialistas. Con Largo Caballero y Fernando de los Ríos presos, e Indalecio Prieto exiliado, Julián Besteiro trató de romper el acuerdo con los republicanos, pero los plenarios del PSOE y UGT acordaron seguir unidos a "los demás partidos antimonárquicos", lo que provocó la dimisión de Besteiro como presidente de ambas organizaciones.

Así, tal y como ha subrayado Santos Juliá, en ese momento se constataron tres tendencias dentro del socialismo. Una, representada por Prieto, quien repetía que era "socialista, a fuer de liberal", porque desde 1921 había defendido que "el socialismo es la perfectibilidad liberal", es decir, "el sostén más eficaz que la libertad puede tener"; no temía ser confundido con los "liberales de burla", con los manchesterianos capitalistas, porque —muy en contacto entonces con Unamuno— militaba en un liberalismo moralista, sin privilegios sociales, de modo que el progreso socialista implicaba un creciente despliegue de libertades personales y capacidades individuales. Su estrategia implicaba, por tanto, la alianza constante con los republicanos por compartir metas. Contaba con la figura de Fernando de los Ríos y también de Juan Negrín.

Largo Caballero, junto con líderes obreros como Wenceslao Carrillo y Enrique de Francisco, concebían las libertades y la forma de gobierno de modo circunstancial, solo como instrumentos para llevar a la clase obrera al triunfo social. Por eso habían colaborado con la política laboral de la dictadura y ahora estaban en sintonía con instaurar la República para avanzar en la legislación laboral, pero la meta no terminaba ahí. La tercera opción había compartido con Largo Caballero idéntica estrategia, pero, con Besteiro a la cabeza, tras el fracaso de la sublevación de Jaca, abrieron distancias con los republicanos y pensaron que no era el momento de volver a implicarse en coaliciones de Gobiernos que serían frustrantes. Esta tercera tendencia fue derrotada en el congreso del PSOE de febrero de 1931, lo que supuso la anunciada renuncia de Besteiro a las presidencias del PSOE y UGT; le sucedió en el partido Remigio Cabello, que dio paso a Largo Caballero de 1932 a 1935, quien a la vez mantuvo la secretaría del sindicato.

En el juicio al comité republicano, el abogado defensor, Jiménez de Asúa, casi convenció al tribunal de que no se había actuado contra la ley sino contra una "norma de cultura política" no democrática, de modo que quienes habían cometido el delito no eran los sublevados sino "las fuerzas representantes de un sentir reaccionario minorista que yugularon la sacra insurgencia española". Las condenas fueron leves y salieron pronto en libertad, mientras el general Berenguer había restablecido las libertades constitucionales para convocar elecciones a Cortes, pero al no darles carácter constituyente, no logró ningún apoyo y el rey tuvo que buscar otro jefe de Gobierno, esta vez el almirante Aznar, que, con miembros de los partidos dinásticos, convocó primero unas elecciones municipales y luego las constituyentes.

Así se llegó al 12 de abril, cuyos datos electorales tuvieron un efecto no previsto: por primera vez en la historia de España, el voto ciudadano logró un cambio de régimen. En las elecciones participó el 64,8%, cifra muy superior al 33,7% de media de décadas anteriores. En el ambiente se había impuesto la idea de que serían un plebiscito sobre la Monarquía: de las 50 capitales de provincia, los partidos políticos consideraron esos datos como victoria definitiva para toda España. Los datos en votos eran tan rotundos que el propio rey reconoció en su manifiesto de renuncia que "las elecciones celebradas el domingo me revelan claramente que no tengo hoy el amor de mi pueblo". Solo algunas voces, a partir de 1940, trataron de deslegitimar estas elecciones para justificar el golpe de Franco porque los monárquicos habían ganado en número de concejales, pero lo cierto es que no se les confirió legitimidad a esas concejalías, considerándolas fruto de votos caciquiles. Al final, el rey, tras consultar con varios generales que no dieron su apoyo, decidió exiliarse y Romanones, en nombre del Gobierno, negoció con Alcalá-Zamora el cambio de régimen. La proclamación de la República fue una fiesta, como prácticamente todos los historiadores coinciden en destacar. Los debates y conflictos surgirían de inmediato en cuanto se abrió la agenda del nuevo Gobierno formado por un presidente conservador, un ministro de gobernación también conservador, tres ministros socialistas (en Justicia, Hacienda y Trabajo), dos radicales-socialistas (Fomento e Instrucción Pública), dos radicales (en Estado o Asuntos Exteriores y en Comunicaciones), un catalanista en Economía, un galleguista en Marina y la personalidad del momento, Azaña, en la cartera de Guerra.

Es adecuado adelantar la agenda de reformas que estos ministros se plantearon como reto para modernizar España. Se trataron de solventar seis cuestiones amasadas desde el último tercio del siglo XIX, que se consideraron inaplazables e inmediatas. Ante todo, la cuestión obrera, o sea, el papel del Estado para sentar las bases del bienestar y seguridad material de los trabajadores, asunto en el que se debe incluir la igualdad de las mujeres en la sociedad. De ahí, la segunda cuestión, la de reformar la estructura de la propiedad agraria. Y simultáneamente otros cuatro asuntos: la secularización socioeducativa, la primacía del poder político sobre el militar, el catalanismo —convertido en "cuestión regional" tanto por existir idénticas demandas en País Vasco y Galicia—, y, como cuestión interna de las izquierdas, la pugna entre sindicatos, por un lado, y entre estos y los partidos de izquierdas para precisar tácticas y estrategias.

Desde las experiencias de la España actual se viven aquellas realidades de modo vehemente en nuestra memoria social, con bastante frecuencia. No sobra recordar lo que nos distancia de aquella sociedad de hace casi cien años. De las seis cuestiones antes expuestas, se podría comprobar cómo todas, salvo la cuestión nacional, han sido transformadas de tal modo que hoy o no existen, por considerarse superadas, o no generan los antagonismos ni las violencias que durante la República alteraron gravemente la convivencia. Se desglosarán en el epígrafe siguiente. Por lo demás, las investigaciones, estudios e interpretaciones sobre la República y la Guerra Civil han alcanzado tal nivel de aportaciones que, para cumplir el objetivo de este libro, la síntesis que se presenta aquí forzosamente compendiará solo el hilo conductor de la evolución de las izquierdas en estos densos años.

4. LAS IZQUIERDAS EN EL GOBIERNO: BRÍOS REFORMISTAS Y OBSTRUCCIONISMOS DIVERSOS (1931-1933)

La coalición republicano-socialista ganó las elecciones constituyentes de junio de 1931. Eligieron unas Cortes con una sola cámara, sin Senado, el derecho al voto descendió de los 25 a los 23 años, aunque solo varones, si bien las mujeres podrían ser votadas. En estas elecciones participó el 70,13% del electorado. Los partidos integrantes de dicha coalición formaron Gobierno en alianza con la derecha republicana representada por Alcalá-Zamora y Maura, y establecieron el marco legal de una democracia basada no solo en las libertades, sino en un sistema social con medidas que protegían a las clases más desfavorecidas. Es importante subrayar, por tanto, las novedades que aportó la Constitución de 1931: instauraron un Estado de derecho democrático y social por primera vez en España. Fue de lo más avanzado en la Europa del momento y sus contenidos no serían recuperados hasta la Constitución de 1978, lógicamente actualizados.

CONSTITUCIÓN Y MEDIDAS DE URGENCIA

Ante todo, plasmó una concepción nueva del Estado, definido como "República democrática de trabajadores de toda clase". Este fue el cimiento social del sistema político, la fórmula que provocó un duro debate doctrinal y que, en definitiva, situó la reforma social y las clases trabajadoras como actores prioritarios. En consecuencia, en el capítulo dedicado a los derechos, libertades e igualdad ciudadana se incorporaron los derechos sociales, novedad que ya estaba en la Constitución de Weimar (1919) y que posteriormente se convertiría en norma en Europa tras la Segunda Guerra Mundial. Este "constitucionalismo social" estuvo inspirado por Fernando de los Ríos y, sobre todo, se plasmó en los derechos económicos y sociales del epígrafe de "Familia, Economía y Cultura", donde, en el artículo 44, se estableció la subordinación de la propiedad a los "intereses de la economía nacional", la posibilidad de "ser socializada" y la opción de "ser nacionalizados" los servicios públicos, prohibiendo, eso sí, "la pena de confiscación de bienes". El artículo 46 elevó el trabajo al rango de "obligación social" y el 48 avanzó en un campo inédito constitucionalmente al considerar que "el servicio de la cultura es atribución esencial del Estado". En este capítulo también se incluyó el debate sobre el voto de la mujer, que se analizará más adelante, así como la polémica sobre la enseñanza y el laicismo.

El Estado republicano inauguró, por tanto, una nueva etapa en la historia española. Abrió todas las compuertas del pluralismo, activó la participación ciudadana y albergó las más diversas esperanzas sociales. En contrapartida, tales innovaciones generaron pánico social y obstruccionismo político. Las clases dominantes, sin duda, más numerosos integrantes de clases medias y también de trabajadores, interpretaron las reformas modernizadoras como ataques al corazón de un sistema de propiedad y de valores intocables de modo que las creencias religiosas, la identidad nacional o las convicciones conservadoras de muchas personas se vieron quebrantadas por las propuestas de revolución social que apasionaron los ánimos de toda la sociedad. Por eso, ciertas medidas del Gobierno de la coalición republicano-socialista fueron recibidas por amplios sectores como el apocalipsis, fuese la implantación de jurados mixtos, el matrimonio civil, la separación de la Iglesia del Estado con medidas restrictivas, el

Estatuto de Cataluña o, de forma especialmente aguda, la reforma agraria, motivo de impaciencia para las multitudes de jornaleros hambrientos de tierra, a la par que se convirtió en espoleta para la rebelión de los grandes propietarios agrícolas. Medidas que, en sentido contrario, fueron rechazadas de modo implacable y agresivo por los sectores sociales vinculados al anarquismo.

Es cierto que, desde las décadas previas, tal y como se ha expuesto en capítulos anteriores, se habían fraguado tensiones, desequilibrios y conflictos que también habían caracterizado a los países europeos, con variantes más o menos similares. Fueron manifestaciones propias de los cambios y exigencias de un desarrollo económico capitalista cuyo despliegue, país por país, implicó la subversión de las relaciones sociales tradicionales y el desarrollo de unas clases trabajadoras que exigieron del Estado reformas importantes. En el caso español, el anarquismo fue más allá al pretender abolir el propio Estado, y las propuestas comunistas tuvieron escaso eco hasta la Guerra Civil, mientras que en la Europa central y occidental se hacía hegemónico el reformismo socialdemócrata. El hecho es que la fiesta popular de la llegada de la República pronto se transformó en la suma de conflictos que, al ser violentos en muchos casos, obligó al Gobierno a declarar estados de alarma o incluso de guerra, como ocurrió con ciertas convocatorias de huelgas, en especial en el campo.

En este contexto de esperanzas, impaciencias y tensiones, el Gobierno provisional, sin haber transcurrido ni una semana, aprobó por iniciativa del ministro de Trabajo, Largo Caballero, el 20 de abril el decreto de términos municipales que, para paliar el paro de la España agraria de la mitad sur, obligó a los patronos a "emplear preferentemente a los braceros" vecinos del municipio donde se realizaran las faenas. A los nueve días otro decreto prorrogó los arrendamientos rústicos. El 7 de mayo se acordaron dos decretos más: uno, organizando los jurados mixtos en el campo, y otro de "laboreo forzoso", de modo que, si no se cultivaban las tierras, una comisión de patronos y obreros podría entregarlas para su cultivo a los campesinos. Un quinto decreto, de 20 de mayo, reguló cómo las asociaciones de obreros agrícolas podían arrendar colectivamente las tierras no cultivadas por los dueños y así evitarían "el parasitismo de los intermediarios con el inmoral sistema de subarriendos". El 17 de junio se extendió al campo el seguro de accidentes, que solo existía para el trabajo industrial, y el 1 de julio se emitió un séptimo decreto que anuló la jornada "de sol a sol" e implantó las ocho horas para los jornaleros y, si trabajaban más horas, nunca más de doce, se pagarían como extraordinarias.

En medio de esta lluvia de decretos se celebraron las elecciones a Cortes constituyentes, en el mes de junio, en las que el PSOE fue el partido más votado: logró 123 diputados, de los que 26 eran obreros, cifra inédita en la historia parlamentaria, junto con otros que eran periodistas, empleados y un grupo de 50 con estudios universitarios. En este sentido, si la Constitución, tal y como se ha expuesto, iba a definir España como una "República democrática de trabajadores de toda clase", era lógico abordar con urgencia la pesadilla de todo trabajador: el paro. Porque el paro agrario en concreto, a pesar de los citados decretos, no se solucionó, incluso creció en los tres años siguientes. El 21 de julio de 1931 Azaña lo anotó:

> El paro forzoso en Andalucía es gravísimo. Están en Madrid todos los alcaldes de la provincia de Jaén, a pedir dinero, y no se atreven a regresar a sus pueblos. Parece que hay necesidad de gastar dos millones diarios, durante tres meses, para que la gente no se muera de hambre.

En Badajoz, por ejemplo, el 45% de los jornaleros estaba en paro. Se logró aprobar en noviembre un hito en la historia social: la Ley de Colocación Obrera y Defensa contra el Paro. Estaba en sintonía con los convenios internacionales firmados por la República, y se le dio prioridad a la creación de un Servicio Público de Colocación y de una Caja Nacional contra el paro forzoso, el primer ensayo de seguro de desempleo en España, aunque solo llegó al 1% de la población y a pesar de la labor proactiva de los Gobiernos republicano-socialistas.

Por otra parte, con dichos decretos agrarios se consolidó la Federación Nacional de Trabajadores de la Tierra (FNTT), creada dentro de la UGT en junio de 1930; en un año su militancia pasó de apenas 50.000 a prácticamente 400.000 afiliados en 1932. Desbordó al anarquismo y se convirtió en la fuerza más decisiva del sindicalismo en la mitad sur de España (Extremadura, Castilla-La Mancha y Andalucía). El plan de Largo Caballero era claro: avanzar en el progresivo control de la producción económica por la clase obrera, representada por el sindicato, de modo que las sucesivas reformas laborales sentaran las bases de una sociedad socialista. Dicha estrategia se plasmó en otras tres medidas, además de las ya expuestas. La Ley de Contratos de Trabajo, que reguló los convenios colectivos, protegió el derecho de huelga e implantó por primera vez el derecho a vacaciones pagadas (de siete días al año fue aquella novedad). En segundo lugar, la Ley de Jurados Mixtos, también de noviembre de 1931, que siguió el modelo de la dictadura y los implantó en todos los sectores productivos, con la novedad de nombrar el Ministerio de Trabajo a los presidentes de un jurado en el que el voto de presidente era decisivo. Ahí los socialistas aplicaron una política de nombramientos partidistas, lo que generó el rechazo de los anarquistas. La tercera norma, en el candelero de los socialdemócratas europeos, se planteó como ley de "intervención obrera en la gestión de la industria", para elevar a los obreros a corresponsables y partícipes de la gestión y beneficios empresariales, lo que, en contrapartida, habría impedido huelgas descontroladas, pero no llegó ni a ser debatida.

A esto se sumó la creación de la ya citada Caja Nacional contra el paro forzoso dentro del Instituto Nacional de Previsión, más el seguro de maternidad con seis semanas de descanso antes del parto y otras seis después, así como la Ley de Cooperativas y el convenio del seguro de enfermedad para los sectores industrial y de servicios, de modo que se puede considerar que durante el ministerio de Largo Caballero se afianzaron las bases de lo que hoy se considera soporte básico del Estado de bienestar. Es cierto que una gran parte se quedó en normas sin aplicar, porque fueron arrinconadas por los cambios de Gobierno posteriores. Por su parte, Indalecio Prieto, desde el Ministerio de Obras Públicas, desarrolló una política de extensión de regadíos y de los embalses de agua y de producción de energía eléctrica buscando reorganizar los equilibrios entre ciudades y comarcas agrarias, retomando los estudios técnicos realizados durante la dictadura.

ANARQUISTAS EN INSURRECCIÓN CONSTANTE

Frente al PSOE y UGT, la CNT, siempre con el debate de la doble estrategia entre el sindicalismo revolucionario y la insurrección anarquista, se decantó por esta segunda opción. El peso de la FAI mostró la persistente primacía que ocupó dentro del anarquismo la acción violenta como valor intrínseco contra la opresión y para la revolución. Así, aunque eran menos dentro de la CNT, sus posiciones, gracias a su activismo, eran tan fuertes que ni Ángel Pestaña primero ni Juan Peiró después aceptaron el puesto de consejeros que les ofreció el presidente de la Generalitat recién constituida, Francesc Macià. No se comprometieron, sabiendo que Esquerra Republicana, partido recién creado en marzo de 1931, había logrado el voto de amplios sectores obreros. Se impuso la insubordinación revolucionaria de la FAI, que valoró la República como una "entidad burguesa", por lo que

se imponía hacer imposible su estabilización y consolidación, mediante una acción insurreccional pendular, a cargo de la clase obrera por la izquierda, que indefectiblemente sería contrarrestada por los embates derechistas de los burgueses, hasta que se produjera el desplome de la república burguesa.

Así fue el análisis de García Oliver, que, acompañado de Federica Montseny, Ricardo Sanz, Buenaventura Durruti y Francisco Ascaso, entusiasmó a los proletarios recién inmigrados a Cataluña desde las provincias más pobres de España.

Sin embargo, los sindicalistas liderados por Pestaña, el 30 agosto de 1931 publicaron el "Manifiesto de los Treinta", donde acusaron a los integrantes de la FAI de aventurerismo revolucionario y defendieron alcanzar la revolución mediante conquistas o reformas concretas y siempre gracias a la educación del trabajador. Puesto que la dirección de la CNT había caído en manos de la FAI, los "trentistas" crearon los Sindicatos de Oposición dentro de la CNT, separándose de las tácticas "faístas", lo que supuso la escisión de unos 200.000 afiliados, que no retornarían hasta 1936. La CNT quedó muy debilitada y se sumergió en una espiral creciente de acción directa, opuesta a los jurados mixtos y los convenios colectivos decretados por los socialistas. Esa táctica obstruccionista coincidió con el rechazo de la patronal a cumplir leyes y normas que suponían un alza objetiva de los costes laborales, sobre todo para miles de pequeños y medianos empresarios que fueron, como ocurrió en el sector de la construcción de Madrid, los más resistentes, pues los grandes empresarios y propietarios no tuvieron problemas en asumirlas, aunque ideológicamente no las apoyaban e incluso en algunos casos boicotearon la actividad productiva.

El verano de 1931 estuvo plagado, por tanto, de conflictos laborales convocados por la CNT en casi todas las provincias, sobre todo donde la FAI aplicó su táctica de mezclar huelgas con actos de violencia: en los sectores de la construcción, el transporte, la metalurgia y el textil de Cataluña, en los valles mineros de Asturias —donde el 1 de junio lanzaron una huelga general que no secundó la UGT—, entre los trabajadores del campo sevillano... Esa táctica generaba una espiral de fracaso de muchas huelgas, la dura represión por las fuerzas de seguridad republicanas, el consiguiente incremento del radicalismo y, por tanto, el peso cada día mayor de los militantes de la FAI, que desplazaron a los sindicalistas reformistas de los comités locales, regionales y nacional, así como de la prensa de la confederación. Aunque hubo severas disputas internas dentro de la CNT, la militancia aceptó en general la táctica "faísta", esto es, la "gimnasia revolucionaria, el *ir a por todo*", en palabras de García Oliver. La estrategia fue de confrontación contra la República y en cada huelga se impuso una visión finalista, esto es, la importancia de la sublevación revolucionaria frente a la conquista de las mejoras sindicales.

A las acciones anarquistas se sumó una tensa agitación clerical, con actos puntuales graves. El nuevo Gobierno republicano-socialista formado por Azaña en octubre, al salirse del mismo los republicanos moderados, o de centro, de significación liberal, pensó solventar la violencia con una ley de "Defensa de la República". Se aprobó por urgencia y fue polémica porque se incluyó transitoriamente en el texto constitucional para poder suspender paradójicamente el núcleo básico de los derechos individuales y políticos plasmados en el título primero de la Constitución. Estuvo vigente hasta que se aprobó en julio de 1933 una Ley de Orden Público y otra de "vagos y maleantes" (conocida como "la gandula"), que —promiscuidades de la historia— no solo aplicaron los sucesivos Gobiernos republicanos, sino que ambas leyes prosiguieron con la dictadura de Franco hasta que se aprobó una nueva ley de orden público en 1959 y otra de "peligrosidad y rehabilitación social" en 1970. En resumen, fueron leyes que permitieron a los Gobiernos tomar medidas "no aplicables en régimen normal", aunque en la ley de 1933 se escalonó entre estado de prevención, estado de alarma en casos de "notoria e inminente gravedad", y el de guerra, cuando ya el mando pasaba a la autoridad militar.

En paralelo, el ministro de Gobernación, Maura, había reorganizado las Fuerzas de Seguridad creando un Cuerpo de Asalto, "más ágil y con más moderno armamento", para liberar al Ejército de hacer frente a "las alteraciones del orden en las ciudades", dejando el campo para la Guardia Civil. Al año siguiente se transformó en Cuerpo de Seguridad y Asalto, y en enero de 1933 fue protagonista, junto con la Guardia Civil, de la represión de un motín anarquista habido en Casas Viejas como parte de la insurrección general lanzada por la FAI en toda España. En dicha población hubo un balance trágico: 20 campesinos muertos alevosamente. De este modo, el orden público se convirtió en uno de los principales atolladeros de la coalición republicano-socialista. Sería prolijo relatar todos y cada uno de los momentos de violencia. Baste recordar la insurrección anarquista de enero de 1932 en las cuencas mineras del Alto Llobregat y del Cardenet. Los mineros, en solidaridad con el textil de Berga, declararon la huelga general revolucionaria, se armaron y doblegaron a las pocas fuerzas del orden, controlaron los ayuntamientos de la comarca, establecieron comunas libertarias y anunciaron "la revolución social de toda España".

A los cinco días, guardias de asalto y guardias civiles controlaron la comarca, sin sangre, con 150 detenidos, 20 de ellos deportados a Canarias, Río de Oro y Guinea, entre ellos Durruti y Ascaso. En la FAI ya era doctrina incuestionable que "un hecho revolucionario es siempre violento". El libro del fascista Curzio Malaparte, *Técnica del golpe de Estado*, de 1931, estaba logrando una enorme repercusión y colocaba a Lenin como el maestro en esa técnica, seguido por Mussolini. Los bagajes de los anarquistas eran más limitados: Durruti arengó a los mineros del Alto Llobregat contra la "democracia burguesa" y con tal fin los adiestró en hacer bombas con botes de hojalata y dinamita... La "ética proletaria" exigía realizar acciones directas como requisar alimentos en tiendas, exigir trabajo en los talleres, etc.

EL CATALANISMO: LA SOLUCIÓN AUTONÓMICA

Por otra parte, tal y como se ha visto durante las luchas contra la dictadura de Primo de Rivera, las izquierdas catalanistas coincidieron en tácticas con el anarquismo. Esas izquierdas se habían fusionado en marzo de 1931 como Esquerra Republicana, de la mano de Jaume Aiguader, uniendo al Partit Republicà Català, liderado por Lluís Companys, de estirpe republicana federal, con Estat Català, del infatigable Macià, partidario de la soberanía catalana, más el grupo reunido en torno al semanario *LĐOpinió*, dirigido por Joan Lluhí. Ganaron las municipales a los dos meses con 25 concejales en la capital, más otros 12 de la coalición republicano-socialista, frente a 12 de una Lliga Regionalista que, por monárquica, había perdido la hegemonía dentro del catalanismo. También ganaron las alcaldías de Gerona y Tarragona. Así, el 14 de abril no solo proclamaron en Barcelona el triunfo de las izquierdas, sino que declararon la "República Catalana". Este triunfo supuso algo bastante más que una nueva división dentro del campo republicano español, tan fragmentado siempre.

Hubo tres días en que la República Catalana, definida como "Estado integrante de la Federación Ibérica", actuó enviando incluso un telegrama al Gobierno belga y, acogiéndose a estos lazos federales no borrados, el 17 de abril aterrizaron en Barcelona tres ministros del Gobierno republicano de España: Marcelino Domingo y Nicolau d'Olwer, interlocutores enraizados en el catalanismo, más el socialista Fernando de los Ríos. Lograron que la República Catalana fuese el Gobierno de la Generalitat de Cataluña y que se elaborase un Estatuto de Autonomía que se aprobaría en las Cortes en 1932. Procede exponer no tanto los avatares de este Estatuto y de los posteriores para el País Vasco y Galicia, o ciertas iniciativas autonómicas como la de Andalucía, que no tuvieron impacto relevante, sino subrayar cómo la cuestión catalana se convirtió en un laberinto, una colisión y una nueva materia para la fragmentación de las izquierdas.

Se ha expuesto en capítulos anteriores la discordia entre republicanos federales y unitarios, representados por Pi y Margall y Salmerón, respectivamente. Ambas corrientes compartían la idea de que España era la nación soberana, aunque divergían en sus propuestas de organización y gobierno de los pueblos y territorios del Estado. El federalismo, como se ha expuesto en el segundo capítulo, siempre fue la alternativa de organización democrática del poder entre municipios, provincias y regiones dentro de una misma soberanía estatal. Sin embargo, desde principios del siglo XX, el nacionalismo de la burguesía catalana se había constituido en el desafío más enérgico a la idea de la nación española. También el nacionalismo vasco, aunque sin la amplitud de los apoyos sociales que tenía el catalán, que fue, sin duda, el que desequilibró las expectativas de quienes, desde la Restauración canovista, daban por definitivamente cerrada la construcción de España como nación.

En efecto, los nacionalismos catalán y vasco se erigieron en rivales de la idea de España, fuese unitaria, descentralizada o federal. Constituyeron un desafío al monopolio que el Estado ejercía del concepto de España como nación soberana. Plantearon una configuración del Estado desde la identidad de actuar como naciones distintas dentro de la Península. Claramente tuvieron una dimensión opuesta a la igualdad de ciudadanos españoles que se había venido forjando desde la Constitución de 1812. Tanto las Bases de Manresa (1892) y la organización de la Lliga Regionalista (1901) en Cataluña como la creación del Partido Nacionalista Vasco (1895) eran propuestas de ruptura de la igualdad, con aspectos racistas que no se deben silenciar y que fueron más severos en el caso vasco.

Lo decisivo fue que implantaron fronteras organizativas y de acción colectiva inéditas hasta entonces, con el consiguiente reflejo en la estructura de partidos políticos. Alteraron la agenda estatal y, en consecuencia, la organización y programas de las izquierdas. Nacieron partidos republicanos catalanistas, ya citados, y galleguistas, como la Organización Republicana Gallega Autónoma (1929), con Santiago Casares al frente. El republicanismo se manifestó como andalucista con Blas Infante, valencianista con los diversos herederos de Blasco Ibáñez, autonomista balear desde Acción Republicana de Mallorca; incluso en Aragón tuvo afanes nacionalistas por ecos de Esquerra de Cataluña, que sin duda influyó entre los republicanos de los países de la antigua Corona de Aragón.

Ante semejantes novedades, el nacionalismo español reaccionó y divergió. Por un lado, se encerró en un numantinismo que se valoró como propio de lo español, y se encaminó hacia el autoritarismo militar cuando la dictadura de Primo de Rivera inventó el delito de separatismo. Por otro, recogió propuestas federales, como hicieron Acción Republicana de Azaña y el Partido Radical-Socialista de Marcelino Domingo, que, con el apoyo de la ORGA de Santiago Casares y Acciò Catalana de Nicolau d'Olwer, urdieron la fórmula del pluralismo autonómico. Se estableció así una fórmula nueva, ya prevista en el artículo 1 de la Constitución al definir la República como "un Estado integral, compatible con la autonomía de los Municipios y las Regiones". Tras la fallida experiencia de la Primera República, en 1931 no se recurrió al concepto de federalismo, sino que se rescató el concepto de autonomía que se había usado en 1897 para retener las islas de Cuba y Puerto Rico.

Habían cambiado los actores: en el Pacto de San Sebastián por la República fue clave la participación de los nacionalistas de Esquerra de Catalunya, quienes vincularon la República con la obtención de un Estatuto de Autonomía; el recuerdo del caso cubano estuvo presente, sin duda. Así es como en la redacción de la Constitución, el socialista Jiménez de Asúa, que parecía haberse inspirado en la Constitución de Weimar, formuló el concepto de "Estado integral". Frente al Estado unitario tenía la ventaja, según sus propias palabras, de "ser compatible, sin imponerlas, con diversos grados de autonomías regionales"; y frente al federal permitía, "sin desnaturalizarse, la existencia de estos territorios, ligados por estrecha dependencia político-administrativa al Estado, junto a aquellas otras regiones que quieran y estén capacitadas para asumir funciones de autodeterminación".

La novedad de este sintagma, aunque influyera posteriormente en otros países, tuvo escaso desarrollo en España y fue cercenado por el golpe militar de 1936. Al aprobarse el Estatuto para Cataluña se diseñó, en definitiva, una fórmula autonómica para estructurar los poderes territoriales del Estado integral, con posibilidad de autogobierno para las regiones solicitantes. Solo el Estatuto Vasco, al que no se sumó Navarra, fue plebiscitado y refrendado por las Cortes, ya en plena guerra, y el gallego, aunque plebiscitado el 28 de junio, fue yugulado por la rebelión militar del mes siguiente, aunque las Cortes republicanas lo acogerían como "Estado parlamentario" en 1938. En definitiva, se desarrolló un modelo de "Estado integral", consensuado entre republicanos de distinto signo, incluyendo los nacionalistas y los socialistas, que compartieron este plan de estatutos de autonomía por regiones, si bien modulando su desarrollo.

IMPACTOS DEL NACIONALISMO EN SOCIALISTAS Y ANARQUISTAS

Se han expuesto en el capítulo anterior los intentos de los socialistas catalanes de conjugar la liberación obrera con la identidad nacional. Primero fue el debate de 1914 entre Andreu Nin (entonces socialista) y Antonio Fabra Ribas, y en 1923 entre este último y Rafael Campalans, cuando nació la Uniò Socialista de Catalunya como escisión del PSOE, con el que entabló relaciones no federales sino fraternas, por luchar ambos contra el capitalismo, pero representando a obreros de naciones distintas. Respondía no solo a la fuerza del catalanismo burgués de la Lliga, sino también a los grupos de republicanos catalanistas, por un lado, y, por otro, a las influencias del debate sobre las nacionalidades desarrollado en el seno de la Segunda Internacional, donde los austromarxistas o el francés Jean Jaurès reconocían el principio de las nacionalidades como palanca de liberación social para el proletariado de los distintos pueblos. Así, dentro del socialismo, se establecieron dos posiciones: la de Campalans y Comorera, con la idea de la autodeterminación y el reconocimiento de pluralidad de naciones; y, enfrente, la de Fabra y Prieto, con el internacionalismo proletario como anclaje en el que cabía la descentralización del Estado, a la que se sumaban las ideas de Besteiro y Núñez de Arenas, que aceptaban la autonomía y el papel de la burguesía catalana como cauce y alianza para reformar el Estado.

Cabe analizar estas propuestas políticas no tanto como diferencias dentro del PSOE, sino como el surgimiento de un socialismo específicamente catalanista, con voz propia, frente a un PSOE organizado como partido español. Se debatió si esa propuesta respondía a la escasa implantación del socialismo en tierras catalanas, con tanto predominio del anarquismo desde fines del siglo XIX, de modo que el PSOE, con un núcleo dirigente vinculado a Madrid desde sus inicios, no había sabido desarrollar suficiente conciencia sobre esa cuestión nacional de tan intensos debates planteados en el seno de la Segunda Internacional para precisar las tareas de la lucha obrera en los países centroeuropeos y entre los pueblos sometidos a distintos imperios. En todo caso, el PSOE funcionó como un partido español, aceptó la autonomía de las regiones, también de los municipios, sobre todo por influencia del republicanismo federal o también del organicismo krausista de los catedráticos de la Institución Libre de Enseñanza. No por casualidad correspondió al catedrático Fernando de los Ríos defender la propuesta de una autonomía "integral" en el Congreso del PSOE del verano de 1931, en la senda de la fórmula que Jiménez de Asúa había incluido en la comisión constitucional de las Cortes por esas fechas.

En cuanto a los anarquistas, la contradicción fue persistente entre un ideario de federalismo organizado desde abajo en todos los ámbitos sociales y el internacionalismo opuesto al nacionalismo burgués. En 1931, al proclamar Macià la República Catalana, optaron por definirse como sindicato "universal, y desde luego español", sin veleidades soberanistas. Por último, conviene recordar que el Partido Comunista, apenas con presencia política, rechazó la República por "burguesa" y copió el programa de la Tercera Internacional, que incluía la tesis leninista del derecho a la autodeterminación para los pueblos oprimidos por un imperio, adaptándola de modo mecánico a las "naciones ibéricas", cuyo imperio opresor no se especificaba. Tampoco hay que olvidar que el PCE había asumido esos nacionalismos "pequeñoburgueses" como parte de su ideario cuando Dolores Ibárruri, el 19 de julio de 1936, convocó a la resistencia contra el golpe con el famoso grito de "¡No pasarán!". Fue en un discurso que, retransmitido por Unión Radio, comenzó con la siguiente fórmula: "¡Pueblos de Cataluña, Vasconia y Galicia! ¡Españoles todos!". Era una antinomia de difícil ensamblaje: se reconocían tres pueblos o naciones que, a la vez, parecían estar incluidos dentro de los "españoles todos". Quienes no eran de esos tres pueblos no se sabía si eran doblemente españoles o quizás carecían de "pueblo" diferenciado.

Desde este mismo ideario político, la temprana organización comunista fundada en 1930, el Bloc Obrer i Camperol, liderado por Joaquín Maurín, opuesto al PCE y a la Tercera Internacional, defendía la federación de naciones de España y el derecho de autodeterminación para Cataluña. Era minoritario, como también la Izquierda Comunista creada por seguidores de Trotski, con Andreu Nin y Juan Andrade. Ambos grupos constituirían en 1935 el POUM (Partido Obrero de Unificación Marxista), y tanto este como la formación de un partido comunista propio en Cataluña, el PSUC (Partido Socialista Unificado de Cataluña), en 1936, testimoniaron escisiones no solo por estrategias revolucionarias, sino porque el sentimiento nacionalista se superponía con el ideario obrero de tal forma que se creaban espacios de la lucha política distintos a los del resto de España.

CONFLICTOS CON LA IGLESIA

La cuestión religiosa, o más precisamente las relaciones con el poder de la Iglesia católica, generaron especial encono en los ámbitos clericales y en los sectores católicos más tradicionalistas, sabedores de los planes secularizadores del nuevo Gobierno. Hubo "otra Iglesia", con una minoría de clérigos, como Luis López-Dóriga, canónigo deán de la catedral de Granada, diputado por el Partido

Radical-Socialista, que apoyaron las reformas republicanas. Sin embargo, la vehemencia anticlerical ejercida por las izquierdas venía alimentándose desde hacía un siglo. Semejantes hostilidades pueden resultar incomprensibles en la España actual, cuando, por citar un ejemplo, los matrimonios civiles, sin presión ni obstáculos de ningún poder eclesiástico, hoy superan a los enlaces católicos, sin que hayan mediado campañas de propaganda, o, por citar otro ejemplo, los divorcios se han integrado en el paisaje social con naturalidad y sin estigmas. Sin embargo, a la altura de 1931 el poder de un clero, en gran parte estancando en ideas premodernas, se apoyaba en que, hasta ese momento, "la religión católica, apostólica, romana, es la del Estado" y, por tanto, "la Nación se obliga a mantener el culto y sus ministros", tal y como rezaba el artículo 11 de la Constitución de 1876. Además, aunque no haya encuestas para aquellos años, se puede afirmar que una muy elevada mayoría de la población vivía y se comportaba dentro de los marcos culturales del catolicismo.

En concreto, el ambiente se enrareció a las dos semanas de proclamarse la República. Comenzaron de inmediato las primeras maniobras conspirativas de los monárquicos y, por otra parte, parece que agentes de extrema derecha incendiaron conventos e iglesias por media España para desprestigiar al nuevo régimen. Se tensionó más la situación al declarar el Gobierno el estado de guerra el 12 de mayo, a lo que se sumó la orden de retirar los crucifijos de las escuelas el día 13, el decreto del día 21 exigiendo el título de maestro para ejercer como docente y la foto del exótico cardenal Segura, rodeado de policías y guardias civiles en su expulsión el 15 de junio. No parecía fácil entablar relaciones fluidas con la Iglesia católica, aunque no era monolítica ni toda ella militaba en el integrismo. El cardenal Vidal y Barraquer corroboró en esos días "la confianza que en un numeroso sector de católicos había inspirado la actuación directa del gobierno en muchas de sus primeras disposiciones". De hecho, el Nuncio y los sectores eclesiásticos más abiertos estaban dispuestos a negociar, y lo intentaron en el verano de 1931, cuando se pergeñaba el texto constitucional.

Ahora bien, los grupos políticos de derechas, al haber logrado solo una débil representación en las Cortes constituyentes, usaron la defensa de la religión católica para movilizar y ampliar sus electorados. Desde el inicio de la República marcaron un territorio emocionalmente polarizado, como reconocería posteriormente el propio Gil-Robles, entre creyentes y "no creyentes" o secularizadores, fuesen estos liberales masones, socialistas o anarquistas. Las campañas de protesta contra las medidas secularizadoras del Gobierno fueron constantes. Sin embargo, dichas medidas no fueron desmanteladas por los Gobiernos de centro-derecha de 1933 a 1935, aunque se obvió o rebajó su aplicación; de hecho, no se aplicó la Ley de Congregaciones y los colegios católicos siguieron funcionando en la práctica, además de volver a las calles con procesiones y actos religiosos sin cortapisas.

Las reformas secularizadoras se apoyaron en el texto constitucional, que en su artículo 3 estableció de modo terminante que "el Estado español no tiene religión oficial". En consecuencia, los artículos 26 y 27 trataron de precisar el "laicismo del Estado, en todas sus inevitables y rigurosas consecuencias", en palabras de Azaña. Se trataba de una militancia alternativa a la del clericalismo oficial, lo que hoy se califica como "guerra cultural", cuyo debate en octubre de 1931 provocó la dimisión de los dos miembros liberales del Gobierno provisional, Alcalá-Zamora y Maura. Republicanos y socialistas se quedaron sin este soporte político y Azaña pasó a presidir el Gobierno. Así, el artículo 26 encauzó todas las confesiones religiosas dentro de una ley específica por la que ninguna podría contar con apoyo económico público, municipal, provincial o estatal, ni podría ejercer "la industria, el comercio o la enseñanza", debiendo rendir cuentas anualmente al Estado para justificar la relación de bienes y fines de cada asociación religiosa. Se extinguía el presupuesto para el clero, se disolvía y nacionalizaban los bienes de la Compañía de Jesús, por obedecer a "autoridad distinta a la legítima del Estado". En contrapartida, el artículo 27 garantizó la libertad de conciencia, declaró civiles los cementerios sin que albergasen recintos diferenciados por creencias. El artículo 43 reconoció el divorcio "por mutuo disenso o a petición de cualquiera de los cónyuges". Y en el 48 se estableció la enseñanza laica, aunque se reconoció a cada iglesia o religión el derecho a enseñar su doctrina en sus centros, siempre con la posible inspección del Estado.

Fueron medidas que se plasmaron en sucesivas leyes (de secularización de cementerios, de divorcio y de confesiones religiosas) y que historiográficamente han tenido distintas valoraciones, no incompatibles entre sí. Pueden ser consideradas una persecución religiosa, un error en las prioridades políticas de los republicanos, un recurso de los partidos de derechas para reorganizarse, aglutinar y consolidar una mayor base electoral, o también la obstinación del laicismo combativo de los partidos republicanos de izquierdas —el de Azaña y los radical-socialistas de Marcelino Domingo—, que borraron espacios de compromiso. Por supuesto, los socialistas en el Parlamento y los anarquistas en su activismo social y sindical compartieron cuanto ayudara a excluir a la Iglesia católica de la vida política y social, una posición que, sin duda, chocó con un muy amplio porcentaje de la población, en torno a la mitad del electorado.

IMPULSOS EDUCATIVOS Y REFORMA MILITAR

Otros dos asuntos en que coincidieron todas las izquierdas fueron las reformas educativa y militar. El Ministerio de Instrucción Pública, primero con Marcelino Domingo y a los pocos meses con Fernando de los Ríos, en cuyo equipo destacó Rodolfo Llopis, director general de Enseñanza Primaria, desplegó la otra cara del laicismo: situar al Estado como responsable de la educación, sin interferencias de otros poderes. Era el ideario de republicanos y socialistas y, más en concreto, de los intelectuales vinculados a la herencia de la Institución Libre de Enseñanza creada por Giner de los Ríos. Establecieron metas inmediatas: erradicar el analfabetismo, y establecer una escuela gratuita, obligatoria, laica y mixta en primaria para expandir una cultura y una pedagogía sin dogmas. Se suprimió la obligación de la enseñanza religiosa —salvo que los padres lo pidieran—, se estableció la enseñanza en lengua materna en Cataluña, se organizaron "Misiones pedagógicas y colonias escolares" para las comarcas más desfavorecidas, a las que llevaron no solo la alfabetización, bibliotecas, cine y teatro, sino alimentos, ropas, deporte... una tarea en la que Manuel Bartolomé Cossío embarcó a creadores e intelectuales con loable altruismo.

Además, se elaboró un plan de construcción de 27.000 escuelas, con un crédito excepcional de 500 millones de pesetas, para paliar el déficit existente sobre todo en la España agraria, para lo que también se abrió el cuerpo de magisterio con la contratación de 7.000 docentes nuevos a los que se les formó en contenidos y métodos pedagógicos innovadores. Las cifras de escolarización fueron rotundas: las niñas y niños de entre 5 y 14 años escolarizados en 1930 eran solo el 55,8% de los de dicho tramo de edad, y en 1936 ya habían subido al 69%, con la novedad de que el mayor incremento se produjo entre las niñas, que pasaron del 53% escolarizadas entre los 5 y 14 años y en 1936 eran el 66,4%, dato que no se superó hasta 1948. La amplitud de las reformas llegó también al bachillerato, cuyo profesorado y el número de estudiantes casi se duplicó, y a las facultades universitarias, con ideas de disminuir los exámenes, abrir los planes de estudios a la optatividad, establecer un sistema de tutorías, etc. Parte de estas reformas quedaron paralizadas durante el bienio radical-cedista, en concreto la coeducación y el freno a las órdenes religiosas en enseñanza.

De muy distinto calibre fue el impacto de la modernización profesional y cívico-democrática acometida sobre el Ejército. Fue determinante Manuel Azaña, sólido conocedor de los problemas de una institución que, desde la crisis de 1898 por lo menos, había mostrado graves anomalías y que sucesivos Gobiernos habían intentado reformar sin éxito. No solo sobraba casi el 80% del generalato y la mitad de la oficialidad, sino que desde la Ley de Jurisdicciones de 1906 y la experiencia de dictadura militar con Primo de Rivera, había que restablecer con firmeza la primacía soberana del poder civil sobre las ambiciones de unos militares convencidos de expresar la voluntad nacional. Sin entrar en los contenidos técnicos de las medidas tomadas, baste recordar que encontraron apoyos decisivos entre sectores conservadores relevantes y también dentro del propio Ejército; lo más significativo es que durante el bienio radical-cedista no se derogaron.

Quizás la inquina que suscitó Azaña y sus reformas tuvo una explicación corporativa, lógicamente arropada por el conservadurismo ideológico de un grupo importante de los afectados. Pudo ser clave la anulación de los ascensos producidos por "méritos de guerra" —referida a la de Marruecos—, tan criticados desde 1917 por otros colectivos del Ejército, que afectó en torno a 300 jefes y generales que bajaron uno o dos grados en el escalafón, como le ocurrió a Franco. Este amplio grupo, conocido como "africanista", sería decisivo en la sublevación militar de julio de 1936. Rebajar el orgullo corporativo de una fracción militar, con peso jerárquico indudable, puede tener consecuencias más desastrosas y menos calculables que una ley económica, mejor o peor elaborada.

EL NUDO DE LA REFORMA AGRARIA: CONFLICTOS Y DERROTA ELECTORAL

Por último, dentro de las reformas acometidas por el Gobierno republicano-socialista, la concerniente al campo catalizó las más virulentas furias en una España en la que el 45,5% de la población activa era agraria y en cuya mitad sur el 30% eran parados, casi la mitad del paro nacional en cifras absolutas, con escenas de poblaciones en las que, habiendo "dehesas dilatadas sin cultivo, o mal cultivadas, apíñanse de mañana los jornaleros en las plazas, en espera de que se acerque el capataz, manijero o encargado y los contrate", como había testimoniado Fernando de los Ríos en 1925. Esa referencia a las dehesas se convirtió en tópico, como ejemplo de desidia de los grandes propietarios, cuando gran parte de tales terrenos se dedicaban a la ganadería o a la caza sencillamente porque no eran aptas para el cultivo. Por eso es importante matizar la complejidad de las diversas realidades agrarias de entonces, sobre todo cuando puede resultar difícil comprenderlas en la España actual, con apenas un 5% de población activa dedicada a la agricultura, en gran parte subvencionada por las ayudas de la Unión Europea.

En efecto, se han realizado numerosas e importantes investigaciones sobre las estructuras sociales y productivas del campo en aquellos momentos, también sobre las teorías reformistas, su viabilidad técnica y su discutida eficiencia económica o las dificultades sociales e institucionales de su aplicación. También se han estudiado los factores estructurales de desigualdad con niveles de vida de miseria, los impactos de la regulación del mercado de trabajo rural, las resistencias de amplios sectores de patronos a una legislación y negociación laboral que rompía hábitos de dominio, los conflictos y exigencias de los jornaleros reclamando mejores salarios, más sus idearios y prácticas políticas que, por otra parte, eran objeto de rivalidad entre socialistas y anarquistas. A eso se sumó el proceso que encauzó a los pequeños y medianos propietarios en los niveles de exigencia de una agricultura capitalista; se derechizaron al mermar la rentabilidad; cayeron los precios; aumentaron los salarios y costes y, además, tuvieron que digerir los usos —también con abusos— de los alcaldes socialistas en las bolsas de trabajo y en los jurados mixtos. Todas estas cuestiones han sido objeto de investigaciones contrastadas con el consiguiente debate historiográfico. En estas páginas, por tanto, solo se expone lo más básico de la reforma agraria y la tenaz resistencia que encontró desde 1931.

Así, el Gobierno, además de aprobar entre abril y mayo los citados decretos agrarios, encomendó elaborar un proyecto de reforma agraria al liberal Sánchez-Román, con el economista Flores de Lemus y el ingeniero Pascual Carrión, como respetados expertos por sus capacidades profesionales. Sin embargo, ya en julio de 1931 se organizó una Agrupación Nacional de Propietarios de Fincas Rústicas que, en nombre del "interés supremo de España", propagó la necesidad de evitar el plan de "destruir la propiedad privada [que] es matar el estímulo del trabajo y provocar la ruina de los pueblos". Falseaban, sin duda, el plan de los ministros radical-socialistas y de los técnicos antes citados, quienes plantearon todo lo contrario: expandir y consolidar una clase de pequeños agricultores con capacidad de consumo para dar soporte al desarrollo industrial y actuar de dique precisamente contra las prédicas revolucionarias. Su meta era ampliar las bases sociales de una democracia republicana, al modo de aquella Francia republicana que había creado una amplia capa de pequeños propietarios agrícolas, cierto que con otro clima y otras tierras para obtener rendimientos agrarios.

Hubo consenso político y en medio del vaivén de proyectos y debates, en agosto de 1932, se desató la conspiración golpista liderada por el general Sanjurjo, que sumó a fuerzas dispares, todas con la idea de revertir la orientación de la República. No por azar el general eligió Sevilla como epicentro: ahí estaba fuertemente arropado por aristócratas terratenientes, excitados e impacientes por impedir la ley de reforma agraria con la que temían perder sus relaciones de poder en el campo. También fue prioritario para el golpe frenar el Estatuto de Cataluña. Fracasó la intentona militar, que logró lo contrario, acelerar ambas reformas. Se aprobó la reforma agraria, tan moderada que solo hubo 19 votos en contra, con 120 abstenciones, pero 318 votos a favor. También se aprobó el Estatuto de Cataluña por 314 votos contra 24.

La ley recogió la herencia de los republicanos del siglo XIX que se ha explicado en los anteriores capítulos: el fin de las "supervivencias feudales" al expropiar las tierras de señoríos jurisdiccionales y abolir sin indemnización "todas las prestaciones provenientes de derechos señoriales". Sin embargo, no se resolvió la situación de las tierras perdidas por los pueblos en los pleitos durante el siglo XIX contra la abolición de los señoríos, asunto que precisamente había estudiado el socialista García Ormaechea. También se quedó en deseo la restitución de los bienes comunales que había levantado la ilusión de acceder a la tierra, o al menos quitarlos del monopolio de los caciques. En todo caso, la impaciencia se impuso: la lógica tardanza de una ley tan compleja y el arranque del Instituto de Reforma Agraria, con la necesidad de inventariar primero las tierras expropiables y la falta de dinero para indemnizar tales expropiaciones, motivaron la llamada a la insurrección general por la FAI el 8 de enero de 1933. La CNT ya había manifestado su oposición frontal.

Hubo numerosos casos de choques entre campesinos y fuerzas del orden, baste citar los más conocidos y estudiados como los ocurridos en Castilblanco (Badajoz) el 31 de diciembre de 1931, los consiguientes del 5 de enero de 1932 en Arnedo (La Rioja) y los más sonados de Casas Viejas (Cádiz), del 11 y el 12 de enero de 1933. En todos se produjeron trágicas escenas de violencia y muerte. En Casas Viejas las decisiones de disparar e incendiar la choza de un carbonero, cuya familia murió calcinada y acribillada por las fuerzas de seguridad, más el posterior fusilamiento de 14 vecinos, provocaron tal tormenta política que se llevó a juicio a los mandos de los guardias y, a la vez, las responsabilidades en la cadena de decisiones se elevaron hasta el propio presidente del Gobierno, Azaña, que, al final, quedó tan desgastado, por más que fuese exculpado judicialmente, que tuvo que dimitir en septiembre de 1933.

Existen trabajos bien documentados que analizan con objetividad estos terribles sucesos, no importa tanto desentrañar si tal o cual periódico o periodista de la CNT, o aparentemente izquierdista pero financiado por el banquero March, coincidió, de modo más o menos intencionado, con los intereses de la reacción conservadora. Fueron hechos que elevaron el nivel e intensidad de polarización social y política. El sucesor de Azaña, Martínez Barrio, convocó elecciones para noviembre; era el modo de conocer "la voluntad general" y dirimir las tensiones. Sin embargo, los resultados no solo derrotaron a las izquierdas (perdieron casi cien escaños), sino que abrieron una etapa de mayor hostilidad, entre otras razones por la negativa de los socialistas a aceptar su derrota. Votó el 67,5% del censo, solo un 2,8% menos que en 1931, aunque, en contrapartida, en el censo figuraron por primera vez más de seis millones de mujeres mayores de 23 años. Esto es, el censo fue de 6,2 millones de varones en 1931 y de 12,9 millones (hombres y mujeres) en 1936. El partido de Azaña perdió 20 escaños, el PSOE perdió 56, se quedó con solo 59 (cuatro mujeres, dato significativo), el Partido Radical-Socialista no obtuvo diputados, Esquerra de Catalunya perdió 12 escaños, el Partido Republicano Gallego perdió ocho, se mantuvo Unió Socialista de Catalunya y hubo un dato nuevo: el PCE obtuvo su primer diputado en estas elecciones, José Díaz, por Málaga.

Sin duda, la reforma agraria y sus opositores marcaron en gran medida estos resultados. Con independencia del peso que pudo haber tenido la fuerte campaña abstencionista de la CNT, con la que no parece confirmarse una relación directa, los dos factores decisivos fueron la norma electoral que primaba las coaliciones, lo que facilitó el triunfo de candidaturas de unidad, y la movilización del voto conservador y centrista y no el tópico de que fueron las mujeres. Por eso, la desunión de las izquierdas fue una lección amarga en 1933 y se tendría en cuenta para concurrir a las elecciones de 1936. Comenzó así una etapa de Gobiernos de derechas con las izquierdas instaladas en una oposición frontal.

5. DE LA OPOSICIÓN AL GOBIERNO (1933-1936)

La agenda de los dos años y medio de Gobiernos radical-cedistas también estuvo marcada en gran parte por la reforma agraria. No solo la CNT-FAI, opuesta desde el principio, sino que la FNTT, el sindicato campesino de la UGT, con una fuerza abrumadora dentro del socialismo y unos militantes decepcionados, consideró igualmente inevitable oponerse a la "república burguesa". A esto se sumaron los intentos de contrarreforma agraria de los Gobiernos de centro-derecha y el conflicto por la Ley de Contratos de Cultivo de la Generalitat que, al ser anulada por el Tribunal de Garantías Constitucionales en junio de 1934, abrió otra trinchera política. Fueron factores que se sumaron en ese octubre de 1934, calificado como "revolucionario".

Por otra parte, el momento político europeo presentaba datos perturbadores con el Gobierno autoritario de Engelbert Dollfuss en Austria, desde marzo de 1933, mientras que el Partido Nazi había alcanzado plenos poderes del Reichstag en Alemania, sin olvidar que en Grecia el general Plastiras daba otro golpe dictatorial, o en Rumanía la Guardia de Hierro había matado al jefe de Gobierno. Por otra parte, los Gobiernos occidentales guardaban silencio ante la hambruna en Ucrania, aunque hubiera denuncias de canibalismo y Ósip Mandelshtam pagara con su vida los versos contra el "Ingeniero de las Almas Humanas", por sospechoso de ser un "reaccionario burgués". La polarización entre fascismo y comunismo era una ola de radicalización política que afectaba a toda Europa.

En el caso de España, entre 1933 y 1936 los horizontes políticos se polarizaron en torno a tres propuestas: la revolución social de las izquierdas obreras, las soluciones autoritarias de las derechas y unas alternativas democráticas de consistencia limitada y zarandeada entre las dos propuestas anteriores. Es cierto que dentro del socialismo y de las derechas habría que matizar posiciones, pero en estos años hasta Indalecio Prieto se decantó por la estrategia insurreccional, y dentro de las derechas la apuesta posibilista de la CEDA fue muy limitada. La realidad transcurrió por tácticas extremas.

LA REVOLUCIÓN, OBJETIVO INMEDIATO

En efecto, la gimnasia revolucionaria promovida por el anarquismo comenzó en cuanto se supieron los resultados electorales. En diciembre de 1933, la CNT lanzó quizás la mayor sublevación armada, organizada y convocada para el día 8, justo cuando se abrían las nuevas Cortes con la mayoría de centro-derecha. El comité revolucionario, formado por Durruti, Mera y Ascaso, entre otros miembros de la FAI, proclamó la inmediatez de la "destrucción del poder organizado, el Estado, poniendo las armas en manos del pueblo", de modo que, "destruido este poder, los hombres se nivelarán en los mismos derechos". Así de sencillo era todo. Sin embargo, en Cataluña no tuvo apenas eco, solo adquirió fuerza y se desarrolló violentamente en Navarra, La Rioja y Aragón. A la par que proclamaron el comunismo libertario, encarcelaron a los poderosos en los pueblos que controlaban. En la ciudad de Zaragoza las barricadas de obreros se encontraron con tanques y metralletas del Ejército. El balance en esas provincias fue aterrador: 125 muertes (65 anarquistas, 16 agentes de orden y 44 ciudadanos), muchos heridos, más quemas de iglesias, archivos de la propiedad, sabotaje de vías férreas (en el descarrilamiento de un tren por Valencia murieron 19 personas). En Andalucía solo se sublevó Bujalance, con 10 muertos. Entre los cientos de anarquistas presos estuvo Durruti, de nuevo deportado fuera de la Península.

La consiguiente represión gubernativa y judicial de la CNT-FAI supuso su decadencia organizativa y una grave bajada de militancia, pues se hablaba de 800.000, pero los cotizantes eran poco más de 200.000 y estos bajaron desde ese momento a 140.000. Se mantuvo la militancia en Cataluña y comarcas de la Baja Andalucía, así como en Valencia y en ciertas comarcas aragonesas y asturianas. Internamente, las recriminaciones de ingenuidad y tácticas estériles se redoblaron por parte de los "trentistas" que, liderados por Peiró y Pestaña, habían abandonado la disciplina cenetista formando los antes citados Sindicatos de Oposición, de modo que en los debates internos eran vocablos insultantes calificarse los unos a los otros como "anarquista" o "sindicalista". Ese sector moderado abrió caminos para formar una Alianza Obrera, incluyendo a UGT, porque, a la vista de los acontecimientos en Europa, donde los sindicatos habían sido prohibidos en Alemania y Austria, crecía la necesidad de impulsar un frente de acción incluso con los partidos políticos.

Por su parte, el PSOE había acrecentado su poder en las elecciones municipales de 1933, sumando 347 alcaldías y miles de concejales, más el peso evidente de contar con un grupo parlamentario, de modo que se mantuvo como la primera fuerza política de las izquierdas. Su militancia no solo era obrera, sino también de sectores de clases medias y profesionales de notable peso en medios intelectuales y culturales. Sobre todo, su capacidad de movilización consistió en su control de la UGT que, de 277.000 cotizantes el empezar la República, había crecido hasta situarse en torno al millón, esto es, contaba casi con un 20% de la clase trabajadora, cifra que en el sector agrario subía a casi la mitad gracias al papel de la FNTT en la organización de los jurados mixtos en el campo, pero también la UGT tenía un peso decisivo en la construcción, el ferrocarril y transporte y, sin duda, en la minería y metalurgia. Hubo otra novedad, un 25% de los afiliados a la UGT eran parados de los distintos sectores, sobre todo del agrario, lo que le otorgaba esa indiscutible capacidad de influencia en la agenda social. Así, el socialismo no solo tuvo fuerza en las anteriores zonas de implantación histórica —y en comarcas mineras asturianas y vascas—, sino que amplió su radio de acción a toda la geografía española, con especial relevancia en la mitad sur agraria, sin olvidar Castilla y León, Aragón y Levante, gracias a que los afiliados a la UGT, sin ser militantes del PSOE, se consideraban a sí mismos como socialistas.

Era un hecho inédito: dos organizaciones obreras, el PSOE y la UGT, eran parte del poder, bien en los ayuntamientos, bien en los jurados mixtos, aunque ahora estuvieran en la oposición desde diciembre de 1933. Justo al verse fuera del poder, la palabra revolución se hizo más frecuente. Desde sus orígenes, todo lo que hacían era calificado como revolucionario, y si participaban en un Gobierno como ministros era para robustecer el poder obrero, de modo que su estrategia reformista solo era un paso más en el camino al triunfo del socialismo. En general, salvo excepciones, no pensaban que esas reformas pudieran ser un instrumento para apuntalar los valores democráticos o republicanos. Al contrario, eran medidas con las que ponían a los republicanos en el dilema de apoyarlas o rechazarlas. Esta vez dieron un paso más, acusaron a las nuevas Cortes de facciosas e incluso maniobraron para repetir las elecciones. No le daban al voto el valor de vía indiscutible para legitimar un poder.

En este contexto, la figura de Largo Caballero, presidente del PSOE y secretario de la UGT, adquirió un relieve indiscutible. Sin embargo, Besteiro, partidario de un gradualismo evolutivo de reformas, presidía la UGT. No coincidían en la estrategia a seguir frente a los Gobiernos de derechas. Besteiro pensaba que todavía no existía madurez suficiente en el socialismo español para lanzarse a la revolución ni que esa fuera la respuesta ante posibles retrocesos en las reformas. Por su parte, Prieto defendía profundizar en las reformas republicanas con medidas como la nacionalización de la tierra, la reorganización de las fuerzas militares y de seguridad y con una reforma de los impuestos. Largo Caballero sumó a las ideas de Prieto la organización de un movimiento revolucionario que, en alianza con otros partidos obreros, terminase con la "dictadura de burgueses" e implantase una "revolución social" que, de no ser posible alcanzar legalmente, proclamaba hacer "la revolución violentamente".

En esa refriega estratégica, Besteiro dimitió de la presidencia de UGT y Caballero logró el control tanto del sindicato como del partido. Creó un comité revolucionario presidido por él mismo e integrado por miembros del partido, del sindicato y de las juventudes socialistas, con la tarea de encontrar aliados en partidos y sindicatos para preparar ese movimiento revolucionario en el que no debía faltar el apoyo militar, tarea encomendada a Prieto. Se organizaba así el socialismo frente al Gobierno con la advertencia rotunda de que defendería con las armas la legalidad republicana si se diera el posible giro reaccionario de un Gobierno de alianza de radicales con la CEDA.

LAS JUVENTUDES Y LA VIOLENCIA

Entretanto había ocurrido una novedad importante en la militancia de derechas e izquierdas. Fue tarea de minorías, pero de enorme impacto político y graves consecuencias para la convivencia social. Consistió en la organización de grupos de militantes para la acción violenta, reclutados sobre todo entre las agrupaciones juveniles. Se pensaba que las elecciones y los métodos parlamentarios tildados de burgueses eran mecanismos obsoletos y los jóvenes podrían ser el cimiento de una sociedad disciplinada, instruidos en una liturgia política claramente religiosa en ritos, uniformes, cánticos y camaraderías de combate. George L. Mosse ha conceptualizado esta realidad como "brutalización de la política". Sin restarle valor analítico a tal sintagma, no sobra recordar el testimonio de aquel joven científico, de militancia comunista, Manuel Tagüeña, quien, según sus palabras, había perdido "la fe en los medios democráticos de gobierno, impotentes" para mejorar, por lo que había que "apartar violentamente los obstáculos que se presentaran".

Desde los ámbitos de las derechas, baste recordar el grupo fascista de las JONS (Juntas de Ofensiva Nacional-Sindicalista) que ya en 1931 había formado milicias porque la "violencia absoluta" era su estrategia, y que en 1934 estaban fusionados con la Falange Española, o las milicias de requetés organizadas por los carlistas en Navarra y Euskadi, sin olvidar que, desde las filas del catalanismo de izquierdas, Estat Català había creado contra la dictadura Bandera Negra en 1925, organización armada de donde procedía Miquel Badia, responsable del Orden Público de la Generalitat que organizó desde 1933 los "*escamots*", milicias de las JEREC (Joventuts d'Esquerra Republicana-Estat Català), surtidas de fusiles por Josep Dencàs, cargo también de la Generalitat, para reventar huelgas de esos obreros a los que calificaba de "forasteros" y "plagas violentas" que infestaban "nuestra casa". En paralelo, el nacionalismo vasco formó el grupo paramilitar los *Jagi-Jagi*, nombre del periódico de la Federación de Mendigoxales (montañeros).

Desde las izquierdas no hay que olvidar que la táctica de la "acción directa" del anarquismo constituía un precedente, pero no implicaba una organización específica hasta que en estos años los sindicatos y partidos obreros crearon grupos de acción concebidos con carácter defensivo ante los ataques de los citados grupos derechistas y fascistas. En las filas socialistas existía la Federación de Juventudes Socialistas, que sumaban 20.000 afiliados en 1934; en la práctica, eran otro partido dentro del PSOE. Coincidían con Largo Caballero en considerar que los resultados electorales de 1933 no representaban la voluntad popular; por eso, desde enero de 1934, se manifestaron contrarios a "una nueva conjunción con republicanos" y favorables a crear "un frente único con trabajadores para llevar a cabo una acción revolucionaria". Llegados a este punto, la dictadura del proletariado constituía el concepto estratégico que los acercaba a la Unión de Juventudes Comunistas de España (UJCE), formadas por el PCE.

Ambas formaciones juveniles trataron de organizar un frente único para el que contactaron también con las Juventudes Libertarias, la Izquierda Juvenil Comunista del partido de Andreu Nin, y con las juventudes del Bloque Obrero y Campesino (trotskista). Compartían la "violencia colectiva y constante" contra el fascismo y pensaban que el hundimiento de los socialdemócratas alemanes y austríacos se produjo por no haberse organizado militarmente. Desde 1932 circulaba profusamente la traducción del libro *La insurrección armada* (1928) que, bajo el seudónimo de A. Neuberg, reunía los métodos que políticos y militares comunistas como Tujachevski, Ho Chi Minh y Togliatti, entre otros, proponían para hacer la revolución marxista contra el reformismo socialdemócrata, y que, en concreto, las Juventudes Socialistas recomendaban estudiar para ajustar su aplicación en cada país.

Se extendió, por tanto, la idea de la insurrección violenta como medio para imponer sus planes al adversario ideológico o social, por más que se predicara bajo el rótulo de lucha por la democracia o defensa de la voluntad popular o incluso por la salvación nacional. Sin embargo, desde las filas de la CNT, el sector "trentista" o sindical pragmático, liderado por Pestaña, optó por crear justamente en 1934 el Partido Sindicalista con el fin de colaborar desde la vía parlamentaria con las metas sociales del anarcosindicalismo. Por su parte, los partidos republicanos, catalogados como "burgueses" por los partidos obreristas, desde el radical de Lerroux, situado a la derecha, hasta la izquierda representada por Azaña, defendieron la democracia liberal, cierto que cada uno con sus pactos respectivos a derecha o izquierda, lo que también precarizaba las prácticas legales tan imprescindibles para sostener una democracia.

En concreto, desde la oposición a los Gobiernos radical-cedistas, Azaña logró en abril de 1934 fusionar su grupo de Acción Republicana con un sector de los radical-socialistas liderado por Marcelino Domingo y con los galleguistas de Casares Quiroga. Formaron el partido Izquierda Republicana, que en Cataluña se denominó Partit Republicà d'Esquerra. Fue un partido de masas: los "discursos en campo abierto" de Azaña demostraron la capacidad de un liderazgo democrático, reformista e interclasista que trató de superar las dicotomías entre revolución proletaria o contrarrevolución burguesa.

SUBLEVACIÓN REVOLUCIONARIA DE OCTUBRE

En síntesis, en 1934 se sumaron tensiones de todo tipo. Se paralizó el Estatuto para el País Vasco, con la negociación del "concierto vasco" por medio y un claro protagonismo de Indalecio Prieto en el proceso. Hubo una grave colisión entre el Tribunal de Garantías Constitucionales y la Generalitat por la ley que trató de regularizar la "cuestión *rabassaire*", de enorme calado social para el campo catalán. La huelga general de jornaleros del campo convocada en junio por la FNTT tuvo una enorme repercusión en casi mil municipios de Extremadura, La Mancha y Andalucía, con 10.000 detenidos, la destitución de 200 ayuntamientos socialistas y cierres de casas del pueblo y sedes sindicales. En el duro movimiento huelguístico desencadenado en Madrid intervinieron los grupos fascistas y los universitarios falangistas con una violencia a la que igualmente se aplicaron las juventudes socialistas y comunistas y grupos sindicalistas de la UGT, con 13 jóvenes muertos en la capital. Y, por último, la entrada de la CEDA en el Gobierno fue el dato que el PSOE y UGT consideraron argumento suficiente para la insurrección, así como también la Generalitat, gobernada por ERC, de la que se había distanciado el sindicato Unió de Rabassaires para sumarse a la Alianza Obrera organizada contra los Gobiernos de centro-derecha.

En efecto, la Alianza Obrera, idea originaria del Bloc Obrer i Camperol contra el fascismo, solo había logrado apoyos en Cataluña, pero cogió una fuerza decisiva cuando Largo Caballero la adoptó como fórmula unitaria para la sublevación revolucionaria. El líder socialista presidía desde enero de 1934 el partido y el sindicato y contaba con el entusiasmo de unas Juventudes Socialistas que, según su secretario general, Santiago Carrillo, lo valoraban como el guía para "conducir al proletariado a la victoria". Los socialistas en ese momento consideraban que la vía parlamentaria y el reformismo no eran los caminos idóneos para luchar contra las derechas. Luis Araquistáin, ideólogo de Caballero, predicaba desde las páginas de *Leviatán*, la revista intelectual del PSOE, la necesidad de un socialismo revolucionario, considerando agotada la etapa reformista.

La CNT no aceptó sumarse, aunque la federación anarquista de Asturias, en uso de su autonomía, pactó con los socialistas no la simple unión defensiva contra el fascismo, sino realizar la "revolución social". El PCE, opuesto a la Alianza, un "órgano de la contrarrevolución" por estar ahí los socialistas, giró y se unió en septiembre de 1934. Fue en ese mes cuando entraron miembros de la CEDA en el Gobierno, momento para que Largo Caballero considerase inaplazable declarar la huelga general revolucionaria que convocó la Alianza Obrera para el 4 de octubre, no solo para defender "la legitimidad republicana frente a la legalidad del gabinete radical-cedista", sino además para "corregir el rumbo de la República burguesa hacia una orientación revolucionaria".

Entretanto, Indalecio Prieto, por encargo de la comisión preparatoria de la huelga revolucionaria, había gestionado la compra de armas y Luis Araquistáin persistía en exigir la revolución socialista, única alternativa a una República enferma e incapacitada y freno al fascismo, aunque por otros testimonios se sabe que reconocía que el fascismo en España no tenía fuerza, como así era, por más que los grupos de pistoleros falangistas practicasen la violencia, y funcionaba como mito movilizador. En conclusión, los socialistas pensaron que no era momento de negociar con los republicanos. Tocaba actuar a la clase obrera.

El desarrollo de las acciones insurreccionales en las distintas regiones fue desigual, pero el resultado fue idéntico: el Estado, con la Guardia Civil, la Guardia de Asalto y el Ejército, derrotó a unos obreros que de ningún modo podían rivalizar con ellos. Quedó un reguero de catástrofe: casi 1.500 muertos (unos 300 de las fuerzas del orden y más de mil trabajadores y vecinos de las zonas afectadas), miles de heridos, 15.000 detenidos y unas poblaciones que, bajo organización socialista, comunista o libertaria, mostraron, además de momentos o gestos heroicos, otros de "justicia revolucionaria" entre cuyas víctimas hubo 34 clérigos. En paralelo, en Cataluña se produjo la proclamación del Estado Catalán, aunque como parte de una República Federal Española, lo que implicó la declaración del estado de guerra y la detención del gobierno presidido por Companys, incluyendo a Azaña entre los detenidos al encontrarse este en Barcelona.

Fue inmediato el debate en el seno de las organizaciones políticas y sindicales sobre las consecuencias de esta sublevación y derrota. Persiste en la historiografía y en la memoria social de aquel octubre revolucionario. A efectos de sus consecuencias políticas importa señalar tres datos. El primero, la ampliación y refuerzo de la táctica del PCE de vincularse e incluso captar socialistas con sus propuestas de unidad de acción, porque diferenciaba a unos militantes "heroicos" de sus dirigentes embarcados en el reformismo burgués. El segundo, la propuesta de Indalecio Prieto de abandonar la vía insurreccional y consolidar la República abriéndose a los republicanos, objetivo que compartía con Azaña, quien defendía una vez más la coalición con los socialistas en un programa compartido que, insistía, no desbordase las lindes del ideario republicano. Y, en tercer lugar, la lucha sin tapujos dentro del socialismo por controlar tanto el partido como el sindicato. Se formaron tres facciones, por motivaciones ideológicas, sin duda, y también personalistas: Besteiro, con limitados apoyos en los órganos de dirección, defendía un reformismo avalado por el marxismo de la Segunda Internacional; Prieto, con más fuerza en la militancia, coincidía en gran parte con el reformismo siempre en alianza con los republicanos; y Largo Caballero, con mayoría en la UGT y entre las Juventudes, se zambulló en un vocabulario cercano al bolchevismo, por influencia del citado Araquistáin, que, sin concretar alternativas, captaba a la militancia más radical, sobre todo la agraria.

LA COALICIÓN ELECTORAL DEL FRENTE POPULAR

En todo caso, desde abril de 1935, ya con el líder de la CEDA en el Gobierno, se consolidó la necesidad de la alianza de republicanos y socialistas. Azaña relanzó su organización política, logró ampliar la unidad de los partidos republicanos y, con sus mítines por España, se convirtió en portavoz de la necesidad de un cambio de Gobierno. En noviembre propuso al PSOE una coalición electoral que Largo Caballero, desde su bastión de la UGT, solo aceptó si se incluía al PCE. Esto coincidía con el giro del PCE, que dejaba atrás sus acusaciones de "socialfascismo", tomadas de las directrices que la Tercera Internacional había dado en el verano de 1935 para formar "frentes antifascistas". En diciembre, la pugna entre Prieto y Largo Caballero llevó a la dimisión de este como presidente del PSOE. Justo el peor momento para quebrarse las relaciones entre PSOE y UGT, pues el sindicato, bajo la batuta de Largo Caballero, volvió de nuevo a intervenir en acciones políticas y desequilibrar la fuerza del PSOE. El socialismo se encontró así con dos direcciones. El partido, con Prieto, negociaba un programa común con los republicanos para gobernar conjuntamente, más allá de compartir la continuidad de las reformas emprendidas en 1931-1932, la amnistía para los presos por la sublevación de octubre y la extensión de Estatutos de autonomía. Por su parte, el sindicato, con Largo Caballero al frente, se opuso y solo aceptó un pacto coyuntural para las elecciones, sin programa común, puesto que la meta era la conquista del poder por la clase obrera y, en esta estrategia, solo era necesario que los grupos burgueses —esto es, los republicanos— se limitaran a cumplir su papel democrático de facilitar el tránsito a la construcción del socialismo.

Además, fue la UGT la que apremió a que se aceptase como firmantes del pacto electoral a las Juventudes Socialistas, PCE, Juventudes Comunistas y el Partido Sindicalista de Pestaña. De este modo, en la coalición de republicanos y socialistas, que contaban como partidos de masas, se incluyeron en las listas electorales escaños para comunistas, con un muy escueto respaldo social, aunque con relevante presencia en la agenda política por el activismo de sus juventudes y por el creciente influjo en Occidente de la Tercera Internacional, dirigida desde Moscú. El comunismo era una referencia ineludible, incluso como enemigo potencial para sus muchos adversarios.

La coalición electoral era el medio necesario para lograr ese 40% de votos que otorgaba tres cuartas partes de los escaños de un distrito. Se le llamó Frente Popular, que en Galicia incluyó al Partido Galleguista, y en Cataluña, llamado Front d'Esquerres de Catalunya, sumó a ERC, Acció Republicana, Partit Nacionalista Republicà, Uniò de Rabassaires, el PCP (Partit Català Proletari) y el POUM (recién formado con Izquierda Comunista y el Bloc Obrer i Camperol). En Valencia tomaron el nombre catalán, incluyendo Esquerra Valenciana (en contacto con ERC) y el Partit Valencianista d'Esquerra, que defendían el carácter nacional de su lengua y cultura. Ahora bien, estas coaliciones, una vez realizadas las elecciones, no funcionaron como tales "frentes" de acción política.

La campaña reflejó tal nivel de polarización que, entre la convocatoria y la celebración de las elecciones, apenas un mes y medio, no solo hubo proclamas y consignas antagónicas, sino 41 muertos y decenas de heridos por enfrentamientos entre militantes de signos opuestos o contra las fuerzas de orden, repartidos entre derechas e izquierdas casi por igual, afectando a casi toda la geografía española, aunque no supuso obstrucción del proceso electoral, que fue limpio en general. Votó un 71,3% del censo, más que en las anteriores, hubo líderes anarquistas que propagaron la necesidad de votar, y la más reciente investigación constata, de modo detallado, que la coalición sumó millón y medio de votos más que en 1933 y pasó del 33 al 46,3% en la primera vuelta, lo que supuso 259 escaños. Así, aunque las candidaturas de las derechas y centro-derecha se quedaron a pocos miles de votos de distancia, al ir divididas, obtuvieron solo 189 escaños. Tras la segunda vuelta y la posterior revisión de datos y denuncias de fraudes ante la Comisión de Actas de las Cortes, la coalición de izquierdas sumó 267 diputados frente a 206 de centro y derechas, según Manuel Álvarez Tardío y Roberto Villa García.

Lo más decisivo, el PSOE, que con 89 escaños se situó como primer partido de las izquierdas, aunque sumados los 84 de Izquierda Republicana más los 37 de Unión Republicana y los 36 de ERC daban la mayoría como primera fuerza política al conjunto de republicanos que, en efecto, formaron Gobierno con la presidencia de Azaña. Fue novedad, por otra parte, la presencia de 16 diputados del PCE, más cuatro de USC y uno del PCP, que suponían la segregación nacionalista de los partidos obreros, y además uno del POUM. De hecho, en julio de 1936 la USC, el PCP y las federaciones catalanas del PSOE y PCE se fundieron como PSUC (Partit Socialista Unificat de Catalunya), un partido distinto y hermano del PCE, adscrito igualmente a la Tercera Internacional.

Sin duda, la presencia del PCE, con el PSUC en Cataluña, fue una novedad de largo alcance en la vida política desde 1936. Había nacido como partido enraizado en la revolución bolchevique de 1917, solapado con la trayectoria de la URSS, de tal modo que funcionó como la sección nacional o española de la Internacional Comunista, organización esta que, con sede y dirección en Moscú, fue de hecho la cobertura formal para imponer las directrices del Partido Comunista de la Unión Soviética (PCUS). Este condicionante supuso para el PCE el seguidismo de la política soviética, en este caso con la estrategia de formación de "frentes", el control de organizaciones paralelas en otros ámbitos sociales y, por supuesto, la adopción de lenguajes, discursos, banderas y saludos de la cultura bolchevique. Además, el carácter de su militancia fue más allá de la existente entre socialistas o anarquistas. Exigía una mística de partido que incluía el sacrificio de la propia vida personal en aras de un ideal colectivo siempre interpretado por la dirección del partido. Todo ello vivido con el esquema mental de una lucha antagónica e insoslayable entre las clases explotadas, que constituyen el pueblo trabajador, siempre honrado y heroico, y la clase dominante, cuyas élites marcan el rumbo de las democracias burguesas y cuyos aliados más peligrosos eran los socialfascistas, como calificaron a los socialistas en un principio por defender las reformas republicanas.

EL GOBIERNO REPUBLICANO DE 1936

Hubo más novedades en las izquierdas tras las elecciones de febrero. En primer lugar, gobernaron los republicanos solos, los de Izquierda Republicana de Azaña y los de Unión Republicana de Martínez Barrio. No hubo un Gobierno de "frente popular", como con frecuencia se repite, porque Largo Caballero impuso en el PSOE la no participación ni colaboración. La otra novedad, ensamblada con la anterior, consistió en la lucha abierta dentro del socialismo, hecho que ensombreció la agenda política. El sector liderado por Prieto defendió reforzar la República pactando con los republicanos e incluso participando en el Gobierno, sin forzar medidas más allá de las reformas iniciadas en 1931. Enfrente, el sector caballerista optó por una doble táctica: crear, por un lado, un partido único, marxista, con los comunistas y, por otro, conseguir la "unidad de acción sindical" con la CNT-FAI.

Los anarquistas respondieron con su plan de una "alianza revolucionaria", siempre a partir de los principios y tácticas propias de la CNT. Sin embargo, la fusión con el comunismo dio pasos importantes: la CGTU, un sindicato del PCE de muy escasa militancia, se integró en la UGT, y en marzo de 1936 se fusionaron las Juventudes del PSOE y del PCE, lo que dio lugar a unas Juventudes Socialistas Unificadas (JSU), de las que fue secretario general Santiago Carrillo. Esta fusión, con miles de jóvenes enardecidos y con milicias armadas, más los 16 diputados logrados en la coalición electoral, constituyeron una plataforma de despegue no prevista por los socialistas ante la capacidad de atracción del comunismo entre jóvenes y trabajadores. Se cumplía en esta primavera de 1936 el diagnóstico que ya en 1928 había lanzado el escritor César Muñoz Arconada: "Un joven puede ser comunista, fascista, cualquier cosa menos tener viejas ideas liberales".

Este radicalismo también existía en las filas del socialismo. Por eso el sector de Largo Caballero se opuso a colaborar con el Gobierno formado por Azaña, confiando en que el desgaste de los republicanos permitiría establecer ese Gobierno obrero que diera legalmente el salto al socialismo. Es más, si el Gobierno republicano era derribado por un golpe de Estado, entonces la clase obrera replicaría tomando el poder, que sería gestionado por los socialistas en exclusiva. Así de sencillo; todo revestido de un lenguaje agresivo que apuntó de modo descarnado contra la dirección del PSOE, controlada por una mayoría de seguidores de Prieto.

Con este panorama, el Gobierno de los republicanos tuvo que lidiar con la serie de huelgas más grande e intensa de las habidas hasta entonces, sobre todo con la impresionante movilización de jornaleros en la mitad sur de España. Creció la violencia política en la calle, las conspiraciones de militares golpistas casi se hicieron a la luz pública y, además, en Cataluña los sectores comunistas del catalanismo presionaron para desbordar las competencias del Estatuto. No obstante, el Gobierno republicano cumplió el programa de la coalición electoral de izquierdas, restableció la Generalitat, decretó la amnistía de los presos por las sublevaciones de octubre de 1934 y la readmisión de los obreros despedidos en anteriores huelgas, con las indemnizaciones de salarios no retribuidos desde que habían sido readmitidos, y reactivó el cumplimiento de las reformas aprobadas en el bienio republicano-socialista, entre ellas la reforma agraria. También restableció a los miles de concejales socialistas destituidos por el Gobierno radical-cedista tras el intento revolucionario de octubre, aunque el Gobierno de Azaña, en contrapartida, sin mediar rebelión alguna, constituyó en bastantes provincias comisiones gestoras controladas por republicanos y, sobre todo, por socialistas, con la coartada de la pronta convocatoria de elecciones municipales para abril, que luego no se celebraron. Sobre el poder municipal durante la República existen limitadas investigaciones.

En el mes de abril, el Gobierno adoptó nuevas medidas legislativas para calmar el campo, anuló las normas de los Gobiernos de derechas y, si en los escasos dos años que había estado vigente entre 1932 y 1933 solo se habían asentado 12.260 colonos de los 60.000 anuales previstos, ahora, entre febrero y junio de 1936, más de 100.000 jornaleros quedaron instalados en medio millón de hectáreas. Fue un proceso en gran medida ya iniciado tras conocerse los resultados electorales por la amplia movilización de ocupación de fincas, asignadas o previstas por la Ley de Reforma Agraria o incluso por normas de los Gobiernos de derechas, que estuvo liderado por la FNTT en Extremadura, Castilla-La Mancha y Andalucía. Esta nueva realidad y la fuerza evidente del citado sindicato socialista soliviantaron a las clases propietarias, que incluso paralizaron las tareas del campo antes que pagar más salarios o cumplir la normativa existente.

Hubo momentos de máxima violencia, como el ocurrido en mayo en Yeste, con un guardia civil y 17 campesinos muertos por talar árboles. La efervescencia social adquirió cotas intensas, aunque no hubo nuevas convocatorias de insurrección por parte de una CNT con sus organizaciones deshechas. La cifra de detenidos en las huelgas por las fuerzas del orden bajó por directrices del Gobierno republicano para no encrespar más los ánimos, aunque en todo caso fueron más de 25.000 detenidos. En los sectores laborales urbanos, a pesar de realizarse más huelgas que en 1933, se alcanzaron en la mayoría de los casos, conviene subrayarlo, acuerdos relevantes gracias a la mediación de los jurados mixtos. La UGT se encontraba al frente de gran parte de esos jurados, mientras que la CNT, aunque seguía proclamando la vía insurreccional contra el Gobierno burgués, se concentró en rehacerse y recuperarse tras las catastróficas experiencias de insurrecciones desde 1931 a 1934. Además, retornaron al seno de la CNT los Sindicatos de Oposición, de tácticas pragmáticas, aunque ahora sin Pestaña.

Aunque los anarquistas siguieron postulando la unidad de acción sindical para la revolución, la UGT no atendió ese reclamo. Se encontró con un aluvión de nuevos militantes, entre los que destacó la movilización de los parados, y se concentró en exigir el reparto del trabajo con semanas de 36 horas. Eso no impidió que ambos sindicatos se implicaran en acciones de violencia en distintas huelgas, llegando a producirse asesinatos entre sus militantes. En el mes de junio el campo entró en ebullición, en plena recolección, con jornaleros que lograron duplicar e incluso triplicar sus salarios respecto a años anteriores y propietarios en rotunda oposición a los jurados mixtos que marcaban las condiciones de trabajo. En las ciudades también se repitieron situaciones de violencia, destacando los sucesos de Sevilla y Málaga y, en especial, las huelgas simultáneas de distintos oficios en el mes de junio en Madrid, con miles de manifestantes cada día en las calles y actos de violencia con entierros masivos de víctimas de uno u otro signo escoltadas por jóvenes uniformados.

Así, junto a las movilizaciones y acciones colectivas, que interactuaron con discursos de tonos beligerantes y extremos, con "palabras como puños" (Fernando del Rey, Gonzalo Álvarez Chillida y Manuel Álvarez Tardío), se produjo un proceso de violencia de unos grupos armados que, desde partidos y sindicatos, más las intervenciones de las fuerzas de orden, desnaturalizaron la convivencia social con un balance de 387 muertos (Eduardo González Calleja). De esta cifra cabe destacar que el grueso de muertes de los grupos armados de signo obrerista se produjo en choques con las fuerzas de orden, bajo mando de gobernadores de Izquierda Republicana. Cierto que no contaban con métodos modernos para controlar las manifestaciones, pero el efecto fue el desgaste evidente del Ejecutivo.

Aunque fueron ilegalizadas las milicias fascistas, sus militantes siguieron activos y crearon choques violentos de modo constante. De igual modo, los anarquistas, socialistas y comunistas se lanzaron a la calle con sus respectivas milicias que, sin embargo, no fueron ilegalizadas y además crearon poderes paralelos y atentaron contra las sedes conservadoras. Aunque sus actores fueron minoría, las noticias de estas violencias agudizaron los enfrentamientos de militancias partidistas, sin puentes de consenso, a pesar de los intentos de los partidos republicanos de construir un centro político de difícil ensamblaje. Se propagó el miedo entre amplios sectores de la población: por ejemplo, unos 500 curas, que sabían que en la revolución de Asturias se había matado a 36 religiosos, se fueron de aquellos pueblos temiendo que pudiese peligrar su vida.

En definitiva, la mayoría de la población no se implicó en esas trincheras partidistas de tan agresivas acciones. Analizando las tres elecciones generales que hubo entre 1931 y 1936 se constata que los votantes no dieron giros bruscos, sino que expresaron bastante equilibrio numérico entre tres grandes bloques electorales: izquierdas, derechas y un centro político que, es cierto, tuvo una gama más cambiante. Los resultados en escaños, sin embargo, dependieron de las coaliciones que fueron capaces de realizar los partidos y, por tanto, de la suma que lograban en la primera vuelta. Por eso, de ningún modo se puede plantear que hubiera dos Españas abocadas a una guerra inevitable. Conviene subrayarlo: el tensionamiento de la vida política durante la República, y en concreto en la primavera de 1936, correspondió a minorías extremistas de signo opuesto. Frente al plebiscito de las urnas, tales minorías esgrimieron el plebiscito de la fuerza: una vez provocado el enfrentamiento abocaron a la gente a tomar partido, cuando ni en el mundo conservador ni en el de izquierdas sus respectivas mayorías compartían semejante radicalismo. Ahora bien, en la historia se producen tragedias sociales que no responden a una lógica inevitable ni a todos los factores existentes, sino a una concatenación indefinida de conductas más o menos imprudentes o negligentes que, aunque no sean mayoritarias, pueden amasar y dar paso a esa espiral de odios como las que eclosionaron con la sublevación militar del 18 de julio.

Existe, en todo caso, bastante acuerdo historiográfico en que ninguno de los hechos precedentes justificaba la sublevación militar, por más que la propaganda de las derechas de entonces y la posterior memoria difundida durante la dictadura hayan convertido aquella primavera de 1936 en prueba de la incompetencia del Gobierno de Azaña, por un lado, y, por otro, en señal indudable de una conspiración bolchevique, fantasma comunista que entonces alarmaba a muchas gentes. También las izquierdas airearon cada acto violento de falangistas y derechistas como una demostración del avance del fascismo contra el que había que armarse para luchar sin flaquear. No había en julio de 1936 dos Españas, sino una clara heterogeneidad sociopolítica de actores en cuya agenda política Azaña trató de cumplir un papel centrista con Gobiernos republicanos que, sin embargo, se vieron desbordados, provincia por provincia, por sus anteriores aliados del Frente Popular más a la izquierda. También hubo distintas posiciones entre la CEDA y los grupos de la ultraderecha. Las clases medias ya representaban un espectro sociológico muy destacable y sus preferencias se encontraban repartidas entre los sectores moderados del PSOE, los republicanos y también los adscritos a la CEDA. Por su parte, los patronos no estaban solo con la CEDA, sino que antes habían contado con el Partido Republicano de Lerroux, que a estas alturas ya estaba deshecho, y también con los partidos nacionalistas en Cataluña y en Euskadi, sin olvidar los sectores que apoyaron la ultraderecha de Renovación Española, minoritaria.

Por lo demás, existe consenso entre historiadores en que las conspiraciones para derribar el régimen republicano fueron constantes desde 1931 y se aceleraron a partir del triunfo de la coalición de izquierdas en febrero de 1936. Hasta entonces esas conspiraciones no tuvieron ninguna fuerza y la mayoría del Ejército se mantuvo al margen. Así, aunque esta vez la conspiración atrajo a militares hasta entonces alineados con la legalidad republicana, como Cabanellas,

Queipo de Llano o López de Ochoa, un muy amplio sector de la oficialidad se mantuvo fiel a la República. En todo caso, *a posteriori*, no cabe escudriñar responsabilidades en el Gobierno o en posiciones de jactancia como la de Largo Caballero, que retaba a los conspiradores a sublevarse para demostrarles que los socialistas serían capaces de triturarlos con una huelga general revolucionaria. Las responsabilidades son de los que se sublevan y, en este caso, de un levantamiento militar que fracasó en media España y abrió una guerra civil que hizo del asesinato del adversario la solución política inmediata en ambas zonas.

6. LA GUERRA CIVIL: ARDOR REVOLUCIONARIO Y DERROTA IMPLACABLE (1936-1939)

La sublevación militar de julio de 1936 destruyó el proceso reformista abierto por la República. Las izquierdas españolas sufrieron su mayor desastre institucional y organizativo, también personal, con un coste terrible en vidas y exilios. No se abordará en estas páginas el relato de la densidad de sucesos acaecidos durante la Guerra Civil. Solo se expondrá cómo afectó esta guerra a las izquierdas. Podría resumirse en tres facetas: pasión, violencia y derrota. La pasión se desencadenó entre sindicatos y partidos obreristas, fascinados por utopías sociales y ofuscados en sus estrategias de violencia revolucionaria, mientras los republicanos se empequeñecieron durante la guerra sin resquicios para una ponderación impracticable ante el desamparo internacional de unas democracias negligentes. Todos sufrieron la violencia, incluso la ejercieron, y la derrota, desde los republicanos de centro hasta los anarquistas.

CLAVES MILITARES E IDEOLÓGICAS

Es previo exponer que la guerra provocada por la sublevación militar supuso un periodo tan extraordinario como inédito de movilización social en la historia de España. En sentido contrario, la dictadura impuesta por los sublevados desde el primer día de julio de 1936 borró con violencia cualquier atisbo de movimiento social. La guerra golpeó a todos los actores sociales y transformó radicalmente los comportamientos de la sociedad, la violencia modificó los factores y los modos de expresión. Las referencias identitarias de clase social, ideología, creencia religiosa y sentimiento nacionalista se cruzaron y se enfrentaron entre sí y entre todos. Ahora bien, ese enajenamiento violento no fue lo mayoritario. Aunque la presión de una guerra civil no dejó a nadie al margen, recientes investigaciones rescatan del olvido las experiencias de las gentes que vivieron los conflictos como intrusiones en sus vidas, porque sus lealtades resistieron y no se ajustaron a la propaganda del respectivo bando donde les tocó enrolarse.

En este aspecto es necesario recordar que, junto a la militancia en una ideología u otra, abundó más la fuerza de la supervivencia, factor político a considerar siempre. Hay datos significativos. Quienes se alistaron voluntariamente para coger las armas no pasaron de 120.000 en la zona republicana y de 100.000 en la sublevada. Sin embargo, los movilizados forzosos —conviene enfatizar esta coerción del alistamiento— fueron 1.300.000 por el Gobierno republicano y 1.200.000 reclutados por los militares sublevados. En total, dos millones y medio de soldados alistados a la fuerza en un país de 24,5 millones de habitantes. Otro dato revelador: del total de los cinco millones de varones a los que correspondía ir a la guerra, sumando ambas zonas, la mitad se "libró" de la contienda, esto es, 700.000 lograron ser declarados "inútiles" o "exceptuados" y 1.800.000 fueron declarados "prófugos". Y más aún: los desertores de ambas trincheras no están contabilizados, porque muchos fueron "muertos al intentar el hecho", pero la cifra era tal que, no por casualidad, en marzo de 1937, en ambas zonas se dieron instrucciones a seguir sobre los numerosos desertores que llegaban a sus líneas. Son datos que no hay que olvidar para atemperar ciertas épicas de odios o de heroísmos en trincheras insalvables…

Hay que recordar que el golpe de Estado fue derrotado en las más importantes ciudades por la fidelidad de una parte notable del Ejército, de la Guardia Civil, la Guardia de Asalto y un decisivo apoyo de las milicias obreras. En la práctica, había fracasado a la semana de producirse: los sublevados solo controlaban un tercio de España hasta que el 26 de julio llegaron a Marruecos los primeros bombarderos, cazas y aviones de transporte de Hitler y el 30 de julio los cazabombarderos de Mussolini. Franco pudo así organizar un puente aéreo para desembarcar en la Península tropas de vanguardia, los legionarios y los regulares (así se llamó a las decenas de miles de marroquíes alistados forzosamente). Hacia el 3 de septiembre de 1936, Franco había recibido 141 aviones de combate procedentes de Alemania y de Italia, mientras que la República solo contaba con 60 aparatos, la mitad de ellos civiles y desarmados. La intervención militar de las potencias fascistas, que además reconocieron diplomáticamente a Franco desde el 18 de noviembre de 1936, marcó un punto de no retorno en la guerra con los suministros de créditos, armas, aviación y tropas que dejaron a la República sin apoyos internacionales ni resortes para lograrlos por la decisión de las potencias democráticas de no intervenir. Sin duda, el apoyo internacional permitió sobrevivir militar y políticamente a los sublevados.

Lo más grave ya había comenzado el mismo día de la sublevación. Se ha llamado, quizás de modo demasiado liviano, el "verano caliente" de 1936, es decir, los meses en los que el uso de la violencia para limpiar el país de enemigos políticos alcanzó las cifras más tormentosas. En la zona dominada por los rebeldes se implantó de modo sangriento la contrarrevolución y la restauración del orden social de los propietarios, se fusiló y persiguió con un plan de limpieza selectiva de cuantos fueron considerados agentes o cómplices decisivos del régimen republicano con el argumento de que eran "antiespañoles". Además, tal y como ordenó el general Mola, se actuó de modo contundente para controlar el territorio enseguida, a sabiendas de que, si fallaban, serían fusilados, como ocurrió en los sitios donde los golpistas no triunfaron. Semejante brutalidad selectiva conseguía, por otra parte, inculcar el miedo a las demás personas para que no tuvieran la tentación de oponerse. Un ejemplo de este proceder fue el fusilamiento de García Lorca y de cuantos mataron en aquel barranco de Víznar, cuyos ecos de espanto y angustia perduraron latentes y callados durante décadas entre numerosos granadinos.

VIOLENCIA Y DEPURACIÓN REVOLUCIONARIAS

En la zona republicana se eclipsó el Gobierno y los sindicatos abrieron las puertas a la revolución social. En cuanto se produjo el golpe, las milicias de sindicatos y partidos obreros tomaron las riendas de la lucha contra los sublevados y asumieron plenos poderes en sus respectivos espacios de acción. La primera medida, a la par que se organizaban para luchar, fue inmediata: eliminar también selectivamente a los enemigos políticos, no solo a los ricos. Fue la adscripción política previa, el compromiso adquirido en las luchas de los años anteriores, lo que marcó los asesinatos, más que la pertenencia a la clase social adversaria. Practicaron métodos igualmente feroces y extrajudiciales para limpiar España de elementos acusados mecánicamente de "fascistas". Apuntaron a quienes había más a mano, aunque no fue en todas las poblaciones: muchísimas no tuvieron muertos, pero ahí sufrieron las personas acomodadas, los propietarios, los militantes de partidos de derechas, también los republicanos de centro, como Melquíades Álvarez, guía de Azaña en sus orígenes, y, con especial saña, las personas vinculadas a la Iglesia católica. En este proceso, junto a ugetistas y anarquistas, pronto destacó la capacidad movilizadora y organizativa de las Juventudes Socialistas Unificadas, recién incorporadas al PCE, que, bajo la orientación de la Internacional Comunista, subrayó el carácter internacional de la guerra y fue clave para la organización de las Brigadas Internacionales.

Ahora bien, desde el otoño-invierno de 1936-1937, el nuevo Gobierno de Largo Caballero, que fue el primero en ser propiamente de "frente popular", al integrar a dos miembros del PCE y desde noviembre a cuatro líderes anarquistas, creó el Ejército Popular Regular, trató de restablecer la autoridad del Estado e implantó los Tribunales Populares con la tarea de enjuiciar los delitos de todo tipo, incluyendo la rebelión y sedición. Estos tribunales se ajustaron en gran medida a pautas de garantías judiciales, aunque, hay que recordarlo, estaban formados por jueces leales y unos jurados de personas del "pueblo que defienden la República", designadas "por los partidos que integran el Frente Popular y organizaciones sindicales afectas al mismo", de modo que la imparcialidad no siempre fue lo predominante. A pesar de estas medidas del Gobierno, entre noviembre y diciembre de 1936 ocurrieron las matanzas de Paracuellos, con unas 2.500 personas ejecutadas sin control judicial y con la responsabilidad, suficientemente investigada, de las autoridades políticas, fuesen unas personas u otras en la escala de mando. Fue un momento en el que los militantes socialistas y comunistas figuraron en primera fila, y, según las zonas, también los anarquistas. El peso de los comunistas se hizo creciente conforme avanzó la guerra.

En este aspecto fueron decisivos los comités creados en cada provincia con distintos nombres (de "investigación pública", de "vigilancia de retaguardia" o "de salud pública"). Conocidos como "checas", mantuvieron un poder policial paralelo. Se dedicaron a purgar cada población de posibles elementos "facciosos" y de los llamados "quintacolumnistas". En esos comités compartieron tareas de depuración tanto los socialistas como los anarquistas y comunistas, según su implantación en cada territorio. En Barcelona predominaron las "patrullas de control" establecidas por los anarquistas, aunque desde 1937 Ernst Moritsovich, húngaro, consejero del PSUC y delegado de la Tercera Internacional, asumió el control de la represión con métodos de tortura desgraciadamente innovadores. La tortura fue habitual en todas las "checas" y en todos los casos contaron con la connivencia de las autoridades republicanas, en mayor o menor grado. Estas "checas" tuvieron en Madrid mayor desarrollo y consiguientemente un impacto social e historiográfico al que, sin disminuir la gravedad de sus acciones, no fue ajeno el crudo relato, con personajes reales, que Agustín de Foxá dejó escrito en su novela *Madrid, de Corte a checa*, publicada en 1938, con posteriores rescates literarios y políticos.

En cualquier caso, de tan sangrienta eclosión de "violencia revolucionaria" —tal y como la precisa Fernando del Rey— cabe resaltar la venganza practicada contra los 6.832 integrantes de la Iglesia católica, sin contar los civiles que también fueron asesinados por ser católicos. Hubo obispos, curas, frailes y monjas entre las primeras víctimas, sin duda las más desprotegidas: entre el 18 y el 31 de julio las milicias asesinaron a 839 religiosos, más de 2.000 en agosto... Eran personas que pagaron con su vida el odio de las izquierdas contra los poderes burgueses. Se actuó a la luz del día, en algunos casos con escenas de sadismo inexplicables por mucho que la antropología trate de descifrar las simbologías de las violencias de uno u otro signo ideológico. También se destruyeron y quemaron templos, imágenes y objetos de culto. Probablemente se pretendía purificar cada población de valores burgueses, quizás hasta se pudo pensar en una nueva moralidad. Lo cierto es que expresó la misma dinámica infernal de demonización del contrario que practicaban falangistas y requetés en el sector sublevado.

Hubo voces aisladas, ya en agosto de 1936, como la de Juan Peiró, líder del anarquismo, que denunció la violencia revolucionaria de eliminación del contrario, o también Indalecio Prieto, que en una locución radiofónica pidió a las milicias que no imitaran a los sublevados: "Ante la crueldad ajena, la piedad vuestra; ante la sevicia ajena, vuestra clemencia; ante todos los excesos del enemigo, vuestra benevolencia generosa... ¡No los imitéis! ¡No los imitéis! Superadlos en vuestra conducta moral; superadlos en vuestra generosidad" (*El Socialista*, 9 de agosto de 1936). Sin embargo, en el diario *Claridad*, dirigido por Luis Araquistáin, el ya citado ideólogo de Largo Caballero, le replicó: "No hay hermandad posible entre los verdugos y las víctimas".

Así ocurrió. Además, el anticlericalismo estaba arraigado en España por agravios y mitos negativos aireados contra el clero desde hacía más de un siglo. Se ha explicado en capítulos anteriores, desde la primera matanza de eclesiásticos en 1834 por los liberales, hasta los más de 30 religiosos asesinados en la revolución de octubre de 1934 por anarquistas y socialistas. Semejante violencia contra un grupo social tan específico se ha interpretado de modo dispar. Desde la antropología se ha subrayado la dimensión tácitamente religiosa de esos rituales de violencia y su origen último en el espacio que ocupaba la Iglesia como institución de control social que se supone que sacralizaba el poder de los ricos. También hubo un factor de oposición a la cultura laica defendida primero por los liberales y luego por republicanos, socialistas y anarquistas, en un cruce de luchas por el control de nuevas formas culturales. Anarquistas, comunistas y socialistas pensaron que la Iglesia católica era el dique cultural más sólido contra sus sueños igualitarios o revolucionarios. Lo cierto es que curas, frailes y monjas pagaron con sus vidas el afán de hacer tabla rasa del orden social existente, fueron las víctimas propiciatorias con cuya muerte se pretendía purificar la sociedad de viejas jerarquías y privilegios. Por otra parte, la Iglesia como institución, con su jerarquía al frente, no solo se había opuesto a importantes reformas de la República, sino que en julio de 1936 los obispos dieron su bendición a los sublevados en una guerra que catalogaron como "cruzada" o guerra santa en defensa de la religión.

Por otra parte, el Gobierno de la República abrió un proceso de depuración de docentes implicados en el golpe con el decreto del 21 de julio del ministro Barnés, de Izquierda Republicana, que supuso el cese, entre otros, de Unamuno como rector. En el cese de Unamuno el Gobierno expresaba el "dolor" de verlo "sumándose de modo público a la facción en armas", cuando "la República [le] había reservado siempre las máximas expresiones de respeto y devoción". Desde septiembre de 1936, el Gobierno de Largo Caballero, con Jesús Hernández, miembro del PCE en el Ministerio de Educación, suspendió a todos los docentes hasta que presentaran en el plazo de dos meses un cuestionario con sus actividades políticas. Supuso el cese de los que no lo presentaron por estar exiliados en el extranjero o escondidos de una posible persecución, como Claudio Sánchez-Albornoz (posteriormente se reincorporó y volvió al exilio, esta vez contra el franquismo), Américo Castro, Ortega y Gasset, Xavier Zubiri, Gregorio Marañón, José Camón Aznar o Blas Cabrera. También hubo profesores fusilados, como el catedrático Arias de Velasco, miembro del Tribunal Supremo, Beceña González, vocal del Tribunal Constitucional, o Ramón Casamada, decano de Farmacia de Barcelona.

PODERES OBREROS Y COLECTIVIZACIÓN ECONÓMICA

En definitiva, tan grave fractura de la convivencia social era parte de un fervor revolucionario cuya dimensión de futuro comenzaba por la inmediata colectivización del mundo social y económico de la agricultura, la parte más conocida, y también de las empresas e industrias, protagonizada por los sindicatos obreros, la UGT y la CNT. Se abolió la propiedad privada y se organizó un poder obrero, primero con la finalidad inmediata de garantizar que funcionara el Estado republicano, y, sobre todo, como eslabón de una sociedad sin clases. Se constituía así la base del nuevo poder de sindicatos y partidos representantes de la clase obrera, cuyos comités conjuntos tomaban las decisiones militares, políticas, económicas y sociales. Predominó el poder de los sindicatos en una primera fase. Incluso hubo casos, como el de Aragón, donde esos comités solo estuvieron integrados por la CNT.

En general, la CNT optó por la administración directa desde los comités sindicales, mientras que la UGT pretendía organizar un poder obrero dentro del Estado. En cualquier caso, los diferentes gobiernos incluyeron personas procedentes de los sindicatos. En concreto, la CNT tuvo presencia en la Generalitat catalana, y cuando en septiembre de 1936 el líder de la UGT, Largo Caballero, se encargó de formar Gobierno nacional, incluyó ministros comunistas y, desde noviembre, a cuatro ministros anarquistas. Fue un hecho inédito: los anarquistas gobernaron, la primera y única vez en su historia. Dieron prioridad a luchar contra los militares sublevados y el fascismo, por eso aparcaron sus diferencias la FAI y los moderados, antes escindidos, y así Federica Montseny (la primera mujer ministra en España) y Juan García Oliver, ambos del sector de la FAI, se responsabilizaron de los ministerios de Sanidad y Justicia respectivamente, y Juan López y Juan Peiró, del sector moderado de los Sindicatos de Oposición, tuvieron los ministerios de Industria y Comercio.

Solo estuvieron seis meses; esta alianza se quebró en marzo de 1937 tras la pérdida de Málaga y se rompió tras los "hechos de mayo" en Barcelona. Esta breve participación en un Gobierno quedó en entredicho posteriormente, pero en seis meses apenas pudieron dejar huella y, tras perder la guerra y la revolución, resultó fácil enarbolar reproches. La realidad fue que García Oliver, paradojas de su vida, afianzó los Tribunales Populares para evitar la violencia descontrolada en la retaguardia republicana y organizó los campos de trabajo para rehabilitar a los "presos fascistas", un modo de acabar con los "paseos" de los adversarios. Federica Montseny, por su parte, impulsó la medicina preventiva con especial atención al registro y reconocimiento de enfermedades venéreas, una plaga social.

La otra novedad fueron los ministros comunistas que igualmente abordaron tareas significativas. Vicente Uribe como ministro de Agricultura decretó en octubre de 1936 la incautación, sin indemnización, de las propiedades agrarias de los implicados en la rebelión militar, y las entregó a los campesinos, que tenían que decidir si las trabajaban individual o colectivamente. También concedió el uso perpetuo de la tierra a cuantos arrendatarios cultivasen fincas de tamaño pequeño, medida que tuvo el rechazo de la socialista FNTT y de la anarquista CNT. Por su parte, el ministro Jesús Hernández, encargado de Instrucción Pública, creó las Milicias de la Cultura para alfabetizar a los soldados como dique contra el fascismo, pues, tal y como se decía en el decreto de enero de 1937, "la lucha que el Estado y el pueblo español vienen sosteniendo es también una lucha por la cultura del pueblo". Se adscribieron a las distintas unidades militares y se editó una *Cartilla escolar antifascista* como herramienta de aprendizaje.

En ese momento el PCE se encontraba ya con capacidad para hacer valer su estrategia de organizar un Estado republicano fuerte para ganar primero la guerra y postergar, en consecuencia, la revolución. El Gobierno formado por Negrín en mayo de 1937 con el apoyo de los partidos obreros, el socialista y el comunista, más los partidos republicanos trató de recuperar la organización democrática del Estado: el Gobierno se hizo con la dirección de la economía y de la guerra, con la ayuda de la URSS, y la Alianza Obrera de la CNT con la UGT se evaporó.

En esta experiencia de colectivización hubo un proyecto de organizar la sociedad con nuevas bases de distribución de la riqueza. El poder obrero constituido en zona republicana fue plural, con lógicas disparidades. La UGT y la CNT coincidieron por lo general en los criterios económicos y sociales en el nivel local y provincial, pero no en la forma de colectivizar la producción a escala nacional. De igual modo coincidieron en incluir como parte del proceso de colectivización las medidas contra el analfabetismo y la creación de comités de una sanidad pública para todos. Crearon escuelas, bibliotecas y centros para formación de adultos, se implantaron pensiones para los ancianos, algo que no existía todavía, y a los parados se les dio trabajo, repartiendo la jornada laboral si era necesario. Eran medidas que chocaron con la lógica capitalista y albergaron una idea de justicia social que en bastantes aspectos se adelantó a lo que hoy conocemos como Estado de bienestar. En cambio, no consta que los salarios de hombres y mujeres se equiparasen. La lógica patriarcal se mantuvo intocable: hay datos de que en el campo el ingreso semanal de un hombre "independiente" (sin obligaciones familiares) era de 35 pesetas, pero el de una mujer en similares circunstancias solo de 17,50 pesetas.

En el caso de la agricultura, las colectividades se implantaron en la mitad aproximadamente de los 5,5 millones de hectáreas expropiadas en aplicación de la reforma aprobada por las Cortes, también en las tierras de los declarados "desafectos", aunque no fueran latifundistas. Fue en torno al 40% de la superficie útil gobernada por la República e instalaron a más de 150.000 familias, sobre todo en las provincias de Castilla-La Mancha, Aragón y Valencia, porque las otras previstas en la reforma agraria ya estaban en manos de los sublevados. Los agentes de las colectivizaciones no solo fueron los sindicatos socialistas y anarquistas, que actuaron mancomunadamente a nivel local, sino que también intervinieron los comunistas y los republicanos. Por lo que respecta al sector industrial y de servicios, la colectivización se desarrolló sobre todo en Barcelona (3.000 empresas) y Madrid (2.500), pero en Cataluña contó además con el refrendo de la Generalitat, cuyo decreto de octubre de 1936 instituyó la colectivización y control obrero que ya estaban practicando los sindicatos tras doblegar la sublevación militar.

El proceso fue controvertido, porque los anarquistas defendieron que los sindicatos debían responsabilizarse de toda la organización de la producción, mientras que los socialistas y comunistas optaban por atribuir al Estado la dirección centralizada de una economía nacionalizada, sobre todo en un momento de guerra. Junto a ellos, era propio de la sociedad catalana el peso de los sectores pequeñoburgueses, con una importante representación en el Gobierno de la Generalitat, esto es, con suficiente fuerza para mantener la pequeña propiedad privada. Por eso la colectivización se realizó sobre todo en el sector textil y del transporte. En todo caso, en Cataluña se desarrolló un proceso de autogestión obrera a nivel general, pues los representantes de los trabajadores fueron mayoría en los órganos que la Generalitat creó para organizar el sistema productivo.

Ahora bien, estas colectivizaciones tuvieron consecuencias no previstas: el desabastecimiento en el campo, por ejemplo, y, por tanto, la implantación del racionamiento en las poblaciones urbanas. Las ciudades más importantes estaban en zona republicana y, por tanto, el racionamiento supuso una desmoralización social nada desdeñable. En el sector industrial y de servicios se produjeron desajustes; por ejemplo, los anarquistas despreciaron el dinero e ignoraron la banca, que estaba controlada por la UGT, lo que dificultó el flujo de créditos a las empresas autogestionadas. En otros casos, fue el salario único lo que desincentivó la competencia productiva. Además, hay que subrayarlo, en los sectores industriales no resultó fácil la coordinación, tampoco la disciplina de los trabajadores para implicarse en una mayor productividad en tiempos de guerra. Hubo que adoctrinar y explicar que ya no se trataba de "gandulear" contra los capitalistas, sino que, al ser propiedad de todos, "el que no trabaja es un fascista".

Semejante experiencia de revolución social produjo ya en su momento análisis doctrinales y testimonios tanto de apologetas como de detractores, y posteriormente, desde la década de 1980, ha sido materia de importantes investigaciones académicas que han aportado serenidad analítica para su conocimiento. En todo caso, ya en su día la propaganda antirrepublicana utilizó las colectivizaciones para expandir entre las potencias democráticas el miedo al comunismo y dificultar que apoyasen militarmente a la República, mientras que Hitler y Mussolini no escatimaban ni recursos ni hombres para los sublevados.

GUERRAS INTERNAS Y DISPUTAS HASTA LA DERROTA

Hay que subrayar las graves diferencias que surgieron entre las izquierdas conforme la guerra se hacía cada vez más costosa y menos esperanzadora. Primero, el choque sangriento entre milicias en mayo de 1937; en segundo lugar y como resultado, en parte, de ese choque, el nuevo protagonismo político del PCE y su gemelo en Cataluña, el PSUC, ambos integrados en la Tercera Internacional, adversarios de la CNT con un enconamiento mayor aún que el de los socialistas; y, por último, en vísperas de la derrota, el desesperado golpe de Casado y Besteiro.

Los *Fets de Maig*, ocurridos sobre todo en Barcelona, no fueron unos sucesos locales o solo catalanes. Hubo un doble conflicto: una pugna internacional entre familias del marxismo y un dilema nacional, el planteado entre guerra y revolución. La estrategia del PSOE, UGT y PCE-PSUC daba prioridad a concentrar todo el poder en el Gobierno para ganar la guerra y, por tanto, posponer la revolución. Esto exigía disolver las milicias formadas desde julio por partidos y sindicatos y centralizar todos los esfuerzos en la dotación de un Ejército Popular con capacidades para vencer. Era un Ejército en el que sobre todo el PCE-PSUC había logrado una importante parcela de poder a través de los comisarios de guerra, más el prestigio militar de las Brigadas Mixtas, entre las que destacaba la de Líster, sin olvidar que eran el enlace organizativo para los combatientes de las Brigadas Internacionales.

Las alarmas habían saltado en febrero de 1937 en la defensa de Málaga: los comunistas reprocharon a los socialistas la falta de dotación militar, pues Largo Caballero era jefe del Gobierno y ministro de Guerra. Sin embargo, socialistas y comunistas, al perderse Málaga, culparon a las milicias anarquistas por haberse negado a ser parte del Ejército Popular. Dichas milicias fueron aplastadas por las tropas de Franco, que tenía un ejército mejor equipado, con el apoyo de la marina y la aviación. Esto desequilibró la balanza: el ejército rebelde se adueñó de Málaga y provocó una "desbandada" de hombres, mujeres y niños que, huyendo por la carretera de Málaga a Motril, fueron masacrados por tierra, mar y aire. Tal fue la carnicería que Romain Rolland y John Dos Passos telegrafiaron a la Secretaría General de la Sociedad de Naciones y al Comité de No Intervención para que impidieran matanzas de personas civiles.

El siguiente episodio ocurrió cuando el Gobierno envió a la Guardia de Asalto a tomar el control de la central telefónica de Barcelona, donde el comité de la CNT-FAI censuraba las conversaciones entre el Gobierno central y el catalán. De inmediato se desató el combate entre anarquistas, a los que se sumó el POUM, y las fuerzas de seguridad con las milicias del PSUC, cuyos militantes ocupaban cargos de organización en el sindicato UGT, más los milicianos de ERC y Estat Català. Se extendió el conflicto por otras poblaciones como Tarragona, Tortosa y la comarca de Osona. Al cabo de una semana, con unos 300 muertos, terminó un conflicto de importantes repercusiones entre las izquierdas. Quedó derrotado y perseguido el POUM, opuesto al control que el comunismo estalinista de la Tercera Internacional trataba de ejercer sobre otro posible socialismo o comunismo. Había protagonizado con los anarquistas las colectivizaciones en importantes comarcas de Cataluña y Aragón. Ahora bien, quedó mitificado para la posteridad por el libro de George Orwell, *Homenaje a Cataluña*, con esa estela romántica tan acrítica que se recoge en la película de Ken Loach, *Tierra y libertad*.

Se impuso, por tanto, la política del PCE-PSUC de controlar la retaguardia y disolver las milicias para reforzar tanto el poder del Estado republicano como de la Generalitat; en la práctica tomó las riendas del Ejército Popular con una dirección centralizada que acometió la prioridad de ganar la guerra. También provocó la caída de Largo Caballero y la salida de los ministros anarquistas. Asumió la presidencia del Gobierno Juan Negrín, que reforzó al PCE con dos ministerios (Agricultura e Instrucción Pública), hizo ministro de Defensa a Indalecio Prieto e incluyó a Jaume Aiguader, de ERC, y a Irujo del PNV. Consideró imprescindible recuperar la normalidad constitucional y terminar con el descontrol de los poderes locales creados por las milicias, así podría organizar la retaguardia con una economía bajo control estatal para garantizar un Ejército fuerte y ganar la guerra. También actuó con perspectiva interclasista y protegió al pequeño propietario del campo, industria o comercio, temeroso o enfrentado a las colectivizaciones de los comités sindicales. Esto se concretó en el apoyo a las cooperativas agrícolas desde el ministerio gestionado por el comunista Uribe, en perjuicio de las colectivizaciones. En estas políticas contó con el apoyo constante del PSOE, la UGT y de los republicanos de izquierdas, aunque luego la propaganda haya focalizado la atención exclusivamente en el papel del PCE.

En este sentido, no se puede olvidar que se ilegalizó el POUM y en el camino quedó la impunidad del asesinato de su líder Andreu Nin, tras el cual persiste la sombra del estalinismo. De igual modo, la influencia del PCE se comprobó en el freno que el Ministerio de Agricultura hizo de las colectivizaciones agrarias con actos como los de la Brigada Móvil de Líster, que anuló casi un tercio de las existentes en Aragón, o el nombramiento del comunista Mantecón como gobernador de Aragón para restablecer la autoridad del Estado. En todo caso, también siguen abiertas otras polémicas, como las encrucijadas de la CNT para mantener los logros revolucionarios, entre la inevitable burocratización y el desengaño, pues cada día se hizo más urgente apoyar al Gobierno para ganar la guerra.

Junto a estos conflictos internos entre las fuerzas de izquierdas, se desarrollaron tensiones importantes entre la Generalitat y el Gobierno estatal, que asumió la dirección de la guerra en el frente de Aragón y controló el Ejército de Cataluña, así como las competencias de Orden Público. Estos hechos provocaron dimisiones en el Gobierno de Negrín, salieron los ministros Aiguader, de ERC, e Irujo, del PNV, sustituidos de inmediato por Moix i Regàs, del PSUC, y Bilbao Hospitalet de ANV (Acción Nacionalista Vasca). Tal fue la tensión que los nacionalistas catalanes y vascos buscaron en Francia y Reino Unido ser reconocidos como países independientes, bajo la protección de ambas democracias, dejando el resto de España en manos de "los dos extremistas en guerra".

Al cabo del año, el Gobierno de Negrín había logrado la unidad de las fuerzas que lo apoyaban, incluyendo la CNT, había disuelto las "checas" y recuperado la libertad de cultos, mejorando así la imagen entre las democracias occidentales. Formó en abril de 1938 un Gobierno de "Unión Nacional" y estableció los "trece puntos" para ganar la guerra a la par que abría el posible acuerdo con los sublevados, entre los que figuraban la liberación de España de "extranjeros invasores", un referéndum para decidir "la estructuración jurídica y social de la República Española", en la que se garantizarían las "libertades regionales sin menoscabo de la unidad española", la "propiedad legal y legítimamente adquirida", la "protección a los elementos productores", una "amplia y sólida democracia campesina" más la consiguiente legislación social para los trabajadores y, como conclusión, la "renuncia a la guerra como instrumento de política", con amnistía para cuantos deseen la "reconstrucción y engrandecimiento de España".

Tanto el PCE como el PSOE y los partidos republicanos consideraron estas bases como el camino a la victoria y una forma de lograr la solidaridad internacional. La CNT le reprochó algunas ambigüedades y solo la FAI subrayó que era la vuelta a 1931, aunque lo acataba como mal menor. Sin embargo, Franco se mantuvo en la rendición incondicional. No se vislumbraban esperanzas, sobre todo en las gestiones con las democracias europeas, de modo que el 18 de julio de 1938 Azaña dio el último discurso de su vida, texto emocionante que terminó pensando que en esta guerra los muertos "ya no tienen odio, ya no tienen rencor y nos envían [...] el mensaje de la patria eterna que dice a sus hijos: Paz, Piedad, Perdón".

El Gobierno de Negrín buscó la mediación con Alemania e Italia a través de Francia y Reino Unido, pero no con los sublevados, porque esto suponía capitular y lo justo era ofrecerles amnistía y reconciliación. La jerarquía eclesiástica intervino por otra parte para rechazar toda mediación o "nueva componenda".

Además, desde septiembre de 1938, tras el beneplácito de Francia y Reino Unido a Hitler para adueñarse de parte de Checoslovaquia y el desinterés de la URSS, de la que se hizo eco el PCE, el curso de la guerra fue de mal en peor, a pesar del enorme esfuerzo de la batalla del Ebro, con cuyo final las tropas rebeldes entraron en Barcelona el 26 de enero de 1939, sin resistencia. Desde ese día la derrota era palpable, solo cabía organizar la evacuación, salvo intentos desesperados de negociación como el golpe de Estado del 5 de marzo de 1939 en el que el coronel Casado, declarado anticomunista, el general Miaja y el almirante Buiza, jefe de la flota republicana, con apoyo de socialistas como Besteiro y Wenceslao Carrillo y anarquistas como Cipriano Mera y otros, se pronunciaron, constituyeron un Consejo Nacional de Defensa, cortaron la política de resistencia de Negrín y trataron de negociar la paz, una propuesta que Franco ni consideró, de modo que se rompió la España republicana en dos bandos con el consiguiente hundimiento de ambos.

El Gobierno de Negrín, con la unidad republicana rota por el golpe de Casado, tuvo que refugiarse en Francia, mientras el PCE se resistía a dicho golpe con un balance de miles de vidas, sin cifras exactas, en enfrentamientos y fusilamientos de unos y otros. Se hundió la República con esta guerra civil interna y el inmediato asalto de las tropas franquistas a la capital, más el control de las provincias todavía con autoridades republicanas en Castilla-La Mancha, Comunidad Valenciana y Murcia. Fueron acontecimientos que también persisten como debate o más bien discordia, como otros muchos de la Guerra Civil. Comenzó así una etapa impensable para las izquierdas: desaparecieron sus organizaciones e instituciones y, lo más grave, a cuantos habían defendido o simpatizado con sus ideales se les vino encima la muerte, la cárcel, el exilio o el pavor a ser denunciados.

7. REPRESIÓN Y DINÁMICAS DE RESISTENCIA Y EXILIO

Nunca en la historia de España se había producido una ruptura tan sangrienta de la convivencia social. El saldo del cataclismo provocado por la sublevación militar alcanzó cifras trágicas: más de 150.00 muertos en acciones bélicas, pero el odio social generó una cifra de mayor calado, en torno a 200.000 personas ejecutadas desde 1936, sumando las de ambas retaguardias, y las de la posguerra dictatorial, de los cuales se calculan 55.000 las víctimas de la violencia revolucionaria entre 1936 y 1939, y en torno a 150.000 las ejecuciones por los sublevados entre 1936 y 1945, sin que sean cifras todavía definitivas. Se debería añadir la sobremortalidad de unas 340.000 personas por enfermedades y hambrunas, lo que sumaría un total de 700.000 muertes. A esto se agregan otras cifras igualmente calamitosas: 300.000 personas exiliadas, más de 300.000 presos hacinados en cárceles y edificios ocupados con el fin de recluirlos, y otros tantos cientos de miles de soldados republicanos confinados en campos de concentración, casi todos entre 16 y 29 años. Sin duda, todas estas cifras constituyeron una rémora para relanzar la producción económica.

Quizás la crueldad y violencia en número de muertes puedan compararse con la guerra civil de 1833-1839, llamada carlista posteriormente, o también con la guerra contra Napoleón de 1808 a 1813, pero el calado social y las repercusiones de esta guerra civil, con los medios de comunicación existentes en 1936 y la larga dictadura de los vencedores, adquirieron un calibre inédito cuyas repercusiones perduran en la convivencia española al cabo casi de un siglo. Tras la victoria de los sublevados, la sociedad española enmudeció: la represión, el miedo a la muerte y a la cárcel marcaron la vida en toda España. Si desde el primer día de la sublevación militar se inició la cacería y asesinato de cuantos pudiesen ser partidarios de la República, y no hubo piedad ni con aquellos compañeros de armas que dudaron, tampoco la hubo al terminar la guerra.

Los vencedores aplicaron de modo retroactivo, con unos tribunales formados por jueces, militares y falangistas, la ley que dictaron en 1939 sobre "responsabilidades políticas", otra de "represión de la masonería, el comunismo y otras sociedades clandestinas" (1940) y la de "seguridad del Estado" (1941) para delitos de traición a la patria, juzgados por militares. Se realizó una depuración de todo el funcionariado estatal y muy especialmente se purgó el sector de docentes, cuerpo sospechoso de portar el virus republicano del laicismo, la coeducación y la renovación pedagógica. Además de los miles de fusilados conforme las tropas rebeldes ocupaban poblaciones, desde rectores de universidad (Granada, Oviedo y posteriormente Valencia) hasta maestros de primaria, al terminar la guerra la depuración supuso sanciones temporales para la cuarta parte del cuerpo de magisterio de primaria, con un 10% de expulsiones; entre los profesores de secundaria, el 38% sancionados y el 16% expulsados; y en la universidad más de un tercio de los catedráticos fueron expulsados, lo que en Barcelona y Madrid subió a casi la mitad de sus plantillas, en esta última por ser considerada la "madre de la revolución salvaje que nos devora [...] hija de la Institución Libre de Enseñanza", según José Pemartín, responsable de Enseñanza Superior y Media de la dictadura desde 1938.

A semejante bancarrota cultural y social hay que sumar el exilio de escritores, artistas, periodistas, profesionales de distintos saberes como médicos, ingenieros y juristas que privaron a España de esas cabezas que hoy nos permiten hablar de la Edad de Plata de la cultura y de la ciencia durante el primer tercio del siglo XX. Fue lo que el historiador Jaume Claret ha calificado como "el atroz desmoche" de la inteligencia española.

Es más, el empobrecimiento material fue de un calibre desconocido desde hacía más de un siglo: la década de 1940 fue de hambre para todas las capas sociales, de la que solo se libraron los ricos y aquellos a quienes se les toleró su implicación en el estraperlo. La hambruna no fue por malas cosechas debidas a la sequía, como pregonaba la propaganda oficial. Las investigaciones más recientes dirigidas por Miguel Ángel del Arco han comprobado que no fueron solo la guerra y las malas cosechas, sino más bien la desastrosa política económica dictada por militares que concibieron el sistema productivo con criterios de gestión de un cuartel, lo que agravó las condiciones de vida de la población. Toda España quedó sometida a las cartillas de racionamiento con amplias redes de extorsión por el contrabando de productos, fenómeno conocido como *estraperlo*. La corrupción se institucionalizó, no hubo control para deslindar lo público de lo privado ni existió Estado de derecho para poder ejercer ningún tipo de reclamación. Además, en el ámbito laboral se suprimieron todas las conquistas alcanzadas con la República, se impuso un sindicalismo vertical controlado por los falangistas, se abolieron todas las libertades y toda la población quedó sometida a un régimen cuartelero.

RESISTENCIA GUERRILLERA Y ESTRUCTURAS CLANDESTINAS

Ahora bien, desde los primeros días del golpe militar, los que tuvieron que huir para no ser ejecutados organizaron embriones de resistencia, fragmentarios y minoritarios, que se incrementaron y se organizaron en grupos armados a los que, desde octubre de 1937, el Gobierno de Negrín les dio rango de Ejército Guerrillero de la República para minar la retaguardia de los sublevados. Hubo así frentes guerrilleros integrados por socialistas, anarquistas y comunistas en las montañas de León y Asturias y Andalucía desde muy pronto, huyendo de los fusilamientos y tratando de reorganizar la resistencia, con especial protagonismo de los socialistas, luego en Extremadura, Ciudad Real, Toledo, Cuenca y Teruel. Hostigaron las comunicaciones y llevaron a cabo actos relevantes como la liberación en mayo de 1938 de 300 presos políticos cerca de Motril. Tras la derrota de la República, estas guerrillas mantuvieron la lucha armada contra la dictadura. Atacaron cuarteles de la Guardia Civil, atracaron bancos y empresas, y hasta prostíbulos, sabotearon las vías férreas y otras instalaciones, secuestraron personalidades e incluso atentaron contra Franco.

Al finalizar la guerra, se consolidaron pequeños grupos de refugiados en zonas montañosas de León, Galicia y Asturias, el Maestrazgo y el Sistema Central, y en las serranías de Andalucía y de Castilla-La Mancha... Constituyeron la prueba de que el enemigo no había sido exterminado, por más que la dictadura los tildara de "bandidos" para quitarles connotaciones políticas a sus acciones. Afianzaron su estructura desde 1942. Primero lo hizo la federación de guerrillas en la zona de León y Galicia, integrada por socialistas, anarquistas y comunistas, y contaron con un periódico clandestino para propagar actividades y denunciar crímenes de la dictadura. Al año se organizaron las milicias antifascistas en

Asturias. El PCE adquirió primacía en las partidas guerrilleras y extendió el modelo a Levante y Aragón en 1944, año en el que, desde el exilio, se pensó que las victorias aliadas en la Segunda Guerra Mundial les abrían esperanzas. Coincidió que, también por iniciativa del PCE, se reunieron los españoles que luchaban en Francia contra los nazis en la Agrupación de Guerrilleros Españoles, unos 9.000, que, además de sus acciones contra las tropas alemanas, fueron los artífices de la "operación de Reconquista de España": entraron por el valle de Arán pensando en crear un núcleo de territorio gestionado por ellos que provocaría el levantamiento del resto de España y, sobre todo, la intervención liberadora de las potencias aliadas para derribar al fascismo, como habían hecho en Italia y en ese momento ya lo hacían en Francia.

Aunque fracasó la invasión, el PCE impulsó la reorganización de las partidas existentes en la zona centro-sur, desde las comarcas del norte de Córdoba hasta Ávila, y en comarcas de Cataluña. Ahora bien, la prensa, sometida a censura, nunca informó de las acciones de resistencia, por lo que el efecto político de conciencia ciudadana de la persistencia de la guerra no se alcanzó. Para lograr mayor impacto social, el PCE y los anarquistas organizaron grupos de guerrilla urbana con actos relevantes en Madrid, Barcelona, Valencia, Granada, Bilbao... La dictadura, tanto en el campo como en la ciudad, respondió con dureza y poco a poco eliminó físicamente a los guerrilleros (más de 2.000) mediante la organización de contrapartidas guerrilleras y por la información sacada mediante tortura a más de 17.000 personas detenidas por cómplices. A eso se sumaron la falta de recursos de las partidas, las divisiones políticas y el giro del PCE, que desde 1948 decidió dejar la lucha guerrillera. Solo quedó un grupo reducido de anarquistas, el Movimiento Libertario de Resistencia, con acciones en las ciudades, que se agotó en los años cincuenta.

Sin duda, la resistencia guerrillera tuvo límites palpables en el terreno armado. Se había comprobado en la operación "Reconquista de España", donde la avalancha de tropas reunidas por la dictadura y la falta de respuesta en la población española obligaron a replegarse. Esta oposición armada apenas si sirvió para algo más que sumar 6.000 víctimas a la tragedia de los vencidos. No estuvo acompañada de esa resistencia civil que esperaban suscitar. Solo hubo movilizaciones minoritarias y fragmentadas de afiliados al PCE y a la CNT. Es cierto que las preferencias ideológicas de quienes hacía pocos años habían votado a los partidos del Frente Popular no podían haber desaparecido como por ensalmo. De hecho, los informes políticos de los falangistas reflejaban que existía un palpable malestar popular ante la carestía de la vida y la corrupción del estraperlo, más una constatable "hostilidad hacia nuestro Glorioso Movimiento Nacional [...] debido a los arraigados sentimientos marxistas".

La población española, en efecto, no se levantó. Además, el contexto internacional, a partir de la derrota de las potencias fascistas en 1945, abrió una nueva etapa en las oportunidades y tácticas de los movimientos de oposición a la dictadura en el exilio. Se reorganizaron las fuerzas republicanas desde 1944, al menos en las cúpulas de las respectivas formaciones sindicales y políticas, pero con divisiones internas que impidieron avances significativos. En todo caso, socialistas y anarquistas mantuvieron desde 1939 estructuras clandestinas con responsables políticos y sindicales en el interior, en contacto con el exilio en el interior, a diferencia de los comunistas, cuya dirección se reorganizó toda en el exilio. Todos, sin distinción, socialistas, anarquistas y comunistas, como también muchos militantes de partidos republicanos, sufrieron continuas redadas con penas de cárcel y de muerte. La clandestinidad obligó, por ejemplo, a los socialistas a firmar sus misivas al exterior como "hombres sin nombre" y "en un lugar de España", para esquivar la dura persecución policial, tal y como ha estudiado Gutmaro Gómez Bravo. En concreto, la CNT, cuando trató de reactivar clandestinamente su organización, no pudo sobrevivir al "trienio de terror represivo", de 1947 a 1949, que supuso su práctica liquidación física en el interior de España. De este modo, el descabezamiento implacable y violento de cualquier intento de organización de las izquierdas en el interior amplió el miedo y el forzoso silencio de cualquier posible disidencia. Entretanto, las divergencias estratégicas entre comunistas, socialistas, nacionalistas vascos y catalanes marcaron la trayectoria del exilio republicano.

EL EXILIO: DESVENTURAS Y DISPUTAS

En efecto, del más de medio millón que atravesaron la frontera, se ha expuesto que unos 300.000 no regresaron, de los cuales unos 200.000 se establecieron en Francia, otros 70.000 en el continente americano (casi la mitad en México) y el resto en otros países y continentes. Más de un tercio fueron catalanes que, sumados al 18% de aragoneses, suponían más de la mitad; estaban en provincias limítrofes con la frontera, de modo que solo un 7,6% de los exiliados eran madrileños y castellano-manchegos y un 10% andaluces. Estaban más lejos de las fronteras. Sociológicamente casi la mitad eran obreros del sector secundario que, sumados a los trabajadores del campo, fueron el 75,5% del exilio. Entre ellos existió lógicamente el pluralismo ideológico de la República. Con un agravante: la derrota acentuó las divisiones existentes y se enzarzaron en reproches tremendos unos contra otros, más encarnizados si cabe entre fracciones de una misma familia política, como ocurrió en el PSOE.

De hecho, las hostilidades habían comenzado entre los responsables institucionales de la República y, en concreto, dentro del PSOE, cuando en febrero de 1939, con el apoyo del Gobierno de Negrín, se creó en París el Servicio de Evacuación de Refugiados Españoles (SERE), pero en julio, a propuesta de diputados representantes de las Cortes republicanas, con Indalecio Prieto a la cabeza, también en París se organizó una Junta de Auxilio a los Republicanos Españoles (JARE). Unos y otros compitieron por el control de las cuentas de la República abiertas en el extranjero. Esta disputa supuso la expulsión de Negrín y de sus seguidores de las ejecutivas del PSOE y de UGT, con su consiguiente aislamiento político; ambas organizaciones fueron controladas por el sector de Indalecio Prieto, mientras Largo Caballero, perseguido por las policías nazis, se abstenía, aunque sus seguidores se alineasen con Prieto.

Por otra parte, el PCE pasó de una política de unión con las demás fuerzas, excluyendo monárquicos y disidentes del franquismo, a patrocinar un frente que apostó por la invasión armada antes expuesta —el valle de Arán, 1944— y luego, tras cambiar la ejecutiva, rechazar esa vía para integrarse de nuevo en las instituciones republicanas del exilio. A su vez, las tres organizaciones del anarquismo español, la CNT, la FAI y las Juventudes Libertarias crearon por un lado el Movimiento Libertario como soporte para sus militantes exiliados, pero también se dividieron entre los catalogados como "colaboracionistas", por mantener relaciones con otras fuerzas republicanas, con García Oliver entre ellos, y los "apolíticos", con Federica Montseny. Así, en 1942 los primeros se escindieron creando otra CNT. Incluso hubo militantes que, pensando en democratizar desde dentro los sindicatos verticales de la dictadura, trataron de mantener la antorcha de la lucha contra los patronos pactando con altos mandos falangistas, pero todo se quedó en fiasco.

Esas trifulcas afectaron a las instituciones republicanas en el exilio (las Cortes con su diputación permanente y el Gobierno), que lograron mantenerse hasta 1945 con las esperanzas puestas en el triunfo aliado en la Segunda Guerra Mundial. Sostuvieron criterios dispares sobre los posibles pactos para reinstaurar la democracia en España, tarea en la que también intervinieron los gobiernos de Euskadi y de Cataluña, igualmente con disputas y desautorizaciones internas graves. Aunque se había formado en 1943 una Junta Española de Liberación con republicanos y el sector socialista de Prieto, no tuvo fuerza para lograr que, al crearse la ONU, en la Conferencia de San Francisco, fuese aceptada como representante de España. Eso sí, el régimen dictatorial de Franco estuvo excluido en dicha conferencia. Solo asistieron como invitados distintas personalidades, desde Negrín al lendakari Aguirre, cada una como voz de entidades desunidas. Por eso la Junta de Liberación se disolvió en agosto de 1945 y se hizo imprescindible celebrar unas Cortes republicanas que establecieran una voz común en nombre de España. Tuvieron lugar ese mes en México, votaron para presidir la República a Martínez Barrio y se encargó del Gobierno el republicano José Giral, pero las disputas prosiguieron, esta vez por desavenencias sobre el posible pacto con los monárquicos.

Entretanto, la ONU negó el ingreso a la España de la dictadura de Franco, pero la República en el exilio solo obtuvo el reconocimiento oficial de México y

Yugoslavia (llegó hasta 1977) y de algunos países de la órbita soviética (Hungría, Checoslovaquia, Rumanía y Polonia). Estos últimos retiraron su reconocimiento con el argumento de que la España de Franco era aceptada en organismos de la ONU desde 1951. Oficialmente ingresó en la ONU en 1955. En definitiva, el dato más decisivo fue que la URSS no había otorgado en ningún momento oficialidad al Gobierno en el exilio. Por otra parte, desde 1951, al retirarse tanto el PSOE como el PCE de este Gobierno, decayó la fuerza representativa de las instituciones republicanas en el exilio y, aunque los partidos republicanos se unieron en 1959 en ARDE (Acción Republicana Democrática Española), dichas instituciones, con sucesivos responsables, solo existieron en la penumbra de los cambios históricos.

En este sentido, más que detallar —en aquel exilio tan doloroso y agotador— la sucesión de dificultades y diferencias entre los responsables de las fuerzas republicanas frente a la supervivencia de la dictadura, conviene considerar dos realidades de distinto cariz y de importantes consecuencias a medio y largo plazo. La primera, que en la búsqueda de caminos y pactos para restablecer la democracia en España, el conjunto de las izquierdas abandonó el recurso a la violencia e insurrección armada para alcanzar esa meta. La segunda, que se mantuvo el legado de una España organizada de modo autonómico, sobre todo por la labor de los partidos nacionalistas vasco, catalán y gallego, que desarrollaron una constante presencia entre las asociaciones de cuantos españoles habían emigrado desde fines del siglo XIX al continente americano.

El giro estratégico de pensar el acceso a la democracia con métodos nunca violentos fue producto de la experiencia de la Guerra Civil tanto como de la nueva cultura política que, al triunfar los aliados sobre los regímenes fascistas y tras constituirse la ONU, se plasmó en la Declaración Universal de Derechos Humanos en 1948. En su punto 21 se exigía la defensa de una democracia basada en "elecciones auténticas", celebradas "periódicamente", y regida por "representantes libremente elegidos" por sufragio universal. No fue una convicción ideológica de fácil aceptación. La obra de Santos Juliá, titulada *Transición*, aporta la mejor información al respecto. No por casualidad este libro parte de 1937, cuando Azaña ya gestionaba un fin de la guerra con intervención del Reino Unido y Francia para lograr la "suspensión de las armas" y que los españoles decidieran con un plebiscito qué régimen preferirían. Casi en paralelo, el grupo de españoles exiliados en París, catalogado como "Tercera España", más los católicos franceses liderados por el teólogo Jacques Maritain, buscaban mediaciones para lograr una paz "sin vencedores entregados a la venganza, ni vencidos entregados a los vencedores", con un periodo de transición que apaciguara ánimos y permitiera un plebiscito libre.

Terminó la guerra con "vencedores entregados a la venganza", mientras los vencidos que lograron traspasar las fronteras comenzaron en el exilio a tejer fórmulas para derrocar la dictadura, siempre con esas disputas y desavenencias que ya se han señalado. El PCE rechazó cualquier tipo de "transición pacífica": se pensaba que sería hacerle el juego a la dictadura. Por eso mantuvo y apoyó la táctica guerrillera, que sería la forma de desencadenar un movimiento popular contra la dictadura, a la par que Santiago Carrillo en 1946 entraba en el Gobierno republicano, ya instalado en Francia. En todo caso, cuando la ONU abrió sus organismos a la España gobernada por Franco desde 1951, por más que en 1946 la hubiera catalogado de "carácter fascista", el futuro de las instituciones republicanas en el exilio se estaba cerrando. Fernando de los Ríos captó con claridad que el Gobierno de la República tenía que convertirse en un "gobierno de conciliación" contando con las "derechas constitucionalistas", aunque no fuesen republicanas. Sin embargo, desde septiembre de 1947 ya eran Gobiernos integrados solo por partidos republicanos, y desde 1951 solo por ARDE, citada anteriormente.

LA GUERRA FRÍA, SALVAVIDAS DEL RÉGIMEN

Entretanto, la dictadura arreciaba contra la guerrilla y, desde 1947, con el memorándum Kennan, los Estados Unidos optaban por normalizar las relaciones con un régimen que era analizado con el prejuicio, formulado nada menos que por Joseph A. Schumpeter, de que no era sino la prolongación de lo existente desde el siglo XIX, un general más, como Espartero, Narváez, O'Donnell y Serrano, que podía evolucionar, por supuesto, y, sobre todo, que se ajustaba a la idiosincrasia de un pueblo.

En paralelo se abrieron paso voces a favor de una transición pacífica a la democracia. Fue importante el Movimiento Europeo, fundado en La Haya en 1948, en el que exiliados constituidos como Consejo Federal Español, con figuras como Madariaga, Llopis, Irujo, Pi i Sunyer, Bosch Gimpera y otros nombres destacados, incluso del anarquismo, impulsaron la idea de constituir una Europa unida por valores democráticos en la que, por supuesto, no cabía un régimen dictatorial. Su repercusión fue limitada, pero se trataba de personalidades con importantes conexiones internacionales y, además, este Consejo Federal Español del Movimiento Europeo (CFEME) realizó en la década de 1950 informes rigurosos de la situación política e institucional española y promovió la necesidad de un periodo de transición pacífica, aunque excluyeron del mismo a falangistas y comunistas por considerarlos tributarios de idearios no democráticos.

Aquellos análisis constataron la realidad de una dictadura en fase de consolidación internacional y con importantes procesos de cambios en la sociedad. Se había terminado el racionamiento de los "años del hambre" y, con los precedentes de las huelgas de Manresa y Vizcaya de 1946 y 1947, fue sorprendente la huelga de tranvías de 1951 en Barcelona, tan masiva, contra el aumento del precio de los billetes. Además, el PCE se había desprendido en 1948 de la acción armada como opción estratégica, aunque proseguiría enalteciendo los actos de las guerrillas hasta que, en 1952, ordenó una evacuación de sus guerrilleros que resultó violenta entre ellos mismos en algunos casos. Solo persistieron grupos anarquistas en algunas ciudades como Barcelona, Madrid o Granada. El balance fue de más de 2.000 guerrilleros muertos y más de 3.000 prisioneros, entre estos más de 800 mujeres, además de 243 guardias civiles muertos.

Quizás el factor más decisivo fue la Guerra Fría desencadenada entre Estados Unidos y la URSS, entre capitalismo y comunismo. Obligó a rehacer las alianzas internacionales, y así, en noviembre de 1950, España fue admitida en organismos internacionales integrados en la ONU. Se terminó el aislamiento y bloqueo aprobado en 1946 por la ONU, organismo en el que la dictadura se sentó a partir de 1955 como pieza clave del tablero estratégico de los Estados Unidos. Antes, en 1953, se habían firmado los acuerdos con la potencia norteamericana y comenzaron a llegar sus ayudas a cambio de las bases militares: un total de 1.523 millones de pesetas en diez años. Implicó una tímida liberalización económica y el consiguiente despegue de los sectores industriales, lo que abrió expectativas en todos los sentidos. En 1954 el nivel de renta por habitante ya fue similar al de 1935 y, en concreto, los salarios, que habían bajado un 25% desde 1935, recuperaron el nivel de 1935 también por esas fechas.

Se abrían resquicios de esperanza entre la desolación de una dictadura en continua exaltación de su victoria. Comenzaban a manifestarse voces de reconciliación que se analizarán en el siguiente capítulo. Entretanto, cientos de miles de españoles permanecían en el desgarro de un exilio que los obligaba a vivir su identidad entre la nostalgia de lo perdido y la necesidad de abrirse a cada país de acogida. Fue el exilio de todas unas izquierdas que, plurales en sus ideologías, compartieron desavenencias como también dificultades económicas, pero sobre todo preservaron las esperanzas en una sociedad más justa, como así se manifestó en la diversidad de prácticas culturales que desplegaron en cada país, desde la Unión Soviética hasta Argentina, pasando por México y Francia, con Argelia incluida, entonces bajo dominio francés.

Es un capítulo crucial de la historia de las izquierdas españolas cuyo análisis exige en justicia subrayar la riqueza de dichas actividades durante el exilio y, además, la repercusión de sus diversos legados en el presente. Así se constata en las investigaciones dirigidas por Manuel Aznar Soler sobre el exilio literario, y en otras similares sobre el exilio de científicos, filósofos, artistas, músicos, editores y periodistas, sin olvidar la custodia que desde el exilio se realizó de las identidades culturales y políticas catalana, vasca y gallega, decisiva tarea cuya antorcha fue imprescindible para sus respectivas nacionalidades en la Transición a la democracia, como ha estudiado Ramón Villares, entre otros.

8. CAMINOS DE IGUALDAD TRUNCADOS

El camino de la emancipación de las mujeres experimentó entre 1923 y 1956 dos fases totalmente opuestas: primero un despegue progresivo y, tras la sublevación militar de 1936, un derrumbe drástico en la zona controlada por los rebeldes que se prolongó durante la dictadura. En el capítulo anterior se ha expuesto cómo surgieron las primeras voces de vindicación claramente feministas desde la década de 1910. Tuvieron dos anclajes sociológicos: las mujeres de clases medias y profesionales con aspiraciones de igualdad ciudadana, por un lado, y, por otro, las mujeres de organizaciones obreras, socialistas y anarquistas, que trataron de ensamblar la emancipación de la mujer con la de la clase trabajadora.

CONQUISTAS FEMINISTAS

Desde la década de 1920 el feminismo de las clases medias se desarrolló como movimiento social organizado, aunque tuvo metas no siempre coincidentes. Fue parte de la progresiva modernización de la sociedad española, que abrió espacios de visibilidad a las mujeres en distintos sectores laborales y culturales y obligó a debatir los modelos culturales de género tanto en lo público como lo privado. Por ejemplo, el derecho a la participación política de la mujer fue utilizado por el dictador Primo de Rivera cuando en 1924 dio la posibilidad a las mujeres solteras y viudas de avalar con sus firmas el seudoplebiscito convocado para legitimarse, no porque pensara en la igualdad sino para arrimar más apoyos. Otro caso: Celsia Regis, que, como directora de *La Voz de la Mujer* (1917-1931), hizo de esta publicación la voz de la Unión del Feminismo Español desde 1924 y aceptó el puesto de teniente de alcalde del Ayuntamiento de Madrid. O también el ejemplo de Carmen Karr, ya citada en el capítulo anterior, que dirigió el Pabellón de la Mujer en la Exposición Internacional de 1929 celebrada en Barcelona.

En este proceso de expansión del ideario feminista, destacó la creación del Lyceum Club Femenino en 1926 por mujeres vinculadas a la Institución Libre de Enseñanza, con María de Maeztu, María de Lejárraga y Victoria Kent, junto con Zenobia Camprubí, Isabel de Oyarzábal, María Teresa León y Elena Fortún, entre otras. Siguieron el modelo internacional creado en Londres dos décadas antes, se formó con mujeres universitarias o de condición similar (escritoras, artistas, etc.) y se extendió por toda Europa. Se declararon aconfesionales y apolíticas para aglutinar desde el pluralismo ideológico la prioridad de la lucha por la dignidad de la mujer. Desarrollaron tareas de notable impacto gracias a la capacidad intelectual de todas ellas.

Ahora bien, lo más importante en la década de 1930 fue el reconocimiento legal de la igualdad de los sexos en virtud de la Constitución de la Segunda

República. España se situó así al nivel de las democracias europeas más avanzadas y comenzó una etapa inédita: las mujeres alcanzaron la ciudadanía plena y pudieron tomar la voz y la palabra en todos los ámbitos, sobre todo en política, por primera vez en la historia. Fueron pocas en los seis escasos años de Gobiernos republicanos, pero los nombres de Victoria Kent, Clara Campoamor o Pasionaria, por citar solo unos nombres, entre otros muchos, dejaron tal huella que no se puede comprender la política de este periodo sin sus respectivas actividades públicas. No fueron muchas, pero ampliaron el grado de conciencia de igualdad de las mujeres. En este sentido, no sería justo silenciar que las mujeres de la CEDA fueron cruciales en la movilización conservadora, como también se implicaron otras en la Falange o la brillante personalidad de Mª Rosa Urraca Pastor con su organización "Las Margaritas" en el campo del tradicionalismo carlista.

El momento de más enjundia se produjo en el enconado debate parlamentario sobre el artículo de la Constitución que estableció el sufragio femenino. El decreto que convocaron las Cortes constituyentes en mayo de 1931 solo permitió a las mujeres ser elegidas, pero no pudieron votar. Fueron electas Clara Campoamor por el Partido Radical y Victoria Kent por el Radical-Socialista, luego en otra vuelta entraría Margarita Nelken. Habían compartido actividades en las asociaciones feministas antes citadas; sin embargo, tanto Victoria Kent como Margarita Nelken, quien se incorporó como diputada un mes después, pensaron que era prematuro el voto de las mujeres porque se inclinaría por las derechas, mientras que Clara Campoamor se armó de argumentos y coraje y logró el convencimiento de la suficiente mayoría política para aprobar el artículo 34 del texto constitucional que establecía la plena ciudadanía de las mujeres, con el derecho al voto incluido. Obtuvo 161 votos, sumando socialistas (salvo Indalecio Prieto), parte de los republicanos, los catalanistas y diputados de derechas como Alcalá-Zamora o Gil-Robles, frente a 121 en contra, entre los que figuraban los diputados del Partido Radical en el que militaba Clara Campoamor.

No se puede olvidar que entre los objetivos de emancipación social de las izquierdas no se apostó con rotundidad por la igualdad plena entre hombres y mujeres. Muy revelador fue el dato de las muchas ausencias de diputados en la votación, entre ellas la de Azaña. En este punto se sumaron el prejuicio o tabú androcéntrico con la obsesión anticlerical de las izquierdas, los dos argumentos más usados contra el derecho al voto de las mujeres. Pensaban que la mujer española, además de analfabeta, era por naturaleza pasional y carente de raciocinio —histérica, por más señas—, por lo que era fácilmente dominada por los curas a través del confesionario, es decir, una marioneta electoral en manos del clero y, por tanto, de la derecha. Fue un catedrático de Medicina, republicano galleguista, Novoa Santos, el que expresó esta lógica con términos sorprendentes:

¿Son organismos igualmente capacitados el hombre y la mujer? La mujer es toda pasión, toda figura de emoción; no es, en cambio, reflexión, no es espíritu crítico, no es ponderación. ¿Cuál sería el destino de la República? Seguramente un salto atrás... se haría del histerismo ley. El histerismo no es una enfermedad, es la propia estructura de la mujer... ¿Nos sumergiríamos en el nuevo régimen electoral, expuestos los hombres a ser gobernados en un nuevo régimen matriarcal, tras del cual habría de estar siempre expectante la Iglesia católica española?

El mérito y el coraje de Clara Campoamor fueron decisivos. Superado ese obstáculo, hubo otros artículos de la Constitución en los que se afianzaron más contenidos de igualdad. Por ejemplo, en el artículo 25 se estipuló que el sexo no daba privilegio jurídico a nadie; en el 40 se abrieron, "sin distinción de sexo", todos los empleos y cargos públicos; en el 41 se reconoció el matrimonio civil; en el 43 se revolucionaron siglos de historia al instaurar que "el matrimonio se funda en la igualdad de derechos para ambos sexos, y podrá disolverse por mutuo disenso o a petición de cualquiera de los cónyuges"; y en el artículo 46, que regulaba el trabajo como "obligación social", se incluyó "la protección a la maternidad".

A su vez, ciertas leyes desarrollaron tales preceptos, como la de marzo de 1932, que reguló el divorcio por mutuo consentimiento y concedió los mismos derechos a los hijos ilegítimos. Hubo reacciones beligerantes desde sectores conservadores y católicos que anunciaron el fin de la familia, la disolución de la sociedad y la implantación de un libertinaje demoníaco. En la práctica no pasaron de 8.000 los matrimonios que se acogieron al divorcio en Madrid, la ciudad de mayor concentración de clases medias, y las estadísticas fueron irrelevantes en la extensa y poblada España agraria. En cuanto a la interrupción artificial del embarazo, solo se decretó su regulación en Cataluña, ya en diciembre de 1936, en plena guerra. Fue iniciativa del médico anarquista Félix Martí Ibáñez, destacado sexólogo, director general de Sanidad de la Generalitat, que estableció cuatro posibles causas (el incesto, las terapéuticas, las éticas y la voluntad consciente) y creó centros de información sexual para los jóvenes y "liberatorios" para las personas que ejercían la prostitución con el eficaz apoyo de las anarquistas asociadas en "Mujeres Libres".

En definitiva, durante la República, las mujeres tomaron la palabra y una pequeña élite de mujeres ocupó cargos de responsabilidad política y administrativa. En gran parte eran las universitarias que habían constituido en la década anterior las diversas organizaciones feministas. Así, de las integrantes del citado Lyceum se comprometieron con el PSOE María de Lejárraga, Matilde Huici y Margarita Nelken, Victoria Kent con los radical-socialistas —con una importante responsabilidad al frente de las instituciones penitenciarias—, y Clara Campoamor con el Partido Radical. Además, María de Lejárraga organizó en 1932 con Pura Maortua y María Rodrigo *La Cívica* (Asociación Femenina de Educación Cívica), en cuyo club teatral colaboró García Lorca, e hizo gestiones para establecer una alianza de organizaciones feministas, mientras era elegida diputada socialista por Granada desde 1933. Por su parte, la dirección de la Asociación Nacional de Mujeres Españolas (ANME) y de su revista *Mundo Femenino* pasó en 1932 de Benita Asas a Julia Peguero, quien impulsó el primer partido feminista, Acción Política Feminista Independiente, que, aun no siendo aceptado en 1936 en el Frente Popular, optó por no presentar candidaturas propias para no mermarle votos. Durante la guerra adquirieron una preeminencia política indudable mujeres como Dolores Ibárruri desde el comunismo, o desde el anarquismo la primera mujer con rango de ministra, Federica Montseny, en el área de Sanidad y Asistencia Social. En este aspecto, es justo recordar que dentro del anarquismo hubo en estos años una corriente naturista que practicaba el nudismo y defendía el amor libre que tuvo quizás un caso extremo de visión religiosa del ideario anarquista cuando Aurora Rodríguez educó a su hija Hildegart como "Virgen Roja", drama que Fernando Fernán Gómez llevó al cine en *Mi hija Hildegart* (1977).

Estas nuevas realidades confirmaban avances básicos en la emancipación de las mujeres, un notable cambio cualitativo que expresaba las transformaciones sociales en marcha. La sublevación militar de julio de 1936 truncó esa evolución, primero en la zona rebelde y luego en toda España bajo la dictadura. La guerra dividió también al movimiento feminista. Los sectores del feminismo vinculados a principios católicos tomaron partido por la contrarrevolución ideológica de los rebeldes; el feminismo laico se integró en el frente antifascista, aunque las mujeres republicanas, socialistas, anarquistas y comunistas dieron prioridad a las estrategias y consignas de sus respectivos partidos u organizaciones; y, en tercer lugar, hubo feministas tan destacadas como Clara Campoamor, republicana que optó por exiliarse en septiembre de 1936 por miedo a ser una de las personas que podrían ejecutar las milicias madrileñas, o Benita Asas, de creencias católicas, que llevó un silencioso y silenciado exilio interior bajo la dictadura, hasta su muerte en 1968.

MOVILIZACIÓN DE MUJERES DURANTE LA GUERRA

Ahora bien, en la zona republicana, precisamente por estar en guerra, las mujeres ampliaron su protagonismo social y político en la retaguardia. Fueron las artífices de la supervivencia de cada comunidad y de la resistencia civil; en concreto, desempeñaron tareas imprescindibles para la guerra como las sanitarias, el suministro de alimentos, la organización de guarderías y comedores, así como otras complementarias de apoyo social. Se organizaron en instituciones de voluntariado, unas internacionales como la Cruz Roja y Solidaridad Antifascista

Internacional, y otras impulsadas por el Gobierno republicano a partir de la etapa en que Federica Montseny fue ministra de Sanidad y Asistencia Social. Tal y como había ocurrido en la Europa de la Primera Guerra Mundial, semejante presencia de la mujer en las estrategias bélicas borró en gran medida los tradicionales papeles de género. A esto se sumó la imagen épica, tan difundida en carteles, de las milicianas ataviadas con mono azul y un máuser al hombro. Pretendían representar, sin duda, a la nueva mujer de la revolución en marcha, pero también proseguían con la idea clásica del género femenino como estímulo para enardecer la moral de la tropa. En todo caso, la imagen de la miliciana es la de mayor impacto en la memoria social y pasó a convertirse en símbolo de las mujeres de izquierdas, aunque la realidad de su participación militar no tuvo la importancia que las tareas antes expuestas para la retaguardia republicana.

En el sentido más estrictamente político e ideológico, las mujeres de la zona republicana se movilizaron a través de dos organizaciones: la Asociación de Mujeres Antifascistas (AMA), de carácter plural, según la táctica del PCE de aglutinar fuerzas en un frente contra el fascismo cuya voz más potente fue Dolores Ibárruri, "Pasionaria"; y Mujeres Libres, promovida por la CNT-FAI, que se negó a colaborar con las demás organizaciones femeninas, pues no aceptaban demoras en la consecución de una sociedad igualitaria. En definitiva, eran dos proyectos que se encontraban sometidos a las directrices de sus respectivas organizaciones políticas o sindicales, y en ambos casos con el acuciante dilema de ganar la guerra o avanzar en la tan ansiada revolución social.

La AMA, creada en 1933 sobre todo por socialistas, contó con unas 60.000 afiliadas y desde 1937 trabajó con Uniò de Dones de Catalunya, patrocinada por la Internacional Comunista. Entre sus asociadas destacó el protagonismo de Pasionaria. De hecho, las afiliadas comunistas lograron que se pospusieron exigencias específicamente feministas para centrarse en la lucha antifascista y en ganar la guerra. Fue la socialista Matilde Huici la que denunció los muy limitados avances logrados en la igualdad de la mujer, salvo el derecho al voto y la igualdad jurídica alcanzados ya en 1931.

En efecto, desde la AMA se apeló primero a las armas para defender la República, algo de difícil encaje con la cultura de paz propia del feminismo clásico, pero luego se optó por la consigna de "hombres al frente, mujeres a la retaguardia", lo que supuso recluir a las mujeres en las tareas de cuidados y protección de la vida. En todo caso, celebraron en Valencia en noviembre de 1937 la Conferencia Nacional de Mujeres Antifascistas, presidida por Pasionaria, en el que plantearon un programa de mejoras de las condiciones culturales, educativas y laborales de las mujeres, con una igualdad salarial que no se lograba. Se expresó, en definitiva, un intento de armonizar las tareas domésticas y maternales propias de la mujer-madre con las nuevas realidades de la incorporación al mundo laboral, con la idea predominante de la maternidad como esencia de lo femenino.

Sin embargo, la organización Mujeres Libres, formada en agosto de 1936 al unirse el Grupo Cultural Femenino de Barcelona y el de Mujeres Libres de Madrid, fue la plataforma definida explícitamente con el vocablo "feminista", con la meta de eliminar la "hegemonía masculina", como parte insoslayable y prioritaria en una lucha revolucionaria de clase. La revolución consistía, por tanto, en abolir la "esclavitud de ignorancia, esclavitud de mujer y esclavitud productora". En sus normas para asociarse exponían la necesidad de contar con una "fuerza femenina consciente, que actúe como vanguardia de la revolución y [...] convivir, colaborar y no excluirse" entre compañeros y compañeras para "sumar energías". Por eso era prioritario abolir la esclavitud de la ignorancia, puerta para la abolición de las otras dos esclavitudes. En lo referente a la sexualidad, reivindicaron el amor libre entre personas y en todo tipo de relación, con la posibilidad de la interrupción del embarazo y la creación de "liberatorios" de prostitución, pensando que semejante esclavitud sexual desaparecería mediante la reeducación de hombres y mujeres, y entretanto había que defender los derechos de estas mujeres para atender a su reinserción social.

Destacaron Amparo Poch y Gascón, Mercedes Comaposada y Lucía Sánchez Saornil, defensoras de que, para lograr tales metas, las mujeres se organizasen de forma autónoma, con organizaciones propias, no subordinadas a las estrategias de otras entidades. Lucía Sánchez Saornil ya había planteado en *Solidaridad Obrera* su propuesta con términos bien elocuentes: "¿Propaganda en los sindicatos? ¿Propaganda en los ateneos? ¡Propaganda en casa! Es la más sencilla y la más eficaz". En efecto, tal y como denunciaba: "He visto muchos hogares de anarquistas [...] regidos por las más puras normas feudales". Se calculan en torno a 30.000 las afiliadas al extenderse por la zona republicana como Federación Nacional de Mujeres Libres, con una estructura basada en agrupaciones locales, provinciales y regionales. En 1937 celebraron en Valencia su primer Congreso Nacional en el que acordaron profundizar en la formación revolucionaria de la mujer a la par que apoyaban la necesidad de ganar la guerra. Publicaron además la revista *Mujeres Libres*, documento imprescindible para conocer el carácter pionero de sus propuestas para organizar las maternidades, guarderías y comedores colectivos.

EL DERRUMBE DE LA IGUALDAD DE LA MUJER

Todas estas iniciativas quedaron truncadas en 1939 con la victoria de los rebeldes. Los vencedores abolieron las conquistas de igualdad y restablecieron sin cortapisas la sumisión de la mujer. Ya lo habían hecho en las zonas donde mandaban, en las que ya habían suprimido la coeducación en 1936 en enseñanza primaria y secundaria, y en 1938 prohibieron el trabajo a las casadas y, en general, el ejercicio de las profesiones liberales. Además, abolieron el matrimonio civil y, con carácter retroactivo, el divorcio, creando situaciones surrealistas entre las personas divorciadas. Se impuso el machismo más desvergonzado que representaban militares como Queipo de Llano quien, desde la radio sevillana, ya el 23 de julio de 1936, se jactaba de que

nuestros valientes legionarios y regulares han enseñado a los rojos lo que es ser hombre. De paso también a las mujeres de los rojos, que ahora por fin han conocido hombres de verdad y no castrados milicianos. Dar patadas y berrear no las salvará.

Así, la represión, cimiento de toda dictadura, afectó inevitablemente a cuantas mujeres habían militado o simpatizado con idearios socialistas, anarquistas o comunistas. En los dos primeros años ejecutaron a más de mil mujeres y unas 30.000 fueron represaliadas, a las que se deben sumar todas las que, como madres o esposas, perdieron a sus hijos o maridos en esa represión que se prolongó durante toda la década, reactivada en concreto para arrinconar la guerrilla antifranquista antes explicada. Además de la opresión consustancial al régimen, se desplegaron dos idearios que buscaron el apoyo ideológico y social para reeducar a las mujeres: el falangista, cuya Sección Femenina, con Pilar Primo de Rivera al frente desde 1937, se convirtió en una institución estatal; y el católico, más preocupado por la educación de niños y niñas en la fe y en la correcta moral sexual, tareas predicadas y aplicadas por la Iglesia con el apoyo de los grupos de Acción Católica integrados por los seglares de cada parroquia.

En efecto, la Falange fusionada con las JONS ya contaba con una Sección Femenina que durante la guerra y en la inmediata posguerra trató de movilizar a las mujeres políticamente cercanas y afianzar en la sociedad la idea de que toda mujer tenía dos tareas esenciales: ser madres y esposas. Por tanto, su función estaba en el hogar y su papel social y político no era sino el de cumplir ambos cometidos con abnegación y siempre obedeciendo al padre o al marido. Por eso en la enseñanza primaria y secundaria se obligó a estudiar materias propias de lo que se llamó "Escuela del Hogar" —economía doméstica, corte y confección, lavado, plancha e higiene—, impartidas por militantes de la Sección Femenina. Se pretendía que toda mujer estuviera "capacitada para cumplir su misión como ama de casa". Estas materias fueron obligatorias para obtener un título universitario, el permiso de conducir o el pasaporte, y en la enseñanza se sumaban a las asignaturas de religión y formación en el "nacionalsindicalismo".

Las militantes falangistas y las de Acción Católica coincidían en considerar a la mujer como persona siempre dependiente o menor de edad, por lo que debía obedecer como hija, esposa o madre. Su misión era reproducir y educar a niños y niñas, de ningún modo tenía que ser esa "intelectual pedantesca que intenta en vano igualar al varón en los dominios de la ciencia", según ratificaba el prolífico pedagogo Adolfo Maíllo, cuyos libros de lecturas inundaron los pupitres de las escuelas. En concreto, este retorno a la "sana tradición" significó, por ejemplo, que el parricidio por honor, abolido por la República, volviera a estar vigente, de modo que la violencia de género se hizo conducta prácticamente legal que solo se abolió en 1963. De igual modo, el Código Penal castigó y endureció la condena por aborto mientras la reducía si el embarazo implicaba la deshonra de una familia. También se prohibió el uso y publicidad de métodos anticonceptivos.

Todo en la vida de la mujer pasaba por la autorización del padre o del marido, incluyendo cualquier acto social, económico y jurídico. Las menores de 25 años no podían dejar el hogar paterno sin permiso del padre, y sin ese permiso la Guardia Civil las devolvía a la fuerza. El Fuero del Trabajo decretado en 1938 solo autorizó el trabajo de mujeres solteras o viudas. Si se casaban, tenían que firmar su despido voluntario, aunque la realidad se impuso a la ideología y se les permitió trabajar a las casadas desde 1942, siempre con permiso del marido y con sueldos menores. Se les prohibió el acceso a profesiones como la judicatura, fiscalía, abogacía del Estado y otros oficios de alto estatus social hasta prácticamente 1976. Por otra parte, puesto que el Estado era católico, el único matrimonio válido era el que regía por esta fe, que además era indisoluble. Si alguien quería casarse por lo civil tenía que demostrar y jurar no ser católico, y así fue hasta el final de la dictadura.

Estas normas estuvieron reforzadas por la moral católica impartida obligatoriamente en todos los niveles educativos. Respecto a la sexualidad, obsesión de la moral católica, tenía el fin exclusivo de tener hijos para el cielo, nunca para el disfrute de los cuerpos. Esto obligaba a la mujer a practicar el sexo según el capricho del marido. Un embarazo antes del matrimonio suponía el estigma del pecado y no podía casarse, por tanto, con el vestido blanco que simbolizaba la virginidad. El clero prohibió los "bailes agarrados", se negaba la comunión a mujeres con labios pintados o tenían que taparse con manguitos los brazos para no estar con manga corta en las iglesias, y cuando las jóvenes de los Coros y Danzas de la Sección Femenina bailaban las danzas regionales, llevaban "pololos" bajo las faldas, porque la visión de las piernas era tentación para los varones.

Y LA SOCIEDAD RESPIRABA...

A pesar de la dictadura, de la represión y de las consignas morales, la sociedad cambiaba. Uno de los cambios más trascendentes se produjo de forma callada y estuvo protagonizado por las mujeres, que pasaron a cursar el bachillerato de un 5% frente al 10% de varones, hasta casi la mitad de las cohortes jóvenes de ambos sexos en las correspondientes edades de ese tramo educativo en 1970. En concreto, la escolarización secundaria de las mujeres despegó entre 1950 y 1970, un hecho revelador para comprender posteriores cambios sociales. Es más, ese cambio educativo precedió a las demandas de la industrialización desarrollada desde 1960.

No cabe duda de que pervivió el fervor por la educación expandido por socialistas y anarquistas en las décadas anteriores, persistió entre las clases medias ilustradas y entre las clases obreras, pues, en definitiva, la derrota de las izquierdas no supuso borrar sus ideas, por más que la represión lo intentase. Por eso, en unas circunstancias económicas adversas, en las décadas de 1940 y 1950, el "fervor educativo de la izquierda" pudo promover el recurso a la escuela "como estrategia individual de movilidad social tras el fracaso de la estrategia colectiva que fue el intento de revolución", en palabras del sociólogo Julio Carabaña. Además, con un hecho novedoso, que, si en el bachillerato los hombres crecieron más que las mujeres de modo que las diferencias entre sexos aumentaron, sin embargo, entre hombres y mujeres de clase obrera se produjo un crecimiento por igual en el bachillerato.

Ahora bien, hay que subrayar otro factor ideológico: el valor que le otorgaron a la enseñanza las diversas familias políticas que dieron soporte a la dictadura. Tanto falangistas como católicos, para afianzar sus respectivas ideologías de justicia social, predicaron idénticas consignas de necesidad de la educación y promovieron, en consecuencia, políticas incipientes de igualdad de oportunidades.

Es más, en el ámbito cultural se abrieron respiraderos de esperanza. Buero Vallejo, militante comunista y condenado a muerte, logró con *Historia de una escalera* no solo el Premio de Teatro del Ayuntamiento de Madrid en 1948, sino que se representó con notable éxito. Más tarde, se estrenó en 1953 *Escuadra hacia la muerte*, de Alfonso Sastre, prohibida en la tercera representación, y también fue muy significativo que José Hierro, encarcelado a los 17 años durante casi cinco años, publicase en 1952, en la Editora Nacional, *Quinta del 42*, expresión dolorosa de la generación represaliada de posguerra, con un "Canto a España", incluido en ese libro, de claro compromiso social. En cine, en 1951, un falangista, Nieves Conde, había filmado *Surcos*, crítica magistral de las condiciones laborales de una familia campesina emigrada a Madrid, tras la que se estrenaron *Bienvenido, Mister Marshall* (1952) de García Berlanga o *Muerte de un ciclista* (1954) de Bardem, mientras en 1954 Jesús Fernández Santos publicaba su novela *Los bravos*, y al año, en poesía, Blas de Otero publicaba *Pido la paz y la palabra* y Gabriel Celaya sus *Cantos íberos*.

Todos comprometidos contra la dictadura, y entre bambalinas el PCE se organizaba en esos medios culturales. En este sentido, también fue un revulsivo la libertad absoluta del lenguaje artístico planteada por Tàpies al realizar desde 1955 esos grandes cuadros matéricos que subvirtieron la práctica de la pintura al convertir las arenas y el cemento en los actores de una nueva estética. Pero esto ya se adentra por los cambios y realidades que obligaron a girar tanto a la dictadura como a las izquierdas desde finales de la década de 1950, asunto del siguiente capítulo.

BIBLIOGRAFÍA

Alía Miranda, F. (2017): *La guerra civil en Ciudad Real: conflicto y revolución en una provincia de la retaguardia republicana, 1936-1939*, Ciudad Real, Biblioteca de Autores Manchegos.

— (2021): *La otra cara de la guerra: solidaridad y humanitarismo en la España republicana, 1936-1939*, Madrid, Sílex.

Alpert, M. (1982): *La reforma militar de Azaña (1931-1933)*, Madrid, Siglo XXI.

Álvarez, S. (1980): *La retirada, la lucha guerrillera y el cambio de táctica*, Madrid, Fundación de Investigaciones Marxistas.

Arco Blanco, M. A. (2007): *Hambre de siglos: mundo rural y apoyos sociales del franquismo en Andalucía Oriental (1936-1951)*, Granada, Comares.

Arco Blanco, M. A. (ed.) (2020): *Los "años del hambre": historia y memoria de la posguerra franquista*, Madrid, Marcial Pons.

Álvarez Tardío, M. (2002): *Anticlericalismo y libertad de conciencia: política y religión en la Segunda República Española (1931-1936)*, Madrid, Centro de Estudios Políticos y Constitucionales.

Aróstegui, J. (2013): *Largo Caballero, el tesón y la quimera*, Madrid, Debate.

Aróstegui, J. y Marco, J. (eds.) (2008): *El último frente: la resistencia armada antifranquista en España (1939-1952)*, Madrid, Los Libros de la Catarata.

Aznar Soler, M. y Murga Castro, I. (coords.) (2019): *1939: Exilio republicano español*, Madrid, Ministerio de Justicia.

Avilés Farré, J. (2006): *La izquierda burguesa y la tragedia de la Segunda República*, Madrid, Comunidad de Madrid.

Balcells, A. (1968): *El problema agrari a Catalunya, 1890-1936: la qüestió rabassaire*, Barcelona, Nova Terra.

Ballarín, M. y Ledesma, J. L. (eds.) (2010): *La República del Frente Popular: reformas, conflictos y conspiraciones*, Zaragoza, Fundación Rey del Corral de Investigaciones Marxistas.

Barciela, C. (coord.) (2003): *Autarquía y mercado negro: el fracaso económico del primer franquismo, 1939-1959*, Barcelona, Crítica.

Barona, J. L. (ed.) (2010): *El exilio científico republicano*, Valencia, Publicacions Universitat de València.

Barrio Alonso, A. (2004): *La modernización de España (1917-1939): política y sociedad*, Madrid, Síntesis.

Ben-Ami, Sh. (2012): *El cirujano de hierro: la dictadura de Primo de Rivera (1923-1930)*, Barcelona, RBA.

Bernecker, W. L. (1982): *Colectividades y revolución social: el anarquismo en la guerra civil española, 1936-1939*, Barcelona, Crítica.

Biglino, P. (1986): *El socialismo español y la cuestión agraria, 1890-1936*, Madrid, Ministerio de Trabajo y Seguridad Social.

Bosch, A.; Carnero, T. y Valero, S. (eds.) (2013): *Entre la reforma y la revolución: la construcción de la democracia desde la izquierda*, Granada, Comares.

Cabrera, M. (1983): *La patronal ante la Segunda República: organizaciones y estrategia (1931-1936)*, Madrid, Siglo XXI.

Cancio Fernández, R. C. (2007): *Guerra civil y tribunales: de los jurados populares a la justicia franquista (1936-1939)*, Cáceres, Servicio de Publicaciones de la Universidad de Extremadura.

Carabaña, J. (2007): "El desarrollo del bachillerato durante el franquismo", en VV AA, *Lo que hacen los sociólogos: homenaje a Carlos Moya*, Madrid, Centro de Investigaciones Sociológicas, pp. 595-628.

Carmona, J. y Simpson, J. (2003): *El laberinto de la agricultura española: instituciones, contratos y organización entre 1850 y 1936*, Zaragoza, Prensas Universitarias de Zaragoza.

Carrión, P. (1973): *La Reforma Agraria de la Segunda República y la situación actual de la agricultura española*, Barcelona, Ariel.

Casanova, J. (2007): *Anarquismo y violencia política en la España del siglo XX*, Zaragoza, Institución Fernando el Católico.

— (2010): *De la calle al frente: el anarcosindicalismo en España (1931-1939)*, Barcelona, Crítica.

— (coord.) (1988): *El sueño igualitario: campesinado y colectivizaciones en la España republicana, 1936-1939*, Zaragoza, Institución Fernando el Católico.

Caudet, F. (2005): *El exilio republicano de 1939*, Madrid, Cátedra.

Claret, J. (2006): *El atroz desmoche: la destrucción de la Universidad española por el franquismo, 1936-1945*, Barcelona, Crítica.

Cobo Romero, F. (2007): *Por la reforma agraria hacia la revolución: el sindicalismo agrario socialista durante la Segunda República y la Guerra Civil, 1930-1939*, Granada, Universidad de Granada.

Cobo Romero, F. y Garrido Rodríguez, F. (2021): *La República en los pueblos: conflicto, radicalización y exclusión en la vida política local durante la Segunda República (1931-1936)*, Granada, Comares.

Corral, P. (2017): *Desertores: los españoles que no quisieron la guerra civil*, Córdoba, Almuzara.

Cruz, R. (2006): *En el nombre del pueblo: república, rebelión y guerra en la España de 1936*, Madrid, Siglo XXI.

Cucalón Vela, D. (2016): *De la conspiración al poder: auge y caída del Partido Republicano Radical-Socialista, 1929-1934*, Zaragoza, Universidad de Zaragoza.

Chaves Palacios, J. (2022): *Historia del maquis: el largo camino hacia la libertad en España*, Barcelona, Ático de los Libros.

DE LA CUEVA, J. y MONTERO, F. (eds.) (2009): *Laicismo y catolicismo: el conflicto político-religioso en la Segunda República*, Alcalá de Henares, Universidad de Alcalá de Henares.

DEL REY REGUILLO, F. (2008): *Paisanos en lucha: exclusión política y violencia en la Segunda República española*, Madrid, Biblioteca Nueva.

— (2019): *Retaguardia roja: violencia y revolución en la guerra civil española*, Madrid, Galaxia Gutenberg.

— (dir.) (2011): *Palabras como puños: la intransigencia política en la Segunda República española*, Madrid, Tecnos.

EGIDO LEÓN, A. y MONTES SALGUERO, J. (eds.) (2018): *Mujer, franquismo y represión: una deuda histórica*, Madrid, Sanz y Torres.

EGIDO LEÓN, A. et al. (2021): *Mujeres en el exilio republicano de 1939*, Madrid, Ministerio de Presidencia.

ESPINOSA MAESTRE, F. (2003): *La columna de la muerte: el avance del ejército franquista de Sevilla a Badajoz*, Barcelona, Crítica.

GABRIEL, P. (2011): *Un sindicalismo de guerra*, Madrid, Siglo XXI.

GARRIDO, L. et al. (1988): "Las colectivizaciones en la Guerra Civil", en J. Aróstegui (coord.), *Historia y memoria de la Guerra Civil* (vol. 2), Valladolid, Junta de Castilla y León.

GIL ANDRÉS, C. (2000): *Echarse a la calle: amotinados, huelguistas y revolucionarios (La Rioja, 1890-1936)*, Zaragoza, Universidad de Zaragoza.

— (2010): *Piedralén: historia de un campesino, de Cuba a la Guerra Civil*, Madrid, Marcial Pons.

GIL ANDRÉS, C. et al. (eds.) (2019): *Ya no hay vuelta atrás: el retorno desde el exilio republicano español (1939-1975)*, Madrid, Centro de Estudios Políticos y Constitucionales.

GRAHAM, H. (2005): *El PSOE en la Guerra Civil: poder, crisis y derrota*, Barcelona, Debate.

GÓMEZ BRAVO, G. (2009): *El exilio interior: cárcel y represión en la España franquista*, Madrid, Taurus.

— (2021): *Hombres sin nombre: la reconstrucción del socialismo en la clandestinidad (1939-1970)*, Madrid, Cátedra.

GONZÁLEZ CALLEJA, E. (2005): *La España de Primo de Rivera: la modernización autoritaria, 1923-1930*, Madrid, Alianza.

— (2015): *Cifras cruentas: las víctimas mortales de la violencia sociopolítica en la Segunda República (1931-1936)*, Granada, Comares.

GONZÁLEZ CALLEJA, E.; COBO, F.; MARTÍNEZ, A. y SÁNCHEZ, F. (2015): *La Segunda República Española*, Barcelona, Pasado & Presente.

GONZÁLEZ MADRID, D. y ORTIZ HERAS, M. (coords.) (2021): *Violencia franquista y gestión del pasado traumático*, Madrid, Sílex.

HERNÁNDEZ SÁNCHEZ, F. (2010): *Guerra o revolución: el Partido Comunista de España en la Guerra Civil*, Barcelona, Crítica.

— (2015): *Los años de plomo: la reconstrucción del PCE bajo el primer franquismo (1939-1953)*, Barcelona, Crítica.
HERRERÍN LÓPEZ, A. (2004): *La CNT durante el franquismo: clandestinidad y exilio (1939-1975)*, Madrid, Siglo XXI.
JACKSON, G. (2013): *La República española y la Guerra Civil, 1931-1939*, Barcelona, Planeta.
JORGE, D. (2016): *Inseguridad colectiva: la Sociedad de Naciones, la guerra de España y el fin de la paz mundial*, Valencia, Tirant lo Blanch.
JULIÁ DÍAZ, S. (1984): *Madrid, 1931-1934: de la fiesta popular a la lucha de clases*, Madrid, Siglo XXI.
— (2015): *Vida y tiempo de Manuel Azaña, 1880-1940*, Barcelona, DeBolsillo.
— (2017): *Transición: historia de una política española (1937-2017)*, Barcelona, Galaxia Gutenberg.
— (coord.) (2000): *Violencia política en la España del siglo XX*, Madrid, Taurus.
JULIÁ DÍAZ, S. et al. (2005): *Víctimas de la Guerra Civil*, Barcelona, Planeta.
LA PARRA LÓPEZ, E. y SUÁREZ CORTINA, M. (eds.) (1998): *El anticlericalismo español contemporáneo*, Madrid, Biblioteca Nueva.
LEDESMA, J. L. (2004): *Los días de llamas de la revolución: violencia y política en la retaguardia republicana de Zaragoza durante la Guerra Civil*, Zaragoza, Institución Fernando el Católico.
LÓPEZ MARTÍNEZ, M. (1995): *Orden público y luchas agrarias en Andalucía: Granada, 1931-1936*, Madrid, Ediciones Libertarias.
MACARRO VERA, J. M. (2000): *Sindicalismo, República y revolución en Andalucía (1931-1936)*, Sevilla, Universidad de Sevilla.
MALEFAKIS, E. (1971): *Reforma agraria y revolución campesina en la España del siglo XX*, Barcelona, Ariel.
MARCO, J. (2012): *Guerrilleros y vecinos en armas: identidades y culturas de la resistencia antifranquista*, Granada, Comares.
MARTÍN RAMOS, J. L. (2015): *El Frente Popular: victoria y derrota de la democracia en España*, Barcelona, Pasado & Presente.
— (2021): *Historia del PCE*, Madrid, Los Libros de la Catarata.
MARTÍNEZ RUIZ, E. (2008): *La economía de la Guerra Civil*, Madrid, Marcial Pons.
MATTHEWS, J. (2013): *Soldados a la fuerza: reclutamiento obligatorio durante la Guerra Civil, 1936-1939*, Madrid, Alianza.
MÍGUEZ MACHO, A. (2014): *La genealogía genocida del franquismo: violencia, memoria e impunidad*, Madrid, Abada.
MIR CURCÓ, C. (2000): *Vivir es sobrevivir*, Lérida, Milenio.
MIRALLES PALENCIA, R. (2005): *Juan Negrín: la República en guerra*, Barcelona, Planeta DeAgostini.
MORADIELLOS, E. (2001): *El reñidero de Europa: las dimensiones internacionales de la Guerra Civil española*, Barcelona, Península.

— (2015): *Negrín: una biografía de la figura más difuminada de la España del siglo XX*, Barcelona, Península.

— (2016): *Historia mínima de la Guerra Civil española*, Madrid-México, Turner-El Colegio de México.

Moreno Cantario, A. (coord.) (2017): *Checas: miedo y odio en la España de la Guerra Civil*, Gijón, Trea.

Mosse, G. L. (2016): *Soldados caídos: la transformación de la memoria de las guerras mundiales* [traducción de Ángel Alcalde], Zaragoza, Prensas de la Universidad de Zaragoza.

Nicolás Marín, Mª E. (2005): *La libertad encadenada: España en la dictadura franquista, 1939-1975*, Madrid, Alianza.

Oliver Olmo, P. (1996): *Control y negociación: los jurados mixtos de trabajo en las relaciones laborales republicanas de la provincia de Albacete (1931-1936)*, Albacete, Instituto de Estudios Albacetenses "Don Juan Manuel".

Ortiz Heras, M. (1996): *Violencia política en la Segunda República y el primer franquismo: Albacete, 1936-1950*, Madrid, Siglo XXI.

Otero Carvajal, L. E. (2006): *La destrucción de la ciencia en España*, Madrid, Editorial Complutense.

Paniagua, J. (1992): *La sociedad libertaria: agrarismo e industrialización en el anarquismo español, 1930-1939*, Barcelona, Crítica.

Pons Prades, E. (2005): *Los niños republicanos: el exilio*, Madrid, Oberon.

Prada Rodríguez, J. (2010): *La España masacrada: la represión franquista de guerra y posguerra*, Madrid, Alianza.

Puig Vallverdú, G. (2022): "Disputar el campesinado: los comunistas y la colectivización de la tierra durante la Guerra Civil", *Hispania Nova*, 20, pp. 238-275.

Raguer, H. (2001): *La pólvora y el incienso: la Iglesia y la Guerra Civil española (1936-1939)*, Barcelona, Península.

Robledo, R. (2022): *La tierra es vuestra. La reforma agraria, un problema no resuelto en España, 1900-1950*, Barcelona, Pasado y Presente.

Rodríguez Barreira, O. J. (2008): *Migas con miedo: prácticas de resistencia al primer franquismo: Almería, 1939-1953*, Almería, Universidad de Almería.

Ruiz Manjón, O. (2007): *Fernando de los Ríos: un intelectual en el PSOE*, Madrid, Síntesis.

Ruiz, J. (2013) *El Terror Rojo*, Barcelona, Espasa.

Salgado, J. F. (2014): *Amor Nuño y la CNT: crónicas de vida y muerte*, Madrid, Fundación Anselmo Lorenzo.

Sarría Buil, A. (2019): *Retornos del exilio republicano: dilemas, experiencias y legados*, Madrid, Ministerio de Justicia.

Seidman, M. (2003): *A ras de suelo: historia social de la República durante la Guerra Civil*, Madrid, Alianza.

Souto Kustrín, S. (2002): *Y ¿Madrid? ¿Qué hace Madrid? Movimiento revolucionario y acción colectiva (1933-1936)*, Madrid, Siglo XXI.

— (2013): *Paso a la juventud: movilización democrática, estalinismo y revolución en la República Española*, Valencia, Publicacions Universitat de València.

Tagüeña, M. (2021): *Testimonio de dos guerras*, Sevilla, Renacimiento.

Thomas, H. (2018): *La Guerra Civil española*, Barcelona, DeBolsillo.

Townson, N. (2002): *La República que no pudo ser: la política de centro en España (1931-1936)*, Madrid, Taurus.

Trujillo Díez, I. (2003): *Colectividades agrarias en la provincia de Ciudad Real*, Ciudad Real, Biblioteca de Autores Manchegos.

Vadillo Muñoz, J. (2021): *Historia de la FAI: el anarquismo organizado*, Madrid, Los Libros de la Catarata.

Vicente Villanueva, L. (2020): *La revolución de las palabras: la revista "Mujeres Libres"*, Granada, Comares.

Villa García, R. y Álvarez Tardío, M. (2017): *1936: fraude y violencia en las elecciones del Frente Popular*, Barcelona, Espasa.

Villa García, R. (2011): *La República en las urnas: el despertar de la democracia en España*, Madrid, Marcial Pons.

Villalta Luna, A. M. (2020): *Entre líneas: los juicios sumarísimos de la posguerra española* [tesis doctoral], Madrid, UNED [en prensa].

Villares, R. (2021): *Exilio republicano y pluralismo nacional: España, 1936-1982*, Madrid, Marcial Pons.

Viñas, Á. (2019): *¿Quién quiso la guerra civil?: historia de una conspiración*, Barcelona, Crítica.

Viñas, Á. y Blanco Rodríguez, J. A. (coords.) (2017): *La guerra civil, una visión bibliográfica*, Madrid, Marcial Pons.

Vinyes, R. (2002): *Irredentas: las presas políticas y sus hijos en las cárceles franquistas*, Madrid, Temas de Hoy.

VV AA (1990): *Justicia en guerra: jornadas sobre la administración de justicia durante la guerra civil española*, Madrid, Ministerio de Educación.

VV AA (2009): *Las reformas administrativas en la Segunda República*, Madrid, Instituto Nacional de Administración Pública.

Ysàs, P. (2008): "El movimiento obrero durante el franquismo: de la resistencia a la movilización (1940-1975)", *Cuadernos de Historia Contemporánea*, 30, pp. 165-184.

CAPÍTULO 5
CONTRA LA DICTADURA Y POR LA DEMOCRACIA: METAMORFOSIS DE LAS IZQUIERDAS (1956-1996)

En este capítulo también se rompen las cronologías habituales de la historia política. La muerte del dictador en 1975 condicionó la vida política, sin duda, pero los cambios ocurridos en las izquierdas se gestaron desde dos décadas antes. Y esos cambios, ensamblados con las transformaciones socioeconómicas, dieron paso a catorce años de Gobiernos socialistas, bajo cuyos mandatos emergió esa otra España que se cataloga como posindustrial. En concreto, un abanico temporal tan amplio, entre 1956 y 1996, albergó realidades inéditas que le dan coherencia al periodo y se pueden esquematizar en los ocho siguientes hitos: el ascenso del PCE-PSUC a fuerza hegemónica de la oposición a la dictadura desde su política de reconciliación en 1956 hasta la Transición; el eclipse, poco explicado, del anarquismo durante el segundo franquismo; el nacimiento de un nuevo sindicalismo, representado por las Comisiones Obreras; la decadencia de los partidos republicanos en el exilio hasta su práctica desaparición —salvo Esquerra Republicana de Cataluña—, al apropiarse tanto el PCE como PSOE de su tradicional programa reformista y democratizador; el terror de ETA, cuyos verbos de izquierdas con prácticas de nacionalismo totalitario pusieron en peligro permanente la construcción de la democracia; el ascenso del PSOE, por mandato electoral, a responsable de la cimentación del Estado social y democrático de derecho; la fuerza de un feminismo de izquierdas que se hizo realidad institucional con los Gobiernos socialistas; y, en fin, como octavo factor y telón explicativo permanente, las transformaciones propias del cambio de una sociedad agraria a otra industrial que, de inmediato, se convirtió en posindustrial o sociedad de servicios, con los consiguientes vuelcos en la estructura social y en los comportamientos políticos y culturales.

Para explicar el declive del movimiento anarquista, tan decisivo en la historia de España hasta 1939, se alega habitualmente la represión sufrida y las subsiguientes dificultades organizativas. Pero en la trayectoria de la CNT hay que recordar la primacía que tuvo una concepción fundamentalista de los principios sobre el pragmatismo. De este modo, tras la derrota de las guerrillas, no hubo reflexiones estratégicas para luchar contra la dictadura, como tampoco para reajustar desde los años sesenta sus principios y metas a las requisitorias de una nueva clase obrera primero y luego a la realidad democrática organizada en la Transición. En todo caso, que se hunda una utopía por la que lucharon cientos de miles de personas, en demasiados casos practicando la violencia, y también entregando su vida, es motivo para la reflexión sobre la capacidad de cambio de aquellos dogmas políticos que se enarbolan por encima de las esperanzas concretas y las expectativas inmediatas de la sociedad en la que se vive. No cabe duda de que la utopía sueña con una sociedad perfecta como alternativa a las injusticias y destrozos de la sociedad real, y esto puede embelesar a muchas de las personas que sufren esas injusticias. En el camino también plantean mejoras que, en el caso del anarquismo, se tradujeron en conquistas sociales, tal y como se ha expuesto en capítulos anteriores. Ahora bien, el rumbo de una sociedad, con intereses e ideales contrapuestos, está marcado por resistencias recíprocas, y en ese devenir los sueños utópicos, de cualquier signo, tienden a desvanecerse.

En este sentido, es necesario subrayar que el ocaso de los sueños utópicos elaborados en el siglo XIX no solo afectó al anarquismo. Fue un proceso generalizado que es parte fundamental de este capítulo. Posteriormente declinó el comunismo hasta llegar al derrumbamiento del modelo soviético en 1989. Con el desarrollo de niveles de bienestar y los cambios sociales generados por la evolución del capitalismo, el éxtasis religioso generado por toda utopía, incluyendo delirios violentos y totalitarios, se quedó en tal indiferencia social que supuso un desplome político nunca previsto por la intelectualidad militante en las izquierdas. Este proceso fue paralelo a la edificación de unos valores democráticos que tampoco habían sido previstos por los actores políticos de las izquierdas marxistas, quienes pensaban la democracia como una etapa de libertades válida para ampliar su fuerza, conquistar el poder e iniciar las grandes transformaciones que permitieran construir el socialismo. Era lo que el marxismo llamaba la fase democrático-burguesa de tránsito a la dictadura del proletariado. La democracia liberal —pensaban comunistas y socialistas— era un camuflaje del capitalismo para explotar con más tranquilidad al seducir al proletariado con falsas ideas de libertad e igualdad. Un formato político que, sin embargo, podía transformarse, si se aprovechaba, para hacerse más fuertes y así conquistar el poder e imponer la abolición del capitalismo, estableciendo las auténticas libertades del socialismo.

Así pensaban durante la República. Sin embargo, desde la política de reconciliación del PCE y, sobre todo, con la organización de las Comisiones

Obreras, se amplió la conciencia del valor intrínseco de las libertades. Las experiencias concretas de la lucha contra la dictadura fueron cruciales en este giro estratégico. Se sumó la aspiración a homologarse con los países más avanzados de Europa. La democracia liberal, tan denostada, se convirtió de modo progresivo en un sistema insoslayable para la convivencia. No fue la meta prevista por las izquierdas hasta entonces. Es más, surgieron escisiones dentro del comunismo que, entre fines de los sesenta y la década de los setenta, enarbolaron una supuesta ortodoxia marxista para defender e incluso ejercer la violencia revolucionaria. El icono del Che, por recordar solo el mito más publicitado, fue venerado con auténtica fe religiosa por todo el abanico de militancias, desde el PSOE hasta las organizaciones maoístas y trotskistas, incluyendo católicos y curas comprometidos contra las injusticias sociales.

En todo caso, como ocurre en todo proceso histórico, la conjunción de realidades, fuerzas y resistencias desembocaron en inevitables readaptaciones, lo que implicó estrategias totalmente distintas a las sostenidas por las izquierdas en los años treinta, aunque se usaran vocabularios similares. Esto explicaría la desaparición de aquellos tradicionales partidos democrático-republicanos que, desde mediados del siglo XIX hasta la Segunda República, habían enarbolado libertades, derechos y reformas modernizadoras que ahora se convirtieron en el programa tanto del PCE-PSUC como del PSOE. Sin duda, fueron comunistas y socialistas los que enfatizaron la necesidad de incluir tales principios en el texto constitucional de 1978.

Por otra parte, desde la transición a la democracia se desplegaron en España nuevos movimientos sociales con distinta trascendencia: el feminismo ha sido el que mayor vitalidad política ha demostrado; el ecologismo impregnó de nuevos valores a gran parte de la sociedad y de los partidos políticos, aunque sin cuajar en una organización específica; el movimiento de liberación de gais y lesbianas abrió compuertas de libertad e inclusión social; y el pacifismo más la objeción de conciencia alcanzaron logros relevantes en su momento y luego han evolucionado hacia movimientos de solidaridad internacional con una red muy destacable de ONG. Por otra parte, la existencia del terror de ETA desde la década de los setenta ha sido un condicionante para las izquierdas, precisamente por su ambivalencia ideológica.

En todo caso, para descifrar tales procesos de cambios políticos conviene subrayar que nadie tiene el guion completo de un futuro posible, aunque todos cuenten con ideas y planes previos, más o menos precisos. En concreto, en la transición a la democracia, tal y como han planteado bastantes historiadores, sociólogos y politólogos, e incluso protagonistas de los hechos, nunca estuvo escrito el resultado final que, sin embargo, tuvo la virtud de abrir una etapa en la que, precisamente por ser democrática, se vive desde entonces en continua construcción de soluciones políticas. En este sentido, para discernir esos cambios políticos es necesario esbozar el telón de fondo de las transformaciones socioeconómicas desarrolladas desde la década de 1950 a la de 1990. Son datos básicos para entender las evoluciones de las izquierdas.

1. MODERNIZACIÓN ECONÓMICA: HACIA LA SOCIEDAD DE SERVICIOS

En la evolución económica se pueden diferenciar tres etapas: la primera, de crecimiento económico desde 1960, con tal relevancia que fue calificada como "milagro español" por los Gobiernos de la dictadura, pero la crisis internacional del petróleo frenó su ritmo y dio paso a una segunda etapa de estanflación o larga crisis de 1974 a 1985. Los Pactos de la Moncloa de 1977 facilitaron la consolidación de la democracia y el inicio de una recuperación que marcó la tercera etapa en la que, bajo Gobiernos socialistas, se abordaron los desequilibrios estructurales heredados con una drástica reconversión industrial y empresarial, aunque no solventaron todos los problemas, entre ellos el del paro, cuya persistencia se reflejó en la corta crisis de 1993.

Solo cabe esbozar los rasgos más generales. Existe bastante consenso historiográfico en calificar como desastre político y social la decisión de la dictadura de implantar una economía autárquica que entró en un callejón sin salida. A la altura de 1957 tuvo que cambiar los ministerios económicos para dar paso a los tecnócratas con capacidad de dirigir el Plan de Estabilización de 1959 y liberalizar la economía. Se permitió la entrada de capital y tecnología y se abrieron las fronteras a la emigración y al turismo. Aunque no fue completa la liberalización, España se encarriló y se enganchó al extraordinario proceso de expansión capitalista que vivían las democracias de la Europa occidental por los efectos del Plan Marshall y la construcción del Estado de bienestar. Estos países se convirtieron en el modelo a seguir, de tal modo que la dictadura solicitó en febrero de 1962 integrarse en la Comunidad Económica Europea (CEE), pero fue rechazada precisamente por carecer de un régimen democrático.

CRECIMIENTO, EMIGRACIÓN Y DESAGRARIZACIÓN

En todo caso, fueron años con un crecimiento económico sin precedentes, mayor que el del resto de Europa de 1960 a 1973, cuantificado en un 7% anual de aumento del producto interior bruto (PIB), debido a que se partía de un atraso descomunal. Conviene insistir en ciertas cifras: antes de la Guerra Civil, la renta per cápita en España estaba en el 62% del nivel que tenían los países más desarrollados; bajó 20 puntos tras la guerra, en la fase de autarquía, y todavía en 1959 no llegaba más que al 45% de la renta media de Francia, el Reino Unido y

Alemania. A pesar del extraordinario crecimiento de la década de 1960 solo se recuperó la cota de 1935 en 1973, año en que ya había subido al 64% sobre la renta media de los citados países. Se clasificaba a España como país subdesarrollado.

Ahora bien, en muy corto espacio de tiempo cambió profundamente la estructura económica del país. La industria creció una media del 10% anual, fue la locomotora de esta fase de crecimiento capitalista, supuso el 40% del PIB, se diversificó y, además de los núcleos tradicionales de Cataluña, Vizcaya y Asturias, se expandió sobre todo en Madrid y en ciudades como Valencia, Zaragoza, Vitoria, Pamplona, El Ferrol, Vigo, Cádiz, Sevilla, Valladolid… Proseguía lógicamente el peso de Cataluña, con un 49% de la producción industrial, y el País Vasco, con un 24,7%, seguido de Madrid con un 12,8, de modo que las tres zonas suponían el 86,5% de la producción industrial. Es un dato imprescindible para comprender la concentración de la conflictividad laboral desarrollada en tales territorios, con el consiguiente peso político en la Transición. También creció el sector servicios al desarrollarse las administraciones públicas, irrumpir el turismo y ampliarse el comercio interior. Todo ese nuevo entramado socioeconómico implicó una notable subida del poder adquisitivo de la población en general.

Otro dato crucial: los trabajadores del sector industrial y de servicios se surtieron de la abundante mano de obra que sobraba de la agricultura. Por ejemplo, en el grave conflicto del 18 de octubre de 1971 en la SEAT de Barcelona, icono industrial del desarrollo económico con la dictadura, la ocupación y movilización liderada por CC OO, un tercio de los 30.000 trabajadores eran andaluces, incluyendo sus principales líderes. Sumados a los casi 6.000 de ambas Castillas, más gallegos, extremeños y aragoneses, eran el 85% de la clase proletaria por excelencia. Eran jornaleros sin tierra y pequeños propietarios en progresiva pauperización, transformados en obreros industriales.

En efecto, en la agricultura sobraba fuerza de trabajo. En las décadas de 1950 y 1960 se produjo el movimiento migratorio más trascendente de la historia de una España que pasó de ser agraria a convertirse en irreversiblemente urbana, con niveles de industrialización y servicios en constante crecimiento. Se calcula entre seis y ocho millones las personas, entre 1950 y 1970, que emigraron. Esos millones de personas eran campesinos que salieron de niveles de pobreza ancestrales y se transformaron en trabajadores urbanos con salarios estables, expectativas de mejora, con los anhelos y desazones que, por ejemplo, se plasmaron en la novela de Francisco Candel, *Donde la ciudad cambia su nombre* (1957), o con alteración de sus pautas culturales, como se recoge en la película sobre emigración interna de José Mª Forn, *La piel quemada* (1967), o de emigración exterior en la de Roberto Bodegas, *Españolas en París* (1971). Dentro de este profundo movimiento histórico, más de millón y medio en edad laboral emigraron a la Europa industrial más cercana y enviaron remesas que, al aumentar el nivel adquisitivo de sus familias, contribuyeron a la mejora macroeconómica del país. Además, al emigrar la mayoría de los jornaleros de la mitad sur de España, desaparecieron los afanes y angustias por la tierra que habían marcado la agenda política durante las décadas anteriores. No por eso desaparecieron los latifundios, pero tuvieron que mecanizarse en un proceso muy rápido de modernización que, por otra parte, afectó a toda la agricultura.

Las izquierdas tuvieron que cambiar sus perspectivas y estrategias. Las cifras fueron rotundas: la agricultura empleaba en 1950 al 49,6% de la población activa, en 1970 al 24,8 y en 1996 ya había descendido al 8%; su aportación al PIB bajó del 30% en 1950 y el 11% en 1970 al 3,5% en 1993. Esto implicó la fulgurante mecanización del campo, de modo que la tracción mecánica en 1973 suponía el 95%, lo que daría paso a la desaparición de la tracción animal: los burros, mulos y bueyes quedaron para fotografías de añoranza turística. El trasvase de personas activas del campo a la industria y a los servicios adquirió una magnitud y un ritmo inéditos. Ese proceso en Francia, por ejemplo, había requerido el triple de tiempo. Semejante vuelco en las estructuras sociales trasladó el peso político de los problemas del campo a otros nuevos generados en los sectores industriales y de servicios concentrados en las ciudades.

En paralelo, llegaron de Europa el turismo y los capitales. Los turistas pasaron de seis millones en 1960 a 34 en 1973, tantos como españoles. Impulsaron la construcción y los servicios, y agitaron las costumbres. Los capitales extranjeros facilitaron la modernización y la renovación de la maquinaria y tecnología de las industrias y servicios. El 40% llegó de Estados Unidos y el resto desde países europeos (Suiza, Alemania y el Reino Unido, sobre todo), dirigidos a industrias químicas, metalúrgicas y del automóvil, de modo que pasaron a controlar la propiedad de una quinta parte de las 300 empresas más importantes y a compartir la propiedad con otra quinta parte. Así, en torno al 40% de esas grandes empresas ensamblaron intereses nacionales con internacionales. Por otra parte, el capital nacional se canalizó sobre todo a través de la banca privada, que incorporó a los grandes propietarios agrarios, industriales y del comercio: los siete grandes bancos se convirtieron en el centro de poder económico y político, pues gestionaron más de dos tercios de los bienes derivados del ahorro privado, de los valores de la bolsa y de los créditos. Es otro dato para comprender los entramados políticos que se expondrán en los posteriores epígrafes.

LA LARGA CRISIS DE 1973 A 1985

Semejante despegue se frenó en 1973, cuando, tras la guerra de Yom Kipur, los países árabes bloquearon el envío de petróleo a los países que habían apoyado a Israel. Se triplicaron los precios del petróleo en pocas semanas y prosiguieron su aumento, golpeando duramente un sistema monetario internacional ya en crisis por las presiones inflacionistas de una larga fase de crecimiento capitalista desde el fin de la Segunda Guerra Mundial. Repercutió muy directamente en España. Tuvieron que regresar cientos de miles españoles que trabajaban en Europa y quedaron al descubierto la falta de rentabilidad y frágil sostenibilidad de sectores y empresas privadas y públicas favorecidos hasta entonces por los créditos y ventajas concedidos por la dictadura sin haber calibrado sus potencialidades de futuro, como ocurría, por ejemplo, con el sector del carbón asturiano y leonés, nada rentable. Además, los precios, que ya venían subiendo desde 1970, entraron en una fuerte alza por la multiplicación del precio del petróleo, lo que incrementó el déficit comercial un 50%. Simultáneamente, la contracción económica de los países europeos no solo prescindió de emigrantes españoles, sino que frenó el turismo en más de un 30%, y las exportaciones en un 8%.

Comenzó una larga etapa caracterizada por el estancamiento y la inflación, una "estanflación" que aminoró el nivel de vida de las clases trabajadoras. Los sucesivos Gobiernos del último franquismo y de la transición a la democracia trataron de paliar la crisis con medidas compensatorias que, por un lado, lograron mantener cierto ritmo de crecimiento, insuficiente para crear empleo, pero que, por otro, agravó los desequilibrios y las necesidades imperiosas de reajuste en sectores económicos no competitivos. Así, de 1973 a 1976 el PIB español todavía creció un 16% en total, frente al 5,5 de los países vecinos más desarrollados, pero con una inflación interanual del 20%, con un crecimiento del desempleo que alcanzó el triple de los tres años anteriores y un enorme déficit del Estado y de la balanza exterior por cuenta corriente.

Así estaba la economía cuando Adolfo Suárez asumió en julio de 1976 la presidencia del Gobierno. A pesar de la situación económica y de una extraordinaria conflictividad laboral y política, se aceleró la vida política con tal intensidad que, al cabo del año, en julio de 1977, a pesar de las tensiones, conflictos y violencias de distintos signos, se habían legalizado los partidos y sindicatos y se habían celebrado las primeras elecciones libres. Se inició un proceso constituyente decisivo mientras los Pactos de la Moncloa, impulsados por el vicepresidente Fuentes Quintana y firmados por partidos, sindicatos y patronal, permitieron desde octubre de 1977 el necesario ajuste económico para cortar el alza inflacionista de precios y salarios, bajar el déficit público y la consiguiente deuda y evitar, por tanto, que ese endeudamiento alcanzara niveles de ruina social. Esos pactos, con el ajuste inmediato de salarios y la devaluación de la peseta, introdujeron, en contrapartida, la modernización fiscal, con el impuesto de la renta por fin implantado, más la liberalización del sistema financiero y, sobre todo, el nuevo marco de relaciones laborales plasmado en el Estatuto de los Trabajadores (1980).

Tales ajustes, más la política monetaria, redujeron de inmediato la tasa de inflación del 25 al 15%, aunque el crecimiento se estancó de nuevo cuando, al atisbarse su recuperación en 1980, se desató una guerra por territorios fronterizos entre Irán e Irak, dos grandes productores de petróleo. Otra gran sacudida para la economía occidental que para España supuso estancar la inflación en el 15% anual y subir el déficit público del 1,7 a cerca del 6% del PIB. Solo comenzó a recuperarse lentamente la economía cuando, ya con el Gobierno socialista, se abordó la reconversión industrial pendiente desde hacía una década, se alcanzó un tímido crecimiento del 3% y descendió la inflación al 7%, aunque el paro se hizo persistente y alcanzó al 22% de la población activa, tres millones de personas.

La crisis se pudo dar por cerrada desde 1985, cuando un crecimiento superior al 3% permitió la creación neta de empleo. El balance de tan larga crisis ratificó la definitiva desagrarización de la economía española y el camino hacia una nueva sociedad de servicios. Los datos hablan por sí solos: de los 1,7 millones de empleos destruidos, un millón eran agrarios; toda la economía quedó debilitada, pues los 12,6 millones de personas empleadas en 1976 bajaron a 10,9 en 1985, y aquella cifra de 1976 no se recuperó hasta 1990. Ahora bien, aunque no se recuperó el millón de empleos agrarios, en cambio se crearon dos millones de empleos no agrarios, la mitad catalogados como buenos empleos, propios de clases medias de un sector servicios que alumbraba una nueva estructura social.

Existen voces de economistas autorizados que consideran tardías y tímidas las medidas de ajuste que los sucesivos Gobiernos tomaron desde 1974 hasta 1985 —los últimos de la dictadura y los primeros de la democracia, de signo UCD y PSOE—. Superaron la larga crisis, sin duda, y lograron cerrar un escabroso proceso de tránsito de una dictadura a un sistema democrático plural con un vigoroso respaldo de la ciudadanía española. Estos economistas reprochan que postergasen medidas de reestructuración industrial y empresarial que tuvieron que realizarse en la década siguiente, aunque reconocen que hubo en la sociedad un objetivo prioritario: construir la democracia. Lo cierto es que en la década de 1980 se respiraban unos aires y afanes que Miguel Ríos supo plasmar en los versos de su canción: "Este es el tiempo del cambio, el futuro se puede tocar…". Y así ocurrió: el cambio se identificó con modernización económica y con una modernidad sociocultural que superase los lastres y retrasos de cuarenta años de dictadura.

RECONVERSIÓN Y CRISIS DE 1993

Dicha modernización supuso costes importantes. La reconversión industrial obligó al Estado a la fabulosa inversión de 1,5 billones de pesetas, afectó a 800 empresas y redujo oficialmente 83.000 empleos. Quedaron devastadas sobre todo las industrias de Asturias y de Vizcaya, con un 30% de parados en las poblaciones que durante cien años habían sido locomotoras del sector minero, metalúrgico y naval, a lo que hay que sumar miles de familias de los talleres, tiendas y pequeños negocios que dependían del espacio de riqueza que generaban las grandes empresas y que no disfrutaron de las ventajas que lograron los sindicatos para las plantillas de las grandes empresas. En ese contexto, se reformó en 1984 el Estatuto de los Trabajadores para flexibilizar el trabajo con la idea de crear empleo, lo que se tradujo en nuevos contratos de "duración determinada" en lugar de los indefinidos, fórmula que permitió a los patronos la rotación de trabajadores y cierto camuflaje de las cifras del paro. Además, se abarató el despido y en la reforma del Estatuto de 1994 se introdujo la nueva figura del despido colectivo.

Se extendió de este modo una economía temporal y, en gran parte, sumergida de trabajos no sometidos a regulación formal que en 1990 se calculó como una quinta parte del empleo, dato relevante para resaltar la precariedad laboral en aquellos años de prosperidad. Creció la masa de jóvenes con contratos temporales, de un 23% en 1988 al 33,5% en 1992 y al 34% en 1996. Obviamente no faltó la conflictividad laboral: el 14 de diciembre de 1988 tuvo lugar una huelga general que, por primera vez en la historia, paralizó de modo fehaciente toda España. En cualquier caso, desde 1986, aprovechando el contexto mundial de bajada del petróleo y menores tipos de interés, más la entrada en la Comunidad Europea, comenzaron a crearse más de 300.000 empleos anuales que fueron casi 500.000 en 1989. El PIB crecía un 5% con datos estructurales nuevos: el peso de la industria, tras la reconversión, había bajado del 30,6% de 1979 al 27% en diez años; mientras que el sector servicios había escalado al 60%. En paralelo, el gasto público había subido del 33% de 1979 al 41,5% en 1990, todavía a distancia del 46,3% de la Comunidad Europea.

Así, en el año de las Olimpiadas y la Exposición Universal, 1992, el PIB por habitante había subido notablemente: del 57% de 1979 del promedio de la Comunidad Europea al 67% en 1992. Fue un año de euforia y reconocimiento internacional que terminó de modo brusco: de septiembre de 1992 a mayo de 1993, el Gobierno tuvo que devaluar tres veces la peseta. Ocho meses de crisis galopante que, iniciada por el estallido de la burbuja inmobiliaria en Japón en 1990, tuvo impactos retardados gracias a las inversiones públicas acumuladas en torno al 92. Se sumó que en 1993 hubo la peor sequía del siglo XX, con duras repercusiones en el sector agrario andaluz. La recesión, con caída negativa del PIB y aumento del déficit, elevó el paro del 16% a un calamitoso 24%. Los gastos de la Seguridad Social en pensiones, desempleo y sanidad produjeron por primera vez déficit y el Gobierno decidió limitar la prestación mínima a los parados sin hijos en un 25% del salario mínimo interprofesional. Las negociaciones con sindicatos, patronal y partidos permitieron la celebración del Pacto de

Toledo (1995), que solventó la financiación de la Seguridad Social, aunque sus medidas no entrarían en vigor hasta 1997, de modo que el déficit en las cuentas de la Seguridad Social persistió. Se logró así una rápida salida de la crisis y, ya en 1996, se crearon medio millón de empleos. Sin embargo, el Gobierno, al no contar con apoyos para aprobar los presupuestos, tuvo que convocar elecciones; ganó el PP y los Gobiernos de Aznar primero y desde 2004 los del socialista Zapatero cabalgaron sobre un nuevo ciclo de prosperidad y creación de empleo que duró hasta 2008.

CAMBIOS SOCIALES Y EFECTOS POLÍTICOS

En cualquier caso, entre la década de 1960 y la de 1990, de los Gobiernos tecnócratas de la dictadura a los Gobiernos socialistas, con distintas crisis económicas en medio, la sociedad española experimentó dos transformaciones cruciales: la expansión de la educación, erradicándose la lacra histórica del analfabetismo contra la que tanto habían luchado las izquierdas desde el siglo XIX, y el acceso de las mujeres tanto a la educación como al mundo laboral. Un dato revela ambos cambios: un 28% de las mujeres nacidas entre 1936-1940 carecía de estudios básicos; sin embargo, de las nacidas entre 1976-1980, esta cifra se redujo a un 1%; es más, en esta última cohorte de 1976-1980, las mujeres alcanzaron mayores niveles educativos que los hombres de su edad: el 71% obtuvo títulos de bachillerato superior, formación profesional o de nivel universitario frente al 61% de los varones. Más aún, desde la generación de 1955-1964 hay más mujeres que hombres con titulación universitaria, de modo que en un muy corto periodo histórico la sociedad española convergió en esa faceta educativa con los países más desarrollados. Sin embargo, esa generación tuvo un desequilibrio importante: fue mayor el porcentaje de mujeres que no accedieron al nivel de bachillerato superior, lo que explicaría, en parte, la persistencia de familias tradicionales con la mujer sin un trabajo a tiempo completo fuera del hogar.

Semejante transformación del nivel educativo supuso un cambio profundo en el valor otorgado al capital humano. Si en la década de 1960 apenas un 8% de la población activa tenía estudios medios o universitarios, en 1996 era casi un 60% la que gozaba de esos niveles. Además, se redujeron notablemente las diferencias en las tasas de actividad por sexo, una asimetría que persistió acompañada de una primera fase con dualidad entre los jóvenes, con unos niveles educativos muy superiores a los de los adultos. Sin embargo, desde los años ochenta, con los socialistas, se impulsaron medidas para equilibrar las posiciones de las mujeres y en los años noventa comenzaron a reducirse los efectos del retraso educativo de los adultos. Por eso, desde los noventa creció con inusitada velocidad una demanda de estudios posobligatorios (medios y universitarios) impulsada sobre todo por las familias. Otros datos significativos: la mejora del nivel formativo de los empresarios, de los que un 40%, a la altura de 1995, ya tenían estudios posobligatorios, y entre los directivos más de un tercio ya eran universitarios.

Es importante subrayar la expansión de los estudios posobligatorios porque supuso la mejora de las cualificaciones de los trabajadores en todos los sectores económicos, aunque fueron los servicios —públicos y privados— y la industria los que más trabajadores cualificados atrajeron. Por otra parte, las mejoras educativas se produjeron en todas las Comunidades Autónomas de modo equitativo, de modo que se superó el retraso educativo de décadas anteriores y se desplegó una progresiva convergencia con los países más desarrollados de Europa. Hay que recordar que en los análisis del capital humano se calcula, en promedio, que cada trabajador activo cualificado equivale en términos productivos a 3,8 trabajadores no cualificados, pues el capital humano debido a la educación tiene un grado de utilización superior al capital debido solo a la experiencia.

La relación entre capital humano, actividad y empleo presenta realidades sociales que conviene subrayar para entender igualmente los nuevos requerimientos a los que tenían que hacer frente los partidos de izquierdas y los sindicatos de clase. Se constataron durante la citada crisis de 1993, cuando la destrucción de empleo afectó sobre todo a los trabajos de baja cualificación y, sin embargo, se crearon empleos de nivel educativo superior. En efecto, el sector servicios ha crecido desde la década de los ochenta de modo estructural, casi linealmente, con cierta independencia de las crisis económicas, aunque lógicamente crece más en las fases expansivas. De igual modo, conviene precisar que la clase obrera tradicional estuvo más afectada por los ciclos económicos: de 1977 a 1985 se perdió un millón de empleos industriales cualificados, se bajó del 29,6 al 24,5% de la población activa y luego en la fase expansiva solo se recuperó hasta el 25%; volvió a descender al 21% en la crisis de 1993 y se estabilizó desde 1996 en un 22%. Por su parte, el proletariado no cualificado, que incluye al de servicios, pasó del 13,5% de 1977 al 20,5% en 1996.

Son datos contradictorios, pero hay que recordar que, en ese mismo sector servicios, tan amplio e impreciso sociológicamente, es donde crecen los mejores empleos (profesiones liberales, educación, sanidad, administración, directivos de empresas, etc.) y también los peores, los realizados por trabajadores no cualificados. Esto obliga a tener presente que la simbiosis en las décadas de los sesenta y setenta entre desagrarización e industrialización, más el despegue del sector servicios, tuvo un proceso no previsto desde los años ochenta al sobrevenir la desindustrialización y la creciente expansión del sector servicios. Tales variaciones en los procesos productivos reestructuraron las clases trabajadoras con resultados insólitos: desapareció prácticamente el enorme peso del jornalero en la mitad sur de España, que desde los años sesenta y setenta emigró y se transformó en obrero industrial, en su mayoría en medianas y grandes empresas, con relativa estabilidad dentro de la misma España o en Europa. De inmediato, desde los ochenta estos empleos fueron sustituidos por nuevos trabajos del sector servicios con esa dicotomía interna ya señalada entre profesionales cualificados y nuevos empleos sin cualificar, precarios en su mayoría. Sin duda, las estrategias y metas de las izquierdas, con la aspiración a la emancipación de la humanidad de la mano de un proletariado consciente, tuvieron que repensarse. Se verá a lo largo de este capítulo.

En resumen, entre 1956 y 1996 tuvieron lugar las más importantes transformaciones socioeconómicas de la historia de España. Primero, se pasó en las décadas de 1950 y 1960 de una sociedad con una fuerte impronta agraria a otra de plena industrialización con unos cambios demográficos y sociales que posteriormente se ampliaron en la segunda fase que, desde la década de los noventa, tras la reconversión industrial, supuso la primacía del sector servicios. Tales procesos modificaron radicalmente las expectativas que tradicionalmente habían tenido las clases populares y medias. Por ejemplo, la reforma agraria, que tanta intensidad política y tantos apasionamientos había concitado durante un largo siglo, se disolvió y desapareció como aspiración de izquierdas. El crecimiento espectacular de la España urbana y la concentración en grandes ciudades de las masas de campesinos emigrados en barrios insalubres generó el movimiento vecinal, tan decisivo en la lucha contra la dictadura, así como el asociacionismo de amas de casa. Posteriormente, con las libertades y el aumento del nivel educativo, más las movilizaciones sociales ocurridas en otros países, emergieron movimientos como el feminismo, la objeción de conciencia, las reivindicaciones ecologistas y las exigencias de libertad y dignidad de lesbianas y gais.

Esta nueva demografía albergó, por otra parte, un proceso de secularización tan vertiginoso como excepcional en la historia de España: se disolvió el conflicto religioso, por más que hubiera campañas vehementes de sectores conservadores y eclesiásticos contra las leyes del divorcio, de la interrupción del embarazo o se apoyara el uso de los preservativos. Es más, durante la segunda etapa de la dictadura, amplios sectores de la Iglesia católica fueron decisivos para la llegada de la democracia. Se esfumó aquel anticlericalismo tan apasionado y violento del primer tercio del siglo XX. Quedaron residuos que incluso se incubaron esta vez en círculos de fanáticos ultratradicionalistas.

No es de extrañar, por tanto, que, a lo largo de este capítulo, se compruebe que las decisivas movilizaciones de las clases trabajadoras, contra la dictadura primero y luego bajo la democracia, ocurrieran en las ciudades más grandes, donde se concentraban los dos sectores, industrial y de servicios, locomotoras de la economía y de la sociedad en su conjunto. Desde esos espacios sociales se destruyeron los apoyos de la dictadura y se articularon las exigencias de un sistema democrático con derechos sociales. No calaron las propuestas utópicas y tampoco hicieron mella —aunque sí mucho sufrimiento de cárcel— la persecución y represión practicadas por la dictadura.

En esas luchas se desplegó una cultura de pacto social, en especial desde el PCE-PSUC y CC OO, que arrinconó la idea de la lucha de clases como motor de la historia. Posteriormente, con el ascenso de la sociedad posindustrial y la integración en la Comunidad Europea, se añadieron pautas de flexibilización e individualización en las relaciones laborales que fragmentaron la idea de una clase obrera organizada de modo compacto para la revolución. En contrapartida, los tradicionales sindicatos de clase se institucionalizaron, con reconocimiento constitucional, y adoptaron pautas socialdemócratas, tras convocar cuatro huelgas generales precisamente contra los Gobiernos socialistas. Por último, pero no menos importante, el acceso de las mujeres a la educación y al trabajo fuera del hogar cambió progresiva y contundentemente no solo la estructura del mercado laboral desde 1960, sino que impulsó las demandas de esta mitad de la población que durante la democracia encontró voz propia mediante el feminismo institucional. Semejantes simbiosis entre cambios económico-sociales y cambios políticos se desgranarán en los siguientes epígrafes.

2. POLÍTICAS DE RECONCILIACIÓN Y MOVILIZACIÓN SOCIAL Y CULTURAL (1956-1966)

La década de 1950 ha quedado engullida entre la represión, la autarquía y el hambre de los cuarenta y el desarrollismo, el seiscientos y las movilizaciones finales de los sesenta. Sin embargo, a pesar de que en los cuarenta el miedo y consiguiente enmudecimiento permitieron sobrevivir a la dictadura, la sociedad no se detuvo, porque en todo momento los intereses, aspiraciones y esfuerzos de millones de voluntades siempre entretejen cambios no programados en cualquier proceso histórico. Así ocurrió en esos años, de los que ya se ha expuesto cómo en 1951 la huelga de tranvías de Barcelona dio un aldabonazo ni programado por la oposición ni imaginable para la dictadura. Más aún, se desplegó un cambio silencioso y decisivo, el crecimiento del bachillerato que, según tesis de Julio Carabaña, "precedió más que sucedió al de la industrialización". Es una tesis novedosa que la derrota de la izquierda en 1939 no supuso borrar sus ideas, aunque la represión lo intentase, sino que, a pesar de las circunstancias económicas tan adversas durante los cuarenta y cincuenta, el "fervor educativo de la izquierda" pudo desarrollar el recurso a la escuela "como estrategia individual de movilidad social tras el fracaso de la estrategia colectiva que fue el intento de revolución". Es más, sugiere que "las dos Españas, no una de ellas, se habrían vuelto en esta conjetura hacia el trabajo y hacia la enseñanza desde sus experiencias, tan distintas y pese a ello tan iguales, en la Guerra Civil".

Así, este cambio tan escasamente subrayado explicaría los movimientos subterráneos que se estaban produciendo, además de esos otros hechos muy conocidos como los acuerdos firmados por la dictadura con los Estados Unidos y el Vaticano en 1953, que, sin duda, fueron relevantes. En este sentido, puesto que hablamos de historia, no sobra recordar que en la temprana fecha de 1952 Vicens Vives, catedrático en Barcelona, publicó una *Aproximación a la historia de España* donde rescató las propuestas de lo que llamó "los periféricos [del 98], sobre todo los catalanes, [que] predicaron una solución optimista, construccionista, económica, burguesa e historicista" para resolver esos debates sobre el "problema" de una "España sin problema" que debatían falangistas y católicos, o el enigma y el ser de la esencia nacional de España que preocupaban a dos intelectuales republicanos en el exilio, Claudio Sánchez-Albornoz y Américo Castro.

Por otra parte, la reconstrucción de la Europa occidental mediante el Plan Marshall bajo la dirección de Gobiernos socialdemócratas y democratacristianos, según el país, reforzó los valores de libertad y democracia al aplicar medidas de bienestar social para las clases trabajadoras. Además, los socialdemócratas se debatían entre dejar o no de lado el marxismo y la revolución. En Bad Godesberg (1959) la socialdemocracia alemana se despojó oficialmente del marxismo y aceptó la economía de mercado. En paralelo, al otro lado del Atlántico, descollaba como espejo de futuro aquella "sociedad de la opulencia" (*Affluent Society*) de los Estados Unidos, donde en torno al 80% de las familias alcanzaba un nivel de confort y consumo codiciable con nuevas viviendas, automóviles y electrodomésticos (televisor, lavadoras, etc.). Era el *"American way of life"* que se propagaba desde la industria cinematográfica y musical, aunque también dieran cabida a nuevas formas de descontento en esa misma sociedad norteamericana, como la subcultura *greaser* —recuérdense películas como *Semilla de maldad* o *Rebelde sin causa*, ambas de 1955—, y que en España tuvo ecos inmediatos, aunque minoritarios, con la formación de grupos de *rock & roll* como los Estudiantes, los Pájaros Locos y los Rocking Boys en 1957. Año también de publicación de la novela de Carmen Martín Gaite, *Entre visillos*, que reflejaba las vidas insatisfechas de unas chicas que, entre otras más conformistas, aspiraban, por el contrario, a ser independientes y romper con los corsés tradicionales.

Más aún, se había recuperado el realismo social o "realismo crítico" como fórmula literaria de testimonio, denuncia y compromiso político para concienciar, liberar y transformar a los lectores con metas de emancipación, más o menos explícitas. Entre mediados de los cincuenta y los primeros sesenta, una espléndida nómina de autores como Dolores Medio (*Los que vamos a pie*, 1963), Juan Goytisolo (*Campos de Níjar*, 1960, y *La Chanca*, 1962), Alfonso Grosso (*La zanja*, 1961) y Caballero Bonald (*Dos días de septiembre*, 1962), entre otros igualmente importantes que denunciaron las relaciones de explotación, desigualdades, opresiones y miedos de una sociedad marcada por el dolor y la injusticia, mientras *Tiempo de silencio* de José Luis Martín-Santos, en 1962, marcaba un punto de no retorno en la novelística española de esos años. Ya se han expuesto en el anterior capítulo otras obras literarias que abrieron respiraderos culturales muy notables con la poesía social de Blas de Otero y Gabriel Celaya y en el cine con las obras de Berlanga y Bardem, a las que se unieron *El pisito* (1958) de Ferreri y Azcona, y *Los golfos* (1959) de Saura, Camus y Sueiro; o, por ejemplo, en 1960 las propias autoridades franquistas, para darse aires de modernidad y cambio, negociaron con el MoMA y el Gugenheim de Nueva York la promoción de jóvenes artistas rebeldes como Tàpies, Antonio Saura y Manuel Millares.

ASCENSO DEL PCE-PSUC: MANIFIESTO DE RECONCILIACIÓN

Los hechos antes enunciados ¿eran simples coincidencias?, ¿réplicas generacionales?, ¿o expresión de renovaciones y cambios sociales y culturales? El hecho es que, en 1956, a los veinte años del inicio de la Guerra Civil, sucedieron dos acontecimientos relevantes para las izquierdas: la revuelta que en febrero unió contra la dictadura a los hijos de vencedores y vencidos de la guerra, compañeros de pupitre en la universidad madrileña, y en julio la declaración del PCE afirmando "solemnemente estar dispuesto a contribuir sin reservas a la reconciliación nacional de los españoles, a terminar con la división abierta por la guerra civil y mantenida por el general Franco".

La revuelta de estudiantes, aunque solo fue en Madrid y solo estudiaba una minoría privilegiada, quizás por estas dos circunstancias hizo crujir las vigas que sostenían la dictadura y logró impactos en el régimen, con eco en la prensa internacional. En efecto, un manifiesto, redactado por Miguel Sánchez-Mazas, abrió el ataque contra el SEU, Sindicato Español Universitario, montado por los falangistas durante la República e impuesto por la dictadura. Exigían un Congreso Nacional de Estudiantes que, elegido libremente, plantease al Gobierno "un cambio de perspectiva para el bien de España" y sacar, por tanto, a la universidad de una "humillante inercia" de "ineficacia e intolerancia", con "maestros eminentes apartados por motivos ideológicos y personalistas" y titulados sin perspectivas profesionales. Los universitarios del SEU reaccionaron atacando a los promotores del escrito con alteraciones violentas en las calles que perturbaron los equilibrios entre las familias políticas del régimen. El dictador cesó al ministro de Educación, el católico Ruiz-Jiménez, y al del Movimiento, el falangista Fernández-Cuesta, más al rector, el falangista Laín Entralgo, y al decano de Derecho. Lo más significativo es que fueron detenidos por estas protestas los hijos de familias de recia militancia en la Falange o de clases pudientes, como el citado Sánchez-Mazas, además de Javier Pradera, Enrique Múgica, Ruiz

Gallardón, Ramón Tamames, Jesús Ibáñez, Vicente Girbau o Manuel Ortuño, entre otros.

Militantes del PCE, como Pradera, en contacto con Jorge Semprún, junto a miembros de la recién constituida Asociación Socialista Universitaria (ASU), como Francisco Bustelo, prosiguieron con actividades de agitación, exigiendo la libertad de los encarcelados y la reposición del rector y el decano cesados. Aprovecharon el significado del 1 de abril, fiesta de la victoria para el régimen y de la derrota para los vencidos, y lanzaron otro manifiesto ya con mayor calado político, redactado entre Javier Pradera y Jorge Semprún, donde plasmaron, con la fórmula tan rotunda de "nosotros, los hijos de los vencedores y de los vencidos", la necesidad de superar "un régimen que no ha sido capaz de integrarnos en una tradición auténtica, de proyectarnos a un porvenir común, de reconciliarnos con España y con nosotros mismos". Además, denunciaron la represión del Gobierno, rechazaron el monopolio del SEU y convocaron una huelga que no tuvo eco, por más que el PCE trató de promover su movilización.

En definitiva, en estos acontecimientos se manifestó la capacidad del PCE, gracias sobre todo al citado Semprún, para atraer a las generaciones nacidas bajo la dictadura y, por tanto, para encauzar todo tipo de descontento o malestar contra el régimen. Era justo el momento en que militantes como Fernando Claudín y Jorge Semprún, ante el reconocimiento internacional de España por la ONU, plantearon la necesidad de trabajar, por un lado, dentro de las instituciones y organizaciones del interior, y, por otro, ampliar su radio de influencia luchando con cuantos estuviesen a favor de valores de libertad y pluralismo ideológico contra la dictadura. Ya en septiembre de 1954, el V Congreso del PCE había aprobado la táctica de crear un frente amplio de fuerzas democráticas para liquidar la dictadura y restablecer las libertades, con elecciones para decidir el sistema político.

Fue en julio de 1956, tras la revuelta estudiantil y en el reciente contexto de la desestalinización, cuando se superaron las disputas entre dirigentes y, a pesar de las reticencias de Pasionaria a escuchar a "intelectuales capaces de discutir de lo divino y de lo humano, con concepciones personales sobre todo y sobre todos", se afianzó la dirección de Santiago Carrillo con el apoyo de sus antiguos camaradas de las JSU, Claudín, Grimau, Romero Marín e Ignacio Gallego, más Gregorio López Raimundo en la dirección del PSUC, y la inclusión de cuadros del interior (Sánchez Montero y Semprún). Estos nuevos dirigentes, para romper el "anquilosamiento" del partido, ensimismado en el enaltecimiento de su pasado, se lanzaron a una estrategia radicalmente innovadora: la "Reconciliación Nacional".

En un aniversario tan crucial como el 18 de julio, festivo para los vencedores y doloroso para los vencidos, se hizo público el giro impulsado entre Claudín y Carrillo: la *Declaración del Partido Comunista de España. Por la reconciliación nacional*. Se basaba en "la posibilidad de un entendimiento para la lucha contra la dictadura entre fuerzas que veinte años antes habían combatido en campos opuestos". Se consideraba madura la situación política para alcanzar la unión de los "movimientos democráticos burgueses" del interior de España, aunque algunos procediesen de "sectores disconformes de la derecha" o incluso de "la propia Falange". Se trataba de sumar a todas las fuerzas antifranquistas en la "lucha por las libertades democráticas" y, en consecuencia, el Comité Central exigía categóricamente "cancelar responsabilidades de la guerra civil y la posguerra" e insistía en "suprimir la dictadura sin pasar por una nueva guerra civil". Lo explicaba de modo concluyente:

Nosotros entendemos que la mejor justicia para todos los que han caído y sufrido por la libertad consiste, precisamente, en que la libertad se establezca en España… Una política de venganza no serviría a España para salir de la situación en que se encuentra. Lo que España necesita es la paz civil, la reconciliación de sus hijos, la libertad.

Se pasaba página, por tanto, sobre la guerra. La épica de la lucha contra el fascismo perdía su lugar central en el discurso comunista. Quería recoger el sentir de la generación de españoles que no habían empuñado las armas, que no querían oír hablar de más violencias, aunque se pensaran como revolucionarias, puesto que tenían delante el espejo de las democracias occidentales donde mirar los niveles de desarrollo material y cultural. En cualquier caso, el PCE-PSUC se mantenía fiel a la Unión Soviética, pues ese mismo año no denunció la represión con tanques de la revolución de Imre Nagy en Hungría, hecho que Franco aprovechó para ofrecer un ejército de voluntarios, con Muñoz Grandes al frente, y legitimarse como anticomunista ante las democracias occidentales (fue cuando llegaron unos pocos refugiados, entre ellos los futbolistas Puskas, Kocsis y Czibor). Lógica aparentemente contradictoria: unos meses antes el PCE había apoyado la decisión de la URSS de aceptar la entrada de España en la ONU a cambio del ingreso de cinco "democracias populares", interpretándolo como "una victoria de la política de paz, de coexistencia pacífica, que encabeza la URSS".

Por otra parte, este escenario de Guerra Fría permitió a la dictadura convertir el comunismo en el enemigo por antonomasia de España. Dejaron de hablar de masones, socialistas o anarquistas para concentrar toda la artillería contra el comunismo. Sin embargo, a pesar de la persecución y vigilancia constante, con redadas y encarcelamiento de militantes, los apoyos al PCE-PSUC y a su plan de reconciliación se incrementaban desde los espacios socioculturales y laborales que aspiraban a construir una democracia. Además, la abnegación del militante comunista se convirtió en modélica. En el lenguaje político se abrió paso la idea de democracia como meta política y también como procedimiento pacífico de oposición. Supuso un punto de encuentro que difuminó divisorias entre vencedores y vencidos, por un lado, y amplió, por otro, la fuerza de quienes desde los años sesenta pusieron la mirada en la Europa democrática. Un proceso que implicó a socialistas y republicanos del exilio y a los demócrata-cristianos, exfalangistas y disidentes del interior. Conviene reiterar que hasta el propio Gobierno tecnócrata de la dictadura solicitó en 1962 adherirse a la Comunidad Económica Europea (CEE), pero la petición fue rechazada por no existir democracia en España. El PCE-PSUC lanzó una campaña de boicot a dicha solicitud de adhesión remachando el argumento de que en la CEE solo cabía un sistema democrático.

Fue una estrategia compartida por las demás fuerzas de oposición, aunque con disparidades e incluso propuestas minoritarias que mantuvieron la insurrección como método para derrocar la dictadura. En concreto, en 1957 el Gobierno republicano en el exilio logró en los Acuerdos de París la unidad con grupos del interior opuestos a la dictadura como los de Tierno Galván, Ridruejo e incluso el apoyo de Gil-Robles, todos con la meta de alcanzar una democracia liberal. Sin embargo, en 1960, Martínez Barrio, presidente de la República, en un banquete de fraternidad republicana en París lanzó la soflama de que "todos los reinos, incluso el de Dios, se conquistan por la violencia, que unas veces se ejerce sobre las cosas y otras sobre las clases" y mantuvo contactos con partidarios del recurso a la violencia como Ángel Galarza, ministro socialista durante la guerra, y otros personajes como Alberto Bayo (instructor de los guerrilleros de la Revolución cubana) y Valentín González "el Campesino". Se escenificó una vez más la división constante de los republicanos, pues al año siguiente José Maldonado, presidente de ARDE, firmó el pacto de la Unión de Fuerzas Democráticas y en 1962 asistieron algunos de ellos a título personal al Congreso del Movimiento Europeo que aprobó en Múnich el acuerdo, luego ratificado por el Gobierno de la República en el exilio, de utilizar "el procedimiento pacífico y democrático para restablecer en España la paz y la libertad interiores [...] dentro de una Europa libre".

Conviene recordar en este punto la creación de un Movimiento Europeo, cuyo primer congreso, celebrado en mayo de 1948 en La Haya, había impulsado la necesidad de convertir a la Europa democrática en referente con voz propia en el mundo bipolar de la Guerra Fría. Sumó a políticos de izquierdas y derechas, entre los que destacó el español exiliado Salvador de Madariaga. Asistieron a este congreso otros exiliados como el socialista Indalecio Prieto, el catalanista Josep Trueta, investigador médico en Oxford, y el lendakari José Antonio Aguirre con su mano derecha, Javier de Landáburu. Al año siguiente se creó, como parte de ese movimiento, el Consejo Federal Español que unió a republicanos liberales, con Madariaga al frente, socialistas como Rodolfo Llopis y Luis Araquistáin (girado hacia la socialdemocracia), federalistas catalanes como Pi i Sunyer o Bosch Gimpera y demócrata-cristianos del PNV.

Apostaron por la democracia para homologar España con la Europa occidental, defendieron la pluralidad política y también cultural, con una clara oposición al comunismo y con propuestas federales sostenidas sobre todo por vascos y catalanes. Importante fue su empeño en conectar el exilio con el interior creando una red de grupos favorables a la federación europea en ciudades españolas, formados por demócrata-cristianos y socialistas con nombres desde Gil-Robles y Dionisio Ridruejo hasta Aguilar Navarro, Sainz de Varanda y Tierno Galván. El fruto de estos contactos se comprobó en el IV Congreso del Movimiento Europeo celebrado en Múnich en 1962, al que asistieron más de cien representantes de todas las fuerzas opuestas a la dictadura, del exilio y del interior de España, excepto el PCE. Fue importante por la unidad que exhibieron liberales monárquicos, democristianos, socialistas y nacionalistas vascos y catalanes a favor de la democracia como única salida a la dictadura, con el reconocimiento de "las distintas comunidades naturales".

UN NUEVO MOVIMIENTO OBRERO DE CATÓLICOS Y COMUNISTAS

Ahora bien, el movimiento social de mayor envergadura, que agrietó la columna vertebral del régimen, se produjo entre los obreros. Surgió un nuevo sindicalismo en el mundo de las relaciones laborales de la España industrial, de entre una masa de campesinos recién llegados a las ciudades. Desde mediada la década de 1950 comenzaron a formarse en las fábricas, talleres y minas comisiones de obreros no vinculadas ni con el sindicato oficial de la dictadura ni con los sindicatos tradicionales, que apenas si lograban salir de la clandestinidad. Ni siquiera la dirección del PCE-PSUC lo consideró relevante. Desde 1955 el periódico portavoz del comunismo, *Mundo Obrero*, daba noticias, facilitadas por Semprún, de la existencia de esas comisiones y planteaba la necesidad de ensamblarlas con los pocos enlaces sindicales que el PCE había logrado infiltrar en las elecciones sindicales de 1954, pues se había suprimido la necesidad de tener carnet de falangista para ser candidato.

En la organización de estas comisiones informales fueron decisivas las militancias aportadas por la HOAC (Hermandad Obrera de Acción Católica), creada en 1946, con su par femenina, la HOACF (Hermandad Obrera de Acción Católica Femenina) y también desde 1947 la JOC (Juventud Obrera Cristiana, que procedía de Francia y en España se dijo Juventud Obrera Católica). Al disfrutar ambas organizaciones de la legalidad y del amparo de las jerarquías eclesiásticas, podían moverse con soltura e incluso albergar posiciones críticas sin alterar las normas. Ambas mantuvieron un discurso doble, el oficial que exhibían sus dirigentes, con el cardenal primado a la cabeza, afín a la dictadura, y otro de resistencia práctica de sus afiliados, que, con una lectura alternativa del mensaje evangelizador, desde mediados de los cincuenta habían elaborado un discurso contra el "régimen de ilegalidad" y a favor de la "dignidad obrera". Los cristianos de base, como se llamaron, hicieron de los desfavorecidos su prioridad evangélica y se mostraron abiertos a cuantas aportaciones del marxismo o del anarquismo considerasen valiosas para atender a los más débiles y situar a la persona en el centro de la sociedad. Aunque tan contrarios al comunismo como al capitalismo, consideraron imprescindible la socialización de la economía y la redistribución de las riquezas. Más que un actor colectivo hubo ante todo trayectorias individuales comprometidas con las reivindicaciones laborales e implicadas en las huelgas. Compartieron así con los comunistas esas comisiones obreras formadas en fábricas y talleres al margen o enfrente de los representantes sindicales falangistas.

Así se produjo la convergencia de personas cuyos respectivos idearios hasta entonces habían sido antagónicos. Formaron unas "comisiones obreras" no para el choque frontal contra los patronos, sino para hacer reclamaciones colectivas contra el incumplimiento de las normas laborales implantadas por el propio régimen o solicitar mejoras. En estos primeros momentos, la conflictividad se movió en las lindes de la ley. Paradójicamente fue la ley de convenios colectivos sindicales promulgada en abril de 1958 la que facilitó la acción de tales comisiones. Con esa ley se trató de encauzar las movilizaciones laborales, ya palpables, para lo que se implantó que fuesen los representantes de empresarios y trabajadores los negociadores de salarios y condiciones de trabajo, en lugar del Ministerio de Trabajo, que solo ratificaría o rechazaría. Eso sí, dentro del Sindicato Vertical u Organización Sindical Española (OSE), oficialmente falangista. Esta medida, más la supresión de la militancia falangista para ser elegido "enlace sindical" (se evitaba la palabra "representante" en el vocabulario de la dictadura), abrió oportunidades para que obreros no afiliados ocupasen los espacios de negociación de los convenios colectivos y, por tanto, se erigiesen en portavoces de los trabajadores.

En este nuevo panorama legal, el PCE-PSUC, como partido mejor organizado en la clandestinidad, pudo atraer y convencer —como militantes o simpatizantes— a cuantos trabajadores se mostraban más activos contra los modos de explotación laboral. Además, la mayoría de estos trabajadores no había vivido la República ni percibía la presencia de los sindicatos históricos, UGT y CNT, paralizados por la clandestinidad y la represión. Se fraguó así un nuevo movimiento obrero. La temprana monografía dirigida por David Ruiz más las investigaciones posteriores han profundizado en la heterogeneidad y características desarrolladas en cada espacio laboral desde fines de los cincuenta y a lo largo de los sesenta. Surgió y se desarrolló en las provincias ya citadas donde se concentró el desarrollo industrial, desde Asturias y Vizcaya a Barcelona, Madrid, Valencia, Sevilla, y en ciudades como Vigo, El Ferrol, Zaragoza, Valladolid, Ponferrada o Puertollano, además de comarcas agrarias como la vinícola de Jerez, La Manchuela en Albacete o las Comisiones agrarias en Galicia...

El momento decisivo fue la primavera de 1962, cuando una oleada de huelgas inundó espacios destacados de la producción nacional. Se desencadenó en las minas asturianas contra las sanciones aplicadas a unos picadores que habían protestado por la organización de turnos y los precios del destajo. Se produjeron huelgas solidarias en la zona minera e industrial, tan pacíficas como insospechadas, en apoyo a los mineros, con un especial activismo de las mujeres. Se calculan más de 60.000 obreros de todos los sectores productivos. Destacó la sintonía de los militantes de las JOC y HOAC con los del PCE en la creación del "fondo común" para sostener la huelga, de nuevo con especial implicación de las mujeres. También para propagar la cadena de huelgas solidarias declaradas en otras minas y empresas de León, Vigo, El Ferrol, La Coruña y sobre todo en País Vasco. El Gobierno decretó el estado de excepción en Asturias, Vizcaya y Guipúzcoa, mientras que el ministro secretario general del Movimiento Nacional tuvo que sentarse a negociar con los mineros, que lograron mejoras salariales y la anulación de despidos, aunque luego vendría la represión. A esto se sumó la celebración del citado Congreso de Múnich, que reunió en esas fechas a un abanico plural de personalidades que exigían el fin de la dictadura, a lo que esta también respondió con más represión y con la ampliación del estado de excepción.

Hubo más consecuencias: funcionó la solidaridad a escala nacional y la ola de huelgas traspasó las lindes de las provincias antes citadas para implicar a más de 50.000 obreros de las industrias catalanas, en torno a 10.000 de las empresas metalúrgicas de Madrid, los mineros de Teruel, los obreros de empresas de Cartagena y La Unión, más unas huelgas masivas en la Vega arrocera del Guadiana y en la comarca de Jerez, donde los viticultores eventuales lograron mejoras salariales y, en concreto, los obreros de la construcción alcanzaron una subida salarial del 60%. En este proceso, en las minas de Ponferrada se sentó un precedente: la "comisión obrera" organizada para la huelga se convirtió en permanente. También ocurrió en *La Camocha*, mina de Gijón, y en la comarca de Jerez. Por eso se considera este año como el momento fundacional de unas "comisiones obreras" en cuya concatenación de solidaridad se demostró la eficacia organizativa del PCE-PSUC. También se evidenció la capacidad de aglutinar a más de cien personalidades del mundo de la cultura, de muy dispares ideologías, desde exfalangistas como Laín Entralgo hasta comunistas como Celaya que, junto a creadores del prestigio de Vicente Aleixandre, Salvador Espriu, Oriol Bohigas o Gil de Biedma, firmaron una carta dirigida al ministro Fraga exigiendo aclarar la represión efectuada contra los mineros y pidiendo libertad de información, en su condición de "intelectuales atentos a la vida y a los sufrimientos de nuestro pueblo". Hasta Menéndez Pidal, director de la Real Academia Española, se sumaría a esta carta. Quedó clara la grieta que se abría para una dictadura que en esos momentos llamaba a las puertas de la Comunidad Europea.

Las redes organizativas del PCE-PSUC demostraron su capacidad para construir una doble alianza: por una parte con los movimientos católicos obreros, de la que surgió esta nueva fórmula sindical de "comisiones", y, por otra, con las gentes de la cultura para ampliar los impactos y apoyos sociales en la lucha contra un sistema dictatorial. Esta dinámica prosiguió y en 1964 proliferaron asambleas de "comisiones" en las más importantes empresas. Por ejemplo, en Madrid lograron concentrar a varios miles de obreros del metal ante la sede oficial del Sindicato Vertical. Era el sector madrileño de la metalurgia precisamente donde se había organizado una "comisión obrera" con Marcelino Camacho y Julián Ariza a la cabeza, militantes comunistas. En Barcelona se constituyeron "comisiones obreras" también en el sector del metal que, junto con las creadas en la construcción, el textil y la banca, lanzaron en 1965 un manifiesto reivindicativo de subida salarial, jornada de ocho horas, derecho a la huelga y libertad sindical en una convocatoria que reunió a miles de trabajadores ante la sede oficial del Sindicato Vertical.

Así, a la altura de 1965 el PCE-PSUC decidió concentrar sus energías en este movimiento obrero y también en el estudiantil y abandonó oficialmente aquel sindicato de Oposición Sindical Obrera (OSO) formado en 1959, de casi nulo impacto, aunque importantes dirigentes se resistían a prescindir de un brazo sindical propio. En 1966 se comprobó de modo fehaciente la fuerza de las "Comisiones Obreras". Tocaban elecciones sindicales: el Sindicato Vertical las convocó con la consigna de "Vota al mejor" y concurrieron "comisiones" integradas por militantes de JOC, HOAC/F y de las jesuíticas Vanguardias Obreras junto con militantes del PCE-PSUC, también con socialistas en zonas como Asturias y País Vasco, junto a algunos falangistas críticos y bastantes trabajadores sin militancia. Oficialmente se publicó que había votado el 80% de los trabajadores. En las más importantes empresas de las zonas industriales españolas arrasaron las Comisiones Obreras para los puestos de enlaces sindicales y vocales de los jurados de empresa. Según las fuentes oficiales, el 70% de los enlaces sindicales eran "nuevos".

Obviamente estas fuentes no cuentan que, desde Sevilla a Barcelona, por toda la geografía empresarial, esos enlaces se organizaron de inmediato en coordinadoras territoriales y por sectores productivos. Así, en octubre de 1966 se reunió una coordinadora estatal que instituyó la nueva realidad de Comisiones Obreras (CC OO) como representantes de los trabajadores frente a los patronos y como alternativa dentro del Sindicato Vertical. Proclamaron y reclamaron de inmediato una agenda laboral de defensa de la libertad de asociación y el derecho de huelga. También se implicaron en la vida política al oponerse al referéndum convocado en diciembre de 1966 para suavizar el papel del dictador al separar su papel de jefe de Estado de la presidencia del Gobierno. Su fuerza social era indudable y el PCE-PSUC reforzó la táctica del "entrismo", esto es, el camino de una minoría de "entrar" en las filas de una organización de mayor calado para hacerse con su dirección y reorientar su estrategia. Editó incluso un manual para atraer a los sindicalistas como potencial vivero de dirigentes del partido. Los militantes comunistas lograron de este modo abrir el campo de acción de CC OO de lo estrictamente sindical a lo político. Por eso se definió como un movimiento sociopolítico independiente, democrático y unitario, no vinculado oficialmente a ningún partido, con pluralismo interno, con el afán de unir a todos en unas mismas metas entre las que estaba, junto a la faceta sindical, la construcción de una democracia que reconociera los derechos de los trabajadores. Era el soporte más crucial de "Alianza de las fuerzas del trabajo y de la cultura" preconizada por el PCE-PSUC.

Convirtieron así en práctica habitual la realización de actos legales junto con otros "ilegales" como reunirse en las empresas para discutir y acordar mejoras laborales, oponerse a las sanciones, despidos y también a las detenciones practicadas por la policía. Proliferaron las huelgas de solidaridad que, en definitiva, adquirían carácter político al romper las leyes del régimen. Sin embargo, conviene subrayar este aspecto: mientras CC OO se afianzaba, la UGT conservaba cierta influencia en las zonas mineras e industriales de Asturias y Vizcaya, y los escasos militantes de la CNT, opuestos a participar en las reivindicaciones laborales desde el interior del Sindicato Vertical, se quedaron al margen de este nuevo movimiento obrero cuyo peso era tan perceptible que hasta el Ministerio de Trabajo, desde 1963, y el Sindicato Vertical desde 1966 decidieron recoger información detallada cada año de los conflictos laborales para saber el número de trabajadores en huelga, las horas de trabajo perdidas, su distribución sectorial y territorial, y sus motivaciones.

Por supuesto, esa estadística no recogía el nivel de represión que seguía a cada conflicto, aunque la dictadura comprobaba que las medidas represivas solo valían como frenazo temporal de las protestas. La mayoría de los enjuiciados por los recién creados Tribunales de Orden Público (TOP) fueron militantes de CC OO que, al ser declaradas ilegales por el Tribunal Supremo en 1967 sus acciones quedaban fuera de la ley. Descabezaban así el movimiento sindical, pero, al encarcelar al encarcelar a sus dirigentes, estos convirtieron las cárceles en otro motivo de denuncia de la dictadura por las condiciones de los presos, una causa que permitió al PCE-PSUC impulsar nuevas movilizaciones para exigir la amnistía de obreros que simplemente se habían limitado a defender sus derechos laborales y la libertad de asociación. Las denuncias de la represión practicadas por los TOP y el trato a los presos políticos repercutían en la prensa europea y lograban un impacto internacional que anulaba los esfuerzos de la dictadura por mejorar su imagen.

REPRESIÓN Y DISTANCIAMIENTO DE SECTORES ECLESIÁSTICOS

En efecto, la represión es una constante en toda dictadura, pero en este caso hay que considerar que desde la década de 1960 hubo tres factores novedosos respecto a la sangrienta represión de la posguerra. En primer lugar, la dictadura sustrajo los delitos políticos de la jurisdicción militar y creó en 1963 los citados Tribunales de Orden Público (TOP), tras la ola de huelgas del año anterior y para suavizar la imagen internacional de una dictadura militar, tan deteriorada por el fusilamiento del comunista Julián Grimau. En segundo lugar, y ensamblado con lo anterior, estaba el interés de los tecnócratas del Gobierno por cambiar la imagen internacional del régimen y lograr la aceptación de la Comunidad Económica Europea. En ese sentido, la detención en noviembre de 1962 del destacado miembro de la dirección del PCE, Grimau, y su fusilamiento en abril de 1963, tras un juicio sumarísimo donde la justicia militar puso al descubierto su falta de profesionalidad jurídica, no solo provocó un escándalo internacional, sino que las peticiones de indulto a Franco por mandatarios de todo signo incluyeron al cardenal Montini, elegido papa Pablo VI a los cuatro meses. Esto descolocó a un régimen oficialmente católico, y a la vez, paradójicamente, reforzó el protagonismo del PCE-PSUC como principal oponente al régimen al lograr apoyos tan plurales a nivel internacional.

No tuvo el mismo impacto la ejecución por garrote vil de los dos jóvenes anarquistas Francisco Granado y Joaquín Delgado en agosto de ese mismo 1963, acusados de un atentado con bomba y heridos en unas dependencias policiales; luego se supo que habían sido otros los autores. En cualquier caso, el tercer factor que obligó a la dictadura a modular la represión con mecanismos alejados de la mentalidad cuartelera de los militares estuvo en la realidad de una sociedad cuya mayoría no había vivido la Guerra Civil y rechazaba la violencia. Claramente se miraba a Europa y se tenía como modelo esos países de libertades y prosperidad a los que emigraban o de los que llegaban riadas de turistas cuyas vacaciones y modos de vida se envidiaron sin tapujos.

En este aspecto, para apreciar las grietas que se le abrieron a la dictadura y, por tanto, facilitaron los espacios de las izquierdas, hay que subrayar la quiebra que se produjo con la Iglesia católica. Si en 1936 fue aliada y soporte de la sublevación militar, mientras sufría la persecución revolucionaria de las milicias de izquierdas, desde los años cincuenta hubo sectores del clero y de las órdenes religiosas femeninas y masculinas que arroparon a los trabajadores de las JOC y la HOAC, facilitaron los espacios religiosos para "reuniones ilícitas", perseguidas por la policía, y se implicaron en acciones conjuntas con los grupos políticos de izquierdas. Además, desde 1966, las asociaciones obreras católicas ya citadas editaron unas *Hojas Informativas* en las que se recogieron datos sobre huelgas, conflictos, detenciones, cajas de solidaridad, etc.

Ya en 1956 se había formado en Cataluña la Solidaridad de Obreros Cristianos Catalanes (SOCC), que pronto dejó la "c" de cristianos para ser un sindicato catalanista de muy limitada implantación, y en el País Vasco sectores de la JOC habían impulsado la Unión Sindical Obrera (USO), en cuya carta fundacional de 1961 traducía la "democracia socialista" como "socialismo de autogestión" (el caso de Yugoslavia estaba en boga como alternativa frente al comunista estatal de la Unión Soviética) y proponía un sindicato plural e independiente de los partidos políticos. La USO se mantiene actualmente como fuerza sindical con un nivel de implantación sólido en algunos sectores laborales. Grupos católicos fueron también los que entre 1962 y 1964 crearon la Acción Sindical de Trabajadores (AST), que en 1971 se transformó en el partido político filomaoísta ORT (Organización Revolucionaria del Trabajo). Y no sobra insistir en el papel que desempeñaron en los inicios de las Comisiones Obreras, que se oficializaron desde 1966 con carácter plural y asambleario. No por casualidad los dirigentes de las primeras Comisiones Obreras de Barcelona, Bilbao, Madrid y Alicante eran militantes de la HOAC, y en Andalucía fueron impulsadas sobre todo por las Vanguardias Obreras amparadas por los jesuitas.

    A este respecto, fue novedoso el diálogo que se estableció entre marxismo y cristianismo. En concreto, se plasmó en la creación en 1958 de un partido marxista-católico, el Frente de Liberación Popular (FLP, conocido como "Felipe"), con Julio Cerón, diplomático del Estado que fue detenido y procesado por apoyar la huelga general convocada en 1959 por el PCE y que captó a jóvenes universitarios que tendrían un destacado papel en años posteriores. Se federó con el Front Obrer de Catalunya (FOC) y el Euskadiko Sozialisten Batasuna (ESB), desempeñando los tres un activo papel, al margen del PCE-PSUC, entre los universitarios y en los inicios de Comisiones Obreras. Baste recordar entre sus militantes los nombres de Narcís Serra, Miquel Roca, Alfonso C. Comín, José A. González Casanova, José Mª Maravall, Joaquín Leguina, Pasqual Maragall, Nicolás Sartorius, José R. Recalde, Jesús Ibáñez, Manuel Vázquez Montalbán o Jaime Pastor. Trataron de conjugar la teoría marxista con el cristianismo, considerando que el modelo de dictadura del proletariado patrocinado por la Unión Soviética era un fracaso y que la renovación solo vendría de un socialismo democrático cuyas esperanzas se depositaban en las revoluciones en el Tercer Mundo, en concreto Cuba. En paralelo también se abrió otro diálogo entre anarquismo y cristianismo desde la plataforma editorial ZYX, creada en 1963 por grupos cristianos y sacerdotes vinculados a la HOAC, que colaboraron y publicaron a militantes anarcosindicalistas como Juan Gómez Casas o una biografía de Bakunin.

    Pero las grietas generadas desde los sectores católicos y desde el propio clero fueron más allá. Las nuevas promociones de curas, frailes y monjas abrieron comportamientos de pluralismo democrático en sus respectivos espacios de acción. Fue decisiva la convocatoria del Concilio Vaticano II por el papa Juan

XXIII en 1959, quien, al aplicar la consigna del *"aggiornamento"* (esto es, renovación y modernización), rompió los anclajes del nacionalcatolicismo decimonónico de gran parte de la jerarquía eclesiástica española y de la propia dictadura. Dicha "actualización" exigía adaptarse a "las necesidades de nuestro tiempo" para "llamar a todos al seno de la Iglesia". Esta consigna desencadenó múltiples lecturas de cambio dentro de la Iglesia, desde el compromiso de los curas obreros, la implicación de órdenes religiosas masculinas y femeninas en actividades sociales, el protagonismo de las asociaciones católicas en el nacimiento de CC OO —ya relatado— o la manifestación de curas con sotanas en 1966 reclamando en Barcelona "obispos catalanes", además de la renovación del episcopado español por Pablo VI sin pasar por el control del derecho del Jefe del Estado a proponer una terna de candidatos.

Quizás, para conocer hasta dónde penetró el impacto de la "actualización" propuesta por el Concilio, sea más revelador el caso del párroco de Gójar, un pueblo de la Vega de Granada que, en los comienzos de 1963, en mitad de la misa dominical, arrastró un banco instalado en el presbiterio, lo bajó por las gradas y lo situó al lado de los bancos del resto de feligreses, mientras explicaba que "en la iglesia todos somos iguales y nadie tiene privilegios, menos el de sentarse en el altar mayor por encima de los demás". El asombro y un silencio, entre temeroso y complaciente, de la mayoría acogieron lo que, sin duda, era subversivo. El banco tenía grabado el nombre del latifundista que desde el siglo XIX dominaba ese pueblo de poco más de mil habitantes, sin agua corriente ni carretera asfaltada para ir a la capital, porque el cacique y sus capataces no las necesitaban. Muchos ya habían emigrado a Alemania, a Barcelona o a Madrid. El cura no militaba en ninguna asociación católica, simplemente era joven, recién destinado a una parroquia, pero entre los feligreses había falangistas que habían integrado un violento somatén en el verano de 1936. Redactaron un escrito de denuncia que el cacique, hijo de un "mártir de la cruzada" para más señas, tramitó al gobierno civil. Vale la pena reproducir parte de esa denuncia:

El Sr. Cura Párroco de este pueblo ha atacado en sus sermones a los falangistas y promotores del Movimiento Nacional, tildándolos de asesinos y cobardes… Mezcla en sus sermones dominicales la política, citando al Generalísimo, a Kennedy, Jruschef y Fidel Castro de tal forma que resultan Rusia y Cuba países emprendedores y de gran porvenir…

Concretamente, el pasado día 14, en Misa Mayor empezó el sermón preguntando por dos veces al grupo de niños: "¿Queréis libertad o esclavitud?". Y ellos contestaban: "Libertad". A continuación, hizo alusión al Movimiento Nacional diciendo que detrás de cada una de las camisas azules había un asesino, que habían cometido muchos crímenes en toda España y en este pueblo en particular, que los llamados camisas viejas morderían el polvo por sus crímenes… Que él estaba muy bien informado.

El gobernador ordenó que cada domingo una pareja de la Guardia Civil asistiera al sermón, pero el párroco ni cambió sus contenidos ni fue multado. Al contrario, creció su influencia en el pueblo al lograr que la empresa de autobuses pusiera uno en exclusiva para que las niñas y los niños, al terminar la primaria, pudieran ir y volver cada día a la capital a estudiar el bachillerato elemental. Transformó así el panorama educativo del pueblo. No pretendió ampliar la militancia de ningún partido; de hecho, posteriormente, no destacó en ningún sentido político, simplemente abrió compuertas de libertad y de educación en tiempos de dictadura. Ese era el "*aggiornamento*" del Concilio Vaticano II, aunque también tuvo otra cara, la secularización de la sociedad con un dato revelador: desde 1966 bajaron las ordenaciones sacerdotales de más de 6.000 cada año a menos de 300.

Por otra parte, el Concilio declaraba categóricamente en el documento *Dignitatis Humanae* de diciembre de 1965 que "la persona humana tiene derecho a la libertad religiosa [y] esta libertad consiste en que todas las personas han de estar inmunes de coacción" por parte de cualquier poder. En concreto, que el Estado español, por más que se declarase católico oficialmente, tenía que alterar su legislación, el artículo 6 del Fuero de los Españoles, para reconocer y garantizar la libertad religiosa, decisión prolija en debates internos que se alargó hasta junio de 1967 para aceptar la pauta del Concilio, añadiendo, eso sí, que "ha de ser compatible en todo caso con la confesionalidad del Estado español".

UNIVERSITARIOS Y SECTORES CULTURALES CONTRA LA DICTADURA

Por último, hubo otro sector social que también se convirtió en un espacio de conflicto y atolladero para el régimen: el mundo de la cultura y, en concreto, el protagonismo de los jóvenes universitarios, factores que tendrían su apogeo en la década siguiente aprovechando los respiraderos que se abrieron con la Ley de Prensa e Imprenta de marzo de 1966. También en la década siguiente los movimientos vecinales agrietaron los apoyos a la dictadura. Desde ambas movilizaciones el PCE-PSUC amplió sus espacios de influencia. En general, fue creciente la contestación y rebeldía cultural que se había manifestado ya desde la mitad de los cincuenta. El crecimiento económico por encima de un 7% anual durante la década de 1960 (algunos años hasta el 9%) y la mejora del nivel educativo y de bienestar material conllevaron más cultura y más ocio. La radio, la prensa y el cine adquirieron una presencia extraordinaria en la vida diaria de los españoles, medios de comunicación a los que se sumó la progresiva expansión de la televisión. Entre todos ensamblaron lo que se cataloga como "cultura de masas". Mujeres y hombres de todas las edades y condiciones tuvieron más tiempo libre para disfrutar de los bienes culturales de información y entretenimiento que les ofrecían los cuatro medios citados, con un peso creciente de la televisión.

En 1964 el 94% de los hogares tenía aparato de radio, mientras que la televisión, aunque ya cubría el 80% del territorio, solo emitía nueve horas diarias. Fue en 1966 cuando se abrió una segunda cadena en la TVE, dedicada sobre todo a contenidos culturales, mientras que la primera se destinaba a programas de evasión mayoritaria. En 1966 casi un tercio de los hogares ya tenía televisor. Se comenzó a hablar de la "sociedad de consumo", se debatió si este consumo tanto de bienes materiales como culturales era alienación o libertad, como si tener más educación y un hogar con derecho a frigorífico, televisor, coche y vacaciones fueran productos creados exclusivamente por la manipulación capitalista.

Podría conjeturarse que esta nueva realidad sociocultural incitaba a un pragmatismo político que, por un lado, se alejaba de sueños utópicos y, por otro, adquiría conciencia para exigir más derechos y libertades mirando hacia el nivel de vida de las democracias occidentales. En todos los ámbitos se ampliaban expectativas de mejora y el "consumo de masas", tan criticado por la intelectualidad de izquierdas, adquiría el valor de un bienestar material que ya conocían de primera mano los emigrantes españoles o que se constataba en la riada de turismo europeo que llegaba a las costas españolas cada verano. También aumentaba el nivel de estudios de los jóvenes —en 1970 la Ley de Educación elevó a 14 años la escolarización obligatoria— y despegó el ritmo de acceso a la universidad de modo que una nueva generación demográfica, incluyendo a todas las clase sociales, rompió normas y acogió con entusiasmo modas tan "subversivas" como, por ejemplo, la minifalda (la dictadura solo permitió el bikini para turistas extranjeras en Benidorm o Marbella), la música de los Beatles y los Rolling, versionados por los Mustang o los Salvajes, o creaba grupos propios como el Dúo Dinámico, los Brincos y los Bravos. Juan Marsé en *Últimas tardes con Teresa*, aunque centrada en Barcelona, reflejó en 1965 la dicotomía entre una juventud burguesa, culta y rebelde —o revolucionaria—, mientras que otra proletaria, hacinada en suburbios, se rebelaba en una desigual lucha por ascender de clase social. En ese año, la película *El último sábado* (1965), de Pere Balañá, también retrató los avatares de un joven, hijo de la inmigración, con trabajos precarios, cuyos sueños de ascenso social se concentraban en la calidad de sus motos, mientras las desigualdades sociales hacían estallar sus ambiciones entre el egoísmo y el cinismo.

Por lo demás, en estos años se comprobó el resurgir de la diversidad cultural y hubo manifestaciones tan significativas como el arranque de la *Nova Cançò* en Cataluña, la publicación de *Nosaltres els valencians* (1962), de Joan Fuster, *Longa notte da pedra* (1962) de Celso Emilio Ferreiro o la fundación en 1966 del grupo "Escuela Vasca", promovido por escultores y pintores. Por otra parte, la Ley de Libertad de Prensa e Imprenta de 1966 mezcló las posibilidades de cambio político con la vigilancia de un régimen dictatorial que, a pesar de todo, comenzó a permitir que se le pusiera a prueba su capacidad de abrirse a las novedades socioculturales y a otras ideologías: así lo hicieron revistas como *Cuadernos para el Diálogo*, *Triunfo*, *Destino* o *Serra d'Or*, en cuyas páginas se sumaron tribunas de democristianos, socialistas, comunistas y catalanistas que rompieron las costuras de los controles dictatoriales. Más aún, Alianza Editorial lanzó en ese año una colección de libro de bolsillo, que amplió extraordinariamente el pluralismo y el caudal de lecturas y de lectores a un precio muy asequible. Entre tanto, en las artes plásticas la creación abstracta se convirtió en símbolo de renovación y expresión de una vanguardia cuya ruptura estética llegaba a un público más amplio gracias a la creación de galerías de arte.

En todo caso, fue en las universidades donde la ruptura generacional se manifestó como espacio de lucha política contra la dictadura y vivero para asentar y expandir idearios de izquierdas. Aunque fuesen minoritarios, el hecho es que de 1960 a 1968 los universitarios se habían duplicado, de 95.000 a más de 180.000, y los profesores de 4.200 a 17.500, de los cuales el 80% eran no numerarios o temporales. Se habló de "masificación" de las aulas, cuando el proceso no había hecho más que empezar, pero lo cierto es que se convirtieron en centros de agitación antifranquista que obsesionaron a unas autoridades empeñadas en celebrar en 1964 los "XXV Años de Paz". Así, las protestas del curso 1964/65 en Madrid se saldaron con la expulsión definitiva de tres catedráticos, José L. López-Aranguren, Enrique Tierno Galván y Agustín García Calvo, y también el fin de la afiliación obligada al SEU, un triunfo, pues se disolvía una institución propia de la dictadura y, en contrapartida, surgió en Barcelona el Sindicato Democrático de Estudiantes de la Universidad de Barcelona (SDEUB), cuya asamblea fundacional, clandestina, en marzo de 1966 en el convento de los frailes capuchinos, con el liderazgo de militantes del PSUC como los estudiantes Andreu Mas-Colell, Francisco Fernández Buey y el filósofo Manuel Sacristán, expulsado justo el curso anterior por su militancia comunista. La fórmula de organizar un sindicato democrático similar, cambiando solo la sigla final, según cada universidad, se propagó a Madrid, creándose el SDEUM; a Granada, tercer distrito en número de estudiantes, con el SDEUG; a Valencia, el SDEUV, etc.

A pesar de ser organizaciones ilegales, pues estaba prohibido el derecho a la libre asociación, no fueron clandestinos, porque las universidades, o más bien ciertas facultades, no todas, se convirtieron en islas de libertad en las que el PCE-PSUC pudo dirigir las movilizaciones, con un escaso número de militantes en ciertos momentos. Así, el manifiesto o declaración de principios del SDEUB, titulado "Por una universidad democrática" y redactado por el citado filósofo Manuel Sacristán, según confesión de su discípulo, Fernández Buey, reflejaba la tarea asumida por el PCE-PSUC de realizar "el trabajo de un partido demócrata que no podía existir en aquellas condiciones", de modo que los estudiantes comunistas, al ser los mejor organizados y además, en muchos casos, los mejores académicamente y los más respetuosos en las asambleas, lograron no solo anular la propaganda anticomunista del régimen, sino que se identificara "comunismo con democracia".

La dictadura infiltró a policías de la Brigada Político-Social para controlar y reprimir una movilización que crecía en una institución considerada fiel tras las depuraciones de los años cuarenta. Por supuesto, las autoridades académicas —rectores y decanos— colaboraron con la policía, salvo excepciones. No así todos los profesores, renovados generacionalmente y en situación precaria de no numerarios, esto es, no funcionarios. Los líderes estudiantiles sufrieron detenciones por centenares, juicios en el TOP por asociación ilícita y propaganda ilegal, cárcel, expulsión de la universidad y supresión de las milicias universitarias (modo privilegiado de cumplir con el servicio militar obligatorio para los jóvenes), mientras eran despedidos los profesores no numerarios más destacados; en Barcelona afectó a los 69 que firmaron una carta de apoyo a los estudiantes. De este modo, la represión amplió el impacto de dichas actividades ilegales y crecieron las protestas para exigir libertades democráticas, libertad de los encarcelados y la reincorporación de los profesores despedidos en Madrid y Barcelona. Sin embargo, las divisiones fueron muy tempranas, de tal modo que el SDEUB se disolvió en 1968 al enconarse las disputas no sobre la organización de la universidad sino sobre los asuntos políticos que dividían a las izquierdas en esos años.

Por lo demás, en esta década la vida político-cultural de los países occidentales se vio convulsionada por movimientos estudiantiles de amplias repercusiones políticas y culturales. Baste recordar el *Free Speech Movement* en Berkeley, surgido en el curso 1964/65, cuyos ecos llegaron a sectores universitarios españoles, sobre todo de Barcelona y Madrid. Luego vendría el Mayo francés de 1968. En todos ellos el signo político dominante no solo fue de izquierdas, sino además de replanteamientos en las izquierdas clásicas, socialista y comunista, al lanzar propuestas de revolución social y cultural entre las que un nuevo feminismo ocupó espacios de innovación sociopolítica que se expondrán en los epígrafes siguientes.

3. PCE-PSUC: REFERENCIA POLÍTICA Y AGLUTINANTE SOCIOCULTURAL (1967-1977)

En esta década, las izquierdas españolas giraron en torno a las propuestas estratégicas y a las prácticas de movilización trazadas desde el PCE-PSUC. Girar significa tanto moverse alrededor de un eje como desviarse o cambiar con respecto a esa dirección principal. Se hace hincapié en el sintagma PCE-PSUC porque el PSUC, desde su fundación en 1936, se planteó como partido nacional del comunismo para Cataluña y logró ese reconocimiento de la Internacional Comunista justo al terminar la guerra, en junio de 1939, rompiéndose la pauta de que se admitiría un partido comunista por Estado. Lógicamente hubo vaivenes en las relaciones orgánicas entre ambos partidos, que no corresponde relatar aquí, aunque en la práctica el PCE se impuso como la voz del comunismo en España al incluir en su ejecutiva al secretario general del PSUC y respetar su independencia como fuerza organizativa que alcanzó la mayor capacidad de penetración en los distintos entramados de la sociedad catalana. Además, ya existía desde la República un PC de Euskadi que en 1974 se reconstituyó en un congreso celebrado en Francia con Ramón Ormazábal como secretario; y en Galicia se creó en 1968 un Partido Comunista Galego con Santiago Álvarez como secretario. El PCE aceptó, por tanto, en su propio funcionamiento, la existencia de tres nacionalidades que requerirían una organización específica, un modelo que influyó en las demás izquierdas y posteriormente marcaría el debate de la Constitución de 1978 a través de la figura de Solé Tura, militante del PSUC.

Por lo demás, cabe debatir si el PCE-PSUC alcanzó un liderazgo asentado, con su correspondiente hegemonía sociopolítica, o más bien, al desarrollar fórmulas que darían paso al eurocomunismo, ejerció de aglutinante de tendencias antifranquistas que luego, al desarrollarse las libertades democráticas, se resituaron en posiciones socialdemócratas. En este proceso ejerció una atracción indudable la militancia de unos comunistas disciplinadamente abnegados, de excepcional convicción en la lucha por la emancipación social. Pero no hay que adelantar los hechos. Ya se ha expuesto la tesis de Fernández Buey, que los militantes comunistas hicieron en estos años el trabajo de un partido demócrata y lograron que se identificara "comunismo con democracia".

Ahora bien, en este proceso de readaptación del comunismo español a las nuevas realidades de una sociedad en profunda transformación, hay que recordar un momento de fuerte tensión interna dentro de la dirección del PCE. Fue en 1964, cuando en España era bien perceptible el despegue de un crecimiento económico cuyas nuevas clases medias y trabajadoras mostraban evidentes apegos a valores de propiedad de vivienda y coche, más nuevos elementos de consumo y ocio, incluida la expansión de la televisión. Los análisis de la dirección del PCE, que vivía en el exilio, seguían instalados en la idea de una crisis inminente de la dictadura, con un esquema tradicional que asignaban al movimiento obrero terminar con dicha dictadura mediante una "huelga nacional pacífica" para dar paso a una "democracia antifeudal y antimonopolista". Era una mezcla contradictoria: negaba la revolución burguesa del siglo XIX, esto es, la inexistencia de capitalismo, y, por otro, consideraba el capital monopolista como el soporte del régimen.

Claudín refutó tal planteamiento, defendió que no cabía esperar esa crisis de una dictadura afianzada internacionalmente, y que, por tanto, la clase obrera, por sí sola, no podría dirigir ese proceso de construcción de una nueva etapa democrática. En consecuencia, era prioritario dedicarse a fortalecer las propuestas de reformas en las que se coincidiera con los grupos disidentes de la dictadura. Pronosticaba que las élites burguesas se alejarían del régimen para homogeneizarse con las democracias europeas y conservar, en definitiva, sus intereses capitalistas. Solo entonces habría fuerzas suficientes para instalar una democracia burguesa cuyas libertades permitirían vigorizar e incrementar el movimiento obrero, de tal modo que, con los comunistas al frente, se podría abordar el tránsito hacia el socialismo.

Claudín y Semprún, con otros, fueron expulsados del PCE por esta disidencia estratégica, aunque apenas tuvo eco entre la militancia. Sin embargo, se subraya en estas páginas porque, paradójicamente, en muy poco tiempo, la dirección del PCE-PSUC hizo suyas dichas ideas, convertidas en brújula de sus decisiones durante la Transición. De momento, desde 1967 se puso en marcha una nueva táctica de alianzas sociales.

LA ALIANZA DE LAS FUERZAS DEL TRABAJO Y DE LA CULTURA

En efecto, desde 1967 Santiago Carrillo perfiló la "alianza de las fuerzas del trabajo y de la cultura" para reflejar tácticamente los cambios sociales de una España que ya no era la sociedad agraria de los años treinta, sino la de una economía industrializada con un nuevo movimiento obrero organizado de modo plural e independiente, unas clases populares con acceso a mejoras materiales y educativas, y unos sectores profesionales e intelectuales con un peso creciente. Esa alianza surtiría de los necesarios anclajes sociales a un "pacto para la libertad y la democracia" que sumara a cuantos partidos y grupos políticos compartieran la lucha contra la dictadura y la inmediata organización de una democracia social, fase necesaria en el camino hacia el socialismo. Eran años, por otra parte, en los que dentro de los partidos comunistas occidentales emergía la necesidad de renovar el marxismo-leninismo. Se rescató el pensamiento de Gramsci, aunque con lecturas no coincidentes, y sobre todo el plan del checoslovaco Dubček en 1968 de construir un "socialismo de rostro humano" en su país, conocido como la "Primavera de Praga", constituyó un aldabonazo para impulsar en los años siguientes la alternativa del eurocomunismo.

De momento, la meta de un socialismo en libertad encontró terreno abonado en una dictadura cuya tenaz represión obligó a situar la conquista de la libertad como objetivo inaplazable. Era imprescindible: en marzo de 1967 el Tribunal Supremo declaró ilegal la organización de CC OO, por ser "filial" del PCE, y en otra sentencia estableció que "todas las huelgas son ilegales". Así, luchar por la libertad de sindicación y el derecho de huelga se convirtieron en reivindicaciones que no eran específicamente comunistas, sino literalmente democráticas y que, por tanto, podían lograr un amplio apoyo social. CC OO, aunque ilegal, respondió convocando manifestaciones para celebrar ese año el 1º de Mayo abiertamente, por primera vez desde la República, que tuvieron cierto éxito y ratificaron su fuerza social, pues además en 1967 estaban protagonizando gran parte de los 567 conflictos laborales contabilizados oficialmente.

Ahora bien, esa misma fuerza indujo a la lucha por su control. Las movilizaciones universitarias desencadenadas en 1968 facilitaron la alianza del mundo de la cultura y del trabajo preconizada por la dirección comunista. Además, fue el año en que el PCE-PSUC se distanció de la Unión Soviética por haber aplastado con tanques la citada Primavera de Praga, crítica que, en contrapartida, supuso la escisión de sectores de militantes opuestos a esos planteamientos y, sobre todo, embaucados por la "revolución cultural" de Mao, las revoluciones del Tercer Mundo y el modelo guerrillero del Che Guevara. Este izquierdismo prosperó entre universitarios y grupos cristianos sindicales, sobre todo. Todos pensaban en la clase obrera como sujeto revolucionario; todos, por tanto, se afanaron en hacer de CC OO la vanguardia del proletariado que debía encabezar la emancipación de la humanidad. La vía soviética, anclada en una coexistencia imperial con los Estados Unidos, quedaba superada a ojos de estas nuevas izquierdas por resultarles más atrayentes el citado modelo de Mao, las luchas armadas de Argelia, Cuba y Vietnam e incluso el modelo considerado autogestionario de Yugoslavia.

Por otra parte, el extraordinario flujo migratorio del campo a la ciudad había levantado nuevas barriadas de trabajadores en las grandes ciudades que multiplicaron sus habitantes, pero no las condiciones de urbanización de unos bloques de viviendas construidas desde la especulación inmobiliaria, sin programación municipal de medios de transporte ni centros educativos y culturales. Fueron suburbios que, sobre todo en los casos de Barcelona y Madrid, crearon auténticos cinturones de chabolas en condiciones de miseria. El asunto adquirió tal gravedad que la propia dictadura abrió en 1964 la posibilidad de crear "Asociaciones de Cabezas de Familia" para defender sus intereses, siempre dentro de la legalidad. Un resquicio legal que tanto el PCE-PSUC como los grupos católicos progresistas, con destacados sacerdotes implicados, pudieron usar para crear asociaciones de vecinos y exigir transportes públicos suficientes, centros educativos, espacios verdes y oponerse, por ejemplo, al pago de alquileres por los graves deterioros que tenían las viviendas sindicales. En la mayoría de los casos nacieron desde sus experiencias de inmigrantes hacinados en las periferias de Madrid y Barcelona donde organizaron "Comisiones de Barrio". Se reprodujo el modelo de las Comisiones Obreras, con especial protagonismo de las mujeres y los jóvenes, y se organizaron federaciones de asociaciones de vecinos, un auténtico movimiento social que expandió, con tramas solidarias, la protesta, y amplió la ofensiva política contra la dictadura. Esta fórmula se propagó por las grandes ciudades (Sevilla, Bilbao, Valencia, Zaragoza, Valladolid) y también en las poblaciones en las que se produjo una inmigración procedente de su entorno agrario. Surgió así una movilización nacional contra la especulación inmobiliaria y a favor de la libertad de reunión y elección de ayuntamientos.

Dentro del movimiento vecinal hubo una labor decisiva por parte de las Asociaciones de Amas de Casa, vinculadas al Movimiento Democrático de Mujeres (MDM) de clara orientación comunista. Se explicarán al final de este capítulo con más detalle sus avatares. Fueron muchas mujeres y, en bastantes casos, las auténticas protagonistas de las luchas vecinales. No sobra insistir en que el genérico de "vecinos", aunque supuso el práctico monopolio de los varones en los puestos dirigentes, albergó, sin duda, el activismo de unas mujeres que afortunadamente han sido rescatadas por nuevas investigaciones. De igual forma hay que señalar que el movimiento vecinal pudo contar para sus demandas con jóvenes profesionales de la abogacía y la arquitectura, pues los colegios profesionales de estos colectivos —también con una fuerte presencia comunista— se implicaron en las movilizaciones contra la especulación y a favor de un urbanismo digno en calidad de vida por un medio ambiente y unos equipamientos educativos, culturales y deportivos que cimentaran la convivencia democrática.

Contribuyeron, por otra parte, a deslegitimar los ayuntamientos. Los alcaldes y concejales eran todos fieles al régimen y no ocultaban sus conexiones con los grupos de especulación urbanística. Por ejemplo, en 1969 el boletín de un Centro Cultural de Sabadell denunció que el 75,5% de los concejales de esta ciudad eran empresarios, el 20% profesionales y técnicos y un 5% administrativos; en contrapartida, ningún obrero. Sin embargo, la ciudad estaba compuesta por un 85% de obreros, 6,5 de empresarios y 3,5 de técnicos. Conclusión: "El Ayuntamiento no es algo del pueblo". En consecuencia, el salto a la crítica de la dictadura y del capitalismo surgía por sí solo. Crítica acompañada lógicamente de exigencias bien concretas: crear escuelas públicas, aconfesionales y democráticas, exigir equipamientos urbanos, cuidar el medio ambiente y luchar contra la especulación. Semejantes reivindicaciones calaron en los nuevos barrios de todas las ciudades, de modo que a la altura de 1976 existían en toda la geografía más de 5.000 asociaciones de vecinos, dentro de las cuales, conviene reiterarlo, fueron protagonistas insoslayables las llamadas "mujeres rojas". Por lo demás, la represión de sus actividades y el encarcelamiento de sus dirigentes fue constante, lo que, sin embargo, amplificó el impacto social de sus demandas.

Por otra parte, en los citados movimientos de sindicación obrera y estudiantil, y en el vecinal, más en el de los colegios profesionales (abogados, arquitectos, licenciados en Letras y Ciencias), emergieron grupos que enarbolaron su oposición al "revisionismo" del PCE-PSUC, considerado una traición a la ortodoxia revolucionaria. Nacieron entonces, entre otros, la ORT, LCR, PT, MC, PCE(i) y BR. Antes de explicar estas siglas, conviene recordar cómo el movimiento sindical estudiantil extendió por casi todos los distritos universitarios la fórmula de SDEU creada en Barcelona, de modo que en febrero de 1967 en Valencia se formó una coordinadora estatal, aunque la represión policial y académica terminaron con la reunión y los delegados en la cárcel. Se convocó de inmediato una huelga general que logró un éxito considerable en casi todas las universidades, que entonces solo eran 14. Más de 800 intelectuales firmaron una carta de protesta por llevar a los estudiantes ante el TOP con condenas de cárcel por "asociación ilícita" o con la pérdida de matrícula decidida por las autoridades académicas.

Así, antes de que ocurriera el Mayo francés del 68, la lucha contra el régimen había radicalizado a sectores importantes de universitarios cuya agitación política, con actos de provocación más o menos violentos, alcanzó tal calibre en el curso 1968/69 que la propia dictadura no solo cambió al ministro de Educación y creó tres universidades más (la de Bilbao y las autónomas de Barcelona y Madrid), sino que declaró —paradojas de una dictadura— el estado de excepción. La espoleta fue la conmoción creada por la detención, tortura y muerte de Enrique Ruano, militante del FLP, el 21 de enero de 1969. El estado de excepción llenó las cárceles de líderes estudiantiles y sindicales: más de 300 estudiantes pasaron por el TOP y otros muchos, incluyendo abogados defensores de los presos como Gregorio Peces-Barba o José Mª Bandrés, fueron "desterrados" a otra provincia. No fue obstáculo la represión para que durante 1970 CC OO convocara gran parte de las más de 1.500 huelgas de ese año, desde Asturias hasta Granada, ciudad esta en la que la policía disparó y mató a tres obreros de la construcción entre cuyos líderes destacaron curas obreros, apoyados por el obispo, y los trabajadores de la HOAC. Con estos métodos la dictadura no lograba mejorar su imagen internacional, por más que en abril de 1968 Massiel hubiera ganado el Festival de Eurovisión con música de letra candorosa y alegre. Tampoco se fiaba del candor de las modas el recién nombrado jefe de Gobierno, el almirante Carrero Blanco, quien declaraba que "la juventud se ha entregado a las drogas, al ateísmo y al anarquismo".

ESCISIONES MARXISTAS: ETA Y OTRAS IZQUIERDAS

El movimiento estudiantil se radicalizó, se fragmentó en distintas escisiones, todas enarbolando la auténtica ortodoxia marxista —las unas contra las otras— y, sobre todo, abrió espacios de militancia a mujeres que, en contacto con las corrientes anglosajonas, introdujeron nuevas perspectivas al feminismo que se explicará en páginas posteriores. Es cierto que fueron minorías activistas, concentradas en determinadas facultades, según los campus, sobre todo en las de Letras, Derecho, Medicina y algunas de Ciencias, no así en las Escuelas de Ingenierías. Se usó la táctica de provocar incidentes a los que seguía el cierre gubernamental de las facultades implicadas, lo que ampliaba la repercusión de esas acciones minoritarias. Lo más significativo: sus posiciones políticas se definieron siempre en relación con el PCE-PSUC. Ya se ha visto que tanto el FLP como el FOC y el ESB fueron tempranas disidencias que, frente al comunismo soviético y contra el pragmatismo pacífico del PCE-PSUC, propugnaron un socialismo democrático con una impronta antiimperialista inspirada por las revoluciones del Tercer Mundo. Por eso defendieron la opción de "la violencia que libera frente a la violencia que oprime". Así, el citado grupo vasco, ESB, se unió en 1969 a una escisión de ETA titulada Komunistak para crear el Movimiento Comunista (MC), que interpretaba el marxismo en su versión maoísta y que alcanzó una implantación muy desigual en distintas poblaciones del resto de España.

Llegados a este punto, conviene explicar que ETA surgió de la amalgama de elementos de la cultura política de la izquierda marxista con el concepto esencialista y totalitario de la identidad vasca. Fueron jóvenes nacionalistas quienes, en 1958, distanciados del PNV, rejuvenecieron el ideario de Sabino Arana con lenguajes de revolución social y se organizaron como *"gudaris"* o soldados para luchar en nombre tanto de la clase obrera como de la nación vasca. Se apropiaron de ideas y tácticas de lucha armada del Frente Nacional de Liberación de Argelia, entonces en guerra contra Francia. Se llamaron *Euskadi Ta Askatasuna* ("País Vasco y Libertad"), ETA, que en su primera asamblea en 1962 se definió como Movimiento Revolucionario Vasco de Liberación Nacional (MRVLN), rechazaron el fascismo y el comunismo y posteriormente aceptaron el socialismo, lo que, sumado a su no militancia católica, los separó del PNV. Trataron de superar al PNV y al PCE, las dos organizaciones que, desde el exilio, protagonizaban la oposición a la dictadura en el País Vasco. Tuvieron así, desde sus inicios, una doble querencia. Para unos, luchar por la independencia era el objetivo superior, lo que implicaba tanto captar las bases del PNV como rechazar el diálogo con el sindicalismo de CC OO y con cuantas fuerzas consideraron sucursales de lo español, como el PCE. Para otros, sin embargo, había que establecer puentes con el movimiento obrero antifranquista y con militantes comunistas para construir un socialismo vasco. Antonio Rivera ha subrayado la existencia de "muchas ETA en ETA", con momentos y debates estratégicos dispares, de modo que las divisiones en su seno sobre el papel de la violencia y sobre las metas políticas a conseguir se convirtieron en escisiones organizativas y disputas en las que también participaron militantes de los grupos comunistas, maoístas y trotskistas existentes en el País Vasco.

En todo caso, desde inicios de los sesenta comenzaron a realizar actos de sabotaje y atentados mortales con bombas, y desde 1968 desplegaron la táctica de asesinatos programados contra miembros de la policía y de la Guardia Civil. También en este caso la represión ejercida por la dictadura contribuyó a dotarlos de una aureola de luchadores que generó el respeto y admiración entre los partidos marxistas creados a la izquierda del PCE-PSUC: pensaron que ETA representaba una opción revolucionaria. Así, en 1970 el consejo de guerra celebrado en Burgos contra 16 etarras, de los cuales seis cargaban con condenas a muerte por haber matado a tres personas, fue el detonante para amplias movilizaciones estudiantiles y obreras y campañas internacionales pidiendo el indulto. Tal y como había ocurrido con el juicio a Grimau, la represión deterioró la imagen de la dictadura, a la vez que ETA engrosaba la simpatía de los antifranquistas, sobre todo desde que en 1973 mató a Carrero Blanco, acción solo criticada por el PCE, opuesto a la violencia en todo caso. ETA se había situado desde 1971 en un nacionalismo estricto, se había quedado con sus siglas el sector exclusivamente nacionalista que hizo de la lucha armada su estrategia política más primordial, mientras que los partidarios de acuerdos con las izquierdas españolas se escindieron en la VI Asamblea creando ETA VI-LCR, esto es, una alianza con militantes de los ya citados FLP y FOC que habían creado ese mismo año la Liga Comunista Revolucionaria (LCR) como sección española de la IV Internacional, de inspiración trotskista. En este sector destacó el papel intelectual de Jaime Pastor y logró implantación no solo en el País Vasco, sino también en Cataluña y otras poblaciones, con distintas escisiones, enarbolando el derecho de autodeterminación para crear una confederación de repúblicas en España, siempre en oposición al pacto defendido por el PCE-PSUC con fuerzas que catalogaban como burguesas o pequeñoburguesas. Desarrollaron un activismo limitado a núcleos universitarios que, por lo demás, persistieron durante las décadas de democracia, tras aliarse en los años ochenta y luego fusionarse con el MC antes citado, con trasvases posteriores a organizaciones anticapitalistas.

Además de este sector de inspiración trotskista, surgieron entre las izquierdas tres grupos clasificables como maoístas. En 1969 se había creado la Organización Revolucionaria de Trabajadores (ORT) desde núcleos de la HOAC que, liderados por José Sanromá ("camarada Inxausti"), habían convertido el maoísmo en su guía política. Lograron cierta implantación en el País Vasco, Madrid y otras ciudades españolas con militantes muy activos, sobre todo sus Juventudes Maoístas, y una prensa propia (*En Lucha* y *Forja Comunista*). También se había formado otro partido maoísta en 1967, el Partido Comunista de España (Internacional), el PCE(i), con militantes escindidos del PCE-PSUC que desde 1975 tuvieron que denominarse Partido del Trabajo de España (PTE) por exigencia de Carrillo para ser aceptados en la Junta Democrática. Tuvo una implantación relevante en Cataluña y en comarcas agrarias andaluzas, y su brazo de Joven Guardia Roja (JGR) fue especialmente activo en ámbitos estudiantiles. Además, sus militantes crearon una escisión en CC OO, la Confederación de Sindicatos Unitarios de Trabajadores (CSUT), con un Sindicato de Obreros de Campo (SOC) de presencia notable en la Baja Andalucía latifundista. De hecho, estuvo entre los impulsores de la reivindicación autonomista para Andalucía desde que en 1976 hizo prioritaria la lucha contra la "sobreexplotación" que sufría el pueblo andaluz por el "centralismo burocrático fascista". En 1979, ya en democracia, se fusionó con la ORT y ambos constituyeron el Partido de los Trabajadores (PT).

Otro grupo que se situó en la órbita del maoísmo fue la escisión del PSUC denominada Organización Comunista-Bandera Roja (OCE-BR), surgida en 1968 y cuyos más destacados militantes volvieron al PSUC en 1974, entre ellos Jordi Solé Tura. Prosiguieron los demás con el ideario maoísta hasta desintegrarse en la democracia. Los tres grupos citados evidenciaron el atractivo que ejerció el maoísmo entre sectores estudiantiles y entre algunos núcleos obreros gracias a la propuesta de la Revolución Cultural Proletaria, modelo utópico que cautivó sobre todo a los universitarios, y también situar a China como la fuerza principal contra el imperialismo norteamericano, puesto que a la URSS la consideraban estancada en esa "coexistencia pacífica" simbolizada por el abrazo de Kruschev y Kennedy en la sede de la ONU. Circuló con profusión, aunque clandestinamente, el *Libro Rojo* de Mao, como también, en general, la imagen revolucionaria del Che Guevara, elevado a los altares del martirio sufrido a manos del imperio capitalista.

Tan heterogénea radicalización ideológica convirtió al marxismo en una doctrina a reinterpretar, debatir y confrontar. Algo que no ocurrió en los países calificados como "socialistas" y gobernados por partidos comunistas, en la órbita soviética, donde se impuso una interpretación dogmática, sino en las democracias occidentales y sobre todo en ambientes intelectuales. El poeta austríaco Erich Fried reflejó este ambiente en uno de sus *Cien poemas apátridas*, traducidos en 1978:

Mi Marx / arrancará la barba a tu Marx. / Mi Engels / partirá los dientes / a tu Engels. / Mi Lenin / machacará los huesos a tu Lenin. / Nuestro Stalin / pegará un tiro en la nuca / a vuestro Stalin. / Nuestro Trotski / hundirá el cráneo / a vuestro Trotski. / Nuestro Mao / ahogará en el Yangtsé / a vuestro Mao.

Fueron debates de una prolija escolástica de los textos de los fundadores y en especial sobre la confrontación de estrategias entre Lenin, Mao o el Che, todos con el afán de perfilar estrategias y tácticas opuestas todas al "revisionismo" del PCE. También se intentó una renovación de un marxismo sin dogmas a partir de la publicación de los textos de Gramsci, mientras gozaron de enorme influencia las ideas críticas de pensadores ensalzados en las revueltas universitarias como Herbert Marcuse, con su libro *El hombre unidimensional* (1964), Wilhelm Reich con *La revolución sexual* y, en general, los escritos y actitudes de Jean-Paul Sartre, sin olvidar la progresiva expansión de la obra de Simone de Beauvoir, cuya obra *El segundo sexo*, publicada en francés en 1949, llegó gracias a la difusión que le dieron las feministas norteamericanas desde la década de 1960.

En concreto, y paradójicamente, en los años finales de la dictadura se publicaron todas las obras clásicas del marxismo, también las de sus comentaristas, desde *El capital* de Marx, por la editorial Edaf en 1967, sin problemas, aunque se prohibieron ediciones abreviadas, hasta *La revolución teórica de Marx*, por Louis Althusser en la editorial Siglo XXI, también en 1967, o el manual más exitoso y leído de todo el marxismo en España y Latinoamérica, *Los conceptos elementales del materialismo histórico* (Siglo XXI, 1969), de Marta Harnecker, que en 1978 ya iba por su 36ª edición. Cabe destacar, por tanto, la tarea política y cultural de las editoriales impulsadas por militantes del PCE-PSUC y católicos de izquierdas, como la ya citada ZYX (de 1963 a 1968), Nova Terra (1964-1969), Ciencia Nueva (1965-1970), Edicusa (1965-1980), Siglo XXI de España (desde 1967), Ayuso (1969), Anagrama (1969) Akal (1972), más las editoriales del exilio Ebro y Ruedo Ibérico. Una eclosión que alcanzó altas cotas de impacto con la ya citada colección de bolsillo de Alianza Editorial, construida bajo la influencia cultural y política de Javier Pradera desde 1966, y la similar Ariel Quincenal, dirigida desde 1968 por Manuel Sacristán con la colaboración de Josep Fontana.

En definitiva, grupos políticos, movimientos sociales y sectores culturales giraron en torno al PCE-PSUC, que, gracias a la entrega de sus militantes y su capacidad organizativa, había logrado convertirse en hegemónico dentro de CC OO; al fin y al cabo, este movimiento político-sindical se concebía como representante de la clase emancipadora por antonomasia, el proletariado sobre el que versaban los clásicos marxistas tan leídos y debatidos. Nada se podía abordar sin tener al proletariado como sujeto histórico y, en consecuencia, las divergencias se centraban en cómo se alcanzaba la conciencia de clase necesaria para abordar la revolución y con qué estrategias y alianzas se acometía la conquista del poder. En este punto hubo tensiones importantes entre el PCE-PSUC y las tendencias consejistas de los cristianos afiliados a CC OO. El socialismo de consejos se diferenciaba del bolchevismo y del reformismo socialdemócrata porque defendía la autoemancipación proletaria con fórmulas autogestionarias más allá del sindicato estricto, promovidas por los propios trabajadores, no por el Estado, lo que en cierto modo los aproximaba a los anarquistas. En la HOAC se albergaban metas de dicho socialismo autogestionario en el que el "pueblo", y no la clase obrera, debía implantar una democracia directa de estructuras asamblearias, antiburocráticas, opuestas a la disciplina del "centralismo democrático" teorizada por Lenin y también al sindicalismo reformista. Los núcleos de "cristianos por el socialismo" promovieron "comunidades de base", contaron con curas obreros y monjas comprometidas con nuevas lecturas del mensaje evangélico, con parroquias abiertas a las reuniones de trabajadores, vecinos y estudiantes, espacios necesarios para organizar actividades y fondo de solidaridad, imprimir y almacenar panfletos y lanzar convocatorias contra la dictadura. Tanto fue así que el PCE, por boca de Carrillo, reconoció en 1971 la importancia del "sector católico democrático y progresista" y su importante participación en "el vigoroso movimiento de Comisiones Obreras". En paralelo, desde la citada revista *Cuadernos para el Diálogo*, personalidades como Peces-Barba abrían nuevas ventanas hacia la colaboración de los católicos con el socialismo.

Por lo que se refiere al PSOE, también en estos años se reactivaron grupos de militantes en el interior, sobre todo en Sevilla, Madrid y Bilbao, en esta última ciudad vinculados a UGT. Habían sobrevivido núcleos de militancia a pesar de la represión, la cárcel y una agotadora clandestinidad; sin embargo, la solidaridad grupal les permitió prolongar la memoria del socialismo de modo perseverante hasta la década de 1970. Fueron los socialistas del interior los que, justo en 1970, en el XI Congreso del partido celebrado en el exilio, en Toulouse, manifestaron la necesidad de renovar una dirección que bloqueaba los pactos con comunistas, católicos demócratas y liberales y que además prohibía la participación de UGT en los procesos electorales del sindicato oficial, al modo como ya venía haciendo CC OO. Esa demanda fue desatendida por la ejecutiva de socialistas en el exilio, con Rodolfo Llopis a la cabeza. En el siguiente congreso, el XII del exilio, también en Toulouse, en 1972 vencieron las propuestas de renovación de estrategia con la dirección colegiada de Nicolás Redondo (por la UGT), Pablo Castellano y Felipe González, lo que supuso la remoción de Llopis, quien, al no aceptar el resultado, creó lo que se llamó "PSOE Histórico".

Entre tanto, en Cataluña y País Vasco, de la mano de antiguos militantes del FLP habían surgido otras organizaciones que se definían también como socialistas: por ejemplo, la propia existencia de USO, con implantación relevante en el País Vasco, o en Cataluña, incluyendo el factor nacionalista, surgieron los socialistas de Reagrupament, formados desde 1966 en torno a Josep Pallach, más luego, en 1974, Convergencia Socialista con Joan Reventós al frente. Además, desde 1968 existía el Partido Socialista del Interior creado por Tierno Galván, luego PSP (Partido Socialista Popular) desde 1974. El rótulo de "socialista", por tanto, se había expandido sin que la dirección del PSOE en el exilio supiera acoger unas propuestas de evidentes contenidos socialdemócratas y con una fragmentación organizativa evidente, a tenor de las siglas relacionadas. Por su parte, la CNT había logrado reunificar sus tendencias en 1963, bajo la dirección de los Urales-Montseny, línea apolítica que no supo llegar al ámbito del sindicalismo ni alcanzó a comprender la relevancia de CC OO, por lo que su presencia se mantuvo en la penumbra de los procesos históricos.

Fueron años de una extraordinaria efervescencia ideológica. El citado abanico de izquierdas desarrolló militancias siempre arriesgadas, con la policía pisándoles los talones y frecuentes condenas de cárcel, y también con ilusiones que en bastantes casos se quedaron desfasadas no tanto por dogmáticas sino porque los cambios socioeconómicos y de culturas políticas arrinconaron aquellos persistentes debates endogámicos sobre estrategias revolucionarias fabricados al margen de las nuevas realidades sociales. Así, por ejemplo, el uso más o menos clandestino de las píldoras anticonceptivas, cuya venta en 1970 se calculó en dos millones, es un dato fehaciente de que en la vida cotidiana se estaban rompiendo los espacios de poder establecidos en el hogar y se creaba la posibilidad del placer sexual sin culpa, como así se comenzó a hacer desde que las feministas montaron los primeros centros de planificación familiar, el primero en Madrid en 1975 de la mano de la joven socialista Elena Arnedo. Sin embargo, los cuadros y gran parte de los militantes de todas estas formaciones de izquierdas, desde la Liga Comunista al PSOE, dedicaban más tiempo a darle vueltas, por ejemplo, a un concepto considerado intocable, la dictadura del proletariado, pero que demostró ser un nudo esclerotizado para el tránsito a la emancipación social al diluirse entre las libertades alcanzadas desde 1977.

De igual modo, la asfixiante represión constituyó otro factor de concienciación política para defender la libertad como requisito, sin ambages, para la convivencia democrática. Dicha represión afectó a todos los ámbitos, de modo que una dictadura proclamada católica tuvo que crear dependencias específicas en la cárcel de Zamora solo para curas, las únicas del mundo de este tipo. Entre 1968 y 1976 pasaron por esa cárcel casi 200 clérigos, en gran parte nacionalistas como Xirinacs y curas obreros como García Salve, comunista, más los muchos que fueron multados sin juicio; multas que sumaron más de 11 millones de pesetas de la época. También se castigó a los medios críticos con censuras, multas y cierres temporales, sobre todo a revistas como *Triunfo* y *Cambio16*, las de humor, *Hermano Lobo*, *Por Favor* y *La Codorniz*, sufriendo el diario *Madrid* su cierre definitivo en 1971, aun siendo de un grupo vinculado a los sectores reformistas del propio régimen. En suma, se vivieron vorágines de conflictos y esperanzas entre ideales, sobresaltos y miedos.

PCE-PSUC Y CC OO AL FRENTE DE LA OPOSICIÓN

En este punto conviene recordar los aspectos más importantes acordados en el VIII Congreso del PCE que en 1972, bajo el lema "Hacia la Libertad", ratificó la crítica a la URSS por la invasión de Checoslovaquia y aceptó la necesidad de que España se integrara en el Mercado Común Europeo para

> articular la lucha de clases contra las empresas multinacionales a escala europea... obtener una cooperación sindical en el continente... [y] emprender una relación más activa con otros partidos y grupos de base obrera y popular a escala continental, particularmente con los Partidos Socialistas y la Izquierda cristiana.

Tras criticar duramente a los grupos izquierdistas y a ETA, se reafirmó la necesidad de situarse "a la cabeza de la lucha popular por la democracia" y defender una "alternativa democrática, la realización del pacto para la libertad" mediante la "alianza de las fuerzas del trabajo y de la cultura", tarea a desarrollar pueblo por pueblo, en todas las provincias, regiones y nacionalidades, con asambleas, comisiones, mesas democráticas hasta alcanzar un Gobierno provisional de "amplia coalición" que, a partir de la amnistía y el restablecimiento de las libertades, convoque elecciones constituyentes en las que se debe reconocer el derecho de autodeterminación de Cataluña, Euskadi y Galicia con un "periodo de provisionalidad en el que rijan los Estatutos de autonomía que estuvieron vigentes bajo la República".

Se trataba de realizar una revolución política democrática, pacífica, "ganando a las capas medias contra la política del capital monopolista", aliarse con el "movimiento democrático de mujeres" que Carrillo reconocía haber sido marginado, e incluso logrando la cooperación del Ejército desarrollando "en su seno corrientes de comprensión hacia el pueblo". Se constataba la debilidad existente en el campo y se insistía en el protagonismo de CC OO que no podía ser "elitista", o sea, de vanguardia, sino "el movimiento obrero de masa [que], a través de su lucha, sea una verdadera escuela para la formación de la conciencia de clase de las grandes masas trabajadoras". En definitiva, se trataba de alcanzar la fase democrática, tan necesaria para ampliar fuerzas y desplegar la posterior revolución socialista, que era la meta.

Los acontecimientos, sin duda, se amontonaron y condicionaron respuestas ajustadas a la correlación de fuerzas en cada situación. Baste resumir los hechos más cruciales. Al citado Juicio de Burgos de 1970 cuyas condenas de muerte fueron conmutadas gracias a la presión nacional e internacional, se sumó en 1972 la detención de los dirigentes de CC OO cuyo proceso 1001, que coincidió con el asesinato de Carrero Blanco en 1973 por ETA, se convirtió en otro bumerán contra la dictadura al condenar a Marcelino Camacho, Nicolás Sartorius, Eduardo Saborido y el citado cura Francisco García Salve, entre otros, quienes serían indultados precisamente por Juan Carlos al ser proclamado rey en 1975.

De modo muy concreto, fueron decisivos los conflictos laborales en la quiebra de la dictadura. Siempre con el protagonismo de CC OO, en 1970 se triplicaron las huelgas con la participación del doble de obreros que el año anterior, no solo en las zonas industriales y mineras clásicas sino también en Vigo, El Ferrol, Valencia, Valladolid y la primera huelga, desde la Guerra Civil, en Granada, en el sector de la construcción, con el protagonismo de tres curas obreros y de CC OO, donde la carga policial se llevó por delante a tres obreros, un acto condenado por el arzobispo. Lograron mejoras salariales indudables, pero el coste en vidas minaba a un régimen que solo encontraba la violencia como respuesta. Así, además de los detenidos y juzgados por el TOP, la represión policial sumó más muertos en las huelgas y manifestaciones: un obrero en la SEAT de Barcelona en 1971, dos en 1972 en los astilleros de El Ferrol, otro en la Térmica del Besós en 1973...

Las huelgas en las universidades también se multiplicaron, muchas por solidaridad con los obreros, otras contra la aplicación de la Ley de Educación del ministro Villar Palasí, que fue cesado en 1973 al estallar una huelga general de profesores no numerarios de la universidad exigiendo estabilidad laboral y otra de más de 100.000 maestros contra dicha ley. En ese año la Conferencia Episcopal, comandada por el cardenal Tarancón, en el documento "Iglesia y comunidad política", aprobado por 59 de los 79 obispos asistentes, propuso la separación de la Iglesia y el Estado y avanzar hacia una sociedad democrática y plural basada en los derechos humanos. Por otra parte, ETA, tras matar a Carrero Blanco y seguir con una escalada de 19 asesinatos en 1974 (13 de ellos en la cafetería madrileña inmediata a la Dirección General de la Policía), se escindió entre la ETA militar (ETA-m), exclusivamente nacionalista, con una estrategia de violencia, y la ETA político-militar (ETA-pm), que, sin rechazar todavía la violencia, la supeditó a la lucha política, sin olvidar la escisión de un sector más cercano a la cuestión social constituido como Partido de los Trabajadores Patriotas Revolucionarios (LAIA por sus siglas en euskera).

Además, la Revolución de los Claveles del mes de abril de 1974 en Portugal y la enfermedad del dictador ampliaron las expectativas de la oposición: se creó en París la Junta Democrática de España, impulsada por el PCE, y en Suresnes se celebró el XIII Congreso del PSOE, eligiendo a Felipe González como secretario general. Dos pasos importantes. La Junta Democrática fue decisiva y en su manifiesto-programa formuló una "vía española al socialismo" que, siguiendo lo aprobado por el PCE en 1972, hacía de la etapa intermedia de democracia política y social el momento de sumar todas las fuerzas antimonopolistas y antilatifundistas para romper democráticamente con la dictadura. Había llegado el momento de esa ruptura y en esa Junta hubo desde liberales monárquicos y miembros del Opus Dei —vivero de los ministros tecnócratas de la dictadura—, un partido carlista que, escindido del tradicional, pensaba en un socialismo autogestionario y federal, el Partido Socialista Popular de Tierno Galván, la Alianza Socialista de Andalucía, liderada por Rojas-Marcos, y la asociación de abogados Justicia Democrática, hasta el PTE, maoísta, más CC OO, movimiento de fuerza innegable. Esta Junta desarrolló una actividad inmediata con distintos sectores sociales, incluyendo empresarios, jerarquías eclesiásticas y militares, y también ante la Comunidad Económica Europea y los embajadores de Estados Unidos y otros países.

El PSOE, por su parte, resucitó de la clandestinidad en el congreso de Suresnes, donde, apoyado por la Internacional Socialista y con la presencia de Mitterrand, aprobó también un programa de ruptura democrática en el que se incluyó el derecho de autodeterminación para la "nacionalidades ibéricas" pensando en una "república federal", más los puntos básicos de un Gobierno provisional y una convocatoria de elecciones constituyentes. Ocuparon la dirección los jóvenes socialistas del interior con Felipe González, Alfonso Guerra, Francisco Bustelo, Enrique Múgica y Nicolás Redondo, entre otros. Además, el PSOE tuvo que buscar en 1975 un liderazgo político diferenciado de la Junta Democrática antes citada. Organizó una Plataforma de Convergencia Democrática, donde sumó a los marxistas maoístas ORT y MC, el Partit Socialista-Reagrupament, otro grupo de escisión del carlismo, Izquierda Democrática, formada por demócrata-cristianos, más algunos partidos socialdemócratas minoritarios formados en el País Valenciano y Galicia, el sindicato UGT, con cierta recuperación en el País Vasco, y también personalidades independientes. Hay que insistir en que en estos años hubo una eclosión de iniciativas socialistas en gran parte solapadas con idearios nacionalistas o regionalistas, más una serie de propuestas autogestionarias en lo socioeconómico y federales en lo político. Ya se ha expuesto que en 1974 el grupo socialista de Tierno Galván se convirtió en Partido Socialista Popular; en Cataluña existía el Reagrupament Socialista, liderado por Josep Pallach, albergando un sector de ERC; y en ese año se formó Convergencia Socialista, dirigido por Joan Reventós con militantes del MSC. Al año siguiente se crearon partidos socialistas vinculados a territorios como Galicia (PSG), País Valenciano (PSPV), Andalucía (PSA), Aragón (PSA), Madrid (Convergencia Socialista), Baleares (Partit Socialista de les Illes) o Canarias (PASC), de los que algunos se sumarían al PSP de Tierno en las elecciones de 1977 y otros se integrarían en el PSOE. De esa amalgama de grupos salieron futuros responsables políticos como Ernest Lluch, Joaquín Leguina, Enrique Barón, Alejandro Rojas-Marcos, Luis Uruñuela y Xosé Manuel Beiras, entre otros.

Por lo demás, la conjunción de fuerzas opositoras marcó un camino propio en Cataluña desde que en 1971 se había constituido una Asamblea que, tras la iniciativa de 1969 de una Comisión Coordinadora de Fuerzas Políticas, agrupó a todas las izquierdas, incluyendo al PSUC, junto con ERC, el Moviment Socialista de Catalunya (MSC) y otros grupos minoritarios. Sin duda, la Asamblea de Cataluña adquirió en estos años un protagonismo social decisivo con su lema de *"Llibertat, Amnistia i Estatut d'Autonomia"*, consigna tan popular que se expandió por todas las manifestaciones antifranquistas de la geografía española como triple exigencia para iniciar la democracia. De este modo, la demanda de un Estado autonómico se imbricó con la exigencia de libertades y ambas cuestiones se hicieron consustanciales para la democracia a construir. Conviene recordar a este respecto que el protagonismo del PSUC constituyó un factor decisivo, puesto que contaba con 6.000 de los 20.000 militantes comunistas de toda España. Por otra parte, en el País Vasco no hace falta insistir en la presencia tan desequilibrante de los asesinatos de ETA, pero además en Galicia, desde la década de 1960, hubo un renacer que, en conexión con el exilio republicano, desplegó propuestas galleguistas, sobre todo en cultura en torno a la personalidad de Ramón Piñeiro. Ya en 1963 se había creado la Unión do Povo Galego (UPG), marxista e independentista en línea con los movimientos de liberación nacional del Tercer Mundo, que logró cierta implantación sindical con Comisións Labregas, y el citado Partido Socialista Galego (PSG), de ideario socialdemócrata nacionalista con la figura del citado Xosé Manuel Beiras. En definitiva, el factor nacionalista se hizo presente cada vez con más fuerza en distintos escenarios de la política española.

En noviembre de 1975 llegó el final del dictador tras un año de creciente arrinconamiento del régimen, con un muy notable incremento de los conflictos laborales, que se quintuplicaron con relación a 1971, más la ampliación de la violencia política. Aunque no existía el derecho a la huelga, España ocupó en ese momento el cuarto lugar de Europa en número huelgas y huelguistas, cuyo 72% de conflictos se concentraron en las provincias industriales (Barcelona, Madrid, Vizcaya, Asturias y Guipúzcoa), extendidos también a otros núcleos desde Vigo a Málaga. Afectó sobre todo a sectores de servicios como la enseñanza, la sanidad (dos semanas de huelga en hospitales en mayo de 1975), transportes y hasta el teatro, televisión y radio en 1975. Los TOP no dejaron de perseguir y condenar como "delincuentes" a cuantos hicieran huelga o fueran detenidos en una manifestación. Si en 1971 los TOP habían incoado 1.696 causas, en 1975 abrieron 4.317. Además, fueron 18 los asesinatos de ETA ese año (11 de ellos agentes del orden público), un multiplicador de alarma política al que se sumó un nuevo actor violento con seis asesinatos, el FRAP. Este Frente Revolucionario Antifascista y Patriota se había formado en 1973 con militantes escindidos del PCE desde 1964, otros del MC y procedentes de asociaciones estudiantiles, todos opuestos a la política de reconciliación, partidarios de la "violencia revolucionaria" y presididos por un viejo ministro socialista, Álvarez del Vayo.

Sin embargo, a pesar de las incertidumbres generadas por esa violencia ejercida en nombre de la izquierda y, por encima de la proliferación de siglas de grupos calificados como marxistas y socialistas, en las elecciones sindicales de junio de 1975 el triunfo de CC OO fue incontestable. Esto reforzó el protagonismo del PCE-PSUC en el ritmo reivindicativo y en la desestabilización de la dictadura, por más que se declarase el estado de excepción en Guipúzcoa y Vizcaya y ese verano el Gobierno promulgara una ley antiterrorista que devolvió a la jurisdicción militar los delitos de violencia política y que supondría la condena a muerte a sus autores. Así es como en septiembre de ese año se juzgaron en consejo de guerra a varios militantes del FRAP y ETA por haber matado a agentes del orden. Se les impusieron penas de muerte a tres del FRAP y a dos de ETA, lo que provocó movilizaciones en España y a nivel internacional. Solicitaron clemencia desde la Conferencia Episcopal hasta el padre del príncipe Juan Carlos, y en lo internacional desde el papa Pablo VI hasta la reina británica. Tras las ejecuciones, la conmoción afectó a toda la vida pública, especialmente al País Vasco, con tres días de huelga general, mientras la salud del dictador entraba en un declive definitivo y desde Marruecos se lanzaba una "marcha verde" para reclamar la posesión del Sáhara Occidental. El 20 de noviembre la muerte de Franco puso fin a la dictadura.

No fue casual que, al ser proclamado rey Juan Carlos, se decretara un indulto que, exceptuados los delitos con violencia, afectó a más de 700 presos políticos (ya se han citado los nombres de Camacho y Sartorius). Siguieron varias órdenes ministeriales que rehabilitaron a los docentes sancionados (Tierno Galván y Aranguren entre ellos) y, sobre todo, el 5 de diciembre la presidencia del Gobierno declaró "revisadas de oficio y anuladas las sanciones y sus efectos" aplicados durante la dictadura por la ley de 1939 de responsabilidades políticas, lo que supuso el reingreso o recuperación de sus derechos de los miles de empleados públicos depurados con aquella ley de los vencedores.

No fue suficiente el indulto, aunque se aplicó de modo amplio. Las campañas proamnistía se relanzaron desde colegios profesionales, asociaciones de jueces, ayuntamientos, asociaciones de vecinos, grupos políticos y hasta contó con el apoyo de la Conferencia Episcopal, presidida por el cardenal Tarancón. Unidas a las marchas por la libertad, más la creciente oleada huelguística de 1976, un año de crisis económica galopante y crecimiento del paro con datos cada vez más graves, se sumó un hecho dramático, la matanza de cinco obreros en la puerta de una iglesia de Vitoria en marzo, donde estaban reunidos en asamblea 4.000 trabajadores en huelga. Todo esto zarandeó las supuestas previsiones reformistas del primer Gobierno del rey Juan Carlos. Un tsunami antifranquista y prodemocrático forzó al monarca a cambiar el rumbo y nombrar en el mes de julio presidente del Gobierno a un joven político procedente de las filas de la columna vertebral de la dictadura: se trataba del ministro-secretario general del Movimiento, Adolfo Suárez. Su primera medida consistió en el decreto-ley de amnistía de cuantos presos existían por motivos políticos, salvo los que hubieran "lesionado la vida o la integridad de las personas". No satisfizo a la oposición y se amplió con nuevos indultos en marzo de 1977, que esta vez beneficiaron a presos de ETA, con la fórmula de "extrañados". En todo caso, la amnistía se mantuvo como exigencia para incluir a los autores de todo tipo de delito, incluidos los violentos, y arrancar, por tanto, la democracia con un gran perdón de ambos bandos que clausurase la Guerra Civil y la dictadura. Se convirtió en tarea prioritaria para las Cortes elegidas en 1977.

DE LA PLATAJUNTA A LAS ELECCIONES LIBRES

Entre tanto, desde marzo de 1976 la Junta Democrática, ya explicada, impulsada sobre todo por el PCE, y la Plataforma, con el PSOE como principal actor, se habían unido como Coordinación Democrática: se llamó "Platajunta". Luego se amplió como Plataforma de Organizaciones Democráticas (POD) y se sumaron los grupos nacionalistas organizados en Asambleas o Coordinadoras: la ya citada en Cataluña, y las constituidas en el País Valenciano, Baleares y Canarias, con fórmulas similares en Andalucía, Aragón y Asturias. En Galicia existía desde 1975 la Asamblea Nacional Popular Galega (ANPG), que solo admitía personalidades, aunque su impulso procedía de la Unión do Povo Galego, marxista revolucionario, lo que le restó fuerza para crearse en 1976 un Consello de Forzas Políticas Galegas de mayor amplitud política. Por otra parte, en el País Vasco en 1976 se formó la Koordinadora Abertzale Sozialista (KAS), sumando las organizaciones defensoras del independentismo vasco y, en general, partidarias de la violencia de ETA, a pesar de que experimentó repetidas disputas internas sobre el carácter revolucionario o no de la violencia política, con justificaciones supuestamente ancladas en el marxismo.

En suma, tanto en la "Platajunta" como en las distintas Asambleas integradas en la POD, junto a la amnistía y las libertades se incluyó el derecho de autodeterminación como exigencia necesaria. Entre tanto, el Gobierno de Suárez logró a fines de 1976 aprobar en referéndum la Ley de Reforma Política. De inmediato, el propio Suárez se reunió con la "comisión de los nueve" que representaban a la Platajunta: Felipe González, Sánchez Montero (PCE), Tierno Galván, Jordi Pujol, Julio Jáuregui (PNV), Valentín Paz Andrade (galleguista) y, por el centro-derecha, Francisco Fernández Ordóñez, Joaquín Satrústegui y Antón Canyellas. Se comprometieron a convocar Cortes con libertades de asociación y reunión.

Sin embargo, 1977 comenzó con actos de extraordinaria perturbación. Grupos armados de ultraderecha irrumpieron en la vida pública para exhibir su oposición a la reforma aprobada por referéndum. El 23 de enero mataron al estudiante Arturo Ruiz, al día siguiente murió una estudiante en la protesta por el anterior asesinato, y, lo más grave, esa noche del 23 al 24 un comando fascista mató a cinco jóvenes abogados laboralistas, vinculados a CC OO, en su despacho de la calle Atocha. Entre tanto, un extraño Grupo de Resistencia Antifascista Primero de Octubre (GRAPO), brazo armado del PCE reconstituido, que ya antes había matado a cuatro policías, ahora mantenía secuestrados a dos altas autoridades del franquismo: el presidente del Consejo de Estado y el del Consejo de Justicia Militar, y volvía a matar en enero, el 27 de enero, a dos policías y un guardia civil, en vísperas del entierro de los abogados de Atocha.

La violencia armada parecía ahogar y derrotar el plan de reforma del presidente Suárez. Sin embargo, el 29 de enero, con el silencio de miles y miles de puños en alto —se calculan más de 100.000— acompañando los féretros de los cinco abogados asesinados, con un servicio de orden organizado por el PCE, este partido ratificó públicamente su fuerza y su compromiso con un tránsito pacífico a la democracia. El contexto, las tensiones y emociones y el desgarro experimentado en aquella tragedia se encuentran reflejados en *Siete días de enero*, película documental de Juan A. Bardem y Gregorio Morán. El hecho es que avanzaron las negociaciones entre el Gobierno y la Plataforma de Organizaciones Democráticas (POD), o sea, entre Suárez, González y Carrillo, aunque este se encontraba en una situación original, detenido por haber entrado clandestinamente y liberado a los siete días y con el PCE sin legalizar. En marzo se amplió la amnistía, dando libertad a casi 2.000 presos políticos, y por decreto-ley se regularon las elecciones a celebrar. Lo más impactante: el 9 de abril, sábado de Gloria o Resurrección en el santoral católico, con todo el mundo de vacaciones, fue legalizado el PCE; el 28 de abril, los sindicatos CC OO, UGT y USO, pero con la prohibición de festejar el 1º de Mayo, que se celebró a pesar de las cargas policiales para disolverlo.

En el mes de mayo de 1977 hubo otro momento de tensión grave: en la semana proamnistía organizada en las tres provincias vascas, la represión ocasionó seis víctimas mortales, cuatro por balas de la policía. Parecía un acto de ceguera del Gobierno, cuando ya se estaba en la recta preelectoral y se acababa de constituir la UCD justo la semana anterior. A pesar de los pronósticos derrotistas y de la agitación violenta de la ultraderecha franquista, el 1 de junio de 1977 comenzó una campaña electoral de quince días de auténtica fiesta: en cada esquina estalló la alegría de lanzar al viento, sin tapujos ni mordazas, todas las ideas posibles. Más de 22.000 mítines regaron toda la geografía española, participó el 78,83% del censo, el dato más alto tras el registrado en 1982, y los votantes —todavía era a partir de los 21— expresaron libre y soberanamente la voluntad popular.

Hubo papeletas para elegir entre 82 partidos o coaliciones electorales. En todo caso, solo 22 partidos se presentaron en casi todas las circunscripciones. Por lo que se refiere a las izquierdas, hay que recordar que el partido ARDE, fusión de Izquierda Republicana y Unión Republicana, no pudo concurrir y solo logró ser legalizado en agosto, tras las elecciones. Sin embargo, los partidos a la izquierda del PCE, aunque no fueron legalizados hasta más tarde, pudieron presentarse como coalición. Los resultados fueron desfavorables y desde ese momento comenzó su declive político. Así, la ORT concurrió como "Agrupación Electoral de los Trabajadores" (AET) y obtuvo algo más de 77.000 votos, un 0,42%. La Liga Comunista, Acción Comunista, OIC y POUM formaron el Frente por la Unidad de los Trabajadores, que logró 41.000 votos, un 0,22%, mientras que el MC, el Partido Sindicalista y el Partido de los Trabajadores, integrados en una Candidatura de Unidad Popular (CUP), apenas superaron los 5.000 votos, un 0,03%. Era un contratiempo muy grave comprobar que no lograban la legitimidad política expresada en las urnas.

En definitiva, los votantes estaban decidiendo tres cuestiones: qué democracia y, por tanto, qué Constitución; qué soluciones económicas ante la crisis, y, por último, cómo afrontar las exigencias de los nacionalismos subestatales. Aunque hubo cierta desazón porque el Senado contaba con una quinta parte designada por la Corona, en general fueron dos semanas de actividad frenética y de explicación de programas y consignas. Existen importantes análisis de las campañas y de las posibles causas de los resultados electorales. Aquí interesa resaltar tres aspectos. El primero, referido a las izquierdas, se explica con la aparente similitud, pero aguda diferencia, de los eslóganes utilizados en la propaganda electoral por el PCE-PSUC y el PSOE: "Socialismo en libertad", prometía el primero; "Socialismo es libertad", proclamaba el segundo.

De ahí se deriva la segunda cuestión: ¿de dónde provino la avalancha de votos para el PSOE cuando el PCE-PSUC había protagonizado en las dos últimas décadas la oposición a la dictadura? La comparación del mapa electoral de febrero de 1936 con el de junio de 1977 muestra, entre otras realidades, que la lealtad política al socialismo se mantuvo fuertemente arraigada por transmisión familiar: el 90% de los votantes lo hicieron por primera vez y se hizo palpable que ni la represión ni la propaganda del régimen ni la carencia de estructuras organizativas socialistas fueron obstáculos insalvables y reflotó con fuerza la memoria de los votantes y militantes socialistas-ugetistas de 1936.

En tercer lugar, es justo insistir en que prácticamente todos los partidos coincidieron, tal y como apuntó Santos Juliá, en demostrar que el "mito de las dos Españas, destinadas a la violencia y al exterminio del adversario", ya no se podía sustentar. El PCE-PSUC, para frenar las décadas de campaña anticomunista sostenidas por la dictadura, formuló explícitamente por boca de Santiago Carrillo el compromiso de evitar "una nueva guerra civil" y "desterrar la violencia de las prácticas políticas", de modo que "cada español, piense como piense, pueda pasear libremente por las calles sabiendo que no va a ser asesinado ni arrestado". Ratificaron este compromiso los partidos socialistas, pues, además del PSOE, la candidatura de Unidad Socialista sumó al PSP de Tierno Galván, al Partido Socialista de Aragón, Convergencia Socialista de Madrid y Partido Socialista de Andalucía. Solo la Alianza Popular (AP) de Fraga alabó "la obra de los pasados cuarenta años" y proclamó la necesidad de "plantar cara a los grandes enemigos de España, que son el marxismo y el separatismo".

Por su parte, Suárez centró su campaña en el pueblo soberano, al que había que escuchar y atender, mientras que el PSOE más la coalición de Socialistes de Catalunya remacharon la idea de que eran el partido "del pueblo, para el pueblo y que nace del pueblo", de modo que su meta sería "cambiar la sociedad al ritmo que el pueblo marque". La UCD ganó con el 34,4% y 165 diputados, a 11 de la mayoría absoluta; el PSOE, más Socialistes de Catalunya, con un 29,3% dieron la sorpresa como segunda fuerza con 118 diputados, mientras que el PCE-PSUC, cuyo protagonismo contra la dictadura era reconocido por todos, se quedó en solo 20 diputados, ocho de los cuales eran del PSUC. Por otra parte, en el socialismo persistían organizaciones diferenciadas: una, la del PSP, con seis diputados, pronto se integraría en el PSOE, y otra, motivada por la cuestión catalanista, supuso que el Partit Socialista de Catalunya-Reagrupament, ya citado, se sumó dentro del *Pacte Democràtic per Catalunya* a Convergència Democràtica de Catalunya (CDC), Esquerra Democràtica de Catalunya (EDC) y Front Nacional de Catalunya (FNC), logrando juntos 11 escaños. El nacionalismo vasco también demostró su fuerza con los ocho escaños del PNV. Sin embargo, las expectativas de Alianza Popular se desinflaron al lograr, por detrás de los comunistas, solo 16 diputados, 13 de ellos antiguos ministros de la dictadura. La "mayoría silenciosa" a la que pretendía representar Fraga, incluyendo en sus listas a otros seis ministros y 180 procuradores de las Cortes franquistas, lo que se clasificó como "franquismo sociológico", no pasó del 8% de los votos.

4. PACTOS CONSTITUYENTES, HEGEMONÍA SOCIALISTA Y DECLIVE COMUNISTA (1977-1986)

Sobre el fin de la transición a la democracia, la mayoría acepta la fecha de 1982, pero quizás para el devenir de las izquierdas sea más relevante la de 1986. Fue el año en el que el PCE se eclipsó dentro de una nueva formación política, Izquierda Unida, y el PSUC cambió de rumbo para integrarse en Unió de l'Esquerra Catalana, luego Iniciativa per Catalunya; mientras el PSOE confirmaba una mayoría absoluta que disolvía ilusiones revolucionarias y canalizaba la hegemonía de los ideales socialdemócratas. No por casualidad, también en 1986 sucedieron dos hechos concatenados con cambios en las izquierdas: el referéndum que ratificó la permanencia de España en la OTAN y la tan deseada entrada en la Comunidad Europea.

No procede extender un relato tan prolijo de acuerdos y siglas como el de los epígrafes anteriores. Las libertades y los resultados electorales simplificaron el panorama político de las izquierdas. Además, conforme se avanza en la cronología de este libro, cualquier persona que lo esté leyendo cuenta con numerosos canales de información sobre los hechos y cuestiones que han marcado la historia de nuestra actual democracia desde 1977. Parece más adecuado, por tanto, sistematizar exclusivamente las materias que han supuesto cambios y novedades en la historia de los partidos y movimientos sociales catalogados de izquierdas. Así, del periodo comprendido entre 1977 y 1986 cabría considerar cuatro hechos o factores: protagonismo de las izquierdas en los pactos constituyentes; ascenso de la socialdemocracia a lomos de una profunda crisis del comunismo; edificación del Estado de bienestar, con reconversión industrial incluida; y, por último, la vertebración del Estado de las autonomías con el poder municipal como baluarte de la democracia y la simultánea homogeneización con Europa. De estas nuevas realidades fueron protagonistas las izquierdas, según sus respectivos apoyos electorales, y también los sindicatos CC OO y UGT. A esto hay que sumar el surgimiento de nuevos movimientos sociales, con desigual implantación y desarrollo: el feminismo, la objeción de conciencia, el ecologismo y el movimiento de liberación impulsado por lesbianas y gais.

PCE-PSUC, PSOE Y SINDICATOS DE CLASE: PACTOS Y AMNISTÍA

En primer lugar, tanto el PCE-PSUC y PSOE como los sindicatos CC OO y UGT fueron decisivos para los consensos que sustentaron la transición a la democracia con los Pactos de la Moncloa y la elaboración de la Constitución. La fuerza del sindicato USO quedó en esos años muy debilitada al sufrir, entre 1977 y 1980, una fuerte escisión de militantes que migraron primero a UGT y posteriormente a CC OO. Por otra parte, conviene precisar que las políticas de consenso de estos años ya suscitaron debates importantes en su día y persisten hasta hoy, pues no existen dogmas cerrados en los análisis sociales. En todo caso, es necesario aparcar las tentaciones de enjuiciar el pasado aplicando códigos retrospectivos y obsesiones por descubrir derrotas, traiciones, engaños, conformismos o cobardías a toro pasado, con criterios de una supuesta superioridad moral valiente y pura, nunca contrastada.

El análisis histórico, en efecto, no puede olvidar el contexto en el que se desenvolvieron aquellas políticas. Hubo dos factores de constante perturbación: la crisis económica y el terrorismo que, al ya existente de ETA, se sumaron dos grupos izquierdistas, el FRAP y el GRAPO, y diversas bandas paramilitares de la extrema derecha, avaladas incluso por los servicios secretos del Estado. Estremece recordar que, entre 1976 y 1982, ETA asesinó a 469 personas con un efecto muy grave, además del dolor de las víctimas, el de azuzar las conspiraciones del sector del Ejército que identificaba esas muertes con la debilidad que consideraban congénita a toda democracia. A la violencia de bandas ultraderechistas se atribuyen en esos mismos años entre 27 y 65 asesinatos, según sea la fuente.

Esas violencias y las intentonas golpistas de militares reaccionarios agravaron la dura crisis económica que el Gobierno de Suárez intentó atajar congelando salarios, aumentando impuestos y devaluando un 20% la peseta, medidas que provocaron amplias movilizaciones en las que ya apareció UGT al lado de CC OO, ambos como portavoces de las clases trabajadoras. Para contrarrestar ese ambiente de peligrosa inestabilidad, el PCE-PSUC, desde 1977 hasta las elecciones de 1979, fue el más perseverante defensor de alcanzar acuerdos que afianzaran la construcción de la democracia, incluso llegando a un Gobierno de concentración nacional con UCD, PSOE y PCE. Parecía el remedio contra la polarización y la crispación diaria que debilitaban una democracia recién constituida en medio de una intrincada crisis económica, con noticias diarias de violencia política. Coincidieron la UCD y el PSOE en la necesidad de acuerdos, pero no en la idea de un Gobierno de concentración.

En todo caso, se alcanzaron pactos concretos. El primero, frente al plan de Suárez de un texto constitucional redactado por un comité de "expertos", PSOE y PCE-PSUC lograron que fueran las Cortes recién elegidas las que designaran a los miembros que elaborasen ese texto, y ahí estuvieron los llamados "padres de la Constitución": tres diputados de UCD (Herrero de Miñón, Pérez-Llorca y Cisneros), uno de AP (Fraga), Roca Junyent por el antes citado *Pacte Democràtic per Catalunya*, y por las izquierdas Peces-Barba, del PSOE, y Sole Turá, del PCE-PSUC. Los tres últimos evitaron la pinza del centro con la derecha, lograron el consenso para evitar un texto monocolor y de ahí que el consenso se elevase a categoría de talismán para la vida política. No fue ni fácil ni rápido. Exigió constantes reuniones entre líderes y tensos debates parlamentarios que en octubre de 1977 se plasmaron, mientras se redactaba el proyecto de Constitución, en los "Pactos de la Moncloa".

Fueron decisivos los empeños del PCE y de CC OO por alcanzar y firmar estos pactos, más tibio el apoyo del PSOE y de la UGT. Hubo voces en contra: algunas secciones sindicales de CC OO; la inicial oposición de UGT, que incluso lanzó manifestaciones en contra para mostrarse más radical que CC OO; cierta contestación dentro del PCE y por el ala izquierdista del PSOE; la oposición de los sindicatos USO y SOC y la del PTE… Finalmente se firmaron y, aunque es difícil calibrar si debilitaron al PCE y reforzaron a la UCD, lo cierto es que salieron adelante las medidas económicas del vicepresidente Fuentes Quintana, pero también las propuestas que exigieron las izquierdas.

Es importante subrayar estas aportaciones. En primer lugar, la reforma fiscal, exigida sobre todo por el PSOE, de modo que el IRPF (impuesto sobre la renta de las personas), larga demanda planteada ya en las Cortes de Cádiz de 1810, al fin se institucionalizó en la sociedad española. El PCE y CC OO, por su parte, incluyeron varios asuntos: la creación de una sección sindical en las empresas, la amnistía a todos los despedidos por motivos político-sindicales y la devolución de todo el patrimonio sindical, el expropiado en 1939 a los sindicatos existentes (CNT y UGT), más el acumulado por cuotas obreras para el Sindicato Vertical, de modo que así se pudo atender a los nuevos sindicatos, CC OO y USO, organizados bajo la dictadura. Igualmente se incluyeron acuerdos de relevante calado: abolir como delitos el adulterio y el uso de anticonceptivos; apoyar económicamente a los partidos políticos, exigiéndoles a todos adaptarse a las normas democráticas; reformar los usos de los medios de comunicación estatales; y, en suma, derogar cuantas leyes pudieran oponerse a la democracia.

Se firmaron también compromisos de una mayor inversión pública y el control de la especulación para compensar la contracción del gasto público y el tope salarial del 22% acordado. El resultado de la bajada de la inflación del 29,5% en 1977 al 16% en 1979 fue un alivio social, aunque el paro subió al 10%. No sobra recordar que la inflación es un grave impuesto que se carga ante todo en la cesta de la compra de las clases trabajadoras, y también en los recursos públicos que el Estado puede invertir y, por tanto, redistribuir. También nacieron con estos pactos en 1978 el Instituto Nacional para la Salud (INSALUD), el Instituto de Mayores y Servicios Sociales (IMSERSO), el Instituto Nacional de Empleo (INEM) y el Instituto Nacional de la Seguridad Social (INSS) para gestionar las prestaciones por paro y las pensiones. Eran los cimientos del Estado de bienestar que en los años ochenta extendería y consolidaría el PSOE.

En paralelo a estos pactos, se llegó a la Ley de Amnistía. El PCE-PSUC había bregado especialmente antes de las elecciones de 1977 por la amnistía con el citado eslogan de *"Libertad, Amnistía i Estatut d'Autonomía"*. Se hizo incontrovertible que la primera tarea de las Cortes sería legislar una amnistía general, sin excluir delitos con sangre, y también legalizar a todos los grupos políticos. Esta legalización se hizo pronto y fueron reconocidos en agosto Esquerra Republicana de Catalunya y Acción Republicana, posteriormente Izquierda Republicana, y todos los partidos a la izquierda del PCE: nueve de adscripción marxista, desde la Liga trotskista al Partido Comunista Obrero Español, prosoviético; más ocho nacionalistas, destacando el Partit Socialista d'Alliberament Nacional dels Països Catalans, Unión do Povo Galego, Partido de Unificación Comunista de Canarias, Euskadiko Eskerra y la Koordinadora Abertzale Sozialista.

Por lo que se refiere a la propuesta de amnistía, la iniciativa fue del PCE-PSUC, nada más reunirse las Cortes, luego sería Arzalluz, del PNV, quien insistiría en su necesidad para "comenzar una nueva etapa democrática [y] un olvido de situaciones anteriores", con la meta de "construir un nuevo país… en el que todos podamos vivir". Se planteó, sin duda, como la ley que clausuraba la Guerra Civil y la dictadura; fue votada favorablemente por todos los grupos, salvo la abstención de AP de Fraga. Tuvo el rango de pacto parlamentario, debatido y votado con luz y taquígrafos, abarcó todos los actos de violencia política con daños a personas y también incluyó "los delitos y faltas" cometidos por "autoridades, funcionarios y agentes del orden público", persiguiendo a los autores de actos terroristas, así como "los delitos cometidos por los funcionarios públicos contra el ejercicio de los derechos de las personas". Se amnistiaba, por tanto, a terroristas, a policías y cargos de la dictadura.

Marcelino Camacho, líder de CC OO y diputado del PCE, recordó en el Congreso de los Diputados que desde 1956 solo los comunistas habían luchado por la amnistía para "cerrar ese pasado de guerras civiles y de cruzadas". Sus palabras fueron rotundas:

Queremos abrir la vía a la paz y a la libertad. Queremos cerrar una etapa; queremos abrir otra. Nosotros, precisamente, los comunistas, que tantas heridas tenemos, que tanto hemos sufrido, hemos enterrado nuestros muertos y nuestros rencores. Nosotros estamos resueltos a marchar hacia adelante en esa vía de la libertad, en esa vía de la paz y del progreso.

Además, como "viejo militante, encarcelado y despedido muchas veces", se enorgulleció de votar una ley que también incluía una amnistía laboral: "La democracia no debe detenerse a las puertas de la fábrica". Concluía que también era el modo de "salir al encuentro del pueblo vasco, que tanto sufre bajo diferentes formas" y que, por tanto, la amnistía política y laboral era "una necesidad nacional".

Tal y como ha explicado Santos Juliá, conviene recordar que, por un lado, fueron amnistiados 86 presos de ETA, GRAPO, MPAIAC, más tres condenados a muerte del FRAP, y, en contrapartida, los policías y autoridades implicados en actos de represión anteriores a 1977. Fue una ley pactada pensando en sosegar el País Vasco, sobre todo, porque, desde el citado indulto de 25 de noviembre de 1975, al subir Juan Carlos a la Jefatura del Estado, hasta el indulto general de 14 de marzo de 1977, la práctica totalidad de presos políticos ya gozaban de libertad desde antes de las elecciones, aunque ese indulto había mezclado a presos comunes con políticos, de modo que no es fácil desgajar la cifra de unos y otros dentro del total de 117.746 beneficiados por las citadas medidas. El hecho es que no quedó nadie de ETA en las cárceles: al contrario, los de ETA interpretaron la amnistía como prueba de debilidad del "Estado español" y siguieron "luchando", de modo que en 1978 asesinaron a 68 personas, a 78 en 1979, a 91 en 1980…

Por otro lado, el concepto de amnistía supuso también la reparación económica y el desagravio o reconocimiento político. Como desarrollo de esta idea, y a tenor de las normas establecidas por la ONU, los sucesivos Gobiernos de UCD y del PSOE desarrollaron una detallada normativa que benefició exactamente a 608.683 personas que, por republicanas (fusiladas, encarceladas, sobrevivientes o depuradas) o por haber sufrido cárcel en la dictadura, fueron rehabilitadas y restituidas desde 1978 como acto de justicia democrática. Ahí se incluyeron, conviene enfatizarlo, los fusilados durante la guerra, en la posguerra y posteriormente por los sublevados. Explícitamente un decreto-ley de noviembre de 1978 estableció que las pensiones

se extenderían también a los familiares de aquellas personas que, sin haber participado en acciones de guerra, hubieran muerto violentamente por acción directa y de los que hubieran sido ejecutados durante la contienda o posteriormente, por hechos ocurridos en la misma.

Con el PSOE en el Gobierno se reconocieron como años trabajados a efectos de la Seguridad Social "los periodos de prisión sufridos" durante la dictadura y se reconocieron "derechos y servicios prestados a quienes durante la Guerra Civil formaron parte de las fuerzas armadas, fuerzas de orden público y cuerpo de carabineros de la República". En la ley de presupuestos generales de 1990 el PSOE indemnizó a "quienes sufrieron prisión durante tres o más años" bajo la dictadura, y se incluyó a los funcionarios públicos depurados en la Seguridad Social.

Cierto que no se adoptaron medidas eficientes para exhumar y dignificar a los fusilados y enterrados en fosas ni se tocó el Valle de los Caídos o la persistencia de espacios de memoria de los vencedores. Pero es necesario ofrecer el dato de que las compensaciones económicas (pensiones, indemnizaciones, etc.) incluidas en los sucesivos presupuestos del Estado desde 1978 hasta 2020 suman un total de 21.748 millones de euros. Todavía, en 2022, figuran más de cien millones anuales para este cometido, cifra menguante por fallecimiento de los beneficiarios, aunque, si se sumaran otros costes como el de subsumir a los funcionarios civiles en la Seguridad Social, alcanzaría los 25.000 millones en el presente. Sin duda, el desagravio y resarcimiento económico han significado una rehabilitación política y ética que no se puede ni olvidar ni minusvalorar, pues conllevaron la rectificación de un pasado y el reconocimiento de la legitimidad del compromiso que adquirió la joven democracia española con la República y con quienes habían luchado contra la dictadura. No sobra detallar en este punto los colectivos republicanos resarcidos; son parte de la memoria histórica. La cifra de 608.683 personas responde a 140.000 militares republicanos no profesionales o sus familiares; 60.000 militares profesionales republicanos o sus familiares; 110.000 familiares de "fallecidos en zona republicana como consecuencia de la guerra", así se decía en el decreto, un modo de llamar a los fusilados; 60.500 indemnizados por prisión bajo dictadura; 64.500 funcionarios civiles de la República y familiares; 55.000 mutilados excombatientes republicanos; 59.000 mutilados civiles y 40.000 familiares de mutilados de la zona republicana, más otros 19.183 casos distintos incluidos también en el régimen de la Seguridad Social.

APORTACIONES A LA CONSTITUCIÓN: CONTENIDOS REPUBLICANOS

En conclusión, la Ley de Amnistía de octubre de 1977 fue parte del proyecto de organización constitucional cuyo texto fundamental se cerraba en esas fechas, tras un proceso largo, con zigzags en la búsqueda de consensos. Existen importantes estudios sobre el proceso y sus resultados entre los que cabe destacar los análisis de Francisco Tomás y Valiente y Joaquín Varela Suanzes-Carpegna, más los testimonios de los dos representantes de las izquierdas, Peces-Barba y Solé

Tura. Es importante recordar el testimonio de Solé Tura para conocer el criterio del PCE-PSUC:

Los comunistas entendemos la marcha hacia el socialismo como un avance democrático protagonizado por grandes mayorías. La Constitución tiene que propiciar la formación de esas mayorías en torno a los principales objetivos de transformación social, dejando al mismo tiempo margen de expresión suficiente para las minorías, dentro del sistema constitucional, no fuera del mismo.

Por tanto, la tarea consistía en hacer "una Constitución lo más unitaria posible", que es la

base teórica de la política de consenso, tan traída y llevada, tan incomprendida, tan criticada, pero tan fundamental para estabilizar el proceso democrático. Con consecuencia de todo ello, no pretendimos en ningún momento hacer una Constitución de corte ideologista.

Así lo razonaba en 1978 este diputado, especialista en derecho constitucional. El propio Peces-Barba, también catedrático de Derecho, reconoció que "los comunistas, con Santiago Carrillo, hicieron un formidable esfuerzo para contribuir al consenso constitucional y fueron por ello artífices principales del éxito de la Constitución".

En efecto, dentro de la historia del constitucionalismo español, el texto de 1978 tuvo la originalidad del consenso, una apuesta determinante de las izquierdas, aunque es justo reconocer que todos los partidos hicieron renuncias para alcanzar el acuerdo constituyente. Las izquierdas y el representante del catalanismo, Miquel Roca, evitaron una Constitución parcial o partidista y también, conviene reiterarlo, que la posible pinza UCD con AP rompiera las metas deseadas de convivencia plural. Lograron sacar a la UCD de su primera idea de elaborar distintas leyes constitucionales organizando los poderes y omitir los derechos humanos con la excusa de que bastaba con ratificar los acuerdos internacionales. Por eso las izquierdas insistieron y lograron que los derechos y libertades se incluyeran en un único texto constitucional y que este se cimentase en el principio de la soberanía del pueblo como soporte exclusivo de legitimidad para el resto del texto constitucional y para desplegar el necesario control de las decisiones públicas. Fueron convincentes sus razonamientos y por eso los derechos y libertades, así como las garantías jurídicas, económicas y sociales, constituyen los cimientos del nuevo Estado democrático y social de derecho.

De este modo, sin hacer alharacas de esta conexión histórica, el texto de 1978 se vinculó, sin duda, con la Constitución de 1931 y con las constituciones europeas elaboradas tras la Segunda Guerra Mundial. Recogió lo que, sin duda, había sido el ideario de los demócrata-republicanos españoles desde el siglo XIX: la construcción de un Estado democrático y social de derecho especificando derechos y libertades, incluso de forma más nítida que las anteriores, con el rango de norma jurídica suprema vinculante para todos los poderes públicos, incluido el propio legislativo. Semejante concepción de un Estado social de derecho se concretó en la subordinación de la propiedad privada y la empresa al conjunto de derechos económicos y sociales, que, sin ánimo de relacionar detalles jurídicos, se recogen en el capítulo tercero —"De los principios rectores de la política social y económica"— del título I de la Constitución y en el título VII, aunque este último es, sin duda, el menos desarrollado y aplicado después de casi medio siglo. Expresamente, el artículo 9.2 obliga a los poderes públicos a crear las condiciones y a superar las barreras para que la libertad y la igualdad se hagan realidades, garantizando que todas las personas puedan desplegar sus capacidades en los ámbitos político, económico, social y cultural. Esta "función promocional" del derecho (Norberto Bobbio) permitiría, por ejemplo, legislar posteriormente listas electorales paritarias.

Por otra parte, las izquierdas también impulsaron la nueva organización territorial de un Estado que se definió como autonómico en el título VIII, recogiendo la herencia del "Estado integral" de la Constitución de 1931. Lo que en 1931 eran "regiones autónomas", en 1978 se denominaron "comunidades autónomas", en ambos casos con capacidad para dictar normas con valor de ley. Estos nuevos autogobiernos implicaban un cambio radical en una historia constitucional que, salvo el breve intento de la República federal de 1873, siempre había concebido el Estado de modo centralista y uniforme. Sin duda, se creaba otra fuente de derecho a la que se sumó la novedad de abrirse al ordenamiento jurídico supranacional, lo que supuso aceptar las normativas internacionales y, en concreto, desde 1986 las propias de la Comunidad Europea. Así, entre el derecho internacional, el comunitario y el autonómico, se revolucionaron las fuentes del derecho.

Por otro lado, hay que subrayar que las izquierdas aparcaron aspectos importantes de sus idearios. EL PCE-PSUC había transigido antes de las elecciones aceptando la monarquía, y el PSOE defendió la república en una votación que perdió en la Comisión constitucional. En cualquier caso, el ideario propio del republicanismo quedaría plasmado en la Constitución de modo que, tal y como ha argumentado Joaquín Varela, la forma de gobierno no debería definirse tanto como una "monarquía parlamentaria", sino más bien como una "monarquía republicana": la Corona, por mandato rotundo de la Constitución, queda al margen de la dirección política del Estado. También renunciaron las izquierdas al concepto de escuela única y laica y, en el debate sobre la relación del Estado con la Iglesia, se pactó la aconfesionalidad, aceptando que "los poderes públicos tendrán en cuenta las creencias religiosas de la sociedad española y mantendrán las consiguientes relaciones de cooperación con la Iglesia católica y las demás confesiones" (art. 16.3).

Mientras tanto, entre fines de 1977 y junio de 1978 se celebraron las primeras elecciones sindicales con plenas libertades. Comisiones Obreras ganó con el 37,8%, y la UGT, recién salida de una clandestinidad de vuelo raso, obtuvo el dato inesperado de un 31%. Entre ambas, casi el 70%. Esto obligaba al pacto entre ambos sindicatos para gestionar la hegemonía en el mundo laboral en el que, no obstante, se calculó un 30% de representantes no afiliados y varias minorías, las de USO, CSUT y SU, estos dos últimos sindicatos vinculados al PTE y ORT respectivamente. Revelador fue el ínfimo resultado de la CNT. Por otra parte, las propuestas de unidad sindical entre CC OO y UGT se hicieron imposibles porque el PCE mantenía gracias a CC OO una preeminencia en el mundo del trabajo que no podía dejarse arrebatar por una UGT que ampliaba, sin duda, la fuerza social del PSOE.

1978 terminó con el referéndum que aprobó la Constitución, el Gobierno convocó nuevas elecciones generales y, al fin, las primeras elecciones municipales en democracia (las últimas habían sido en 1931). Así, en la primavera de 1979 se celebraron ambas elecciones con resultados contrapuestos: volvió a ganar la UCD en las generales, pero las izquierdas políticamente ganaron las municipales. Aunque la UCD triunfó en la mitad de las alcaldías y obtuvo 40 diputaciones provinciales, el PSOE, gracias al pacto con el PCE-PSUC, logró las alcaldías más importantes: de 50 capitales de provincia, el PSOE obtuvo 23 alcaldías, que sumaban más población al incluir Madrid, Barcelona, Valencia, Sevilla, Zaragoza y Málaga; la UCD, 20, el PNV tres, y una el PCE (Córdoba, con Julio Anguita), Partido Socialista Andaluz (Granada), Unidade Galega (La Coruña) y Unión del Pueblo Canario (Las Palmas). Gracias al pacto, el PSOE gobernó en 1.039 ayuntamientos y el PCE en 250 (cerca de 3.800 ediles). Por otra parte, en el País Vasco apareció un nuevo actor político, Herri Batasuna (HB), formado por una mayoría de grupos integrantes de KAS, sobre todo el sindicato LAB, partidarios del terror que ETA seguía ejerciendo en democracia. En las generales de 1979 HB obtuvo tres diputados y un senador, en las municipales lograron 250 concejales y un diputado foral en las elecciones al Parlamento de Navarra.

NUEVO MAPA POLÍTICO CON DESENCANTO, VIOLENCIA Y GOLPISMO

En definitiva, las primeras elecciones municipales y las segundas legislativas revelaron que, en tan solo dos años de libertades democráticas, había surgido un nuevo mapa político, distinto al de las vísperas electorales de 1977. Todos los grupos situados a la izquierda del PCE se diluyeron en la práctica, o sus militantes se integraron en el PSOE, en el PCE o, posteriormente, desde 1986, en la fórmula de Izquierda Unida. La ORT y el PTE, que se apoyaron entre sí, solo sumaron 20 alcaldías, con Aranjuez como única población relevante; se unificaron tras las elecciones, pero se disolvieron a los pocos meses. También se comprobó el arrinconamiento de los nostálgicos del franquismo; no obtuvieron ninguna parcela de poder local.

Sin embargo, el voto municipal demostró los extensos apoyos ciudadanos que conquistaban las propuestas y programas tanto del PSOE como del PSCE-PSUC, ambos catalogables como socialdemócratas, aunque los comunistas ya se encontraban en fuerte crisis precisamente porque el ideario eurocomunista tenía unas fronteras muy difusas con la socialdemocracia. Así, al ganar las alcaldías de las poblaciones más importantes, con un peso demográfico decisivo política y económicamente, también gobernaron las ciudades de mayor experiencia en las luchas antifranquistas, de modo que, por un lado, recogieron los cuadros formados en luchas vecinales y movilizaciones sociales y, por otro, ese voto urbano reflejó la posible alianza de clases trabajadoras, con un sector de servicios creciente, y las nuevas clases medias que algunos sociólogos valoraban como la almohadilla contra la posible polarización marxista entre burguesía y proletariado. De hecho, el poder municipal se convirtió desde ese año en baluarte de la democracia y reflejo del pluralismo que se albergaba en los distintos espacios de convivencia ciudadana.

En consecuencia, gracias al voto, ningún partido se podía atribuir ya la representación del "pueblo" o de las clases trabajadoras. Tampoco los intelectuales o la prensa de partido que habían debatido interminablemente sobre los pasos a seguir en el camino revolucionario o reformista hacia el socialismo. Las editoriales, como por encanto, comprobaron que ya no se vendían las obras de autores marxistas o sobre marxismo; tuvieron que cerrar revistas tan cruciales contra la dictadura como *Cuadernos para el Diálogo*, ya en 1978, *Triunfo* en 1982, y *Cambio16* entró en crisis. En contrapartida ascendió al primer lugar en influencia político-ideológica el diario *El País*, fundado en 1976, con una línea entre liberal y socialdemócrata, así como *El Periódico de Catalunya*, creado en 1978, similar en idearios en gran medida, aunque *El País*, bajo la dirección de Juan Luis Cebrián, alcanzó el rango de faro político no solo de la izquierda, sino de todo el espectro político y, por tanto, una referencia obligada para la agenda de las élites sociales y culturales.

En esos años surgió asimismo otro fenómeno: el "desencanto", palabra en boga para explicar que aquella democracia no era la deseada... De hecho, la Transición desde sus mismos inicios fue cuestionada por sectores contrarios al consenso y generó una notable producción de obras de todo tipo que se ampliaría en décadas posteriores con prolongados debates historiográficos, sociológicos y politológicos de los que no se puede dar cuenta en estas páginas y que han sido sistematizados con apreciable templanza analítica recientemente por Gonzalo Pasamar y Alfonso Pinilla. Baste recordar, en todo caso, el elocuente descenso de la participación en las legislativas de marzo de 1979: votó un 68% del electorado, esto es, un 11,4% menos que en 1977; y al mes siguiente en las municipales solo votó el 62,51% del censo. Sociólogos de antiguas militancias revolucionarias, como Jesús Ibáñez o Alfonso Ortí, analizaron el "desencanto" como la decepción ante las esperanzas de emancipación social soñadas por parte de las izquierdas y también porque se trataba de un "desencanto programado" por las viejas élites franquistas que habían montado la democracia como tapadera de una "socialtecnocracia transnacional". Una fórmula pionera para posteriores análisis conspiranoicos. Por eso se repitió tanto un dicho paradójico y frustrante: "Contra Franco vivíamos mejor", o se puso de moda la palabra "pasota" para definir a los muchos que presumían de "pasar de la política".

Se había soñado una revolución, no tanto especificada como troceada en los opuestos catecismos de los diversos grupos expuestos en páginas anteriores. Ahora, sin embargo, las izquierdas, en libertad y con una crisis económica envolvente en todos los ámbitos, más el terrorismo de ETA y de grupos ultraderechistas, tenían que gestionar proyectos que resolvieran el bienestar concreto de la ciudadanía, un objetivo que no formaba parte de quimeras revolucionarias. Los sindicatos, sin un marco jurídico plenamente democrático, tenían que negociar cada convenio con una patronal organizada a nivel estatal y con fuertes resabios autoritarios entre sus integrantes. Los alcaldes y concejales debían resolver cuantas demandas habían reclamado las asociaciones vecinales durante años, y los diputados socialistas y comunistas en las Cortes tenían que definir espacios de acción política propia, posibles pactos y también ejercer una oposición que ampliara el desarrollo del texto constitucional, sobre todo en lo referido al Estado de las autonomías.

La gestión de la democracia decepcionaba a muchos, por eso "pasaban" de esas minucias tan cotidianas. Sin embargo, en esos años de libertades recién estrenadas se produjo una auténtica eclosión de creatividad cultural, incluyendo fórmulas contraculturales que no se deben minusvalorar porque, desde unos espacios y otros, la transgresión se hizo consigna. Sin reducirlos a la "movida" de los Kaka de Luxe, Pedro Almodóvar, Radio Futura o los Costus, ese dinamismo creativo se desplegó, sin duda, desde toda la geografía española. Por ejemplo, proliferaron grupos musicales que, desde Vigo o el *rock* radical vasco hasta las movidas de Zaragoza, Valencia o Sevilla, arrinconaron la canción protesta o la música comprometida de los cantautores de la década anterior y abrieron las compuertas a la riqueza cultural que marcaría la década de los ochenta. Con la música y el cine estuvo la televisión pública, un espacio privilegiado para que la juventud disfrutara de las novedades de una modernidad que por primera vez incluía visibilizar tanto las reivindicaciones feministas como las de gais y lesbianas. Además, entre las fórmulas contraculturales rebrotaron sectores anarquistas con notable eco gracias a las radios libres y a través del movimiento punk. Es más, a partir de 1978 se legalizaron los anticonceptivos, la natalidad cayó en picado, como nunca en la historia, y las mujeres tomaron las riendas de su maternidad y también el disfrute de una sexualidad libre de ataduras ancestrales. Muy importante, la Ley del Divorcio de 1981, promulgada por la UCD, no supuso ni la fractura social de cuando se legisló en la República ni el apocalipsis predicado por algunos sectores recalcitrantes. En este contexto puede explicarse, en parte, el fracaso de la intentona golpista del 23 de febrero de 1981.

Fue un torbellino de afanes por cambiar España, de ahí el éxito del PSOE cuando en 1982 resumió todo ese ambiente social con la palabra "cambio", consigna de sus políticas. De nuevo hay que insistir en el papel de los ayuntamientos, que desde 1979, pueblo a pueblo, sin las figuras de relumbrón instaladas en las capitales, comenzaron una tarea cotidiana de construir bibliotecas, centros deportivos, parques públicos, adecentar calles y plazas y gestionar nuevos centros escolares dignos. Gran parte de los líderes de los movimientos vecinales habían pasado a ser gestores en los ayuntamientos, como, por su parte, los líderes sindicales y políticos adquirieron la condición de "liberados" en sus organizaciones. Los actores de la vida pública democrática ya no eran héroes contra la dictadura.

DECADENCIA COMUNISTA Y ASCENSO SOCIALDEMÓCRATA

En este contexto de desencanto, por un lado, y, por otro, de eclosión de nuevas perspectivas culturales, se produjeron dos hechos concatenados: la crisis del comunismo y el fortalecimiento del ideario socialdemócrata. El dilema estaba servido: PSOE y PCE-PSUC habían sido clave en la transición a la democracia, se habían celebrado elecciones libres en las que las izquierdas habían logrado espacios de poder, pero no los resultados a los que se aspiraba: ¿cuál era, por tanto, el proyecto de democracia, si además la meta más inmediata consistía en hacer de España un país integrado en la Comunidad Europea? ¿Bastaba con desarrollar un Estado social y democrático, basado en el pluralismo ideológico y político o ese Estado tenía que concebirse como una etapa de tránsito del capitalismo al socialismo y, por tanto, como el soporte para imponer e implantar el cambio de organización socioeconómica? En todo caso, ¿qué hacer con esa fase de gobierno, la dictadura del proletariado, aceptada como insoslayable para alcanzar el Estado socialista?

Los militantes y cuadros del PCE-PSUC habían luchado, en efecto, por la democracia contra la dictadura. En el camino recibieron la adhesión de muchos otros antifranquistas que no compartían la idea de los militantes comunistas sobre la "democracia burguesa" como un simple, aunque inteligente, camuflaje de los intereses del capital. Persistía entre los socialistas idéntica visión del proceso de cambio social. Desde Pablo Iglesias y Largo Caballero hasta Alfonso

Guerra, se pensaba la democracia como una relación instrumental, la fase para reunir el máximo de fuerzas con las que arropar el tránsito hacia el socialismo, dictadura del proletariado mediante. A esto se sumaba que, desde la década de 1930, la socialdemocracia fue juzgada por comunistas y sectores radicales del socialismo español como un abandono, entre la traición y la cobardía, frente a la necesaria lucha histórica para sustituir el capitalismo por el socialismo.

Sin embargo, las elecciones dejaron claro que la izquierda tenía más éxito cuanto más moderada era. Y, sobre todo, que los partidos leninistas-maoístas, como eran el PTE y la ORT, no encontraban apoyos sociales suficientes para mantenerse. No por casualidad fue en mayo de 1979, tras celebrarse las elecciones generales y locales, cuando el PSOE, en el XXVII Congreso convocado con el lema de "Construir en libertad", trató de despojarse de la doctrina marxista. La propuesta de Felipe González fue rechazada y se evidenció la influencia del marxismo más ortodoxo en las filas de los militantes de un partido que, no obstante, era visto como socialdemócrata por las demás izquierdas. Tras unos meses de interinidad, se celebró un nuevo Congreso Extraordinario en septiembre de ese año donde las reflexiones de militantes radicalizados como Bustelo, Castellano o Gómez Llorente no lograron derrotar la propuesta de Felipe González, que fue ratificada. Recuperó, por tanto, la Secretaría General y pudo situar al PSOE en plena sintonía con el gran Partido Socialdemócrata Alemán (SPD). Este partido, justo hacía veinte años, en 1959, en Bad Godesberg, había girado hacia un socialismo fundido con los valores de la democracia liberal. El SPD se definió entonces como un partido no exclusivo para trabajadores, sino para la ciudadanía en general, aceptó la propiedad privada y consideró posible construir la justicia e igualdad social dentro de una economía de mercado y con la OTAN como paraguas internacional.

Por su parte, el PCE, en el IX Congreso celebrado antes, en 1978, cambió su definición como partido "marxista-leninista" y pasó a considerarse "marxista, revolucionario y democrático". Se despojó de la doctrina de Lenin sobre la revolución proletaria para defender la "democracia" sin reservas y hubo tensiones, como también en la III Conferencia Política celebrada por el PSUC en 1979. Era duro borrar el leninismo de los estatutos, aunque ya en los presentados en febrero de 1977 para su legalización el PCE había especificado que el objetivo de lograr "la transformación socialista de la sociedad y la eliminación de cualquier tipo de explotación u opresión" solo se alcanzaría "por medio de procedimientos democráticos y con el mantenimiento de una sociedad pluralista que consolide y profundice la democracia representativa". Era de hecho la renuncia a la dictadura del proletariado, pero en el IX Congreso había que confirmarlo. Esta era la vía que entonces habían definido y teorizado como "eurocomunismo" tanto Santiago Carrillo como Enrico Berlinguer, secretario del Partido Comunista Italiano. Significaba un giro estratégico tajante: se prescindía del leninismo para abrir una vía de construcción del socialismo prácticamente gemela a la defendida por las socialdemocracias europeas. De hecho, en los planteamientos eurocomunistas de ambos secretarios generales se preveía la convergencia con los partidos socialistas europeos.

Estos giros produjeron heridas y críticas. Baste recordar que un intelectual tan respetado como Manuel Sacristán, con puestos de responsabilidad en los órganos de dirección del PSUC en la clandestinidad, había abandonado su militancia justo al inicio de la democracia, en 1978, por las desviaciones que juzgaba derechistas del eurocomunismo postulado por Carrillo. También juzgaba duramente el terror practicado por el estalinismo por considerar que fue "lo contrario de la dictadura del proletariado", aunque sostenía que la auténtica dictadura del proletariado era un "concepto irrenunciable", pues, tal y como había adelantado Engels, "la revolución es un acto particularmente autoritario", porque, en definitiva, "al socialismo no se llega en libertad". En consecuencia, cuando en 1982 triunfó de un modo tan rotundo el PSOE, su análisis reprodujo la reprobación propia de la década de 1930: que esa victoria era el fruto de la "traición" a los ideales de emancipación obrera, porque "un partido socialdemócrata está hecho para eso, para evitar que haya un triunfo de los trabajadores". También trató de renovar el marxismo con la inmersión en postulados ecologistas, que se enunciarán en páginas posteriores.

En cualquier caso, la democracia había abierto desde 1977 las compuertas a un universo político tan dinámico como inédito para las izquierdas enraizadas en el marxismo. Las elecciones y las libertades para la movilización social abrieron el camino a nuevos actores en la vida pública que dejaron en la irrelevancia política dogmas de todo tipo. No cabían catecismos políticos, sino abordar las exigencias concretas y cambiantes que emergían de la ciudadanía. Era el camino que tocaba transitar al PSOE, que, tras el fracaso de la intentona golpista de un puñado de militares y civiles franquistas el 23 de febrero de 1981, sumó en solitario más de diez millones de votos en las elecciones generales de 1982.

El triunfo del PSOE se amplió en las municipales y autonómicas de mayo de 1983. El mapa político habría sido impensable siete u ocho años antes, así es la historia de impredecible. También era impensable que el PSUC, tan fuerte e influyente durante dos décadas de lucha contra la dictadura, en 1982 se quedase con un solo diputado a nivel estatal, de modo que, junto con el PCE, el comunismo en España se quedaba en cuatro diputados. De marzo de 1979 a octubre de 1982 había perdido 19 escaños, más de la mitad de sus votantes, solo con un 4% de apoyo electoral. Sin embargo, en las municipales de mayo de 1983 mantuvo un 8,5% de votantes, aunque el PSOE logró el 43%, de modo que los socialistas se hicieron por sí solos con las anteriores alcaldías y ampliaron su poder municipal en más poblaciones: 26 capitales de provincia con mayoría absoluta y siete con mayoría relativa. Además, ganaron en las poblaciones más importantes de

Cataluña, donde el nacionalismo se estancó, y se recuperaron en el País Vasco. A esto se sumó que en mayo de 1983 se celebraron también las primeras elecciones en las trece comunidades autónomas creadas al amparo de la Constitución: el PSOE obtuvo mayoría absoluta en diez de estos nuevos gobiernos autonómicos; solo se quedó sin controlar Baleares, Cantabria y Navarra; antes se habían celebrado elecciones en Galicia, País Vasco y Cataluña, y tampoco alcanzó el gobierno. En todo caso, gobernaría en 10 de los 16 gobiernos autonómicos.

El socialismo logró en solitario un poder nunca conseguido, con un presidente de Gobierno de 40 años, Felipe González, y un equipo de una generación de 30 a 40 años, que también se hizo con las riendas de los gobiernos autonómicos y locales. Eran personas crecidas en las luchas contra la dictadura, sin vínculos con el régimen franquista. No corresponde analizar las respuestas de las derechas, pero no sobra recordar el terremoto que supuso para unas derechas tan aclimatadas al poder que lo pensaban como consustancial con sus necesidades sociales y sus capacidades políticas. De hecho, se demostró la falta de alternativa cuando a cada iniciativa del Gobierno socialista solo supo obstaculizar su aprobación mediante continuos recursos de inconstitucionalidad. Ya evidenció un uso del texto constitucional opuesto al de la izquierda cuando se obstruyeron leyes tan cruciales como la de libertad sindical, la del derecho a la educación o la despenalización de la interrupción del embarazo, mientras los sectores sociales vinculados a la derecha se movilizaban en las calles.

Le correspondió, por tanto, al PSOE gestionar los poderes logrados, aplicar sus programas y demostrar sus capacidades diariamente. Y así fue: los retos no consistían en construir el socialismo, sino en solucionar la crisis económica, los déficits estructurales del sistema productivo, organizar el Estado autonómico y desplegar el ideario más básico del socialismo de los derechos sociales propios de un Estado de bienestar al nivel de los países vecinos más avanzados.

GOBERNAR LA CRISIS, UNIVERSALIZAR DERECHOS Y EUROPEIZAR ESPAÑA

Las tareas abarcaron todos los campos de una democracia en construcción y, sin duda, tan importantes fueron las medidas del Gobierno central como las desarrolladas por los poderes autonómicos y locales. Es necesario insistir en el peso de los gobiernos que en cada pueblo y en cada comunidad autónoma pudieron aplicar las normativas del Gobierno central junto con iniciativas y medidas propias ajustadas a cada caso. La historia política desde este momento no se explica ni se comprende solo con las medidas de los Gobiernos centrales. Solo así se capta el proceso por el que, pueblo a pueblo, comarca por comarca, la gran mayoría de la población incorporó desde la década de 1980 las ideas de libertad, derechos sociales, pluralismo y tolerancia como hechos incontrovertibles para la convivencia política. Obviamente con expectativas diferentes e idearios políticos dispares.

En resumen, sin entrar en el relato prolijo de la práctica del conjunto de poderes puestos en marcha por los socialistas, se pueden concluir resultados en tres materias fundamentales: primero, la fijación y garantía de la educación, la sanidad y las pensiones como derechos universales, incluyendo la igualdad de la mujer; en segundo lugar, pero simultánea, fue la reestructuración de los sectores primario y secundario para superar la crisis arrastrada desde 1973, con las consiguientes regulaciones laborales; y, en tercer lugar, con similar importancia, la vertebración del Estado autonómico. Por supuesto, no se debe pasar por alto la política antiterrorista, factor de zozobra constante, y las decisiones de política exterior, con el referéndum de la OTAN y la entrada en la Comunidad Europea, con tan importantes consecuencias en la vida española.

Hubo dos áreas donde los progresos fueron más visibles: la sanidad y la educación. Se universalizaron ambos derechos a pesar del contexto de crisis económica que obligó a cierta contención del gasto público hasta 1986, pero desde este año hasta 1996 el gasto social se incrementó extraordinariamente, como se verá en páginas posteriores. Baste recordar que por primera vez en la historia todos los españoles se integraron en un sistema de sanidad pública gratuita y universal. En esa tarea fue decisiva la dirección del Ministerio de Sanidad por Ernest Lluch, trágicamente asesinado por ETA. Se organizó la red de centros de salud y equipos de atención primaria por toda la geografía y la Ley General de Sanidad de 1986 dio estructura al actual Sistema Nacional de Salud que, además, al transferir las competencias a los gobiernos autonómicos, demostró la mayor eficacia de la descentralización en la mejora de un servicio universal, por más que con el tiempo aparecieran problemas a resolver.

De igual modo, se implantó el derecho universal a la educación, que provocó más polémica, pues ya había sido punto fuerte de discrepancias al momento de redactar la Constitución. Sin entrar en un debate que sigue abierto con la enseñanza religiosa y los centros concertados, lo decisivo fue que, durante el ministerio de José Mª Maravall, se escolarizaron al fin todos los menores de 14 años, algo que era obligatorio desde la ley de 1970 y que todavía no incluía a 300.000 adolescentes. Se multiplicaron las becas y se produjo una creciente expansión de los jóvenes que pudieron acceder a los estudios universitarios, situándose España en pocos años entre los cinco primeros países del mundo con más porcentaje de universitarios entre los jóvenes de 18 a 25 años. Dos leyes orgánicas de 1983 y 1985 han marcado desde entonces las bases y evolución del sistema educativo, la que reguló el derecho a la educación (LODE) y la de reforma universitaria (LRU), con posteriores reformas, propias de la lógica evolución de la sociedad o de posteriores Gobiernos que trataron de precisar o cambiar determinados aspectos. Quedaron asuntos que siguen pendientes como el fracaso escolar, por ejemplo, o, entre otros temas, las exigencias de mayores niveles de investigación en las universidades, faceta que también se reguló en una primera Ley de la Ciencia, la Tecnología y la Innovación en 1986.

Mientras se asentaban estos derechos, el desempleo se había convertido en un problema insoportable: si en 1982 era un 16,4%, en 1985 había subido al 21,5 con más de tres millones de parados de una población activa de poco más de 13,5 millones de personas. La promesa electoral de crear cerca de un millón de puestos de trabajo, lanzada por el PSOE en 1982, se esfumó dramáticamente. El horizonte se agravó, pues llegaba al mercado laboral la generación del *baby boom* de los sesenta, con un creciente empuje de mujeres que demandaban acceder al mismo. Además, para salir de la crisis se exigía reestructurar el sistema productivo, siguiendo los criterios planteados desde 1981 por la OCDE, sobre todo para los sectores industriales anquilosados por el proteccionismo franquista, lo que supuso cerrar 83.000 puestos de trabajo de 800 importantes empresas. Fueron decisiones duras negociadas sobre todo con la UGT, sindicato que, liderado por Nicolás Redondo, consideraba necesarias las medidas expuestas por el ministro Solchaga en el *Libro Blanco de la Reindustrialización*, con la conciencia de proteger al primer Gobierno de izquierdas ante el acoso de las derechas por los medios de comunicación y de un PCE que trataba de sobrevivir. En todo caso, en 1983 se logró un Acuerdo Interfederal de UGT y CC OO con las dos asociaciones empresariales, CEOE y CEPYME, que permitió abordar dicha reindustrialización entre acuerdos y fuertes protestas.

En efecto, las movilizaciones obreras, impulsadas sobre todo por CC OO, adquirieron alto calibre y lograron evitar el ajuste más duro que pretendían realizar sectores del Gobierno, con Miguel Boyer, ministro de Hacienda, a la cabeza. En el trasfondo de este proceso también se desplegó un duelo sindical. La UGT se presentaba con talante negociador, tras haber ganado las elecciones sindicales de 1982 en 39 provincias y en las empresas de más de 250 trabajadores, con una implantación por toda la geografía más homogénea que CC OO, que mantuvo la mayoría en diez provincias y en empresas entre 50 y 250 trabajadores, mientras en Vizcaya y Guipúzcoa la mayoría fue para el sindicato ELA-STV, nacionalista. Estas elecciones sindicales evidenciaron otra nueva realidad: la sincronización entre voto político y voto sindical, evidente en el ascenso de UGT, aliada del PSOE, y el estancamiento de CC OO, cuyos líderes estaban inmersos en la crisis del comunismo. También se confirmó en el ascenso de sindicatos nacionalistas en el País Vasco, con ELA-STV, vinculado históricamente al PNV, y LAB (siglas en euskera de Comisiones de Obreros Abertzales), creado en 1974 por los medios cercanos a ETA; y en Galicia, la Intersindical Nacional dos Traballadores Galegos (INTG). Sin embargo, durante la reconversión, CC OO reforzó sus posiciones y aumentó sus afiliados, mientras que en la UGT se fraguó un progresivo distanciamiento del PSOE.

En todo caso, la clave de la reconversión no solo fue el coste económico de la inversión de 1,5 billones de pesetas, sobre todo en prejubilaciones, sino los efectos sociales de unas regiones punteras y ricas —muy especialmente Asturias y Vizcaya, más Reinosa, Sagunto, Vigo, Cádiz, El Ferrol y Getafe— que durante un largo siglo de industrialización habían desarrollado unas sólidas estructuras socioeconómicas que se vieron desmanteladas en dos o tres años. A las familias que vivían de los empleos indirectos, de difícil cuantificación, con una red muy tupida de pequeñas y medianas empresas creadas alrededor de las grandes siderúrgicas, mineras y navales, junto con las tiendas, negocios y bares de sus entornos demográficos, no les llegaron las indemnizaciones. No contaron con sindicatos para defender su situación porque, en teoría, solo se clausuraban esas 800 empresas. Por eso el paro alcanzó datos superiores al 30% en las comarcas afectadas. Por otra parte, hubo otra reconversión, ya posterior, tras la entrada de España en la Comunidad Económica Europea, que afectó al sector primario, sobre todo en los sectores de producción láctea, viñedo y olivar. En total, se destruyó empleo en el sector privado, sobre todo en agricultura e industria, aunque la democracia, por otra parte, impulsó el sector público —educación y sanidad, sobre todo—, con un 4,65% de incremento neto anual, más de medio millón de empleos en estos años, lo que supuso que el 68,5% de la población activa pasara a ser asalariada.

Por lo demás, en el momento más tenso de la reconversión industrial, el Ministerio de Trabajo, con Almunia al frente, adoptó medidas para impulsar el crecimiento del empleo. En 1984 se reformó el Estatuto de los Trabajadores, dentro del cual, al ser aprobado en 1980, se había protegido especialmente la perduración de los contratos. Ahora, sin embargo, se incluyó la posibilidad de que la patronal contratase temporalmente, de seis meses a tres años, con una indemnización de 12 días por año trabajado, cuando, no obstante, para el contrato indefinido eran 45 los días de indemnización por año trabajado si era improcedente el despido, o 20 días si era procedente. Aumentaron, por tanto, los contratos temporales, de tal modo que en 1987 ya eran el 20% del total, y nació una dualidad laboral entre los indefinidos, blindados y más costosos para el empresario, y los temporales, más baratos. Ha persistido hasta la reciente reforma laboral de diciembre de 2021, con los consiguientes efectos sociales, entre estos la "informalidad" en su práctica como parte de una economía sumergida de precarios en paralelo al mercado laboral legal.

A la par que abordaba la reconversión industrial, el PSOE tuvo que resolver su posición sobre la entrada de España en la OTAN. La UCD tomó la decisión en mayo de 1982 con la oposición de los socialistas, que lanzaron su campaña con el lema de "OTAN, de entrada, no". Sin embargo, el PSOE giró al estar en curso la entrada de España en la Comunidad Económica Europea, tan anhelada por derechas e izquierdas desde la década de 1960 y lograda, al fin, en junio de 1985; a ello había que añadir las consiguientes presiones de los socios europeos y, en especial, de los Estados Unidos, enfrascados en una nueva fase de Guerra

Fría contra la URSS, la "guerra de las galaxias" del presidente Reagan. Felipe González asumió convocar el referéndum prometido sobre la OTAN, defendió abiertamente seguir frente al criterio de sectores importantes del PSOE y, sobre todo, ante unas amplias movilizaciones que, junto a las suscitadas por la reconversión industrial, podían debilitar gravemente la continuidad del Gobierno. Se celebró la votación en marzo de 1986, ganó el "sí" y Felipe González convocó elecciones para junio. Aunque perdió por el camino un millón de votos, ganó de nuevo por mayoría absoluta.

También hubo novedades en estas elecciones para las izquierdas. La principal, nació Izquierda Unida (IU) como resultado de las movilizaciones de los numerosos comités anti-OTAN y coordinadoras regionales creadas por toda España, sin excepción, que atrajeron a importantes sectores ciudadanos. Lograron casi siete millones de votos en el referéndum, un 43%, frente a los nueve millones del "sí". Una lectura simple permitía concluir que era el soporte ciudadano y la ocasión política para organizar a todos los grupos a la izquierda del PSOE en una coalición que superase tanto el hundimiento del PCE-PSUC como la desaparición de otros partidos de izquierdas. De hecho, en estas movilizaciones recuperaron presencia el MC y la LRC, que lograron ampliar su militancia y renovaron sus discursos al entrar en contacto con los objetores de conciencia. Sin embargo, la derrota en el referéndum generó nuevas frustraciones para estos grupos más radicales.

Solo el PCE-PSUC se planteó recoger las nuevas demandas planteadas en el movimiento anti-OTAN para abrirse, en consecuencia, a una coalición con grupos políticos y sociales descontentos con el PSOE. Pensaron que se podía superar el bajón electoral de 1982 y desde el PCE se impulsó una fuerza política nueva, Izquierda Unida (IU), que sumó los siguientes grupos: el PASOC (una escisión socialista), Izquierda Republicana, la Federación Progresista (escisión comunista de Ramón Tamames), el Partido Comunista de los Pueblos de España (escisión comunista de Ignacio Gallego), el Colectivo de Unidad de los Trabajadores-Bloque Andaluz de Izquierdas, el Partido Humanista y el Partido Carlista. Por su parte, desde el PSUC se impulsó Unió de l'Esquerra Catalana que, sumando a la Entesa dels Nacionalistes d'Esquerra, creada el año anterior, pasaría a ser en 1987 Iniciativa per Catalunya Verds (ICV), gemela de la IU española.

En concreto, IU estuvo coordinada por el nuevo secretario general del PCE, Gerardo Iglesias, elegido tras ser expulsado Santiago Carrillo. Su programa electoral recogía la suma de propuestas de los distintos partidos y sería posteriormente cuando ya se definiría no como coalición electoral sino como un movimiento social y político organizado para lograr un socialismo democrático desde un Estado republicano, federal y laico. El hecho es que, a los tres meses del referéndum, IU solo logró el 4,63% de los votos y siete diputados, tres más que el PCE-PSUC en 1982: cuatro eran del PCE, uno del PSUC, uno del PCPE y uno de la Federación Progresista. Se demostró que el comunismo, sin enseñar sus siglas, apelando a un vocablo tan vaporoso como el de "izquierda", tampoco lograba cauces de conexión con una mayoría social suficiente; los sectores progresistas mantenían su predilección, a pesar de todo, por los socialistas.

Por otra parte, en 1986 se confirmó con cinco diputados la presencia de Herri Batasuna como partido de la izquierda *abertzale* controlada por ETA-militar. En 1979 había logrado tres escaños y un senador, y en 1980 se había situado como segunda fuerza del Parlamento Vasco en sus primeras elecciones, aunque no ocuparon sus escaños. Por su parte, Euzkadiko Ezkerra (EE), que, en parte, era el brazo de ETA-político militar, desde 1977 contaba con un diputado, Bandrés, que lo mantuvo en 1982 tras haber renunciado a la violencia con una parte de ETA-pm que abandonó las armas. Posteriormente EE recogió a un amplio sector del Partido Comunista de Euskadi y otros grupos socialistas y logró dos escaños en 1986. En cualquier caso, aunque veremos en el epígrafe siguiente las consecuencias del terror practicado por ETA, fuese la militar o la políticomilitar, conviene recordar que entre 1982 y 1986, sin contar secuestros u otras acciones, sumaron a sus espaldas 196 muertes. En contrapartida, los Grupos Antiterroristas de Liberación (GAL), patrocinados por fuerzas de orden público con la venia de los mandos del Ministerio de Interior socialista, respondieron con 23 asesinatos de miembros o personas del entorno de ETA, más varios secuestros y atentados con heridos entre 1984 y 1987.

MOVIMIENTOS SOCIALES CON NUEVOS ACTIVISMOS POLÍTICOS

En paralelo, en esta década, junto a la consolidación, decaimiento o reorganización de los grupos políticos de izquierdas, se desarrollaron cuatro nuevos movimientos sociales: el feminismo, que se analizará específicamente en páginas posteriores, el ecologismo, el pacifismo u objeción de conciencia y las movilizaciones por la liberación lésbica y gay. En este sentido, el ecologismo, aunque no haya alcanzado hasta el momento la fuerza del feminismo, ha innovado totalmente el vocabulario político en España de modo progresivo. Comenzó siendo minoritario a fines de los sesenta, como parte de las luchas contra la dictadura y eco indudable de las organizaciones ecologistas que en esa década se habían creado en los países más desarrollados, sobre todo en Estados Unidos, donde en 1970 declararon el 22 de abril el "Día de la Tierra". El principio básico consistía en lograr la armonía de la especie humana con su medio natural, lo que implicaba también un modo de vida creativo, igualitario, sin explotación, basado en la cooperación y con formas plurales y lúdicas de convivencia. En este sentido, era campo abonado para compartir espacios sociológicos con las izquierdas. Su fuerza procedía de las tensiones que se constataban entre el crecimiento económico —fuese capitalista o comunista— y el deterioro de la naturaleza, lo que se comenzó a llamar "crisis ambiental", para cuya solución, en la fecha temprana de 1972, la ONU convocó una Conferencia Internacional en Estocolmo.

En España surgieron por problemas concretos, ligados al movimiento vecinal, protestas antinucleares, reivindicaciones de espacios naturales, protección de la flora y fauna, denuncias contra contaminaciones de todo tipo, en especial las de vertidos de aguas residuales, e incluso ciertas movilizaciones contra el urbanismo especulativo. Se ha constatado que es difícil sistematizar sus orígenes, porque en 1977 el Estado trató de informarse de cuántos grupos ecologistas existían: muchos no contestaron, otros habían desaparecido. Es lógico, pues fueron organizaciones locales, en su mayoría surgidas contra un problema específico, sin un ideario o principios político-ideológicos precisos. Se habla de los "pajaritólogos" como los primeros núcleos de personas aficionadas a la ornitología que defendieron el medio natural para proteger los pájaros y que luego ampliaron sus luchas contra las industrias contaminantes o la especulación del hormigón por toda la geografía en la década de los setenta. De igual modo surgieron las coordinadoras antinucleares.

En 1970 ya se formó la Asociación Española para la Ordenación del Territorio y el Medio Ambiente (AEORMA), con personalidades como Mario Gaviria, Faustino Cordón, Pedro Costa Morata, Joaquín Araujo y Josep Vicent Marqués, que actuaron al unísono con las movilizaciones contra la dictadura. En paralelo, desde 1971 se crearon distintas asociaciones de defensa de la naturaleza por regiones, muchas impulsadas por militantes comunistas, que en 1974 celebraron una convención nacional, mientras se consolidaba el papel de ADENA, sección española de la WWF, organizada desde 1968 con Félix Rodríguez de la Fuente como adalid de la protección de especies amenazadas, apoyadas por la publicidad de marcas comerciales.

En la década de 1980, el ecologismo se diversificó en tres direcciones: las asociaciones conservacionistas de defensa de la naturaleza (se contabilizaban 29 en la Coordinadora de la Defensa de las Aves, CODA); las antinucleares de la Coordinadora Antinuclear del Estado español; y otras de contenidos más amplios que, a su vez, podían ser parte de las antes citadas, como la Federación de Amigos de la Tierra (FAT). En algunos casos se solaparon con partidos políticos, como ocurrió con las antinucleares, impulsadas sobre todo por el MC. Tuvieron una característica: que no hubo una doctrina elaborada al respecto, salvo propuestas de científicos vinculados a la ecología. Se movilizaron con manifiestos contra asuntos concretos, como el de Benidorm de 1974, el de Valsaín de 1977 o el "dodecálogo del perfecto ecologista" de Daimiel de 1978, que puso en cuestión el crecimiento económico y defendió replantear las relaciones humanas contra el materialismo rampante abriendo un "debate popular como instrumento de transformación social" para asegurar "la no manipulación capitalista y burocrática" y derribar la "opresión que la sociedad falocrático-patriarcal impone a quienes no responden a su concepto de varón normal". Se declaraban "solidarios de todos los movimientos que luchan contra el monopolio de la normalidad". Se atribuye este manifiesto a Josep Vicent Marqués, profesor de Sociología, candidato al Senado en 1979, con el lema *"ni fam, ni fum, ni fem"* ("ni hambre ni humo ni basura").

Por otra parte, dentro del comunismo hubo intelectuales como Manuel Sacristán, con su discípulo Fernández Buey, que consideraron que el ecologismo era la nueva vía para ampliar las perspectivas de transición hacia el socialismo. En todo caso, el ecologismo pretendía ser algo nuevo y no el relevo de un marxismo más o menos renovado. Desde la década de 1980 proliferaron en España intelectuales calificables como teóricos del ecologismo en sentido estricto, como Mario Gaviria, padre de la sociología rural, Humberto da Cruz, fundador de Amigos de la Tierra, Santiago Castroviejo, destacado botánico, Miguel Delibes de Castro, biólogo, Juan Manuel Naredo, economista, o, entre otros, Manuel González de Molina, impulsor de la especialidad científica de ecohistoria.

En cualquier caso, en la década de los ochenta se asentó en España con dos características que persisten: su diversidad interna permitió desplegar un ideario "atrapalotodo" (por analogía con el *catch-all party* de Otto Kirchheimer); y quizás por eso su dificultad para, a imagen de los "verdes" alemanes, constituirse en partido político con espacio propio, por más que Los Verdes, organizados en 1984, y desde 2010 reorganizados como Verdes Equo, agrupen varias formaciones regionales, pero siempre subsumidos en alianzas como IU, ICV u otras posteriores. En este sentido, la disolución del PSUC en 1990 dentro de Iniciativa per Catalunya para transformarse en Iniciativa per Catalunya-Verds mantiene una trayectoria difícil, como Equo, dentro de alianzas más amplias hasta perder su existencia institucional y revivir en 2021 como Esquerra Verda dentro de la coalición de los Comunes. Quizás uno de los principales éxitos atribuible, sobre todo a los ecologistas, haya sido la paralización del campo de tiro en Cabañeros, plan del ministro socialista de Defensa, Narcís Serra, en 1983. La Asociación de Defensa de Cabañeros logró que el recién elegido presidente de Castilla-La Mancha, José Bono, asumiera esa reivindicación, creándose un conflicto interno entre el PSOE regional y el federal cuando el gobierno autonómico declaró parque natural la zona de Cabañeros, lo que obligó al Ministerio de Defensa a colocar el campo de tiro en otro lugar. Se demostró la fuerza del argumento ecologista, pero también que podían trabarse con distintos partidos políticos y convertirse en un comodín con más o menos gancho electoral.

Por lo que se refiere al movimiento pacifista, en cierto modo vinculado al ecologismo, sobre todo se desarrolló como objeción de conciencia al servicio militar, espoleta que lo impulsó en España. El pacifismo contaba con un amplio desarrollo en la Europa previa y posterior a la Primera Guerra Mundial, con un eco muy limitado en España. En los países del norte de Europa se reguló en el periodo de entreguerras la objeción de conciencia tanto religiosa como secular. Sin embargo, en España apenas hubo precedentes antimilitaristas desde fines del siglo XIX; es cierto que en la Constitución de la Segunda República se proclamó que "España renuncia a la guerra como instrumento de política nacional" y existió una Liga Hispánica contra la Guerra, impulsada por José Brocca desde 1934, que contó con muy escasas voces de apoyo, alguna aislada, desde el anarquismo, como la doctora Amparo Poch y Gascón, asesora de Federica Montseny en el Ministerio de Sanidad. De ahí se da un salto a finales de los sesenta y la década de los setenta cuando el pacifismo o su versión antimilitarista vuelven a ocupar cierto espacio en la sociedad española.

Comenzó entre grupos de cristianos de base que contaron con la cobertura de la organización eclesial Justicia y Paz, que predicaba un pacifismo conectado, entre otros grupos, con las Comunidades del Arca creadas por Lanza del Vasto, cristiano y seguidor de Gandhi. Dentro de esta perspectiva cabe destacar el papel pionero de Gonzalo Arias, que en 1973 publicó clandestinamente en España un libro sobre la *no violencia*, censurado y luego permitido. La práctica de la objeción de conciencia comenzó por los cristianos opuestos al servicio militar obligatorio. Los testigos de Jehová fueron pioneros, pero en España la objeción saltó a la palestra pública en 1971 con los casos de Jordi Agulló, militante de la JOC, y José Beúnza, más famoso al sufrir dos veces juicio por un tribunal militar y prisión por persistir en no incorporarse al servicio militar. Su ejemplo se convirtió en símbolo para otros jóvenes, en su mayoría cristianos de base, que, en 1975, en el barrio de Can Serra en L'Hospitalet de Llobregat, constituyeron el primer grupo de objetores al servicio militar. Fueron encarcelados hasta que la Ley de Amnistía de 1977 los liberó. Desde Justicia y Paz se propuso un Voluntariado para el Desarrollo como alternativa y se arropó en 1974 la organización de una coordinadora estatal de diversos grupos de objetores que ya en 1977 dio paso al Movimiento de Objeción de Conciencia (MOC), integrado por libertarios, cristianos pacifistas y nacionalistas vascos y catalanes, que contaron con el apoyo de colectivos feministas y ecologistas. Desde el MOC se usaron medios de comunicación alternativos como los fanzines para difundir sus luchas de objeción y propuestas pacifistas.

Aunque fuesen minorías, desde el MOC se supo recoger un amplio sentimiento contra la pérdida de tiempo que suponía dedicar un año y medio de la vida de un joven a realizar un servicio militar que resultaba inexplicable o parecía innecesario. Un sentimiento tan extendido que, por principios democráticos, además, la Constitución de 1978 recogió al incluir la objeción de conciencia. Desde ese momento, las movilizaciones adquirieron mayor amplitud y en 1983 el movimiento pacifista se organizó como Coordinadora Estatal de Organizaciones Pacifistas (CEOP) y desplegó un importante protagonismo en la campaña contra la OTAN y contra las bases norteamericanas. Es cierto que no hubo especial apego al pacifismo en las militancias del PCE (que apoyaba el servicio militar obligatorio) ni de los partidos a su izquierda, el MC, cuyos ideCritsarios incluían construir un "ejército del pueblo". Estos partidos coincidían con el MOC solo en oponerse a la OTAN y al imperialismo norteamericano.

Sin embargo, en el PSOE hubo la suficiente ambigüedad como para decidir desarrollar el precepto constitucional; no por casualidad, en el Congreso de 1977 ya se había recordado que en la historia de este partido existían antecedentes de "una ideología teñida de antimilitarismo y pacifismo". Así, en 1984, cuando la campaña anti-OTAN era una corriente imparable, el PSOE se lanzó a regular la objeción secular —no solo la de motivos religiosos—, ofreciendo a cambio del servicio militar una "prestación social sustitutoria". Quizás no sobre recordar que el reconocimiento de la objeción se logró en Francia en 1963 y en Italia en 1972. En todo caso, en España se organizó reglamentariamente en 1988 y no satisfizo al movimiento de objetores, que lanzó una campaña de insumisión no solo contra el servicio militar sino también contra la prestación social sustitutoria, porque eran opciones obligatorias y servían por igual a un Estado considerado militarista. La objeción derivó, por tanto, en insumisión al negarse a realizar la prestación sustitutoria, una insumisión que tuvo más fuerza en el País Vasco y se incrementó en 1991 con el estallido de la guerra del Golfo.

Entonces el Gobierno socialista decidió en 1995 que los insumisos pasaran a la jurisdicción civil y suavizó las penas de cárcel a menos de dos años para que no tuvieran que cumplirse. Sin embargo, fue el PP el que, al ganar en 1996 el Gobierno, prometió acabar con el servicio militar obligatorio y lo cumplió en 2001, amnistiando en 2002 a los 4.000 insumisos existentes. El Ejército se formó desde entonces con soldados profesionales reclutados en su práctica totalidad de las capas sociales menos favorecidas. En conclusión, el movimiento pacifista en España experimentó un fin de ciclo al acabarse la obligación del servicio militar. Desde entonces no se han desarrollado facetas pacifistas de impacto en la agenda social de la ciudadanía, aunque salten protestas puntuales contra ciertas intervenciones militares, sobre todo contra la segunda guerra del Golfo, que no han sido específicamente pacifistas sino más bien antiimperialistas.

Por su parte, las movilizaciones por la liberación lésbica y gay, que comenzaron su andadura en los últimos años de la dictadura, han desarrollado una evolución diferente. Sin duda, hay que integrarlas también dentro de los cambios culturales operados en las sociedades occidentales desde la década de 1960. Paradójicamente, cuando en otros países se abrían caminos de liberación sexual, la dictadura aprobaba en agosto de 1970 una actualización de la citada Ley de Vagos y Maleantes que, aprobada durante la Segunda República (agosto de 1933), en 1954 se había modificado para incluir a los "homoxesuales" [sic] y someterlos a medidas de seguridad en instituciones especiales, "con absoluta separación de los demás". En 1970 se endurecieron las medidas estableciendo penas de hasta cinco años de prisión o internamiento psiquiátrico para las personas homosexuales. Significativamente, en junio de 1971, la policía detuvo a más de cien personas en una redada en el Pasaje Begoña de Torremolinos (Málaga), el "Stonewall español", un espacio pionero de libertad.

Hubo una respuesta valiente de un grupo de catalanes, liderados por Armand de Fluvià y Francesc Francino, bien informados del Mayo francés del 68, de la revuelta de Stonewall y de las movilizaciones iniciadas en Estados Unidos. Eran pocos en España, pero se movieron contra la citada ley de 1970 con cartas a los obispos que eran diputados en las Cortes franquistas y a otros medios internacionales. Desde 1971 crearon el Movimiento Español de Liberación Homosexual (MELH), con una actividad totalmente clandestina, perseguida, siempre en grupos muy pequeños y contando con personas con prestigio cultural. Lograron editar desde Francia, gracias al apoyo internacional de otras revistas similares, 18 números de un boletín de la Agrupación Homófila para la Igualdad Social (AGHOIS), y en 1975 se reorganizaron como Front d'Alliberament Gai de Catalunya (FAGC), con un compromiso político rotundo y un trabajo a la luz del día exigiendo la abolición de la ley y la amnistía de los presos homosexuales. Bajo su influencia se organizaron otros frentes similares en las más importantes ciudades españolas, que establecieron una Coordinadora de Frentes de Liberación Homosexual del Estado Español, tras crear en 1976 el Institut Lambda, un centro de encuentro, apoyo y documentación para lesbianas y gais. En junio de 1977, tras celebrarse las primeras elecciones democráticas, convocaron en Barcelona la primera manifestación del orgullo gay con unos 5.000 participantes.

1977 fue el año en el que ya pudieron constituirse en libertad otros grupos en el País Vasco, Madrid, Galicia, Aragón y Valencia, entre otros. El hecho más relevante fue la manifestación que lograron realizar en Madrid con más de 10.000 personas en junio de 1978, por impulso de la reagrupación constituida como Frente de Liberación Homosexual de Castilla, donde ya se enarboló la bandera arcoíris. La manifestación de Barcelona estuvo liderada por un personaje popular de las Ramblas, Ocaña, detenido, pero que logró hacer visible la represión de homosexuales y transexuales. Lograron al fin en 1979 la despenalización de las prácticas homosexuales de la Ley de Peligrosidad Social, que se derogó solo en parte en 1983 y totalmente en 1989. En el camino, surgieron debates intensos con las mujeres, que optaron por crear el Colectivo de Feministas Lesbianas de Madrid. Desde entonces hubo bastante dispersión organizativa hasta que en 1992 se creó la Federación Estatal de Gais y Lesbianas, que ha impulsado iniciativas legislativas de calado como la Ley de Parejas de Hecho.

Por otra parte, desde principios de los ochenta los distintos colectivos de gais y lesbianas se implicaron en movilizaciones para defender a las personas con VIH y exigir tratamientos asequibles. El sida irrumpió como plaga internacional, enfermedad incurable y estigmatizada porque su contaminación se asoció con prácticas sexuales "desviadas" y con el uso de drogas. En Estados Unidos se crearon colectivos para defender a las personas enfermas desde 1983 y en España ya hubo casos desde 1981, de modo que en 1983 el Gobierno socialista ya creó una Comisión Nacional sobre el Sida de cuyos datos sabemos que desde 1990 fue el país europeo con mayor tasa de incidencia y de casos diagnosticados. Para prevenir la transmisión de la enfermedad por vía sexual, por impulso de los colectivos homosexuales, el Gobierno lanzó desde 1988 diversas campañas de prevención agriamente rechazadas por sectores eclesiásticos y grupos de católicos, pero no solo. Fueron campañas tan necesarias que hoy resultan incluso inocentes al considerar el escándalo que produjo el eslogan "Póntelo, pónselo", referido al uso del preservativo en las relaciones sexuales. En este contexto se creó el Colectivo Gay de Madrid (COGAM), que en 1992 impulsó la Federación Estatal de Gais y Lesbianas, luego transformada en FLGTB, impulsora de la Ley de Parejas de Hecho y referencia de los avances en equiparación legal y social sin mirar la condición sexual con las sucesivas eliminaciones de discriminación y homofobia, así como una constante tarea de apoyo sociosanitario.

Sin duda, se estaban desplegando cambios inéditos en los comportamientos socioculturales y en la mentalidad de los españoles. En este sentido, las demandas de las movilizaciones de lesbianas y gais contribuyeron a normalizar los distintos modos de libertad en las relaciones sexuales. No obstante, hay que recordar que la homofobia realizó un trágico acto de presencia en 1991 con el asesinato de la mujer trans Sonia Rescalvo en Barcelona por un grupo de neonazis. Al año siguiente se logró organizar la ya citada Federación Estatal de Colectivos de Lesbianas y Gais, que comenzaron una campaña exigiendo una ley de parejas de hecho, mientras se abría en 1993 Berkana, la primera librería de España comprometida sin tapujos con estos colectivos.

De igual modo, fue decisiva la resolución del Parlamento Europeo de 8 de febrero de 1994 sobre igualdad de derechos de los homosexuales y lesbianas en la Comunidad Europea para cumplir con el principio de que "todos los ciudadanos y ciudadanas tienen derecho a un trato idéntico, con independencia de su orientación sexual" y, por tanto, se requiere la "aplicación del principio de igualdad" de las personas, pidiendo a los Estados miembros que supriman toda norma discriminatoria. Fue pionero en el cumplimiento de esta resolución el Ayuntamiento de Vitoria, cuyo alcalde del PNV, José Ángel Cuerda, decretó en el mismo 1994, aunque "transgredía la moral establecida", un registro de uniones civiles, heterosexuales y homosexuales, para "asegurar la protección social, económica y jurídica de las parejas formadas al margen del matrimonio".

Las siguientes instituciones en regular el registro de parejas de hecho fueron, por decreto, dos gobiernos autonómicos socialistas: el valenciano, con Joan Lerma al frente (decreto de diciembre de 1994), y en abril de 1995 el madrileño presidido por Joaquín Leguina. Los decretos podían ser fácilmente anulados, por eso en Cataluña la Coordinadora Gai-Lesbiana exigió una norma con rango de ley que, planteada en el Parlament, tuvo el rechazo de Convergencia i Uniò, por considerarla una legalización encubierta del "concubinato", pero se aprobó en 1998. Esta primera ley, criticada por los obispos, sencillamente reconocía garantías de convivencia tanto para uniones de heterosexuales como de homosexuales, incluyendo derechos hereditarios, sucesiones no testadas, pensiones o indemnizaciones en caso de ruptura y ciertos beneficios laborales que no incluían los 15 días de permiso por la boda ni tampoco la posibilidad de adopción. Había aspectos que no podían ser regulados porque eran competencia estatal el derecho a pensión, seguridad social y extranjería. A partir de Cataluña hubo similares regulaciones en trece comunidades autónomas, incluyendo también las gobernadas por el PP como, por ejemplo, Madrid y Valencia. Posteriormente hubo medidas estatales que se explicarán en el siguiente capítulo.

5. DÉCADA DE AVANCES SOCIALES, INTEGRACIÓN EUROPEA Y SACUDIDAS CORRUPTAS (1987-1996)

Tras la primera legislatura socialista, centrada en salir de la crisis económica y asentar los derechos sociales, las legislaturas siguientes fueron de recuperación económica y de llegada de unos fondos europeos que permitieron atender las demandas planteadas en las movilizaciones sociales y una implantación efectiva y democrática del Estado de bienestar. En concreto, el gasto público, que en 1982 era un 38% del PIB, había subido al 46% en 1996, ocho puntos más, cinco de los cuales se destinaron solo a gasto social. La inversión y gastos en educación, sanidad y pensiones fueron prioritarios y evidenciaron el cambio prometido por los socialistas en 1982. Permitieron consolidar unos marcos de modernización que se venían fraguando desde la década de 1960 como el acceso de las mujeres a la educación y al mundo laboral, la secularización de la sociedad en ideas y costumbres, los hábitos de ocio y consumo propios de poblaciones urbanas y de niveles superiores de cultura y, en suma, lo que se podría resumir en una rápida y eficiente sincronización con los países democráticos más avanzados de Europa.

LA MAYOR HUELGA GENERAL DE LA HISTORIA

Ahora bien, las transformaciones sociales no transcurren sin conflicto, pues generan tanto damnificados por el cambio como expectantes ante las novedades. Las demandas de los distintos grupos sociales se desequilibran y surgen colisiones de nuevo cuño. No por casualidad, la segunda legislatura del PSOE estuvo marcada por la que probablemente sea la única y auténtica huelga general que, a lo largo de la historia, hasta el momento, ha logrado paralizar de modo fehaciente todo el país. No se movió ni un brazo en el ámbito laboral. Oficialmente paró el 90% de la población activa. Las calles desiertas, los transportes inmovilizados, la televisión y los medios de comunicación mudos, ni un bar abierto, "hasta los relojes se pararon", como dijo un líder de CC OO. Fue el 14 de diciembre de 1988. El movimiento obrero históricamente había enarbolado la huelga general como el último y definitivo recurso, pero nunca había logrado parar un país de este modo tan completo, ni lo conseguiría en posteriores huelgas generales. Por eso el 14-D se ha convertido en hito para la historia del movimiento obrero.

Fue una quiebra importante. La huelga contra la política económica dirigida por el ministro Solchaga fue convocada por los dos sindicatos de clase mayoritarios, CC OO y UGT, que ya venían trabajando desde inicios de 1988 en una plataforma unitaria de acción sindical. Lograron la adhesión de los sindicatos minoritarios como USO y CNT o de implantación en determinadas comunidades como ELA-STV y LAB en el País Vasco, INTG y CXTG en Galicia, y también de sindicatos profesionales como el de enfermería (SATSE) y pilotos (SEPLA), más los agricultores de la COAG y hasta pymes de Madrid y Andalucía o la Asociación de Futbolistas con Clemente, Míchel y Butragueño al frente, y el apoyo —sin poder hacer huelga— del Sindicato de Policía. Antes, la huelga general convocada por CC OO en 1985 contra la reforma de las pensiones (subir de dos a ocho años el cálculo de las pensiones, hoy es de 25; y de 10 a 15 años el mínimo de cotización) no había logrado esas adhesiones y apenas logró un mínimo reajuste. En 1988, sin embargo, esas adhesiones y el éxito tan rotundo mostraban una nueva estructura social con rasgos inéditos en la historia de España como la desagrarización del mercado laboral y la asalarización de los sectores no agrarios que supuso un aumento de la cualificación de la mano de obra, factor de cambio concluyente porque eran nuevos asalariados, con un mayor nivel educativo, integrados en su mayoría en el sector de servicios tanto públicos como privados.

Los datos son elocuentes: si lo que se clasifica como clase alta (patronal, grandes comerciantes y propietarios) apenas llegaba al 9% en ese año y se estabilizaría desde 1997 en torno al 10%, sin embargo las clases medias del sector servicios, aunque asalariadas, más las profesionales por cuenta ajena y autónomos habían crecido del 39% en 1977 al 48,5% en 1988, mientras que los obreros industriales (cualificados y no cualificados) habían bajado del 36,3% en 1977 al 29,8%, mientras los trabajadores del campo descendían del 18,3% al 12,9%. Semejante estructura sociolaboral explica las demandas planteadas por los sindicatos en un año en el que la economía crecía por encima del 5% anual y se creaba más de un 10% anual de empleos. Era el momento de exigir reparto de riqueza. Las reivindicaciones se centraron en cuatro puntos: recuperar el 2%

de la pérdida de poder adquisitivo de pensionistas y funcionarios por la inflación; equiparar las pensiones mínimas con el salario mínimo interprofesional, promesa incumplida del PSOE; ampliar la cobertura por paro hasta el 48% de los afectados, ya pactada con UGT en 1984, también sin cumplir; extender a los funcionarios el derecho de negociación colectiva; y retirar el contrato de inserción para jóvenes, que fue la causa más inmediata para la convocatoria de huelga, pues los sindicatos exigieron su retirada y, en contrapartida, lanzar un plan de empleo general. Eran exigencias moderadas, unas mejoras lógicas y necesarias del Estado de bienestar, con especial atención a los parados y a la creación de empleo, constante esta que conviene enfatizar contra el tópico de que los sindicatos solo se han preocupado de las personas ocupadas.

El hecho es que tan rotunda paralización laboral alcanzada el 14-D no fue obra solo de la clase obrera tradicional, sino, sobre todo, de esa categoría ambigua de "clases medias" que constituían casi la mitad de la población activa. Felipe González reconoció el "éxito político" de la huelga, el "duro golpe" para su Gobierno, y abrió una mesa de diálogo con los sindicatos, que no aceptaron la presencia de la patronal. El Gobierno retiró el plan de empleo juvenil, extendió la cobertura sanitaria al 99% de la población, revalorizó las pensiones, amplió la cobertura del desempleo y la protección a parados de larga duración y mayores de 45 años, y creó nuevas prestaciones para los grupos ciudadanos más desfavorecidos con la Ley de Pensiones No Contributivas, quizás el avance social de mayor equidad.

Estos acuerdos con los sindicatos significaron fuertes incrementos del gasto social. Solo las prestaciones por desempleo se incrementaron hasta el doble, no porque subiera el paro sino porque se ampliaron las prestaciones; las pensiones de la Seguridad Social subieron de 1,8 billones en 1984 a 4,8 billones en 1992; y los gastos de sanidad (para cumplir con la Ley de Sanidad de 1986) se cuadruplicaron entre 1984 y 1992, de modo que el Estado pasó de aportar el 15% de los gastos sanitarios de la Seguridad Social a asumir el 69%. También en educación subió el gasto de modo extraordinario (se duplicaron y se alcanzó el 4,5% del PIB, ya cerca del 5,2 de la media de la OCDE), unido a importantes inversiones en viviendas —ya compartidas con las comunidades autónomas—, medio ambiente (Ley de Aguas de 1985 y de Costas de 1988) y promoción cultural, todo ello acompañado de un plan excepcional de modernización de infraestructuras, facilitadas por las ayudas europeas. Los fastos de las Olimpiadas y la Exposición Universal de 1992 constituyeron la imagen de una sociedad abierta, plural y con expectativas de un futuro optimista, sin ocultar la existencia de desigualdades sociales y contradicciones políticas importantes, más unos desajustes económicos que, de momento, los fondos europeos envolvieron en ese modelo de progreso que parecía ilimitado.

Pero sobre todo persistía un grave problema: el terror de ETA en plena democracia y gobernando la izquierda. Entre 1986 y 1989, ETA endureció su violencia con niveles de impacto insólitos: el atentado con bombas a las fuerzas de seguridad en la plaza de la República Dominicana, con 12 muertos tres días antes de abrirse las nuevas Cortes de 1986; el atentado de Hipercor en junio de 1987, con 21 muertos; y el de la casa cuartel de la Guardia Civil en Zaragoza, en diciembre de 1987, con 11 muertos, entre ellos cinco niños. Justo en 1987 cesaron su actividad los integrantes del GAL (Grupos Antiterroristas de Liberación), prolongación de algunos grupos parapoliciales creados bajo Gobiernos de la UCD que paradójicamente ampliaron su acción desde el Ministerio del Interior dirigido por el socialista José Barrionuevo. Pretendían "derrotar" a ETA con sus mismas armas de atentados, secuestros y torturas. Entre 1982 y 1987 dejaron 27 muertos. El Gobierno socialista decidió cortar vínculos con el GAL y desde 1987 optó por otra política: la dispersión de terroristas encarcelados para evitar su control por ETA; negociar con los partidos políticos la unidad en las medidas antiterroristas mediante el Pacto de Ajuria Enea y el Acuerdo sobre Terrorismo de Madrid; y, algo novedoso, abrir la posible negociación con ETA que, en enero de 1989, declaró un cese de la violencia e inició contactos con el Gobierno español en Argel, sin éxito.

En ese contexto, surgieron nuevas discrepancias entre sindicatos y Gobierno; este adelantó las elecciones generales, que ganó en 1989 con el 39,5% de los votos, pero ya con dos millones menos que en 1982, y se quedó a un escaño de la mayoría absoluta, que no fue necesario al no asistir al Congreso los cuatro diputados de HB. Por su parte, IU, ahora con Julio Anguita como líder, remontó a un 9% y obtuvo 17 escaños.

INSTITUCIONALIZACIÓN DEL PODER SINDICAL Y MARGINALIDAD DE IU

El panorama de las izquierdas tras el 14-D y las elecciones de 1989 presentó tres novedades: la ruptura del vínculo originario entre UGT y PSOE, que supuso un giro estratégico en la historia del socialismo; la ocupación del espacio a la izquierda del PSOE por CC OO, al proseguir la irrelevancia política de IU; y, por último, la estrategia compartida de ambos sindicatos de unidad de acción para alcanzar mejoras socialdemócratas, no aquella revolución en otros tiempos soñada. La primera novedad se venía fraguando desde la fase dura de la reconversión, cuando UGT perdió fuerza ante CC OO y, por tanto, procuró borrar la posibilidad de convertirse en correa de transmisión del PSOE. Por su parte, este evitaba repetir la situación de la República, cuando la UGT le marcaba el paso al partido, o el ejemplo más cercano de las *trade unions* que dirigían los programas del Partido Laborista en el Reino Unido. Se repitieron las tensiones entre las dos organizaciones hermanas, nacidas ambas de la mano de Pablo Iglesias, por sus respectivos afanes de dirigir el rumbo del socialismo.

Nicolás Redondo, secretario general del sindicato, optó desde 1985 por distanciarse de la política de apoyo al partido y se sumó a CC OO para lograr la prórroga indefinida de los fondos de promoción de empleo (FPE). Cuando se votó en las Cortes la ya citada reforma de las pensiones, se enfrentó directamente votando en contra de su partido en las Cortes, junto con Antón Saracíbar, también líder ugetista y diputado. Ambos renunciaron posteriormente, en 1987, a sus escaños, junto a un senador por Extremadura, militante de UGT. La ruptura se confirmó al año siguiente en la huelga del 14-D. En consecuencia, el PSOE, en su XXXII Congreso, en 1990, con más de 260.000 militantes, eliminó la obligatoriedad de ser afiliados a la UGT. Se cerró un siglo de historia compartida, lo que, por un lado, facilitó la unidad de acción con CC OO, al no ser ya el sindicato de un partido, y, por otro, dejó al PSOE sin ataduras organizativas con la UGT, lo que facilitó a los socialistas compartir militancia con CC OO.

Porque otra consecuencia del 14-D fue la superación de rivalidades anteriores y el establecimiento de una sintonía eficaz desde entonces entre UGT y CC OO, con lógicos altibajos. Además, tras el 14-D se produjo un fuerte crecimiento de la afiliación en ambas organizaciones, se sumaron más recursos de financiación y, en definitiva, se consolidó la institucionalización de un sindicalismo plural y libre como soporte del Estado democrático y social, tal y como se establecía en la Constitución (art. 28). Compartieron objetivos de ampliación de derechos sociales y, en ese camino, CC OO, bajo el liderazgo de Antonio Gutiérrez, sucesor de Marcelino Camacho, mantuvo su hegemonía como sindicato reformista y fue admitido en 1990, con el apoyo de UGT, en la Confederación Europea de Sindicatos (CES), marginando de este modo la opción de adscribirse a la Federación Sindical Mundial, constituida solo por sindicatos marxistas-leninistas, aunque en sus inicios había agrupado a sindicatos socialdemócratas.

Es adecuado un inciso para recordar que la CES había nacido en 1973 para representar a escala europea los intereses de los trabajadores y contribuir a crear una Europa con derechos sociales conquistados mediante el diálogo y la negociación. Tiene en su haber importantes logros de mejora social dentro de la Unión Europea de los que baste citar, entre otros, la implantación del permiso parental (1996) o el despliegue de un conjunto de acciones para lograr la igualdad entre mujeres y hombres (2005), por ejemplo. De 2011 a 2015 fue presidida por el entonces secretario general de CC OO, Fernández Toxo. En definitiva, que la UGT y CC OO —también ELA-STV— sean parte de la CES eleva el rango de la capacidad institucional de los sindicatos españoles al ser interlocutores ante la Unión Europea, el Banco Central Europeo y el Consejo de Europa, consolida la cooperación internacional —faceta escasamente desarrollada en la historia del sindicalismo español— y reafirma una estrategia de objetivos catalogables como socialdemócratas.

De hecho, aunque ambos sindicatos volvieron a convocar dos nuevas huelgas generales frente a las medidas socialistas, de ningún modo sus movilizaciones fueron parte de una estrategia desestabilizadora; al contrario, mantuvieron exigencias siempre reformistas con búsqueda de acuerdos. En 1992 se convocó precisamente contra el proyecto de ley de huelga y el recorte de ciertas prestaciones a parados y en 1994 contra la reforma laboral que legalizaba las empresas de trabajo temporal, eliminaba la obligación de contratar a través del INEM e introducía el contrato en prácticas entre seis meses y dos años. También hubo sectores obreros cuya desesperación laboral se manifestó con formas y medios más radicales, un enojo legítimo que, sin embargo, los sindicatos minoritarios, por más que acusaran de traición a los socialistas y a los dos grandes sindicatos, no lograron transformar en alternativas de cambio social.

Este dato conviene subrayarlo para comprender los cambios operados en las izquierdas, puesto que el movimiento obrero, tal y como se ha visto en los capítulos dedicados al siglo XIX y primera mitad del XX, ha constituido la columna vertebral de las luchas por la emancipación social y la conquista de una sociedad más justa e igualitaria. Además, entre 1989 y 1991 ocurrió un hecho de extraordinario impacto: el desplome y desaparición del Imperio soviético. Entre la destrucción democrática y popular del muro de Berlín en noviembre de 1989 y la disolución de la URSS en diciembre de 1991 ocurrió un proceso repentino e inesperado: nunca un imperio se había desintegrado de ese modo. Pero más importante, el ideario comunista se quedó sin el principal paraguas político a nivel internacional y, por muchas críticas que hubiera recibido la etapa estalinista, la orfandad mundial para los partidos comunistas occidentales fue palpable.

Significativamente, en España, Gerardo Iglesias había renunciado a la Secretaría del PCE en el XII Congreso (1988) y fue sustituido por Julio Anguita. Este lo relevó también al frente de IU en 1989, tras los magros resultados electorales. Entre tanto, el PSUC, de tan decisiva historia contra la dictadura, se había diluido totalmente en ICV, en un intento de renovación ecológico-marxista a todas luces confuso. El hecho es que el PCE-PSUC nunca se había concebido a sí mismo al margen de la URSS. Desde 1968, tras los tanques soviéticos en Praga, había pasado de la obediencia ciega a la crítica, pero seguía reconociendo que en la URSS existía un "socialismo real", aunque sin libertad, con un aparato de poder de urgente renovación y unas relaciones de producción socialista a las que solo les faltaba una reforma democrática para seguir avanzando por el camino iniciado en la mitificada Revolución de Octubre de 1917.

También fue revelador que los dos grupos comunistas que persistían, aunque sin apoyo electoral, la LCR y el MC, se desprendieran del calificativo "comunista" en 1991 y se fusionasen como Izquierda Alternativa, aunque luego se volvieron a escindir y serían el embrión de lo que, pasados los años, se constituiría como Izquierda Anticapitalista (2008). En resumen, en dos años se desmoronó el Imperio soviético, se evaporaron miles y miles de páginas escritas sobre el "socialismo real", sus posibles reformas y las propuestas de renovación e incluso se esquivó el nombre de "comunista" para definirse como partido político, pues ya, de hecho, el PCE se había ocultado electoralmente desde 1986 bajo el paraguas de IU. Esta crisis no solo ocurría en España; baste recordar que el tan cercano Partido Comunista Italiano, con un 34% de votos en 1976, justo en noviembre de 1989, para "evitar que los ladrillos del Muro nos sepultaran", según su secretario general, anunció su disolución para convertirse en Partido Democrático de Izquierda.

Por lo demás, hubo otro dato decisivo en la agenda de las izquierdas. Tras la disolución del GAL en 1987, el terrorismo de ETA quedó aislado por todas las fuerzas democráticas gracias al Acuerdo de Madrid de 1987, ampliado en 1988 con el Pacto de Ajuria Enea en el País Vasco. Fue la derrota política de una ETA encapsulada en el totalitarismo violento y condenada ya explícitamente por el PNV. Desde ese momento adquirieron un auge decisivo las movilizaciones de Gesto por la Paz, coordinadora de asociaciones civiles pacifistas, independientes de los partidos. Sin embargo, el camino hacia el fin de ETA no fue ni breve ni sencillo. Todo lo contrario. Se verá en el capítulo siguiente.

VERTEBRACIÓN NACIONAL E INTEGRACIÓN EUROPEA

Con la crisis del comunismo, las políticas socialdemócratas del PSOE dejaron de tener a su izquierda una alternativa: solo quedaba una suma de grupos bajo las siglas de IU que, sin duda, funcionaba gracias a la cohesión que aportaba la sólida militancia enraizada en el PCE-PSUC. De este modo, los Gobiernos socialistas, con su mayoría parlamentaria y con el predominio en los gobiernos autonómicos y municipales, encauzaron una tarea igualmente esencial y novedosa para el desarrollo de las mejoras sociales. Fue el reto de la doble vertebración político-institucional que tuvo que afrontar la sociedad española: desplegar la España de las autonomías, por un lado, y la España europea, por otro; esto es, la vertebración interna del Estado y su inclusión e inserción en Europa.

En cuanto al primer asunto, el PSOE transitó del reconocimiento de la autodeterminación de las nacionalidades españolas, con la consiguiente propuesta de federalismo bebido de fuentes republicanas españolas y socialistas centroeuropeas, a la recuperación del discurso de una España cuya soberanía, entroncando más bien con el ideario de Azaña, incluía la organización de los gobiernos autónomos. Eso sí, lo más descentralizados posibles, como así se hizo con la transferencia de competencias. Además, con la tarea de enarbolar los símbolos e imaginarios comunes, sin empacho, contra el uso sectario que se había hecho de los mismos durante la larga dictadura. Esta fue la idea de España que, por consenso, y con la activa abstención de la AP de Fraga, se plasmó en la Constitución. Se esfumó la autodeterminación y el federalismo se quedó en meta intangible, aunque en la práctica los gobiernos autonómicos se han convertido en piezas de un Estado que algunos expertos catalogan como cuasi-federal.

La historiadora Vega Rodríguez-Flores ha investigado este proceso con precisión y ha señalado las paradojas que persisten en un viejo debate teórico, político y organizativo que ya desde fines del siglo XIX afectó a toda la socialdemocracia europea y posteriormente también al internacionalismo comunista. Es uno de los dilemas que siguen perturbando la organización de las izquierdas españolas al ser parte de una sociedad que históricamente ha conservado identidades territoriales y culturales con aspiraciones a Estado propio en territorios como el catalán y el vasco, sobre todo, aunque el Pacto de Galeuzca incluya a Galicia. Conviene recordar que en 1923 se había firmado entre nacionalistas catalanes, vascos y gallegos (de ahí el acrónimo de Galeuzca) el acuerdo de defender la soberanía política de sus respectivas tierras; se volvió a renovar en el exilio, en 1941 y ratificado en 1944, aunque la debilidad del nacionalismo gallego y los dispares intereses de vascos y catalanes lo fueron dejando en cada momento en una simple aspiración.

En sentido diferente, la integración en Europa transcurrió con fluidez y bastante optimismo. Desde la década de 1960 las fuerzas en el exilio, las izquierdas, tras algunas reticencias iniciales, y las nacionalistas, pensaron que la entrada en la Comunidad Económica Europea garantizaba la irreversibilidad de la democracia y de las libertades, por eso se movilizaron para que se rechazara la solicitud de adhesión que había hecho la dictadura. Desde las instancias de la Comunidad Europea siempre se exigió a España la democracia como requisito para integrarse. Al fin en 1985 el presidente del Gobierno Felipe González firmó el Acta de Adhesión de España a las Comunidades Europeas. Se cerró una larga etapa de aspiraciones para lograr la homologación europea y se abrió una fase en la que Europa pasó a ser actor directo de la historia de España. Todo ello con el consenso de la práctica totalidad de los partidos políticos y con un amplio apoyo de la opinión pública.

Conviene recordar que ya en 1968 el Instituto de la Opinión Pública había realizado una primera encuesta en la que el 74% de los españoles se expresó a favor del ingreso en la Comunidad Europea, con mayor porcentaje entre los jóvenes y los de más nivel educativo. Con la democracia, sucesivos sondeos evidenciaron que un 60% de la derecha y centroderecha estaba a favor del ingreso, los partidos nacionalistas por encima del 73 y los votantes del PSOE y PCE eran los que se situaban siempre entre el 72 y el 81%. En definitiva, desde 1985, la mayoría de los españoles consideraba que, al fin, se podían superar aquellos "fracasos históricos" que habían marcado el atraso con respecto a Europa. Se podía arrinconar el castizo complejo de inferioridad envuelto en el supuesto orgullo de "ser diferentes". Lo cierto es que se esfumaron en gran medida los lamentos jeremíacos sobre el subdesarrollo de España y la negra inquietud por detectar frustraciones de todo tipo en la historia. Los españoles comenzaron a verse con la normalidad de cualquier otro país europeo y eso tuvo sus impactos en los distintos niveles de la actividad social, desde la costumbre democrática de votar y protestar libremente hasta nuevos enfoques en los distintos campos culturales, incluyendo las pompas festivas del 92. En todo caso, la tendencia a resucitar cierta literatura del desastre se reproduce con mayor o menor virulencia en determinadas coyunturas de crisis.

Aquella euforia contó con el soporte de unas ayudas económicas que, como se ha recordado con cierta insistencia, supuso históricamente más recursos que los aportados por el Plan Marshall para reconstruir Europa tras la Segunda Guerra Mundial. En este proceso el Gobierno socialista dirigido por Felipe González marcó logros importantes que insertaron el interés nacional dentro del interés general europeo. Fue decisivo el liderazgo del presidente español en el concepto de "ciudadanía europea" cuya cohesión se estableció en Maastricht (1991) y se financió con un fondo de cohesión aprobado en 1992 y más adelante con fondos específicos para el Sur del sur mediterráneo (Cannes, 1995). Por eso no basta con sumar las cifras de miles de millones de euros recibidos para modernizar las infraestructuras, comunicaciones y grandes obras públicas, tan decisivas para la vertebración del territorio, y los más de 100.000 millones para la agricultura, lo que, por otra parte, permitió al Estado conceder ayudas estatales a las empresas y dedicar más recursos a educación y servicios públicos. También habría que sumar transferencias directas en I+D, el acceso al mercado único con la consiguiente internacionalización de la economía española y, además, o quizás sobre todo, la integración en las normas y pautas de una Europa democrática con tribunales de justicia que han marcado rumbos de soberanía supranacional. El dato más directo puede ser el incremento progresivo de la renta per cápita de los españoles, que pasó del equivalente a 5.000 euros en 1985 a más de 26.000 euros del año 2008, dato este que se avanza para comprender lo que se explicará en el capítulo siguiente sobre las izquierdas y la crisis desencadenada en el citado 2008.

En efecto, aunque las relaciones entre causa y efecto en los procesos sociales son siempre tan complejas como controvertibles, el hecho es que la nueva realidad de España como parte de Europa conllevó nuevos giros en los ideales de las izquierdas. Por ejemplo, en el sector agrario se había disuelto la histórica dicotomía entre propietarios y jornaleros y, desde la entrada en la Comunidad Europea, la entrada de ayudas económicas dio el protagonismo a sindicatos muy alejados de la histórica CNT y de la FNTT ugetista. Ya no eran jornaleros sino agricultores, en su mayoría pequeños y medianos propietarios. La interlocución pasó a otras manos y así nació en 1977 la Coordinadora de Organizaciones de Agricultores y Ganaderos (COAG) por iniciativa de organizaciones campesinas de La Rioja, León, Zamora y Ciudad Real, donde el militante del PCE Cayo Lara tuvo un papel destacado para establecer sintonías entre CC OO y la COAG, aunque esta mantiene su independencia y el pluralismo de militancia. En 1980 la UGT organizó la Unión de Pequeños Agricultores y Ganaderos (UPA) con el soporte de militantes de aquella FNTT de la República que se reconvertían en sección de trabajadores autónomos dentro de dicha UGT, esto es, una "organización profesional" que defiende y representa "los intereses de los profesionales de la agricultura y la ganadería". Tal era el cambio operado en la estructura social y, por tanto, en la agenda política. El campo español lo plasmó de modo inequívoco: de la CNT y la FNTT de 1936 se había pasado a la COAG y la UPA de 1986.

ESCÁNDALOS Y CRISIS ECONÓMICA

Mientras las izquierdas se transformaban como parte de los cambios sociales, también se revelaba la cara oculta del Gobierno del PSOE: la corrupción. Pueden encontrarse explicaciones, como para todo delito, pero en ningún caso cabe justificar la incoherencia que determinados comportamientos entrañaban con la ética comprometida y predicada para construir una sociedad más justa. Obviamente fueron aireados y convertidos en escándalos nacionales por la oposición y los medios de comunicación. El "caso Guerra" fue el primero que saltó a la luz pública en 1990 y provocó la dimisión del vicepresidente del Gobierno al año siguiente. Siguió otro escándalo en 1991, esta vez no de un dirigente, sino la trama de financiación irregular del PSOE a través de la empresa Filesa. Tuvieron que dimitir en 1993 los responsables de finanzas del partido. Entre medias, el "caso Rubio", con cuentas de dinero negro, supuso la dimisión del gobernador del Banco de España, Mariano Rubio, y también el ministro de Hacienda, Solchaga. A fines de ese año se destapó quizás lo más dañino: el enriquecimiento realizado por el director general de la Guardia Civil con dinero de fondos reservados, con una fuga rocambolesca que supuso la prisión del encausado más la dimisión de los ministros de Justicia e Interior. También tuvo que dimitir el ministro de Sanidad por la denuncia de compraventas de terrenos poco claras, y la presidenta de la Cruz Roja, por irregularidades en la gestión.

En las elecciones de 1993, adelantadas por estos escándalos, se comprobó una merma mínima del PSOE respecto a las de 1989, del 39,6 al 38,7%, pero recuperó un millón de votos en términos absolutos. Había incluido en las listas a personalidades independientes con la idea de superar las barreras del partidismo, destacando el juez Garzón, estrella mediática por los casos que instruyó contra la corrupción política y el narcotráfico. En todo caso, los votos fueron insuficientes para gobernar solos, pues IU, con Anguita al frente, había recuperado casi medio millón de votos; subió de 17 a 18 escaños, suficientes para que ambas izquierdas hubieran gobernado por mayoría absoluta, pero no se logró pacto alguno. Los reproches sobre la responsabilidad del desacuerdo tensaron más aún las relaciones entre ambas formaciones de izquierdas. El PSOE pactó con los nacionalistas catalanes y vascos y comenzó una legislatura endiablada por la apertura judicial del "caso GAL", que se venía juzgando desde 1989 y que el citado juez Garzón, al salir del equipo de Gobierno del PSOE, reabrió para enjuiciar directamente a la cúpula socialista del ministerio de Interior que había arropado la actuación y delitos cometidos por el GAL. La instrucción judicial desveló el terrorismo desplegado desde las propias instancias de un Estado democrático.

Simultáneamente, en 1994 se creó una asociación de "periodistas independientes", vinculados a medios conservadores, que entró en una espiral de crispación y ataques personales contra los socialistas y contra el grupo PRISA y *El País* como causantes exclusivos de todos los males del país. La entrada en la cárcel del ministro Barrionuevo y de su secretario de Estado, Rafael Vera, en 1995 dañó la imagen del PSOE de tal modo que se vieron obligados a convocar elecciones en marzo de 1996. Se disolvió entonces dicha asociación de "periodistas independientes" en cuanto ganó el PP unas elecciones en las que el PSOE, a pesar del ambiente tan enfurecido en su contra, perdió solo un punto en porcentaje y mantuvo 9,4 millones de votos, aunque se quedó en 141 escaños, insuficientes para gobernar o con los nacionalistas o con IU, que se estabilizó en un 10,5% con 2,6 millones de votos y 21 escaños que no permitían una alianza de izquierdas.

Con los citados escándalos a cuestas, los Gobiernos socialistas habían tenido que afrontar en esta última legislatura, entre 1993 y 1996, una grave crisis económica iniciada por la burbuja inmobiliaria de Japón (1990) más los efectos de la guerra del Golfo (1991). Las repercusiones de dicha burbuja y la subida de los precios del petróleo, con la consiguiente inflación, llegaron más tarde a España por el volumen de inversiones realizadas para los fastos del 92. En cuanto estos terminaron, en otoño de ese año, finalizadas las grandes obras, el paro se agudizó y en un año subió del 16 al 24%. Cayeron las inversiones, ocurrió la más grave sequía de todo el siglo XX, el PIB se contrajo, la moneda fue devaluada tres veces en menos de un año (también devaluaron sus monedas el Reino Unido, Portugal e Italia, y Alemania, esta en proceso de reunificación con una fuerte inflación) y el Gobierno decidió reducir un 25% la prestación a parados sin hijos a su cargo. Además, la devaluación, sin caídas nominales de los salarios, abarató —y empobreció— la mano de obra y, a cambio, los productos españoles ganaron en competitividad internacional. El aumento de competitividad no supuso aumento de productividad ni cambios en la estructura económica, puesto que la devaluación era una solución monetaria coyuntural que, no obstante, permitió remontar la crisis desde 1994, con un crecimiento del 2,4% del PIB y un 3% ya en 1995, lo que supuso la creación inmediata de casi medio millón de empleos y la bajada de la tasa de paro.

Ahora bien, el endeudamiento del Estado y los gastos para paliar el paro y mantener las pensiones, la sanidad y la educación produjeron por primera vez déficit en el sistema de la Seguridad Social. Así, en 1995 el Gobierno socialista, en minoría, asumió la iniciativa del grupo catalán en las Cortes y logró que todos los partidos aprobasen de forma unánime el llamado "Pacto de Toledo", esto es, las quince propuestas de una comisión parlamentaria para asegurar la sostenibilidad de las pensiones y de las prestaciones futuras de la Seguridad Social. Ya eran más de siete millones los pensionistas, de modo que el nivel de vida de los trabajadores jubilados se situó como factor central del Estado de bienestar. El PSOE logró también el apoyo de los sindicatos CC OO y UGT, tras largo debate dentro de un movimiento obrero en el que se había hecho prioridad mantener la solidaridad entre generaciones por encima de los cambios de Gobierno. De hecho, la validez de aquel pacto persiste en la actualidad y el Gobierno PSOE-UP lo ha renovado en 2020 en el proceso de abordar su necesaria revisión.

Así se llegó a 1996, cuando el PSOE perdió el Gobierno y comenzó una nueva etapa para las izquierdas en España. Lo cierto es que, a la altura de 1996, la sociedad española era ya muy distinta a la heredada del franquismo. Se habían desarrollado cambios socioeconómicos y culturales habitualmente catalogados con el concepto de "modernización": España, en un tiempo muy corto, había alcanzado niveles de modernidad similares a los que las democracias europeas habían construido durante las décadas anteriores. En este aspecto, antes de pasar al capítulo final, es necesario conocer los cambios tan cruciales que habían protagonizado las mujeres entre la década de 1969 y la de 1990.

6. CAMINOS DE EMANCIPACIÓN: HACIA LA IGUALDAD DE LAS MUJERES

En el imaginario de las izquierdas, desde la Revolución francesa hasta la soviética, la china o la cubana, el concepto de "revolución", normalmente armada, se instaló como el camino más lógico para cambiar drástica e inmediatamente el rumbo de la historia. Sin afán de zanjar el debate sobre los factores y medios que promueven los cambios en las sociedades, lo cierto es que la progresiva y pacífica conquista de la igualdad por las mujeres constituye el ejemplo más rotundo de que no hay que matar ni prometer un paraíso inexistente para alcanzar mejores cotas de libertad y justicia en una sociedad. Se cumpliría la teoría de la emancipación evolutiva de Welzel, según la cual las sociedades progresan si las mujeres pasan de estar subordinadas en las relaciones sociales y personales —educativas, laborales y matrimoniales en concreto— a tener un acceso igualitario a la educación, el trabajo y la libertad de elegir con quién y cómo se relacionan.

En este sentido, en la construcción de una España democrática fueron decisivos los caminos hacia la igualdad que transitaron las mujeres de forma anónima y diaria en el acceso a la educación y al mercado laboral desde la década de los años sesenta. En los epígrafes anteriores se ha expuesto la importancia de las luchas políticas y sociales para minar la dictadura y avanzar hacia una cultura democrática, pero ¿se puede comprender la Transición sin tener presente un dato tan crucial como, por ejemplo, que, al morir el dictador, más de 800.000 españolas en edad reproductiva tomaban la famosa "pastilla" anticonceptiva? Y eso que estaba prohibida su venta libre, por lo que comprarla ya era de por sí subversivo, y además superando las alarmas y miedos que predicaban sectores católicos sobre el cáncer que producía con efectos "peor que la talidomida", añadiendo que sus consumidoras se quedarían "calvas y obesas".

ABRIR ESPACIOS DE IGUALDAD ERA CONSTRUIR DEMOCRACIA

Aunque el conservadurismo tradicionalista de la dictadura abolió los avances legales alcanzados hasta 1936, es importante subrayar el impulso hacia la igualdad educativa y laboral que se abrió camino calladamente desde los años cincuenta entre los resquicios de una dictadura que tenía que ajustarse a exigencias socioeconómicas de modernización capitalista. Así, sin mediar ningún decreto, las mujeres accedieron al mercado laboral y, en paralelo, las familias comenzaron a enviar a sus hijas a estudiar el bachillerato y también a las aulas universitarias, todavía en un porcentaje mínimo, solo apto para clases medias-altas. De este medio social surgió, ya en 1953, la Asociación Española de Mujeres Universitarias, con objetivos democráticos y culturales, la primera organización de este carácter; y, como figura excepcional, hay que recordar a María Laffitte, condesa de Campo Alange, que en la temprana fecha de 1948 publicó *La secreta guerra de los sexos*, libro de un compromiso feminista rotundo que avanzó en gran medida las tesis de Simone de Beauvoir y que en 1960 organizó el Seminario de Estudios Sociológicos de la Mujer.

A este respecto, la explosión comercial de la novela rosa de Corín Tellado de los años cincuenta y sesenta también cabe ser valorada como testimonio de inquietudes no sometidas a las pautas de la dictadura, pues, tal y como han destacado los estudiosos de este fenómeno sociológico, manifestó una cierta rebelión contra el modelo patriarcal e incluso supuso la expresión pública del afán de libertad sexual. Fueron años con una hornada de escritoras con un papel destacable en la palestra pública, algo rompedor en el ambiente político de la dictadura, pues coincidieron nombres de la calidad de Carmen Martín Gaite, Ana María Matute y Mercè Rodoreda, por citar las más conocidas.

En el mundo laboral los problemas eran de otro calado. La propia Sección Femenina tuvo que arrumbar su primer ideario. Si en los cuarenta sacó a las mujeres del trabajo para recluirlas en la casa familiar como madres y esposas, sin embargo, en 1961 tuvo que promover una ley declarando la "igualdad de derechos entre hombres y mujeres" para el acceso a la mayoría de los puestos de trabajo, aunque mantuvo el veto para altos puestos de la Administración pública, de la justicia, o para acceder al Ejército, y persistió el control de los varones, de los padres para las solteras y de los maridos para las casadas. La realidad económica obligaba y en 1962 se anuló el despido de las mujeres por el hecho de casarse.

En paralelo, las mujeres de trabajadores en huelga y de presos políticos crearon espacios de reivindicación y solidaridad que confluyeron en la organización del Movimiento Democrático de Mujeres (MDM). Fue también desde 1962 cuando en las huelgas de Asturias las mujeres de los mineros organizaron recursos de solidaridad, o cuando las mujeres de presos políticos crearon redes de apoyo. De estos medios surgieron asambleas de mujeres que, aprovechando la Ley de Asociaciones del franquismo dada en 1964, se cobijaron en las asociaciones de amas de casa, legales, para abrir espacios de compromiso con la igualdad democrática. En Barcelona se constituyó el primer Moviment Democràtic de Dones; luego en Madrid se organizaron desde las asambleas por barrios, con asociaciones de amas de casa, grupos católicos y mujeres del Club de Amigos de la UNESCO. Destacó el activismo de jóvenes comunistas como Dulcinea Bellido (impulsora de la Unión de Mujeres Democráticas que protestaron contra la detención de Grimau en 1962 en la Puerta del Sol) o Cristina Almeida, quien, junto a Manuela Carmena, divulgó el feminismo de Simone de Beauvoir por barrios y asociaciones de vecinos.

Sin duda, los cambios socioeconómicos abrieron compuertas a nuevas demandas políticas y en este aspecto la recuperación de la lucha por la igualdad de la mujer constituyó un factor clave en la lucha por la democracia contra la dictadura. En los epígrafes anteriores dedicados a las izquierdas y sus estrategias de oposición a la dictadura se ha expuesto un relato de protagonistas con el genérico (masculino), porque también en las izquierdas actuó la invariante cultural de subordinación de las mujeres. Existió un techo de cristal en su acceso a posiciones dirigentes, por más que hubiera excepciones como las de Clara Campoamor, Victoria Kent, Federica Montseny o la Pasionaria. Por eso es importante enfatizar las aportaciones realizadas por las mujeres a la creación de una cultura democrática y al derribo de los soportes tradicionalistas de la dictadura.

En este sentido, no sobra subrayar el protagonismo del citado MDM, que se convirtió mediada la década de 1960 en un espacio de resistencia en femenino. De igual modo, el compromiso de las mujeres de presos políticos desbordó el espacio familiar e impulsó otra forma de lucha contra la dictadura. Por su parte, las trabajadoras integradas en CC OO, en gran parte procedentes de organizaciones católicas, desarrollaron la conciencia de discriminación que sufrían no solo por la legislación existente sino también en el seno de ese nuevo movimiento obrero con liderazgos claramente masculinizados.

Lógicamente, el PCE-PSUC, en su táctica de crear un movimiento de masas, tuvo que reconsiderar el papel subordinado y secundario que le había dado históricamente a la lucha feminista, de modo que, en 1965, cuando celebró su VII Congreso, valoró el MDM como un espacio de trabajo político crucial para ampliar militancia y cuadros y extender su influencia con mujeres simpatizantes y con la incorporación de feministas. La infiltración organizativa del PCE-PSUC dio nuevo impulso a las tareas del MDM. Así, en 1967 las mujeres del MDM presentaron más de 1.500 firmas al Gobierno exigiendo igualdad de acceso a todo oficio, creación de guarderías para hijos de trabajadoras, control de natalidad, regular el divorcio y reformar el Código Civil y, en definitiva, los más básicos derechos corporales, civiles, sociales y políticos que se les negaban y que se constituirían en realidad a lo largo de la etapa democrática décadas después.

Este escrito al Gobierno se convirtió desde 1968 en el programa del MDM, un catálogo de demandas civiles, educativas y laborales como la supresión de la licencia marital, reconocimiento legítimo de los hijos nacidos fuera del matrimonio o mayoría de edad a los 21 años, implantación del matrimonio civil, ampliación de la coeducación y ampliación de becas, creación de una red de guarderías, acceso a todas las profesiones, permisos de maternidad de 45 días antes y 45 días después del parto, etc. Justo el año antes se había permitido el acceso de las mujeres a las carreras judicial y fiscal, y en 1967 nacía la Asociación Española de Mujeres Juristas para reformar el derecho de familia, y desde 1971 se organizó la Asociación Española de Mujeres Separadas para denunciar la corrupción de los tribunales eclesiásticos en las anulaciones matrimoniales, pues no existía el divorcio. Simultáneamente, en la universidad se formaron Grupos de Autoconciencia que expandieron las ideas del feminismo más avanzado y crítico existente en Estados Unidos y en otras democracias occidentales.

Se lograron tímidos cambios, en efecto, como el decreto de 1970, que dio nuevas facilidades para la maternidad de las trabajadoras, o un tímido fomento de las guarderías, y en 1972 la anulación de la autoridad del padre sobre solteras menores de 25 años y la mayoría de edad a los 21 años. Eran pasos que a la vez permitían consolidar al MDM como organización plural e interclasista; se comprobó en la reunión estatal que celebró en 1970 con mayoría católica de representantes por Madrid y mujeres trabajadoras de la HOAC por otras ciudades. Hubo tensiones en esa reunión entre católicas y comunistas, que luego se ampliarían en sentido diferente al emerger las discrepancias entre el PCE y los grupos a su izquierda, el PTE, ORT y MC, que también vieron en el MDM otro espacio para ganar militancias. En el VIII Congreso del PCE, en 1972, se insistió en la urgencia de ampliar la militancia de mujeres para "enriquecer tanto el trabajo de masas como el específico del Partido". Por eso en 1974 al MDM se le sumaron las siglas MLM (Movimiento de Liberación de la Mujer) para adecuarse al auge del vocablo "liberación", que fue usado, al modo de las revoluciones del Tercer Mundo, tanto por ETA como por el movimiento homosexual, por ejemplo. Se quería transmitir desde el PCE la idea de que se asumían las teorías feministas que llegaban en esos momentos a las universidades españolas.

EL MOVIMIENTO DEMOCRÁTICO DE MUJERES Y OTROS COLECTIVOS CONTRA LA DICTADURA

En este sentido existe un debate entre historiadoras sobre el carácter del MDM, si ante todo fue un movimiento social cuyas militantes comunistas le dieron carácter político al vincular sus demandas de madres, esposas y trabajadoras con una prioritaria lucha por la democracia, pero que de ningún modo asumió la emancipación feminista, por más que adoptara la palabra "liberación". Lo cierto es que entre 1965 y 1975 el MDM constituyó el principal catalizador de la movilización de mujeres de clases trabajadoras en distintos ámbitos sociopolíticos, y esta praxis supuso una dinámica asociativa con espacios de igualdad y la conciencia entre las amas de casa sobre la subordinación social que sufrían, aunque no estuviese adobada con un vocabulario de estricto combate feminista. No sobra recordar la tesis de una de sus dirigentes, Mercedes Comabella, para quien el MDM fue la primera organización con un ideario feminista concreto, aunque fuese intuitivo y careciera de una teoría feminista de rango filosófico, de modo que el posterior feminismo, por muy intelectual que fuese, no se puede explicar por generación espontánea. En este sentido, conviene recordar que el boletín *La mujer y la lucha* editado por el MDM desde 1968 ya citaba a Betty Friedan y su *Mística de la feminidad*, traducido en 1965, donde explicaba sus tesis sobre el malestar de las mujeres, o las teorías de Simone de Beauvoir, cuyo libro *El segundo sexo* fue debatido con frecuencia, a partir de una edición argentina de 1962.

Las investigaciones de Francisco Arriero han detallado la evolución e implantación del MDM por toda España, con sus distintas actividades y tensiones hasta los años de la Transición, cuando desde medios universitarios llegaron las teorías del feminismo radical norteamericano. Fue crucial en este sentido la declaración de 1975 como Año Internacional de la Mujer por la ONU. La Sección Femenina tuvo que organizar necesariamente actividades al ser España parte de la ONU, y eso espoleó también las iniciativas de las fuerzas de oposición. Así, CC OO se adelantó en 1974 exigiendo igualdad para las trabajadoras con un llamamiento a los maridos para compartir tareas domésticas, mientras que el PCE aprobó en 1975 un manifiesto "Por la Liberación de la Mujer", reconociendo que "en nuestras propias filas, la discriminación de la mujer es una realidad y muchos comunistas tienen ideas reaccionarias sobre el problema femenino [por lo que] hace falta una verdadera revolución en las mentalidades". Por eso añadió las citadas siglas de MLM al MDM, aunque en la militancia persistió la prioridad de luchar contra la dictadura para instaurar un socialismo que, de por sí, bastaría para acabar con la discriminación de las mujeres.

Lo cierto es que las actividades programadas por la Sección Femenina provocaron la unión de colectivos de mujeres, sobre todo universitarias, que dieron réplica a la propaganda oficial de una dictadura que, ya en un momento agonizante, reformó en mayo de 1975 los códigos civil y de comercio para abolir las restricciones que impedían a las mujeres casadas actuar libremente en las actividades laborales y económicas. También en 1975 saltó a la palestra el movimiento feminista con reivindicaciones en sintonía con el feminismo radical desarrollado en Estados Unidos, Reino Unido y Francia. Así, el Seminario Colectivo Feminista, en Madrid, con no más de cuarenta universitarias como Carmen Sarmiento y Cristina Alberdi, y otro similar en Barcelona, con Lidia Falcón y Carmen Alcalde, participaron en las I Jornadas por la Liberación de la Mujer, donde se encontraron con asociaciones de mujeres socialistas y de organizaciones católicas y las militantes del MDM y de grupos vinculados a partidos situados a la izquierda del PCE.

Aprobaron un programa reivindicativo en sintonía con el feminismo occidental, con propuestas de equiparación laboral y salarial, legalización del divorcio y los anticonceptivos, y despenalización del adulterio femenino, como medidas más urgentes, entre otras. Pero esto fue precedido de choques y debates intensos. Quedaron al descubierto dos posiciones enfrentadas en el análisis de la causa de la opresión de la mujer y en la estrategia de lucha a seguir. Para las mujeres del MDM y, en general, las vinculadas con el socialismo, como muchas católicas, la causa de la subordinación de la mujer radicaba en el modo capitalista de organización de la sociedad, mientras que las feministas radicales ponían el acento en el sistema patriarcal. Estas eran partidarias de organizarse exclusivamente con su ideario, sin mezcla de partidos: bebían tanto del marxismo como del feminismo radical de la norteamericana Sulamith Firestone y la francesa Cristine Delphy. Ambas aplicaron el análisis marxista a las relaciones entre hombres y mujeres, como clases sexuales para la primera y como clases sociales para la segunda. Así, las mujeres constituían una clase social dentro del "modo de producción doméstico", nuevo concepto con el que se ampliaba la clásica conceptualización marxista y que en España desarrollaron Lidia Falcón y Mª Ángeles Durán. Eran anticapitalistas, sin duda, pero situaban la explotación básica de la mujer en el seno de la propia familia, lo que, por tanto, exigía una estrategia de lucha independiente y prioritaria contra el patriarcado, esto es, una militancia solo feminista.

Se les enfrentaron abiertamente las militantes del MDM, que sostuvieron las tesis clásicas marxistas de incluir las reivindicaciones de las mujeres como parte de la militancia más amplia para la construcción del socialismo. Por eso plantearon la estrategia de luchar prioritariamente contra las estructuras socioeconómicas, pues estas eran las que hacían posible la opresión masculina. En consecuencia, criticaban el feminismo que daba prioridad a los asuntos exclusivamente de mujeres y consideraban erróneo postergar la lucha de clases para situar la opresión de la mujer en el varón, al que pensaban que se anulaba como persona. En todo caso, tanto unas asociaciones como otras convocaron para enero de 1976 la primera manifestación feminista que, aun reprimida por la policía por ilegal, bajo el lema de "Mujer, lucha por tu liberación" expresó la existencia de un nuevo feminismo en España. Eran en su mayoría jóvenes universitarias que habían leído los textos del feminismo occidental y conocían las movilizaciones de las feministas norteamericanas y europeas para despenalizar el adulterio y el aborto, dos aspectos que adquirieron una decisiva resonancia social. Estas características se comprobaron de nuevo en mayo de 1976, cuando se celebraron en Barcelona las *Primeres Jornades Catalanes de la Dona*, con más de 4.000 personas que representaban tanto a colectivos feministas independientes, profesionales de la medicina, el derecho y el arte, como a partidos políticos todavía prohibidos. Surgieron las mismas tensiones de análisis y estrategias habidas en las Jornadas del año anterior.

DEBATES, APORTACIONES Y CONQUISTAS

Es justo enfatizar que los grupos feministas, por muy minoritarios que fuesen, introdujeron en la agenda de la sociedad española una cuestión nunca abordada por los partidos políticos de izquierdas en ninguno de sus documentos y mucho menos en sus prácticas cotidianas entre sus respectivas militancias. Fue la liberación de la sexualidad femenina. Constituyó la parte más polémica, pues no solo implicaba la denuncia de la familia patriarcal, sino que afectaba, tal y como se prescribía en las tesis del feminismo más adelantado formulado por Kate Millett, tanto a lo político como a lo personal. Era una subversión total: situaba el placer sexual al margen de la maternidad. Por primera vez se habló en España del orgasmo como un derecho para todas las personas por igual, sin pensar en la reproducción de la especie, y palabras como clítoris adquirieron un carácter subversivo. Sin embargo, comenzaron a ser utilizadas con normalidad como parte del necesario conocimiento de la sexualidad. Así, la difusión del derecho al placer fue una reivindicación que concitó enormes críticas y sirvió para ridiculizar, si no para proscribir, todo el feminismo de modo hiriente y malintencionado. Destacó la valentía de la revista *Vindicación Feminista*, fundada en 1976 en Barcelona, con Lidia Falcón, Carmen Alcalde y Empar Pineda al frente, que alcanzó tiradas de 35.000 ejemplares.

En definitiva, desde 1976 el feminismo quedó en su gran mayoría en el campo de las izquierdas, como se comprobó en las intensas movilizaciones sociales de ese año, en las primeras elecciones democráticas de 1977 y durante el debate para fijar el texto constitucional. Hubo un objetivo compartido por todas las izquierdas: el reconocimiento de los derechos e igualdad de la mujer. No sobra recordar que la situación no se parecía en nada a la de 1931, cuando las izquierdas ni siquiera tenían unanimidad sobre el derecho al voto de las mujeres y tuvo que ser una mujer liberal, audaz y coherente, Clara Campoamor, la que empuñase la igualdad como valor para construir una democracia. Ahora, en la transición a la democracia, se manifestaron tres posiciones dispares en la estrategia a seguir. Una, ya expuesta, correspondía a las asociaciones de mujeres militantes en los partidos marxistas como el MDM, vinculado al PCE, y la Asociación Democrática de la Mujer (ADM), creada en 1976 con militantes del PTE y la ORT. Compartían la idea de que solo sería posible cambiar la situación de la mujer e implantar sus derechos y libertades como parte de un cambio estructural hacia la construcción del socialismo.

Otra opción, también expuesta, era la de grupos independientes de los partidos políticos, con exclusiva militancia en el feminismo, que priorizaban la abolición del patriarcado y el consiguiente cambio en las relaciones con los hombres como camino para la igualdad. Por último, hubo asociaciones que trataron de hacer compatibles ambas posiciones, como el Frente de Liberación de la Mujer (FLM), creado en 1976 por Celia Amorós, Carlota Bustelo, Elena Arnedo y Gloria Nielfa, entre otras, y la Asociación de Comunicación Humana y Ecología (ANCHE), en Barcelona, con Núria Pompeia y Laura Tremosa. Aceptaban una doble militancia, pero sin subordinación al partido en cuestión, como pasaba con el MDM y la ADM, puesto que la lucha feminista tenía una dinámica que no podía supeditarse a otros objetivos políticos, aunque se compartieran.

En 1977 estas asociaciones coincidieron en convocar la celebración del 8 de Marzo en la calle y, aunque no contaron con permiso, pudieron hacer visibles tres demandas: una general, la implantación de una educación sexual obligatoria desde la infancia y el establecimiento de centros de planificación familiar, junto con dos medidas concretas y urgentes, la legalización de la venta y uso de anticonceptivos y la despenalización de la interrupción del embarazo. Alegaron que anualmente se producían en España en torno a 400.000 abortos clandestinos, sin contar las mujeres que podían viajar al extranjero para abortar. Por otra parte, en el MDM, que era la organización más consolidada (el propio Gobierno calculaba en 1977 que contaba con 5.000 afiliadas), se produjo un debate concreto: si colaborar o no con la Subdirección General de la Condición Femenina creada por la UCD en septiembre de 1977, o si crear en la Generalitat recién restablecida una *Conselleria de la Dona*. Siguiendo la táctica desarrollada por el PCE-PSUC en años anteriores, el MDM, con Merche Comabella y Rosa Pardo al frente, negoció con dicha subdirección general la derogación de aquel Servicio Social Femenino creado durante la guerra civil por la Falange, que persistía como obligación para poder trabajar o estudiar; además se logró la legalización de las organizaciones feministas y también que la parte del patrimonio público controlado por la Sección Femenina fuese asignado a estas.

Quizás el hecho más relevante socialmente fue la legalización de la píldora anticonceptiva en octubre de 1978. Amarró el tránsito a una demografía moderna en España. La tasa bruta de natalidad se había estabilizado en torno al 21 por mil entre 1940 y 1976, pero justo con las libertades inauguradas en las elecciones de 1977 comenzó un rápido descenso de modo que, a los diez años, dicha tasa de natalidad se había reducido al 12 por mil. En cifras absolutas, se pasó de 677.456 nacimientos en 1976 a menos de 350.000 en 1986. Estos datos significan que las mujeres tomaron las riendas del control de la natalidad, un hecho importante para afrontar su realización personal con una agenda de decisión, que va de lo personal a lo público, conjugando aspiraciones educativas, laborales y profesionales con sus relaciones familiares y sociales. En definitiva, el uso de los anticonceptivos no solo afectó al control de la natalidad, produjo también un seísmo en las relaciones de género, pues obligaron a redefinir el significado de la anticoncepción y de la sexualidad, y además impactó en los poderes del mercado farmacéutico, en el valor social de los criterios médicos y, por supuesto, en los resortes que se utilizaron desde los medios de comunicación. Entraron en escena el Estado, las industrias farmacéuticas y todas las clases sociales, y siempre las mujeres como agentes de las correspondientes decisiones.

La legalización de los anticonceptivos, por tanto, fue la primera batalla que ganó el feminismo. Quedaban otras muchas por delante. En todo caso, antes de aprobarse la Constitución, en mayo de 1978, gracias al trabajo de las diputadas Dolors Calvet (PSUC) y Carlota Bustelo (PSOE), en colaboración con Soledad Becerril (UCD), se derogó la penalización del adulterio y amancebamiento, la modificación de las edades de estupro y rapto, y se procedió a regular el divorcio, aunque se estipuló con excesivas trabas. A propósito del referéndum sobre la Constitución en diciembre de 1978, se hizo visible la divergencia entre los grupos feministas que no la apoyaron o se abstuvieron, por no incluir todas las demandas de emancipación en el texto, además de darle al varón preeminencia sobre la mujer para heredar la Jefatura del Estado, mientras que otras asociaciones la aprobaron para consolidar la democracia y seguir avanzando en las conquistas.

Lo cierto es que la Constitución estableció con el máximo rango normativo la igualdad de mujeres y hombres y la prohibición de discriminación por sexo o por orientación sexual. Se recorrió en un año de libertad lo que en las democracias occidentales se disfrutaba desde hacía décadas. Se suprimieron en todas las leyes cuantos artículos suponían sometimiento de la mujer. De este modo ya no se necesitó la firma del padre o marido para sus actividades, y las mujeres, al igual que los varones, desde los 21 años, eran libres e iguales en todas las facetas de la vida social, económica y política.

Por otra parte, la citada Subdirección de la Mujer, en colaboración con el MDM y otras asociaciones, como las de mujeres universitarias, mujeres separadas y amas de casa, convocó unas jornadas en 1978 que darían paso a las II Jornadas Estatales sobre la Mujer celebradas en diciembre de 1979 en Granada. En esta ciudad es donde se produjo una fractura irreversible entre las que defendían la doble militancia —con mayor o menor vinculación con un partido— y las que sostenían la tesis de exclusiva militancia en el feminismo. La imagen de división fue utilizada por los medios conservadores, pero sobre todo el debate entre los dirigentes del PCE y las comunistas del MDM planteado desde 1978 supuso el fin del MDM. En su IX Congreso, el PCE (abril de 1978) giró y solapó el movimiento feminista con el movimiento obrero como agentes históricos para construir la democracia y el socialismo. En teoría otorgaba al feminismo el rango de agente transformador de la sociedad; esto supuso el desmantelamiento del MDM al abrir la militancia comunista a otras asociaciones feministas. Coincidió con la disolución de las células comunistas creadas en la clandestinidad para dar paso a una organización territorial. En el PCE-PSUC se pensó que, al ser legal, ya no había que fragmentar la militancia en organizaciones dispares, sino que las demandas feministas tenían que defenderse desde todas las agrupaciones. Lo mismo pasó con las Asociaciones de Amas de Casa.

Además, en 1979 se fundó un Partido Feminista que, liderado por Lidia Falcón, mantuvo un programa marxista-feminista que consideraba a la mujer la clase social más numerosa a la que los varones le habían asignado, por división sexual del trabajo, dos modos de producción: la reproducción de otros seres humanos, esto es, de la fuerza de trabajo, y la producción de las tareas domésticas. Aunque no tuviera impacto electoral, mantuvo vivo el debate sobre el papel de las mujeres en la sociedad y fomentó la apertura de nuevas propuestas. En paralelo, en las universidades se abrieron paso las teorías y las perspectivas de género que desarrollaron sus correspondientes especializaciones en las ciencias sociales, sobre todo en historia, filosofía, sociología y antropología para comprender la realidad social en su conjunto y en su entramado más complejo de relaciones humanas.

En 1981 se abordó la Ley del Divorcio, impulsada por el ministro del ala más progresista de UCD, Fernández Ordóñez, que pudo contar con la movilización de mujeres, sobre todo de la Asociación de Separadas, frente a quienes desde AP y otras instancias conservadoras propagaban que las familias se romperían. En efecto, el diputado conservador Álvarez-Cascos, quizás el más gritón de todos, se divorció en los años sucesivos varias veces. La ley fue tímida: permitió el divorcio solo tras un año de separación de mutuo acuerdo, o de dos años en otros casos. También se modificó el Código Civil en el tema de la filiación, la patria potestad y el régimen económico del matrimonio, de modo que entre ambas se subvirtió un derecho de familia anclado en el siglo XIX, aunque en la

Segunda República hubo normas similares, pero por poco tiempo. Al contrario que entonces, la mentalidad en 1981 era muy diferente, tanto que en los cuatro meses que quedaban de 1981 se divorciaron 9.483 parejas —más que durante todo el periodo de la República—, en 1982 ya subieron a 22.578 y en 1996 se llegaba a casi 80.000 divorcios. Vale la pena adelantar un dato del capítulo siguiente: el año de más divorcios hasta el momento ha sido 2006, con 141.317 casos, tras aprobar el Gobierno socialista de Zapatero en 2005 la llamada ley del "divorcio exprés".

EL FEMINISMO INSTITUCIONAL

Ahora bien, desde 1979 se desarrolló un proceso nuevo. Ocurre con todos los movimientos sociales: al institucionalizarse el ideario de esa movilización, esta decae. En efecto, el ideario de igualdad de las mujeres se convirtió en agenda de las nuevas autoridades municipales elegidas en 1979 y de los gobiernos central y autonómicos formados entre 1982 y 1983. Se desplegó lo que se define como "feminismo institucional". Al fin, desde las instituciones, se podía dar cumplimiento a los contenidos más importantes de la agenda feminista, y además gran parte de las mujeres implicadas en las movilizaciones pudieron ocuparse de la gestión de ese programa.

El Gobierno socialista creó con tal fin en 1983 el Instituto de la Mujer, y su presidenta, Carlota Bustelo, fue un ejemplo de ese trasvase al feminismo institucional. Se imitó la misma fórmula en los gobiernos autonómicos socialistas, mientras en los ayuntamientos de izquierdas se creaban concejalías de Igualdad y Mujer. Las militantes de las asociaciones feministas cogieron las riendas de estas instituciones y adoptaron medidas inéditas en la historia española. En primer lugar, en 1985 el PSOE legisló la despenalización de la interrupción del embarazo, con una fuerte polémica social. Se aceptó en tres situaciones: una terapéutica, cuando peligraba la salud física o psíquica de la madre, otra en caso de violación y la tercera por malformaciones en el feto. En 1987 el Gobierno aprobó una cuota obligatoria del 25% de mujeres en las listas electorales, que luego subiría al 30 y al 40%.

También aprobó otra medida innovadora, el I Plan para la Igualdad de Oportunidades de las Mujeres (1988-1990), cuya estrategia consistió en alcanzar la plena igualdad en el ordenamiento jurídico, en la educación, salud y protección social y en el empleo y relaciones laborales. Se siguió el ejemplo de las medidas para la igualdad de oportunidades entre hombres y mujeres de la Comunidad Europea, a la que España se había incorporado. Se recogía, en definitiva, el impulso de las demandas feministas, por un lado, pero sobre todo los cambios tan decisivos operados en la sociedad española. Las mujeres, aun en los años de crisis económica, de 1973 a 1986, no habían dejado de incorporarse al mercado laboral de forma creciente, y además su nivel educativo también se incrementaba cada año. Baste un dato revelador: en 1975 cursaban estudios universitarios 468.000 jóvenes, de los que el 38% eran mujeres, la mayoría en carreras de Magisterio, Letras, Derecho, Enfermería y en otras también feminizadas como Farmacia y Química, mientras que en las Ingenierías eran solo un 5%. La situación a la altura de 1995 habría sido inimaginable décadas antes: en las aulas universitarias estudiaban un total de 1.508.842 jóvenes, del que la mitad, el 52,6%, eran mujeres, que en las carreras técnicas habían subido al 26%.

A la par, desde la década de 1980 se produjo una auténtica conquista del mercado de trabajo por la mujer, con la consiguiente disminución del número de amas de casa a jornada completa, lo que supuso que desde 1987 los varones se hicieran visibles estadísticamente como dedicados a "sus labores", aunque fuese en un porcentaje irrisorio. Otro dato significativo: en 1960 el promedio de hijos por mujer era de 3, y en 1995 de 1,2. Es un dato clave para entender que España sea uno de los países del mundo con la población más envejecida, lo que ha sido y es motivo de reflexión sobre los medios de revertir esa tendencia sin atentar por ello contra la libertad y la igualdad de las mujeres, con la consiguiente mayor implicación masculina y de los poderes públicos.

En resumen, los extraordinarios efectos socioculturales de los cambios expuestos solo comenzaron a mostrarse tímidamente en el periodo que abarca este capítulo. La subversión estructural de la participación de la mujer en el mercado de trabajo y en todos los ámbitos sociales se ha manifestado sobre todo desde la década de los dosmil y se prolonga hasta el presente, pues constituye, sin duda, uno de los factores que marcan una sociedad posindustrial desde 1996 y que ya son materia del capítulo siguiente.

BIBLIOGRAFÍA

AJA, E. (1999): *El Estado autonómico: federalismo y hechos diferenciales*, Madrid, Alianza.
ÁLVAREZ ESPINOSA, D. (2003): *Cristianos y marxistas contra Franco*, Cádiz, Servicio de Publicaciones de la Universidad de Cádiz.
AMADOR CARRETERO, M. P. y RUIZ FRANCO, R. (eds.) (2007): *La otra dictadura: el régimen franquista y las mujeres*, Madrid, Universidad Carlos III.
ANDRADE, J. A. (2012): *El PCE y el PSOE en (la) transición: la evolución ideológica de la izquierda durante el proceso de cambio político*, Madrid, Siglo XXI.
ARRIERO RANZ, F. (2016): *El Movimiento Democrático de Mujeres: de la lucha contra Franco al feminismo*, Madrid, Los Libros de la Catarata.
AZCÁRATE, M. (ed.) (1981): *Vías democráticas al socialismo*, Madrid, Ayuso.

BABIANO MORA, J. (1995): *Emigrantes, cronómetros y huelgas: un estudio sobre el trabajo y los trabajadores durante el franquismo (Madrid, 1951-1977)*, Madrid, Siglo XXI.
— (coord.) (2007): *Del hogar a la huelga: trabajo, género y movimiento obrero durante el franquismo*, Madrid, Los Libros de la Catarata.
BALFOUR, S. (1994): *La dictadura, los trabajadores y la ciudad: el movimiento obrero en el área metropolitana de Barcelona, 1939-1988*, Valencia, Alfons el Magnànim.
BARCIELA, C. et al. (2001): *La España de Franco: Economía*, Madrid, Síntesis.
BARRANQUERO TEXEIRA, E. (ed.) (2010): *Mujeres en la guerra civil y el franquismo: violencia, silencio y memoria de los tiempos difíciles*, Málaga, Ediciones de la Diputación de Málaga.
BENEYTO, J. Mª (1999): *Tragedia y razón: Europa en el pensamiento español del siglo XX*, Madrid, Taurus.
BERLINGUER, E.; CARRILLO, S. y MARCHAIS, G. (1977): *La vía europea al socialismo*, Barcelona, Península.
BERMUDO ÁVILA, J. M. et al. (ed.) (1977): "Monográfico sobre la dictadura del proletariado", *El Cárabo*, 6.
BLANCO CORUJO, O. y MORANT DEUSA, I. (1995): *El largo camino hacia la igualdad: feminismo en España, 1975-1995*, Madrid, Instituto de la Mujer.
BLANCO VALDÉS, R. (2005): *Nacionalidades históricas y regiones sin historia*, Madrid, Alianza.
BOBBIO, N. (1988): *Las ideologías y el poder en crisis: pluralismo, democracia, socialismo, comunismo, tercera vía y tercera fuerza*, Barcelona, Ariel.
BORJA, J. (1976): *Qué son las asociaciones de vecinos*, Barcelona, La Gaya Ciencia.
CABRERA, M. y DEL REY REGUILLO, F. (2002): *El poder de los empresarios: política e intereses económicos en la España contemporánea (1875-2000)*, Madrid, Taurus.
CAPELLA, J. R. (2005): *La práctica de Manuel Sacristán: una biografía política*, Madrid, Trotta.
CARRILLO, S. (1977): *Eurocomunismo y Estado*, Barcelona, Crítica-Grijalbo.
CASALS, X. (2016): *La Transición española: el voto ignorado de las armas*, Barcelona, Pasado & Presente.
CASTELLS, L. et al. (2022): *Lecturas de violencia vasca: un pasado presente*, Madrid, Los Libros de la Catarata.
CASTELLS, M. (1986): *La ciudad y las masas: sociología de los movimientos sociales urbanos*, Madrid, Alianza.
CLAUDÍN, F. (1977): *Eurocomunismo y socialismo*, Madrid, Siglo XXI.
COLOMER, J. M. (1994): *Espanyolisme i catalanisme: la idea de nació en el pensament politíc català (1939-1979)*, Barcelona, L'Avenç.
COTARELO, R. (comp.) (1992): *Transición política y consolidación democrática: España (1975-1986)*, Madrid, CIS.
CRESPO MACLENNAN, J. (2004): *España en Europa, 1945-2000: del ostracismo a la modernidad*, Madrid, Marcial Pons.

CUENCA TORIBIO, J. M. (2003): *Catolicismo social y político en la España contemporánea (1870-2000)*, Madrid, Unión Editorial.

CULLA, J. (2013): *Esquerra Republicana de Cataluña (1931-2012)*, Barcelona, La Campana.

DE LA TORRE, J. y SANZ, G. (2008): *Migraciones y coyuntura económica del franquismo a la democracia*, Zaragoza, PUZ.

DÍAZ, D. (2019): *Disputar las banderas: los comunistas, España y las cuestiones nacionales (1921-1982)*, Gijón, Trea.

DI FEBO, G. (1979): *Resistencia y movimiento de mujeres en España, 1936-1976*, Barcelona, Icaria.

DÍAZ MACÍAS, E. M. (2022): *El Movimiento Comunista (MC): historia de un partido (1964-1991)*, Madrid, Los Libros de la Catarata.

DÍAZ-SALAZAR, R. (2001): *Nuevo socialismo y cristianos de izquierda*, Madrid, HOAC.

DÍAZ SÁNCHEZ, P. (ed.) (2013): *Represión, resistencias, memoria: las mujeres bajo la dictadura franquista*, Granada, Comares.

DOMÈNECH I SAMPERE, X. (2012): *Lucha de clases, dictadura y democracia*, Barcelona, Icaria.

DONOFRIO, A. (2012): *El fracaso del eurocomunismo (1975-1982)* [tesis doctoral], Madrid, Universidad Complutense de Madrid.

DURÁN, Mª A. (1978): *El ama de casa: crítica política de la economía doméstica*, Madrid, Zero.

EGIDO, Á. y EIROA, M. (2004): *Los grandes olvidados: los republicanos de izquierda en el exilio*, Madrid, CIERE.

ESCARIO, P. et al. (1996): *Lo personal es político: el Movimiento Feminista en la Transición*, Madrid, Instituto de la Mujer.

FALCÓN O'NEILL, L. (1981): *La razón feminista (I): la mujer como clase social y económica. El modo de producción doméstico*, Barcelona, Fontanella.

FERNÁNDEZ, J. (1999): *El ecologismo español*, Madrid, Alianza.

FERNÁNDEZ BAZ, M. A. (2003): *A formación do nacionalismo gallego (1963-1984)*, Santiago de Compostela, Laiovento.

FERNÁNDEZ BUEY, F. (2006): "Memoria personal de la Fundación de SDEUB (1965-1966)", *Hispania Nova: Revista de Historia Contemporánea*, 6.

FERNÁNDEZ SOLDEVILLA, G. (2016): *La voluntad del gudari: génesis y metástasis de las violencia de ETA*, Madrid, Tecnos.

— (2021): *El terrorismo en España: de ETA al DAESH*, Madrid, Cátedra.

FERNÁNDEZ SOLDEVILLA, G. y LÓPEZ ROMO, R. (2012): *Sangre, votos, manifestaciones: ETA y el nacionalismo vasco radical (1958-2011)*, Madrid, Tecnos.

FISHMAN, R. (1990): *Organización obrera y retorno de la democracia en España*, Madrid, Siglo XXI-CIS.

FONT, J. et al. (2021): *18 de octubre de 1971. La ocupación de SEAT: narración y representación histórica*, Barcelona, Asociación Catalana de Expresos Políticos del Franquismo.

Fluvià, A. (2003): *El moviment gai a la clandestinitat del franquisme (1970-1975)*, Barcelona, Laertes.
Fusi, J. P. y Gómez-Ferrer Morant, G. (eds.) (2007): *La España de las autonomías* (2 vols.), Madrid, Espasa Calpe.
Gallego, F. (2008): *El mito de la Transición: la crisis del franquismo y los orígenes de la democracia (1973-1977)*, Barcelona, Crítica.
Gálvez, S. (2017): *La gran huelga general: el sindicalismo contra la modernización socialista*, Madrid, Siglo XXI.
García Alcalá, J. A. (2001): *Historia del Felipe (FLP, FOC y ESBA): de Julio Cerón a la Liga Comunista Revolucionaria*, Madrid, Centro de Estudios Políticos y Constitucionales.
García-Nieto París, Mª C. (1991): *La palabra de las mujeres: una propuesta didáctica para hacer historia (1931-1990)*, Madrid, Popular.
Gahete Muñoz, S. (2017): "Las luchas feministas: las principales campañas del movimiento feminista español (1976-1981), *Revista de Investigaciones Feministas*, 8 (2), pp. 583-601.
Geniola, A. (2018): "Un 'partido de partidos' para una 'nación de naciones': los socialistas catalanes y el socialismo español de la dictadura a la democracia (1974-1979), *Pasado y Memoria: Revista de Historia Contemporánea*, 17, pp. 43-79.
Gimeno, B. (2007): *Historia y análisis político del lesbianismo: la liberación de una generación*, Barcelona, Gedisa.
Glosa, C. (ed.) (2001): *La europeización del sistema político español*, Madrid, Istmo.
Gómez Bravo, G. (2021): *Hombres sin nombre: la reconstrucción del socialismo en la clandestinidad (1939-1970)*, Madrid, Cátedra.
Gómez Rosa, F. (2013): *Unión Militar Democrática: los militares olvidados por la democracia*, Madrid, viveLibro.
González, J. J. y Requena, M. (eds.) (2008): *Tres décadas de cambio social en España*, Madrid, Alianza.
González Madrid, D. y Ortiz Heras, M. (coords.) (2020): *El Estado del bienestar entre el franquismo y la Transición*, Madrid, Sílex.
González Vallvé, J. L. y Benedicto Solsona, M. A. (2007): *La mayor operación de solidaridad de la historia: crónica de la política regional de la UE en España*, Madrid, Plaza y Valdés.
Gracia, J. (2006): *Estado y cultura: el despertar de una conciencia crítica bajo el franquismo, 1940-1962*, Barcelona, Anagrama.
— (2019): *Javier Pradera o el poder de la izquierda: medio siglo de cultura democrática*, Barcelona, Anagrama.
Gracia, J. y Ruiz Carnicer, M. A. (2004): *La España de Franco: cultura y vida cotidiana*, Madrid, Síntesis.

HERNÁNDEZ SANDOICA, E.; RUIZ CARNICER, M. A. y BALDÓ LACOMBA, M. (2007): *Estudiantes contra Franco (1939-1975): oposición política y movilización juvenil*, Madrid, La Esfera de los Libros.

HERRERA GONZÁLEZ DE MOLINA, A. (2007): *La construcción de la democracia en el campo (1975-1988): el sindicalismo agrario socialista en la Transición española*, Madrid, Ministerio de Agricultura, Pesca y Alimentación.

HERRERÍN LÓPEZ, A. (2004): *La CNT durante el franquismo: clandestinidad y exilio (1939-1975)*, Madrid, Siglo XXI.

IBÁÑEZ, J. (1997): *A contracorriente*, Madrid, Fundamentos.

IBARRA, P. y TEJERINA, B. (1999): *Los movimientos sociales: transformaciones políticas y cambio cultural*, Madrid, Trotta.

JULIÁ, S. (2017): *Transición: una política española (1937-2017)*, Madrid, Galaxia Gutenberg.

LAGO PEÑAS, I. (2005): *El voto estratégico en las elecciones generales en España (1977-2000): efectos y mecanismos causales en la explicación del comportamiento electoral*, Madrid, CIS.

LAFFITTE, M. (2009): *La guerra secreta de los sexos*, Madrid, Horas y Horas.

LAIZ, C. (1995): *La lucha final: los partidos políticos de la izquierda radical durante la Transición española*, Madrid, Los Libros de la Catarata.

LARUMBE GORRAITZ, Mª Á. (2002): *Una inmensa minoría: influencia y feminismo en la Transición*, Zaragoza, PUZ.

LAZO DÍAZ, A. (2008): *Una familia mal avenida: Falange, Iglesia y Ejército*, Madrid, Síntesis.

LEONISIO, R.; MOLINA, F. y MURO, D. (eds.) (2021): *ETA: terror y terrorismo*, Madrid, Marcial Pons.

LINDO, E. et al. (2020): *Conciencia de clase: historias de las comisiones obreras*, Madrid, Los Libros de la Catarata.

LÓPEZ GARCÍA, B. (1995): *Aproximación a la historia de la HOAC, 1946-1981*, Madrid, Ediciones HOAC.

LÓPEZ ROMO, R. (2013): "La nueva izquierda feminista, ¿matriz de cambio político y cultural?", *Ayer*, 92 (4), pp. 99-121.

LÓPEZ VILLAVERDE, A. L. y ORTIZ HERAS, M. (coords.) (2001): *Entre surcos y arados: el asociacionismo agrario en la España del siglo XX*, Cuenca, Universidad de Castilla-La Mancha.

LUENGO, F. y MOLINA, F. (dirs.) (2015): *Factores de nacionalización en la sociedad española contemporánea*, Vitoria, Instituto Valentín de Foronda.

MAINER, J. C. (2005): *Tramas, libros, nombres: para entender la literatura española (1944-2000)*, Barcelona, Anagrama.

MAINER, J. C. y JULIÁ, S. (2000): *El aprendizaje de la libertad, 1973-1986*, Madrid, Alianza.

MÁIZ SUÁREZ, R. (2001): "El nacionalismo gallego en el siglo XX", en A. Morales (coord.), *Las claves de la España del siglo XX* (vol. 4), Madrid, Sociedad Estatal Nuevo Milenio, pp. 285-314.

MARGENAT, J. Mª et al. (2005): *De la dictadura a la democracia: la acción de los cristianos en España (1939-1975)*, Bilbao, Desclée de Brower.
MARAVALL, J. Mª (1979): *Dictadura y disentimiento político: obreros y estudiantes bajo el franquismo*, Madrid, Alfaguara.
— (1985): *La política de la Transición*, Madrid, Taurus.
MARÍN ARCE, J. Mª (2007): *Los sindicatos y la reconversión industrial durante la Transición*, Madrid, CES.
MARQUÉS, J. V. (1978): *Ecología y lucha de clases*, Madrid, Zero.
MARTÍN ACEÑA, P. y COMÍN, F. (1991): *50 años de industrialización en España*, Madrid, Espasa-Calpe.
MARTÍN RAMOS, J. L. (coord.) (2011): *Pan, trabajo y libertad: historia del Partido del Trabajo de España*, Barcelona, El Viejo Topo.
MARTÍNEZ GARCÍA, S. (2013): *Estructura social y desigualdad en España*, Madrid, Los Libros de la Catarata.
MARTÍNEZ I MUNTADA, R. (2011): "Movimiento vecinal, antifranquismo y anticapitalismo", *Historia, Trabajo y Sociedad*, 2, pp. 63-90.
MARTÍNEZ TEN, C. et al. (2009) (eds.): *El movimiento feminista en España en los años setenta*, Madrid, Cátedra.
MATEOS, A. (1997): *Las izquierdas españolas desde la Guerra Civil hasta 1982: culturas políticas y movimientos sociales*, Madrid, UNED.
MAZA ZORRILLA, E. (2011): *Asociacionismo en la España franquista*, Valladolid, Universidad de Valladolid.
MIRA, A. (2004): *De Sodoma a Chueca*, Madrid-Barcelona, Egales.
MIRALLES, M. y ONETTI, A. (2006): *GAL: la historia que sacudió el país*, Madrid, La Esfera de los Libros.
MOLINA JIMÉNEZ, J. D. (2015): *La España del pueblo: la idea de España en el PSOE desde la Guerra Civil hasta 1992*, Madrid, Sílex.
MOLINERO, C. (ed.) (2006): *La Transición, treinta años después*, Barcelona, Península.
MOLINERO, C. e YSÀS, P. (1998): *Productores disciplinados y minorías subversivas: clase obrera y conflictividad laboral en la España franquista*, Madrid, Siglo XXI.
— (2010): *Els anys del PSUC: el partit de l'antifranquisme (1956-1981)*, Barcelona, L'Avenç.
— (2017): *De la hegemonía a la autodestrucción: el Partido Comunista de España (1956-1982)*, Barcelona, Crítica.
— (coords.) (2010): *Construint la ciutat democràtica: el moviment veïnal durant el tardofranquisme i la transició*, Barcelona, Icaria.
MONFERRER TOMÀS, J. M. (2003): "La construcción de la protesta en el movimiento gay español: la Ley de Peligrosidad Social (1970) como factor precipitante de la acción colectiva", *Revista Española de Investigaciones Sociológicas*, 102, pp. 171-204.
MONTERO, F. (2009): *La Iglesia, de la colaboración a la disidencia (1956-1975)*, Madrid, Encuentro.

Morant, I. (dir.): *Historia de las mujeres en España y América latina: del siglo XX a los umbrales del XXI* (vol. IV), Madrid, Cátedra.

Moreno, M. y Cuevas, A. (2020): *Todo era posible: revistas underground y de contracultura en España: 1968-1983*, Madrid, Walden.

Moreno Juste, A. (1998): *España y el proceso de construcción europea*, Barcelona, Ariel.

Moreno Preciados, J. (1999): *Sindicatos sin fronteras: la Confederación Europea de Sindicatos (1973-1999) y la afiliación de CC OO*, Madrid, GPS.

Moreno Seco, M. (coord.) (2005): *Mujeres en el franquismo*, Granada, Instituto de Estudios de la Mujer de la Universidad de Granada.

— (2011): *Manifiestos feministas: antología de textos del Movimiento Feminista español, 1965-1985*, Alicante, Universidad de Alicante.

Moreno Seco, M. y Esquembre, Mª M. (coords.) (2012): *Mujeres de la Transición* [Catálogo], Alicante, Museo de la Universidad de Alicante.

Movellán Haro, J. (2021): *Los últimos de la Tricolor (1969-1977)*, Santander, Ediciones de la Universidad de Cantabria.

Muñoz Soro, J. (2011): Dosier "Los intelectuales de la Transición", *Ayer*, 81.

Naredo, J. M. (2004): *La evolución de la agricultura en España (1940-2000)*, Granada, Universidad de Granada.

Nash, M. (1981): *Mujer y movimiento obrero en España*, Barcelona, Fontamara.

— (ed.) (2013): *Represión, resistencias, memoria: las mujeres bajo la dictadura franquista*, Granada, Comares.

Nicolás Marín, E. (2005): *La libertad encadenada: España en la dictadura franquista, 1939-1975*, Madrid, Alianza.

Nieto, F. (2014): *La aventura comunista de Jorge Semprún: exilio, clandestinidad y ruptura*, Barcelona, Tusquets.

Oliver Olmo, P. (2021): "El movimiento de objeción de conciencia e insumisión en España (1971-2002)", *Hispania Nova*, 19, pp. 353-388.

Ortega López, T. Mª (2003): *Del silencio a la protesta: explotación, pobreza y conflictividad en una provincia andaluza: Granada, 1936-1977*, Granada, Universidad de Granada.

— (ed.) (2015): *Jornaleras, campesinas y agricultoras: la historia agraria desde una perspectiva de género*, Zaragoza, PUZ.

Ortí, A. (1989): "Transición posfranquista a la monarquía parlamentaria y relaciones de clase: del desencanto programado a la socialtecnocracia transnacional", *Política y Sociedad*, 2 (ejemplar dedicado a "El decenio democrático"), pp. 7-20.

Ortiz de Orruño Legarda, J. Mª; Ugarte Tellería, J. y Rivera Blanco, A. (coords.) (2008): *Movimientos sociales en la España contemporánea*, Madrid, Abada.

Pasamar, G. (2019): *La Transición española a la democracia ayer y hoy: memoria cultural, historiografía política*, Madrid, Marcial Pons.

Peces Barba, G. et al. (1978): *La izquierda y la Constitución*, Barcelona, Taula de Canvi.

Pecourt, J. (2008): *Los intelectuales y la transición política: un estudio del campo de las revistas políticas en España*, Madrid, CIS.

Pérez, J. A. (2001): *Los años del acero: la transformación del mundo laboral en el área industrial del Gran Bilbao (1958-1977). Trabajadores, convenios y conflictos*, Madrid, Biblioteca Nueva.

Pérez Quintana, V. y Sánchez León, P. (eds.) (2008): *Memoria ciudadana y movimiento vecinal. Madrid: 1968-2008*, Madrid, Los Libros de la Catarata.

Pinilla, V. (2021): *La Transición en España: España en transición*, Madrid, Alianza.

Piñol, J. M. (1999): *La transición democrática de la Iglesia española*, Madrid, Trotta.

Powell, Ch. (2002): *España en democracia, 1975-2000: las claves de la profunda transformación de España*, Barcelona, Plaza y Janés.

Pradera, J. (2014a): *Corrupción y política: los costes de la democracia*, Madrid, Taurus.

— (2014b): *La Transición española y la democracia*, Madrid, FCE.

Prat, E. (2006): *Moviéndose por la paz: de Pax Christi a las movilizaciones contra la guerra*, Barcelona, Hacer.

Quirosa-Cheyrouze, R. (ed.) (2011): *La sociedad española en la Transición: los movimientos sociales en el proceso democratizador*, Madrid, Biblioteca Nueva.

— (coord.) (2007): *Historia de la Transición en España: los inicios del proceso modernizador*, Madrid, Biblioteca Nueva.

Quirosa-Cheyrouze y Muñoz, R. y Fernández Amador, M. (eds.) (2018): *Poder y Transición en España: las instituciones políticas en el proceso democratizador*, Madrid, Biblioteca Nueva.

Ramos, Mª D. (2000): "Identidad de género, feminismo y movimientos sociales en España", *Historia Contemporánea*, 21, pp. 523-552.

Redero, M. (1993): *Transición a la democracia y poder político en la España posfranquista (1973-1982)*, Salamanca, Cervantes.

Redondo Goicoechea, A. (2009): *Mujeres y narrativa, otra historia de la literatura*, Madrid, Siglo XXI.

Rivera Blanco, A. (2019): *Nunca hubo dos bandos: violencia política en el País Vasco (1975-2011)*, Granada, Comares.

— (2021): *20 de diciembre de 1973: el día en que ETA puso en jaque al régimen franquista*, Madrid, Taurus.

Rivera Blanco, A. y Fernández Soldevilla, G. (2019): "Frente Nacional Vasco (1933-2019). Pluralismo o nacionalidad", *Historia Actual Online*, 50 (3), pp. 21-34.

Rivera Otero, X. M. (ed.) (2003): *Os partidos políticos en Galicia*, Vigo, Xerais.

Rodríguez-Flores Parra, V. (2021): *Vertebrar España. El PSOE: de la autodeterminación a la LOAPA (1974-1982)*, Madrid, CSIC.

Rodríguez Jiménez, J. L. (1994): *Reaccionarios y golpistas. La extrema derecha en España: del tardofranquismo a la consolidación de la democracia (1967-1982)*, Madrid, CSIC.

Rodríguez Villasante, T. (1976): *Los vecinos en la calle*, Madrid, Ediciones de la Torre.

Rojas Claros, F. (2006): "Poder, disidencia editorial y cambio cultural en España durante los años 60", *Pasado y Memoria: Revista de Historia Contemporánea*, 5, pp. 59-80.

Ruiz, D. (ed.) (1993): *Historia de Comisiones Obreras (1958-1988)*, Madrid, Siglo XXI.

Ruiz Carnicer, M. A. (1996): *El Sindicato Español Universitario (SEU), 1939-1963*, Madrid, Siglo XXI.

Ruiz Franco, R. (2007): *¿Eternas menores? Las mujeres en el franquismo*, Madrid, Biblioteca Nueva.

Sampedro, V. (1997): *Movimientos sociales: debates sin mordaza. Desobediencia civil y servicio militar*, Madrid, Centro de Estudios Constitucionales.

Sánchez Rodríguez, J. (2004): *Teoría y práctica democrática en el PCE (1956-1982)*, Madrid, FIM.

Sartorius, N. y Sabio, A. (2007): *El final de la dictadura: la conquista de la democracia en España (noviembre de 1975 Ð junio de 1977)*, Madrid, Temas de Hoy.

Satué, J. E. (2005): *Los secretos de la Transición: del Batallón Vasco Español al proceso de los GAL*, Madrid, La Esfera de los Libros.

Solé Tura, J. (1978): "La Constitución de 1978 desde el punto de vista comunista", *Documentación Administrativa*, 180.

— (1985): *Nacionalidades y nacionalismos en España: autonomías, federalismo, autodeterminación*, Madrid, Alianza.

Soto, A. (2005): *Transición y cambio en España, 1975-1996*, Madrid, Alianza.

Subrat, P. (2019): *Invertidos y rompepatrias: marxismo, anarquismo y desobediencia sexual y de género en el Estado español (1868-1982)*, Madrid, Imperdible.

Tébar, J. (ed.) (2011): *El movimiento obrero en la gran ciudad: de la movilización sociopolítica a la crisis económica*, Barcelona, El Viejo Topo.

Tezanos, F. et al. (1993): *La transición democrática española*, Madrid, Sistema.

Trías Vejarano, J. (coord.) (1992): *Gramsci y la izquierda europea*, Madrid, FIM.

Tomás y Valiente, F. (1980): "La Constitución de 1978 y la historia del constitucionalismo español", *Anuario de Historia del Derecho Español*, 50, pp. 721-752.

Townson, N. (ed.) (2009): *España en cambio: el segundo franquismo, 1959-1975*, Madrid, Siglo XXI.

Tussell, J.; Alted, A. y Mateos, A. (coords.) (1980): *La oposición al régimen de Franco* (2 vols.), Madrid, UNED.

Tusell, J. y Soto, Á. (eds.) (1996): *Historia de la Transición, 1975-1986*, Madrid, Alianza.

Treglia, E. (2012): *Fuera de las catacumbas: la política del PCE y el movimiento obrero*, Madrid, Eneida.

Ugarte Pérez, F. J. (ed.) (2008): *Una discriminación universal: la homosexualidad bajo el franquismo y la Transición*, Madrid, Egales.

Vega García, R. (coord.) (2002): *El camino que marcaba Asturias: las huelgas de 1962 en España y su repercusión internacional*, Gijón, Trea.

WILHEMI, G. (2016): *Romper el consenso: la izquierda radical en la Transición española (1975-1982)*, Madrid, Siglo XX.
— (2021): *Sobrevivir a la derrota: historia del sindicalismo en España, 1975-2004*, Madrid, Akal.
YSÀS, P. (2008): "El movimiento obrero durante el franquismo: de la resistencia a la movilización (1940-1975)", *Cuadernos de Historia Contemporánea*, 183 (30), pp. 165-184.
ZARAGOZA, L. (2008): *Radio Pirenaica: la voz de la esperanza antifranquista*, Madrid, Marcial Pons.

CAPÍTULO 6
ENTRE LA SOCIALDEMOCRACIA Y LOS VALORES IDENTITARIOS (1996-2022)

No sobra insistir, llegados a este capítulo final, en que todo análisis nacional necesita ser comprendido como parte de un proceso a escala internacional. Esta dimensión se ha reforzado por dos factores: la integración de España en la UE y la globalización que afecta a todo el planeta. En concreto, la disolución del Imperio soviético en 1991 fue decisiva para las izquierdas: clausuró la ideología comunista, por más que esta sea la oficial en los Gobiernos de China, Cuba o Corea del Norte. Este hecho, simultáneo al despegue de China como potencia económica, facilitó el ensanchamiento de la economía de mercado que, unido a la revolución científico-técnica, ha creado una nueva era definida por la globalización, que entrelaza a todas las sociedades del planeta. En este proceso se han desarrollado nuevas formas de acción política, respuestas ideológicas de distinto calibre, mientras parecían crecer las esperanzas racionales de desarme gracias a la creciente expansión de las interrelaciones comerciales y de las nuevas tecnologías. Las exigencias de paz y de derechos humanos a escala global, a pesar de los antagonismos y conflictos existentes, así como la defensa del medio ambiente, parecían haberse situado por encima de las fronteras nacionales. Existen datos tanto para el pesimismo como para el optimismo. Por ejemplo, la lucha científica contra la pandemia de la COVID-19 ha demostrado desde 2021 la fabulosa capacidad de solucionar a escala planetaria tan grave calamidad, aunque el programa COVAX de la Organización Mundial de la Salud y la financiación del Banco Mundial hayan resultado insuficientes hasta el momento. Sin embargo, la invasión de Ucrania por Rusia ha creado graves sombras de pesimismo para imaginar futuros de paz.

En este contexto internacional, la historia de las izquierdas españolas desde la década de 1990 puede explicarse en dos fases. La primera, de 1996 a 2008, inauguró una etapa de cambios económicos y sociales que, a pesar de las crisis posteriores, cimentó unos niveles de vida que constituyen el soporte de la sociedad actual. Coincidió con la pérdida del Gobierno central por el PSOE y el estancamiento de IU. Fueron los errores del PP y, en concreto, la movilización contra decisiones de política internacional, contra una guerra considerada injusta, los hechos que sobre todo auparon a los socialistas de nuevo al Ejecutivo. La segunda etapa comenzó con la recesión de 2008-2013 y llega hasta el presente, incluyendo el empeoramiento por la pandemia de COVID-19 y las primeras consecuencias de la invasión rusa de Ucrania. En esta segunda etapa han gobernado primero el PSOE, después el PP y, últimamente, el Gobierno de coalición PSOE-UP. En todos los casos han sido las directrices de la UE las que han marcado no solo el rumbo económico sino también otras muchas facetas de la vida social en España. En general, históricamente se ha prolongado el proceso de transformación estructural iniciado en décadas anteriores, con la mejora del nivel de vida, sostenida a pesar de las crisis, desequilibrios y desigualdades que se explicarán en los correspondientes epígrafes.

En ambas etapas las izquierdas han tenido que enfrentarse al calado histórico de las citadas transformaciones sociales y económicas, inimaginables para un español de las décadas centrales del pasado siglo XX. Se han alterado, en consecuencia, los ideario, los programas y los vocabularios, y además se ha introducido el factor internacional de modo insoslayable en la política española. No sobra exponer el momento en que se redacta este texto bajo los impactos de la invasión de Ucrania por Rusia desde el 24 de febrero de 2022. La alianza, más o menos explícita, de Rusia y China, la división interna en la sociedad estadounidense y la urgencia de la UE de proteger su modelo social desde sus dependencias energéticas han abierto incertidumbres insospechadas sobre la globalización en sus distintas facetas. Ha reaparecido la fuerza militar como instrumento de dominio en las relaciones diplomáticas y, junto a los intereses y recursos estratégicos, han resucitado visiones místicas de grandeza histórica con sistemas autoritarios amenazantes. Son nuevos dilemas para las izquierdas de la UE a los que se suma en el caso español la frágil frontera con África y las relaciones con los países del Magreb, que también ha saltado a la palestra en marzo de 2022 al aceptar el jefe del Gobierno un Sáhara con autonomía dentro de Marruecos.

Son factores internacionales que solo se enuncian en este preámbulo. De momento, para explicar los cambios políticos se ha considerado más pertinente exponer los condicionantes de desarrollo socioeconómico interno.

1. ENVERGADURA HISTÓRICA DE LOS CAMBIOS ESTRUCTURALES

Para comprender unos cambios estructurales que están en construcción hay que esbozar al menos tres componentes explicativos: los efectos de la revolución tecnológica, la nueva estructura de clases sociales y el ascenso de las mujeres en todos los ámbitos.

Antes hay que subrayar las consecuencias de la integración de España en la Unión Europea. A efectos de izquierdas y derechas ha supuesto la aceptación del modelo social europeo, esto es, la consideración del Estado de bienestar como parte de una Europa democrática con la consolidación y ampliación de libertades y derechos sociales. Esto ha conllevado la cesión de soberanía económica, política y judicial en un proceso escalonado desde 1986 con hitos como la moneda única europea, el euro, en 2002, y luego el Tratado de Lisboa (2007-2009), que, en teoría, reforzó la protección de los derechos fundamentales, aunque con asuntos como las oleadas de inmigrantes y refugiados que llaman a las fronteras de Europa se ha hecho costoso alcanzar criterios comunes. En todo caso, se han sometido todas las actividades a la jurisdicción del Tribunal de Justicia de la Unión Europea y se ha formalizado el protagonismo del Banco Central Europeo. Además, los reglamentos de la UE en 2013, tras la grave crisis económica, han establecido la obligación para los países del euro de presentar antes del 15 de octubre de cada año sus respectivos proyectos de presupuestos a la aprobación del Ejecutivo de la UE. En consecuencia, este proceso de construcción de una Europa democrática y social, de momento dirigida por los Estados, condiciona los programas de las distintas ideologías políticas.

SOCIEDAD DEL CONOCIMIENTO, GLOBALIZACIÓN Y VALORES POSMATERIALISTAS

Se ha visto en los capítulos precedentes cómo las innovaciones tecnológicas aportadas por la progresiva industrialización desde el último tercio del siglo XIX no solo dieron soporte al desarrollo del capitalismo español, sino que mejoraron las condiciones de vida del conjunto de la sociedad. Constituyeron el trasfondo de una nueva estructura de clases que abrió caminos para el progreso material y cultural con unas expectativas de mejoras, derechos y justicia enarbolados en gran medida y de modo preferente desde los idearios de las izquierdas. Estas modularon sus luchas contra las relaciones de desigualdad en cada fase, desde el siglo XIX, con diferentes propuestas. A la altura de la década de 1990 comenzó en España la introducción de los avances de una revolución científico-técnica que ha sido un no parar para no perder el tren de las nuevas tecnologías, desde los microchips, el ordenador personal, la nube y la automatización hasta la biotecnología y la transformación de las energías renovables. Han supuesto alteraciones en la organización económica y en la estructura laboral con indudables impactos políticos en los conceptos y estrategias de las izquierdas.

Semejantes transformaciones se han conceptualizado como propios de una "sociedad del conocimiento", lo que ha supuesto nuevas exigencias educativas, mayores posibilidades de bienestar material y una clara conciencia de los límites de la explotación de los recursos del planeta, así como de la expansión de las redes sociales como vías de información, ocio y debate público. Además, esta "sociedad del conocimiento" es parte del proceso de mundialización impulsado y profundizado por el capitalismo financiero que, al lograr la liberalización de las relaciones económicas entre países, ha abaratado los precios, ha abierto los mercados, ha creado nuevos flujos migratorios, imparables, sin duda, lo que ha generado una creciente interdependencia entre países y sectores socioeconómicos con las consiguientes urdimbres políticas, científicas y culturales a escala planetaria.

La globalización ha transformado, sin duda, el planeta y sus impactos se comprueban en todos los niveles. Por ejemplo, la demografía española ha cambiado con la inmigración. También se han multiplicado las condiciones y atributos para las ciencias y las creaciones culturales. Hasta los hábitos cotidianos de personas de todas las edades y clases sociales se han alterado con un invento nunca soñado en las películas de ciencia ficción: el teléfono móvil con internet, convertido en un miembro más de todos los hogares españoles y de los hogares del planeta… Y, por supuesto, la pandemia del coronavirus ha hecho palpable desde 2020 una convivencia a escala planetaria con la propagación diaria de la enfermedad y con la búsqueda científica de vacunas logradas con rapidez inusitada y simultánea en varios lugares.

La más fundamental transformación ha ocurrido en las estructuras económicas y sociales, que se desglosarán en las páginas siguientes. Solo cabe adelantar para España un dato de extraordinaria novedad: el enorme aumento de mujeres con trabajos remunerados. Su tasa de empleo no se ha visto afectada por las distintas crisis, pues del 62% existente en 2007 ha proseguido su aumento y en 2021 se situaba por encima del 70%, algo superior a la media de la zona euro. No es casual, por tanto, que el ideario feminista se haya situado en la primera línea de la agenda política española. De igual modo, la expansión del sistema educativo ha supuesto que hoy las mujeres españolas hayan alcanzado en las aulas universitarias un porcentaje mayor que el de los hombres; el resultado es que el 46% de las actuales trabajadoras tienen estudios superiores.

En general, la extraordinaria subida del nivel educativo y cultural de las generaciones nacidas en democracia y educadas con un Estado de bienestar básico, aunque con carencias, ha facilitado el camino a valores catalogables como posmaterialistas, incluyendo los identitarios, instalados como prioridades políticas en la última década. Cabe utilizar en este punto la sugerente diferenciación de Ronald Inglehart entre valores materialistas y posmaterialistas. En sus diversas obras, con soporte en amplias encuestas, constató como tendencia general de las sociedades avanzadas un cambio de prioridades. Al estar satisfechas, en general, las necesidades materialistas de bienestar económico, derechos, orden político y seguridad militar se pasaba a la exigencia de valores que catalogó como posmaterialistas. Estos son los referidos a la calidad de vida, la autoexpresión individual, el medio ambiente, el desarme y el afán de organizar una vida política y cultural donde las personas tengan más oportunidades de participar en las decisiones colectivas y las ideas y la ética importe más que el interés económico. En general son defendidos por las edades más jóvenes, más cultas e informadas, de clases medias hacia arriba. En las encuestas se confirmaba un dato significativo: la correlación negativa entre valores posmaterialistas y desempleo.

En el caso español han sido las izquierdas las que han sumado a las demandas materiales, clásicas en su tradicional lucha contra la desigualdad social, otras propias de valores posmaterialistas, con un anclaje más fuerte en las nuevas clases medias que, además, han incluido otra característica: los valores identitarios y las memorias del pasado, colocados en primer plano con frecuencia. Expresan cambios en la cosmovisión de la realidad y en las culturas políticas que, por lo demás, conllevan exigencias de formas más directas y controlables del funcionamiento de las instituciones, así como en la organización de los poderes nacionales e internacionales. Para comprender este cambio de prioridades y valores conviene exponer las transformaciones sociales que dan soporte a los mismos.

EL MAYOR CRECIMIENTO DEL EMPLEO DE LA HISTORIA

Tras superar la crisis de 1993, la economía española comenzó la etapa de mayor crecimiento y transformación del mercado laboral de su historia. Solo se exponen los datos más básicos para constatar en páginas posteriores los consiguientes cambios sociales. El dato más revelador: el nivel de vida. Se desvaneció la realidad y la imagen del atraso y subdesarrollo que de modo secular se había expuesto en numerosos análisis políticos y creaciones románticas desde el siglo XIX. Gracias a un crecimiento de más del 3,5% anual, el nivel de vida de los españoles se aproximó al de los países más desarrollados de la Unión Europea, se superó incluso el de Italia y se aproximó al de Francia, de modo que en 2007 España se situó en el 8º puesto de los países más ricos. Las anomalías del "*Spain is different*" se evaporaron, apenas preocupaban ya las desigualdades y abundaban, por el contrario, en los análisis políticos y sociales de las izquierdas las cuestiones de multiculturalismo, identidades, alianza de civilizaciones o republicanismo cívico.

Se estaba produciendo el hecho más relevante: la población ocupada casi se duplicó, creció de 13 a 20,5 millones de trabajadores entre 1996 y 2008. Fue resultado no solo de la expansión económica, sino también del crecimiento demográfico aportado por los inmigrantes. Así, las personas en edad de trabajar, entre 16 y 64 años, aumentaron de 23,5 millones en 1994 a 30,5 en 2008 de un total de 46 millones de habitantes. Destacaron dos nuevas realidades en esta expansión de la población trabajadora. Por un lado, la definitiva integración de las mujeres en el mercado del trabajo remunerado: creció extraordinariamente la tasa de actividad femenina, que en ese periodo subió del 34,5 al 50%, mientras que la masculina se mantuvo casi idéntica, pasó del 68 al 69%. Por otro lado, la llegada masiva de cinco millones de inmigrantes solucionó la falta de mano de obra en la construcción y servicios no cualificados como el doméstico y la hostelería, y además impulsó el consumo, con la vivienda como bien prioritario.

En resumen, España, de ser históricamente un país de emigrantes hasta fechas recientes, en apenas ocho o diez años recibió tanto porcentaje de inmigrantes como Alemania o Francia había acogido en varias décadas. En 1998 Alemania, por ejemplo, acogía a un 9% de inmigrantes respecto a su población total, mientras que en ese año España contaba solo con un 1,5%. Sin embargo, en 2008 España contaba con un 11,6% de inmigrantes, mientras que en Alemania era un 8,8%, o Italia, por comparar con un país más cercano, era un 5,8%.

La escalada del empleo supuso la reducción de la tasa de paro, que bajó del 24% de 1994 a un 8% en 2007. Se crearon empleos en el sector terciario o de servicios, que pasó en ese periodo del 56,5 al 66%; y también en la construcción, que subió del 10 al 13%, mientras la industria bajaba del 23 al 16% y la agricultura se quedaba en el 5% de la población activa en 2007. Así, el desarrollo del empleo supuso dos tercios de aportación a la expansión económica; el otro tercio fue aportado por la acumulación de capital y la productividad de todos los sectores, lo que significaba que la prosperidad económica se apoyaba en un aumento de empleos con baja productividad en sectores como la construcción y los servicios sin cualificación profesional. También se produjo otra fragilidad grave, la del bajo porcentaje de inversión en capital tecnológico, que en 2008 era solo de un 1,3% del PIB, por debajo de la media del 1,8% dedicado por los quince países más avanzados de Europa. Esto repercutió en la cualificación de la mano de obra y, por tanto, en una estratificación social y un mercado laboral cuyas características se detallarán en páginas posteriores.

Por lo demás, sucedió otro hecho que fue a la vez causa y efecto del crecimiento económico. Consistió en el ensanchamiento del mercado nacional por el crecimiento demográfico y, en concreto, por el aumento de los hogares, que de 12 millones en 1995 aumentaron a más de 16 millones en 2008. Cabe explicarse por la inmigración y también por el aumento de divorcios, de hogares monoparentales y por la independencia económica de los hijos. En consecuencia, aumentaron los consumidores y sus capacidades de gasto en vivienda y en más bienes de consumo. De este modo, la construcción de viviendas respondió a dos nuevas realidades: el nivel de vida permitió invertir en una segunda residencia a un alto porcentaje de familias, por un lado, y, por otro, el clima atrajo a España la demanda europea de segundas residencias de jubilados y de vacaciones. Esta demanda encontró fácil financiación en una coyuntura de política monetaria expansiva en la Unión Europea, con reducidos tipos de interés que amplió la movilidad de capitales y las disponibilidades de crédito que, en España, con una fiscalidad ventajosa, lanzó, sin miedo al riesgo, a las cajas de ahorro y bancos a inversiones totalmente especulativas. También los hogares se endeudaron sin temor al riesgo y por las facilidades crediticias e invirtieron sobre todo en vivienda, y además en bienes de consumo duraderos.

Esa onda expansiva del sector de la construcción, impulsada por las sucesivas leyes de liberalización del suelo de 1997 y 1998 aprobadas por el PP, afectó a los ayuntamientos y gobiernos autonómicos, responsables de acotar y decidir suelos urbanizables (al habérseles transferido las competencias urbanísticas). Sus ingresos crecieron exponencialmente: pudieron ampliar los servicios públicos, realizaron importantes mejoras urbanísticas y de servicios sociales que multiplicaron el bienestar material. También buscaron engrandecer la población de sus territorios, y no faltaron los circuitos de corrupción que mancharon gravemente la política. El hecho es que los poderes locales y autonómicos se convirtieron en protagonistas del *boom* inmobiliario. La simbiosis entre inmobiliarias, intermediarios, gerentes de cajas y bancos más responsables políticos municipales y autonómicos creó una cadena especulativa de compra de suelos rústicos, recalificaciones como urbanizables, promociones de viviendas e hipotecas bancarias con bajos intereses que corrompió importantes núcleos del poder político, sobre todo del PP, y también de las entidades de crédito.

El resultado fue espectacular. El sector de la construcción pasó de aportar un 6,5% del PIB en 1997 a casi el 11% en 2007, cifra que generó no solo un extraordinario porcentaje de empleo directo (sus trabajadores pasaron de ser el 9% en 1996 al 14% en 2007), sino que también multiplicó los consumos intermedios con los consiguientes empleos indirectos. Se pasó de construir 200.000 viviendas por año a más de 700.000, sus activos se revalorizaban entre el 16 y el 20% anual, por encima de los demás sectores productivos. Fue una auténtica burbuja y su estallido produjo secuelas sociales muy severas que se expondrán en páginas posteriores. Es muy ilustrativa al respecto la novela de Rafael Chirbes, *Crematorio*, de 2007, luego filmada como serie televisiva, así como la frase atribuida a Aznar de que "toda España era urbanizable".

LAS CLASES SOCIALES EN DANZA

Sin entrar en el debate historiográfico y sociológico sobre las clases sociales, no sobra recordar que, ya en la década de 1950, el respetado historiador Edward P. Thompson zarandeó el paradigma de un marxismo esclerotizado en la lucha de clases y descartó la idea determinista de una clase obrera como sujeto histórico de la emancipación de la humanidad contra el capitalismo. Su idea de clase y su tesis sobre la autonomía del Estado podrían iluminar el análisis de los cambios operados en la sociedad española, cuyo formidable crecimiento de empleo desde 1995 ha supuesto cambios rotundos en la estructura de clases sociales.

Sin olvidar el factor de la propiedad, desde esos años se han hecho presentes otros componentes como el nivel de ingresos, la cualificación profesional, la autoridad desempeñada en el empleo, la titulación educativa, los recursos culturales y las condiciones de seguridad y de promoción laboral. Es lo que se llama "estatus". Además, el desarrollo de las tecnologías ha permitido la individualización del trabajo con otras formas de contrato y unas relaciones de organización y propiedad entre fragmentarias y personalizadas, entre las que se encuentran nuevas formas de autoempleo y, por tanto, de "autoexplotación", junto a las clásicas de unas pequeñas burguesías que interpelan al Estado como responsable de la regulación de las actividades económicas.

Más aún, en la sociedad del hiperconsumo cada individuo cabe ser identificado no solo como productor sino también como consumidor en cuya vida cotidiana desarrolla comportamientos inmediatos e intereses por poseer cosas que, además de ser poseídas, se integran en la propia vida de esa persona, lo que altera la perspectiva marxista sobre la conciencia de clase como soporte para la acción política. De hecho, la terciarización de la economía ha diluido el concepto de proletariado de tal modo que importantes sectores de los trabajadores se autoconsideran clase media gracias a sus niveles de consumo, que los sitúa en unas posiciones sociales y políticas en las que el nivel de ingresos y estilos de vida pesan más que sus relaciones con los medios de producción. Por lo demás, en la conciencia para la acción política se ha incrustado el factor identitario que, a las tradicionales referencias de nación, religión y cultura, se han agregado identidades de sexo, edad, ecología o etnia.

En concreto, se ha disipado el peso del proletariado agrícola, como se ha expuesto en el capítulo anterior, por efecto de la desagrarización de la economía con una drástica disminución del número de jornaleros y la consiguiente mutación de los sindicatos agrarios en asociaciones profesionales. A esto se ha sumado que los trabajadores manuales cualificados, clase tan relevante históricamente como proletariado industrial, se han reducido apenas a un 15% de la población ocupada, lo que ha cambiado el peso político de las luchas sindicales. En consecuencia, los sindicatos se han tenido que centrar en los nuevos ámbitos laborales creados en el sector terciario, que en 2020 ocupaba al 77% de la población empleada. Además, este sector terciario, con una parte importante de empleos no cualificados, más el de la construcción (ubicado en el sector secundario) y en ciertas comarcas el agrario, ha integrado a unos cinco millones de inmigrantes, dato inédito en la historia de una España que, a pesar de las crisis, sigue siendo país de atracción de inmigración.

Estas transformaciones estructurales, en parte comunes a las sociedades occidentales, se han desplegado desde hace décadas y se aceleraron sobre todo desde la de 1990 hasta el presente. De los datos sistematizados por los sociólogos (Requena Díaz de Revenga, Salazar Vález, Radl y Martínez Pastor) cabe destacar las siguientes tendencias. En primer lugar, las llamadas *nuevas clases profesionales*, compuestas por las ocupaciones altamente cualificadas y por los directivos y profesionales intermedios, han ganado mucho peso. Es un hecho lógico, dada la mejora educativa y el desarrollo del Estado del bienestar en nuestro país. Son los médicos y profesionales de la enfermería, los profesores y maestros, los abogados, los ingenieros superiores y técnicos, los arquitectos y delineantes, o los representantes y agentes comerciales, por mencionar algunas ocupaciones representativas de este colectivo. Gran parte de esas ocupaciones constituyen las denominadas *nuevas clases medias*, que han ganado mucho terreno a costa de las tradicionales clases medias —esta es la segunda tendencia—, compuestas por los autónomos y los pequeños empleadores. No obstante, entre estos últimos, la clásica pequeña burguesía, también se han experimentado cambios significativos en sus relaciones económicas: la "autoexplotación" practicada por pequeños empresarios, agricultores y comerciantes se encuentra con realidades económicas que permiten alcanzar de modo rápido ingresos bastantes altos y confortables. De ahí que, tanto en las nuevas como en las tradicionales clases medias, se tienda a mitificar el sentido del esfuerzo, el valor de la intrepidez y el atractivo del beneficio, con las consiguientes derivas ideológicas y políticas.

Otra característica destacable es la referida a los *trabajadores no cualificados*, cuya proporción, con altibajos a lo largo de los años, se ha mantenido relativamente constante. Se trata de ocupaciones que no precisan de ninguna o de muy poca cualificación especial, y que agrupan desde los peones de la agricultura y de la industria y los repartidores o *riders* hasta al llamado *proletariado de los servicios*, como son los limpiadores, empleados domésticos, vigilantes o conserjes, por citar ejemplos representativos de estas profesiones. Su gran peso en la estructura ocupacional sigue separando a España de los países más avanzados de nuestro entorno.

La estructura laboral se completa con las *ocupaciones intermedias* de los servicios y del comercio, que también presentan sus vaivenes a lo largo de las últimas décadas, aunque con un ligero declive en los últimos años, de ahí que se hable de una cierta polarización de la estructura ocupacional en España, al reducirse estos empleos intermedios. Los sociólogos que más han estudiado este sector laboral subrayan que se trata de una polarización asimétrica, al haber crecido más en términos relativos las mejores que las peores ocupaciones. En general, la evolución del mercado laboral en España ha ido de la mano de las grandes tendencias que se dan en los países desarrollados, con idénticos procesos de desestandarización del empleo, la introducción de la flexibilidad laboral desde mediados de los años ochenta del siglo XX en nuestro país, y la multiplicidad de los tipos de contrato aunque, en España, conviene subrayarlo, destaque una mayor proporción de trabajadores con un contrato temporal y la alta rotación laboral que no se acaba de atajar con ninguna reforma, al menos hasta la más reciente aprobada en diciembre de 2021. Se trata de rasgos que van más allá de las meras ocupaciones, que también segmentan el mercado laboral en función del sexo o de la edad, y que han pasado a constituir buena parte de las reivindicaciones de los trabajadores.

En cualquier caso, centrándonos en la estructura de las ocupaciones, se puede afirmar que la evolución desde la llegada de la democracia hasta la actualidad ha sido muy positiva, con una fase de crecimiento de mayor calado desde mediados de la década de 1990. Según datos elaborados por Martínez Pastor, la proporción de los ocupados en los empleos buenos, los que antes hemos llamado las nuevas clases medias, ha pasado del 9% en 1976 hasta el 26% a fines de la segunda década del siglo XXI; los empleados en ocupaciones intermedias han pasado del 40 al 35% en los mismos años. Los que trabajan en los peores empleos se han mantenido relativamente constantes, en torno al 37%, con sus oscilaciones a lo largo de todas esas décadas; no obstante, si a ellos añadimos los autónomos agrarios, ocupaciones tradicionalmente duras, la proporción de esos malos empleos ha descendido desde el 52 hasta el 39% entre mediados de los setenta y finales de la segunda década del siglo XXI, hecho que se debe fundamentalmente a la ya señalada desagrarización del país.

Además, desde mediados de los años noventa se ha desarrollado un constante crecimiento de las mujeres en el mundo laboral, más la novedad de la población inmigrante. En concreto, más de la mitad de todos los inmigrantes, el 52%, han ocupado empleos de baja cualificación, desde el sector agrario a los cuidados domésticos o la hostelería. También hay un 13% de inmigrantes en las clases de servicio y pequeña burguesía, y un 11% en trabajos manuales cualificados (en la construcción mayormente). Los inmigrantes, por tanto, presentan una distribución por clases sociales más polarizada y desigual que la existente entre la población nativa.

Por otra parte, no hay que olvidar a los excluidos involuntariamente del mercado de trabajo. Fluctúan, según la coyuntura, en una media de dos a tres millones de personas en busca del primer empleo o con más de seis meses de paro. Afecta casi por igual a hombres y mujeres, y aunque no representen un oficio en la estructura de clases, hay que considerar sobre todo que son personas y que se caracterizan por una baja formación. En este sentido y a tenor de la estructura social esbozada, no es casualidad que las cuestiones de desigualdad, precariado y riesgo de exclusión social se hayan situado entre los puntos prioritarios de los ideales de izquierdas.

2. PROSPERIDAD ECONÓMICA Y ESTANCAMIENTOS DE LAS IZQUIERDAS (1996-2004)

En 1995, cuando se iniciaba la recuperación económica, los escándalos ya expuestos en el capítulo anterior cercaron al PSOE, y en IU soñaron con el *sorpasso* o adelantamiento sobre el PSOE para reconquistar la hegemonía en la izquierda. Era una táctica copiada del Partido Comunista Italiano (PCI), como ya se ha expuesto, pero justo en 1991 este partido se había desprendido del marxismo para redefinirse como Partido Democrático de Izquierdas. IU desplegó ante los ciudadanos la consigna de las "dos orillas", situando al PSOE en la banda derecha, de modo que IU aparecía como la única izquierda. Fue una campaña calificada por los medios como "pinza" o alianza con el PP para desplazar al PSOE. Sin embargo, benefició al PP, partido que recogió el desapego hacia el PSOE en las elecciones municipales y autonómicas de 1995 y logró la hegemonía municipal más tres gobiernos autonómicos en tres comunidades, la madrileña, valenciana y murciana, donde las citadas nuevas clases medias adquirían creciente peso y los datos de prosperidad económica eran mejores.

Significativamente el PP conservó las más importantes medidas de los anteriores Gobiernos. Un ejemplo revelador: mantuvo los decretos creando el registro de parejas de hecho promulgados por los presidentes socialistas Leguina y Lerma en Madrid y Valencia respectivamente, e incluso en Madrid el PP, con Ruiz-Gallardón al frente y mayoría absoluta, lanzó un plan de modernización de una faceta tan significativa como la cultural. Otro tanto ocurrió cuando el PP ganó las elecciones generales al año siguiente: conservó las libertades y derechos sociales del Estado de bienestar desarrollados por los socialistas y también aceptó el diálogo social con los sindicatos. Comenzó además una etapa expansiva de tal bonanza económica que los dos sindicatos de clase, CC OO y UGT, que habían protagonizado cuatro huelgas generales cuando gobernaba el PSOE, sin embargo, a los Gobiernos del PP, entre 1996 y 2004, solo le convocaron una en 2002, que se verá más adelante.

DESCONCIERTO EN LAS IZQUIERDAS

El PSOE, después de tanto escándalo y de la "pinza" de IU, subió en votos en 1996 con respecto a 1993, logró el 37,6%, pero no se tradujo en aumento de escaños, mientras que IU solo subió 100.000 votos, obtuvo un 10,5% y tres escaños más. El PSOE mantuvo su voto de clases trabajadoras, jubilados y amas de casas, mientras que las nuevas clases medias habían aumentado su rechazo a la gestión del PSOE. El votante de IU se había rejuvenecido y expresaba mayor nivel de polarización entre derecha e izquierda. En todo caso, no sumaban para gobernar, y así solo el PP, con el apoyo de CiU, pudo formar Gobierno. Aznar exhibió entonces haber leído y admirado las obras de Azaña y alardeó de leer autores de izquierdas como Mario Benedetti, José Hierro y los poemas del joven Luis García Montero.

Lo más decisivo: su primer Gobierno adoptó una política de continuismo en los derechos sociales. Por más que el PP planteara, por ejemplo, la gestión privada de la sanidad, no por eso dejó de concebirla como derecho ciudadano y como tarea pública del Estado, aunque sus propios gobiernos autonómicos desarrollasen políticas dispares. Fuese por cumplir mandatos constitucionales o porque la Unión Europea había establecido como seña de identidad el "modelo social europeo", el gasto social público por habitante en España prosiguió una línea ascendente, aunque muy levemente. La subida más fuerte había tenido lugar con los socialistas entre 1988 y 1994, que pasó de 2.000 a 3.000 dólares por habitante, pero este aumento se ralentizó desde 1996, de modo que hasta 2005 no se alcanzaron los 4.000 dólares, siempre por debajo de la media europea, mil dólares por encima. El gasto social público en 1990 suponía un 20,6% del PIB y a la altura de 2004, cuando perdió el PP el Gobierno, solo había subido al 21%, aunque conviene especificar que, al ser etapa de bonanza económica, creció tanto el empleo que el gasto dedicado a los parados bajó del 23% en 1995 al 9% en 2004, mientras creció, en contrapartida, el destinado a pensiones, y se estancaron los porcentajes de sanidad y educación.

El PSOE se consoló exhibiendo una "dulce derrota", por solo 300.000 votos. Sin embargo, la retirada de Felipe González, tras haber ejercido un liderazgo extraordinariamente potente, fue traumática. Lo hizo en 1997 en el XXXIV Congreso de su partido, convocado con el lema "La respuesta progresista". Su sucesor como secretario del partido fue Joaquín Almunia, reconocido por su gestión como ministro en los Gobiernos de Felipe González e implicado en los estudios sobre *Igualdad y redistribución de la renta*. El congreso se celebró en un ambiente tensado por el secuestro del funcionario de prisiones Ortega Lara por ETA. Era junio de 1997 y, tras ser liberado por la Guardia Civil, la banda terrorista respondió ahora con el secuestro y asesinato del concejal del PP, Miguel Ángel Blanco. El hastío contra tan insoportable violencia se había hecho crecientemente palpable desde el año anterior, cuando el expresidente del Tribunal Constitucional, Francisco Tomás y Valiente, fue asesinado en su despacho de profesor universitario. ETA atacaba directamente a representantes de la democracia, y tan sangriento fanatismo provocó al fin manifestaciones de millones de ciudadanos contra quienes, en nombre de la liberación vasca, consideraban la democracia española como la simple prolongación de la dictadura franquista.

En este duro contexto, el PSOE decidió renovarse implantando elecciones primarias para todos los puestos de responsabilidad; se consideró un signo de progreso y democratización. Se practicaron primero en las elecciones autonómicas del País Vasco y en abril de 1998 para los aspirantes a la presidencia del

Gobierno con la sorpresa de que al nuevo secretario general del partido, Joaquín Almunia, le ganó otro exministro, Josep Borrell, con un discurso más cercano a los afanes primigenios de la militancia. Semejante bicefalia se saldó con la dimisión de Borrell al año siguiente, en 1999, por un escándalo de antiguos colaboradores suyos investigados por la Fiscalía Anticorrupción. Solo faltaba un año para las elecciones y el PSOE se instaló en el desconcierto absoluto. Antes se habían celebrado primarias para las autonómicas y municipales de mayo de ese año, en las que muy significativamente ganaron las candidaturas oficiales, menos en Madrid, donde los militantes votaron a Cristina Almeida, exmilitante comunista, para el gobierno regional, y al exministro Fernando Morán para el municipal.

Previamente, Anguita se había despedido a fines de 1998 como secretario del PCE en su XV Congreso defendiendo una España republicana y federal, con derecho de autodeterminación incluido. Reiteró que el PSOE y el PP estaban en la misma "orilla" y que, por tanto, los comunistas eran los auténticos luchadores contra el capitalismo, arremetiendo contra una "democracia que se ha convertido únicamente en maquinaria electoral" y contra la UE, simple cobertura del capital. Exigió luchar hasta romper la incapacidad de los ciudadanos para entender el programa del PCE. Hubo tensiones en ese congreso, sobre todo sindicales, pues se manifestó que CC OO estaba perdiendo el carácter "de clase", por lo que había que luchar internamente hasta "cambiar políticas y a algunos dirigentes". Era secretario de CC OO Antonio Gutiérrez, que había abandonado en 1991 la militancia en el PCE, y trataba de evitar que el sindicato fuese la correa de transmisión de dicho partido.

El PCE, en efecto, quiso recuperar la hegemonía que tuvo contra el franquismo, y CC OO era la única fuerza social con la necesaria envergadura para superar a un PSOE acorralado por la corrupción. En ese congreso de 1998 ascendió a la Secretaría del PCE Francisco Frutos. Era un obrero catalán y militante destacado que desafió a los eurocomunistas seguidores de Carrillo y, en alianza con el sector prosoviético, había logrado en 1981 la Secretaría del PSUC enarbolando la continuidad del leninismo. Fue desbancado al año siguiente por los eurocomunistas catalanes. Ante la descomposición en guerras internas del PSUC, decidió mudar su militancia a Madrid, donde adquirió fama de organizador eficaz y llegó a ser el brazo derecho de Anguita. Al año siguiente, en 1999, también heredó la coordinación de IU, aunque provisionalmente, cuando Anguita abandonó por problemas de salud, lo que implicó ser el candidato de IU en las elecciones del año 2000.

Entre tanto, Aznar y todo el PP no dejaban de pregonar: "España va bien". Además, Aznar se empeñó personalmente en negociar con lo que él mismo denominó el "entorno del Movimiento de Liberación Nacional Vasco" (MLNV). Hubo un encuentro oficial en mayo de 1999, que no prosperó, pero el PP en las autonómicas vascas de ese año se colocó como segunda fuerza en el País Vasco, por delante de *abertzales* y socialistas. En las demás elecciones autonómicas el PP mantuvo su primacía en la mayoría de las comunidades. En este momento fue cuando Almunia, de nuevo cabeza única de los socialistas, ofreció a IU un gran pacto con tres puntos clave: ampliar el Estado de bienestar para converger con los países más avanzados de la UE, siempre desde la estabilidad presupuestaria; adoptar nuevas medidas laborales como la reducción de la jornada laboral a 35 horas, con flexibilización de horarios; y reconocer los hechos diferenciales entre las distintas comunidades autónomas con el consiguiente desarrollo de sus estatutos de autonomía. Por su parte, a la vista de los resultados electorales del PP en las autonómicas y municipales, Francisco Frutos, coordinador de IU, adoptó una decisión disonante con su anterior ortodoxia estratégica y no totalmente comprendida por parte del PCE: aparcó la rivalidad con el PSOE y firmó un pacto preelectoral compartiendo listas con los socialistas para el Senado en 27 provincias.

Así, PSOE e IU presentaron propuestas conjuntas para reorientar el crecimiento económico hacia el incremento del gasto social con mejoras en los servicios públicos (ya se ha expuesto que el PP no redujo dicho gasto, pero apenas lo subió en ocho años), y críticas al ministro Rato y su brazo derecho, Luis de Guindos, lanzados a bajar impuestos a los más ricos y quienes llegaron a privatizar 52 empresas públicas (Endesa, Argentaria, Telefónica, Repsol, Aceralia, Indra o Iberia, entre otras). Era el auge del liberalismo económico y sus operaciones millonarias aumentaron los nichos de corrupción con la simbiosis entre poderes económicos y poderes políticos. El Tribunal de Cuentas reconocería "actuaciones no acordes con los procedimientos establecidos" al vender a precios "sensiblemente inferiores" a los propuestos por peritos independientes. Por otra parte, no sobra recordar que esta senda la habían practicado los Gobiernos socialistas al disolver el INI y privatizar SEAT y parcialmente algunas empresas que terminó de privatizar el PP. Más adelante, el PSOE de Zapatero y el PP de Rajoy proseguirían con RENFE, Aena, Paradores, Loterías, Correos…

Semejante proceso privatizador supone un asunto crucial en la historia económica de nuestro país, con valoraciones contrapuestas. En estas páginas solo cabe plantearlo. En todo caso, el ambiente de euforia económica benefició de modo rotundo al PP, que obtuvo mayoría absoluta en dicho año 2000 con 183 escaños. El PSOE mantuvo casi ocho millones de votantes, e IU perdió casi un millón de votos: se quedó en un 5,5% y bajó de 18 a cinco escaños. El sociólogo Juan J. González explica la nueva mayoría política por el debilitamiento de la identidad partidista y el aumento de una relación instrumental con los partidos con la consiguiente desideologización y una mayor racionalidad electoral, evaluando la capacidad y la gestión de cada partido. Se calcula en un millón los votos que se autoubicaban más cerca del PSOE, pero racionalmente valoraron en ese momento las políticas concretas del PP como la mejor solución; en su mayoría eran trabajadores manuales varones y mujeres con empleos no manuales.

NUEVOS INTENTOS DE RENOVACIÓN Y PERSEVERANCIA EN LA PARCELACIÓN

Mientras el PP gobernaba con mayoría absoluta, en el PSOE e IU se abordaron nuevos caminos de reactivación en ideas y propuestas, a la vez que perduraba la existencia de grupos políticos situados teóricamente más a la izquierda, sobre todo organizados con perspectiva identitaria en las comunidades autónomas donde existían afanes nacionalistas.

Por lo que se refiere al PSOE, Almunia dimitió, obvió las primarias y planteó una convención de delegados en junio de 2000 para elegir un nuevo secretario del partido. Hubo cuatro candidaturas: la exministra Matilde Fernández, de larga trayectoria sindical en UGT, catalogada como "guerrista" (seguidora de Alfonso Guerra) por mantener el discurso más clásico de preocupación por lo social; la eurodiputada vasca Rosa Díez, con una imagen de renovación que también compartieron otros dos candidatos, José Bono, presidente con cinco mayorías absolutas en Castilla-La Mancha (desde 1983) como bagaje decisivo, y José Luis Rodríguez Zapatero que, considerado sin vínculos sólidos con los resortes del partido, se presentó, sin embargo, como "nueva vía", fórmula cercana a la "tercera vía" del laborista británico Tony Blair y al "nuevo centro" del socialdemócrata alemán Gerhard Schröder. Venció este último por nueve votos de diferencia sobre José Bono. Sus declaraciones y decisiones lo acercaron al modo de gobernar de Tony Blair, tratando de conjugar las políticas económicas liberales con nuevas políticas sociales que incluían lo que se puede catalogar como valores posmaterialistas, tales como promover una sociedad con compromisos de participación ciudadana constantes, rescate de la memoria histórica, atención al medio ambiente, inclusión de los inmigrantes, atención a la calidad cívica de la educación y de la cultura y situar el cuidado de hijos y ancianos como asunto social prioritario.

Entre tanto en IU, Frutos, que ocupaba interinamente la coordinación, compitió en una asamblea para esa responsabilidad con Gaspar Llamazares. Este, con un programa ecosocialista que incluyó igualmente valores posmaterialistas vinculados a la ecología, ganó por escaso margen. Se produjo una bicefalia al seguir Frutos como responsable del PCE hasta 2008, una fuente de discordia segura, pues Llamazares trató de encauzar políticas propias para IU, sin obedecer al conservadurismo histórico al que había vuelto el PCE. De ahí que Llamazares adoptara decisiones proclives a pactos con el PSOE. En definitiva, los movimientos internos tanto del PSOE como de IU buscaron vías para renovar sus programas atendiendo a las nuevas expectativas de una sociedad en rápida transformación. Esas dinámicas generaron recelos en las respectivas militancias del PSOE y de IU, pero sobre todo, lo que provocaba mayor desesperanza era el estancamiento electoral.

Por otra parte, existían otros grupos políticos de izquierdas en esa persistente tendencia a crear parcelas de verdad política incuestionable. Expresaba, sin duda, el máximo desconcierto político. Conviene recordar someramente el panorama de dispersión de estos años, aunque sea fatigosa la sopa de siglas para bastantes lectores. En primer lugar, la propia IU albergaba, además del PCE, los siguientes grupos: Iniciativa per Catalunya-Verds (una de las refundaciones de antiguos militantes del PSUC), Esquerda Galega, los Verdes de Andalucía, los Verdes de la Región de Murcia y los de Extremadura; pero de los ocho escaños logrados, siete eran del PCE y solo uno independiente. La constancia del PCE por controlar y monopolizar los resultados electorales logrados por IU alcanzó su máxima tensión con los Verdes de Andalucía que, federados con IU en aquella comunidad autónoma, pleitearon judicialmente hasta llegar al Tribunal Constitucional cuando IU integró en sus siglas el añadido de los Verdes sin contar con ellos para elaborar las listas electorales y por graves diferencias en torno al apoyo que daba IU a las fábricas de armas con el argumento de defender los empleos. Fue más tarde, en 2011, cuando los Verdes optaron por crear un partido específico, Verdes Equo, liderado por el activista de Greenpeace López de Uralde. A su vez, dentro del PSOE había concurrido el Partido Democrático de la Nueva Izquierda, escisión de IU liderada por López Garrido y Cristina Almeida, contrarios a la estrategia de Anguita de choque contra el PSOE, mientras que Pablo Castellano, militante histórico del socialismo que, como líder del PASOC, se había integrado en IU, abandonaba dicha coalición en 2001.

Además, los nacionalismos subestatales prosiguieron como factor coadyuvante para la fragmentación de las izquierdas. En Galicia el Bloque Nacionalista Galego (BNG), organizado desde 1981 por el frente constituido por la Unión do Povo Galego (UPG) más el Partido Socialista Galego (PSG), con el liderazgo de Xosé M. Beiras, había concurrido y logrado en las sucesivas elecciones autonómicas desde 1981 un grupo creciente de escaños que en 2001 fueron 18, mientras que en las elecciones generales solo en 1996 había logrado entrar en el Congreso de los Diputados y en el 2000 obtuvo tres escaños, y el año anterior un diputado al Parlamento Europeo. En Andalucía, el Partido Andalucista, procedente del Partido Socialista Andaluz, que en 1996 había formado parte del gobierno autonómico con el PSOE y en 1999 había ganado 30 alcaldías, justo en 2004 comenzó un declive que se prolongó hasta disolverse a los diez años. En Canarias había nacido en 1993 Coalición Canaria, integrado por nacionalistas federalistas progresistas y liberales, que incluyó a los herederos de la Unión del Pueblo Canario (suma de comunistas de distintas orientaciones) y un histórico Partido Nacionalista Canario, entre otros, y logró gobernar desde dicha fecha hasta 2019.

No sobra recordar que existió un Partit Socialista d'Alliberament Nacional dels Països Catalans (PSAN), que mantuvo desde 1969 una antorcha de nacionalismo marxista-leninista para Cataluña, Valencia y Baleares con escisiones constantes hasta disolverse en 2015. En Cataluña parte de su ideario sería asumido por la posterior Candidatura de Unidad Popular (CUP), mientras que sus integrantes valencianos fueron importantes en la creación del Bloc Nacionalista Valencià (Bloc), fundado en 1997, actualizando sus objetivos con el ecologismo político. Estos se unieron a Iniciativa del Poble Valencià y los Verdes Equo del País Valencià, que desde 2010, al constituirse como Coalició Compromís, han logrado representación en las sucesivas convocatorias de elecciones municipales, autonómicas y estatales, de modo que es un actor político con responsabilidades de gobierno y capacidad de influencia en las instituciones de dichos niveles territoriales.

Por lo que se refiere al País Vasco y Cataluña, el nacionalismo ha desarrollado una fuerza e impactos insoslayables para comprender la evolución de las izquierdas en ambos territorios. Son dos comunidades autónomas donde el nacionalismo de derechas ha sido hegemónico y ha gobernado desde los inicios de la democracia, con el PNV y Convergència i Unió respectivamente. Así, las izquierdas han tenido que afrontar una doble relación: la de oposición a los gobiernos nacionalistas de derechas y, a la vez, la de precisar el rango del factor identitario dentro de unas ideologías de solidaridad progresista y, en general, socialista. Ahí se han radicado los dilemas para los herederos de los partidos comunistas PCE-PSUC y las sucesivas escisiones o reorganizaciones integradas en la coalición de Izquierda Unida, como también para los socialistas organizados como PSE y PSC, esto es, como partidos socialistas con teórica diferenciación del PSOE, aunque incluidos en el mismo.

Junto a estas izquierdas vinculadas a estructuras estatales se han desarrollado en este periodo otras izquierdas específicamente nacionalistas como son ERC en Cataluña y HB en el País Vasco. Así, Esquerra Republicana de Catalunya, que tenía un funcionamiento asambleario desde su fundación en la República y, por tanto, con renovadas batallas internas entre sectores más o menos esencialistas, en las elecciones autonómicas, desde 1980 a 1999 no había pasado del 9% de votos, quedándose siempre entre el cuarto y el quinto lugar de los partidos en Cataluña. En las elecciones generales, desde 1977 al 2000, no había pasado de un diputado. Solo en 2003 había logrado un 14% de votos y 23 escaños, su cifra más alta hasta 2017. En la actualidad, 2022, sin embargo, preside el gobierno de la Generalitat, y se analizará en las páginas siguientes el camino seguido hasta este punto.

Por último, en el País Vasco la coalición Herri Batasuna se formó en 1978 como prolongación política de la organización terrorista ETA, opuesta a la izquierda socialdemócrata del PCE y PSOE, y posteriormente contra IU cuando esta se formó en 1986. Tras escindirse en 2001 los opuestos a la violencia y crear Aralar, HB fue ilegalizada en 2003 por ser el "brazo político" de ETA. Hasta ese momento, desde 1979, había logrado entre dos y cinco escaños en las elecciones a Cortes, aunque sin participar, concentrando su acción en las elecciones al Parlamento Vasco, donde se mantuvo como tercera fuerza detrás del PNV y del PSOE-PSE, y con algo menos fuerza, entre el tercer y quinto puesto, en el Parlamento de Navarra. En todo caso, la persistencia del terrorismo de ETA se constituyó en un factor crucial para comprender la vida política en el País Vasco, asunto cabalmente analizado por los investigadores del Instituto de Historia Social Valentín de Foronda, con sus correspondientes publicaciones cuyo detalle desbordaría el contenido de esta síntesis.

INICIO DE GUERRAS CULTURALES POR EL PASADO

Por otra parte, en estos años finales e iniciales de siglo se produjo lo que podría calificarse como arranque de una "guerra cultural" entre derechas e izquierdas. Quizás comenzó cuando la ministra de Educación del PP, Esperanza Aguirre, al inaugurar el curso 1996 de la Real Academia de la Historia, planteó el quebranto de la "identidad" nacional por no explicarse toda la historia de España adecuadamente en el currículo escolar. Se centró ante todo en 2º de bachillerato, para lo que su ministerio cambió la "Edad Contemporánea", que se impartía ensamblando la evolución del mundo con la de España, como era tradicional y ocurría en los demás países europeos, por una historia exclusivamente de España que abarcase "desde Atapuerca hasta el euro". Abrió un debate sobre la enseñanza del pasado que se amplió cuando uno de los fundadores de un PCE (reconstituido) con el ideario leninista y maoísta, Pío Moa, condenado por asesinato como integrante de un comando del GRAPO, rescató en 1999 la interpretación franquista de la Guerra Civil y las bondades de la dictadura con el libro *Los orígenes de la Guerra Civil*. Fue número uno en ventas durante varios meses, éxito ampliado por más libros suyos y arropado por los medios de comunicación conservadores, que se lanzaron a editar y promocionar títulos del mismo calado ideológico.

Entre tanto, desde los años de la Transición se había desarrollado una extraordinaria eclosión de investigaciones académicas sobre la Guerra Civil y la represión de posguerra, además de publicaciones ensayísticas y literarias. Fue un ambiente de estudios desarrollados prácticamente todos sin virulencia ni trincheras. Se calculan más de 2.000 publicaciones a la altura de ese citado año 1999, que coincidió también con la edición por Santos Juliá de un libro crucial, *Víctimas de la Guerra Civil*, que recogía y hacía balance de veinte años de investigaciones realizadas por rigurosos especialistas en el periodo. Era el conocimiento sereno y exhaustivamente documentado que se necesitaba sobre tan dramático pasado. En paralelo, sin embargo, también en esas fechas, desde sectores intelectuales próximos a IU o, en general, situados a la izquierda del PSOE, emergió un revisionismo político que cuestionó el modelo de Transición española. Contaba con precedentes surgidos en la propia Transición, tal y como se ha expuesto en al anterior capítulo. A fines de los noventa fueron revitalizados por, entre otros, Vicenç

Navarro, que cuestionó el modelo de democracia al considerarla inacabada e incompleta, mientras Aznar gobernaba predicando una "segunda transición".

Además, dicho revisionismo hizo hincapié en el supuesto olvido o "pacto de silencio" dado a las víctimas del franquismo oficialmente desde la Ley de Amnistía de octubre de 1977, que ya explicamos en el capítulo anterior. Influyeron tanto la fórmula de las comisiones para la verdad y la reconciliación creadas para cerrar las heridas de dictaduras, guerras y segregaciones raciales con todos sus protagonistas vivos como eran los casos de Sudáfrica y otros países africanos y latinoamericanos como Chile y Argentina, así como la repercusión del movimiento desarrollado en las democracias europeas durante la década de los noventa exigiendo el "deber de memoria" con las víctimas de las grandes violaciones de derechos humanos habidas en el siglo XX. En este sentido se reinterpretó la amnistía de 1977 no como la clausura del enfrentamiento violento entre las "dos Españas", tal y como habían pensado los partidos políticos en 1977, sino que se trasladó la Guerra Civil al escenario de fines del siglo XX para volver a juzgarla esta vez con criterios de justicia transicional derivada de las ideas y tratados de derechos humanos establecidos posteriormente.

Esta interpretación tuvo expresiones políticas importantes. Ante todo, Anguita, como secretario del PCE, rompió el consenso del pacto constitucional justo tras la victoria del PP y proclamó la exigencia de cambiar la Constitución para fundar una República federal con derecho de autodeterminación incluido. Proseguía, entre tanto, el éxito editorial de quienes, sin ser historiadores, reivindicaban el franquismo, oleada que se relanzó cuando en el año 2000 el PP logró una mayoría absoluta que consideraron suficiente para desmontar y atacar lo que consideraban la hegemonía de la izquierda en la interpretación del pasado. En ese contexto, en octubre del 2000, cuando en Prianza del Bierzo se exhumó la fosa en una cuneta con los restos de 13 personas fusiladas, se organizó la Asociación para la Recuperación de la Memoria Histórica (ARMH), que de inmediato adquirió para la izquierda el valor de símbolo de lucha contra el PP y, por extensión, contra el franquismo. Así, el 20 de noviembre de 2002 los grupos socialista y de IU presentaron en las Cortes propuestas para apoyar las exhumaciones y dar "reconocimiento moral" a todas las víctimas y a los represaliados por el franquismo. El ambiente no era en aquellos momentos de especial crispación política, de tal modo que lograron la unanimidad y las Cortes, a los 27 años de la muerte del dictador, condenaron la sublevación de Franco, dieron "reconocimiento moral" a quienes "padecieron la represión de la dictadura" y prometieron apoyar la exhumación de las fosas de víctimas. Tanta importancia tuvo aquel momento que esta vez fue el PP quien proclamó el fin de "las dos Españas" aunque en IU se instaló la negación del pacto de reconciliación de la Transición defendido en 1977 por Marcelino Camacho para tratar de revertir el pasado, subrayando que "hay que olvidar el rencor, pero no la historia".

En estos momentos fue una guerra cultural limitada a servir de respiradero para una IU estancada; no alcanzó totalmente a los partidos políticos y, de hecho, teniendo la mayoría absoluta el PP, el nuevo líder del PSOE, Zapatero, firmó con el Gobierno un pacto por las libertades y contra el terrorismo. Fue la respuesta a la grave ofensiva etarra que en el año 2000 asesinó a 23 personas, incluyendo fiscales, agentes del orden y muy destacados militantes socialistas como el secretario del PSE Fernando Buesa o el exministro de Sanidad Ernest Lluch. En 2001 fueron 15 los asesinatos. La eliminación física de líderes demócratas, incluyendo los de Euskadi, expresó el fanatismo totalitario de un independentismo que excluía de la identidad vasca a cuantos consideraban potenciales agentes de un Estado colonial. Mataban —argumentaron— "por necesidad histórica, por responsabilidad ante el pueblo vasco, que es magnífico [...] que nunca fue vencido [...] un pueblo muy distinto al de los españoles". Esa "voluntad del pueblo" los eximía de culpabilidad criminal: eran "simples instrumentos" del pueblo, eslabones de una cadena de liberación que los obligaba a ejecutar esa tarea histórica.

Semejante razonamiento abrió otra guerra cultural, que aún persiste. Desde el independentismo vasco se rebobinó la historia y sobre todo la Guerra Civil, convirtiendo el bombardeo de Guernica en "epítome de la realidad vasca". Se construyó un pasado de pueblo-víctima de la constante agresión española, y la larga dictadura de Franco sirvió para identificar español con fascista. Se expandió la acusación de "españolista", sinónimo de fascista y motivo, por tanto, para su exclusión social, también física si se consideraba necesario. El uso del apelativo "españolista" también se propagó desde los grupos nacionalistas de otras comunidades autónomas para excluir a quienes no comulgasen con los respectivos ideales soberanistas, de modo que se multiplicaron, en consecuencia, las guerras sobre el pasado desde distintos frentes culturales vinculados a los nacionalismos subestatales.

LA INESPERADA DERROTA DEL PP

A pesar del terrorismo de ETA y por encima de los debates culturales, el PP desplegó desde el 2000 un mandato de mayoría absoluta que, acompañada por otras mayorías en los gobiernos autonómicos, reforzó la idea de amparar los entusiasmos inversores sin trabas ni necesidad de negociar con los sindicatos. Posteriormente se destaparían en sedes judiciales las tramas de corrupción, pero, de momento, para fomentar la competitividad, el Gobierno reformó por decreto-ley en marzo de 2002 el sistema de protección por desempleo abaratando el despido. Añadió dos requisitos para ser beneficiario del mismo: estar disponible para aceptar una "colocación adecuada", si se le proponía, y demostrar que "busca activamente empleo". Los sindicatos convocaron la única huelga general contra el Gobierno del PP, lograron el cambio del ministro de Trabajo y con el nuevo ministro, Zaplana, se restableció el diálogo, se suprimieron los puntos más conflictivos de dicha reforma y se incluyó en la posterior tramitación de la ley la protección del desempleo para los fijos discontinuos, se compatibilizó el paro con otras rentas o cobros, se mejoró el subsidio agrario y de los autónomos y se regularizaron los salarios de tramitación en los despidos improcedentes. En todo caso, análisis posteriores demostraron que no funcionaron los programas de estímulo para crear empleo y tampoco se mejoró la temporalidad en los contratos.

En todo caso, fue un momento de desgaste del PP, al que se sumaron dos hechos con movilizaciones sociales insospechadas. Primero, el desastre ecológico provocado por la marea negra derramada en noviembre de 2002 por el petrolero *Prestige* concitó una ola de indignación, sobre todo entre los jóvenes, por el grave destrozo del medio marino y la respuesta tan zigzagueante del Gobierno. Le siguió en marzo de 2003 una enorme contestación social, esta vez de carácter mucho más amplio, contra la participación de España en la guerra de Irak. Las encuestas confirmaban que en torno al 90% de los españoles rechazaban la aventura bélica del presidente Aznar. En las elecciones municipales y autonómicas del mes de mayo se comprobó el desgaste del PP y la recuperación del PSOE.

En efecto, las elecciones autonómicas y municipales de 2003 evidenciaron la existencia de un voto dual ajustado a expectativas distintas, según se votase un gobierno autonómico, local o nacional, mecanismo que ya se venía constatando desde la década de 1980 en Cataluña y el País Vasco, donde los apoyos a los partidos nacionalistas no se reflejaban en las elecciones generales ni tampoco en las municipales. En 2003 se reequilibró el mapa de poderes autonómicos y locales entre PP y PSOE, aunque el PP propagó peligros de amenazas a la unidad de España para soterrar las deficiencias en los servicios públicos o el escándalo de corrupción que forzó nuevas elecciones autonómicas en Madrid, aunque esto último implicó tanto al PSOE como al PP.

En todo caso, el PP mantuvo en las encuestas expectativas de triunfo sin mayoría absoluta. En ese contexto se produjo el mayor atentado terrorista sufrido por los españoles tres días antes de celebrarse las elecciones generales. Fue el 11 de marzo de 2004, en la red de trenes de Cercanías de Madrid, con 193 muertos y más de 2.000 heridos. El Gobierno del PP organizó un montaje de manipulación informativa que resultó insoportable en unos momentos de tan enorme tristeza. Quiso ocultar que el atentado era obra de un grupo islamista y acusó a ETA de su autoría. Pensaba rentabilizar que la organización terrorista, tras entrevistarse a fines de 2003 con el vicepresidente del nuevo gobierno catalán formado por PSC, ERC e ICV, había comunicado en febrero de 2004 que no atentaría en Cataluña, pero sí en el resto de España.

Fueron tres días de extraordinaria tensión social. El 14 de marzo hablaron las urnas y mostraron un claro voto de castigo. Fue decisivo el porcentaje de voto estratégico o "voto útil", esto es, votar para compensar los poderes políticos y castigar al que gobierna. El PP estaba arrollando con su mayoría absoluta y la anterior receptividad se había transformado en imposición, por más que aceptase modificar la reforma laboral, y sobre todo en altivez política ante catástrofes como la del *Prestige*, la participación en la guerra de Irak y muy especialmente al tratar de manipular el dolor por el gravísimo atentado del 11 de marzo al querer orientar la información en sentido engañoso, como posteriormente se demostraría en los correspondientes juicios.

El PP perdió 35 escaños y el PSOE subió 39 con un total de 164 escaños para los que eran insuficientes los cinco obtenidos por IU más ICV. Los 12 votos que faltaban para obtener mayorías de gobierno los pudo lograr el PSOE sumando con los partidos nacionalistas (CiU y PNV, 10 y siete escaños respectivamente), que lo preferían antes que al PP, y además ERC había crecido de uno a ocho escaños, además de mantener tres escaños Coalición Canaria, dos el BNG y uno la Chunta Aragonesista.

3. EL PSOE ENTRE EL AUGE Y LA CRISIS DEL CAPITALISMO (2004-2011)

Las izquierdas en su conjunto no recuperaron espacio electoral el 14 de marzo de 2004. IU perdió tres escaños con respecto al 2000. Se hicieron decisivos, por tanto, los diputados de las fuerzas nacionalistas. Comenzó así una etapa de primacía del PSOE con Gobiernos siempre en alianzas más o menos variables con los distintos partidos nacionalistas. Esta geometría política le permitió gobernar durante dos legislaturas: la primera, de bonanza económica, con el consiguiente aumento de los niveles de bienestar, a pesar de las desigualdades sociales tan persistentes; y la segunda, de 2008 a 2011, gestionando la más grave crisis económica de la era democrática, cuando esas desigualdades se convirtieron en catalizadoras de nuevas movilizaciones sociales.

El Gobierno formado por Rodríguez Zapatero heredó una fase de expansión económica y tres hechos concretos: la guerra de Irak, la formación de un gobierno tripartito de izquierdas en Cataluña y el Plan Ibarretxe para el País Vasco. Fueron los raíles sobre los que se desplegó la mayor parte de su agenda política. Cubierto el flanco económico, con una prosperidad generalizada, los socialistas abrieron el camino a reformas catalogables de posmaterialistas, a tenor de la distinción planteada al inicio de este capítulo. Esto es, pensaron en cambiar no la economía sino a la ciudadanía. Se aparcaron las reformas estructurales sobre las que tanto se hablaba y escribía en niveles teóricos de políticas económicas y de I+D+i cuyas carencias se le habían reprochado al PP y se optó por reformar ante todo valores y comportamientos sociales.

BONANZA CON REFORMAS POSMATERIALISTAS

En efecto, el propio Zapatero, imbuido de la filosofía republicana sobre la democracia deliberativa como fórmula para el entendimiento entre las identidades, lenguas y culturas existentes en España, pensó "una España más moderna y más fuerte", con un peso internacional propio y una cohesión interna solidaria. El optimismo económico contagió todas las esferas sociales, incluso entre los científicos sociales apenas se trataron los asuntos de desigualdad, predominaron los debates sobre multiculturalismo o sobre aquel republicanismo cívico propugnado por Philip Pettit que tanto floreció como respuesta a la hegemonía del liberalismo. El método era la deliberación ciudadana, y la meta, conseguir una sociedad más libre y más solidaria ampliando derechos y deberes.

Con la formación de un Gobierno paritario por primera vez en la historia, con ocho mujeres y ocho hombres, se quiso simbolizar la apertura definitiva de la socialdemocracia al protagonismo de las mujeres para gobernar con una idea de libertad basada en la no dominación. De ahí la nueva agenda política con una inmediata norma contra la violencia de género y las leyes sobre educación, matrimonio homosexual, reconocimiento de las personas trans, interrupción del embarazo y memoria histórica; facetas que pueden ser definidas como posmaterialistas y que expresaban un cambio decisivo de valores para una nueva sociedad.

De igual modo, la participación del Ejército español en la guerra de Irak se saldó con una decisión fulminante: al día siguiente de formar Gobierno en abril de 2004, Zapatero ordenó el regreso de las tropas enviadas por el Ejecutivo del PP a Irak. Ya en el desfile militar del 12 de octubre de 2003 Zapatero se había quedado sentado al paso de la bandera de los Estados Unidos. Ahora, el nuevo Gobierno se planteó una política internacional calificada de "multilateralismo", desligada, en teoría, de las directrices norteamericanas para convertir a España en adalid del diálogo entre civilizaciones. Este afán de situar a España como potencia internacional reflejaba lo incontrolable del estado de optimismo económico que lo inundaba todo. Fue iniciativa del Gobierno español plantear en la ONU la idea de crear puentes entre el mundo occidental y el árabe y musulmán, tras los miles de muertos en los atentados de Nueva York el 11 de septiembre de 2001 y la guerra de Irak. Se creó así la "Alianza de Civilizaciones", formada por un grupo de países coordinado en su arranque por los presidentes del Gobierno español y turco, Zapatero y ErdoĐan respectivamente. El PP de inmediato lo rechazó y propagó que todo era una expresión del "buenismo" de un presidente que vivía como "Alicia en el País de las Maravillas". En la práctica, esta idea se quedó en simple ilusión.

Sin embargo, tuvo auténtico peso social y supuso un aldabonazo para cuestionar los valores dominantes la primera iniciativa legislativa tomada por el Gobierno, la de presentar una ley de protección integral contra la violencia de género. Fue aprobada en diciembre de 2004 por unanimidad parlamentaria; de los 320 votos emitidos, todos fueron síes, a pesar de algunas objeciones dentro del PP. Desde el asesinato de Ana Orantes en 1997 las asociaciones feministas habían luchado para que la idea existente de "violencia doméstica" se precisara de modo rotundo como violencia específica de género practicada por el poder del varón que sometía a la mujer en lo público y en lo privado de modo que la violencia —física o psíquica— practicada en las relaciones de pareja también reproducían ese poder sin límite alguno. Todo lo personal es político, como había estudiado el feminismo académico desde la década de 1970 y, al fin, se rompía la fuerte invariante cultural del poder patriarcal en la esfera de lo íntimo, un avance social tan necesario como de lenta asimilación por todos los sectores sociales. La medidas sociales y judiciales incluidas en la ley fueron avaladas en 2008 por el Tribunal Constitucional. Complementaria a esta ley fue la de "igualdad efectiva de mujeres y hombres" (2007), dedicada a la memoria de Clara Campoamor, que estableció la paridad electoral con al menos un 40% de mujeres en las listas y con primas a las empresas que adoptasen este equilibrio en sus órganos directivos. También incluyó un permiso de paternidad de 15 días y una serie de medidas regulando la igualdad en el acceso para las mujeres borrando posibles discriminaciones en todos los ámbitos, para lo que se creó un Ministerio de Igualdad. El nombramiento de una mujer, Carme Chacón, al frente del Ministerio de Defensa, una institución considerada escuela y esencia de hombres, simbolizó de modo deslumbrante las metas de igualdad de las mujeres.

En 2005 se aprobaron otras leyes en la misma senda de reforma de los valores dominantes. Así, en junio se aprobó la legalización del matrimonio homosexual, la tercera aprobada a nivel mundial y la primera que incluyó la adopción. Recogió así las aspiraciones de los colectivos de gais y lesbianas, con especial protagonismo del socialista Pedro Zerolo. La Iglesia católica la consideró "aberrante" y fue recurrida por el PP ante el Tribunal Constitucional, que la convalidó en 2012. La sociedad era claramente tolerante, con casi el 70% a favor. De hecho, ya algunos gobiernos autonómicos habían dado leyes reconociendo las parejas de hecho en Cataluña, Aragón, Navarra, Andalucía, Canarias, Extremadura y País Vasco, además de Madrid y la Comunidad Valenciana, gobernadas por el PP. Sin embargo, las fuerzas conservadoras no rechazaron otra inmediata norma, la llamada Ley de "Divorcio Exprés", de julio de ese año, aunque el PP se abstuvo. Se estipuló la opción del divorcio sin alegar causas y bastarían tres meses para hacerlo efectivo.

En 2006 se aprobó una ley de educación que no fue tanto contra la ley del PP, que, aprobada en 2002, se había paralizado en 2004, sino que cabe ser clasificada dentro del bloque de medidas de contenidos posmaterialistas. Fue apoyada por los grupos nacionalistas (CiU, PNV, ERC, CC y EA), mientras los grupos a la izquierda del PSOE se dividieron: Iniciativa per Catalunya-Verds (ICV) votó a favor y se abstuvieron IU, BNG y Chunta Aragonesista, por considerarla tibia. Se desarrolló un amplio debate social sobre el valor de la educación como mecanismo de movilidad social, el papel de los poderes públicos, la implicación de las familias, la consideración social de los docentes, los recursos y gestión de los centros, la escolarización diversificada y la atención de hijas e hijos de inmigrantes. Las materias que suscitaron respuestas callejeras convocadas por fuerzas conservadoras, con el PP a la cabeza y la connivencia de importantes sectores eclesiásticos, fueron tres: la elección de centro, el carácter voluntario de la asignatura de Religión, aunque era obligatorio ser ofertada por todos los centros, y la nueva asignatura de Educación para la Ciudadanía y los Derechos Humanos. Esta nueva materia en el programa educativo abrió una brecha entre los conservadores y la Iglesia, que lo consideraron "adoctrinamiento", mientras paradójicamente defendían mantener la obligatoriedad de Religión. Aunque el Tribunal Constitucional convalidó la existencia de esa nueva asignatura, el PP la suprimió en 2012, aunque posteriormente se ha restablecido con la nueva ley del Gobierno del PSOE-UP en 2022.

En 2007 se promulgaron dos leyes referidas al ámbito de ampliación y reorientación de derechos y valores sociales. La Ley de "Identidad de Género" recogió las reivindicaciones de las personas trans, se protegió su derecho a la igualdad y dignificación social, se facilitó el cambio de nombre y sexo en el Registro Civil sin someterse a cirugía, solo con el requisito de que un médico o psicólogo clínico acreditara disforia de género. Quienes optasen por una reasignación sexual mediante cirugía no tenían que cumplir tales requisitos. Por lo demás, en el Plan Nacional de Acción para la Inclusión Social se establecieron como prioritarias las personas transgénero para asegurar la igualdad de oportunidades y borrar la posible discriminación. Los costes de la cirugía para completar el proceso físico dependerían de cada gobierno autonómico, siendo el andaluz, socialista, el primero que ya desde 1999 lo había asumido.

Claramente posmaterialista fue la Ley de "Memoria Histórica" (2007), aprobada con el voto en contra del PP y, por juzgarla insuficiente, la abstención de ERC. Se expuso en el capítulo anterior cómo desde 1978 se había legislado el reconocimiento y compensación económica a todas las personas que habían luchado por la República o posteriormente contra la dictadura. También en páginas anteriores se ha expuesto cómo desde 2000 la memoria de las víctimas y la exhumación de fosas se organizó en torno a la ARMH. Baste recordar, a título de ejemplo y sin ánimo de exhaustividad, algunas novelas que, con distintos enfoques, plasmaron la presencia de la Guerra Civil en la memoria de los españoles, como *Soldados de Salamina* de Javier Cercas (2001), la trilogía de *Tu rostro mañana* de Javier Marías (2002-2007), *Pa negre* de Emili Teixidor (2004), *Enterrar a los muertos* de Ignacio Martínez de Pisón (2005) o *El corazón helado* de Almudena Grandes (2007).

Recogiendo las cuestiones planteadas en dicho contexto, la citada ley declaró "ilegítimos" los tribunales y sentencias de la dictadura, aunque ERC e IU pidieron su anulación. Contó con el apoyo de IU e incluso el PP votó a favor de la "despolitización" del Valle de los Caídos y de ampliación de las ayudas a las víctimas de la guerra y de la dictadura. Los símbolos franquistas se eliminarían de los espacios públicos y oficiales y se comprometió la exigencia de exhumar y sepultar dignamente los restos de cuantas víctimas continuaban en el anonimato de unas fosas en su mayoría, en torno al 80%, ubicadas en los cementerios, y el resto en la ignominia de las cunetas. En este punto la ley no obligaba ni se hacía cargo de los exhumaciones, simplemente el Estado ayudaría, lo que dejó su aplicación a la voluntad de cada Gobierno, como así ocurrió, cuando posteriormente Rajoy, presidiendo el Ejecutivo del PP, se jactaría de asignar "cero euros" a la exhumación de fosas.

Por lo demás, dentro de estas reformas la ley de despenalización de la interrupción del embarazo se promulgó en la segunda legislatura, en 2010. Pasó a tener la consideración de un derecho de las mujeres, sin tener que alegar los motivos en las primeras 14 semanas de embarazo, mientras que se endurecieron las condiciones para interrumpirlo después de la semana 22. La sentencia del Tribunal Constitucional sobre el recurso puesto por el PP está pendiente todavía a mediados de 2022.

REFORMAS DE CONTENIDOS MATERIALES

Las políticas económicas eran de signo liberal. Zapatero, ya en 2003, todavía en la oposición, había afirmado que "bajar impuestos es de izquierdas". En consecuencia, su Gobierno obvió las fragilidades de una estructura económica excesivamente dependiente del ladrillo y del turismo y acometió medidas fiscales criticables desde una perspectiva del progreso redistributivo. En 2006 se aprobó un IRPF menor y menos progresivo y se ampliaron las deducciones personales y familiares. Además, se rebajó el impuesto de sociedades y en 2008, ya con la crisis iniciada, se suprimió el impuesto de patrimonio, que gravaba ante todo a las grandes fortunas. Este impuesto se había creado por primera vez en 1991 por el Gobierno socialista y el propio Zapatero lo tuvo que recuperar en septiembre de 2011, cuando la economía estaba en bancarrota, un vaivén que expresó la carencia de un rumbo económico coherente. Se quería contentar a las clases medias, lo que en 2008 supuso un 6% menos de pago en impuestos directos para cada ciudadano. La medida repercutió gravemente en los presupuestos del Estado: los más de 9.000 millones de euros que se dejaron de ingresar en dos años obligaron a gastar el primer superávit logrado en España desde 2005.

En contrapartida, se plantearon medidas de contenidos socialdemócratas para reforzar el Estado de bienestar y avanzar hacia una sociedad más equitativa que, por otra parte, se mostraba conflictiva en sus facetas identitarias y de memoria histórica. En este aspecto fueron importantes las políticas de regularización e integración de los inmigrantes. Al llegar los socialistas al Gobierno se calculaban en un millón los inmigrantes sin papeles y sin derechos, aunque el PP ya había aprobado varias regularizaciones que beneficiaron a medio millón de personas. En el primer semestre de 2005 el Gobierno regularizó a 580.000 inmigrantes, quienes demostrasen llevar en España al menos seis meses y presentaran un contrato de trabajo, medida que permitió sacar a la luz casi otros tantos empleos que no cotizaban. Sin embargo, al año, el INE calculó que de nuevo se llegaba al millón de trabajadores sin documentación legalizada: el flujo era imparable y la sociedad española los necesitaba por la caída de la natalidad, el auge de las clases medias y el crecimiento de los servicios. Se elaboraron planes para gestionar los flujos migratorios, ajustándolos a las necesidades del mercado de trabajo en cooperación con los países emisores y desarrollando dos planes para África, entre 2005 y 2012. En paralelo se tomaron medidas de fuerza contra la inmigración irregular implantando el Sistema Integrado de Vigilancia Exterior (SIVE), más el refuerzo con concertinas de las vallas fronterizas de Ceuta y Melilla, retiradas en 2007 ante las protestas de organizaciones humanitarias y en 2013 restablecidas por el PP; todo en sintonía con la recién creada Agencia Europea de Fronteras (Frontex). Fue importante la firma con 20 países extracomunitarios de acuerdos de repatriación y para que sus ciudadanos pudieran votar en las elecciones municipales españolas (2011). La regularización se hizo más dificultosa cuando la crisis de 2008 redujo las posibilidades del mercado laboral, y en 2009 se aprobó la Ley de Extranjería, que restringió la agrupación familiar.

También fue importante la Ley de Dependencia (2006), el cuarto pilar del Estado de bienestar, junto a sanidad, educación y pensiones. Estableció los servicios y prestaciones a cuantas personas, por edad, enfermedad o discapacidad tuviesen falta o pérdida de autonomía física, intelectual o señorial y necesitaran de otra persona para desarrollar su vida con dignidad. En ese momento se calculaban dos millones de personas clasificables como "dependientes", dato que sería creciente con el tiempo con el aumento de personas ancianas. Su desarrollo y cumplimiento fue de distinto calado, pues se gestionó desde los gobiernos autonómicos, que completarían la financiación aportada por el Estado. A esto se sumó desde 2008 la crisis y los programas de austeridad en gasto público, que mermaron los recursos para aplicar esta ley.

Medida igualmente complementaria para el bienestar fue la disposición adoptada en 2007, en plena euforia económica, de dotar con un "cheque bebé" de 2.500 euros a todas las familias por igual que, aunque criticado, ningún partido votó en contra. La crisis se lo llevó por delante en 2010, como la promesa claramente electoral de rebajar 400 euros en la declaración de la renta de 2008. En este sentido, hay que considerar otras medidas materiales como la Ley Antitabaco de 2006, para proteger la salud: prohibía fumar en centros de trabajo y culturales, el PP votó en contra, y en 2010 se amplió la prohibición a todo espacio de uso colectivo. De otro calibre fue la Ley de Reproducción Asistida (2006), que abrió las investigaciones biomédicas de modo pionero al permitir la investigación con células madre y la selección genética de embriones, ampliada en 2007 con la Ley de Investigación, que permitió la clonación terapéutica. También la jerarquía católica y sectores radicales de derecha se opusieron a estas dos últimas normas, argumentando que los embriones congelados eran vida clasificable como humana.

En resumen, la mayoría de las leyes expuestas, al afectar a valores y marcos ideológicos existentes en gran parte de la sociedad, abrieron una guerra cultural con fuertes campañas callejeras y recursos presentados por el PP ante el Tribunal Constitucional, en ciertos casos apoyados por sectores de la jerarquía eclesiástica. A esto se sumaron las tensiones —de distinto calado— producidas por la reforma del Estatuto de Cataluña.

ECLOSIÓN DEL SOBERANISMO INTERIOR

En efecto, los retos planteados por los idearios soberanistas afectaron a todos los partidos políticos y, sobre todo, agitaron la organización y correlación de fuerzas dentro de las izquierdas. De hecho, el factor nacionalista desde entonces se ha convertido en un componente de la fragmentación e inestabilidad de los electorados específicamente de izquierdas tanto a nivel autonómico como estatal.

El primer embate procedió de la propuesta de un nuevo Estatuto para el País Vasco. Planteado por el gobierno del PNV, presidido por Ibarretxe, fue aprobado por el Parlamento Vasco como el "ejercicio del derecho del pueblo vasco a decidir su propio futuro". Era claramente el derecho de autodeterminación, trampolín para establecerse como parte de Europa y no tanto de España. Conviene recordar que se había creado por entonces un Partido Comunista de las Tierras Vascas (EHAK, por sus siglas en euskera) como subterfugio para eludir la Ley de Partidos que desde 2002 había dejado fuera de la ley, entre otros, a los que apoyasen "la violencia y las actividades de las bandas terroristas". Había sido declarada ilegal Herri Batasuna en 2003 y de inmediato entró en escena dicho Partido Comunista que ensambló el marxismo-leninismo y la defensa de la dictadura del proletariado con el derecho a la autodeterminación y el independentismo nacionalista. Lograría en las elecciones autonómicas vascas de 2005 un 12,5% de los votos, más que la anterior coalición de Batasuna, y fue declarado ilegal en 2008, pero su existencia evidenció cómo persistían en las izquierdas ideas de cuando en la URSS se utilizó la cobertura del derecho de autodeterminación para restablecer el control de cuantos pueblos habían estado sojuzgados por el Imperio zarista.

En definitiva, ese nuevo plan de Estatuto vasco llegó a las Cortes generales y en febrero de 2005 fue rechazado por el PSOE e IU más el PP, con la abstención de ICV. Esta disonancia entre IU e ICV respondía a lo que ocurría entre tanto en Cataluña. EL origen estuvo en la promesa que hizo Zapatero, en 2003, en la campaña de las elecciones al Parlament. Sin pensar en el concepto de soberanía popular estipulado en la Constitución de 1978, prometió que, si gobernaba, apoyaría la reforma del Estatuto "que apruebe el Parlamento catalán". Al cabo de los años lamentaría esa promesa, pero el hecho es que los resultados electorales dejaron a CiU y al presidente Pujol, por primera vez en 23 años, sin posibilidad de armar una coalición de gobierno, y esta se armó sumando el PSC, con Maragall a la cabeza, a ICV y ERC. Los socialistas habían bajado en votos y en ocho escaños respecto a las autonómicas de 1999, pero sus 42 diputados, sumados a la subida de ERC y de ICV-EUIA con 23 y nueve escaños respectivamente, permitió crear el primer gobierno de izquierdas en Cataluña.

Tal y como se ha expuesto para el País Vasco, en Cataluña también se constató la persistente división de grupos entre los sectores a la izquierda del socialismo. En estas autonómicas catalanas no pasaron del 7,3% de votos y eso fue coaligándose Iniciativa per Catalunya Verds (ICV), resultado de la disolución de Iniciativa per Catalunya en 1997 frente a las intromisiones de Anguita y su reorganización con un claro giro hacia el ecosocialismo, por un lado, y, por otro, Esquerra Unida i Alternativa (EUIA), creada en 1998 también con antiguos militantes del PSUC más los de grupos comunistas y nacionalistas de izquierdas, con un programa anticapitalista y a favor del derecho de autodeterminación.

Así, este gobierno tripartito abordó como tarea inmediata redactar un nuevo Estatuto que aprobó el Parlamento catalán en 2005, con solo los votos en contra del PP. A diferencia del Estatuto vasco, elaborado por el PNV, el catalán fue obra de tres partidos de izquierdas, lo que produjo graves tensiones con las organizaciones estatales del PSOE e IU. Entre tanto, si en febrero de 2004 ETA había declarado que no atentaría en Cataluña para facilitar el ascenso del "independentismo", desde 2005, acorralada la organización terrorista, aceptó la oferta de diálogo del Gobierno de Zapatero, realizado con el previo conocimiento y aceptación por las Cortes. Hubo un alto el fuego de ETA que solo duró nueve meses, tras varias reuniones en Ginebra, en medio de manifestaciones ruidosas promovidas por el PP con las principales asociaciones de víctimas de ETA y coincidiendo con la llegada del Estatuto catalán a las Cortes.

En ese contexto de tensión por ETA, el PSOE giró y planteó la necesidad de "retocar" y "encauzar" el plan de Estatuto catalán para ajustarlo a la Constitución. El PP respondió en diciembre de 2005 con una concentración multitudinaria en Madrid para defender que "no hay más que una nación, la española". El PSOE no podía romper con el PSC de Maragall y, al oponerse ERC a los "retoques", Zapatero negoció *in extremis* con Artur Mas, heredero de Pujol al frente de CiU y en la oposición en el Parlamento catalán. Entre ambos acordaron pasar al preámbulo (que carece de valor jurídico) el concepto de nación atribuido a Cataluña y quitar la circunscripción única de Cataluña en las elecciones europeas, así como el control de puertos y aeropuertos. En contrapartida, Zapatero aceptó concesiones inéditas: el aumento de la gestión del 33 al 50% del IRPF y del IVA, y del 40 al 58% de los impuestos especiales (consumo eléctrico, alcohólico y transporte, entre otros), más el compromiso de unas inversiones equivalentes al peso de la economía catalana y aplicar el "principio de ordinalidad": el Estado debe invertir según el orden que tenga cada territorio en el *ranking* de impuestos recaudados per cápita. Hubo críticas procedentes de las comunidades autónomas menos ricas: con esta fórmula, el presidente socialista abandonaba la solidaridad interterritorial del Estado.

Ese Estatuto renegociado fue aprobado por las Cortes en marzo de 2006 con el principal partido de la oposición en contra. También rompió el gobierno tripartito de la Generalitat: salió ERC, excluida de esa renegociación. En el posterior referéndum de ratificación del Estatuto tanto ERC como el PP pidieron el "no" (20,7% de votos), frente al "sí" solicitado por el PSC e ICV (el 74%). La abstención fue del 51% del censo electoral, de modo que solo el 35% de los catalanes aprobaron una cuestión tan crucial para la convivencia ciudadana. El Estatuto comenzó a ser aplicado y al cabo de cuatro años, en 2010, llegó, en plena crisis económica, la sentencia del Constitucional ante el recurso planteado por el PP. Anuló 14 artículos de rango desigual y estableció que 27 artículos podían ser objeto de interpretación. Se propagó que la sentencia fue una "provocación" y el presidente de la Generalitat, el socialista Montilla, junto con los dos anteriores presidentes, Pujol y Maragall, y medio millón de personas se manifestaron en julio de ese año al grito de "*Som una nació, nosaltres decidim*", con mayoría de banderas esteladas. Montilla se tuvo que salir de la marcha, acorralado por asistentes independentistas, y entre los socialistas catalanes se constató el desfase entre los cuadros dirigentes comprometidos en gran medida con las demandas soberanistas, y sus electores, de origen mayoritario inmigrante. Así se comprobó en las elecciones autonómicas celebradas a los pocos meses de la sentencia, en noviembre de 2010: los socialistas perdieron más de la mitad del electorado, se quedaron en un 18%; ICV-EUIA perdió dos escaños y ERC 11, quedándose con un 7% del electorado. Ganó CiU con Artur Mas, sin mayoría suficiente, que pudo gobernar paradójicamente con un pacto de abstención con el

PP, que había crecido hasta 18 escaños gracias a su política anti-Estatuto, entre otras razones, surgiendo una nueva fuerza política, Ciudadanos (C's), con tres escaños y Albert Rivera al frente, expresión de un centro democrático liberal opuesto al independentismo.

Desde este momento, el factor soberanista se situó en primera línea de la vida pública española. Por otra parte, al socaire de las exigencias de vascos y catalanes, se realizaron reformas de estatutos en siete comunidades. El primero, aprobado antes que el catalán, en julio de 2006, fue el de la Comunidad Valenciana, gobernada por el PP, con una cláusula final en la que, mirando a las demás, se estipuló que "cualquier ampliación de las competencias que se haga a otras comunidades autónomas" sería reclamada de inmediato para no ser menos. A partir de 2007 se reformaron los demás. Para calmar las tensiones generadas por las concesiones a Cataluña, se acometió un nuevo sistema de financiación de las comunidades autónomas que se aprobó ya en plena crisis, por ley de 2009. Se extendió a todas las comunidades la ampliación de cesión de tributos (IRPF, IVA e impuestos especiales) con la consiguiente descentralización de la gestión tributaria. Se garantizó la igualdad en el acceso a los "servicios públicos fundamentales" con un fondo de garantía ponderado por población total, superficie, dispersión, insularidad y por población protegida. Sin embargo, la corrección de las desigualdades sociales debidas a los desequilibrios interterritoriales quedó marginada y quizás este asunto sea el trasfondo de que diez años después surgiesen candidaturas de la "España vacía".

CRISIS ECONÓMICA: LA UNIÓN EUROPEA AL MANDO

Llegados a este punto de la historia, conviene resaltar dos cuestiones entrelazadas: que prácticamente nadie vio llegar la crisis y que probablemente el optimismo imperante hizo olvidar que el crecimiento y expansión propios de la economía de mercado no son ni ilimitados ni equitativos. El Gobierno socialista se negó a verla venir hasta finales de 2008, probablemente porque en marzo de ese año había elecciones legislativas. Fue una crisis a escala mundial, la "Gran Recesión" de 2008 a 2013, que afectó a todos los sectores productivos y que, en concreto, frustró en España las perspectivas laborales y de promoción de unas generaciones nacidas en democracia y educadas en fase de prosperidad económica. Ahora bien, las movilizaciones de amplios sectores juveniles no llegaron de inmediato, sino después de tres años largos de crisis, en mayo de 2011. Protestaron contra el sistema de partidos y contra las limitaciones de las políticas gestionadas por el PSOE bajo directrices de la Unión Europea. Paradójicamente beneficiaron en votos al PP y no a otras fuerzas de izquierdas.

No sobra recordar que el *boom* inmobiliario había beneficiado, vía fiscal, a todos los gobiernos (nacional, autonómicos, locales, al margen de su signo) y apenas se oyeron quejas mientras la cosa funcionó, pero, por dinámicas propias del mercado, llegó a un punto en que se hizo insostenible la oferta, así como la capacidad de endeudamiento de entidades crediticias, empresas y familias. Comenzaron a ser visibles en 2007, cuando el crecimiento económico, todavía de un 3%, resultó ser inferior al de años anteriores. De inmediato llegaron los efectos de la recesión económica iniciada en Estados Unidos, precisamente por el estallido de otra cadena especulativa creada en aquel país en torno a las hipotecas *subprime* de la vivienda en 2007. La burbuja expansiva, anclada en un sector tan concreto como el de la construcción, produjo entre 2008 y 2013 una recesión económica tan profunda que en 2019 no se habían recuperado todavía los niveles de producción y consumo previos. Y conviene adelantarlo ya, justo en ese proceso de recuperación, a comienzos de 2020, llegó un grave e inesperado estancamiento producido por la pandemia del coronavirus. En ambas crisis, la económica de 2008 y la derivada de la pandemia en 2020, la Unión Europea ha marcado las soluciones, por encima de las derechas e izquierdas nacionales, con decisiones debidas al consenso de la nueva soberanía europea en construcción.

En concreto, el Gobierno socialista, con elecciones en marzo de 2008, mantuvo el optimismo económico para no desactivar a su electorado, venció de nuevo, atrayendo el voto útil de izquierda frente al PP, y alcanzando 11,2 millones de votos. Eso obligó a una refundación de IU, que se quedó en un 3,7% de votos y dos diputados. La crisis económica se hizo rotunda cuando en julio se desplomó una de las principales inmobiliarias españolas; fue el mayor concurso de acreedores hasta entonces, y ese verano ya saltaron las alarmas por el crecimiento del paro. En septiembre, las pérdidas acumuladas por la banca estadounidense, a pesar de la intervención del Banco Federal para solventar la crisis de liquidez, desembocaron en la quiebra del banco de inversión Lehman Brothers. Sin embargo, ese mismo mes, Zapatero exhibió ante los empresarios norteamericanos no solo que España había superado a Italia en renta per cápita, sino que superaría la renta de Francia en tres o cuatro años.

En octubre se desató el pánico financiero y se hundieron las bolsas de todo el mundo. Se entró en lo que se ha catalogado como "Gran Recesión". Sus impactos en España hundieron el sector de la construcción, que arrastró a cajas de ahorro y bancos, se cortaron en seco los ingresos públicos, sobre todo los municipales, y se produjo en 2009 una caída del PIB de -4,5%, cifra similar a la de los años cuarenta, si bien la realidad social y política no es comparable ni en nivel de vida ni en el papel del Estado y la protección social existente en aquel momento. El hecho es que la interrupción de los flujos de créditos bancarios paralizó las expectativas económicas de los empresarios. El paro fue la consecuencia más devastadora: se destruyó casi el 50% del empleo en la construcción, a lo que se sumó el aumento de la precariedad laboral. Esto, más el cierre de los créditos, frenó de inmediato la capacidad de compra de bienes de consumo duradero de las familias, incluyendo viviendas, y también de bienes perecederos, con el consiguiente impacto en los pequeños comercios. Se redujo, por tanto, la recaudación tributaria mientras crecían las prestaciones por desempleo y la deuda pública y privada más la caída del consumo lastraban los caminos de recuperación.

Los socialistas pasaron de gestionar la bonanza a enfrentarse a la fase de un mercado económico global en profunda recesión. Las primeras medidas fueron de carácter keynesiano, el llamado "Plan E", de fines de 2008, para combatir el paro e incentivar el consumo con el aumento de inversiones públicas. Aunque avalado por el Fondo Monetario Internacional, este plan no resultó eficaz. Entre tanto crecieron tanto las prestaciones por desempleo que, para afrontar el déficit, el Gobierno subió el IVA en 2010, y sobre todo una emisión de deuda cuyo crecimiento se tambaleó cuando el pánico creado por la situación de Grecia desembocó en la crisis del euro. Ahí entró la UE que, para reducir la deuda y garantizar que se pagaría, como exigían los grandes bancos alemanes y franceses, hizo prioritario el control del déficit público; impuso medidas drásticas de austeridad y consolidación fiscal a Grecia por dos veces desde abril de 2010 y en mayo creó un Fondo Europeo de Estabilidad Financiera. Aunque en 2008 líderes socialdemócratas de Francia, Alemania e Italia (Jacques Delors, Helmut Schmidt y Massimo D'Alema, entre otros) habían enviado una carta a la Comisión Europea planteando que "los mercados financieros no nos pueden gobernar", se impusieron, sin embargo, los criterios de austeridad dentro de la UE para poder pagar la deuda. Los Gobiernos de los países llamados en los circuitos financieros PIIGS ("cerdo" en inglés, acrónimo de Portugal, Italia, Irlanda, Grecia y España) los acataron para no caer en la bancarrota y poder asumir gastos sociales de extrema urgencia, como el paro.

En España, el Gobierno socialista anunció en mayo de 2010, tras la llamada del presidente de Estados Unidos, Barack Obama, el recorte de 15.000 millones de gasto público, la congelación de las pensiones y del sueldo de los funcionarios durante dos años y la eliminación del citado "cheque bebé". Además, se decretó una reforma laboral sin diálogo con los sindicatos. Los ERTE (expediente de regulación temporal de empleo o con reducción parcial de la jornada), previstos en el Estatuto de los Trabajadores de 1980, se plantearon ahora con bonificaciones del 50% en las cuotas empresariales si se mantenía el empleo durante un año tras finalizar la suspensión temporal, pero las perspectivas económicas eran cada día más pesimistas; la destrucción de empleo no había tocado techo, de hecho, el pico máximo llegaría a primeros del 2013, con 6,2 millones de parados: un 27,2% de la población activa.

La huelga general convocada en septiembre de 2010 por los sindicatos, la primera de esta etapa socialista, tuvo un éxito relativo y desigual según sectores y territorios, con acciones violentas de grupos antisistema en Barcelona. No participaron los sindicatos nacionalistas de Cataluña (CGT, aunque anarquista, al ser confederal cada sindicato es independiente), País Vasco (ELA, LAB y otros) y Galicia (CIG), que convocaron otra aparte en enero del año siguiente. Ahora bien, a principios de 2011, el nuevo gobierno catalán formado por Artur Mas aplicó medidas de recortes y austeridad con el apoyo del PP, exhibiéndose como modelo frente al Gobierno socialista. En ese contexto de prolongación de la crisis, el 15 de mayo de ese año estallaron las movilizaciones juveniles que se explicarán en un epígrafe posterior. En concreto, en Barcelona cercaron el Parlamento catalán y Artur Mas tuvo que acceder desde un helicóptero. Fueron movilizaciones sin precedentes protagonizadas ante todo por los menores de 30 años, los más afectados por la crisis, entre los que había un 53% de parados, con un mercado laboral muy constreñido por las restricciones de austeridad contra la crisis y que, si ofertaba empleos, estos eran precarios y con bajos salarios.

En paralelo, la crisis de la deuda soberana alcanzaba tal calibre en la UE que se decidió endurecer el "pacto de estabilidad y crecimiento" con sanciones a los países que no cumplieran con mantener una relación inferior al 3% entre déficit y PIB, más el compromiso de cada país de introducir esa norma en sus respectivas legislaciones, no necesariamente en la Constitución. El proyecto europeo que tenía como bastión el Estado del bienestar parecía resquebrajarse y, en el caso español, que contaba con un Estado de bienestar más reciente y menos afianzado, sin embargo, Zapatero se lanzó a ponerle un freno de muy duras consecuencias. Decidió ser el más estricto cumplidor de dicho pacto fiscal europeo. Así, en pleno agosto de 2011, las Cortes españolas aprobaron una reforma de la Constitución, pactada con rapidez insólita entre el PSOE y el PP, mayoría legalmente suficiente para establecer en el artículo 135 la prohibición de gastar más de lo que se ingresaba para todas las administraciones, que el déficit estructural se sometería a lo establecido por la UE y que en los presupuestos generales del Estado se daría prioridad al pago de la deuda pública. Zapatero reconoció que "todos sabemos que esto no va a arreglar el desempleo ni la crisis, pero es un buen camino. Hagámoslo con naturalidad". No fue tal, porque su sucesor, Alfredo Pérez Rubalcaba y muchos otros sabían que esta pauta presupuestaria solo tenía rango constitucional en Alemania desde 2009 y que, faltando poco más de dos meses para las elecciones, podría ser la puntilla para la debacle electoral del PSOE.

En efecto, las perspectivas políticas cambiaron drásticamente. Se había esfumado el optimismo: los jóvenes se habían manifestado en mayo indignados contra el sistema, contra los partidos políticos y las corporaciones financieras, mientras los responsables públicos se encontraban atrapados entre la "prima de riesgo", los "recortes" y la "austeridad". Significativamente, a la semana de aquella eclosión de protestas antisistema, el electorado había votado masivamente a favor del PP en las elecciones municipales y autonómicas. Había ganado en ambas y, en concreto, arrebató a los socialistas los gobiernos autonómicos de Aragón, Asturias, Baleares, Castilla-La Mancha y Extremadura. A los seis meses, en las legislativas de noviembre de 2011, el PP obtuvo mayoría absoluta con 186 escaños y comenzó otra etapa de oposición para las izquierdas.

Muy deteriorados los socialistas por la gestión de la austeridad, perdieron 59 escaños, solo lograron 110, mientras IU, con un limitado 7% de los votantes, subió nueve escaños, y el partido de UPyD, liderado por la exsocialista Rosa Díez, recogía un 4,6% del electorado. Quedó en evidencia que los cuatro millones de votos perdidos por el PSOE fueron tanto a la abstención como a IU, UPyD y PP. Por lo demás, aunque el PP no lo reconoció, en el haber del PSOE quedó el logro de haber reforzado el aislamiento social de una ETA acorralada policial e internacionalmente, logrando que la organización terrorista abandonase las armas en octubre de 2011. Comenzó ahí el proceso, más o menos paulatino y veraz, de conversión del independentismo de marca totalitaria en una organización formalmente ajustada a las pautas democráticas. Simultáneamente se formaba la actual coalición Bildu, legalizada por sentencia del Tribunal Constitucional en mayo de 2011.

4. NUEVOS DESCONCIERTOS Y NUEVAS VOCES: ENTRE EL 15-M Y EL *PROCÉS* INDEPENDENTISTA (2012-2018)

Tras ganar las elecciones comenzó una etapa de Gobiernos del PP desde enero de 2012 hasta la moción de censura de junio de 2018, años de oposición para unas izquierdas sumergidas en nuevas perplejidades. En primer lugar, las movilizaciones del 15-M no solo desconcertaron porque lograron reflejo electoral, sino que de sus impulsos surgió un nuevo actor político, Podemos, que obligó a nuevos equilibrios entre los grupos de izquierdas. Por otra parte, la salida de la recesión económica desde 2014 se hizo bajo las directrices del PP que, sin embargo, apenas rentabilizó electoralmente, pues se encontró también con una importante fragmentación de su electorado desde 2015. La búsqueda de caminos de renovación entre las izquierdas no se hizo con sosiego sino con graves tensiones organizativas, sobre todo en el PSOE, y luego en IU, como también, muy pronto, en el nuevo partido de Podemos. Además, todos se vieron zarandeados por la vorágine desencadenada por las fuerzas independentistas en Cataluña.

LA ECLOSIÓN SOCIAL DEL 15-M

Se ha avanzado en páginas anteriores el estallido de rebelión protagonizado en mayo de 2011 por jóvenes indignados contra los poderes políticos y económicos. Procede esbozar al menos sus aspectos más decisivos. Ante todo, fue una manifestación convocada el 15 de mayo de 2011 no por partidos ni sindicatos sino por distintos colectivos a través de las redes sociales en la Puerta del Sol (Madrid). Cuando, al terminar, muchos de los manifestantes decidieron acampar esa noche en la plaza y ocupar el espacio público de modo pacífico, se convirtió en un acto de desobediencia civil insólito y no programado. Fue la espoleta que de inmediato se propagó a las plazas de más de 50 ciudades, desde Barcelona, Valencia, Sevilla, Bilbao, Granada y La Coruña hasta Santa Cruz de Tenerife, Palma de Mallorca, Ciudad Real o Palencia, en vísperas de elecciones municipales y autonómicas. Semejante acción colectiva expresó tanto la rebelión generacional de un importante sector de la juventud con muy inestables expectativas como la indignación social fácil de inflamar con un discurso populista contra las élites. El libro de Stéphane Hessel, *¡Indignaos! Un alegato contra la indiferencia y a favor de la insurrección pacífica*, con notable éxito en Francia y editado en castellano en marzo de 2011, dio nombre a la exasperación.

Así, al margen de partidos y sindicatos, cientos de miles de personas y cientos de asociaciones se congregaron de modo horizontal, sin liderazgos ni votos delegados por nadie. El espacio virtual *Toma la Plaza*, y no las sedes de partidos y sindicatos, fue el medio de encuentro, de organización de convocatorias y el enlace para manifiestos e intercambio de proyectos. Semejantes acampadas agitaron toda la vida política, pero en especial alteraron los espacios de las izquierdas, que se impregnaron de análisis y vocabularios populistas. En concreto, la indignación se simplificó con un análisis bipolar de la sociedad: la "casta" de los poderes políticos y económicos, por un lado, y el "pueblo" o la "gente", por otro, que fue exitoso en un contexto de crisis económica. El pueblo en abstracto, la "gente", se convirtió en el sujeto llamado a regenerar la democracia y arrebatarla de manos de las castas corruptas. El grito más frecuente, "No nos representan", apuntó directamente contra los partidos democráticos. Se complementó con otro eslogan: "Somos el 99%", recogiendo los análisis del Premio Nobel, Joseph Stiglitz, en su obra *El precio de la desigualdad: el 1% de la población tiene lo que el 99% necesita*, que se traduciría a primeros de 2012.

Se desplegó un nuevo vocabulario político exigiendo más democracia e imaginando una revolución *no violenta* que devolvería —argumentaban— a los ciudadanos los poderes monopolizados por la alianza de oligarquías políticas y económicas. Resumieron su ideario en consignas: "Democracia Real, Ya: No somos mercancía en manos de políticos y banqueros", origen de una plataforma con debates abiertos que buscaba fórmulas para recuperar la "separación de poderes". Se destaparon casos graves de corrupción entre banqueros, políticos de derechas e izquierdas y hasta en la familia real, incluido el propio jefe de Estado, que tendría que abdicar en 2014.

En la movilización inaugurada la noche del 15-M se integraron plataformas ya existentes: "Juventud Sin Futuro" (formada en febrero en medios universitarios contra la precariedad) y "Por una Vivienda Digna", que en 2004 se había manifestado "Por el derecho a techo. Stop Especulación". Ambas añadieron el contenido social a las movilizaciones. Ahora bien, la imagen encantadora de asambleas sin conflicto, por consenso, agitando las palmas de las manos, se quebró por momentos cuando en la asamblea del 19 de mayo mujeres procedentes de diversas militancias feministas comprobaron que en estas movilizaciones no existía "ninguna cuestión o propuesta feminista". Se constituyeron de inmediato en "Comisión de Feminismos Sol", en plural, como colectivo diferenciado, e instalaron una pancarta con una propuesta desafiante: "La revolución será feminista o no será". Inesperadamente gran parte de la plaza abucheó la pancarta con el argumento de que "La revolución es de todos", con actos de tono machista. Sin embargo, no se arredraron las mujeres, que insistieron: "Nosotras somos el 15-M", y razonaron que esa reacción era propia de personas socializadas en los marcos culturales de un capitalismo patriarcal. Desmontaron prejuicios y explicaron que capitalismo y patriarcado eran los dos soportes del mismo sistema contra el que se movilizaban todos.

Fue tan decisiva la actividad de esta "Comisión de Feminismos Sol" que, al cabo de un año de arrancar la pancarta, al celebrarse la Asamblea aniversario del 15-M, se proclamó al unísono: "La lucha será feminista o no será". El feminismo, por tanto, pasó al primer lugar de la nueva agenda política española de las izquierdas; eso sí, de tener unos orígenes liberales, ahora se convertía en fuerza de choque para los grupos anticapitalistas, que no habían destacado precisamente por su feminismo, como se ha visto en los avatares de las acampadas.

En todo caso, la propia dinámica asamblearia de consensos abiertos y sin limitaciones condujo al fin de las acampadas. El detonante fue la ambigüedad ante la presencia de los "Acampados por la Vida", una cuña de antiabortistas que obviamente chocó con la Comisión de Feminismos Sol. La Asamblea general solo supo adoptar un cómodo "dejar hacer". Además, habían ocurrido hechos graves denunciados por dicha comisión como "intimidaciones sexuales, tocamientos, insultos y agresiones físicas" machistas y homófobas, por lo que el 2 de junio las mujeres decidieron no dormir en la plaza. Una heterogeneidad incontrolada de asistentes, más los imposibles consensos de un espacio inabarcable de ideas, intereses y prejuicios llevó a levantar las acampadas en las distintas ciudades a partir de mediados de junio. Antes, el 27 de mayo el gobierno catalán había enviado a los *mossos* a desalojar la plaza Cataluña, con duras cargas y personas lesionadas.

Siguieron, no obstante, las movilizaciones, que ya quedaron bajo el rótulo del 15-M y se integraron o transformaron con otros movimientos sociales en marcha como el ya citado "Por una Vivienda Digna", formado en 2003 en Madrid, y la Plataforma de Afectados por la Hipoteca (PAH, organizada en Barcelona en 2009, con carácter horizontal y el rechazo a toda vinculación a partidos) que, presentes ya en toda España, llevaron a cabo acciones de desobediencia civil con la campaña "Stop Desahucios" y demandas a bancos y partidos políticos para que se aceptase la dación. Organizaron, junto con los sindicatos CC OO y UGT, una iniciativa legislativa popular que, iniciada en marzo de 2011, se paralizó en el Congreso y al final fue atendida en 2013 por el Gobierno del PP, previos escraches a sus diputados y sentencia del Tribunal de Justicia de la UE, que sentenció en contra del modo de ejecutar desahucios, pero se abstuvo sobre su paralización y la dación en pago.

Ahora bien, en cuanto comenzó a gobernar el PP una parte de las protestas adquirió un cierto poso totalitario de extrema izquierda palpable en la consigna "Rodea el Congreso" que, en septiembre de 2012, convocada por la plataforma "¡En Pie!", se repitió al año siguiente con la consigna de: "Hasta que caiga el régimen". No eran más de unos pocos miles personas frente a 1.500 agentes del orden. En todo caso, se intensificó la agitación en los años 2012 y 2013 al coincidir las manifestaciones de los sectores afectados por los recortes presupuestarios con las huelgas convocadas por los sindicatos contra las políticas económica y social del PP. El grito "Pesoe-pepé, la misma m… es" se repitió insistentemente. Además, nuevos escándalos como los ERE en Andalucía, bastión del socialismo, y el de las tarjetas *black* (2013), que incluyó a líderes de IU y sindicatos obreros, confirmaron ante la opinión pública la corrupción de la "casta".

MEDIDAS CONTRA LA CRISIS: LAS IZQUIERDAS EN LAS CALLES

En efecto, las medidas tomadas por el Gobierno del PP encontraron respuesta de las izquierdas sobre todo en las calles. Con un déficit del 8,5% del PIB en 2011, el PP prosiguió aplicando la austeridad marcada por la UE y establecida previamente por el Gobierno socialista. Redujo de modo tajante el gasto público y las inversiones, subió de nuevo los impuestos y acometió otra reforma laboral que facilitó la suspensión temporal de los contratos, los ya citados ERTE, así como los ERE o expedientes de despido definitivo. Ambos estaban en el Estatuto de los Trabajadores desde 1995, pero se suprimió la autorización de la autoridad laboral para realizar despidos colectivos (ERE) si no había acuerdo con los sindicatos, se rebajó la indemnización por despido improcedente y en el caso de los ERTE, cuando una empresa tenía o simplemente preveía pérdidas o disminución de ingresos en dos meses consecutivos, no tenía que negociar con los sindicatos horario, turnos y remuneración del trabajo, le bastaba con alegar "causas económicas, técnicas y organizativas" para enviar temporalmente a una parte de los trabajadores a casa o recortar su jornada, sin extinguir el contrato.

Hay que considerar a este respecto que en España las medidas consideradas neoliberales no han sido tanto unas políticas planteadas como tales por el

PP, como ha ocurrido en otros países europeos, o como había hecho Artur Mas en Cataluña, sino más bien como "soluciones" ante la profunda crisis. No por casualidad las comenzó el PSOE. Quizás la cultura comunitaria del paternalismo católico existente en parte de las derechas españolas limitó los argumentos individualistas, por más que en sectores del PP se adoptaran posiciones tomadas del individualismo neoconservador de los Estados Unidos. El hecho es que, como en 2010, también en 2012 los sindicatos convocaron una huelga general. Hubo una participación desigual: lograron paralizar sobre todo el transporte y el sector industrial y las manifestaciones fueron multitudinarias sin faltar grupúsculos con acciones de violencia urbana. Como las políticas de austeridad y recortes laborales afectaban a más países, en noviembre del mismo 2012 los sindicatos españoles convocaron una huelga simultánea con Italia, Portugal, Chipre y Malta, más apoyos puntuales de franceses, griegos y belgas. Tuvieron impacto sobre todo por las manifestaciones y los choques violentos de algunos grupos con las fuerzas del orden, de cuyos miembros hubo 43 de los 74 heridos. También hubo huelgas masivas convocadas en enseñanza y sanidad (mareas blanca y verde, por el color de las batas de los manifestantes) contra los recortes de personal y la reducción de gastos en dos servicios tan básicos.

La crisis, sin embargo, se ahondaba. Conviene reiterar la cifra antes citada: el desempleo llegó en el primer trimestre de 2013 al 27,2%, con más de 6,2 millones de parados. Los datos macroeconómicos eran graves, pero sobre todo se palpaba en la vida cotidiana de amplios sectores de clases medias y en las clases trabajadoras, con especial frustración de expectativas entre los jóvenes. El nivel de renta absoluta y relativa se contrajo y, si en 2007 había estado por encima del 100% respecto a la eurozona, en 2012 había bajado al 94%, el nivel de 1996, de nuevo por detrás de Italia. De igual modo, el consumo per cápita de los hogares, que había superado la media de la UE, bajó seis puntos respecto a 2007. El ambiente social, por tanto, era de crispación por más que el Estado paliara en gran parte la subsistencia de los parados. Así, el gasto para atender prestaciones por desempleo se duplicó con respecto a 2007, pero el paro se había triplicado, de modo que los 30.000 millones anuales destinados desde 2009 eran insuficientes. Supuso una media de 1.366 euros por mes durante dos años a quienes habían cotizado dos años en los seis años anteriores, que fueron la mayoría; y de 917 euros por mes si la cotización era de menos tiempo. Hay que contabilizar también a los beneficiarios de la renta activa de inserción (RAI), creada en 1994, con 430 euros mensuales.

En todo caso, los beneficiarios de una u otra prestación por desempleo fueron unos tres millones, lo que dejó casi dos millones de parados sin ninguna prestación pública. No eran las mismas personas, porque rotaban entre el desempleo y al trabajo temporal, pero sí la misma cifra sin cobertura social. Así, la protección por desempleo, de atender al 74,5% de los parados en 2010, bajó al

63% en 2013, o por haber terminado los dos años de cobro del paro o por el repunte de la crisis en 2013, año en que hubo 773.200 hogares sin ningún tipo de ingreso, la cifra más alta de la crisis. Las pensiones de los familiares jubilados fueron el socorro para muchos hogares, puesto que uno de cada tres hogares ya contaba antes de la crisis con algún tipo de prestación, en su mayoría por ser alguno de sus integrantes jubilado, viudo o discapacitado. En este caso, los inmigrantes fueron el grupo social con peores condiciones: un tercio de los empleos destruidos en trabajos no cualificados estaba ocupado por ellos, y en los trabajos manuales cualificados fueron la cuarta parte. De los 3,6 millones de empleos perdidos, un 23,5% estaban ocupados por inmigrantes, cuando solo eran el 17% de los trabajadores. Además, en su mayoría eran hogares sin jubilados.

La economía comenzó a recuperarse desde 2014. Paradójicamente las medidas de austeridad, con los consiguientes recortes sociales más la reforma laboral, que recayeron sobre las espaldas de los sectores más desfavorecidos, no dejaban de ser parte de los mecanismos de desigualdad propios de una economía de mercado. En consecuencia, se restablecieron las inversiones empresariales y las exportaciones, mejoró el consumo y progresivamente se recuperaron cuatro millones de empleos desde ese año hasta 2019.

Ahora bien, las citadas movilizaciones contra las políticas de austeridad fueron constantes, promovidas sobre todo por los sindicatos en general y en especial por los de enseñanza y sanidad pública. La defensa de los derechos sociales y la conciencia de las desigualdades existentes, a pesar de los recortes del Estado de bienestar puestos en marcha, ampliaron los contenidos de las movilizaciones del 15-M e impulsaron la renovación de las agendas de los partidos de izquierdas. A esto se sumó la movilización soberanista en Cataluña, iniciada con la "Diada" del 9 de septiembre de 2012, cuando Artur Mas, líder de CiU y presidente de la Generalitat, fracasó en su intento de negociar con el Gobierno del PP un concierto económico al modo del existente en el País Vasco. CiU giró radicalmente hacia el soberanismo: exigió constituirse en Estado soberano dentro de la UE y lideró a las demás fuerzas y sectores pro-independentistas en esa reivindicación. Abrió una polarización de sentimientos y razones entre grupos políticos y segmentos sociales que se reforzó con la consulta popular "no refendataria" convocada por Artur Mas el 9 de noviembre de 2014, en la que participaron, según datos de la Generalitat, 2,3 millones de los 6,3 millones de personas convocadas a contestar si querían "que Cataluña sea un Estado".

Sin duda, este año 2014 comenzó un mapa político distinto a izquierda y derecha, porque en el mes de mayo hubo novedades en las elecciones europeas y en las distintas elecciones celebradas en 2015 se confirmó un panorama de creciente multipartidismo en los distintos niveles de poder estatal, autonómico y municipal, aunque a este último se le haya prestado muy limitada atención en este libro.

BÚSQUEDAS DISPARES DE RENOVACIÓN: DE 2012 A 2014

Ya se ha expuesto cómo al domingo siguiente del 15-M se celebraron elecciones autonómicas y municipales donde se pudo constatar el sentir de la ciudadanía española, plural por definición y en su mayoría despegada de los eslóganes populistas. El PP recogió más votos y, en julio, Zapatero anunció elecciones generales, renunciando a ser el candidato del PSOE. Sustituido por Pérez Rubalcaba, único candidato, con un programa "para ganar el futuro", con medidas de recuperación centradas en la creación de empleo y reformas para mejorar la calidad de la democracia, buscando la sintonía con las movilizaciones del 15-M, sin embargo, en noviembre, con un 5% más de abstencionistas, los votantes no solo dieron mayoría absoluta al PP, sino que dejaron al PSOE con cuatro millones de votos menos. Todo el desastre se centró en Zapatero, que dimitió también como secretario general del PSOE y, en febrero de 2012, Rubalcaba ganó las primarias frente a Carme Chacón. Se volvió al método de primarias como fórmula de deliberación interna y regeneración democrática; sin embargo, solo dividió y enconó a militantes y a cuadros, pues ni se ampliaron ideas y debates ni se logró estabilizar una mayor implicación de nuevos sectores ciudadanos. Así, aunque los votantes del PSOE e IU declaraban en las encuestas sus simpatías por la indignación del 15-M, los cuadros de ambos partidos permanecían en el aturdimiento.

IU se había recuperado muy levemente en noviembre de 2011, pero solo había logrado un 7% de los votos. El proceso de refundación acometido en la IX Asamblea Federal de IU, a fines de 2008, no había dado resultados. Se había elegido un nuevo coordinador, Cayo Lara, candidato del PCE, y la nueva IU se definió como "anticapitalista, republicana federal y alternativa organizada como movimiento político y social". Propugnaba un "socialismo para el siglo XXI", concepto que, acuñado por el alemán Hans D. Steffan, había puesto en circulación Hugo Chávez para Venezuela: se trataba de sustituir el libre mercado por una "economía de equivalencias" basada en el valor del trabajo, bajo control social y una reorganización de poderes que incluía la democracia directa. Además, para España se añadió la reforma de la Constitución con la idea de implantar una República Federal Solidaria.

Se rehicieron las alianzas de los partidos que integraban IU, aunque seguía constituyendo un cóctel de siglas con grupos ecologistas y partidos de izquierdas soberanistas en Galicia, País Vasco, Canarias, Aragón y Navarra, no así en Cataluña, que seguía siendo el punto débil de IU como organización estatal. Estaba en relación con un hecho crucial: la fuerza organizativa de IU, desde su fundación en 1986, siempre radicó en la militancia y estructura del PCE. En consecuencia, la desaparición del PSUC en Cataluña y la irrelevancia y escisiones en el PCE-EPK del País Vasco supusieron que IU no tuviera una presencia significativa en ambas comunidades, salvo alianzas inestables con grupos políticos nacionalistas. Tampoco el PCE lograba ejercer una sólida hegemonía dentro de IU, pues no conseguía captar para la coalición a ese persistente mundo de siglas y grupos que, empeñados en ser la única y auténtica izquierda, pretendían poseer la exclusiva de la ética emancipatoria de la humanidad.

En este aspecto cabe resaltar cómo en la Comunidad Valenciana se había constituido otra alianza con similares características desde 2010, el ya citado Compromís pel País Valencià, que logró voz propia en el parlamento autonómico y un escaño en las generales españolas en 2011. Desde 2012 se organizó de modo estable y cohesionado, con un programa que definieron como "valencianista, ecologista y de izquierdas", y con el liderazgo de Mónica Oltra, en 2015, se convertiría en fuerza decisiva valenciana y nacional. Sin embargo, el intento de sumar y armonizar aspiraciones más o menos soberanistas con idearios de un socialismo ecologista experimentó notables altibajos en Galicia, donde los grupos asimilables en idearios políticos a IU pasaron por otro nuevo cóctel de distintas alianzas en cada convocatoria electoral: en 2012 fue la Alternativa Galega de Esquerda, en 2016 la alianza de Anova con Podemos-Galicia y en 2021 fueron bajo el rótulo de Galicia en Común-Mareas.

La continua parcelación en grupos de quienes trataban de hacer compatibles la solidaridad e igualdad propias del socialismo con las tendencias exclusivistas de todo nacionalismo repercutía sobre todo en la fuerza electoral de IU por la dificultad de explicar unas alianzas inestables y de limitado alcance. Por otra parte, IU tampoco logró integrar Izquierda Anticapitalista, definida como partido revolucionario, feminista y ecologista, que optó por concurrir separado a las generales de 2011 y, aunque contó con apoyos internacionales de famosos como Ken Loach, Noam Chomsky y Slavoj Žižek, no llegó a 25.000 votos.

Así, el proceso de refundación de IU se encontraba tan frágil como desequilibrado territorialmente. En junio de 2012, tratando de recoger la ola de movilizaciones y ante el hundimiento del PSOE en las citadas elecciones de 2011, se relanzó con unas jornadas sobre "proceso constituyente y nuevo proyecto de país". Sus promotores, Alberto Garzón y Enrique Santiago entre ellos, pensaban que "el pueblo por fin se politiza, se levanta de su letargo y reclama" un nuevo proyecto, porque

el Régimen de la Constitución de 1978 se ha convertido en la coartada de un sistema criminal concebido y ejecutado por élites nacionales y extranjeras, dirigido contra todos los españoles que no pertenecen al reducido grupo de las oligarquías financieras, las plutocracias establecidas o sus servidores. Un plan criminal —perfectamente legal, según la Constitución de 1978— que continúa ejecutándose en la absoluta impunidad, si bien con un claro incremento de la protesta social y de la rebeldía frente a esta situación por parte de quienes más padecen la crisis y rechazan los traumáticos recortes sociales impuestos.

Sin duda, IU quiso recoger el fruto de las movilizaciones de indignados contra la "estafa" del capitalismo de las "dos últimas décadas", dirigir el desguace del poder financiero, evitar el desmantelamiento del Estado social y superar el "régimen de la transición". Esto requería un proceso constituyente que restableciera la soberanía popular y elaborase una nueva Carta Magna que, con "un extenso proceso participativo", reconociera la plurinacionalidad del Estado. Por otra parte, la pertenencia a la UE se aceptaba siempre que se abriera a otros mercados supranacionales, Alba y Mercosur en concreto, de modo que España fuese la "fortaleza frente al Norte rico de la UE". Esa tarea exigía "un discurso rupturista" que afianzara una nueva "identidad colectiva" para defender la "dignidad de nuestro pueblo" y desarrollar esa identidad "como pueblo, como clase y como País". El instrumento, unos medios de difusión que comuniquen debidamente el proceso constituyente y organicen su puesta en marcha.

Participó en estas jornadas Pablo Iglesias Turrión, joven politólogo que desde 2010 dirigía en una televisión local una tertulia política, *La Tuerka*, y desde enero de 2012 tenía espacio permanente en los canales *La Sexta* y *Cuatro*, más el diario *Público*. Junto con otros politólogos como Juan Carlos Monedero, Carolina Bescansa y el joven Íñigo Errejón propagaron por las redes y los medios un nuevo discurso político que rechazaba el eje tradicional izquierda-derecha para sustituirlo por el antagonismo pueblo-casta. Irrumpió así un vocabulario propio de un populismo de factura clásica, nada novedoso, aunque se presentase como exponente sin igual de una "nueva política" que se catalogaba como inclusiva y de izquierdas. Se constataban influencias lógicas de marxistas clásicos (Lenin y Gramsci) junto a unos autores, Ernesto Laclau y Chantal Mouffe, que desde los años ochenta predicaban un posmarxismo sin lucha de clases enarbolando para América Latina "la razón populista" como estrategia para construir una hegemonía socialista o, al menos, una democracia "radicalizada". Dicha estrategia, con limitado impacto, coincidía, por otra parte, con el antagonismo amigo-enemigo ideado en su día por el nazi Carl Schmitt, incomprensiblemente recuperado pensando renovar así las izquierdas.

Este discurso de pueblo-casta se completó con otras dicotomías. La más insistente, la establecida entre el presente, anclado en una transición a la democracia considerada incompleta y desechable, y el pasado democrático, en parte mitificado, de una República antimonárquica. Se formulaba también como la oposición entre lo nuevo, esto es, el pueblo, la gente y la democracia, frente a lo viejo, la casta y el régimen del 78. Había que desmontar, por tanto, la Transición y revisar el pasado sobre cuyo silencio se había construido una democracia controlada por la casta. Además, si el pueblo era el sujeto político, se resignificaron los conceptos de "patria" y "patriota" frente al de nación, de modo que los antipatriotas eran los integrantes de la casta y de las corporaciones económicas entrelazados por tramas estructurales de corrupción que la "gente decente" tenía que desmontar.

Por otra parte, en junio de 2012, las plataformas "15MpaRato" y Xnet, activistas de derechos digitales y democracia en red, plantearon una querella contra Bankia que, admitida en julio por la Audiencia Nacional, abrió el "Caso Bankia", con imputación del exvicepresidente del Gobierno del PP Rodrigo Rato. Ampliaron la querella al presidente de la patronal, Díaz Ferrán, y levantaron el escándalo de las tarjetas *black*, que implicaba a políticos de izquierdas y derechas. Crearon a fines de 2012 el Partido X, con Manuel Castells entre sus integrantes, con propuestas de listas abiertas, un programa con métodos participativos, sin militantes y una organización en red para establecer un Gobierno controlado por un Poder Legislativo que funcionaría como *wikidemocracia*, esto es, votando todas las leyes y realizando plebiscitos vinculantes por las redes.

ENTRE 2014 Y 2015: NUEVOS ACTORES EN LAS IZQUIERDAS

En medio de esta ebullición de fórmulas políticas y con el desgaste de los dos partidos tradicionales, PSOE e IU, se llegó a la elaboración de listas para las elecciones europeas de 2014. La organización burocrática de IU no recogió el relevo generacional y de su entorno precisamente, sobre todo desde Izquierda Anticapitalista, surgió en enero el manifiesto "Mover ficha: convertir la indignación en cambio político", con el que lanzaron un nueva fuerza política con una denominación, Podemos, que se distanciaba del concepto de clase social y del eje derecha-izquierda para, en contrapartida, construir esa nueva hegemonía en torno al pueblo y frente a la casta que desde los medios predicaban los politólogos antes citados. Por eso, para encabezar esta propuesta, formalizada como partido en marzo de 2014, eligieron a Pablo Iglesias, famoso gracias a los medios audiovisuales y las redes. Es más, se colocó su rostro en las papeletas de este nuevo partido cuyo nombre no sobra insistir en que evitaba el eje derecha-izquierda: Podemos implica una actividad performativa para crear una patria nueva de "gente decente" al grito de "Sí se puede". Además, se levantaba la mano con la "v" de la victoria, al modo de Errejón, para diferenciarse del puño en alto del comunismo. Por otra parte, eligieron el color morado por el feminismo.

Podemos entabló conversaciones con IU para las elecciones europeas de mayo. Sin éxito. IU se presentó como Izquierda Plural, logró un 10% de votos, con seis escaños, que no fueron un éxito puesto que Podemos, con solo unos meses de vida, obtuvo cinco escaños con un 8% de votos. Sin embargo, PP y PSOE perdieron ocho y nueve escaños respectivamente. También se hizo presente un nuevo grupo de centro, Ciudadanos, liderado por otro joven político, Albert Rivera, que trataba de regenerar la política del espacio liberal-democrático. En concreto, el PSOE perdía electores por la izquierda y por el centro político. Los resultados forzaron dimisiones. El secretario general del PSOE, Rubalcaba, hizo autocrítica, dimitió de inmediato y volvió a convocar otras primarias que ganó en julio Pedro Sánchez, mientras en paralelo en el PSC también hubo primarias que eligieron a Miquel Iceta. De igual modo, a los pocos meses Cayo Lara, afectado por el ascenso de Podemos y proclamando la necesidad de una IU fuerte, renunció a la coordinación de esta coalición política, que pasó a manos de Alberto Garzón como esperanza de renovación generacional.

Tras las elecciones europeas, Podemos y sus líderes ocuparon la primera plana de los debates políticos. Desde mayo de 2014 su discurso disruptivo contra la casta, contra el llamado "régimen del 78" o contra los poderes económicos simbolizados por el Ibex 35 se expandió por toda España. Trastocaron ideas, estrategias y vocabularios, y produjeron reacciones a derecha e izquierda. Sus líderes se movieron atraídos por las experiencias populistas latinoamericanas, desde el histórico peronismo hasta el chavismo, pensándolas como alternativas frente a los partidos socialistas y comunistas que habían protagonizado desde la Primera Guerra Mundial la vida de las izquierdas europeas. Por eso, desde importantes medios de comunicación se desarrollaron amplias campañas de desprestigio, propagaron sus connivencias con el régimen de Chávez en Venezuela y escarbaron posibles escándalos de todo tipo.

Ese discurso amainó algo en vísperas de las elecciones municipales y autonómicas de mayo de 2015. Podemos suavizó la beligerancia de confrontación antagónica entre casta y pueblo, y se ajustó en cierto modo a la contienda pluralista como parte de todo proceso democrático. Postergó la incompatibilidad con el PSOE y abandonó la dialéctica amigo-enemigo para aceptar que se compartían valores, aunque con diferente interpretación de las propuestas de regeneración. Antes, previamente, en las elecciones autonómicas andaluzas de marzo, Podemos había alcanzado el 15% de los votos, mientras IU se quedó en el 7%. El PSOE se mantuvo en el poder no con el apoyo de las izquierdas sino de Ciudadanos, que había salido de su circunscripción catalana original y se presentó por toda España.

Ahora bien, en las elecciones convocadas para trece gobiernos autonómicos en mayo de 2015 el PSOE recuperó el poder en Aragón, con el apoyo de Podemos, IU y Chunta Aragonesista; en Asturias se mantuvo gracias a los votos de IU, con la abstención de Podemos; en Extremadura recuperó el poder con la abstención de Podemos; también lo recuperó en Castilla-La Mancha mediante un pacto con Podemos; en Baleares el PSOE volvió a gobernar con los votos de Podemos y de Mès per Mallorca (coalición de socialistas nacionalistas, antigua Esquerra Unida y Verdes); y en la Comunidad Valenciana pactando con Compromís y un apoyo parcial de Podemos. Sin embargo, en las elecciones municipales celebradas el mismo día predominó el tándem PSOE-IU como eje electoral y solo hubo presencia de Podemos en coaliciones locales, si bien fue artífice de esas coaliciones en ciudades de un impacto político decisivo como Barcelona, Madrid, Valencia, Zaragoza, Cádiz, La Coruña y Santiago.

En este sentido, tras las elecciones de mayo, Podemos y las coaliciones en las que se insertó no solo asumieron responsabilidades institucionales en ayuntamientos de gran relevancia como Madrid y Barcelona, sino que también votó o se abstuvo para que hubiera presidentes socialistas en los gobiernos autonómicos, aceptando incluso la vicepresidencia del gobierno de Castilla-La Mancha. Posteriormente, en el otoño de 2015, hubo dos elecciones, las catalanas y las generales, con resultados igualmente novedosos. En las primeras, planteadas por Artur Mas como "consulta definitiva" para la independencia de Cataluña, CiU organizó una plataforma, Junts pel Si, con la meta de declarar esa independencia. Sin embargo, bajó en escaños (perdió nueve) y en contrapartida subió Ciudadanos, mientras los socialistas también perdieron escaños y las izquierdas del entorno de Podemos, partidarias no del soberanismo sino del referéndum y la plurinacionalidad, organizadas como coalición Catalunya Sí que es Pot, apenas alcanzaron el 9% de los votos. En octubre, con vistas a las elecciones generales, esta coalición se transformó en otra, En Comú Podem, otro tejer y destejer grupos herederos del comunismo catalanista, esta vez en torno a Podemos, como fuerza de regeneración de las izquierdas.

También hay que subrayar otro actor del ámbito nacionalista de izquierdas: la ya citada CUP (Candidatura de Unidad Popular) que pasó de tres escaños logrados en las autonómicas de 2012 a diez escaños en 2015, cuyo programa tenía la independencia como objetivo inmediato para construir una república catalana como parte de unos futuros Països Catalans fuera de la UE y de la OTAN, con un ideario anticapitalista, antipatriarcal y ecologista, con nacionalización de los recursos económicos incluida. Este grupo fue decisivo para la investidura de un nuevo presidente de la Generalitat; vetó a Artur Mas y, tras dos meses de tensas negociaciones, la plataforma Junts pel Si propuso a Carles Puigdemont, alcalde de Girona, que se comprometió a una legislatura breve para crear las "estructuras del Estado" por cuya independencia asumía el gobierno de la Generalitat. A los pocos meses, CiU, acosada por la corrupción económica de Jordi Pujol, se refundaría como Partido Demócrata Europeo Catalán (PDeCAT).

Por lo demás, para las elecciones generales a celebrar en noviembre de 2015, hay que recordar que el 85% de las bases de Podemos habían votado no pactar con IU. Los resultados situaron a Podemos en el centro de la vida política; obtuvo 42 escaños que, sumando los 23 de En Comú Podem, ocho de Compromís-Podemos y seis de En Marea-Podemos-Anova, dieron 69 diputados organizados en cuatro grupos parlamentarios: el específico de Podemos más el catalán, el gallego y el valenciano. Eran el 20,5% de los votos, la tercera fuerza a nivel estatal en apenas dos años de existencia, y conjugando además tres ámbitos nacionalistas, más el del País Vasco, donde la fuerza *abertzale* perdió escaños y Podemos, sin más siglas nacionalistas, se situó como primera fuerza de la izquierda. Esto dejó en la irrelevancia a IU, con dos escaños y el

3,7% de los votos. El nuevo liderazgo de Garzón no dio frutos: su electorado se pasó claramente a Podemos, por lo que la necesidad de lograr una alianza se hizo imperiosa para IU.

Por otra parte, Podemos también se había atraído a un sector significativo del PSOE, que perdió 20 escaños y se quedó en 90. La intranquilidad y el desconsuelo ante el fracaso del nuevo liderazgo agitó la militancia y los cuadros del PSOE. Pedro Sánchez optó por pactar con el nuevo partido de centro liberal, Ciudadanos, una fórmula cercana al pacto que la socialdemocracia alemana había realizado en esos momentos con los conservadores. Sin embargo, cuando Pedro Sánchez optó a la investidura en enero de 2016, sumando los 40 de Ciudadanos, no logró ni siquiera la abstención de los 69 de Podemos, opuestos totalmente al partido liberal. Esto se interpretó por parte importante de la opinión pública como el modo de abrirle las puertas al PP de Rajoy, quien en ese momento optó por forzar también nuevas elecciones al inhibirse y no optar siquiera a la investidura.

Entre tanto, Pablo Iglesias arremetió en las Cortes contra los socialistas de la etapa de Felipe González a propósito del conflicto en Cataluña. En este asunto Podemos, con los Comunes, defendieron el referéndum, un obstáculo insalvable para el PSOE. Esto explicaba en parte su inclinación por C's. Además, en Podemos se pensó que saldrían beneficiados de una repetición de elecciones si se aliaban con IU: podrían adelantar al PSOE y hacerse con la hegemonía de la izquierda. Recuperaron y subrayaron que era necesario recuperar la auténtica socialdemocracia, abandonada por un PSOE plegado al liberalismo. Entre tanto, Rajoy optó por no presentarse a la investidura, hecho insólito, confiando en que se beneficiaría de la repetición de elecciones.

REORGANIZACIÓN DE LAS IZQUIERDAS CON DISTORSIÓN
INDEPENDENTISTA (2016-2018)

En estos cuatro años se produjo una reorganización de los grupos de izquierdas, porque tanto Podemos como IU terminaron convergiendo con el PSOE para compartir el eje izquierda-derecha y unas metas socialdemócratas renovadas al situar el feminismo y el ecologismo al mismo nivel que la cuestión social. En todo caso, aunque tanto en el PSOE como en IU hubo un relevo generacional, este se hizo con varones al frente, como también ocurría en Podemos. Las mujeres seguían bajo el techo de cristal.

De momento, tras los resultados ya expuestos de las elecciones generales de 2015, IU verbalizó que Podemos solo era el modo de dividir el espacio a la izquierda del PSOE, y el líder socialista, que no había logrado la investidura, optó por diferenciarse también de Podemos negándose a posibles pactos "con el populismo". Llegó el momento de la repetición electoral en junio de 2016, y las críticas y reticencias entre IU y Podemos se aparcaron; ambos se fusionaron mientras que Podemos comenzó a suavizar sus antagonismos con el PSOE, amainó la exigencia de un proceso constituyente, alabó ciertos logros de la socialdemocracia europea e incluso en la campaña electoral reclamó el voto a los "socialistas de corazón" y verbalizó que "votar socialista hoy es votar Podemos".

Sin embargo, las elecciones de junio de 2016 no cumplieron con las previsiones y cálculos pensados por unos y otros. El PP recuperó algo de oxígeno, subió 14 escaños, pero los 137 diputados logrados no daban para gobernar. El PSOE se hundió aún más, bajó a 85 diputados, insuficientes para toda alianza porque C's también bajó, perdió ocho escaños. Podemos, que había creado con IU el grupo Unidos Podemos (UP, feminizado luego como Unidas Podemos), no sumó los votos logrados por ambos partidos hacía seis meses. Al contrario, bajaron en Cataluña y Galicia y, aunque subieron en el País Vasco, se quedaron en 71 escaños, solo dos más que antes. Se achacó a la abstención, un 3,3% más que en las anteriores. En paralelo, dos integrantes del momento fundacional, Errejón y Bescansa, comenzaron un distanciamiento estratégico importante, por considerar inútil el giro hacia una IU que consideraban obsoleta y contraproducente. Ambos propugnaban reforzar la línea de patriotismo popular por encima del antagonismo de clase, y con esa idea se enfrentaron al año siguiente en la asamblea de Vistalegre II frente al hiperliderazgo de Iglesias. Perdieron y el asamblearismo heredado del 15-M se quedó desde entonces en simple fachada de votaciones e Iglesias pasó a controlar Podemos al modo vertical de los partidos tradicionales, con marginación o cese de cargos.

Por lo demás, con esos resultados las sumas de posibles alianzas no permitían formar Gobierno salvo que se aceptara un Ejecutivo del partido más votado, el PP, lo que solo era posible con la abstención del PSOE. Semejante dilema alteró al PSOE: tenía que elegir entre forzar unas terceras elecciones o dar paso al PP mediante la abstención. Sus más destacados dirigentes pensaron que lo mejor era abstenerse, que gobernase el PP en minoría de tal modo que necesitara al PSOE y, entre tanto, habría más tiempo para consolidar el liderazgo de un partido que con Pedro Sánchez había bajado al peor resultado de su historia. Sin embargo, Sánchez lanzó el órdago de "no es no" contra el PP, aunque costase otra nueva convocatoria electoral. Tuvo el apoyo de quienes pensaban que permitir la continuidad del Gobierno del PP arruinaría definitivamente al PSOE, de modo que Podemos se quedaría con todo el espacio de la izquierda. A todo esto, se entrecruzó el factor soberanista, pues los socialistas catalanes también se encontraban en su peor momento electoral y en un ambiente político en el que el PP era considerado la trinchera del nacionalismo español.

El PSOE entró en una dinámica fratricida al cesar a Sánchez y designar una ejecutiva interina que decidió facilitar el Gobierno del PP mediante la abstención. Al fin, tras diez meses en funciones, Rajoy logró en noviembre de 2016 ser investido presidente con la abstención de 68 de los 85 diputados socialistas. Hubo manifestantes de "Rodea el Congreso" que gritaron contra el PP y el PSOE. Se convocaron primarias para elegir nuevo secretario en el PSOE y Pedro Sánchez, que había renunciado a su acta de diputado, adoptó ante los militantes socialistas formas y verbos propios de los eslóganes del 15-M: "No nos representan". Resucitó políticamente con lemas y métodos populistas, y la militancia, más proclive a cuanto fuese estar en contra de la derecha y también en contra de las directrices del aparato oficial, apoyó a Sánchez frente a Susana Díaz, avalada por los dirigentes de mayor peso político.

Comenzó así, en junio de 2017, otra etapa de Pedro Sánchez al frente del PSOE mientras la cuestión soberanista del catalanismo se encarriló hacia el momento quizás de máxima tensión política de la democracia española. Paradójicamente, la primera decisión importante de Pedro Sánchez consistió en apoyar al PP en octubre de ese año para la aplicación del artículo 155 de la Constitución en Cataluña que suspendía el gobierno de la Generalitat que había proclamado —durante unas horas del día 27 de ese mes— la República catalana, con los votos en contra de Catalunya Sí que es Pot, donde estaban Podemos e ICV, y la ausencia de los diputados socialistas más los del PP y C's. Sin duda, el golpe de fuerza del soberanismo catalán, con sus enredos internos, situó con carácter agudo la transversalidad del factor territorial como el componente más espinoso para la organización de España como Estado.

De nuevo, el eje soberanista fracturó las izquierdas, pues Catalunya Sí que es Pot se opuso por un lado a la aplicación de ese artículo constitucional, mientras que, por otro, defendía el derecho de autodeterminación y exigía un referéndum vinculante, aunque pactado con el Gobierno central. Fue un asunto que separó de nuevo al PSOE de UP, y a los socialistas catalanes de los Comunes. Persistía el dilema de las izquierdas. EL PSOE pensaba haberlo resuelto en una conferencia celebrada en Granada en 2015, siendo Rubalcaba su secretario general: se aprobó el federalismo, que ahí sigue como documento de referencia, plenamente ambiguo y que nadie ha desarrollado en su práctica.

Sin embargo, los grupos a la izquierda del PSOE habían heredado la fórmula del derecho de autodeterminación aplicada por la Rusia soviética, a sabiendas de que por disciplina de los distintos partidos bolcheviques de cada pueblo se aceptaría su integración en la URSS. Así, en los grupos de Catalunya Sí que es Pot se mantuvo como prioridad resolver la cuestión nacionalista, de modo que las cuestiones sociales quedaban en un plano secundario. En concreto, su portavoz, Joan Coscubiela, destacado líder de CC OO, realizó un destacable discurso, aplaudido incluso por el PP y C's, contra el modo de proceder autoritario de JxSí y la CUP, para terminar concluyendo que se abstenía y, por tanto, dejaba la puerta abierta al plan de proclamar la independencia.

En contrapartida, tanto desde los círculos políticos de UP, los Comunes y los soberanistas se propagó que el PP, el PSOE y C's eran el "bloque monárquico" de una misma derecha españolista cobijada bajo el paraguas de la Constitución de 1978. Sin detallar el debate suscitado por la aplicación del citado artículo de la Constitución, ni sobre el enjuiciamiento de los responsables del pronunciamiento por la independencia de Cataluña, la salida prevista por el Gobierno de Rajoy fue la celebración de nuevas elecciones autonómicas en Cataluña antes que prolongar la interinidad de gobernar la Generalitat desde Madrid. Se celebraron a los dos meses, en diciembre, y su resultado reveló la fractura de la sociedad catalana. Por un lado, triunfó C's con el 25,5% de votos y 36 escaños: fue el partido más votado siendo el que defendió la plena vigencia de la Constitución. Sin embargo, sus escaños no bastaban para gobernar y no encontró apoyo en las izquierdas opuestas a la independencia, que rechazaron todo contacto con C's.

Estas izquierdas no habían crecido en votos. Al contrario, se había creado la enésima reagrupación de fuerzas, de nuevo coaligadas con Podemos, pero cambiando de nombre una vez más: Catalunya en Comú-Podem. Perdieron tres escaños mientras los socialistas, que habían apoyado la Constitución, ganaron solo uno. El resultado fue que la derecha soberanista, JuntsXCat, pudo prolongar su gobierno al frente de la Generalitat, esta vez incluyendo en el reparto de puestos a los responsables de ERC. En todo caso, la CUP también había perdido escaños, de modo que, sumados a los diputados de JuntsXCat y ERC, daban 70 diputados con el respaldo del 47,5% de los votantes.

Así comenzó 2018, con un nuevo gobierno soberanista en la Generalitat y plenas tensiones por el encarcelamiento de los líderes independentistas y la huida del expresidente Puigdemont. En 2018 el desgaste del PP se encontró ante una sentencia judicial contra la "trama Gürtel", red de corrupción en las estructuras del partido bajo los mandatos de Aznar y del propio Rajoy. Comenzaba el mes de junio y Pedro Sánchez lanzó una inesperada moción de censura que de inmediato dejó al descubierto la carencia de apoyos del PP. El PNV, que había sido decisivo en el apoyo a los presupuestos del PP unos meses antes, giró y votó contra el Gobierno de Rajoy, lo que sumados con el resto de las izquierdas más los nacionalistas dejó solos al PP y C's, de modo que, constitucionalmente, quien había ganado la moción de censura, con 180 votos a favor y 169 en contra, tenía obligación de formar Gobierno.

5. DEL GOBIERNO DEL PSOE A LA COALICIÓN SOCIALDEMÓCRATA (2018-2022)

El Gobierno del PSOE pensó terminar los dos años que quedaban de legislatura, pero casi todos los partidos rechazaron los presupuestos para 2019, lo que forzó las elecciones generales para abril de ese año. Empezó otro nuevo carrusel de previsibles alianzas electorales. En los meses de gobierno del PSOE en solitario cabe destacar la subida del salario mínimo a 900 euros y la voluntad de retomar el diálogo con los partidos independentistas catalanes, en intentos persistentes por buscar cómo ampliar el electorado. De la campaña electoral de abril se puede retener el dato de un Pablo Iglesias presentándose en el gran debate televisado con un ejemplar de la Constitución en la mano para reprochar a sus rivales no cumplir con lo allí prescrito en 1978. Todo lo contrario que en 2014, cuando había tomado posesión de su acta de eurodiputado prometiendo "acatar la Constitución hasta que los ciudadanos la cambien". El camino de convergencia con la socialdemocracia representada por el PSOE quedaba expedito.

LOS VOTANTES ENTRE ABRIL Y NOVIEMBRE DE 2019: APUNTES DE SOCIOLOGÍA ELECTORAL

Por otra parte, sin haber cambiado la ley electoral a la que antes se le achacaban gran parte de los males del sistema político, los votantes demostraron que no era asunto de normas sino de voluntad ciudadana, y así, de modo explícito, afianzaron en abril el multipartidismo. El PSOE subió 38 escaños, pero con 123 no podía gobernar: cabía aliarse con los 57 de C's, que habrían dado una mayoría absoluta, pero el líder de este grupo, Albert Rivera, se negó a pactar con el PSOE, sellando su muerte futura. Entonces el PSOE optó por buscar la negociación con UP, que no fue posible, aunque habían perdido 12 escaños, se habían quedado en 33. En Comú Podem también había perdido cinco y solo tenía siete, además de haber surgido una escisión en el seno de Podemos, Más País, liderada por Errejón, que obtuvo tres escaños, Compromís tuvo uno, mientras que las Mareas en Galicia se diluyeron.

Todas estas izquierdas, junto con ERC, Bildu y el PNV se abstuvieron, de modo que el PSOE no pudo lograr la investidura al tener más votos en contra, los del PP y C's. Hubo que repetir elecciones en noviembre de 2019. Antes, en octubre, poniendo el énfasis en el cumplimiento de la ley de memoria histórica de 2007, se habían exhumado los restos del dictador sepultados en el valle de Cuelgamuros. Sin embargo, la interinidad de un Gobierno sin capacidad de adoptar medidas importantes se impuso sobre la recuperación económica, que seguía un proceso de mejoría creciente. Tanto el PSOE como UP se desgastaron al ser incapaces de cerrar un acuerdo en abril. Repetir elecciones a los siete meses tuvo su coste: no solo no subieron en votos, sino que el PSOE perdió tres escaños y UP siete, manteniendo En Comú-Podem los siete anteriores. El abrazo de alianza para formar una coalición fue inmediato. No podían arriesgarse a una mayor sangría de votos. Además, se había hundido literalmente C's, perdiendo 47 escaños, y había surgido desde abril otro partido en la derecha, Vox, que de

24 pasó en noviembre a 52 diputados, situándose como tercera fuerza parlamentaria.

La realidad de los votos y el ascenso de Vox obligaron al PSOE, UP y En Comú a aparcar la tenaz persistencia de divisorias por cuestiones doctrinales entre las izquierdas. No se hizo esperar más de dos días el pacto para anudar una coalición de izquierdas con el apoyo de los partidos nacionalistas, a costa de pasar por alto las diferencias soberanistas y los procesos separatistas. Se constituyó, por tanto, en enero de 2020 el primer Gobierno de coalición de izquierdas de la actual democracia con los tres partidos citados, más el apoyo parlamentario de Compromís, Más País y los grupos nacionalistas.

Llegados a este punto es necesario recordar las investigaciones de, entre otros, Juan J. González, sobre la sociología electoral de distintos momentos de la democracia española, en especial las referidas a las elecciones de 2015 a 2019, en las que se constató cómo en las democracias avanzadas las preferencias no se ajustan de modo exclusivo al tradicional eje derecha-izquierda. Lo que se ha calificado como "nueva política" desbordó a los partidos situados en ese eje, pues los cambios generados por la nueva estructura social, la expansión del sistema educativo y el extraordinario peso de los medios de comunicación y las redes sociales dieron un protagonismo especial a las nuevas clases medias expuestas en páginas anteriores. Prácticamente son un tercio de la población activa y definen sus preferencias políticas más por valores culturales y éticos y por estilos de vida que por cuestiones materiales y asuntos de urgencia social. A esto se suman los colectivos de pensionistas y de jóvenes en precariedad o desempleo, con intereses contrapuestos cuyo análisis desbordaría estas páginas.

Tal y como concluye González, los alineamientos electorales "obedecen cada vez menos" al gancho que generan las políticas relacionadas con la producción y cada vez más "a las tensiones redistributivas derivadas de la financiación del Estado de bienestar" con colectivos que, más o menos organizados, exigen sus derechos y, sobre todo, que se reduzcan "sus sentimientos de privación relativa". En consecuencia, las dos elecciones celebradas en 2019 manifestaron "el fin de la nueva política", puesto que el comportamiento de las clases pasivas y amas de casa, "con sus apoyos al antiguo bipartidismo y sus rechazos en contra de los nuevos partidos" (tanto C's como Podemos) han determinado el éxito o fracaso de estos partidos en sus respectivos espacios, uno en la derecha y otro en la izquierda. Por su parte, el PSOE ha reducido su dependencia de las clases pasivas y ha suavizado el rechazo que tenía entre las nuevas clases medias.

En cualquier caso, la sociología electoral aporta análisis de momentos concretos, pero no plantea pronósticos de futuro. En este capítulo solo cabe el esbozo de las cuestiones abiertas, y ahí quedan también otras materias como la evolución de Podemos y de esa otra fuerza política creada por Errejón desde la matriz de Podemos (Más País), los posibles caminos de diálogo con el soberanismo catalán, el proceso de consolidación de los inmigrantes actuales y la regulación de los muchos más que parece que se pueden necesitar en España, los cambios familiares con nuevos hogares y los modos de división sexual del trabajo, las prácticas para abolir la segregación de género, las medidas necesarias para alcanzar mayores cotas de equidad en la distribución de la riqueza, etc.

COALICIÓN SOCIALDEMÓCRATA: DE LA PANDEMIA A LA INVASIÓN DE UCRANIA

El crecimiento económico reiniciado en 2014 prosiguió hasta inicios de 2020 cuando, recién estrenado el Gobierno PSOE-UP, irrumpió una pandemia que paralizó la economía prácticamente todo ese año y gran parte de 2021. Se logró la vuelta a la recuperación desde fines de 2021, gracias a que esta vez la UE obvió la austeridad y adoptó medidas de expansión del gasto. Justo en este momento de relanzamiento de la economía y del empleo, desde febrero de 2022 ha surgido otra tesitura de dramática incertidumbre ante las consecuencias económicas que se calculan derivadas de la invasión de Ucrania por Rusia.

La insólita realidad de tan severa crisis pandémica obligó a declarar el estado de alarma con la consiguiente inmovilización de toda la sociedad, incluyendo la producción económica, salvo en los servicios básicos. Sin embargo, se produjo una respuesta igualmente inédita de la UE. A los cuatro días, el Banco Central Europeo, esta vez en sentido contrario a las decisiones de austeridad de la crisis de 2008, lanzó un plan de compra de 750.000 millones en activos públicos y privados para proteger la economía y la unidad del euro. Desde entonces la UE ha aumentado su presupuesto, ha distribuido ayudas financieras de "Apoyo Temporal para Atenuar los Riesgos de Desempleo en una Emergencia" (SURE) y, sobre todo, ha acordado un plan de recuperación multimillonario a largo plazo.

Las medidas anticíclicas europeas han permitido, por tanto, un extraordinario crecimiento del gasto social para absorber la parálisis económica y las necesidades sanitarias y educativas. Un gasto que se hace con la vigilancia de la UE tanto en la asignación de recursos como en las reformas previstas en el terreno laboral, fiscal, medioambiental y tecnológico. Es justo señalar que, a diferencia de lo ocurrido durante los Gobiernos de Zapatero y Rajoy, el actual Ejecutivo ha tenido garantizada la compra de sus emisiones de deuda para acometer medidas de protección social de las clases trabajadoras, de las familias, de los autónomos y de las empresas. Más aún, se ha emitido deuda a tipos de interés negativos por primera vez en la historia, un fenómeno propio de la globalización donde las grandes *pools* de dinero de las corporaciones económicas superan la oferta de unas cuantiosas emisiones de deuda pública. Así, a principios de 2022 la confianza en la deuda española sigue intacta en los mercados, de modo que el Gobierno puede proseguir su tarea.

Los resultados resultan contundentes. Frente al 27,2% de parados existente en el peor momento de la crisis de 2008-2013, en la crisis pandémica el máximo ha sido el 13,3%, porque en esta crisis ha podido conservar el empleo otro 13% que, en lugar de los ERE (expedientes de regulación de empleo, o sea, de despido), se ha beneficiado de los ERTE (regulaciones solo temporales del empleo o reducciones parciales de jornada) gracias a las extraordinarias ayudas públicas avaladas por la financiación europea para sostener el sistema productivo. Han sido decisivas, entre otras medidas, la exoneración total de la cotización empresarial para las pymes, y del 75% para las empresas de más de 50 trabajadores, además de sucesivas prórrogas de los ERTE. A la altura de la primavera de 2022 ese 13% de trabajadores acogidos a los ERTE ha supuesto que no se han destruido 3,5 millones de puestos de trabajo, de modo que la recuperación económica se ha puesto en marcha en menos de dos años, no en los siete que costó salir de la anterior crisis. Sin embargo, en la primavera de 2022 ha surgido otra nueva incertidumbre económica y social ante los efectos aún incipientes de la invasión de Ucrania por Rusia. Es el punto en el que se redactan estas páginas.

Por lo demás y entre tanto, pese a la realidad de un parlamento multipartidista, o fragmentado si se quiere catalogar así, se han aprobado con mayorías parlamentarias relevantes, por encima del ruido mediático, las leyes de reforma laboral, de educación, formación profesional, cambio climático, protección a la infancia y la de eutanasia más la ley de presupuestos, junto a otras medidas relevantes como el ingreso mínimo vital o el aumento del salario mínimo, materias todas ellas que son parte de la agenda de renovación progresista de las izquierdas.

Para comprender estas políticas, cabe señalar tres hechos simultáneos del otoño de 2021. En primer lugar, Podemos, en su "universidad de otoño", ha resumido los contenidos de su programa con el lema: "Defender lo logrado, ir a por más". Ese "ir a por más" incluye propuestas estrictamente socialdemócratas como parte de una "segunda transición" basada en el feminismo y en un republicanismo plurinacional. Por su parte, IU ha convertido el feminismo y la transición ecológica en catalizadores para crear un "frente amplio" bajo el liderazgo de Yolanda Díaz, militante del PCE y vicepresidenta del actual Gobierno. Esta congregó en noviembre de 2021 a cuatro destacadas políticas de Cataluña, Comunidad Valenciana, Madrid y Ceuta para "mirarle a los ojos a la desigualdad y resituar prioridades", pensando en construir una gobernanza basada en "los cuidados, con su valor ético" como fórmula para "consagrar los derechos humanos y la defensa a ultranza de la *res publica*". Simultáneamente, el PSOE ha celebrado su XL Congreso con una ponencia de más de 300 páginas que Pedro Sánchez resume en la meta de levantar, mediante el "diálogo social y la concordia territorial", una España "inclusiva, digital y verde", esto es, una sociedad de igualdad feminista, en lucha contra toda desigualdad y con el doble reto de armonizar la transición ecológica con la insoslayable transición tecnológica.

Los documentos de los tres partidos, aparte de las diferencias expuestas a modo de consignas, evidencian que se mueven en el campo de las reformas socialdemócratas. La clase obrera, agente tradicional de emancipación para las izquierdas, se ha convertido en pueblo, país e identidad, con un nuevo agente de cambio en todo momento, las mujeres, y unos correlatos de género en debate. Se piensa que la tarea de cambio progresista debe centrarse en gestionar esa realidad con una perspectiva feminista, mayores cotas de equidad y justicia social, una firme transición ecológica y una activa inmersión en la innovación tecnológica. Eso sí, se nombran la banca, las grandes corporaciones y los poderosos, pero solo para exigirles más tributos y menos presión política, no para abolirlos ni nacionalizarlos, aunque haya alusiones a empresas públicas. La "casta" no se menciona, la "revolución" que tantas cuitas y letra impresa había acumulado durante dos siglos se ha quedado para los libros de historia y la "reforma" de la Constitución de 1978, de momento, se comenta en reducidos círculos con una limitada trascendencia.

Han vuelto, en definitiva, palabras tradicionales como "modernización" y "progreso". El concepto de progreso cabría remontarlo sin dificultad hasta aquellas raíces liberales explicadas en el primer capítulo de este libro, cuando la libertad de las personas y la implantación de sus derechos individuales abrieron el camino de la transformación y el avance o progreso de las sociedades. No por casualidad, PSOE y UP firmaron el acuerdo de Gobierno bajo el rótulo de "coalición progresista" para ampliar los contenidos del Estado de bienestar. Han decaído los anteriores análisis sobre la crisis de la socialdemocracia y esta se ha convertido en soporte para construir caminos de emancipación sin violencias ni subversiones revolucionarias.

Probablemente, en estas propuestas sobre el sujeto social de los cambios y progresos históricos el nudo gordiano se encuentre en las contradicciones existentes en la nueva realidad de las clases trabajadoras. Así, el obrerismo sindical, con un alto porcentaje de militantes envejecidos, tiene el desafío de incluir las exigencias de los trabajadores de un sector tan amplio y diverso de servicios donde habitan desde clases medias hasta inmigrantes y grupos en riesgo de exclusión. A esto se suman las tensiones entre esas demandas sociales y las reivindicaciones nacionalistas de difícil armonización con la solidaridad social e interterritorial. Todo esto considerando el cariz republicano instalado sobre todo en las izquierdas nacionalistas, por un lado, y la presencia de una fuerza política como Vox.

En este aspecto, en el campo de la contienda política, también se ha generado un multipartidismo en las derechas como factor insoslayable: primero fue Ciudadanos, que parece haber dilapidado de momento su fuerza política, y recientemente ha irrumpido Vox. Esto ha reforzado el eje de confrontación ideológica tradicional frente a las derechas, con parte de unas izquierdas ancladas en el viejo recurso al antifascismo funcional contra quienes no son los "nuestros". Se clasifica fácilmente de fascistas a cuantos disienten de lo considerado tradicionalmente de izquierdas, de modo que se empantana el debate cultural y, quizás lo más grave, se pierde la perspectiva social para comprender la nueva realidad de los trabajadores autónomos y pequeños propietarios. Así se comprobó, por ejemplo, en la huelga de los transportistas en marzo de 2022 convocada contra un Gobierno de izquierdas en la que, por más que hubiera voces de ultraderecha, los sindicatos tradicionales de clase no estuvieron presentes al tener excluidos unos sectores sociales que, en definitiva, por más que se encuentren inmersos en cadenas de subcontratación de grandes patronos, apuntan al Estado como responsable de la regulación de la vida económica.

Por último, quizás la divergencia más empantanada entre PSOE y UP estribe en la organización de los poderes territoriales y las identidades nacionales, con la "cuestión catalana" convertida en prioritaria. Si para UP la plurinacionalidad hay que organizarla desde la práctica del derecho a la autodeterminación, con el consiguiente referéndum, por el contrario, el PSOE defiende el desarrollo en sentido federal del "Estado de las autonomías", plan que se mantiene en la ambigüedad teórica. La oposición más rotunda al federalismo procede de las fuerzas nacionalistas de uno y otro signo. Probablemente la cuestión soberanista constituya la materia política cuyas posibles soluciones sean de las más abiertas y dificultosas para cerrar este libro.

DESAFÍO PARA UN PRESENTE DE BIENESTAR ENTRE DESIGUALDADES

Para concluir este capítulo sobre el tiempo presente parece adecuado esbozar cómo en el actual nivel de bienestar, superior al de cualquier otra etapa histórica, persiste el reto de afrontar unas desigualdades sociales cuya solución requiere la máxima solidaridad. En España vivimos a la altura de 2022 con unas cifras de PIB, renta per cápita y niveles de bienestar material y educativo que nos sitúan en todos los *rankings* dentro de los quince mejores países del mundo, se usen unos métodos u otros para medir la riqueza de cada sociedad. En este sentido, las desigualdades existentes son el paradójico resultado de la fase de expansión económica más importante de la historia española, cuyo despliegue, iniciado con el asentamiento de la democracia desde mediada la década de 1980, experimentó una grave recesión entre 2008 y 2013 que puso al descubierto las injusticias albergadas en tan extraordinario proceso de transformaciones socioeconómicas. Ya no se trata de aquella pobreza persistente de una sociedad atrasada con respecto a los países más avanzados de Europa, como había ocurrido a lo largo de todo el siglo XIX y gran parte del siglo XX.

Ahora bien, a comienzos del siglo XX se naturalizó de tal modo el crecimiento económico y la prosperidad que parecía incuestionable su marcha ascendente. Las desigualdades solo preocupaban en reducidos círculos de científicos sociales. Comenzaron a preocupar en las sociedades más desarrolladas desde la década de 1970 gracias a autores como Anthony Atkinson y el citado Joseph Stiglitz, entre otros, quienes realizaron estudios y debatieron propuestas sobre cómo garantizar niveles de bienestar a todos los ciudadanos y qué medidas de redistribución y progresividad de los impuestos serían las más eficientes. La OCDE se sumó en 1976 realizando la primera encuesta de ingresos por hogares en los países occidentales más industrializados, incluyendo España, y desde 1983 el *Luxembourg Income Study* comenzó a sistematizar datos sobre desigualdades de rentas y riquezas.

Posteriormente la Unión Europea también incluyó en su agenda las correspondientes estadísticas desde la década de 1990, y precisamente en España fue el socialista Joaquín Almunia quien dirigió un programa de investigación sobre "igualdad y redistribución de la renta" entre 1991 y 1994. En 2006 se publicó en España la obra de Branko Milanović, *La era de las desigualdades*, con casi nulo eco en los partidos de izquierdas y sindicatos. Era un año de prosperidad incontestable y solo a partir de la grave recesión de 2008-2013 las desigualdades se situaron en la agenda de las izquierdas con referencias masivas a la obra antes referida de Stiglitz, *El precio de la desigualdad*, de 2012, y sobre todo a la de Thomas Piketty, *El capital en el siglo XXI*, de 2014, quien tuvo el talento de popularizar entre las izquierdas occidentales la idea de una creciente desigualdad en nuestras sociedades. Antes, en 2011, Guy Standing había publicado otra obra relevante traducida al castellano en 2013, *El precariado: una nueva clase social*, cuya conceptualización se convirtió en parte del vocabulario sociopolítico.

Eran obras que recogían el tránsito de las izquierdas occidentales desde el obrerismo tradicional a una redefinición del pauperismo social. La clase obrera como sujeto histórico y la lucha de clases como estrategia para construir una sociedad más igualitaria se habían quedado como capítulos propios del pasado. Ocuparon su lugar las situaciones de pobreza relativa y unas políticas de redistribución de la riqueza que no quebrasen los marcos de la economía de mercado. En definitiva, se reafirmó el programa socialdemócrata como el soporte político para debatir las lindes y potenciales obstáculos para unas políticas de redistribución y equidad social.

Sin duda, las medidas de austeridad adoptadas durante la Gran Recesión zarandearon el modelo social europeo. Significativamente, en 2010 la UE se planteó la reducción de la pobreza apoyándose en los datos ofrecidos por el indicador AROPE (*At Risk of Social Exclusion*), que conjugaba tres variables: riesgo de pobreza, carencia material severa y baja intensidad de empleo. Además, se rescataron ideas sobre la renta básica universal y el feminismo de los cuidados, que también figuraban en los debates europeos desde la década de los ochenta cuando el empleo industrial comenzaba a quebrar con la revolución científico-tecnológica. Sobre aquellos mimbres se han tejido los actuales marcos de las políticas propugnadas por las izquierdas. Conviene precisar al menos las realidades sociales más perentorias.

Ante todo, la desigualdad significa desventaja y desproporción económica, social y política de unas personas frente a otras y, por tanto, no debe confundirse con la diferencia. También requiere precisar en qué materia (educación, salarios, salud) y entre quiénes (personas, grupos, territorios) existe esa desventaja. Correlativamente la pobreza significa privación, pero en las sociedades europeas no existe la privación absoluta de otras épocas históricas, pues prácticamente no existen ciudadanos que no tengan acceso al mínimo de recursos para vivir con una dignidad básica y con la sanidad, la educación y la pensión garantizadas. Se trata de las personas o grupos que sufren la privación de aquellos recursos materiales y sociales considerados el mínimo vital aceptable no en abstracto sino como miembros de la sociedad en la que viven. Se deslindan dos categorías (pobreza severa y relativa).

En cuanto a la *pobreza severa*, se da cuando se trata de hogares cuyos "ingresos por unidad de consumo son inferiores al 40% de la mediana de la renta nacional", un umbral que, por ejemplo, en julio de 2021, según la Encuesta de Condiciones de Vida del INE, es de 6.417 euros anuales por persona y sería en España el 9,5%, unos 4,5 millones de personas. Es una medición más objetiva, pero siempre con relación a la mediana, que es un factor cambiante, de modo que el umbral de esa pobreza puede aumentar si aumenta la mediana de la renta nacional.

Por su parte, la categoría de *pobreza relativa* se mide desde un umbral establecido con criterios discontinuos al tener carácter comparativo de unos grupos con otros, y porque el concepto de exclusión social no solo está relacionado con los ingresos, sino además también con factores como la etnia, el género, la orientación sexual, la religión, la enfermedad, la desestructuración familiar, las limitaciones de acceso al ocio y redes sociales, la carencia de derechos políticos, las adicciones o los antecedentes penales, entre otros. En España en 2020 se encontraba en pobreza relativa el 26,4% de la población, un total de 12,5 millones de personas según datos de la Red Europea de Lucha contra la Pobreza.

Son cuestiones e ideas que en la última década han generado una copiosa producción de obras y análisis, con persistentes comentarios en los medios de comunicación. En este sentido, frente al predominio de escritos alarmistas, son necesarias investigaciones que, como las de Julio Carabaña, con fuentes estadísticas exhaustivas, ponderen el análisis de la desigualdad. No sobra recordar algunas de sus tesis, basadas en la comparación histórica. Por ejemplo, apoyándose en los índices de Gini, sostiene que la desigualdad en 2013, el peor año de la crisis última, era igual a la de aquellos años de 1990 a 1992, de tanto esplendor en festejos internacionales. De igual modo, recuerda que el mayor aumento de desigualdad, más de cinco puntos, usando el citado índice de Gini, se produjo en la crisis de 1973 a 1980, y el segundo momento, con crecimiento de 2,5 puntos en desigualdad, fue entre 1980 y 1990. Por el contrario, entre 2006 y 2014 se mantuvo entre 31,9 y 34,7 puntos, lejos del récord histórico de cinco puntos de incremento en la década de 1970. Según los informes de la OCDE, la desigualdad de los hogares en España se sitúa en el promedio de los países incluidos en tales siglas: menor que la de Italia, Portugal y Reino Unido y solo superior a la de Alemania y Francia. Por su parte, el INE aporta una evolución del índice de Gini bastante clarificadora: estaba en el 34,7 en 2014 (la encuesta se había hecho el año anterior, o sea, es un dato de 2013, el peor de la crisis) y de ahí bajó al 34,1 en 2017 y al 32,1 en 2020. Comparando, que es necesario, hay que subrayar que con este mismo medidor los quince países más ricos de la UE se mantienen en torno a un coeficiente 30.

Ahora bien, estos datos albergan realidades inclementes. Por ejemplo, tanto en la recesión de 2008-2013 como en la crisis pandémica de 2020-2021, un tercio de los hogares en pobreza severa eran de inmigrantes y dos tercios eran de nativos españoles, no necesariamente en paro, pues no basta el paro para definir la pobreza severa, sino ante todo el salario, si no alcanza para cumplir con lo necesario. Afecta tanto a hombres como a mujeres, con la característica de que dos de cada cinco personas de este colectivo de pobreza son jóvenes menores de 30 años. En definitiva, se trata de hogares en los que existen niñas, niños y adolescentes de hasta 17 años que exigen una especial atención, y dentro de esos hogares están los monoparentales, con mayores necesidades. En resumen, estas situaciones están relacionadas con las fragilidades de un mercado laboral con tres características: una fuerte persistencia de la precariedad, el paro de las personas menos cualificadas y la sobrecualificación de las que tienen más estudios.

La causa más frecuente de precariedad reside en la temporalidad. Incluso en años de bonanza los contratos temporales suponían un 34%, dato de 2006. En concreto, desde 1987 a 2017, en torno al 90% de los asalariados menores de 20 años, y el 70% de los de 20 a 24 años han entrado en el mercado laboral con un contrato temporal. Eso sí, a mayor edad, menor tasa de temporalidad. Son pautas constantes, no han dependido de que haya crisis o no. Abolir esta dualidad del mercado laboral es uno de los objetivos prioritarios de la reciente reforma laboral aprobada a fines de 2021. Respecto al empleo a tiempo parcial involuntario, se sitúa desde 2016 en torno al 14%, algo menor que la media de la OCDE, pero con una desigualdad relevante entre los varones, cuya tasa es del 7%, mientras que en las mujeres es del 22%. De nuevo, los más jóvenes ocupan el porcentaje más elevado y disminuye en las edades mayores.

En general, la precariedad afecta a todos los sectores laborales, públicos y privados, desde el sanitario y el docente, altamente feminizados, trabajadoras del hogar y cajeras de supermercados hasta la hostelería, mensajeros de plataformas y construcción. Con varias características: la precariedad afecta sobre todo a los jóvenes (hombres y mujeres) y, en concreto, el paro afecta de modo más severo a los trabajadores de baja cualificación, y dentro de estos a los de mediana edad. También ha surgido otra faceta proclive a la precariedad: el 21% de los empleos están en riesgo de automatización en España, según la OCDE (2019).

Por último, la sobrecualificación que afecta a los jóvenes de entre 16 y 24 años no es un asunto menor. Al estar España entre los cinco primeros países con más universitarios en ese tramo de edad, pero carecer de una estructura laboral capaz de absorberlos, se genera este desajuste. Hasta 1982 hubo un déficit de universitarios y desde entonces los empleos cualificados con titulaciones universitarias crecieron de 1.230.000 en 1983 hasta cinco millones en 2017, pero los titulados universitarios aumentaron a más de seis millones; o sea, uno de cada cinco se tiene que resituar en empleos que no exigen una titulación superior. Esto ocurre sobre todo entre los titulados de ciertas especialidades de Humanidades, Ciencias Sociales y Administración, frente a los titulados en Ingenierías, de los que solo un 7% se encuentran en empleos de inferior rango.

Por otra parte, hay que considerar que el encasillamiento clásico por clases sociales existente en la izquierda tradicionalmente obrera y en los sindicatos de clase ha dificultado el análisis de los recursos económicos, culturales y de estilos de vida de ese creciente sector de autónomos que conforma casi la cuarta parte de los afiliados a la Seguridad Social (un 18% de los trabajadores), con necesidades y aspiraciones muy heterogéneas, según el sector productivo, y que no pueden ser arrinconados como campo abonado para el conservadurismo político ni ser catalogadas sus huelgas como "paro patronal". Cuando desde la izquierda se habla de patronal pareciera que toda está en el Ibex. No se matiza que las pymes suman el 97% del entramado empresarial en España y dan empleo a casi el 50% de los trabajadores en el sector privado (frente a las medianas y grandes empresas, que ocupan a la otra mitad), siendo más de un tercio microempresas con menos de nueve asalariados que suponen el 20,5% de trabajadores de los sectores privados de la economía. Además, existen 2,7 millones de empleados públicos, la mitad en las administraciones autonómicas (ahí entran educación y sanidad), que no por tratarse solo del 13% del total de trabajadores son de menor importancia, pues sus funciones sociales son de un impacto crucial en la ciudadanía.

En todo caso, además de las cifras sobre unos aspectos sociolaborales u otros, a las izquierdas deben importar ante todo esas experiencias de vida con espinosas discordancias entre las expectativas personales y las opciones efectivas. Ajustar la heterogeneidad de exigencias y atender demandas incluso contradictorias es el reto más urgente, a sabiendas siempre de que el paro y la precariedad, sea de empleados o de autónomos, conllevan en la mayoría de los casos no solo una carencia económica sino también un desajuste en el bienestar individual y social, en la organización del tiempo personal y en la propia identidad personal y sus redes de contactos sociales. Probablemente quienes soportan esta realidad son los que calibran de modo más directo la distancia entre sus tribulaciones e inquietudes y el vocabulario y formas de unos partidos políticos que con frecuencia resultan lejanos en sus debates y comportamientos. Se barrunta como potencial caldo de cultivo para los populismos, pero no es el único factor, sin duda, aunque la distancia entre votantes y partidos constituye el reto que persiste de modo tenaz para las izquierdas.

BIBLIOGRAFÍA

Alonso Pérez, M. y Furió Blasco, E. (2011): "La economía española", *Cahiers de civilisation espagnole contemporaine*, 6.

Alonso, L. E. y Fernández Rodríguez, C. J. (eds.) (2012): *La financiarización de las relaciones salariales: una perspectiva internacional*, Madrid, Los Libros de la Catarata.

Antentas, J. Mª y Vivas, E. (2012): *Planeta indignado: ocupando el futuro*, Madrid, Sequitur.

Badiou, A. et al. (2016): *¿Qué es el pueblo?*, Madrid, Casus-Belli.

Barragué Calvo, B. (2017): *Desigualdad e igualitarismo predistributivo*, Madrid, Centro de Estudios Políticos y Constitucionales.

— (2019): *Larga vida a la socialdemocracia: cómo evitar que el crecimiento de la desigualdad acabe con la democracia*, Barcelona, Ariel.

Bernabé, D. (2020): *La distancia del presente: auge y crisis de la democracia española (2010-2020)*, Madrid, Akal.

Bonet i Martí, J. (2015): "Movimiento 15-M: la fuerza politizadora del anonimato", *ACME: An International E-Journal for Critical Geographies*, 14 (1), pp. 104-123.

Borrell, J. (ed.) (2017): *Los idus de octubre: reflexiones sobre la crisis de la socialdemocracia y el futuro del PSOE*, Madrid, Los Libros de la Catarata.

Caínzos, M. (2001): "La evolución del voto clasista en España, 1986-2000", *Zona Abierta*, 96/97, pp. 91-172.

Calle Collado, A. (2013): *La transición inaplazable: salir de la crisis desde los nuevos sujetos políticos*, Barcelona, Icaria.

Carabaña, J. (2016): *Ricos y pobres*, Madrid, Los Libros de la Catarata.

— (2021): "¿Más desiguales? Cambios dudosos, conflictos vagos, identidades difusas", en B. Tejerina (ed.), *Identidad, conflicto y cambio en las sociedades contemporáneas: ensayos en honor de Alfonso Pérez-Agote*, Madrid, CIS, pp. 117-135.

Carabaña, J. y Salido, O. (2017): "La renta disponible de los inmigrantes en España (1993-2014)", *Anuario CIDOB de la Inmigración*, pp. 233-252.

Castells, M. (2012): *Redes de indignación y esperanza: los movimientos sociales en la era de internet*, Madrid, Alianza.

Cobo Bedía, R. y Ranea, B. (2020): *Breve diccionario de feminismo*, Madrid, Los Libros de la Catarata.

CRUELLS, M. e IBARRA, P. (eds.) (2013): *La democracia del futuro: del 15-M a la emergencia de una sociedad civil viva*, Barcelona, Icaria.

DE FRANCISCO, A. y HERREROS, F. (2022): *Podemos, la izquierda y la "nueva política"*, Barcelona, El Viejo Topo.

DE JUAN, A.; URÍA, F. y DE BARRÓN, I. (2013): *Anatomía de una crisis*, Barcelona, Deusto.

DEL CAMPO, S. y TEZANOS, J. F. (coords.) (2009): *España siglo XXI* (5 vols.), Madrid, Biblioteca Nueva.

DOMÈNECH, X. (2014): *Hegemonías: crisis, movimientos de resistencia y procesos políticos (2010-2013)*, Madrid, Akal.

ERREJÓN, I. y MOUFFE, Ch. (2016): *Podemos: In the Name of the People*, Londres, Lawrence & Wishart.

ESPUELAS BARROSO, S. (2013): "La evolución del gasto social público en España, 1850-2005", *Documentos ocasionales*, 2103.

FERNÁNDEZ ÁLVAREZ, J. (2021): *Volver a las raíces: una izquierda europea contra la desigualdad*, Madrid, Clave Intelectual.

FRANCESCUTTI, P. (2021): *Historia del futuro: utopías y distopías después de la pandemia*, Granada, Comares.

FRANZE, J. (2017): "La trayectoria del discurso de Podemos: del antagonismo al agonismo", *Revista Española de Ciencia Política*, 44, pp. 219-246.

FURIÓ BLASCO, E. y ALONSO PÉREZ, M. (2015): "Desempleo y reforma laboral en España durante la Gran Recesión", *Cahiers de civilisation espagnole contemporaine*, 14.

GALDÓN CORBELLA, C. (2012): *Movimiento 15-M y feminismo: una aproximación al carácter feminista del 15-M* [Trabajo de Fin de Grado], Madrid, Universidad Rey Juan Carlos.

GARGARELLA, R. et al. (2015): *Democracia y protesta: el valor democrático del derecho a la protesta*, Zaragoza, Sibirana.

GIL, A. y BARCIA, J. V. (eds.) (2015): *Voces del cambio: el fin de la España de la Transición*, Barcelona, Roca.

GIL CALVO, D. (coord.) (2016): *Sociólogos contra el economicismo*, Madrid, Los Libros de la Catarata.

GOMÁ CARMONA, R. y UBASART, G. (coords.) (2021): *Vidas en transición: (re)construir la ciudadanía social*, Madrid, Tecnos.

GONZÁLEZ, J. J. (2002): "Las elecciones generales de 2000: voto ideológico/voto racional", *Revista Internacional de Sociología*, 32, pp. 7-33.

— (2004): "Voto y control democrático: las elecciones del 14-M", *CPA Estudios*, 8.

— (ed.) (2020): *Cambio social en la España del siglo XXI*, Madrid, Alianza.

GONZÁLEZ-DÍEZ, V. y MORAL-BENITO, E. (2019): "El proceso de cambio estructural de la economía española desde una perspectiva histórica", *Documentos ocasionales*, 1907.

JIMÉNEZ DÍAZ, J. F. (2013): "Crisis económica, confianza institucional y liderazgos políticos en España", *Barataria: Revista Castellano-Manchega de Ciencias Sociales*, 15, pp. 125-141.

Kerman, C.; Gómez, T. y Mena, M. (2011): "Movimiento 15-M: quiénes son y qué reivindican", *Especial 15-M*, Madrid, Fundación Alternativas, Zoom Político.

Lacasta, J. I. (2013): *Memoria colectiva, pluralismo y participación democrática*, Valencia, Tirant Humanidades.

Laparra, M. y Pérez, B. (2008): *Exclusión social en España*, Madrid, Fundación Foessa.

Laraña, E. y Díaz, R. (2012): "Las raíces del movimiento 15-M: orden social e indignación moral", *Revista Española del Tercer Sector*, 20 (enero-abril), pp. 105-144.

Leonisio, R.; Molina, F. y Muro, D. (eds.) (2021): *ETA: terror y terrorismo*, Madrid, Marcial Pons.

López Calle, P. (2007): *La desmovilización general: jóvenes, sindicatos y reorganización productiva*, Madrid, Los Libros de la Catarata.

López Laborda, J. (2010): "La reforma del sistema de financiación de las Comunidades Autónomas: descripción, primera valoración y algunas cuestiones pendientes", en *Informe sobre federalismo fiscal en España*, Barcelona, Institut d'Economia de Barcelona-Universitat de Barcelona.

Martín, C.; Zarapuz, L. y Lago, J. M. (2015): "Crecen las desigualdades: desigualdad, pobreza y salarios", *EnClave de economía: Publicación periódica del Gabinete Económico de la C. S. de CC OO*, 2.

Martínez García, S. (2013): *Estructura social y desigualdad en España*, Madrid, Los Libros de la Catarata.

Martínez Pastor, J. I. (2019): "El mercado de trabajo: los gozos y las sombras" [Documento de Trabajo 2.1.], *VIII Informe FOESSA*, Madrid.

— (2020): "Origen social y paro: ¿importa la ocupación de los padres para evitar el desempleo?", *Revista Internacional de Sociología*, 78 (3), e-161.

Monedero, J. C. (2011): *La Transición contada a nuestros padres: nocturno de la democracia española*, Madrid, Los Libros de la Catarata.

— (2013): *Curso urgente de política para gente decente*, Barcelona, Seix-Barral.

Monge, C. (2017): *15M: un movimiento político para democratizar la sociedad*, Zaragoza, Prensas de la Universidad de Zaragoza.

Montero, M. (2018): *El sueño de la libertad: mosaico de los años de terror*, Oviedo, Nobel.

Ovejero Lucas, F. (2013): *¿Idiotas o ciudadanos?: el 15-M y la teoría de la democracia*, Barcelona, Montesinos Ensayo.

— (2018): *La deriva reaccionaria de la izquierda*, Barcelona, Página Indómita.

Pasamar, G. (2019): *La Transición española a la democracia ayer y hoy: memoria cultural, historiografía y política*, Madrid, Marcial Pons.

Pellicer, L. (2014): *El vicio del ladrillo: la cultura de un modelo productivo*, Madrid, Los Libros de la Catarata.

Podemos, En Comú Podem y En Marea (2016): "Un país para la gente: bases políticas para un gobierno estable y con garantías", *Podemos Info*, 15 de febrero.

Politikon (2014): *La urna rota: la crisis política e institucional del modelo español*, Barcelona, Debate.

Przeworsky, A. (1985 [1988]): *Capitalismo y socialdemocracia*, Madrid, Alianza.

Ramiro, L. (2004): *Cambio y adaptación en la izquierda: la evolución del Partido Comunista de España y de Izquierda Unida (1986-2000)*, Madrid, CIS.

Rendueles, C. y Sola, J. (2019): *Estrategias y desafíos: la situación de la izquierda en España*, Madrid, Rosa-Luxemburg-Stiftung.

Requena, M. y Stanek, M. (2015): "Las clases sociales en España: cambio, composición y consecuencias", en A. Blanco *et al.* (eds.), *Informe España 2015: homenaje a José Mª Martín Patino*, Madrid, Fundación Encuentro, pp. 487-517.

Requena, M.; Salazar, L. y Radl, J. (2013): *Estratificación social*, Madrid, UNED y McGraw-Hill.

Riechmann, J.; Tellechea, I. y Commoner, B. (2022): *Ecología y acción social*, Madrid, Los Libros de la Catarata.

Riesco Sanz, A. (ed.) (2020): *Fronteras del trabajo asalariado*, Madrid, Los Libros de la Catarata.

Rivera Blanco, A. y Mateo Santamaría, E. (eds.) (2018): *Verdaderos creyentes: pensamiento sectario, radicalización y violencia*, Madrid, Los Libros de la Catarata.

— (coords.) (2020): *Las narrativas del terrorismo: cómo contamos, cómo transmitimos, cómo entendemos*, Madrid, Los Libros de la Catarata.

Rodríguez Pardo, J. M. *et al.* (2016): *Podemos: ¿comunismo, populismo o socialfascismo?*, Oviedo, Pentalfa.

Salido, O. y Facheli, S. (2020): *Perspectivas y fronteras en el estudio de la desigualdad social: movilidad social y clases sociales en tiempos de cambio*, Madrid, CIS.

Sánchez-Cuenca, I. (2012): *Años de cambios, años de crisis: ocho años de gobierno socialista, 2004-2011*, Madrid, Los Libros de la Catarata.

— (2019): *La izquierda, fin de (un) ciclo*, Madrid, Los Libros de la Catarata.

Sanz Díaz, B. (2015): *Elecciones primarias en España, 1993-2015*, Valencia, Universidad de Valencia.

Scott, J. W. (2022): *Sobre el juicio de la historia*, Madrid, Alianza.

Serra, C. (2018): *Leonas y zorras: estrategias políticas del feminismo*, Madrid, Los Libros de la Catarata.

Soriano, R. y Rubiales, F. (2007): "La Alianza de Civilizaciones: un proyecto de Naciones Unidas a propuesta del Gobierno español", *Revista Internacional de Pensamiento Político*, 3, pp. 97-111.

Spadaro Giardina, A. (2002): "Redistribución e incentivos a la oferta de trabajo: desarrollos recientes de la teoría de la imposición óptima sobre la renta", *Hacienda Púbica Española*, 160, pp. 147-176.

Taibo, C. (2011): *Nada será como antes: sobre el movimiento 15-M*, Madrid, Los Libros de la Catarata.

— (coord.) (2012): *¡Espabilemos! Argumentos desde el 15-M*, Madrid, Los Libros de la Catarata.

Tezanos, J. F. (ed.) (2017): *Tendencias científico-tecnológicas: retos, potencialidades y problemas sociales*, Madrid, UNED-Fundación Sistema.

Valcárcel, A. (2019): *Ahora, feminismo: cuestiones candentes y frentes abiertos*, Madrid, Cátedra.

Velasco, P. (2011): *No nos representan: el manifiesto de los indignados en 25 propuestas*, Madrid, Planeta.

VV AA (2011): *Las voces del 15-M*, Barcelona, Los Libros del Lince.

VV AA (2011): *La rebelión de los indignados. Movimiento 15-M: Democracia Real, ¡Ya!*, Madrid, Popular.

VV AA (2011): *Nosotros, los indignados: las voces comprometidas del #15-M*, Barcelona, Destino.

EPÍLOGO ABIERTO

En los sucesivos capítulos de este libro se ha tratado de exponer la evolución y complejidad de ese entramado de factores y actores cuyas experiencias constituyeron el devenir en el que se sitúa nuestro actual presente. No toca resumir los contenidos de esos capítulos: resulta obvio que desde aquella sociedad de 1789 hasta la actual de 2022 no existe ni siquiera un mismo paisaje geográfico ni, por supuesto, semejanza alguna en clases sociales, poderes políticos, bienestar material, creencias, niveles educativos o capacidades científicas y culturales. Solo cabría constatar aquí y en cualquier otra sociedad la permanencia de un afán de mejora material, social y espiritual en todas las épocas.

La conversión de ese interés y empeño en objetivo político es lo que conocemos como "modernidad ilustrada", esto es, situar las aspiraciones de los seres humanos en el eje de la organización de unos Estados que deben representar los intereses de sus integrantes. Fueron las revoluciones liberales las que institucionalizaron como soportes organizativos de la sociedad tres realidades: la economía de mercado, un Estado racional de derechos y libertades y, de modo decisivo, "la invención de cómo inventar", esto es, la ciencia y la tecnología como locomotora imprescindible para el progreso social y económico. La idea de futuro irrumpió con el liberalismo. No por casualidad, en España, tras las Cortes de Cádiz, el *Diccionario* de la Real Academia tuvo que incluir la palabra "porvenir". Era la preocupación social más importante: la razón tenía el camino expedito para imaginar la felicidad de las generaciones futuras. Ante semejantes novedades, hubo actitudes políticas que se han encasillado coloquialmente bajo el paraguas clasificatorio de derechas e izquierdas, conservadores y progresistas. En este libro se han explicado las aspiraciones y procederes de las izquierdas en España, con sus conquistas, derrotas y mudanzas en su meta de construir una sociedad con mayores niveles de justicia social.

En esa tarea tan seductora, el lema revolucionario de "libertad, igualdad y fraternidad" embriagó a miles de personas por todos los países. Conocer los entresijos de los datos constituye el soporte para comprender las aspiraciones y prácticas de cuantos grupos sociales y personas se comprometieron con tales consignas revolucionarias, sabiendo que, tal y como lo condensó un proverbio árabe, "los hombres se parecen más a su tiempo que a sus padres". Por eso es tan importante conocer los soportes estructurales en los que viven esas personas y, en consecuencia, considerarlos como factor de comprensión de las mudanzas y cambios tácticos y estratégicos de las izquierdas. Es cierto que en este libro no se han resuelto ni los debates teóricos ni las disputas estratégicas producidas durante dos largos siglos porque, además, todo el proceso ocurrido en España no se comprende sino como parte de los correspondientes procesos doctrinales y sociales de las izquierdas de los países occidentales.

Este libro comenzó con la necesaria reivindicación del concepto de "liberal", que definió a quienes, en nombre de la libertad, abolieron los privilegios de una sociedad estamental con anclajes feudales. Así, al plantearse una sociedad de ciudadanos libres e iguales, los liberales abrieron las compuertas de la historia a nuevas expectativas con propuestas de igualdad y fraternidad que, de inmediato, hicieron suyas y ampliaron los movimientos que hemos clasificado como democráticos, feministas, socialistas y anarquistas. Es más, el socialismo y el anarquismo apostaron por una radical impugnación del liberalismo, al convertirse este en justificación de las nuevas estructuras de poder social y económico. Tanto socialistas como anarquistas coincidieron en la utopía de convertir la sociedad en una "asociación de individuos libres", o sea, de organizar un "sistema social bajo el cual el libre desarrollo de cada uno es la condición para el libre desarrollo de todos", tal y como expresaron en 1848 Marx y Engels, quienes analizaron el capitalismo como la negación estructural y sistemática de esa libertad individual que solo disfrutaban las clases dominantes frente a los trabajadores que no poseían más que la libertad de vender su fuerza de trabajo.

En el camino se olvidaron, salvo excepciones, de que ser liberal significaba también alejarse de cualquier dogma, tolerar al adversario y perseverar con la mente abierta a las evoluciones y cambios intrínsecos a toda sociedad humana. De este modo, quienes pensaban metas de progreso y emancipación, concebidas como absolutos válidos para toda la humanidad, se dividieron. Unos apostaron por profundizar en los derechos y libertades organizándose como defensores de una auténtica soberanía del pueblo, esto es, como impulsores de la democracia, que, en el caso español, mayoritariamente fueron republicanos, al asignarle los liberales moderados a la monarquía poderes por encima de dicha soberanía popular. Las mujeres, por su parte, abrieron espacios de libertad e igualdad con metas muy concretas que sencillamente trataban de hacer realidad lo que predicaban sus congéneres varones. En paralelo surgieron propuestas para alcanzar la utopía de un mundo perfecto. Nacieron los socialistas, los anarquistas y, más tarde, los comunistas. Vivieron sus ideas como una tarea mesiánica: era posible la redención de la humanidad y construir la armonía terrenal. Un sueño pensado como verdad absoluta con tal pasión que consideraron válido cualquier sacrificio e incluso se convencieron de la necesidad de imponerlo al resto de la sociedad.

Es cierto que, desde sus primeros momentos, practicaron intensos y encarnizados debates sobre tácticas, estrategias, alianzas y modos de posible gobernanza. Las divisiones, escisiones y derrotas han sido una constante en sus respectivas historias. En general se puede concluir que, en el conjunto de las izquierdas, desde los orígenes, siempre se encuentran dos posiciones o conductas, la reformista y la revolucionaria, coexistiendo estas incluso dentro de una misma organización política o sindical. En este sentido, ¿podría considerarse actualmente obsoleta la vía revolucionaria o, al menos, arrinconada en márgenes de muy limitado alcance? O, por el contrario ¿cabría afirmar que, desde la disolución de la Unión Soviética y la consideración de que la violencia debe desterrarse de la contienda política, el camino auténticamente revolucionario para alcanzar ese destino de progreso y justicia resulta más sólido logrando reformas y avanzando con pequeños pasos? Porque subvertir el capitalismo de modo revolucionario, hasta el momento, ofrece balances sobrecogedores e injustificables con el coste de innumerables vidas sacrificadas en nombre de un futuro que ni por asomo se ha vislumbrado en el horizonte.

Así, hoy, en el conjunto de las izquierdas, los citados debates sobre tácticas y estrategias, plazos y etapas para construir la nueva sociedad ya no generan tensiones. En la actualidad el amplio espacio ideológico de las izquierdas occidentales puede ser caracterizado por dos nuevas realidades. Ante todo, por la conciencia de carecer de una nueva teoría revolucionaria. Se reeditan textos de los más distintos clásicos marxistas, se repiten diagnósticos catastrofistas sobre la constante crisis social y ecológica del capitalismo, denunciando crecientes desigualdades, se demandan urgentes medidas de salvación no solo de las personas sino de todo el planeta, y con demasiada frecuencia ni siquiera traspasan las negruras de un capitalismo extractivo con ciertas alternativas tan insólitas o lírico-ecológicas como la de llegar al socialismo "solo en bicicleta"...

Quizás no sea negativo ese atolladero creativo para pensar e imaginar un nuevo comienzo. Quizás esto haya contribuido a consolidar la segunda característica de las actuales izquierdas: haber establecido como prioridad absoluta la mejora del mundo existente, una tesis que cuenta con un sólido precedente en los marxistas socialdemócratas de las primeras décadas del siglo XX. Aún quedan rescoldos de admiración por las tácticas de Lenin o añoranzas por el estilo revolucionario del Che Guevara, pero se ha impuesto el reformismo pragmático, adobado con nuevas luchas por conquistar espacios de hegemonía social y cultural, siempre con métodos pacíficos. En este camino, las socialdemocracias europeas han convergido con la tradición de los liberales progresistas o sociales. En definitiva, tanto socialdemócratas como liberales han sido los impulsores, con lógicas discrepancias, de la construcción durante las cuatro últimas décadas de lo que se califica como "modelo social europeo". Es la base de la gobernanza de la Unión Europa. Y ahí está España. Por tanto, las izquierdas españolas son integrantes de ese marco geopolítico, aunque persista en algunos sectores cierto maniqueísmo antinorteamericano, revestido de un pacifismo más bien gestual.

Lógicamente, ni el campo socialdemócrata ni el liberal son uniformes. Albergan en su seno posiciones encontradas que se manifiestan en el flujo de organizaciones políticas que las constituyen. Coinciden, que es lo importante, en compartir tres principios de organización: la democracia, la economía de mercado y el Estado de bienestar. Las interpretaciones de esas ideas son dispares, sobre todo en la práctica, con aplicaciones que pueden resultar incluso incompatibles o al menos incoherentes con esos principios. Son, a la postre, esas prácticas y decisiones concretas sobre las que marcha la historia siempre como una tensión de fuerzas, intereses y aspiraciones encontradas y que, para lo referido a las izquierdas, se han expuesto en los últimos epígrafes del capítulo final de este libro.

Ahora bien, esta realidad de moderación y equilibrio democrático y social, amparada por las decisiones de la Unión Europea, presenta en cada país momentos de aguda crispación partidista, así como una disparidad de fuerzas que en la última década se ha visto afectada por el surgimiento de distintas organizaciones de ultraderecha. En este contexto general, las izquierdas españolas se encuentran en un campo de contienda con retos específicos. Ante todo, la cuestión social se ha desplazado a nuevos sujetos históricos. Inicialmente liberales y demócratas asignaron el protagonismo social al pueblo en general; posteriormente, los socialistas, anarquistas y comunistas situaron en el proletariado el agente histórico decisivo. Sin embargo, las transformaciones socioeconómicas experimentadas desde hace medio siglo han sido de tal envergadura que la estructura de clases y los niveles de vida han activado un panorama político insospechado en décadas anteriores. No por casualidad, entre los responsables actuales del PSOE se habla de atender prioritariamente las necesidades y demandas de "las clases medias y trabajadoras", así como de los "grupos y personas vulnerables". Por parte de Unidas Podemos se busca la fórmula de organizar un "movimiento ciudadano" que aglutine a una "mayoría social", sin los esquemas clásicos de un partido político, con el objetivo de "reanimar la izquierda". En ambos casos con métodos de hiperliderazgos, tan personalistas que resultan incoherentes con los propios idearios que los sustentan.

Lo cierto es que las paradojas y fluctuaciones de los actuales procesos electorales se afincan en dichas "clases medias y trabajadoras". Son las protagonistas del inédito aceleramiento del nivel educativo y de las nuevas posibilidades de información y, por tanto, entre otras razones, las más sensibilizadas o receptivas a la eclosión de identidades (nacionalistas y de género, sobre todo) y a cuestiones morales. También las más proclives a la insatisfacción política generada por unos partidos cuyos déficits de funcionamiento, lastrados por casos de corrupción muy graves, se convierten en acusaciones generalizadas contra todos. Por su parte, entre las llamadas "familias o personas vulnerables" crece la tendencia a la abstención, según detectan las encuestas, o hacia la ultraderecha. En consecuencia, la "mayoría social" que se pretende movilizar es un entramado de grupos sociales que no se sienten suficientemente atendidos, por un lado, y, por otro, con intereses, inquietudes y culturas muy dispares entre sí.

Es lógico, por tanto, que los objetivos sociales de las izquierdas, así como de los sindicatos de clase, se encuentren en proceso de reajuste de tácticas para atender la heterogeneidad de exigencias del mundo laboral, desde el autónomo al precario o al funcionario. Ahora bien, existen medidas de justicia social que, sin embargo, no generan automáticamente una adhesión electoral, y mucho menos política. Por ejemplo, una subida de impuestos centrada en el 10% más rico, que disfruta del 25% del conjunto de las rentas españolas, sería muy justa para aumentar la necesaria progresividad de los impuestos. Sin embargo, lo recaudado no se aplica directamente al polo contrario, al 10% de rentas más bajas, sino que se incluye en la caja única que paga todos los gastos públicos. Y a esa caja también aportan los contribuyentes de las clases trabajadoras, de los que bastantes lindan precisamente con los que no contribuyen. No es difícil que piensen que son ellos, no los ricos, los que, en la práctica, ayudan con sus impuestos a los grupos sociales más vulnerables, entre los que a veces encuentran casos que, bien propagados por distintos medios, muestran que no son tan merecedores de unas ayudas que, por otra parte, esos trabajadores, que sí que contribuyen, también podrían necesitar. Así, la progresividad de los impuestos no anula necesariamente la impresión de que "todos lo pagamos todo". Puede que por eso electoralmente resulten más atractivas las medidas que benefician a todos, aunque tengan poco efecto redistributivo. Al final, persistirían las reclamaciones de los más desfavorecidos contra todos los demás, y ese espacio de indignación electoral puede dar lugar a muchas sorpresas.

En dicho contexto, a las izquierdas se les multiplican las realidades que deben encauzar para construir itinerarios hacia una sociedad más justa. Se suman las apuestas por valores posmaterialistas, con debates y enfrentamientos de muy distinto calibre, según se trate de identidades de género y, sobre todo, las relacionadas con uno u otro nacionalismo, incluyendo los arraigos o sentimientos locales, sin olvidar las relativas a la educación, la memoria histórica y aspectos morales como el aborto. Constituyen asuntos y preocupaciones que se despliegan en procesos sociales nunca lineales ni unívocos. Las izquierdas tienen que afrontar estas cuestiones a sabiendas de que, en ese camino, es más intrincado perfilar rutas de progreso moral cuyo consenso es más arduo y complejo, a diferencia del progreso material, de más fácil pacto en cifras y beneficios. Es importante a este respecto redoblar la conciencia de que ni la naturaleza ni la historia de la humanidad tienen inscrito un plan o ruta de metas morales. La historia es puro proceso de cambio, aunque se confirman aspiraciones comunes en todas las sociedades y épocas a vivir con más felicidad y mejores niveles de bienestar.

Esto es lo que se compulsa en los sucesivos capítulos de este libro: los afanes de mejora en libertades y derechos han sido constantes en cada generación. Incluso con retrocesos, de modo que los distintos itinerarios y medios defendidos y desarrollados han estado plagados de esperanzas, riesgos, sufrimientos, violencias y también, es justo recordarlo, han aportado testimonios de vidas siempre contradictorias. El conflicto contra los poderes dominantes ha incluido crisis y derrotas, avances y duros repliegues, riesgos y actos ejemplares unos y censurables otros. El balance favorece el optimismo. No se ha construido la utopía por la que muchos dieron su vida, o por la que también mataron, pero existen mejores condiciones de vida y, aunque el progreso moral sea más complicado de aquilatar, se comprueba un mayor nivel educativo, más riqueza de manifestaciones culturales y mejores asideros para consolidar valores de tolerancia y de comprensión crítica del pluralismo propio de toda sociedad.

Estos resultados no se deben a una evolución ciega de la sociedad ni a los efectos automáticos de un crecimiento económico. Se puede argumentar que las izquierdas en España, aceptando que también sumaron errores y acciones injustificables, históricamente han impulsado y ampliado libertades y derechos sociales, han contribuido de modo relevante a la elaboración de las constituciones más democráticas de nuestra historia y han cimentado el Estado del bienestar. La historia exige comparar continuamente con el pasado y con las realidades de otros países, para cotejar similitudes y diferencias, y es comprobable que las personas, las sociedades en su conjunto, no podrían sobrevivir ni perdurar sin esperanzas ni pasiones. Aunque estas, como ha reflexionado Eric Hobsbawm, "sean derrotadas y se comprenda que las acciones de los hombres no pueden eliminar la infelicidad de los hombres", nunca se agotará la capacidad de los seres humanos de soñar y anhelar una vida más libre, más solidaria y más justa. Ese deseo básico, que no necesita retomar utopías impuestas por la fuerza, constituye el eje de la modernidad y mantiene su infinito potencial, a sabiendas de que ninguna conquista es irreversible.

Por eso precisamente se podría concluir este libro con el recuerdo emocionado, aunque partidista, de aquellas palabras de esperanza con las que el presidente Salvador Allende, cercado por las tropas del retroceso histórico, se dirigió a los chilenos por la radio el 11 de septiembre de 1973:

Tienen la fuerza, podrán avasallarnos, pero no se detienen los procesos sociales ni con el crimen... ni con la fuerza. La historia es nuestra y la hacen los pueblos... [y por eso] mucho más temprano que tarde, de nuevo se abrirán las grandes alamedas por donde pase el hombre libre para construir una sociedad mejor.

BIBLIOGRAFÍA GENERAL

AGUADO, A. (ed.) (2010): *Culturas políticas y feminismos*, monográfico de *Historia social*, 67 (2).

AGUADO, A. y ORTEGA LÓPEZ, T. Mª (coords.) (2011): *Feminismos y antifeminismos, culturas políticas e identidades de género en la España del siglo XX*, Valencia, Publicaciones de la Universidad de Valencia.

ALÍA MIRANDA, F. (2018): *Historia del Ejército español y de su intervención política*, Madrid, Los Libros de la Catarata.

ANGUERA, P.; BERAMENDI, J. y DE LA GRANJA, J. L. (2001): *La España de los nacionalismos y las autonomías*, Madrid, Síntesis.

ARÓSTEGUI, J. et al. (2001): *El mundo contemporánea: historia y problemas*, Barcelona, Crítica.

ARTOLA, M. (1991): *Partidos y programas políticos, 1808-1936* (2 vols.), Madrid, Alianza.

BALLBÉ, M. (1983): *Orden público y militarismo en la España constitucional (1812-1983)*, Madrid, Alianza Universidad.

BARRIO ALONSO, A. (2014): *Por la razón y el derecho: historia de la negociación colectiva en España (1850-2012)*, Granada, Comares.

CAPEL, R. Mª (coord.) (2008): *Cien años trabajando por la igualdad*, Madrid, Fundación Largo Caballero.

CARRERAS, A. y TAFUNELL, X. (2018): *Entre el imperio y la globalización: historia económica de la España contemporánea*, Barcelona, Crítica.

CARRERAS, A. y TAFUNELL, X. (coords.) (2005): *Estadísticas históricas de España, siglos XIX y XX* (2 vols.), Bilbao, Fundación BBVA.

COMÍN, F. y HERNÁNDEZ, M. (2013): *Crisis económicas en España, 1300-2012*, Madrid, Alianza.

CABRERA, M. y DEL REY, F. (2011): *El poder de los empresarios: política y economía en la España contemporánea (1875-2010)*, Barcelona, RBA.

CASANOVA, J. (coord.) (2010): *Tierra y libertad: cien años de anarquismo en España*, Barcelona, Crítica.

CASTILLO, S. y DUCH, M. (coords.) (2015): *Sociabilidades en la historia*, Madrid, Cátedra.
CASTILLO, S. et al. (2008-2011): *Historia de la UGT, 1873-2010* (6 vols.), Madrid, Siglo XXI.
CLAVERO, B. (1984): *Evolución histórica del constitucionalismo español*, Madrid, Tecnos.
CRUZ, R. (coord.) (1997): *El anticlericalismo*, monográfico de *Ayer*, 27.
CRUZ, R. y PÉREZ LEDESMA, M. (eds.) (1997): *Cultura y movilización en la España contemporánea*, Madrid, Alianza.
CUESTA BUSTILLO, J. (dir.) (2003): *Historia de las mujeres en España: Siglo XX*, Madrid, Instituto de la Mujer.
DE MIGUEL, A. (2010a): *Teoría feminista: de la Ilustración a la globalización*, Madrid, Minerva.
— (2010b): *Teoría feminista: del feminismo liberal a la posmodernidad*, Madrid, Minerva.
DOMÍNGUEZ ORTIZ, A. (dir.) (1988): *Historia de España* (vols. 8, 9, 10 y 11), Barcelona, Planeta.
DROZ, J. (1977-1983): *Historia del socialismo* (3 vols.), Barcelona, Destino.
DUARTE, A. (2013): *El republicanismo: una pasión política*, Madrid, Cátedra.
ELLEY, G. (2003): *Un mundo que ganar: historia de la izquierda en Europa, 1850-2000* [traducción de Jordi Beltrán], Barcelona, Crítica.
FERNÁNDEZ SEBASTIÁN, J. y FUENTES, J. F. (dirs.) (2008): *Diccionario político y social del siglo XIX español*, Madrid, Alianza.
FOLGUERA, P. (comp.) (1999): *El feminismo en España: dos siglos de historia*, Madrid, Fundación Pablo Iglesias.
FONTANA, J. y VILLARES, R. (dirs.) (2007-2017): *Historia de España* (tomos 5, 6, 7, 8, 9, 10, 11 y 12), Madrid-Barcelona, Marcial Pons-Crítica.
FUSI, J. P. y PALAFOX, J. (2000): *España, 1808-1996: el desafío de la modernidad*, Madrid, Espasa.
JOVER ZAMORA, J. Mª. (dir.) (1982-2007): *Historia de España, fundada por Ramón Menéndez Pidal* (vols. 32 a 43), Madrid, Espasa-Calpe.
HOBSBAWM, E. (dir.) (1983): *Historia del marxismo* (9 vols.) [traducción de Josep M. Colomer], Barcelona, Bruguera.
JOHNSON, R. y ZUBIAURRE, T. (eds.) (2012): *Antología del pensamiento feminista español (1726-2011)*, Madrid, Cátedra.
JULIÁ, S. (1997): *Los socialistas en la política española, 1879-1982*, Madrid, Taurus.
— (2010): *Hoy no es ayer: ensayos sobre la España del siglo XX*, Barcelona, RBA.
LLOPIS, E. y MALUQUER DE MOTES, J. (2013): *España en crisis: las grandes depresiones económicas, 1348-2012*, Barcelona, Pasado & Presente.
MALUQUER DE MOTES, J. (2014): *La economía española en perspectiva histórica*, Barcelona, Pasado & Presente.
MARTÍNEZ CARRIÓN, J. M. (ed.) (2002): *El nivel de vida en la España rural, siglos XVIII-XX*, Alicante, Universidad de Alicante.
MORANT, I. (dir.) (2005): *Historia de las mujeres en España y América Latina* (4 vols.), Madrid, Cátedra.

Moreno Luzón, J. (ed.) (2011): *Izquierdas y nacionalismos en la España contemporánea*, Madrid, Fundación Pablo Iglesias.
Moreno Seco, M. (ed.) (2020): *Activistas, creadoras y transgresoras: disidencias y representaciones*, Madrid, Dykinson.
Moreno Seco, M. y Ramos, Mª D. (coords.) (2008): *Mujeres y culturas políticas*, monográfico de *Pasado y Memoria: Revista de Historia contemporánea*, 7.
Nadal, J. (dir.) (2003): *Atlas de la industrialización de España, 1750-2000*, Barcelona, Crítica-BBVA.
Pereira, J. C. (ed.) (2003): *La política exterior de España (1800-2003): historia, condicionantes y escenarios*, Barcelona, Ariel.
Pérez Garzón, J. S. (2018): *Historia del feminismo*, Madrid, Los Libros de la Catarata.
Perrot, M. y Duby, G. (coords.) (2000): *Historia de las mujeres* (4 vols.), Madrid, Taurus.
Piqueras, J. A. (2024): *El federalismo: la libertad protegida, la convivencia pactada*, Madrid, Cátedra.
Prados de la Escosura, L. (2003): *El progreso económico de España (1850-2000)*, Bilbao, Fundación BBVA.
Puelles Benítez, M. (2010): *Educación e ideología en la España contemporánea*, Madrid, Tecnos.
Pujol Andreu, J. (ed.) (2001): *El pozo de todos los males: sobre el atraso en la agricultura española contemporánea*, Barcelona, Crítica.
Santirso, M. (2014): *El liberalismo: una herencia disputada*, Madrid, Cátedra.
Sassoon, D. y Martin Ramos, J. K. (2001): *Cien años de socialismo*, Barcelona, Edhasa.
Termes, J. (2011): *Historia del anarquismo en España (1870-1980)*, Barcelona, RBA.
Tomás y Valiente, F. (2001): *Manual de Historia del Derecho español*, Madrid, Tecnos.
Tortella, G. y Núñez, C. E. (2011): *El desarrollo de la España contemporánea: historia económica de los siglos XIX y XX*, Madrid, Alianza.
Townson, N. (1994): *El republicanismo en España (1830-1977)*, Madrid, Alianza.
Tuñón de Lara, M. (dir.) (1991): *Historia de España* (tomos VII, VIII, IX y X), Barcelona, Labor.
Tuñón de Lara, M. y Martín Ramos, J. L. (dirs.) (1989): *Historia del socialismo español* (5 vols.), Barcelona, Conjunto Editorial.
Vadillo, J. (2019): *Historia de la CNT: utopía, pragmatismo y revolución*, Madrid, Los Libros de la Catarata.
Vallespín, F. (ed.) (1995): *Historia de la teoría política* (vols. 3, 4, 5 y 6), Madrid, Alianza.
Varela Suanzes-Carpegna, J. (2020): *Historia constitucional de España: normas, instituciones, doctrinas* (edición y prólogo de I. Fernández Sarasola), Madrid, Marcial Pons.
Villa, R. (2016): *España en las urnas: una historia electoral (1810-2015)*, Madrid, Los Libros de la Catarata.
VV AA (2006-2008): *Historia de España Tercer Milenio*, Madrid, Síntesis.

ÍNDICE ONOMÁSTICO

A

Abarca de Bolea y Ximénez de Urrea, Pedro Pablo (X conde de Aranda) 23
Abreu Orta, Joaquín ("el Proletario") 96, 98
Acuña y Villanueva, Rosario 189, 214, 215, 218
Adorno, Theodor 13
Aguilar Navarro, Mariano 331
Aguilar y Puerta, Manuel María 84, 85
Aguilera Egea, Francisco 234, 240, 241
Aguirre y Gil de Biedma, Esperanza 438
Aguirre y Lecube, José Antonio 294, 330
Agulló Guerra, Jordi 384
Ahrens, Heinrich 142
Aiguader i Miró, Jaume 244, 254, 287, 288
Alberdi Alonso, Cristina 404
Albornoz Liminiana, Álvaro 243
Albors Blanes, Agustín 131
Alcalá Galiano y Fernández de Villavicencio, Antonio 45, 55, 76
Alcalá-Zamora y Torres, Niceto 243, 244, 245, 247, 249, 260, 299
Alcalde Garriga, Carmen 404, 405
Aleixandre y Merlo, Vicente 333
Alenza y Nieto, Leonardo 62
Alfonso XII de España 132, 136, 158, 162, 175
Alfonso XIII de España 158, 241
Allende Gossens, Salvador Guillermo 493
Almeida Castro, María Cristina 401, 433, 436
Almirall i Llozer, Valentí 105, 111, 113, 114, 126, 139, 140
Almodóvar Caballero, Pedro 372
Almunia Amann, José Joaquín 379, 432, 433, 434, 435, 477
Alomar Villalonga, Gabriel 208
Alonso Martínez, Manuel 89
Alonso y López, José 26
Altadill Teixidó, Antonio 141
Altamira Crevea, Rafael 192
Althusser, Louis 351
Álvarez Barceló, Casta 33
Álvarez-Buylla Godino, Arturo 192
Álvarez-Cascos Fernández, Francisco 408
Álvarez Chillida, Gonzalo 276
Álvarez del Vayo y Olloqui, Julio 195
Álvarez Gómez, Santiago 343
Álvarez González-Posada, Melquíades 163, 164, 167, 192, 193, 195, 199, 240, 241, 280
Álvarez Méndez, Juan de Dios ("Mendizábal") 41, 42, 47, 48, 56, 58, 62, 68, 69, 76, 79, 84
Álvarez Miranda, Vicente 81
Álvarez Rodríguez, Basilio 193, 206, 207
Álvarez Tardío, Manuel 273, 276
Amadeo I de España 93, 102, 118, 124, 125, 134, 136, 164
Amar y Borbón, Josefa 24
Amorós Puente, Celia 406
Andrade Rodríguez, Juan 258
Angelón y Broquetas, Manuel 141
Angiolillo, Michele 183
Anguiano Mangado, Daniel 200, 210
Anguita González, Julio 370, 391, 393, 397, 433, 436, 439, 449
Aragoneses de Urquijo, Encarnación ("Elena Fortún") 214, 298
Arana Goiri, Sabino 348
Araquistáin Quevedo, Luis 195, 270, 282, 330
Araujo Ruano, Joaquín 382
Arco Blanco, Miguel Ángel 291
Arenal Ponte, Concepción 101, 102, 103, 163, 212
Argüelles Álvarez, Agustín 34, 37, 43, 44, 57, 76, 79
Arias Bonet, Gonzalo 384
Arias de Velasco y Lúgigo, Jesús 283
Ariza Rico, Julián 334
Arlegui y Bayonés, Miguel 205
Arnedo Soriano, Elena 353, 406
Arniches Barrera, Carlos 218
Arouet, François-Marie ("Voltaire") 23
Arriero Ranz, Francisco 403
Arroyal y Alcázar, León 23, 25
Arshinov, Piotr 211
Arsuaga Goicoechea, Petra 114
Arzalluz Antia, Xabier 365
Asas Manterola, Benita 215, 216, 217, 301
Ascaso Abadía, Domingo 236
Ascaso Abadía, Francisco 205, 236, 252, 254, 266

Atkinson, Anthony 477
Aunós Pérez, Eduardo 227, 238
Aviraneta e Ibargoyen, Eugenio 54
Ayguals de Izco, Wenceslao 80, 81, 93, 139, 141
Azaña Díaz, Manuel 164, 189, 193, 229, 241, 244, 245, 248, 251, 253, 256, 260, 261, 264, 269, 271, 273, 274, 275, 277, 280, 288, 295, 299, 394, 432
Azcárate y Menéndez, Gumersindo 142, 172, 173, 174, 190, 192, 212
Azcona Fernández, Rafael 327
Azlor, María de la Consolación (IV condesa de Bureta) 33
Aznar López, José María 322, 427, 431, 433, 439, 441, 470
Aznar Soler, Manuel 297
Aznar y Cabanas, Juan Bautista 243, 247

B

Badia i Capell, Miquel 268
Bakunin, Mijaíl 94, 117, 118, 168, 169, 175, 337
Balañá Espinós, Pedro 340
Baldó Lacomba, Marc 47
Bandrés Molet, Juan María 347
Barceló Casado, José 88
Barcia Martí, Roque 118, 119, 127, 131, 132, 136
Bardem Muñoz, Juan Antonio 306, 327, 360
Barnés Salinas, Francisco José 282
Baroja y Nessi, Pío 189, 218
Barón Crespo, Enrique 356
Barret i Monet, Josep Albert 204
Barrio Minguito, Vicente 198
Barrionuevo Peña, José 391, 398
Bartolomé Cossío, Manuel Pedro 172, 261
Bauzá y Cañas, Felipe 107
Bayo Giroud, Alberto 330
Beauvoir, Simone de 351, 400, 401, 403
Bebel, August 213
Beceña González, Francisco 283
Becerra y Bermúdez, Manuel 92
Becerril Bustamante, María Soledad (marquesa consorte de Salvatierra) 407
Beiras Torrado, Xosé Manuel 356, 357, 436
Bellido Carvajal, Dulcinea 401
Benedetti Farrugia, Mario 432
Benedicto, Mamés 114
Benjumea y Burín, Rafael (I conde de Guadalhorce) 234
Benot Rodríguez, Eduardo 128, 129
Berenguer Fusté, Dámaso (I conde de Xauen) 243, 246, 247

Berlinguer, Enrico 374
Bernal Rodríguez, Antonio Miguel 79
Bertrán de Lis Thomas, Vicente 41, 42, 81
Bertrán i Soler, Tomás 78
Bescansa Hernández, Carolina 463, 468
Besteiro Fernández, Julián 195, 198, 200, 209, 239, 240, 245, 246, 247, 257, 267, 271, 286, 289
Beúnza, José Luis 384
Bilbao Hospitalet, Tomás 288
Blair, Tony 435
Blanc, Louis 97, 108
Blanco Garrido, Miguel Ángel 432
Blanco "White" y Crespo, José María 29
Blasco Ibáñez, Vicente 158, 186, 187, 189, 192, 193, 218, 240, 241, 256
Bobbio, Norberto 10, 13, 369
Bodegas, Roberto 317
Bohigas i Guardiola, Oriol 333
Böhl de Faber, Juan Nicolás 32
Böhl de Faber y Ruiz de Larrea, Cecilia ("Fernán Caballero") 139
Bonaparte, Napoleón 30, 31, 32, 33, 34, 36, 39, 41, 51, 108, 290
Bono Martínez, José 383, 435
Boracino Calderón, Concepción 102
Borrego Moreno, Andrés 76
Borrell Fontelles, Josep 433
Bosch i Gimpera, Pere 296, 330
Boyer Salvador, Miguel 378
Bravo Murillo, Juan 86, 92
Brecht, Bertolt 11
Bretón de los Herreros, Manuel 61, 62
Brewster, Harriet 103
Brocca Ramón, José 384
Buero Vallejo, Antonio 306
Buesa Blanco, Fernando 440
Buiza Fernández-Palacios, Miguel 289
Bujarin, Nikolái 210
Bullejos Sánchez, José 236
Burgos Seguí, Carmen ("Colombine") 214, 216
Bustelo García del Real, Carlota 407, 409
Bustelo García del Real, Francisco 328, 356, 374
Butragueño Santos, Emilio 389
Byron, George Gordon ("Lord Byron") 32, 61

C

Caballero Bonald, José Manuel 326
Caballero y Fernández de Rodas, Antonio 110
Caballero y Morgáez, Fermín 46, 103, 128

Cabanellas Ferrer, Miguel 234, 277
Cabarrús Lalanne, Francisco (I conde de Cabarrús) 23
Cabello Toral, Remigio 247
Cabet, Étienne 96, 97
Cabrera y Felipe, Blas 283
Cadalso y Vázquez de Andrade, José 60
Cady Stanton, Elizabeth 152
Calatrava 48, 79
Calatrava Peinado, José María 43, 48
Calvet i Puig, María Dolors 407
Calvo de Rozas, Juan Lorenzo 43
Calvo Sotelo, José 229, 234
Camacho Abad, Marcelino 334, 354, 358, 365, 392, 439
Camacho de Alcorta, Juan Francisco 173, 177
Cámara, Sixto 85, 90, 91, 92, 93, 97, 98, 101
Cambó i Batlle, Francesc 199, 201, 205, 227, 234, 236, 238
Camón Aznar, José 283
Campalans i Puig, Rafael 209, 257
Campoamor Rodríguez, Clara 216, 299, 300, 301, 401, 406, 444
Campoamor y Campoosorio, Ramón María de las Mercedes 95
Camprubí Aymar, Zenobia 214, 298
Camus García, Mario 327
Canalejas y Casas, Francisco de Paula 92, 93, 143, 158, 166, 174, 188, 189, 190, 192, 195, 214
Candel Tortajada, Francisco 317
Cánovas del Castillo, Antonio 58, 111, 123, 135, 136, 161, 162, 171, 172, 174, 183, 184
Canyelles i Balcells, Antón 359
Carabaña Morales, Julio 306, 325, 478
Carlos III de España 28
Carlos IV de España 20, 28, 30
Carlos María Isidro de Borbón 46, 53
Carmena Castrillo, Manuela 401
Carner i Suñol, Jaume 229
Carrasco Formiguera, Manuel 244
Carrero Blanco, Luis 347, 349, 354, 355
Carrillo Alonso-Forjador, Wenceslao 239, 247, 289
Carrillo Solares, Santiago José 270, 274, 296, 328, 344, 349, 352, 354, 360, 361, 368, 374, 375, 380, 433
Carrión y Carrión, Pascual 203, 263
Carvia Bernal, Amalia 214
Carvia Bernal, Ana 214
Casado del Alisal, José María 143
Casamada y Mauri, Ramón 283

Casares Quiroga, Santiago 244, 256, 269
Casas y Carbó, Ramón 218
Castelar y Ripoll, Emilio 92, 93, 94, 95, 97, 103, 107, 108, 112, 113, 114, 116, 117, 118, 119, 124, 125, 127, 128, 134, 135, 142, 143, 162, 163, 166, 171, 172, 173, 174, 180, 194
Castellano Cardalliaguet, Pablo 352, 374, 436
Castro Abadía, Rosalía 99, 101
Castro Fernández, Federico 142
Castro González, Carlos María 143
Castro Pajares, Fernando 102
Castro Quesada, Américo 283, 326
Castro Ruz, Fidel Alejandro 338
Castroviejo y Bolíbar, Santiago 383
Cebrián Echarri, Juan Luis 371
Cercas, Javier 445
Cerdá Suñer, Ildefonso 143
Cerón Ayuso, Julio 337, 413
Cervera, Antonio Ignacio 92
Chacón Piqueras, Carme 444, 461
Chao Fernández, Eduardo 80, 92, 142, 143
Chateaubriand, François-René 32, 92
Chávez Frías, Hugo Rafael 461, 465
Chirbes Magraner, Rafael 427
Chomsky, Avram Noam 462
Ciges Aparicio, Manuel 218
Cisneros Laborda, Gabriel 364
Claramunt Creus, Teresa 183, 184, 214
Claret Miranda, Jaume 290
Claudín Pontes, Fernando 328, 343, 344
Clavé y Camps, Anselm 93, 97, 111, 114
Clemente Lázaro, Javier 389
Comabella, Mercedes 403, 406
Comaposada Guillén, Mercedes 303
Comín Ros, Alfonso Carlos 337
Comorera i Soler, Joan 257
Companys i Jover, Lluís 207, 254, 271
Comte, Auguste 143
Contreras y Román, Juan 121, 123, 126, 128, 132, 136
Cordón Bonet, Faustino 382
Coromines i Montanya, Pere 183
Coronado y Romero de Tejada, Victoria Carolina 98, 102, 103
Coscubiela Conesa, Joan 469
Costa Martínez, Joaquín 185, 193
Costa Morata, Pedro 382
Cruz Mora, Humberto 383
Cuerda Montoya, José Ángel 387
Cutanda Toraya, Vicente 218
Czibor, Zoltán 329
Czyński, Jan 97

D

D'Alema, Massimo 453
Daoiz y Torres, Luis 33
Dato e Iradier, Eduardo 192, 199, 205
Delgado Martínez, Joaquín 336
Delibes de Castro, Miguel 383
Delors, Jacques 453
Delphy, Christine 404
Del Rey Reguillo, Fernando 18, 276, 281
Dencàs i Puigdollers, Josep 268
Díaz del Moral, Juan 126
Díaz Fernández de Lamarque, Antonia 103
Díaz Ferrán, Gerardo 464
Díaz Pacheco, Susana 469
Díaz Pérez, Yolanda 474
Díaz Porlier, Juan 41
Díaz Quintero, Francisco 128
Díaz Ramos, José 264
Dicenta Benedicto, Joaquín 218
Díez González, Rosa María 435, 455
Dollfuss, Engelbert 265
Domingo Sanjuán, Marcelino 207, 241, 243, 244, 255, 256, 260, 269
Domingo Soler, Amalia 214
Dos Passos, John Roderigo 287
Duarte Montserrat, Ángel 104
Dubček, Alexander 344
Dulce y Garay, Domingo 86
Dumas Davy de la Pailleterie, Alexandre 139
Durán de las Heras, Mª Ángeles 404
Durruti Dumange, José Buenaventura 205, 236, 237, 252, 254, 266

E

Echegaray y Eizaguirre, José María 92, 125, 135
Engels, Friedrich 50, 96, 131, 152, 168, 169, 176, 350, 375, 488
Enrique y Tarancón, Vicente 355, 358
Erdoðan, Recep Tayyip 443
Errejón Galván, Íñigo 463, 464, 468, 471, 472
Escamilla, Pedro 141
Espinosa de los Monteros y Díaz de Santiago, María 216
Espoz y Mina, Francisco 41, 45, 52
Espriu i Castelló, Salvador 333
Espronceda y Delgado, José 59, 60, 61, 62, 81
Esquerdo Zaragoza, José María 195

Estébanez Calderón, Serafín 61, 123
Estévanez Murphy, Nicolás 121, 128

F

Fabra Ribas, Antonio 201, 208, 209, 257
Falcón O'Neill, Lidia 404, 405, 408
Fanelli, Giuseppe 117, 118
Farga i Pellicer, Rafael 115, 117
Feijoo y Montenegro, Benito Jerónimo 22, 23, 59
Fernández Buey, Francisco 341, 343, 383
Fernández-Cuesta Merelo, Raimundo 327
Fernández de Córdoba y Benavides, Luis (XI marqués de Villafranca) 39
Fernández de Moratín, Nicolás 22, 30, 32, 59, 60
Fernández de San Miguel y Valledor, Evaristo 43
Fernández Montaña, José ("Padre Montaña") 189
Fernández Ordóñez, Francisco 359, 408
Fernández Santos, Jesús 306
Fernández Sanz, Matilde 435
Fernández Selfa, Pilar 215
Fernández Toxo, Ignacio 392
Fernández y González, Manuel 141
Fernando VII de España 20, 30, 41, 45, 52, 54, 55, 60
Fernán Gómez, Fernando 301
Ferreiro Míguez, Celso Emilio 340
Ferreri, Marco 327
Ferrer y Guardia, Francisco 191, 192, 219
Figueras y Moragas, Estanislao 87, 113, 116, 117, 124, 126, 128
Figueroa y Torres, Álvaro (I conde de Romanones) 158, 191, 202, 204, 240, 247
Figuerola Ballester, Laureano 92, 103, 172
Firestone, Shulamith 404
Fitz-James Stuart y Ventimiglia, Jacobo (XV duque de Alba) 123
Flores de Lemus, Antonio 263
Flórez Estrada, Álvaro 34, 43, 61, 69, 70, 76, 128
Flórez, José Segundo 84
Fluvià i Escorsa, Armand 386
Fontana i Lázaro, Josep 351
Forn i Costa, José María 317
Foronda y González de Echavarri, Valentín Tadeo 23, 25, 414, 438
Fourier, Charles 96, 97, 98
Foxá y Torroba, Agustín 281

Fraga Iribarne, Manuel 333, 361, 362, 364, 365, 394
Franch, José 114
Francino, Francesc 386
Francisco Jiménez, Enrique 247
Franco Bahamonde, Francisco 227, 242, 247, 253, 262, 279, 286, 288, 289, 291, 294, 295, 296, 327, 329, 336, 358, 372, 439, 440
Franco Bahamonde, Ramón 245, 246
Friedan, Betty 403
Fried, Erich 350
Frutos Gras, Francisco 433, 434, 435
Fuentes Quintana, Enrique 233, 319, 364
Fuster i Ortells, Joan 340

G

Galarza Gago, Ángel 330
Gallardo y Blanco, Bartolomé José 31
Gallego Bezares, Teodoro Ignacio 328, 380
Gallego Hernández, Juan Nicasio 34, 40
Gálvez Arce, Antonio ("Antonete") 132
Gambetta, Léon Michel 118
Gandhi, Mohandas Karamchand 384
García-Alas y Ureña, Leopoldo Enrique ("Clarín") 172, 184
García Berlanga, Luis 306, 327
García Calvo, Agustín 341
García de Enterría y Martínez-Carande, Eduardo 233
García del Canto, Antonio 141
García del Cañuelo, Luis 23
García Gutiérrez, Antonio María de los Dolores 61
García Lorca, Federico 280, 301
García Montero, Luis 432
García Oliver, Juan 205, 236, 237, 252, 253, 283, 294
García Ormaechea, Rafael 194, 263
García Prieto, Manuel 201
García Quejido, Antonio 210
García Ruiz, Eugenio 118
García Salve, Francisco 353, 354
García Uzal, Manuel 81
García Viñas, José 174
Garibaldi, Giuseppe 106, 108
Garrabou i Segura, Ramón 71
Garrido Tortosa, Fernando 80, 85, 86, 90, 93, 94, 97, 98, 109, 110, 120
Garzón Espinosa, Alberto Carlos 462, 465, 467
Garzón Real, Baltasar 397, 398

Gasset y Mercader, Manuel 92
Gaviria Labarta, Mario 382, 383
Gil de Biedma y Alba, Jaime 333
Gil de Zárate, Antonio 56, 57, 58, 62
Gil-Robles y Quiñones, José María 259, 299, 330, 331
Giner de los Ríos, Francisco 92, 142, 172, 184, 261
Gini, Corrado 478, 479
Giral Pereira, José 294
Girbau León, Vicente 328
Gisbert Pérez, Antonio 143
Godoy y Álvarez de Faria, Manuel 29, 51, 70
Goethe, Johann Wolfgang 21
Gómez Bravo, Gutmaro 293
Gómez Casas, Juan 337
Gómez de Avellaneda, Gertrudis 85, 99, 100
Gómez Llorente, Luis 374
Gómez Maestro, Julio Senador 207
González Calleja, Eduardo 276
González Casanova, José Antonio 337
González de Linares, Augusto 172
González de Molina, Manuel 383
González González, Valentín ("el Campesino") 330
González Márquez, Felipe 352, 355, 356, 359, 360, 374, 376, 380, 390, 395, 396, 432, 467
González Martín del Campo, José Miguel ("Míchel") 389
González Morago, Tomás 117, 174
González Polo, Virginia 210
González-Posada y Biesca, Adolfo 214
González Ramos, Consuelo ("Celsia Regis") 216, 298
González Rodríguez, Juan Jesús 434, 472
González Serrano, Urbano 174
González Zerolo, Pedro Javier 444
Goya y Lucientes, Francisco José 60
Goyri y Goyri, María 214
Goytisolo Gay, Juan 326
Gramsci, Antonio 344, 350, 463
Granado Gata, Francisco 336
Grandes Hernández, María Almudena 446
Grimau García, Julián 328, 336, 349, 401
Grosso Ramos, Alfonso 326
Gruzenberg, Mijaíl ("Borodin") 210
Güell y Bacigalupi, Eusebio (I conde de Güell) 191
Güell y Ferrer, Joan 122
Guerra González, Alfonso 356, 374, 435
Guesde, Jules 176, 178
Guevara de la Serna, Ernesto ("Che") 345, 350, 489

Guindos Jurado, Luis 434
Guizot, François 58, 83, 92
Gutiérrez Vegara, Antonio 392, 433

H

Harnecker, Marta 351
Hartzenbusch Martínez, Juan Eugenio 62
Hegel, Georg Wilhelm Friedrich 142
Heredia Begines de los Ríos, Narciso (conde consorte de Ofalia) 79
Hernández Tomás, Jesús 282, 284
Herrero y Rodríguez de Miñón, Miguel 364
Hessel, Stéphane Frédéric 456
Hidalgo de Quintana y Trigueros, Baltasar 122
Hierro del Real, José 306, 432
Hitler, Adolf 279, 286, 289
Hobsbawm, Eric 20, 492
Ho Chi Minh 269
Horkheimer, Max 13
Hugo, Victor Marie 61, 108, 140, 143
Huici Navaz, Matilde 300, 302
Huxley, Aldous Leonard 227

I

Ibáñez Alonso, Jesús 328, 337, 372
Ibarretxe Markuartu, Juan José 442, 448
Ibárruri Gómez, Dolores ("Pasionaria") 258, 299, 301, 302, 328, 401
Iceta i Llorens, Miquel Octavi 465
Iglesias Argüelles, Gerardo 380, 393
Iglesias Posse, Pablo 118, 164, 174, 176, 177, 178, 182, 190, 194, 195, 237, 239, 373, 391
Iglesias Turrión, Pablo 463, 464, 467, 471
Infante Pérez de Vargas, Blas 256
Inglehart, Ronald 424
Iriarte y Nieves Ravelo, Tomás 59
Irujo Ollo, Manuel 287, 288, 296
Isabel de Baviera ("Sisi") 184
Isabel II de España 82, 83, 127, 158, 188

J

Jáuregui Lasanta, Julio 359
Jaurès, Jean 257
Jiménez de Asúa, Luis 241, 247, 256, 258
Joarizti Lasarte, Adolfo 139
José I de España 30, 31, 32, 41, 51, 107

Jovellanos, Gaspar Melchor 10, 23, 24, 32, 59, 60
Jover Cortés, Gregorio 205
Joyes y Blake, Inés 24
Juan Carlos I de España 354, 358, 366
Juan de Borbón y Battenberg 358
Juan XXIII 338
Juliá Díaz, Santos 246, 438

K

Kant, Immanuel 21, 22, 108
Karr i Alfonsetti, Carmen 215, 298
Kennan, George Frost 296
Kennedy, John Fitzgerald 338, 350
Kent Siano, Victoria 214, 216, 298, 299, 300, 401
Kirchheimer, Otto 383
Kocsis, Sándor 329
Krause, Karl Christian Friedrich 142
Kropotkin, Piotr Alekséyevich 175, 197
Kruschev, Nikita 338, 350

L

Labra Cadrana, Rafael María 122, 143
Laclau, Ernesto 463
Lacy y Gautier, Luis 41
Lafargue, Paul 118, 121, 176
Laffitte y Pérez del Pulgar, María (IX condesa de Campo Alange) 400
Lafuente y Zamalloa, Modesto 52, 54
Laín Entralgo, Pedro 327, 333
Lamartine, Alphonse 93, 140
Lamennais, Félicité Robert 93
Landáburu Fernández de Betoño, Francisco Javier 330
Lanuza y Urrea, Juan 44
Lanza del Vasto, Giuseppe 384
Lara Moya, Cayo 396, 461, 465
Largo Caballero, Francisco 194, 198, 200, 209, 210, 223, 238, 239, 240, 245, 246, 247, 250, 251, 252, 267, 268, 270, 271, 272, 274, 278, 280, 282, 283, 286, 287, 294, 373
Larra y Sánchez de Castro, Mariano José 58, 59, 60, 61, 62
Layret i Foix, Francesc 207
Leguina Herrán, Joaquín 337, 356, 387, 431
Lejárraga García, María de la O ("María Martínez Sierra") 298, 300
Lenin, Vladímir 198, 209, 210, 226, 254, 350, 351, 374, 463, 489

León Nieto, Rogelia 103
León XIII 171, 202
Lerma Blasco, Joan 387, 431
Lerroux García, Alejandro 158, 166, 185, 186, 187, 192, 193, 195, 199, 201, 207, 241, 243, 244, 269, 277
Llamazares Trigo, Gaspar 435
Llaneza Zapico, Manuel 238
Llopis Ferrándiz, Rodolfo 260, 296, 330, 352
Lluch Martín, Ernest 356, 377, 440
Lluhí i Vallescà, Joan 254
Llunas i Pujals, Josep 207
Loach, Ken 287, 462
López-Aranguren Jiménez, José Luis 341, 358
López Bru, Claudio (II marqués de Comillas) 191
López de Ayala y Molero, Ángeles 213
López de Haro, Rafael 218
López de Morla y Virués, Margarita 32, 96
López de Ochoa y Portuondo, Eduardo 278
López de Padilla y Dávalos, Juan 44, 61
López de Uralde, Juan 436
López Domínguez, José 134
López-Dóriga Meseguer, Luis 258
López Garrido, Diego 436
López Raimundo, Gregorio 328
López Sánchez, Juan 283
López y López, Antonio (I marqués de Comillas) 122
Lorenzo Asperilla, Anselmo 117, 183, 184, 196
Lostau y Prats, Baldomero 117, 120
Luis Felipe I de Francia 45
Luis XVI de Francia 29
Luis XVIII de Francia 45

M

Machado Núñez, Antonio 142
Macià i Llussà, Francesc 207, 236, 237, 240, 244, 246, 252, 254, 258
Madariaga y Rojo, Salvador 296, 330
Madoz e Ibáñez, Pascual 55, 68, 79, 87, 105
Maeztu y Whitney, María 214, 215, 298
Maíllo García, Adolfo 304
Majnó, Néstor 211
Malasaña Oñoro, Manuela 33
Malatesta, Errico 169, 175
Maldonado González, José 330
Mallol i Bosch, Macià 244
Maluquer y Salvador, José 192
Mandelshtam, Ósip 265
Mantecón Navasal, José Ignacio 288

Manterola y Pérez, Vicente 120
Manzanedo y González de la Teja, Juan Manuel 122
Mañé Miravet, Teresa ("Soledad Gustavo") 184, 198, 214, 241
Maortua Lombera, Pura 301
Maquiavelo, Nicolás 92
Maragall Mira, Pasqual 337, 449, 450
Marañón, Antonio ("el Trapense") 52
Marañón y Posadillo, Gregorio 283
Maravall Herrero, José María 337, 377
Marchena y Ruiz de Cueto, José 29
March Ordinas, Juan 264
Marcuse, Herbert 350
Marfori y Calleja, Carlos (I marqués de Loja) 91
María Cristina de Borbón-Dos Sicilias 20, 45, 46, 47, 50, 56, 67, 79, 83
María Cristina de Habsburgo-Lorena 158, 189
Marías Franco, Javier 446
Maritain, Jacques 295
Maroto Yserns, Rafael 41, 50
Marqués González, Josep Vicent 382, 383
Marsé Carbó, Juan 340
Martí Ibáñez, Félix 300
Martínez Anido, Severiano 205
Martínez Barrio, Diego 264, 274, 294, 330
Martínez-Campos Antón, Arsenio 134, 136, 162, 183
Martínez de la Rosa Berdejo Gómez y Arroyo, Francisco de Paula 43, 46, 53, 60, 83
Martínez de Pisón Cavero, Ignacio 446
Martínez Gil, Lucio 239
Martínez Pastor, Juan Ignacio 429, 430
Martínez Ruiz, José ("Azorín") 189
Martínez San Martín, José 53
Martínez Villergas, Juan 80
Martín Gaite, Carmen 326, 400
Martín-Santos Ribera, Luis 327
Martos y Balbi, Cristino 109, 135
Marx, Karl 47, 50, 70, 78, 94, 96, 117, 118, 152, 168, 169, 175, 176, 210, 350, 351, 488
Mas-Colell, Andreu 341
Mas i Gavarró, Artur 450, 454, 459, 460, 466
Matute Ausejo, Ana María 400
Maura y Montaner, Antonio 191, 192, 194, 201, 223, 243, 249, 254, 260
Maurín Juliá, Joaquín 258
Mazzini, Giuseppe 77, 86, 91, 97
Medio Estrada, María Dolores 326
Meléndez Valdés, Juan 23, 29, 30, 60
Mella Cea, Ricardo 184, 198

Mellado y Fernández, Andrés 174
Méndez de Vigo y García de San Pedro, Santiago 81
Menéndez Pidal, Ramón 333
Mera Sanz, Cipriano 266, 289
Mesa y Leompart, José 118, 120, 176
Mesonero Romanos, Ramón 41, 61
Miaja Menant, José 289
Miguel José. Véase José, esclavo
Milanović, Branko 477
Milans del Bosch y Ussía, Jaime 205
Millares Sall, Manuel 327
Millett, Kate 405
Mill, James 69
Mingorance, Miguel 131
Mitterrand, François 355
Moix i Regàs, Josep 288
Mola Vidal, Emilio 280
Monedero Fernández-Gala, Juan Carlos 463
Monserdà i Vidal, Dolors 215
Montero Ríos, Eugenio 92, 143, 166
Montesino y Cáceres, Pablo 62
Montilla Aguilera, José 450
Montseny i Carret, Joan ("Federico Urales") 184, 198, 241
Montseny Mañé, Federica 214, 241, 252, 283, 284, 294, 301, 302, 384, 401
Monturiol i Estarriol, Narcís 97, 128
Moñino y Redondo, José (I conde de Floridablanca) 23, 29
Mora Méndez, Ángel 117
Mora Méndez, Francisco 117, 118
Morán, Gregorio 360
Morán López, Fernando 433
Morato Caldeiro, Juan José 176
Morayta y Sagrario, Miguel 143, 189
Moret y Prendergast, Segismundo 92, 142, 143, 158, 162, 173, 174, 194
Moritsovich Gere, Ernst 281
Morote Creus, Luis 189, 190, 192
Mosse, George Lachmann 268
Mott, Lucretia 152
Mouffe, Chantal 463
Moyano y Samaniego, Claudio 56, 75, 90
Múgica Celaya Leceta, Rafael Gabriel Juan ("Gabriel Celaya") 306, 327, 333
Múgica Herzog, Enrique 327, 356
Munté, Carmen 102
Muñoz Arconada, César 274
Muñoz Grandes, Agustín 329
Muñoz-Torrero y Ramírez-Moyano, Diego 29
Mussolini, Benito 254, 279, 286

N

Nagy, Imre 329
Naredo Pérez, José Manuel 383
Narváez y Campos, Ramón María 82, 84, 90, 91, 103, 234, 296
Navarro López, Vicenç 439
Negrín López, Juan 245, 246, 284, 287, 288, 289, 291, 293, 294
Nelken Mansberger, Margarita 214, 299, 300
Neuberg, A. 269
Nicolau d'Olwer, Luis 256
Nielfa Cristóbal, Gloria 406
Nieves Conde, José Antonio 306
Nin Pérez, Andreu 208, 257, 258, 269, 287
Nocedal y Rodríguez de la Flor, Cándido 120
Not, Josefa ("Pepita Not") 205
Nouvilas y Rafols, Ramón 126
Novoa Santos, Roberto 299
Núñez de Arce, Gaspar 143
Núñez de Arenas y de la Escosura, Manuel 195, 198, 210, 257

O

Obama, Barack 453
O'Donnell y Jorís, Leopoldo 86, 87, 89, 90, 296
Olavarría, Patricio 80, 81
Oliván y Borruel, Alejandro 71
Oliveira Salazar, António 233
Olózaga Almandoz, Salustiano 79, 103
Oltra Jarque, Mónica 462
Orantes Ruiz, Ana 444
Ordaz de Avecilla, José 84, 87
Orense Milá de Aragón Herrero, José María 87, 90, 94, 103, 114, 117, 128, 129
Ormazábal Tife, Ramón 343
Ortega Lara, José Antonio 432
Ortega y Gasset, José 10, 161, 164, 193, 211, 240, 241, 243, 246, 283
Ortí Benlloch, Alfonso 372
Ortuño Martínez, Manuel 328
Orwell, George 287
Osorio y Silva, José (IX duque de Sesto) 132
Otero Muñoz, Blas 306, 327
Owen, Robert 96
Oyarzábal Smith, Isabel 214, 298

P

Pablo VI 336, 338, 358
Paine, Thomas 22
Palanca Asensi, Eduardo 135
Palarea Blanes, Juan 43
Pallach i Carolà, Josep 352, 356
Pardo-Bazán y de la Rúa-Figueroa, Emilia 143, 163, 164, 213
Pardo, Rosa 406
Pasamar Alzuria, Gonzalo Vicente 371
Pastor Verdú, Jaime 337, 349
Pastor y Rodríguez, Luis María 103
Paúl y Angulo, José 116, 118
Pavía y Rodríguez de Alburquerque, Manuel 110, 127, 134, 135
Paz Andrade, Valentín 359
Peces-Barba Martínez, Gregorio 347, 352, 364, 367, 368
Pedregal y Cañedo, Manuel 142
Peguero Sanz, Julia 301
Peiró Belis, Juan 236, 244, 252, 266, 281, 283
Pellicer, José Luis 115
Pemartín Sanjuán, José 290
Pereira, Luis Marcelino 23
Pérez, Carolina 102
Pérez de Ayala y Fernández, Ramón 189
Pérez de Castro, Evaristo 44
Pérez de Celis, Margarita ("Rosa Medina") 97, 100, 101
Pérez del Álamo, Rafael 91, 105
Pérez Escrich, Enrique 141
Pérez Galdós, Benito 61, 112, 143, 163, 164, 189, 195, 218
Pérez-Llorca Rodrigo, José Pedro 364
Pérez Ocaña, José 386
Pérez Roldán, Carmen 119
Pérez Rubalcaba, Alfredo 454, 461, 464, 469
Pérez Solís, Óscar 195
Pestaña Núñez, Ángel 198, 200, 211, 236, 252, 266, 269, 272, 275
Pettit, Philip 443
Philips, Richard Francis ("Jesús Ramírez") 210
Picavea y Leguía, Rafael 208
Picornell, Juan Bautista 29
Pidal y Carniado, Pedro José 56
Pierrad Alcedar, Blas 114
Pi i Sunyer, Carles 207, 296, 330
Piketty, Thomas 477
Pineda Erdozia, Empar 405
Pinilla García, Alfonso 371
Piñeiro López, Ramón 357
Piqueras Arenas, José Antonio 104
Pi y Margall, Francisco 89, 92, 94, 107, 109, 114, 116, 120, 121, 122, 123, 125, 126, 127, 128, 129, 130, 131, 132, 133, 134, 142, 145, 146, 148, 166, 172, 177, 184, 194, 206, 207, 209, 255
Pizarro y Ramírez, Luis Antonio (II conde consorte de las Navas) 81
Plastiras, Nikolaos 265
Platón 92
Poch y Gascón, Amparo 303, 384
Poveda Noguerou, Jerónimo 132
Pozas Soler, Bartolomé 123
Pradas Baena, Maria Amàlia 205
Pradera Gortázar, Javier 327, 328, 351
Prat de la Riba Sarrà, Enric 209
Prieto Tuero, Indalecio 209, 237, 239, 240, 244, 245, 246, 252, 257, 265, 267, 270, 271, 272, 274, 282, 287, 293, 294, 299, 330
Primo de Rivera y Orbaneja, Miguel 153, 165, 167, 220, 225, 227, 228, 233, 234, 235, 237, 239, 243, 254, 256, 261, 298, 307, 309
Primo de Rivera y Sáenz de Heredia, María del Pilar 304
Prim y Prats, Juan 79, 105, 109, 111, 113, 114, 116, 118, 234
Proudhon, Pierre-Joseph 93, 97
Pruneda Soriano, Víctor 80, 119
Puigdemont i Casamajó, Carles 466, 470
Puig i Cadafalch, Josep 235
Puig y Descals, Aniceto 84
Pujol Andreu, Josep 71
Pujol i Soley, Jordi 359, 449, 450, 466
Puskas, Ferenc 329

Q

Queipo de Llano y Ruiz de Sarabia, José María (VII conde de Toreno) 30, 43, 56
Queipo de Llano y Sierra, Gonzalo 234, 245, 246, 278, 304
Quinet, Edgar 136
Quintana y Lorenzo, Manuel José 29, 30, 32, 35, 43, 59, 60, 99

R

Rabassa de Perellós y Lanuza, Giner Francisco (IV marqués de Dos Aguas) 39
Radl Philipp, Rita Maria 429
Rajoy Brey, Mariano 434, 446, 467, 469, 470, 473

Ramón y Cajal, Santiago 245
Rato Figaredo, Rodrigo 434, 464
Reagan, Ronald Wilson 380
Recalde Díez, José Ramón 337
Reclus, Élisée 184
Redondo Urbieta, Nicolás 352, 356, 378, 391
Reich, Wilhelm 350
Reinoso, Félix José 30
Renan, Ernest 140
Rescalvo Zafra, Sonia 387
Reventós i Carner, Joan 352, 356
Revuelta González, Manuel 53
Rey Calvo, Clara 33
Ricardo, David 61, 69
Richart Pérez, Ramón Vicente 41
Ridruejo Jiménez, Dionisio 330, 331
Riego y Flórez, Rafael 41, 42, 43
Ríos Campaña, Miguel 320
Ríos Urruti, Fernando 193, 201, 202, 209, 210, 237, 245, 246, 249, 255, 257, 260, 262, 296
Rivadeneyra y Reig, Manuel 55
Rivera, Antonio 10, 12, 15, 348
Rivera Díaz, Albert 451, 464, 471
Rivero, Nicolás María 84, 87, 92, 93, 103, 105, 109, 111, 121, 124
Robespierre, Maximilien 28
Roca de Togores y Carrasco, Mariano de las Mercedes (I marqués de Molins) 123
Roca i Galés, Josep 115
Roca Junyent, Miquel 337, 364, 368
Rodoreda i Gurguí, Mercè 400
Rodrigo Bellido, María 301
Rodríguez Bahamonde, Agustín 39
Rodríguez Carballeira, Aurora 301
Rodríguez Carballeira, Hildegart 301
Rodríguez Castelao, Alfonso 206
Rodríguez de Campomanes y Pérez-Sorriba, Pedro (I conde de Campomanes) 23
Rodríguez de la Fuente, Félix 382
Rodríguez de Lista y Aragón, Alberto 29
Rodríguez-Flores Parra, Vega 395
Rodríguez y Benedicto, Gabriel 173, 174
Rodríguez Zapatero, José Luis 322, 409, 434, 435, 440, 442, 443, 446, 449, 450, 452, 454, 461, 473
Rojas-Marcos de la Viesca, Alejandro 355, 356
Rojo Lluch, Vicente 234
Rolland, Romain 287
Romero Alpuente, Juan 43, 128
Romero Marín, Francisco 328
Romero Robledo, Francisco 123, 162
Rosales Gallinas, Eduardo 143

Rousseau, Jean-Jacques 22, 23, 29, 93
Rovira i Virgili, Antoni 244
Ruano Casanova, Enrique 347
Rubau Donadeu, José 123
Rubio Jiménez, Mariano 397
Rubio y Galí, Federico 172, 174
Ruiz de Larrea y Aherán, Francisca Javiera ("Frasquita Larrea") 32
Ruiz-Gallardón Jiménez, Alberto 431
Ruiz Gallardón, José María 328
Ruiz García, Arturo 135, 359
Ruiz González, David 332
Ruiz Zorrilla, Manuel 93, 102, 120, 121, 122, 123, 124, 136, 146, 163, 164, 166, 172, 180, 194

S

Saavedra y Ramírez de Baquedano, Ángel (III duque de Rivas) 60, 61, 76
Sabater Lliró, Pau ("el Tero") 205
Saborido Galán, Eduardo 354
Saborit Colomer, Andrés Avelino 198, 200, 239
Sacristán Luzón, Manuel 341, 351, 375, 383
Sáez de Melgar, Faustina 103
Sagasta y Escolar, Práxedes Mateo 86, 103, 109, 111, 115, 119, 120, 135, 136, 158, 162, 163, 171, 172, 176, 182, 188
Sagrario de Veloy, Manuel 96
Sagra y Peris, Ramón Dionisio José 61
Saint-Simon, Henri 96, 97
Sainz de Varanda y Jiménez de la Iglesia, Ramón 331
Salas y Cortés, Ramón 29
Salazar Valez, Leire 429
Sales Amenós, Ramón 239
Salillas y Panzano, Rafael 192
Salmerón Alonso, Nicolás 92, 107, 120, 125, 128, 132, 134, 135, 142, 143, 146, 166, 172, 173, 180, 186, 194, 207, 255
Salvochea Álvarez, Fermín 113, 116, 119, 139
Sánchez-Albornoz y Menduiña, Claudio 282, 326
Sánchez de la Fuente, José 70
Sánchez Guerra y Martínez, José 242
Sánchez-Mazas Ferlosio, Miguel 327
Sánchez Montero, Simón 328, 359
Sánchez Pérez-Castejón, Pedro 465, 467, 468, 469, 470, 474
Sánchez-Román y Gallifa, Felipe 263
Sánchez Saornil, Lucía 303

Sanjurjo Sacanell, José 263
Sanromá Aldea, José ("Camarada Intxausti") 143, 349
Sanromá y Creus, Joaquín María 92
Santa Cruz Loidi, Manuel Ignacio 123
Santamaría Espinosa, María de los Ángeles ("Massiel") 347
Santiago Romero, Enrique Fernando 462
Sanz del Río, Julián 141, 142, 143
Sanz García, Ricardo 236, 252
Saracíbar Sautúa, José Antonio 392
Sardá Dexeus, Joan 233
Sarmiento, Carmen 404
Sárraga Hernández, Belén 214
Sartorius y Álvarez de las Asturias Bohorques, Nicolás 337, 354, 358
Sartre, Jean-Paul 350
Sastre Salvador, Alfonso 306
Satrústegui Fernández, Joaquín 359
Saura Atarés, Antonio 327
Saura Atarés, Carlos 327
Schenrich, Lilly Rose (marquesa consorte de Ter) 216
Schmidt, Helmut 453
Schmitt, Carl 463
Schröder, Gerhard 435
Schumpeter, Joseph Alois 296
Scott, Joan Wallace 16
Segovia e Izquierdo, Antonio María 103
Seguí Rubinat, Salvador ("el Noi del Sucre") 198, 200, 204, 205, 207, 236
Segura y Sáenz, Pedro 259
Semprún Maura, Jorge 328, 331, 344
Sentiñón Cerdaña, Gaspar 117
Serra i Serra, Narcís 337, 383
Serra Moret, Manuel 209
Serrano y Domínguez, Francisco 109, 111, 118, 122, 127, 135, 136, 162, 174, 296
Silvela y de Le Vielleuze, Francisco 189
Simó i Badia, Ramón 92
Sinués y Navarro, María del Pilar 99
Smith, Adam 22, 23, 25, 29, 69
Solchaga Catalán, Carlos 378, 389, 397
Solé Tura, Jordi 343, 350, 367, 368
Sol y Padrís, José 88
Soriano Barroeta-Aldamar, Rodrigo 187, 195
Soriano Fischer, Elisa 216
Sor i Muntades, Fernando 61
Sorní y Grau, José Cristóbal 94, 174
Sor Patrocinio ("la Monja de las Llagas") 87
Stalin, Josef 226, 227, 350
Standing, Guy 477
Steffan, Heinz Dieterich 461
Stiglitz, Joseph Eugene 456, 477

Strauss, David Friedrich 140
Stuart Mill, John 76, 77, 174, 213
Suárez de Góngora y Luján, Pedro Francisco (I duque de Almodóvar del Río) 23
Suárez González, Adolfo 319, 358, 359, 360, 361, 363, 364
Suckert, Kurt Erich ("Curzio Malaparte") 254
Sueiro, Daniel 327
Suñer y Capdevila, Francisco 112

T

Tagüeña Lacorte, Manuel 268
Tamames Gómez, Ramón 328, 380
Tamayo y Baus, Manuel 143
Tàpies i Puig, Antoni (I marqués de Tápies) 306, 327
Tarrida del Mármol, Fernando 184
Teixidor i Viladecàs, Emili 446
Tellado López, María del Socorro ("Corín Tellado") 400
Terradas i Pulí, Abdón 78, 84, 93
Thiers, Louis Adolphe 98
Thompson, Edward Palmer 427
Tiberghien, Guillaume 142
Tierno Galván, Enrique 330, 331, 341, 352, 355, 356, 358, 359, 361
Tocqueville, Alexis 77
Togliatti, Palmiro 269
Tomás y Valiente, Francisco 38, 66, 367, 418, 432
Torrijos y Uriarte, José María (I conde de Torrijos) 43, 45, 61
Tremosa Bonavía, Laura 406
Tresserra y Ventosa, Ceferí 97
Trigo y Sánchez-Mora, Felipe 218
Trotski, León 202, 258, 350
Trueta i Raspall, Josep 330
Tubino y Oliva, Francisco María 140
Tujachevski, Mijaíl 269
Tutau Vergés, Joan Josep 111, 113

U

Unamuno y Jugo, Miguel 184, 240, 241, 243, 246, 282
Urgellés, Vicente 117
Uribe Galdeano, Vicente 284, 287
Urraca Pastor, María Rosa 299
Uruñuela Fernández, Luis 356

V

Valera Alcalá-Galiano, Juan 103, 143
Varela Suanzes-Carpegna, Joaquín 367, 369
Vázquez Montalbán, Manuel 337
Vega y Cárdenas, Buenaventura 60
Velarde y Santillán, Pedro 33
Vera López, Jaime 174, 178, 179, 194
Vicens Vives, Jaume 71, 199, 326
Vidal, Joaquín 41
Vidal y Barraquer, Francisco de Asís 259
VII duque de Rivas. Véase Sainz y Armada, José
Vilaplana Buixons, Núria ("Núria Pompeia") 406
Villa García, Roberto 273
Villares Paz, Ramón 297
Villar Palasí, José Luis 355
Viriato 33
Vizcarrondo Coronado, Julio 103

W

Welzel, Christian 399
Weyler y Nicolau, Valeriano 240

Wilson, Thomas Woodrow 209
Wollstonecraft, Mary 22, 33

X

Xaudaró y Fàbregas, Ramón 55, 78
Xirinacs, Lluís Maria 353

Z

Zapata y Cárdenas, María Josefa 97, 100, 101
Zaplana Hernández-Soro, Eduardo 441
Zaragoza Domenech, Agustina ("Agustina de Aragón") 33
Zavala y de la Puente, Juan 136
Žižek, Slavoj 462
Zubiri Apalategi, José Francisco Javier 283